新選明文東洋古典大系

新完譯

春秋左氏傳(上)

文璇奎 譯

明文堂

▲ 좌구명(左丘明) 초상

◀ 관복(官服)의 공자상(孔子像)

◀《춘추》에 나오는 성인과 악녀(惡女) 탁본

두번째 중앙은 서주(西周)의 성왕(成王)이고, 첫번째는 성왕을 도운 주공(周公)이다. 세번째와 네번째는 춘추시대 진(晉)나라의 여희(驪姬)와 헌공(獻公), 태자 신생(申生)의 일화를 묘사했다.

▲ 우왕(禹王) 하(夏)나라

▲ 문왕(文王) 주(周)나라

▲ 무왕(武王) 주(周)나라

▶ 하준(何尊) 서주(西周) 초기. 높이 39cm. 준은 술그릇이다.

▼ 청동으로 만든 편종(編鐘) 지금까지 발견된 편종 중 제일 큰 것으로, 갖가지 종류의 편종으로 이루어져 있다.

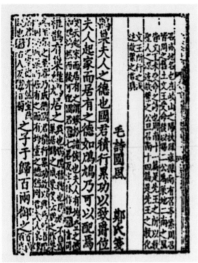

▲《시경(詩經)》의 부분

▲ 작책대(作冊大)의 방정(方鼎)

▶ 금은상감수렵문종
(金銀象嵌狩獵文鐘)

▼ 은허(殷墟)의 건축 유적

머 리 말

《춘추(春秋)》는 전한(前漢) 시대에, 《시(詩)》·《서(書)》·《역(易)》·《예기(禮記)》와 아울러 경서(經書)에 들었고, 《좌씨전(左氏傳)》은 송(宋)대에 경서로 존중되어 십삼경(十三經)에 들었다. 《춘추》와 《좌씨전》은 다 경서로서 높혀져, 역사서(歷史書)·제자백가서(諸子百家書)·기타 문집(文集) 등보다도 우위(優位)를 차지해 왔었다. 그러나 그것은 예교(禮敎)를 지상(至上)으로 여긴 유가(儒家)의 주장에 의한 것이고, 엄밀히 따져 말하면, 《춘추》나 《좌씨전》은 중국 상고시대(上古時代) 후말기(後末期)의 한토막이 되는 시기의 역사를 기술한 사서(史書)이고, 내용에 철학적이고 문학적인 색채가 있다고 본다면, 그러한 점은 어디까지나 부수적인 것이라고 단정해야 할 것이다.

사회에서는 흔히 중국 상고시대의 문(文)·사(史)·철(哲)은 일체적이라고 한다. 그러나 이렇게 말하는 것은, 상고시대의 문학·역사·철학 세 방면의 문헌이, 후세의 세 방면의 것들보다도 훨씬 통하고 있다는 점에서이고, 특히 문학서인 시[詩經]·역사서인 서[書經]와 《춘추》·철학서인 역[易經]과 유가서(儒家書)인 《논어(論語)》·《효경(孝經)》·《맹자(孟子)》및 예법서(禮法書)인 《주례(周禮)》·《의례(儀禮)》·《예기(禮記)》등의 상고시대에 된 문헌들 중 중요한 것들이, 경서에 들어 존중되어졌던 때문이라 하겠다. 그러나 상고시대에 이루어진 문헌은, 하나하나가 다 제각기 소속이 확실하다.

《춘추》와 《좌씨전》은 역사서이니만치, 다루는 이는 응당 역사 전문가라야, 그 내용의 전달을 자신있게 할 수 있는 것이다. 그런데도 어문학에 종사하고 있는 박학(薄學)의 사람이 번역을 하고 주를 달았다. 명문당 측의 윤시중(尹時重) 옹이, 한철을 두고 이틀 아니면 사흘만에 들러 강권(强勸)함을 이기지 못하고 일을 시작한 것이었다. 지조가 약해서 과분한 짓을 했다고 여겨짐을 금할 수가 없다. 잘못된 점은 지적되는 대로 후일에 개삭(改削)함을 게을리하지 않겠다.

文 璇 奎 씀

개정 증보판 동양고전을 발간하면서

오늘의 인류사회는 크게 변하고 있다. 외형적으로 눈부시게 발달한 과학 기술 및 공업 생산은 마침내 시간과 공간의 격차를 좁혔으며, 이에 인류는 하나가 되어야 한다는 정신적·도덕적 의식이 높아졌으며, 아울러 인류 대동의 하나의 평화세계 창건을 희구하는 방향으로 나아가고 있다.

그동안 우리의 정신적 문화유산인 동양고전(東洋古典)이 현대를 사는 우리에게 새로이 인식되어 적어도 그 정신세계의 바탕을 터잡아 오늘날의 방황하는 현대인들에게 가치관과 학문연구의 새로운 도약의 기회로 삼아 널리 연구 발전시켜야 할 것이다. 이는 사회 전 분야와 국가의 경영까지도 책임지는 학문의 도약을 깨우쳐 주고 가르쳐 줄 것이다.

이에 우리 지식인들도 보다 적극적으로 동양의 한문 경전을 읽고 심성을 함양하고 인격을 도야해야 한다. 아울러 국가 및 세계적인 차원에서도 모든 사람이 '충효(忠孝)'를 실천하고 '예의염치(禮義廉恥)'를 가리어야만이 '수신(修身) 제가(齊家) 치국(治國) 평천하(平天下)'의 일관된 도덕세계를 창건할 수 있을 것이다.

동양의 고전과 성현들의 가르침이나 사상은 심오하고 어렵다. 그러므로 좋은 참고서를 바탕으로 공부해야 한다.

본사 명문당은 「한문고전 출판」에서는 가장 오래되고 또 권위를 자랑하는 출판사이다. 오래 전 명문동양고전대계(明文東洋古典大系)를 출판하였는데 세월이 흘러 이제 개정판을 내게 되었다.

　새 개정판은 예전의 세로 편집을 현대 감각에 맞게 가로 편집을 하였으며, 어렵게 느껴졌던 번역문을 알기 쉬운 말로 풀어 번역하였다.

　아울러 오자(誤字)와 오역(誤譯)되고 누락된 부분을 바로잡았으며, 주해(註解) 부분도 보다 상세히 풀었다. 또한 한글 세대를 위하여 원문에 음을 달아 손쉽게 동양고전에 다가갈 수 있는 기회를 마련하였다.

　아무쪼록 동양고전을 읽고 공부하는 독자층이 널리 확대되어 도덕적 지식인들이 양산되고, 평화세계가 이룩되기를 바란다. 더불어 명문당은 더욱 노력하여 갈고 닦고 심혈을 기울여 양서 출판에 힘쓸 것을 다짐한다.

2008년　3월

명문당　김 동 구 삼가 씀

차 례

개정 증보판 동양고전을 발간하면서 …… 1

머리말 …… 3

범 례 …… 7

춘추좌씨전(春秋左氏傳) 해설 …… 11

  1. 춘추(春秋)란 것 …… 11

  2. 춘추좌씨전 …… 14

    1) 춘추삼전(春秋三傳)의 하나 …… 14

    2) 춘추좌씨전의 작자와 그 연구 …… 15

    3) 좌씨전의 특색 …… 19

    4) 경(經)·전(傳)의 기술법(記述法) …… 21

  춘추열국도(春秋列國圖) …… 24

춘추좌씨전 서(序) —— 두예(杜預) …… 25

제1 은공(隱公) ······44

원년(元年) 45 / 2년 59 / 3년 62 / 4년 73 / 5년 79 / 6년
89 / 7년 93 / 8년 97 / 9년 102 / 10년 106 / 11년 110
은공 시대 연표 124

제2 환공(桓公) ······125

원년(元年) 125 / 2년 127 / 3년 138 / 4년 142 / 5년 144 /
6년 149 / 7년 161 / 8년 162 / 9년 165 / 10년 168 / 11년
171 / 12년 176 / 13년 179 / 14년 183 / 15년 185 / 16년
188 / 17년 191 / 18년 195
환공 시대 연표 200

제3 장공(莊公) ······202

원년(元年) 202 / 2년 204 / 3년 205 / 4년 206 / 5년 209 /
6년 210 / 7년 214 / 8년 215 / 9년 220 / 10년 223 / 11년
228 / 12년 231 / 13년 234 / 14년 235 / 15년 240 / 16년
241 / 17년 245 / 18년 246 / 19년 248 / 20년 252 / 21년

254 / 22년 257 / 23년 263 / 24년 265 / 25년 269 / 26년
271 / 27년 273 / 28년 276 / 29년 282 / 30년 285 / 31년
287 / 32년 288
장공 시대 연표 296

제4 민공(閔公) ······ 299

원년(元年) 299 / 2년 306
민공 시대 연표 324

제5 희공(僖公) 상 ······ 325

원년(元年) 325 / 2년 329 / 3년 334 / 4년 336 / 5년 346 /
6년 359 / 7년 362 / 8년 368 / 9년 372 / 10년 381 / 11년
388 / 12년 390 / 13년 393 / 14년 396 / 15년 399

제6 희공(僖公) 중 ······ 421

16년 421 / 17년 424 / 18년 429 / 19년 432 / 20년 437 /
21년 440 / 22년 445 / 23년 455 / 24년 468 / 25년 490 /
26년 497

제7 희공(僖公) 하 …… 505

27년 505 / 28년 512 / 29년 540 / 30년 543 / 31년 549 /
32년 354 / 33년 557
희공 시대 연표 573

제8 문공(文公) 상 …… 576

원년(元年) 576 / 2년 585 / 3년 595 / 4년 600 / 5년 605 /
6년 609 / 7년 620 / 8년 632 / 9년 636 / 10년 641

제9 문공(文公) 하 …… 647

11년 647 / 12년 651 / 13년 659 / 14년 666 / 15년 674 /
16년 682 / 17년 691 / 18년 697
문공 시대 연표 710

범 례

1. 원문(原文)은 청(淸)의 완씨교감(阮氏校勘) 십삼경주소본(十三
   經注疏本)에 의했거니와, 경우에 따라서는 당사본(唐寫本)의 모
   습을 전하는 구초권자본(舊鈔卷子本) 춘추경전집해(春秋經傳集
   解)의 것을 참고해서 좋은 점을 취했다.
2. 매년의 경문(經文)은, 사건마다를 'ㅇ'표를 위에 붙이고 따로따
   로 들었다.
3. 경문(經文)·전문(傳文) 중, '王〇月'의 '왕(王)'은 일률적으로
   '천자가 쓰는 역(曆)으로'로 번역했다.
4. 경문 중의 '—공(公)·후(侯)·백(伯)·자(子)·남(男)'은 '공
   작·후작·백작·자작·남작'이라 작명(爵名)을 그대로 들어 말
   했거니와, 전문에서는 대개 '군주'로 번역했고, 독자가 의심날 경
   우만은 작명을 들어 말했다.
5. 각 공(公) 시대의 기사 맨 끝에, 그 군주 시대의 연대표를 작성
   하여 붙였다.

춘추좌씨전(春秋左氏傳) 해설

1. 춘추(春秋)란 것

《육경오론(六經奧論)》이라는 책에, 춘추의 명목(名目)에 대하여 말하기를, '옛날에는 춘(春)·하(夏)에 좋은 사람에게 상을 주고, 추(秋)·동(冬)에는 나쁜 사람에게 벌을 주었으니, 춘추는 칭찬과 나무란다는 뜻을 가지므로, 두 자를 책의 이름으로 삼았다'고 말했다. 그리고 당(唐)나라 서언(徐彦)이 지은 《춘추공양전정의(春秋公羊傳正義)》에는, '봄에 사냥하여 기린(麒麟)을 잡았고, 가을에 책의 편찬이 완성되었기에 춘추라 했다'고 말하고 있다.

《춘추》는 공자(孔子 : 기원전 552~479)가 지은 것이라고 전해져 있는데, '춘추(春秋)'란 제후국(諸侯國)인 노(魯)나라 사관(史官)이 노나라 역사를 기록한 역사 기록의 이름이었다. 《한서(漢書)》예문지(藝文志)에, '옛날의 왕자(王者)에게는 세세(世世)로 사관이 있었다. 임금의 거동은 반드시 글로 써 나타냈다. 그것은 언행(言行)을 삼가고, 법도를 밝게 하자는 일로써였다. 좌사(左史)는 말[言語]을 기록하고, 우사(右史)는 일[事]을 기록하여, 일의 것을 춘추라 하고, 말의 것을 상서(尙書)라 했다'고 하였다.

이 같은 뜻의 글이 있는 것에 의한다면 춘추는 노나라 사기의 명칭일 뿐만 아니라, 천자(天子)의 나라인 주(周)의 사기 또한 춘추라 했다. 그리고 《묵자(墨子)》명귀편(明鬼編) 상(上)에, 주(周)나라 춘추·연(燕)나라 춘추·송(宋)나라 춘추·제(齊)나라 춘추 등의 이름이 나오는 것에 의하면, 주나라나 여러 제후국에서도 사기를 춘추라 했다고 말할 수 있다.

그런데 역사 기록을 어째서 춘추라고 불렀을까? 이에 대해서는, 진(晉)나라 두예(杜預)가 그의 《춘추좌씨전(春秋左氏傳)》서(序)에다, '사관의 기록은 반드시 국군(國君) 재위(在位)의 해를 먼저 명백히 내세워, 그 해의 일을 써나가는 처음으로 삼는다. 그런데, 한 해 중에는 춘·하·추·동의 네 시절이 있기에, 춘·하·추·동의 네 계절 명칭 중에서 하나씩 걸러 춘·추만을 취하여 역사 기록의 명칭으로 삼았던 것이다.'라고 말한 것을 따르는 것이 타당하다고 여긴다.

오늘날 전해져 있는 《춘추》는 노나라 은공(隱公) 원년(元年 : 기원전 722)에서, 애공(哀公) 14년(기원전 : 481)까지, 은공·환공(桓公)·장공(莊公)·민공(閔公)·희공(僖公)·문공(文公)·선공(宣公)·성공(成公)·양공(襄公)·소공(昭公)·정공(定公)·애공 등 12공(公) 242년간의 노나라 역사 및 노나라와 관계가 있는 여러 나라의 사건을 간결하게 기재하고 있다.

《춘추》에 취급되어진 기간을 중국 역사상 춘추시대(春秋時代)라 일컫는데, 이 시대에는 주(周)나라 왕실이 쇠약해져, 그 세력은 약했으나, 주왕(周王) 즉 천자(天子)를 떠받드는 명분(名分)은 아직 없어지지 않아, 봉건적인 사회구조는 서주시대(西周時代 : 기원전 1027~771)와 마찬가지였다고 말할 수 있다. 봉건체재의 주(周)나라 시대에는 수많은 제후국이 존망(存亡)했는데, 노나라는 다른 제후국인 오(吳)·정(鄭)·채(蔡)·조(曹)·위(衛)·등(滕)·진(晉)·연(燕) 등과 같이 주왕실(周王室)에서 갈려 나간 나라였다. 참고상 이들 제후국 군주의 조상이 갈려 나간 것과, 노나라 군주의 계보, 그리고 춘추시대의 열국(列國)의 위치를 대강 들면, 다음 표와 같다. (열국도는 맨 뒤에 붙인다)

⊙ 주 왕실에서 갈려 나간 약표(略表)

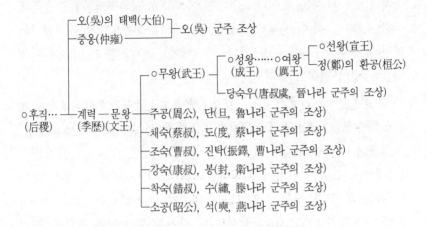

⊙ 노나라 군주의 계보(숫자는 군주의 대수)

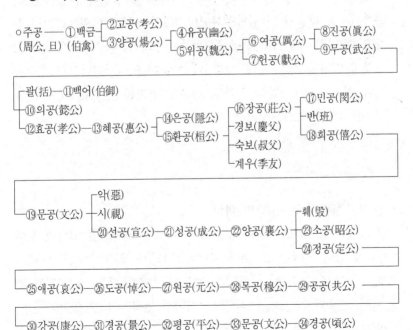

《춘추》는 노나라의 사기였던 춘추를 정리하여 지은 것이고, 또한
공자(孔子)가 지은 것이다. 공자가 어찌하여 노나라의 사기 춘추에
삭감(削減)을 하여 전해지고 있는 춘추를 지었는가? 이에 대해서는
맹자(孟子)가 명쾌한 말을 했다. 즉《맹자》등문공(滕文公) 하(下)에
다음과 같이 말하고 있다.

"世衰道微, 邪説暴行有作, 臣弑其君者有之, 子弑其父者有之, 孔
子懼作春秋. 春秋天子之事也. 是故孔子曰, 知我者, 其惟春秋乎.
罪我者, 其惟春秋乎."

(세상에 올바른 정치가 쇠퇴하고 어진 도가 희미해져, 옳지 못한
설(説)과 모진 행동이 제창되고 행해지니, 신하로서 그의 군주를
죽이는 자가 있고, 자식으로서 그의 부친을 죽이는 자가 있자, 공자
께서는 그 사태를 두려워하여 춘추를 지으시었다. 춘추에서 권선징
악(勸善懲惡)한 일은, 원래 천자(天子)가 행할 일이다. 그러므로,
공자께서는 다음과 같이 말씀하셨다. '내가 선(善)을 권장하고 악을
응징(膺懲)한 사람이라고 알아주는 자는, 내가 지은 춘추를 가지고
그렇게 알아줄 것일 게다. 그리고, 내가 하찮은 사람이면서 분수를
넘어 천자가 하는 일을 함부로 했다고 책망하는 자도, 내가 지은
춘추를 가지고 그럴 것이다.')

2. 춘추좌씨전

1) 춘추삼전(春秋三傳)의 하나

한대(漢代)에 들어와 유가(儒家)의 기본적인 책을 경(經)이라 하여
존중함에 있어, 춘추는 그 하나가 되어 시(詩)·서(書)·역(易)·예기
(禮記) 등과 오경(五經)에 들었다. 그런데 춘추의 글은 극히 간결(簡
潔)해서, 춘추의 경문(經文)이 과연 어떠한 뜻을 지니고 있는가를 쉽
게 이해하기가 어려웠다. 그래서, 그 이해하기 어려운 점을 쉽게 해석

하고, 또 경문에는 없으나, 후세에 알릴 일을 첨가해서 말한 책이 나오게 되었다. 그것을 춘추의 전(傳)이라 했는데, 전은 여러 가지가 나왔다.

《한서(漢書)》예문지(藝文志)에 의하면, 춘추좌씨전·춘추공양전(春秋公羊傳)·춘추곡량전(春秋穀梁傳)·춘추추씨전(春秋鄒氏傳)·춘추협씨전(春秋夾氏傳)의 다섯 가지 전이 있었다. 그러나, 춘추추씨전은 계승시키지 못했고, 춘추협씨전은 완전한 책으로 성립되지 못했다. 그래서 오늘날까지 전해진 것은, 세 가지뿐이다. 춘추공양전은 공양전이라고도 하고, 춘추곡량전은 곡량전이라고도 한다. 공양전은 제(齊)나라의 공양고(公羊高)가 지었다 하고, 곡량전은 노(魯)나라의 곡량적(穀梁赤)이 지었다고 한다. 공양전과 곡량전은 둘 다 11권으로 전하는 데 대하여, 춘추좌씨전은 30권으로 전한다.

2) 춘추좌씨전의 작자와 그 연구

《춘추좌씨전》은 《좌씨전》이라고도 하고, 《좌전(左傳)》이라 약칭(略稱)하기도 하는데, 《좌전》이라는 약칭이 오히려 더 널리 쓰이고 있다. 사마천의 《사기(史記)》십이제후(十二諸侯) 연표서(年表序)에 의하면, 공자가 《춘추》를 지은 큰 의의(意義)를 제자들에게 구전(口傳)했는데, 공자가 세상을 떠난 뒤 제자들이 각기 춘추의 풀이를 달리 하자, 공자와 잘 알고 지냈던 좌구명(左丘明)이 공자가 춘추를 지은 대의(大義)를 올바르게 밝히자는 뜻으로 《좌씨춘추전》을 지었다는 것이다. 그런데, 좌구명의 이름은 《논어(論語)》공야장(公冶長)편에 나오는데, 그는 공자가 사숙(私淑)한 선배로 되어 있다.

이 점을 가지고 좌구명이 지었다는 설에 대한 의심이 생겼고, 근래에 와서는 좌구명이 지었다는 것을 부정하고, 후세의 어느 사람이 짓고, 작자를 좌구명에 가탁(假托)한 것이라는 설이 유력해지고 있다. 좌구명 작설을 부인하는 이들이 내세우는 이유로는, 좌구명이 공자의 선배였다는 것 외에 또 다른 점을 들고 있다. 즉 《좌전》 애공(哀公) 27년조(條)의 전(傳)에 노나라 도공(悼公) 4년의 일이 나오는데, 도공 4년은 애공 14년에서 50년 후가 되고, 도공이라는 시호(諡號)가 쓰이고 있는 것으로, 도공(기원전 468~432)이 세상을 떠난 뒤의 사람이 《좌씨전》을 지은 것이 된다고 주장하는 것이다.

《춘추좌씨전》의 작자와 지어진 시기에 대한 확고한 설은, 앞으로 중국 역사를 전문으로 연구하는 학자들에 의해 밝혀질 일이어서, 비전문가가 설론(說論)할 것이 못된다. 그래서, 여기에서는 다만 전의 설과 그 반대설을 드는 것에 그친다.

진(秦)나라 시황제(始皇帝) 때에는 유학(儒學)이 탄압을 받았다가도, 한(漢)나라 시대에는 유학을 존중했으므로, 유학은 문제(文帝)·경제(景帝) 때부터 발흥(勃興)하게 되었다. 그리하여, 무제(武帝) 건원(建元) 5년(기원전 136)에는, 《춘추공양전》 연구가로 유명한 동중서(董仲舒) 등의 건의로 대학(大學)이 설치되고, 유학은 국학(國學)의 지위를 차지했으며, 《시경(詩經)》·《서경(書經)》·《역경(易經)》·《예기(禮記)》·《춘추》의 오경의 한 가지를 전문적으로 연구하여 강(講)하는 오경박사(五經博士)라는 학관(學官)을 두었다. 그러나 이때의 춘추를 전문으로 다루는 학자는 오직 《공양전》만을 존중했다. 그래서, 《곡량전》과 《좌씨전》은 소외되었다. 그러던 중, 선제(宣帝) 감로(甘露) 3년(기원전 51)에, 《곡량전》도 관학(官學)의 한 가지가 되어 박사관(博士官)을 두게 되었다.

한대에는 금문학(今文學)이 왕성했을 뿐, 고문학(古文學)은 부진했다. 고문학이란 선진시대(先秦時代)의 고문자(古文字)로 기술되어진 서책을 가지고 연구하는 학문을 말하는 것이고, 금문학은 전래(傳來)의 서책을 당세의 통용문자인 금문(今文), 즉 예서(隷書)로 개서(改書)한 것을 가지고 연구하는 학문을 말한다. 학자들이 금문학을 존중하므로, 고문으로 된 것은 무시당하게 되자, 고문으로 기술된 책인 《좌

씨전》은 자연 소홀시되었다. 이와 반대로 금문으로 다시 쓰여진 《공
양전》과 《곡량전》은 존중되어, 대학에 이것들을 전문적으로 연구하고
강의하는 학관 박사가 두어졌다.

《춘추좌씨전》은 한대에서 빛을 내지 못했으나, 그렇다고 완전히 매
장되어진 것은 아니고, 1세기경부터는 학자들의 주목을 끌게 되었
다. 《좌씨전》의 가치를 맨 먼저 높이 평가한 사람은 《공양전》의 연구
대가였던 유향(劉向, 기원전 79?~기원전 8?)의 아들 유흠(劉歆,
?~23)이었다. 그는 아버지 유향과 같이 궁중의 문고(文庫)인 비부
(秘府)의 전적(典籍)을 조사, 정리하다가 고문으로 된 《춘추좌씨전》
을 발견하여 연구하였다. 그리고 이것이야말로 춘추의 본의(本義)를
가장 잘 밝힌 것이라 주장하고, 성제(成帝) 수화(綏和) 2년(기원전 7)
에, 대학에 좌씨전의 박사관 두기를 건의했다.

그러나 금문학자들의 반대를 받았고, 그는 지방관으로 좌천되었다.
황실(皇室)의 외척인 왕망(王莽)이 나라를 빼앗아 정권을 쥐고 있을
때(9~25년), 그는 신임을 받아 그가 주장하는 고문학은 일시 세력을
갖게 되었으나, 한(漢)이 부흥되어 후한(後漢)이 되자 고문학은 다시
쇠퇴하게 되었다.

후한 초에 상서령(尙書令)이었던 한흠(韓歆)이 《좌씨전》의 박사관
설치를 상소하여, 광무제(光武帝)는 건무(建武) 4년(28) 정월에 공경
(公卿)과 박사들을 모아 논의를 시켰다. 그 자리에서 한흠과 태중대
부(太中大夫)였던 허숙(許淑)이 극구 주장했으나, 뜻을 이루지 못했
다. 그 뒤 진원(陳元)이 큰 활동을 한 결과, 광무제는 《좌씨전》을 관
학의 과목으로 허락하여 이봉(李封)을 《좌씨전》 담당 박사로 임명하
게 되었는데, 이봉이 죽은 뒤로는 금문학파에 의하여 좌씨학전은 관
학에서 제외되었다.

이봉이 죽자 《좌씨전》은 다시 쇠퇴하게 되었으나, 그 뒤에 정흥(鄭
興)·정중(鄭衆) 부자(父子), 가휘(賈徽)·가규(賈逵) 부자, 허신(許

愼)》·마융(馬融)·노식盧植)·정현(鄭玄)·복건(服虔) 등이 나와,《좌
씨전》에 연구 업적을 내고, 금문학을 드러내어 들날렸다. 전한(前
漢)·후한(後漢)의 양한시대(兩漢時代)를 통해서《좌씨전》은 금문학
에 눌려 관학의 지위를 차지하지 못했다. 그러나, 여러 유명 학자들에
의하여 그 가치는 날로 선양(宣揚)되었다.

삼국시대(三國時代)에 들어서자, 학계의 추세가 금문학에서 고문학
으로 전환되자,《좌씨전》은 더욱 그 성가(聲價)를 높였다. 그리고 서
진(西晉) 시대에 들어 두예(杜預, 222~284)가 나와 춘추전을 위하여
공헌하여, 춘추전의 지위는 아주 높아졌다. 두예는 유명한《춘추경전
집해(春秋經傳集解)》를 저작하여《춘추좌씨전》을 집대성했다. 그는
책으로, 예전의《춘추좌씨전》의 면목을 일신(一新)시키었다. 그의 전
에서는, 춘추의 경문(經文)과 좌씨전의 전문(傳文)이 별도로 전해졌
다. 그랬는데, 두예는 경문과 전문을 한 책 안에 다 함께 엮어넣었다.
즉 그는 경문에 대응(對應)되는 대로 전문을 각년(各年)마다에다 나
누어 붙이었다. 그리고《춘추석례(春秋釋例)》를 지어,《좌씨전》의 내
용을 상세히 검토하였다.

《좌씨전》은 두예 이후 계속 그 세를 넓히었다. 그리하여 당(唐) 시
대에 이르러 공영달(孔穎達, 574~648) 등이, 태종(太宗)의 칙명(勅
命)으로《오경정의(五經正義)》를 지을 때, 전은《좌씨전》을 정통(正
統)으로 삼자 그후로《좌씨전》은《공양전》과《곡량전》의 위에 놓여
지게 되고, 뒤에는 경(經)의 하나로 존중하게 되었다.

《삼국사기(三國史記)》고구려본기(高句麗本記) 소수림왕(小獸林王)
2년(372)조에,

‘立太學, 敎育子弟.’(태학을 세워 자제를 교육했다.)

라고 있는 바에 의하면, 고구려에서는 4세기 후반기에 이미 학교 교
육을 실시하여, 널리 나라의 자제를 교육 양성하였다. 그런데, 중국
의《북사(北史)》주서(周書) 제49권 고구려전(高句麗傳)에 있는 기

사에 보면, 당시 고구려의 교육상 교재(教材)는 《시경》·《서경》·《역경》·《춘추》·《예기》의 오경(五經)과, 사마천(司馬遷)의 《사기(史記)》·반고(班固)의 《한서(漢書)》·범엽(范曄)의 《후한서(後漢書)》삼사(三史)가 주였다. 그 기사에 의하면, 4세기 경 우리 땅에는 춘추가 제법 널리 유행되었다. 그리고《삼국사기》신라본기(新羅本記) 원성왕(元聖王) 4년(788)조에,

'春始讀書三品, 以出身. 讀春秋左氏傳, 若禮記若文選, 而能通其義, 兼明論語孝經者, 爲上, 讀曲禮論語孝經者, 爲中, 讀曲禮孝經者, 爲下. 若博通五經三史諸子百家書者, 超擢用之.'

(봄에 독서삼품제도를 시행하여 인재를 등용했다.《춘추좌씨전》과 혹 《예기》나 《문선》을 읽고, 그 내용의 뜻에 능통하며, 그 위에다 《논어》와 《효경》에 밝은 사람은 상품(上品)으로 삼고, 《곡례》·《논어》·《효경》을 읽은 사람은 중품으로 삼으며, 《곡례》와 《효경》을 읽은 사람은 하품으로 삼았다. 그리고, 오경·삼사·제자백가의 책을 널리 통하는 사람 같으면, 삼품을 따질 것 없이 발탁하여 등용했다.)

라고 있는 것에 의한다면, 8세기 경에《좌씨전》이 널리 읽혀지고, 학자 및 출세의 뜻이 있는 자라면 반드시 읽어야만 했다는 것을 알 수 있고, 동시에 우리나라의 춘추학(春秋學)은《좌씨전》에 의해서 이루어졌다는 것이 인정되어진다.

3) 좌씨전의 특색

후한시대의 대학자 정현(鄭玄, 127~200)은, 그의 〈육예론(六藝論)〉에서 춘추 삼전(三傳)의 특색을 말했는데,《공양전》은 미래를 예언한 데 있어 뛰어났고,《곡량전》은 경문(經文)의 의의를 순정(純正)하게 말한 데 있어 뛰어났으며,《좌씨전》은 예의에 입각하여 시비(是非)를 논한 데 있어 뛰어났다는 뜻의 말을 했다. 정현이 삼전에 대해

서 말한 것 중에서 《공양전》에 대해 말한 점은, 재론(再論)할 여지가 있다고 여겨지나, 《좌씨전》에 대한 말은 《좌씨전》 특색의 중요한 점을 정확하게 지적한 것이라고 인정되고 있다. 우리가 직접 읽으면 감지할 수 있는 일이지만 어느 사례를 논하는 데 있어서는, 반드시 예의에 의하는 입장에서 말하고 있다. 《좌씨전》을 읽으면서 우리가 느낄 수 있는 것은 어느 일을 두고 점을 치거나 또는 어느 사람 또는 군자(君子)에 의탁해서 편된 데 있어, 그 대상 나라나 인물이 망하고 흥한다는 예언의 결과가 반드시 그대로 실현되어지고 있는데, 그것이 예의적이면 흥하고, 예의적이 아니면 망한다는 것으로 일관되어 있는 것이다.

《좌씨전》의 전개가 예의를 토대로 하고 있다는 특색 외에, 또 하나의 특색을 든다면, 그것은 역사적인 사실에 입각해서 《춘추》의 경문을 해명한 점이다. 이에 대해서는, 송(宋)대의 유명한 철학자 주희(朱熹, 1130~1200)가 말한 바 있다. 즉 주희는 《주자어류(朱子語類)》 제83권에서, '《좌씨전》은 사학(史學)이고, 《공양전》·《곡량전》은 경학(經學)이다.'라고 말한 것이다. 이 점에 대해서는 이미 여러 학자에 의해서 논의되어 왔거니와, 《공양전》과 《곡량전》은 유가적(儒家的) 사상에 구속된 입장에서 경문의 의의를 해명하여, 왕왕 사실(史實)을 망각한 점이 있다.

그러나 《좌씨전》은 풍부한 역사적 사실을 가지고 경문을 실증적으로 해명하고 있다. 그래서 《좌씨전》은 춘추시대의 사회상과 여러 가지 제도를 사실대로 적은 하나의 커다란 사서(史書)이지만, 춘추시대의 사회와 인간, 그리고 그때의 문물을 그대로 묘사하여 문학적인 면을 지니고 있다고 말할 수도 있다. 그리고 또 《좌씨전》은 고대 중국의 사상과 인도(人道)를 논함에 있어, 철학적인 의의도 지니고 있는 것이다.

위에서 말한 예의적이고 사실적(史實的)인 것이 《좌씨전》의 특색이거니와, 여기서 한 가지 짚고 넘어갈 것은 《좌씨전》과 오랫동안 대립되었던 《공양전》과 《좌씨전》의 경문에 차이가 있는 것이다. 즉 《공양전》과 《곡량전》의 경문은,

'哀公十四年春, 西狩, 獲麟'(애공십사년춘, 서수, 획린)

으로 끝났으나 《좌씨전》의 경문은,

'哀公十六年夏四月己丑, 孔丘卒'(애공십육년하사월기축, 공구졸)

로 끝나고 있다. 이것은 형식상의 특색이라 말할 수 있는 것이다.

4) 경(經)·전(傳)의 기술법(記述法)

이 항(項)에서는 《춘추좌씨전》의 경문과 전문의 두세 가지 기술법에 대해서 말하기로 한다.

첫째로 역법(曆法)을 존중하고 있다. 《춘추》에서는 주(周)의 역법을 존중하여, 매년을 춘·하·추·동의 사계절로 나누고, 각 계절마다에 3개월씩을 안배하여, 매년 반드시 '춘왕정월(春王正月)……'을 붙여 쓰기 시작했다. 그러나, 정월에 쓸 사건이 없을 때에는, '춘왕이월(春王二月)……' 이런 식으로 쓰고, 또 정월·2월에 쓸 사건이 없을 때에는 '춘왕삼월(春王三月)……' 이런 식으로 쓰는 것을 원칙으로 삼고 있다. 여기에 '왕(王)'은 '주나라 왕조(王朝)의 역법으로'(천자가 쓰는 역으로)의 뜻을 의미하는데, 가끔 '왕'자가 탈락되어 있다. 그러나 원래의 본(本)에는 있었던 것이 틀림없다.

둘째, 신분의 상하를 철저히 밝히고 있다. 한 글 안에 여러 제후를 열기(列記)하는 경우에는, 첫째로는 노나라 군주를 내세웠고, 다음에는 패자(覇者)를 존중하여 패자인 나라의 군주를 먼저 들고, 그 외는 작위의 높은 순으로 들었다. 그리고 작위가 같을 경우에는, 주나라 왕실과의 친소(親疏)를 따져 선후를 정했다. 그리고 또 아버지가 죽어, 아직 장사가 끝나지 않은 동안은 비록 아버지의 자리를 이어 받고 있다 하더라도, 정식으로 습작(襲爵)한 군주로 인정하지 않고, 그 나라

군주의 작호(爵號)를 쓰지 않고, 'O子'(어느 나라의 군주의 자리를
이어 받을 아들) 이런 식으로 썼다.

셋째로 주(周)나라 왕자(王子)·제후의 아들·대부의 아들들의 자
(字) 위의 자(子)는 '귀한 분의 아들' 이런 뜻으로 쓴 것이라고 이해
된다. '자(子)'는 여러 가지 뜻으로 쓰인 자다. 즉 '자식·가문을 이어
받는 자·사위·자손(子孫)·남자의 통칭(通稱)·남자에 대한 존칭·
덕 있는 사람에 대한 존칭·사대부(士大夫)의 통칭·상대에 대한 칭
호(그대·자네·당신 등)·젊은이·백성·만물(萬物)·열매·이자(利
子)·작다·물건의 이름 밑에 붙이는 접미사·12지(支)의 첫째·작위
의 넷째 이름·북쪽 방향·오랑캐 민족의 군주·일가를 이룬 학자·
일가를 이룬 학자의 저서(著書)·백작(伯爵)·자작·남작의 제후의
통칭·제사·성(姓)의 이름·붙어난다·자애(慈愛)한다.' 등 여러 가
지 뜻으로 쓰였다. 나는 이 여러 가지 뜻에서, '사대부의 통칭'을 취
해서 넓은 의미의 공자(公子), 즉 귀공자로 이해하고 싶다.《좌씨전》
에는 공자를 협의적(狹義的)으로는 제후국의 군주와 동모형제(同母兄
弟)라고 정의(定義)하고 있다. 그러나, 군주의 동모형제를 다만 '子
O'라 말하여, 다른 귀공자(공자)와 다름없이 말하고 있는 예가 허다
하다.《좌씨전》에서 그 예를 다 들 수야 없으나, 다음에 약간을 들어
본다.

  o소공(昭公) 26년조 : 주(周)나라의 왕자 조(朝)를, 처음에는 '왕자
    조(王子朝)'라 말하고, 끝에는 다만 '자조(子朝)'라고만 했다.

  o소공 26년조 : 초(楚)나라 평왕의 왕자 서장자(庶長子) 서(西)를
    왕자나 공자라 말하지 않고, 다만 '자서(子西)'라고만 했다.

  o소공 19년에 초나라 태자 건(建)을 '태자 건(太子建)'이라 했다
    가, 소공 26년조에는 '왕자 건(王子建)'이라 하였다.

  o장공 30년조 : '초공자 원(楚公子元)'이라 했다가, 다시 '자원(子
    元)'이라 했다.

o희공 17년조 : '진태자 어(晉太子圉)'라 했다가, 다시 '자어(子圉)'
라 하였다.
o정공 4년조 : 오(吳)나라 왕자 산(山)을 '자산(子山)'이라 하였다.
o소공 20년조 : '송공자 성(宋公子城)'이라 했다가, 다시 '자성(子
城)'이라 했다.
o소공 2년조 : '공손명(公孫明)'이라 했다가, 다음에는 '자명(子明)'
이라 했다.
o소공 10년조 : 제(齊)의 '공자 산(公子山)'이라고도 하고, '자산(子
山)'이라고도 했다.
o애공 5년조 : 제(齊)의 '공자 양생(公子陽生)'을 다만 '양생(陽生)'
이라고도 했다.
o애공 2년조 : '정자요(鄭子姚)·자반(子般)'이라 했다가, 다만 '요
(姚)·반(般)'이라 했다.
o애공 2년조 : 진(晉)의 '우무휼(郵無恤)'을 '자양(子良)'이라고도
하고, 또 '우양(郵良)'이라고도 했다.
o애공 11년조 : 노(魯)나라의 '안우(顔羽)'를 성을 빼고 다만 '자우
(子羽)'라고도 했다.

후세에서는 보통 사람의 자(字)의 처음 자로 자(子)자를 쓴 예가
많이 있다. 송(宋)대의 대문호(大文豪) 소식(蘇軾)의 자인 자첨(子
瞻)이 그 좋은 예다. 그러나, 위에 든 《춘추좌씨전》의 예를 생각하
면, 《춘추좌씨전》에 나오는 사람들의 자 위에 붙은 자(子)는, 왕자
손(王子孫)·제후의 자손·대부(大夫) 사(士) 등이나 그들의 자손
등과 같은 귀족 계급의 사람들에 대한 존칭으로 붙인 것이어서, 광
의적(廣義的)인 공자(公子), 즉 귀공자라는 뜻으로 붙인 것이라고
여겨진다.

춘추열국도(春秋列國圖)

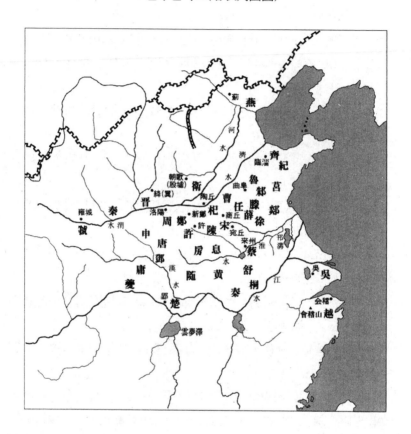

춘추좌씨전 서(序)

두예(杜預)

^{춘 추 자} ^{노 사 기 지 명 야} ^{기 사 자} ^{이 사 계 일} ^{이 일 계}
春秋者,는 魯史記之名也.라 記事者,는 以事繫日,하고 以日繫

^월 ^{이 월 계 시} ^{이 시 계 년} ^{소 이 기 원 근} ^{별 동 이}
月,하며 以月繫時,하고 以時繫年.이니라 所以紀遠近,하고 別同異

^야 ^고 ^{사 지 소 기} ^{필 표 년 이 수 사} ^{연 유 사 시} ^고 ^착
也.라 故로 史之所記,는 必表年以首事.라 年有四時.라 故로 錯

^{거 이 위 소 기 지 명 야}
擧以爲所記之名也.라

《춘추(春秋)》는 노(魯)나라 역사를 기록한 책 이름이다. 나랏일을 기록하는 자는, 그 일이 있은 날에 맞추어 쓰고, 그 날이 속하는 달을 따져 붙이며, 그 달을 시절에 맞추어 따지고, 그 시절이 어느 해인가 에 따지는 것이니, 연월(年月)의 멀고 가까움을 분명하게 기록하고, 일의 같고 다름을 구별하기 위해서이다. 그러므로 사관(史官)이 기록 한 바는, 반드시 군주(君主) 재위(在位) 몇 해인가를 나타내어 그 해 의 기사(記事)를 시작했다. 한 해에는 춘·하·추·동의 네 시절이 있 다. 그러므로, 네 시절 이름 중에서 하나씩을 걸러 빼고, 그 나머지를 위아래로 붙여서 기록한 책의 이름으로 삼았다.

▌주해▐ ㅇ春秋左氏傳(춘추좌씨전) 序(서)―진(晉)나라 두예(杜預, 222~ 284)가 《춘추경전집해(春秋經傳集解)》의 서(序)로 쓴 글.

ㅇ以事繫日(이사계일)―일이 어느 날에 있었던가를 그 날짜를 분명히 따 져 기록하는 것.

ㅇ錯擧(착거)―춘·하·추·동에서, 하는 춘에, 동은 추에 포함하여 하나

씩을 걸러 빼고, 나머지 춘과 추를 위아래로 붙여 들었다는 것.

周禮有史官.이라 掌邦國四方之事,하고 達四方之志.라 諸侯亦
各有國史,하여 大事書之於策,하고 小事簡牘而已.라 孟子曰, 楚
謂之檮杌,하고 晉謂之乘.이라 而魯謂之春秋,나 其實一也.라 韓
宣子適魯,하여 見易象與魯春秋曰, 周禮盡在魯矣.라 吾乃今
知周公之德與周之所以王.이라 韓子所見,은 蓋周之舊典禮經
也.라

《주례(周禮)》에 사관(史官)에 대한 말이 있다. 나라 사방의 일을
기록하고, 사방에 알릴 뜻을 통달케 함을 맡았다. 제후(諸侯)에게도
각기 국사(國史)가 있어, 큰 일은 대나무를 깎아 엮은 것에 기록하고,
작은 일은 대나무를 깎은 패의 작은 것 또는 큰 것에다 기록할 따름
이었다. 맹자(孟子)께서 말씀하시기를 '초(楚)에서는 국사를 도올(檮
杌)이라 하고, 진(晉)에서는 승(乘)이라 한다. 그러나, 노(魯)에서는
춘추(春秋)라 하지만, 실은 다 국사인 것이다.'라고 했다. 한선자(韓宣
子)가 노(魯)에 가 《역경(易經)》의 괘(卦) 풀이와 노나라의 《춘추》를
보고는, '주(周)나라의 예법(禮法)은 다 노나라에 있구나! 내 이제야
주공(周公)의 덕(德)과 주나라 문왕(文王)이 왕이 된 까닭을 알겠도
다!'라고 말했다. 한선자가 본 것은 아마도 주나라의 옛날에 제정한
사관의 기록법과 예법의 근본이 《춘추》에 나타나 있는 점이었을 것
이다.

▌주해 | ㅇ周禮(주례)-책 이름.
ㅇ史官(사관)-대사(大史)·소사(小史)·내사(內史)·외사(外史)·어사(御

史)의 구분이 있었다. 대사는 사관의 장(長)이었고, 내사는 사방에서 보고해 온 것을 검토하여 기록하고, 외사는 사방으로 알리는 일을 기록하여 알림을 장악했다.

o 策(책)—깎은 대의 쪽을 많이 엮은 것.

o 簡(간)—한 줄의 글을 쓸 수 있는 대나무를 깎은 쪽.

o 牘(독)—간(簡)보다 큰 것으로, 몇 줄의 글을 적을 수 있는 것.

o 孟子曰(맹자왈)—《맹자》이루(離婁) 하(下)에 나온다.

o 檮杌(도올)—초(楚)나라 역사책. 원래는 악한 짐승이나 나무 이름이었는데 변하여 나쁜 일을 기록하여 세상을 경계한다는 뜻이 되었다.

o 乘(승)—진(晋)나라 역사책. 행사를 역사서에 싣는다[乘]는 뜻 같다.

o 韓宣子(한선자)—진(晉)의 대부인 한기(韓起). 소공 2년조에 나온다.

周德旣衰,에 官失其守.라 上之人不能使春秋昭明,하고 赴告策書,와 諸所記注,는 多違舊章.이라 仲尼因魯史策書成文,하여 考其眞僞,하여 而志其典禮.라 上以遵周公之遺制,하고 下以明將來之法.이라 其敎之所存,이나 文之所害,는 則刊而正之,하여 以示勸戒,하고 其餘則皆卽用舊史.라 史有文質,하고 辭有詳略,이나 不必改也.라 故로 傳曰, 其善志.라 又曰, 非聖人,이면 孰能脩之.리오 蓋周公之志,를 仲尼從而明之也.라

주나라의 덕이 쇠퇴하여지자, 관리는 자기가 지켜야 할 기강을 잃었다. 위에 있는 군주가 《춘추》의 칭찬하고 나무람과 좋은 걸 권하고 악한 것을 경계하는 정신을 밝게 할 수가 없고, 다른 나라에 알리는 문서나, 여러 가지 기록하고 설명한 것이, 거의 옛날의 법도와 어긋나는 것이었다. 중니(仲尼)께서는 노나라 사관(史官)이 책(策)에다 써

성립된 옛글에 의해서, 그 참되고 거짓됨을 상고하여, 옛날의 법식과 예법을 밝히어 썼다. 위로는 주공(周公)이 정해 전한 법식을 따르고, 아래로는 앞으로 지켜야 할 법도를 명백히 했다. 전의 글에서, 세상 사람들에게 교훈이 될 바가 있으나, 뜻을 해치는 대목은 깎아내어 새로이 바로 써, 착함을 권하고 악함을 경계함을 보이고, 그밖의 것은 다 전의 역사 글을 그대로 이용했다. 전의 사관의 글에는 살붙인 곳이 있고, 글에는 자세한 곳이 있는가 하면 간략하게 된 곳도 있었지만, 교훈이 되는 거라면 고치지 않았다. 그러므로 좌씨(左氏)의 전(傳)에는, '좋은 책이기도 하다.'라고 했다. 그리고 또 말하기를, '성인(聖人)이 아니고서는, 누구라 이를 지을 수가 있었겠는가?'라고 했다. 즉 주공(周公)의 정신을, 공자(孔子)가 따라 그것을 밝힌 것이다.

주해 ○周德旣衰(주덕기쇠)―주(周)나라가 세력이 약해져. 도읍을 동쪽으로 옮긴(기원전 770년) 이후를 말한다.

○赴告(부고)―부(赴)는 제왕의 죽음을 알리는 것. 고(告)는 재난을 알리는 것.

○傳曰(전왈)―《좌씨전》성공(成公) 14년조에 나온다.

左丘明受經於仲尼,하여 以爲經者不刊之書也.라 故로 傳或

先經以始事,하고 或後經以終義,하며 或依經以辯理,하고 或錯經

以合異,하여 隨義而發.이라 其例之所重舊史遺文,을 略不盡擧,

는 非聖人所脩之要故也.라 身爲國史,하여 躬覽載籍.이라 必廣

記而備言之.라 其文緩,하고 其旨遠.이라 將令學者原始要終,하고

尋其枝葉,하여 究其所窮.이라 優而柔之,하여 使自求之,요 饜而

飫之,하여 使自趣之.라 若江海之浸,이요 膏澤之潤.이라 渙然氷

석   이 연 이 순   연 후 위 득 야
釋,하고 怡然理順,하여 然後爲得也.라

좌구명(左丘明)은 경문을 중니(仲尼)에게 전수받고는, 경문은 깎아 낼 수가 없는 글이라고 여기었다. 그래서 그가 지은 전(傳)은, 경우에 따라서는 경문의 앞에다 그와 관계 있는 말로 시작하고, 혹은 경문보다 뒤에 경문의 의의를 완전히 설명했으며, 혹은 경문에 의해서 그 이치를 말해 밝히었고, 어느 경우에는 경문을 섞어 넣어서 글의 다름을 맞추었는데, 다 경문의 뜻을 따라 말한 것이었다. 경문 중에 든 예(例)가 중복되어진 옛 역사의 글에 대해서는 설명을 생략하여 전부를 들어 말하지 않은 것은, 성인(聖人) 즉 공자(孔子)가 중히 여기어 기록한 대목이 아니기 때문이다. 좌구명은 노(魯)나라의 사관(史官)이 되어 자신이 널리 펼쳐 전하는 책을 읽었기에, 일마다에 반드시 넓게 기술하고 자세히 말한 것이다. 글은 유창하고, 뜻은 심원(深遠)하다. 그래서 공부하는 사람으로 하여금 사건의 처음을 찾고, 종말(終末)을 살피어 알게끔 하고, 일에 관계되는 작은 일을 알고, 궁극적(窮極的)인 것을 완전히 알게끔 되어 있다. 글은 너그러워 배우는 사람의 마음을 부드럽게 하여, 배우는 사람 자신이 탐구(探求)케 하고, 아주 만족스러운 것이어서, 재미를 붙이어 탐구하는 마음을 갖게 한다. 마치 강이나 바다의 물이 멀리 만물을 적시고, 큰 빗물이 널리 만물을 적시는 것과도 같다. 글을 읽노라면, 봄에 얼어붙었던 얼음이 녹듯이 의심이 풀리어, 순하게 이치를 깨달을 수 있어 진의(眞意)를 얻게 되는 것이다.

▌주해▐   ○左丘明(좌구명)−노(魯)나라 사관.《좌전(左傳)》을 지음.
　○經(경)−춘추(春秋)의 경문(經文)으로, 공자(孔子)가 기록한 원문(原文)을 말한다.
　○不刊之書(불간지서)−깎아낼 수가 없는 신성한 글.
　○先經以始事(선경이시사)−《좌씨전(左氏傳)》의 글은, 대개 경문의 뒤에

다 설명하는 전(傳)의 글을 붙였다. 그런데 어느 대목은 경문의 앞에, 경문을 이해하는 수단으로 전의 글을 먼저 붙이기도 했다. 그 예는, 은공(隱公) 원년(元年)조에서 볼 수 있다.

○後經以終義(후경이종의) – 경문의 바로 뒤에 해석의 전문을 붙이지 않고, 그 경문보다 훨씬 뒤의 해의 조목(條目)에서 그 경문의 뜻을 설명한 것을 말한다.

○錯經以合異(착경이합이) – 경문을 서로 바꾸어 글이 다르더라도 그 뜻이 같은 것들을 맞추어 생각하는 것.

○江海(강해) – 강은 보통 양자강(揚子江)을 두고 한 말이나, 여기에서는 다만 강이라 번역했다.

○渙然氷釋(환연빙석) – 봄에 얼어붙었던 얼음이 녹듯이 의심이 풀리는 것을 가리킨다. 《노자(老子)》에 나온다.

其發凡以言例,는 皆經國之常制,이고 周公之垂法,이며 史書之舊章.이라 仲尼從而脩之,하여 以成一經之通體.라 其微顯闡幽라 하여야 裁成義類者,는 皆據舊例而發義,하고 指行事以正褒貶.이라 諸稱·書·不書·先書·故書·不言·不稱·書曰之類,는 皆所以起新舊發大義,로 謂之變例.라 然이나 亦有史所不書,하여 即以爲義者,하니 此蓋春秋新意.라 故로 傳不言凡,하고 曲而暢之也.라 其經無義例,하고 因行事而言,은 則傳直言其歸趣而已,요 非例也.라

故로 發傳之體有三,하고 而爲例之情有五.라 一曰, 微而顯,이니 文見於此,나 而起義在彼.라 稱族尊君命,이나 舍族尊夫人,이

나 梁亡,이나 城緣陵之類是也.라 二曰, 志而晦,이니 約言示制,

에 推以知例.라 參會不地,나 與謀曰及之類是也.라 三曰, 婉而

成章,이니 曲從義訓,하여 以示大順.이라 諸所諱避,에 璧假許田

之類是也.라 四曰, 盡而不汙,니 直書其事,하여 其文見意.라 丹

楹,과 刻桷,과 天王求車,와 齊侯獻捷之類是也.라 五曰, 懲惡而

勸善,이니 求名而亡,하여 欲蓋而章.이라 書齊豹盜,와 三叛人名

之類是也.라 推此五體,하여 以尋經傳,하고 觸類而長之,하여 附

于二百四十二年行事,면 王道之正,과 人倫之紀備矣.라

《좌씨전》이 '무릇[凡]'이라는 말로써 시작해서 일의 예(例)를 말한
것은, 다 나라를 다스리는 데의 정상적인 제도로서, 주공(周公)이 제
정하여 후세에 남긴 법도이며, 사관(史官)이 기록함에 쓰는 예로부터
의 법도였다. 중니(仲尼)는 이에 따라 이를 바로잡아, 춘추경(春秋經)
전체에 통하는 체재를 이룩했다. 《좌씨전》은 경문에 해박한 데에 대
해서는 간단히 말하고, 뜻이 깊어 알기 어려운 것에 대해서는 해박하
게 설명하여, 의리(義理)의 예를 정연(整然)하게 했다. 이것은 다 옛
역사의 예에 의해서 경(經)의 의의를 말한 것이고, 그 사람의 행한 일
의 옳고 그름을 바로 찾아내, 선(善)을 칭찬하고, 악(惡)을 물리치는
정신을 똑바로 밝힌 것이다. 《좌씨전》 중에, '칭(稱)했다 · 썼다 · 쓰지
않았다 · 먼저 썼다 · 그러므로 썼다 · 말하지 않았다 · 칭하지 않았다 ·
써서 말했다.'라고 말한 것들은, 다 공자(孔子)의 창의(創意)에 의한
새로운 예(例)와, 예로부터의 구례(書例)와를 구별하여, 《춘추》의 대
의(大義)를 밝힌 것인데, 이것들 여덟 가지를 구례에 대하여 변례(變

例)라 이른다. 그러나 사관(史官)이 원래 기록하지 않은 것이지만, 공자의 정신에 의한 것이 있다. 이것 또한 공자의 창의적(創意的)인 것이라고 여겨지는 것이다. 그러므로 전(傳)에서 옛 기록을 고친 것이나, 사관이 원래 기록하지 않았던 것에 대해서는 '무릇 운운(云云)' 식으로 쓰지 않고서, 간곡하고도 자세히 말했다. 그리고 경(經)에 특별히 내세운 뜻[義]이 없이 다만 그 사람의 행한 일에 따라서만 말하고 있으면 전(傳)에서도 그 귀결(歸結)만을 말하고 있다. 그러니 이런 것은 선을 칭찬하고 악을 물리치는 뜻이 예(例)에는 들지 않는 비례(非例)인 것이다.

그래서 《좌씨전》에서 뜻을 설명하여 말하는 체재에는, 구례(舊例) 즉 정례(正例)와 변례(變例) · 비례(非例)의 세 가지가 있고, 경문의 의를 설명하기 위해서 마음을 쓴 것에는 다음의 다섯 가지가 있다. 그 첫째는 경문의 말은 간략하지만 뜻이 잘 나타나 있다는 것이니, 경문에는 간단히 설명하였으나, 그 뜻은 그 글 밖에서 나타난다는 것이다. '씨족명(氏族名)을 칭(稱)한 것은, 군주(君主)의 명(命)을 존중한 것이다.' · '씨족명을 칭하지 않은 것은, 부인을 높인 것이다.' · '양(梁)나라가 망했다.' · '연릉(緣陵)에 성(城)을 쌓았다.' 등의 말 같은 것들은, 이 관념에서 말한 것이 된다. 둘째는, 경문에 전해 있기는 하나, 그 뜻은 알기 어렵다는 것이니, 경문에 간단히 전하여 그 규범(規範)을 나타내고 있으나, 추측을 해서야 그 뜻을 안다는 것이다. '세 나라 이상의 회합(會合)에는 회합한 지명(地名)을 쓰지 않는다.' · '같이 도모(圖謀)했다는 것을 나타냄에 급(及)자를 쓴다.'는 등의 예는 이 관념에서 말한 것이 된다. 셋째는, 바로 쓰기에 거북한 것은 돌려 썼으되, 글이 정연(整然)하다는 것이니, 돌려서 말했으나 지켜야 할 가르침에 따라, 신하가 순종해야 할 큰 도리를 보였다는 것이다. 여러 가지로 바로 쓰기를 피함에, '구슬로 허전(許田)을 빌리었다.' 같은 것은 이 관념에서 말한 것이 된다. 넷째는, 어느 일을 바른대로만 말해서 숨김이 없다는 것이니, 일에 대하여 그대로 바로 써, 글로 일을 자세히 밝히고, 뜻을 올바르게 밝힌 것이다. '기둥에 단청을 했다.'·'서까래에 조각을 했다.'·'천자(天子)인 왕(王)이 수레를 요구했다.'·'제(齊)나라 군주가 전리품(戰利品)을 바치었다.' 등은 이 관념에서 말한 것이다. 다섯째는, 나쁜 사람을 징계하고 선한 사람을 칭송한 것이니, 이름을 얻으려다가 오히려 명성(名聲)을 잃고, 악(惡)을 덮어 감추려다가 오히려 그 악이 세상에 밝혀진 것을 적은 것이다. '제표(齊豹)를 도둑'이라 적고, '세 배반자의 이름을 적은 것'은 이 관념으로 말한 것이 된다. 이 다섯 가지의 체제를 기본으로 삼아, 《춘추》의 경문과 전문(傳文)을 터득하여, 같은 일에 당하여 그 의됨을 가지고 부연(敷衍)하고, 춘추시대 242년 간에 행해진 일들에 비추어 보면, 나라를 다스리는 왕도(王道)의 바름과, 인간들이 지켜야 할 윤리의 기강(紀綱)이 다 구비된 것이 된다.

▮주해▮ ㅇ體有三(체유삼)－구례(舊例:正例)·변례(變例)·비례(非例)의 세 체재가 있다는 것.

ㅇ情有五(정유오)－미이현(微而顯)·지이회(志而晦)·완이성장(婉而成章)·진이불우(盡而不汙)·징악이권선(懲惡而勸善)의 다섯 가지 관념이 있었다는 것인데, 이에 대해서는 성공(成公) 15년 전(傳) 9월조에서 설명한다.

ㅇ稱族尊君命(칭족존군명)·舍族尊夫人(사족존부인)－성공 14년 전(傳) 9월조에 나온다.

ㅇ梁亡(양망)－희공(僖公) 19년조에 나온다.

ㅇ城緣陵(성연릉)－희공 14년조에 나온다.

ㅇ參會不地(삼회부지)－환공(桓公) 2년 전 동(冬)의 대목에 나온다.

ㅇ與謀曰及(여모왈급)－선공(宣公) 7년 하(夏)의 전(傳)에, 서로 같이 상대 나라를 치려고 도모하는 경우는 '급(及)'이라 하고, 도모하지 않는 경우는 '회(會)'라 한다고 되어 있다.

ㅇ璧假許田(벽가허전)－환공 원년조에 나온다.

o 丹楹(단영)－장공(莊公) 23년 추(秋)의 대목에 나오는 말이다.

o 刻桷(각각)－장공 24년 춘(春)의 대목에 나오는 말이다.

o 天王求車(천왕구거)－환공 15년 2월조에 나오는 말이다.

o 齊侯獻捷(제후헌첩)－장공 31년 6월조에 나온다.

o 書齊豹盜(서제표도)－소공(昭公) 20년에, 위(衛)나라의 제표가 용명(勇名)을 얻으려고 위나라 군주의 형을 죽이었는데, 그 조목에는 제표를 도적이라 적었다.

o 三叛人(삼반인)－양공(襄公) 21년조에 나오는 주(邾)나라의 서기(庶其), 소공 5년조에 나오는 거(莒)의 모이(牟夷), 소공 31년조에 나오는 주(邾)의 흑굉(黑肱) 세 배반자를 말한다.

혹왈　춘추이착문현의　　약여소론　　즉경당유사동문이
或曰, 春秋以錯文見義.라 若如所論,이면 則經當有事同文異

이무기의야　　선유소전　　개불기연　　답왈　춘추수이일자
而無其義也.라 先儒所傳,은 皆不其然.이라 答曰, 春秋雖以一字

위포폄　　연　　개수수구이성언　　비여팔괘지효가착종
爲襃貶,이나 然이나 皆須數句以成言,하여 非如八卦之爻可錯綜

위육십사야　　고당의전이위단
爲六十四也,이니 固當依傳以爲斷.이라

고금언좌씨춘추자다의　　금기유문가견자십수가　　대체
古今言左氏春秋者多矣.로라 今其遺文可見者十數家.라 大體

전상조술　　진불성위착종경문이진기변　　퇴불수구명지
轉相祖述,하여 進不成爲錯綜經文以盡其變,하고 退不守丘明之

전　　어구명지전　　유소불통　　개몰이불설　　이경부
傳.이라 於丘明之傳,에 有所不通,이면 皆沒而不說,하고 而更膚

인공양　곡량　　적족이자란　　예금소이위이　　전수구명
引公羊·穀梁,하여 適足以自亂.이라 預今所以爲異,는 專脩丘明

지전이석경　　경지조관　　필출어전　　전지의례　　총귀
之傳以釋經.이라 經之條貫,은 必出於傳,하고 傳之義例,는 揔歸

제범　　추변례이정포폄　　간이전이거이단　　개구명
諸凡.이라 推變例以正襃貶,하고 簡二傳而去異端,이어늘 蓋丘明

지지야　　기유의착　　즉비론이궐지　　이사후현
之志也.라 其有疑錯,이면 則備論而闕之,하여 以俟後賢.이라

然이나 劉子駿創通大義,하고 賈景伯父子·許惠卿,은 皆先儒
之美者也.라 未有穎子嚴者,하여 雖淺近亦復名家.라 故로 特擧
劉·賈·許·穎之違,하여 以見同異,하고 分經之年與傳之年相
附,하여 比其義類,하고 各隨而解之,하여 名曰經傳集解.라 又別
集諸例及地名·譜第·歷數,하여 相與爲部,하니 凡四十部十五
卷.이라 皆顯其異同,하고 從而釋之.라 名曰釋例,하여 將令學者
觀其所聚.라 異同之說,은 釋例詳之也.라

어느 분이 말하기를 "《춘추》는 글귀를 잘 맞추어 뜻을 나타내고 있는 것이오. 만약 그대가 말한대로라면, 경문(經文)은 마땅히, 같은 일인데 표현이 다르더라도, 다른 의를 갖지 않는 것이 있게 될 것이오. 그러나 전의 학자들의 전하는 바는, 다 그렇지 않소이다."라고 하였다. 이에 대해서 나는 대답했다. "《춘추》는 비록 한 글자를 가지고 선을 칭찬하거나 악을 물리쳤다 할지라도, 여러 마디의 말로 경문(經文)이 지어져 있는 것으로서, 《역경(易經)》의 팔괘(八卦) 효(爻)가 이리저리로 어울려져 64효가 된 것 같은 것이 아니니, 진실로 마땅히 전(傳)의 글에 의해서 경의 뜻을 판단해야 할 것입니다."

예로부터 오늘에 이르기까지 《좌씨춘추전》에 대해서 말했음이 많다. 오늘날 이에 대해서 전해진 학설(學說)을 찾아볼 수 있는 것으로는 십 몇 가지가 된다. 그런데 그 학설들은 다 서로 옛날 사람의 설(說)을 이어 받아 기술(記述)한 것들로, 신진적(新進的)으로 경의 글을 이리저리 대어 그 다름을 밝혀내지 못했고, 또 전의 설을 지킨다는 입장에서는 좌구명의 전(傳) 내용을 그대로 고수(固守)하지를 못한 것이었다. 그리하여 좌구명의 전 내용에 이해할 수 없는 대목이 있게 되면, 다 덮어둔 채 언급하지 않고는, 《공양전》 또는 《곡량전》의 말을 건성으로 인용하였기에, 그들 자신이 펴낸 학설이 정연(整然)하지 못하게 됐던 것이다. 나 두예(杜預)가 이제 전의 학자들과 다른 설을 편 점은, 오직 좌구명의 전문(傳文)을 연구해서 경문을 해석했다는 것이다. 경문의 일관된 조리(條理)는 반드시 전의 글에 나타나 있고, 전의 의(義)를 말한 예(例)는 다 범례에 귀일(歸一)되어진다. 변례(變例)를 고찰해서 칭찬하고 물리친 뜻을 바로 말하고, 또 (혹 《좌씨춘추전》에 설명의 글이 없어서 경의 뜻이 알 수 없으면) 《공양전》과 《곡량전》의 두 전의 글 중에서 잘 되어진 것을 골라 취하며, 잘못되어진 것은 버렸는바, 이 방법은 곧 좌구명의 정신에 부응(副應)되는 것이리라. 만일 글에 착오가 있는가 하고 의심이 나면, 상세히 말했다가도 단정하는 말을 하지 않고서, 이런 점에 대해서는 뒷날의 어진 사람이 밝히기를 기다리기로 했다.

그런데 (전에 《좌씨춘추전》에 대해서 학설을 편 학자가 많았고, 그 학설들은 다 결점이 있었으나) 유자준(劉子駿 : 劉歆)은 《춘추좌씨전》의 대의(大義)에 처음으로 통달한 분이었고, 가경백(賈景伯 : 賈逵) 부자(父子)와 허혜경(許惠卿 : 許淑)은 모두 옛날 학자들 중에서도 훌륭한 분들이었다. 그분들의 뒤에, 영자엄(穎子嚴 : 穎容)이라는 분이 있어, 비록 학술은 깊지 못했다 할지라도, 그분 또한 유명한 학자였다. 그러므로 나는 특히 유(劉)·가(賈)·허(許)·영(穎)씨들의 학설 중에서 특이한 점을 들어, 서로 같거나 다름을 나타냈다. 그리고 나는 《춘추》 경문에 표시한 해[年]와, 《좌씨전》에 표시한 해의 것을 분별해서, 양자(兩者)가 서로 맞게 맞대고, 그 의리의 내용이 경과 전 사이에 다름이 있는가 없는가를 대비하며, 그 각각의 글에 따라 해석하여, 책 이름을 《경전집해(經傳集解)》라 붙였다. 그리고 또, 나는 따로 모든 예(例)와 지명·계보(系譜)와 차례·연대 등의 것을 모아 한 책에 담아 꾸미었는데, 무릇 40부(部)에 권수(卷數)는 15권이다. 이것의 내용은, 이미 전해진 설의 다르고 같음에 대해서 말해 밝히었고, 각기에 설명을 붙였다. 이 책의 이름은 《춘추석례(春秋釋例)》라 하여, 앞으로 《춘추》를 공부하는 사람들이 이 책 안에 모아 담은 것을 보아 참고되게 하련다. 전해진 설의 다르고 같음은, 석례에 자세히 말하고 있다.

주해 ○八卦(팔괘)─《역경(易經)》의 팔괘는 건(乾)☰·태(兌)☱·이(離)☲·진(震)☳·손(巽)☴·감(坎)☵·간(艮)☶·곤(坤)☷이다. 그런데 이 팔괘가 이리저리 어울려 바뀌어져서는 64효(爻)가 된다.

○劉子駿(유자준)─전한시대(前漢時代, 기원전 206∼기원후 8)의 대학자였다. 유향(劉向)의 아들로, 이름은 흠(歆)이라 했고, 자준은 그의 자(字)이다. 그는 궁중의 서고(書庫)에서 옛 문자체로 된 고문(古文)의 《춘추좌씨전》을 발견해서 그것을 풀어 읽어, 그 대의에 통달하고, 《춘추좌씨전》을 전문적으로 다루는 학관(學官)을 두기를 주장했다.

○賈景伯父子(가경백부자)─후한시대(後漢時代, 25∼220) 초기의 대학자로, 아들인 경백은 이름을 규(逵)라 했고, 경백은 그의 자이다. 그의 부친은 이름을 휘(徽)라 했다. 가휘는 유흠에게 《좌씨춘추전》을 배워, 《춘추조례(春秋條例)》를 지었고, 가규는 부친의 학문을 계승하여 《좌씨전훈고(左氏傳訓詁)》를 지었다.

○許惠卿(허혜경)─후한시대의 학자 허숙(許淑).

○潁子嚴(영자엄)─후한시대의 학자로, 이름은 용(容)이고, 자엄은 자이다. 《춘추조례(春秋條例)》를 지었다.

○釋例(석례)─《춘추석례(春秋釋例)》를 가리킨다.

혹왈   춘추지작   좌전급곡량무명문   설자이위   중
或曰, 春秋之作,은 左傳及穀梁無明文.이라 說者以爲,하되 仲
니자위반로   수춘추   입소왕   구명위소신   언공
尼自衛反魯,하여 脩春秋,에 立素王,하고 丘明爲素臣.이라 言公
양자역운   출주이왕로   위행언손   이피당시지해
羊者亦云,하되 黜周而王魯,나 危行言遜,하여 以避當時之害.라

故로 微其文,하고 隱其義.라 公羊經止獲麟,이나 而左氏經終孔
丘卒.이라 敢問所安.하노라 答曰, 異乎余所聞.이라 仲尼曰, 文王
旣沒,에 文不在玆乎.아 此制作之本意也.라 歎曰, 鳳鳥不至,하
고 河不出圖,하니 吾已矣夫.아 蓋傷時王之政也.라 麟鳳五靈,은
王者之嘉瑞也.라 今麟出,은 非其時,로 虛其應而失其歸.라 此聖
人所以爲感也.라 絶筆於獲麟之一句者,는 所感而起,이니 固所
以爲終也.라

어느 사람이 말하기를, "《춘추》의 제작에 대해서는, 《좌씨전》 및 《곡
량전》에 밝힌 글이 없소이다. 《좌씨전》에 대해서 말하는 자는, 공자
(孔子)께서 위(衛)나라로부터 노(魯)나라로 돌아가셔서 《춘추》를 편
찬하시어 가상적으로 덕(德)이 있어 천자(天子)라는 관념을 가지셨
고, 좌구명(左丘明)은 가상적으로 천자를 돕는 신하가 되어 전을 지
었다는 것이오. 그리고 《공양전》을 연구해서 말하는 자 또한 이르기
를, (공자께서는 《춘추》를 지어), 주(周)의 왕을 천자의 자리에서 물
리치고, 노(魯)나라 군주를 천자로 인정하셨지만, 일신(一身)의 행동
은 고결(高潔)을 고수(固守)하시면서도, 말씀만은 겸손하게 하셔서,
그 당시의 사람들한테 오는 해를 피하셨다. 그러므로 그 글은 간략하
고 그 안에 깊은 뜻이 잠기게 하셨다고 하오. 그리고 《공양전》에 든
경(經)의 글은, 기린(麒麟)을 잡았다는 일로써 끝을 맺고 있는데, 《좌
씨전》에 든 경의 글은, 공자께서 돌아가신 일로 끝을 맺고 있소이다.
대체 어느 것이 옳은가를 묻는 거요."라고 하였다. 나는 대답했다.
"내가 들은 것과는 다릅니다. 공자께서 말씀하시기를, '주(周)나라 문
왕(文王)께서는 이미 이 세상을 떠나시어 계시지 않지만, 그 어른이

세우신 도(道)는 나에게 존재하지 않는가?'라고 하셨소이다. 이것이
곧 《춘추》를 지으신 근본 정신이었소이다. 공자께서는 탄식하시며 말
씀하시기를, '봉황(鳳凰)이 나타나지 않고, 황하(黃河)는 용마(龍馬)
에 그림을 지워 내보내지 않으니, 나의 도(道)는 이제 그만이로구나!'
라고 하셨는데, 이 말씀은 곧 당시 천자의 정사(政事)가 바르지 못한
것을 슬퍼하신 것이오. 기린·봉황 등의 다섯 영물(靈物)은 어진 천
자가 출현하는 기쁨을 알려주는 상서로운 것이오. '이제 기린이 나온
것은 그 때가 아니다, 그 나타남이 헛된 세상에서 정당히 돌아갈 바
를 잃었구나!' 이것이 성인이신 공자께서의 느낌이었소이다. 이렇게
느끼시어, 공자께서 기린을 잡았다는 말씀의 대목에서 붓을 놓으셨음
은, 그 사실에 느끼어 《춘추》의 붓을 드셨으니, 진실로 그게 끝이 됨
이 마땅하오."

▌주해▌ ○左傳及穀梁無明文(좌전급곡량무명문) ─《좌씨전》과 《곡량전》에
는 밝힌 글이 없으나, 《공양전》에는 있다는 말이다. 즉 《공양전》의 애공
(哀公) 16년조에 '군자갈위춘추(君子曷爲春秋). 발란세반저정(撥亂世反
諸正), 막근저춘추(莫近諸春秋). ……제춘추지의(制春秋之義), 이후후성
(以俟後聖).……〔군자가 어찌하여 《춘추》를 다루는가? 어지러운 세상을
다스리어 바른 데로 돌리는 길에는, 《춘추》보다 가까운 길이 없도다.
……《춘추》의 의리를 마련하여 뒤에 나오는 어진 분을 기다린다〕.'이라고
했다.
○仲尼自衛反魯(중니자위반로) ─공자가 위나라에서 노나라로 돌아간 것
은, 노나라 애공(哀公) 11년이다.
○素王(소왕) ─소(素)는 헛것, 공허(空虛)의 뜻이 있다. 소왕은 즉 천자는
아니지만, 천자가 될만한 덕을 갖추고 있어서, 가상적으로 천자라는 입장
에서 후세의 천자를 위하여 모든 법도를 말하는 사람을 말한다. 공자의
소왕 운운은, 《한서(漢書)》 동중서열전(董仲舒列傳)·유향(劉向)의 《설
원(說苑)》 귀덕편(貴德篇)·왕충(王充)이 지은 《논형(論衡)》 초귀편(超
貴篇), 정현편(定賢篇)·정현(鄭玄)의 《육예론(六藝論)》 등에 나온다.

정현은 그의 《육예론》에서, '공자기서수획린(孔子旣西狩獲麟), 자호소왕(自號素王), 위후세수명지군(爲後世受命之君), 제명왕지법(制明王之法) : 〔공자께서는 서방에서 사냥하여 기린을 잡자, 스스로 소왕이라 칭하시고는, 후세의 천명(天命)을 받고 나오는 임금을 위하여, 밝은 왕의 법도를 마련하시었다〕)이라고 했다.

○素臣(소신) ─ 진짜로 천자를 돕는 신하의 지위에 있지 않는 사람이지만, 가상적인 왕을 돕는 신하가 된 자를 말한다.

○黜周而王魯(출주이왕로) ─ 주(周)나라 왕조를 물리치고, 노(魯)나라를 천자의 나라로 삼았다는 말. 《공양전》을 전공한 학자들이 제창한 설.

○危行言遜(위행언손) ─ 《논어(論語)》 헌문편(憲問篇)에 나온다.

○文王旣沒(문왕기몰) 운운 ─ 《논어》 자한편(子罕篇)에 나온다.

○鳳鳥不至(봉조부지) 운운 ─ 《논어》 자한편에 나온다. 어진 천자가 나타나 그 상서로운 징조로써 봉황새와 황하의 용마가 그림을 등에 지고 나타났다고 한다. 즉 순(舜)임금 때에는 봉황새가 나타났고, 복희씨(伏犧氏) 때에는 황하에서 용마가 그림을 등에 지고 나타났다는 것이다.

○五靈(오령) ─ 기린·봉황새·거북·백호(白虎)·용의 다섯 영물.

曰, 然則春秋何始於魯隱公.가 答曰, 周平王,은 東周之始王也,요 隱公讓國之賢君也.라 考乎其時,면 則相接,하고 言乎其位,면 則列國,이요 本乎其始,면 則周公之祚胤也.라 若平王能祈天永命,하고 紹開中興,하며 隱公能弘宣祖業,하고 光啓王室,이었으면 則西周之美可尋,이었고 文武之跡不墜.라 是故로 因其歷數,하여 附其行事,하고 采周之舊,하여 以會成王義,하고 垂法將來.라 所書之王,은 卽平王也,요 所用之歷,은 卽周正也.며 所稱之公,은 卽魯隱也.라 安在其黜周而王魯乎.아 子曰, 如有用我者,면

吾其爲東周乎,인저 此其義也.라 若夫制作之文,은 所以章往考
來,하여 情見乎辭.라 言高,면 則旨遠,하고 辭約,이면 則義微니
此理之常,이오 非隱之也.라 聖人苟周身之防.이라 旣作之後,에
方復隱諱,하여 以避患,은 非所聞也.라 子路欲使門人爲臣,에 孔
子以爲欺天.이라 而云仲尼素王丘明素臣,은 又非通論也.라 先
儒以爲,하되 制作三年,에 文成致麟,이나 旣已妖妄.이라 又引經
以至仲尼卒,은 亦又近誣.라 據公羊經止獲麟,하여 而左氏小邾
射不在三叛之數.라 故로 余以爲感麟而作.이라 作起獲麟,이니
則文止於所起,는 爲得其實.이라 至於反袂拭面稱吾道窮,도 亦
無取焉.이라

그 사람은 말하기를, "그렇다면 《춘추》는 어찌하여 노(魯)나라 은
공(隱公)에서부터 쓰기 시작했단 말이오?"라고 하였다. 이에 대하여
나는 말했다. "주(周)나라의 평왕(平王)은 동주(東周)시대의 첫째 왕
이고, 은공은 제후국인 노나라를 동생에게 넘겨준 어진 군주였소. 그
때를 고찰한다면 평왕의 시기와 은공의 시기가 서로 이어지고, 그 지
위를 말한다면 은공은 여러 나라의 제후(諸侯)와 같았으며, 그 시조
(始祖)를 따지면, 즉 주공(周公)의 자손입니다. 만약에 평왕이 하늘에
나라의 운수가 영원하기를 빌어 중흥(中興)의 천자로서 옛 어진 천자
의 위업을 계승해서 훌륭한 왕도(王道)를 일으키고, 은공이 조상의
위업을 크게 떨치게 하고 왕실을 적극 도왔더라면, 서주(西周)의 좋
은 정치는 다시 이루어졌을 것이고, 문왕(文王)·무왕(武王)이 끼친

업적은 땅에 떨어지지 않았을 것이오. 그래서 공자께서는 은공 이래의 연월(年月)에 따라, 행해진 일들을 그 해 그 달별로 기록하시되, 주나라가 제정한 옛 법도를 취해서, 왕자(王者)의 대의(大義)를 두루 말씀하여, 그 법도를 앞날에 드러내 보인 것이오. 춘추의 처음에 왕(王)이라 쓴 것은 주나라 평왕이고, 기사에 말한 역(曆)은 주나라가 제정해서 썼던 역이며, 처음에 공(公)이라 칭한 것은, 곧 노나라 은공을 두고서였소. 그런데 어찌 주나라 왕실을 배척하고, 노나라 군주를 천자로 삼자는 뜻이 있었단 말이오? 공자께서 말씀하시기를, '만일 나를 등용하는 자가 있다면, 나는 동주(東周)를 위할 것이로다!'라고 하셨는데, 이 정신이 곧 《춘추》를 지으신 의리인 것이오. 공자께서 지으신 《춘추》의 경문을 말할 것 같으면, 과거를 명백히 하시고 미래를 헤아리게 한 것으로, 그 정신은 글에 제대로 나타나 있소이다. 하는 말이 고상(高尙)하면 그 뜻은 깊고도 원대(遠大)해지고, 글의 말이 간략하면 그 뜻이 미묘해서 이해에 힘이 드는 것이니, 이것이 당연한 이치요. 본의(本意)를 감추어서가 아닌 것이오. 성인(聖人)은 두루 자신을 지킬 방책을 갖추는 것입니다. 공자께서 《춘추》를 지으신 뒤, 자신에게 올 화를 피해서 글 안에 본의를 숨기시었다는 것은, 내 이제까지 들어보지 못했소이다. 자로(子路)가 공자의 제자들을 공자의 신하로 삼자 하니, 공자께서는 그건 하늘을 속이는 일이라고 말씀하셨소이다. 그런데 공자에 대하여 소왕(素王) 운운하고, 좌구명(左丘明)에 대해 소신(素臣) 운운하는 것은, 이 또한 통해질 논(論)이 못되오. 전의 학자가 말하기를, 공자께서 《춘추》를 지으시기 시작한 지 3년에 글이 다 되어지자 기린이 나타났다고 했음은 이미 망령된 말이 되었소. 그리고 《춘추》의 경문을 늘리어, 공자께서 세상을 떠나신 때까지로 한 것 또한 거짓이라 말할 것이오. 이것은 《공양전》에 든 경문이 기린을 잡았다는 일로 끝을 맺고, 그리고 《좌씨춘추전》에 소주(小邾)나라 역(射)이 세 배반자의 수에 끼지 않고 있는 것에 의해 명백하오.

그러므로 나는 공자께서는 기린이 나타난 사실을 보시고 느끼시어 《춘추》를 지으셨다고 생각하는 것이오. 《춘추》를 지을 생각이 기린을 잡은 것을 보시고 일어나셨으니, 그 마음을 일으키게 한 사실까지에서 끝을 맺음이 옳은 것이 되는 것입니다. 그리고 공자께서 옷소매를 이리저리로 젖히어 얼굴의 눈물을 닦으시고, '나의 도(道)는 이제 다 되었구나!'라고 말씀하셨다는 (《공양전》의) 설(說) 역시 취할 점이 없는 것이오."

주해   ○東周(동주)–주(周)나라는 서주(西周)와 동주의 두 시기로 나누어진다. 서주는 건국 초부터 유왕(幽王) 말년(기원전 771)까지를 말하고, 동주는 평왕(平王) 초년(기원전 770)에서 그 멸망(기원전 256)까지를 말한다.

○讓國之賢(양국지현)–은공(隱公)은 노(魯)나라를 동생인 환공(桓公)에게 물려주려고 해서 전하여진 것이다.

○考乎其時(고호기시), 則相接(즉상접)–평왕(平王) 49년(기원전 722)이 노(魯) 은공의 원년(元年)이다. 그리고 평왕은 51년, 즉 은공 3년 3월에 세상을 떠났다. 그러므로, 시기가 서로 이어진다고 말한 것이다.

○如有用我者(여유용아자), 吾其爲東周乎(오기위동주호)–《논어》양화편(陽貨篇)에 나온다.

○子路(자로) 운운–《논어》 자한편(子罕篇)에 나온다.

제1

은 공
隱 公

혜공(惠公)의 아들. 어머니는 성자(聲子). 재위 기원전 722~712

傳| 惠公元妃孟子.라 孟子卒에 繼室以聲子,하여 生隱公.이라
宋武公生仲子에 仲子生而有文在其手,하여 曰爲魯夫人.이라
故로 仲子歸于我.라 生桓公而惠公薨.이라 是以로 隱公立而奉
之.라

혜공(惠公)의 원부인(元夫人)은 맹자(孟子), 즉 송(宋)나라 군주의
장녀였다. 맹자가 세상을 뜨니, 성자(聲子)를 계실(繼室)로 삼아 은공
(隱公)을 낳으셨다. 송나라의 무공(武公)이 중자(仲子)를 낳으니, 중
자는 태어날 때부터 손바닥에 글자 무늬가 있어서, 무공은 "노(魯)나
라 군주의 부인이 되겠도다."라고 말했다. 그래서 중자는 우리 노나라
로 시집을 오셨다. 환공(桓公)을 낳으시고 혜공이 돌아가셨다. 그러므
로 은공이 군주 자리에 오르셔서 환공에게 계승했다.

주해| ㅇ隱公(은공)—노나라 혜공(惠公)의 아들로 어머니는 성자(聲子)

이다. 이름은 식(息, 혹은 息姑였다고 한다)이고, 은공은 세상을 떠난 뒤에 주어진 이름이다. (이하 ○○公은 모두 죽은 뒤에 주어진 이름이다) 노(魯)나라는 주(周) 무왕(武王)의 동생 주공(周公)이 봉(封)받은 나라로, 작위는 후작(侯爵)이고, 노나라 군주의 성은 주나라 왕실과 같은 희(姬)였다.

○ 惠公(혜공) ─ 효공(孝公)의 아들로, 이름은 불황(弗湟 또는 不皇). 그는 46년 간(기원전 768~723) 노나라 군주 자리에 있었다.

○ 元妃(원비) ─ 처음에 맞이한 군주의 정부인(正夫人).

○ 孟子(맹자) ─ 자(子)는 송(宋)나라 군주의 성(姓)이다. 맹(孟)은 형제자매의 순서로 백(伯)·맹(孟)·중(仲)·숙(叔)·계(季) 중의 하나다. 백(伯)은 정처(正妻)에게서 낳은 장남녀를 말하고, 맹(孟)은 첩이 낳은 장남녀를 말한다.

○ 卒(졸) ─ 귀한 사람이 세상을 떠났음을 이르는 말.

○ 聲子(성자) ─ 자(子)는 송나라의 성이고, 성(聲)은 죽은 뒤에 주어진 이름.

○ 宋武公(송무공) ─ 송나라는 은(殷)나라 후손의 봉국(封國)이었다. 성은 자(子)였고, 작위는 공작(公爵). 무공은 대공(戴公)의 아들로, 기원전 765~748년까지 18년 간 재위했다.

○ 仲子(중자) ─ 송나라 군주의 차녀(次女). 사마천(司馬遷)의《사기(史記)》노세가(魯世家)에 이르기를, 중자는 본래 은공을 위해서 맞이했으나, 중자가 미인이므로 혜공이 취하여 부인으로 삼았다고 한다.

○ 桓公(환공) ─ 이름은 윤(允). 은공이 살해되자, 그 뒤를 이어 노나라 군주가 되었다. 기원전 711~694년. 18년 간 재위.

○ 立而奉之(입이봉지) ─ 군주가 되어 환공을 떠받들었다는 것을 말한다.

해설 은공에 대해서 미리 설명하기 위한 글이다. 전(傳)의 글은 원칙적으로 경(經) 뒤에 붙는 것인데, 이것은 두예(杜預)가 그의 서문에서 '고전혹선경이시사(故傳或先經以始事)'라고 말한 것의 예가 된다.

經 ○元年春王正月.이라

ㅇ三月,에 公及邾儀父盟于蔑.이라

ㅇ夏五月,에 鄭伯克段于鄢.이라

ㅇ秋七月,에 天王使宰咺來歸惠公·仲子之賵.이라

ㅇ九月,에 及宋人盟于宿.이라

ㅇ冬十有二月,에 祭伯來.라

ㅇ公子益師卒.이라

원년 봄, 천자가 쓰는 역(曆)으로 정월.

3월에, 공이 주(邾)의 의보(儀父)와 멸(蔑)에서 동맹을 맺었다.

여름 5월에, 정(鄭)나라 백작이 언(鄢)에서 단(段)과 싸워 이겼다.

가을 7월에, 천자가 재(宰) 벼슬에 있는 훤(咺)으로 하여금 와, 혜공(惠公)과 중자(仲子)가 돌아가셨음에 대해서 주는 예물을 드리게 하셨다.

9월에, 송(宋)나라 사람과 숙(宿)에서 동맹을 맺었다.

겨울 12월에, 제백(祭伯)이 왔다.

공자(公子) 익사(益師)가 세상을 떠났다.

주해 ㅇ천자가 쓰는 역이란 곧 '주력(周曆)으로'라는 뜻이다.

ㅇ王正月(왕정월)－주(周)나라 왕이 쓰는 역(曆)의 정월이라는 말이다. 《춘추》에서 말한 시절과 월(月)은 주나라 왕실에서 쓰는 역법(曆法)을 따랐음을 말해준다.

ㅇ邾(주)－주(周)나라 무왕(武王)이 전욱(顓頊)의 자손이라는 사람에게 봉(封)한 작은 나라 이름. 원래 작위가 없었다가, 뒤에 자작(子爵)이 되었다. 그러나 당시에, 제후국(諸侯國)으로서 독립하지는 못하고 노나라

에 예속되었다. 뒤에 추(鄒)라 이름을 바꾸었다.

o 蔑(멸)−노나라 땅 이름.

o 鄭伯(정백)−정(鄭)나라의 제후(諸侯). 정나라는 주(周) 여왕(厲王)의 작은아들 우(友)가 봉받은 나라로 군주의 성은 희(姬)이고, 작위는 백작(伯爵)이었다. 당시의 군주는 장공(莊公). 장공은 기원전 743~701년까지 재위했다.

o 段(단)−정나라 장공의 동생으로 공숙단(共叔段)이라고도 했다.

o 鄢(언)−정나라 땅 이름으로, 지금의 하남성(河南省) 언릉현(鄢陵縣).

o 天王(천왕)−천자인 왕. 당시의 천자는 평왕(平王). 은공 원년은 평왕 49년.

o 宰咺(재훤)−재는 관직 이름으로, 제후(諸侯)나 조정의 신하들이 상을 당했을 때 조상하는 일을 맡았다. 훤은 사람 이름.

o 賵(봉)−죽은 사람의 영혼에게 예물로 주는 거마(車馬). 이에 대하여, 화재(貨財)는 부(賻)라 했고, 옷·주옥(珠玉)은 수(襚)라 했다.

o 宿(숙)−남작(男爵)의 작은 나라로, 성은 풍(風)이었고, 지금의 산동성(山東省) 동평현(東平縣)에 위치했다.

o 祭伯(제백)−주공(周公)의 후손으로 주나라 조정에서 경(卿)의 자리에 있었고, 주나라 왕실의 직할지역(直轄地域) 내에 영토를 가지고 있었다. 백(伯)은 백작(伯爵)을 표시한 것이라고 두예는 주(注)를 달았다.

o 公子(공자)−제후국 군주의 아들.

傳| 元年春王周正月.이라 不書卽位,는 攝也.라

三月,에 公及邾儀父盟于蔑,은 邾子克也.라 未王命,이라 故로 不書爵.이라 曰儀父,는 貴之也.라 公攝位而欲求好於邾.라 故로 爲蔑之盟.이라

夏四月,에 費伯帥師城郎,이어늘 不書,는 非公命也.라

원년 봄 천자가 쓰는 역(曆), 즉 주력(周曆) 정월. 은공이 군주 자리에 올랐다고 쓰지 않은 것은, 은공이 임시 군주 자리를 지키는 섭정(攝政)이었기 때문이다.

3월에, 은공이 주(邾)의 의보(儀父)와 멸(蔑)에서 동맹을 맺었다 함은, 주의 군주 자작(子爵) 극(克)이다. 당시에 아직 천자가 제후(諸侯)가 되라는 명을 내리지 않았기 때문에 작위는 쓰지 않았다. 그를 의보라 말한 것은, 귀히 대접한 것이다. 은공은 섭정으로 있으면서 주와 우호 관계를 맺으려고 주와 멸에서 동맹을 맺은 것이다.

여름 4월에, 비백(費伯)이 군대를 이끌고 낭(郎)에 성을 쌓았으되 그 사실을 쓰지 않은 것은, 공(公)의 명령으로 성을 쌓은 것이 아니기 때문이다.

주해 | ㅇ儀父(의보)-주의 군주 극(克)의 자(字).
　ㅇ曰儀父(왈의보), 貴之也(귀지야)-주(邾)와 같은 작은 나라의 군주를 말할 때에는 이름 극(克)을 쓰는 것이 마땅하지만, 그가 은공의 요구를 바로 받아들여 동맹을 맺었으므로, 그를 존중해서 이름을 쓰지 않고 자(字)를 썼다는 것이다.
　ㅇ費伯(비백)-노나라의 대부(大夫).
　ㅇ郎(낭)-노나라 땅 이름. 지금의 산동성 어태현(魚台縣) 동북방에 위치했다.

初,에 鄭武公娶于申,하니 曰武姜.이라 生莊公及共叔段,이어늘
莊公寤生驚姜氏.라 故로 名曰寤生,하고 遂惡之.라 愛共叔段,하
여는 欲立之,하고 亟請於武公,에 公弗許.라 及莊公卽位,에 爲之
請制.라 公曰, 制巖邑也,로 虢叔死焉, 他邑唯命.이라 請京,하여
使居之,하니 謂之京城大叔.이라

祭仲曰, 都城過百雉,는 國之害也.라 先王之制,에 大都不過

參國之一,이오 中五之一,이며 小九之一,이어늘 今京不度,하니 非

制也.라 君將不堪.이로소이다 公曰, 姜氏欲之,니 焉避害.리오 對

曰, 姜氏何厭之有.아 不如早爲之所,이니 無使滋蔓.하소서 蔓難

圖也.라 蔓草猶不可除,어늘 況君之寵弟乎.아 公曰, 多行不義,면

必自斃,이니 子姑待之.하라

　　旣而大叔命西鄙·北鄙貳於己.라 公子呂曰, 國不堪貳.이오이다

君將若之何.아 欲與大叔,이면 臣請事之,요 若弗與,이어든 則請

除之.라 無生民心.하소서 公曰, 無庸,이라도 將自及.하리라 大叔

又收貳以爲己邑,하고 至于廩延.이라 子封曰, 可矣,이오이다

厚將得衆.이오이다 公曰, 不義不暱,니 厚將崩.이라

　　大叔完聚,하여 繕甲兵,하고 具卒乘,하여 將襲鄭,에 夫人將啓

之.라 公聞其期曰, 可矣.라 命子封,하여 帥車二百乘以伐京,하니

京叛大叔段.이라 段入于鄢,에 公伐諸鄢.이라 五月辛丑,에 大叔

出奔共.이라

　　書曰, 鄭伯克段于鄢.이라 段不弟,라 故로 不言弟,하고 如二君,이

라 故로 曰克.이라 稱鄭伯,은 失敎也.라 謂之鄭志.라 不言出

奔,은 難之也.라

원래 정(鄭)나라 무공(武公)은 신(申)나라에서 부인을 맞이하여, 그를 무강(武姜)이라 했다. 그는 장공(莊公)과 공숙단(共叔段)을 낳았는데, 장공은 비정상적으로 출산되어 강씨(姜氏)를 놀라게 했다. 그러므로, 이름을 오생(寤生)이라 하고, 결국은 그를 미워했다. 강씨는 공숙단을 사랑하여 그를 군주 자리에 앉히고자 여러번 무공에게 요청했으나, 무공은 그의 말을 들어주지 않았다. 장공이 군주 자리에 앉게 되자, 강씨는 공숙단을 위하여 제(制) 땅을 나누어 줄 것을 청했다. 그러자 장공이 말하기를, "제는 요해지(要害地)여서, 옛날 괵숙(虢叔)이 요해지인 것을 믿고 있다가 죽어간 곳이니, 다른 고을이라면, 명하시는대로 주도록 하겠습니다."라고 했다. 강씨가 경(京) 땅을 줄 것을 요청해 그 땅을 지키며 살게 하여, 그를 경성대숙(京城大叔)이라 부르게 되었다.

제중(祭仲)이 공(公)에게 말하기를 "고을 다스리는 곳의 성(城), 즉 도성(都城)이 백치(百雉)를 넘는다는 것은, 나라의 해가 되옵니다. 옛날의 어진 왕께서 제정하신 법도에, 큰 고을의 도성은 본국도성(本國都城)의 3분의 1을 넘지 못하고, 중간 되는 고을 도성은 5분의 1이며, 작은 고을의 도성은 9분의 1이온데, 현재 경 고을의 경우는 분수(分數)를 지키지 않고 커, 옛 법도에 알맞지 못하옵니다. 그러하오니 군주께서는 장차 이겨내지 못할 것이옵니다."라고 했다. 그러자 공은, "어머니인 강씨께서 그 땅을 가지시길 원하신 건데, 내 어찌 나라에 해됨을 피할 수가 있으리요?"라고 말했다. 이에 대하여 제중이 말하기를, "군주의 어머니이신 강씨의 욕망에 어느 한도가 있겠사옵니까? 빨리 서둘러 조치를 취하심과 같지 못하오니, 그 세력이 커지지 않게 하소서. 세력이 커지면 처치하기 어렵사옵니다. 풀이 무성하면 모조리 없애버릴 수가 없사온데, 장차 군주의 사랑하시는 동생에게 있어서야 다시 말할 나위가 있사옵니까?"라고 했다. 이에 공은, "불의(不義)의 짓을 많이 했다가는 그 자신 반드시 스스로 멸망할지니, 그대는 잠시 그날을 기다리시오."라고 했다.

경성대숙은 정나라의 서쪽 변방 고을과 북녘 변방 고을로 하여금 본국인 정나라를 배반하고 자기에게 붙게 했다. 이에 공자인 여(呂)가 말하기를, "나라는 신하가 두 마음을 갖게 되면 견뎌내지 못하옵니다. 군주께서는 장차 이를 어찌 하려 하시옵니까? 나라를 경성대숙에게 양도하려 하신다면 신(臣)은 그를 섬기기를 청할 것이옵니다만, 만약 그에게 나라를 내주시지 않으실 거라면, 그를 제거하시옵기를 원하옵니다. 백성들의 의혹이 생기지 않게 하소서."라고 했다. 공은 이에 대해서, "손을 쓰지 않더라도, 장차 자신이 화를 당함에 미칠 것이오."라고 말했다. 대숙(大叔)이 나아가 본국에 두 마음을 품은 서북방 변경 고을 땅을 접수하여 자기 영토로 삼고, 그 세력을 늠연(廩延)까지 뻗쳤다. 이에 자봉(子封)이 말하기를, "이제야말로 없애버려야 되옵니다. 영토가 커지니, 장차 큰 군중(群衆)을 얻어 갖게 될 것이옵니다."라고 하니 공은, "불의의 사람에게는 사람이 따르지 않으니, 영토가 커진다 한들 장차 망할 것이오."라고 했다.

경성대숙은 필요한 군중을 모두 모아놓고는, 갑옷이나 병기(兵器)를 손질하고, 군대와 전차(戰車)를 갖추어, 곧 정나라 본국을 습격하려 하자, 어머니 강씨가 그 선도자가 되려 하였다. 공이 그 습격의 기일을 듣고 나서는, "이제는 쳐야 한다."라 하고, 자봉에게 명하여, 전차 2백대를 인솔해서 경(京)을 치게 하니, 경 사람들이 경성대숙 공숙단을 배반하였다. 공숙단이 언(鄢) 땅으로 도망하여 들어가자, 공은 그를 언에서 정벌했다. 5월 신축날에, 대숙은 공(共)나라로 도망쳤다.

경문(經文)은 '정나라 백작이 언에서 단과 싸워 이겼다.'라 썼다. 단은 불의의 동생이었기에 동생이라 말씀하시지 않았고, 두 나라 군주가 대결한 것과 같았기에, 싸워 이겼다고 말씀하셨다. 정나라 백작이라고 칭하신 것은, 동생을 잘 가르치지 못했기 때문이다. 이렇게 말씀하신 것은 정나라의 여론 때문이다. 경문에 단이 공나라로 도망쳤다

고 말씀하지 않으신 것은, 그를 내몰기가 어려운 일이었기에, 그것을
은연중에 알리기 위해서였다.

주해 ○武公(무공)─기원전 770~744년 재위.
○申(신)─백이(伯夷)의 후손이 차지했던 나라로, 지금의 하남성(河南省)
남양현(南陽縣)에 위치했다. 군주의 성은 강(姜).
○武姜(무강)─무(武)는 남편이 죽은 뒤에 무공(武公)이라 하여 붙인 것
이다. 즉 무공의 부인 강씨다. 제후(諸侯)의 부인을 말할 때는, 남편이
죽은 뒤의 이름 자 밑에다, 생가(生家)의 성자를 붙여 불렀다.
○寤生(오생)─이 말에 대해서는 세 가지 풀이가 있다. 어머니가 잠을 자
고 있는 중 모르게 낳은 것, 눈을 뜨고 낳은 것, 거꾸로 낳은 것 등이
다. 여기에서는 다만 비정상적인 출산이라 풀이했다.
○制(제)─고을 이름.
○虢叔(괵숙)─주(周) 문왕(文王)의 동생으로, 동괵(東虢)에 봉(封)함받
고, 그곳이 요해지임을 믿고는 방탕한 생활을 하다가, 정(鄭)나라에게
망했다. 동괵은 곧 제나라로, 지금의 하남성 범수현(氾水縣) 서남쪽 지
방이다.
○京(경)─지금의 하남성 형양현(滎陽縣) 동남방 땅.
○京城大叔(경성대숙)─경성(京城)은 제후 소재지의 도성(都城)과 비슷
했기에 말한 것이고, 대숙(大叔)은 공숙단을 존칭한 말이다.
○祭仲(제중)─정나라 대부(大夫).
○雉(치)─높이 1장(丈), 길이 3장(丈)의 성벽. 장(丈)은 약 3m의 길이.
○呂(여)─공자(公子)로 정나라 대부.
○子封(자봉)─공자 여(呂)의 자(字).
○廩延(늠연)─정나라 땅으로, 지금의 하남성 연진현(延津縣) 북쪽 땅.
○鄢(언)─정나라 땅.
○五月辛丑(오월신축)─5월 22일.
○共(공)─나라 이름.
○鄭志(정지)─정나라의 여론이었다는 뜻이 있다.
○難之也(난지야)─쳐부수기가 어려웠다는 뜻.

遂寘姜氏于城潁,하고 而誓之曰, 不及黃泉,이면 無相見也.라
旣而悔之.라 潁考叔爲潁谷封人.이라 聞之,하고 有獻於公,이러니
公賜之食.이라 食舍肉,에 公問之,하니 對曰, 小人有母,하여 皆嘗
小人之食矣,요 未嘗君之羹,이오니 請以遺之.이오이다 公曰, 爾有
母遺,로되 繄我獨無.로다 潁考叔曰, 敢問,하옵건대 何謂也.아 公
語之故,하고 且告之悔.라

對曰, 君何患焉.이리오 若闕地及泉,하여 隧而相見,이오면 其誰
曰不然.이리오 公從之.라 公入而賦,하되 大隧之中,은 其樂也融
融.이라 姜出而賦,하되 大隧之外,는 其樂也泄泄.이로다 遂爲母
子如初.라

君子曰, 潁考叔純孝也.로다 愛其母,하여 施及莊公.이라 詩曰,
孝子不匱,에 永錫爾類.라 其是之謂乎.아

이윽고 강씨 부인을 성영(城潁)에다 유폐(幽閉)하고는 맹세하여 말
하기를, "내가 죽어 황천(黃泉)에 가기 전에는, 서로 만나지 않으리
라!"라고 했다. 그랬다가 뒤에 후회했다. 영고숙(潁考叔)이라는 사람
이 영곡(潁谷)을 지키는 봉인(封人)이 되었다. 이 일을 듣고는 공에
게 어느 것을 바치었더니, 공은 그에게 식사를 하사(下賜)했다. 그런
데, 그는 고기는 먹지 않고 남기었다. 공이 그 이유를 물으니 그는 대
답하여 말하기를, "소인에게는 어머니가 있사온데, 먹는 것은 다 소인
이 일상 먹는 것만을 드실 뿐, 이제까지 군주께서 드시옵는 이런 고

깃국을 든 일이 없사오니, 이것을 어머니에게 가져다 주기를 원하옵
니다."라고 했다. 그러자 공은 "아아! 나만은 어머니가 없는 게로구
나!"라고 말했다. 영고숙이 말하기를, "감히 묻사옵건대, 무슨 말씀이
옵니까?"라고 했다. 공은 그 이유를 말하고, 또 이제는 그 일을 후회
하고 있다고 말했다.

그러자 영고숙이 공에게 말하되, "군주께서는 어찌 걱정하시옵나이
까? 만약 땅을 파 샘같이 깊이 하고, 거기서 굴을 뚫어가셔서 군주의
어머니와 서로 만나신다면, 그 누가 군주께서 황천에서야 만나시겠다
고 맹세하신 말씀대로 하셨다고 말하지 않겠사옵니까?"라고 했다. 이
말을 들은 공은 그가 말한대로 했다. 공은 굴 속으로 들어가 어머니
를 만나고 노래를 지어 부르되, '아아, 큰 굴 안이여, 어머니를 만난
즐거움이 상쾌하기도 하구나!'라 했다. 그리고 강씨는 아들을 만나고
나와 노래지어 부르기를, '아아, 아들을 만난 큰 굴의 밖에 나오고 보
니, 즐거움이 넘치고 넘치는구나!'라고 했다. 마침내 어머니와 아들의
정이 전과 같았다.

군자(君子)가 말하기를, "영고숙은 지극한 효자(孝子)였도다. 그는
어머니를 사랑하고, 그 효성(孝誠)이 장공(莊公)에게 옮겨가게 했도
다."라고 했다. 시(詩)에 이르기를, '효자의 효심(孝心)이 두터우니,
하늘이 감동하여 영원히 같은 사람의 짝 주시었네.'라고 한 바, 이 시
의 구절은 이런 일을 두고 말한 것이 아닐까?

주해 ○寘(치)─둔다는 말.

○城潁(성영)─정나라 지명으로, 지금의 하남성 임영현(臨潁縣).

○潁谷(영곡)─지금의 하남성 등봉현(登封縣) 서남방으로, 정나라의 영토
였다.

○封人(봉인)─국경의 경비를 맡은 벼슬.

○君子(군자)─여기에서의 군자는 《좌씨전》의 작자가 자신을 당시의 다
른 군자에 비유해서 말한 것이다.

ㅇ詩曰(시왈)-《시경》 대아(大雅) 기취편(旣醉篇)의 구절.

해설 이 대목의 글은 영고숙의 효성을 찬양하고, 장공이 그의 효성에 감동되어 자신도 아들로서 지켜야 할 길을 걸었다는 것을 밝힌 것이다. 그리고 또 이 글은, 사람은 부모에게 효도해야 함을 강조하고 있다.

秋七月,에 天王使宰咺來歸惠公·仲子之賵,이나 緩.이라 且子氏未薨.이라 故로 名.이라 天子七月而葬,에 同軌畢至.라 諸侯五月,에 同盟至.라 大夫三月,에 同位至.라 士踰月,에 外姻至.라 贈死不及尸,하고 弔生不及哀,하며 豫凶事,는 非禮也.라

秋八月,에 紀人伐夷,나 夷不告.라 故로 不書.라 有蜚,로되 不爲災,로 亦不書.라 惠公之季年,에 敗宋師于黃,이러니 公立而求成焉.이라

九月,에 及宋人盟于宿,하여 始通也.라

冬十月庚申,에 改葬惠公,이나 公弗臨.이라 故로 不書.라 惠公之薨也,에 有宋師,하고 太子少,로 葬故有闕.이라 是以,로 改葬.이라 衛侯來會葬,이나 不見公,으로 亦不書.라

鄭共叔之亂,에 公孫滑出奔衛.라 衛人爲之伐鄭,하여 取廩延.이라 鄭人以王師·虢師伐衛南鄙,하고 請師於邾.라 邾子使私於公子豫,에 豫請往,이나 公弗許.라 遂行,하여 及邾人·鄭人盟於

翼.이라 不書,는 非公命也.라 新作南門,이로되 不書,는 亦非公
命也.라

十二月,에 祭伯來,나 非王命也.라 衆父卒,에 公不與小斂.이라
故로 不書日.이라

가을 7월에, 천자인 주나라 왕이 재(宰) 벼슬에 있는 훤(咺)에게
와서 혜공(惠公)과 중자(仲子)의 영혼에 거마(車馬)를 드리게 했으나,
그것은 때를 지나서였다. 그리고 자씨(子氏), 즉 중자는 아직 돌아가
시지 않았기에, 온 사람이 훤의 이름을 밝히어 썼다. 천자가 돌아가시
면 7개월 뒤에 장사 지내는데, 제후(諸侯)들은 다 같은 수레로 대리
인을 보낸다. 제후는 다섯 달 뒤에 장사 지내는데 동맹(同盟)을 맺은
나라의 군주는 그의 대리인을 보낸다. 대부(大夫)의 경우는 3개월 뒤
에 장사 지내는데, 같은 지위에 있는 자가 사자(使者)를 보낸다. 사
(士)의 경우는 달을 넘기어 장사 지내는데, 집 안팎의 인척들이 모인
다. 죽은 이를 위한 예물을 보내는 데 있어, 장사 지내는 시일에 대지
못하고, 상주(喪主)에게 조문(弔問)함에 있어 슬퍼하고 있을 때에 하
지 않았으며, 사람이 죽는 흉사(凶事)가 있기 전에 미리 예물을 보냄
은 예의가 아니다.

8월에, 기(紀)나라 사람이 이(夷)나라를 쳤
으나, 이나라에서는 그 일을 노(魯)나라로
알려주지 않았기에, 경(經)에는 쓰지 않았다.
농작물을 해치는 쌕쌔기 떼가 일어났으나,
재해를 내지 않았기에, 이 또한 쓰지 않았다.
혜공(惠公) 만년에, 송(宋)나라 군대를 황
(黃) 땅에서 패배시켰는데, (그래서 사이가

수레(車)

좋지 못했던 바) 은공(隱公)이 군주 자리에 올라 화해를 요구했다.

9월에, 송나라 사람들과 숙(宿)에서 동맹을 맺어, 비로소 두 나라가 통하게 되었다.

겨울 10월 경신날에 혜공을 개장(改葬)했으되, 은공이 태자인 환공이 있기에 상주됨을 사양하여 그 장례식에 참례하지 않았기에, 경에 쓰지 않았다. 혜공께서 세상을 떠나셨을 때, 송나라와 싸움이 있었고, 태자[환공]가 어려서 장례식의 일에 불충분한 바가 있었다. 그러므로 개장했다. 위(衛)나라 군주가 친히 와 장례식에 참여했지만, 은공과 만나지 않았기에, 이 일 또한 쓰지 않았다.

정나라 공숙단(共叔段)의 난리에, 정나라 군주의 손자, 즉 공손활(公孫滑)이 위(衛)나라로 도망쳤다. 위나라 사람들이 그를 위하여 정나라를 쳐 늠연(廩延)을 점령했다. 정나라 사람들은 천자의 군대와 괵(虢)의 군대로 위나라 남쪽 변방을 치고, 주(邾)나라에게 군대 내기를 요청했다. 주나라의 군주인 자작은 자기 사람을 공자 예(豫)에게 몰래 보내어 출군(出軍)을 부탁하여, 공자가 가기를 원했으나 공은 허락하지 않았다. 그러나 그는 마침내 가서 주나라 사람·정나라 사람끼리 익(翼)에서 동맹을 맺었다. 그 일을 경에 쓰지 않은 것은, 은공의 명령에 의해서 한 일이 아니기 때문이다. 노나라 서울 도성의 남문(南門)을 새로 지었으나 경에 쓰지 않은 것은, 이 일 또한 공의 명령으로서가 아니어서였다.

12월에, 제백(祭伯)이 노나라로 왔으나, 그것은 천자의 명을 받고 온 것이 아니었다. 중보(衆父)가 세상을 떠났는데, 공은 그의 소렴(小斂)에 참여하지 않았다. 그래서 그가 세상을 떠난 날짜를 쓰지 않았다.

주해 | ㅇ同軌畢至(동궤필지)－모든 제후가 다 대리인을 장례식에 보내어 참여시킨다는 뜻. 궤(軌)는 수레 양쪽 바퀴 사이의 넓이로, 주나라 시

대에는 제후들의 수레바퀴 사이의 넓이가 동일했기에 이렇게 말했다.

ㅇ紀(기)-후작(侯爵)의 제후국으로 군주의 성은 강(姜)이었다. 지금의
　산동성(山東省) 내에 있었고, 장공(莊公) 4년(기원전 690)에 제(齊)나
　라에게 멸망되었다.

ㅇ夷(이)-지금의 산동성 즉묵현(卽墨縣)을 근거지로 삼은 작은 나라로,
　군주의 성은 운(妘)이었다. 후에 제나라에 병합되었다.

ㅇ求成(구성)-화해할 것을 요구하다.

ㅇ公弗臨(공불림)-은공은 환공 대신 섭정(攝政)을 하고 있는 처지라 겸
　양의 뜻으로 참여하지 않았다.

ㅇ太子(태자)-후의 환공(桓公)을 가리킨다.

ㅇ滑(활)-공숙단의 아들 이름.

ㅇ虢(괵)-주(周) 문왕(文王)의 동생 괵중(虢仲)의 봉국(封國)으로 원래
　지금의 섬서성(陝西省) 내에 있었다. 이를 서괵(西虢)이라 한다. 그런
　데, 뒤에 지금의 하남성(河南省)으로 옮겨 남괵(南虢)이라 했다. 여기
　에서는 서괵을 말한다.

ㅇ小斂(소렴)-사람이 죽은 다음날에 행하는 의식으로, 이 의식에서 죽은
　이의 옷을 갈아입힌다. 소렴 다음날에는 시체를 관(棺)에 모시는데, 이
　의식은 대렴(大斂)이라 한다. 은공이 중보(衆父 : 益師의 자)의 소렴 의
　식에 참여하지 않은 것은, 섭정의 처지라 겸양해서였다.

┃해설┃ 이 글에서는 장례식에 대한 법도를 말하고, 주(周)나라 조정의
처사가 예의에서 벗어났음을 비난했다. 그리고, 주 무왕(武王)의 동생
당숙(唐叔)의 봉국(封國)으로, 군주의 성이 회(姬)이고, 후작(侯爵)의
나라였던 위(衛)나라의 군주, 즉 환공(桓公)이 친히 장례식에 참여한
것은 제후의 체통을 지키지 못했다는 것을 은근히 비난하고, 또 은공
이 섭정의 처지를 잘 지키었음을 찬양하고 있다. 그리고 또, 나랏일은
모두 통치자의 명에 의해 이루어지는 것이 옳은 일임을 말하고, 동시
에 군주의 명에 의하지 않은 일은, 공자가 《춘추》에 제대로 기입하지
않았다는 것을 말해주고 있다.

■經┃ ○二年春,에 公會戎于潛.이라

○夏五月,에 莒人入向.이라

○無駭帥師入極.이라

○秋八月,에 庚辰,에 公及戎盟于唐.이라

○九月,에 紀裂繻來逆女.라

○冬十月,에 伯姬歸于紀.라

○紀子帛·莒子盟于密.이라

○十有二月乙卯,에 夫人子氏薨.이라

○鄭人伐衛.라

2년 봄, 공은 융(戎)과 잠(潛)에서 만났다.

여름 5월, 거(莒)나라 사람이 상(向)나라로 들어갔다.

무해(無駭)가 군대를 이끌고 극(極)나라로 들어갔다.

가을 8월 경진날, 공과 융(戎)이 당(唐)에서 동맹을 맺었다.

9월, 기(紀)나라 열수(裂繻)가 와 노나라 딸을 맞이했다.

겨울 10월, 백희(伯姬)가 기나라로 시집갔다.

기나라의 자백(子帛)과 거나라 군주 자작(子爵)이 밀(密)에서 맹서
하였다.

12월 을묘날, 부인 자씨(子氏)가 돌아가셨다.

정(鄭)나라 사람들이 위(衛)나라를 쳤다.

■주해┃ ○戎(융)-중국 서북방에 살고 있던 이민족의 총칭. 여기에서는 노
　　나라의 동방에 거주한 오랑캐를 말한다.

o 潛(잠)-노나라 지명.

o 莒(거)-나라 이름으로 지금의 산동성 거현(莒縣)에 위치했다. 군주의 작(爵)은 자작(子爵).

o 向(상)-거(莒)나라 남쪽에 인접한 작은 나라.

o 無駭(무해)-노나라의 군주를 돕는 경(卿).

o 極(극)-노나라에 붙어 있는 작은 나라.

o 八月庚辰(팔월경진)-두예는 그의 주(注)에서, 그해 8월에는 경진(庚辰) 날이 없었고 7월 9일이 경진날이었으니, 원문의 착오라고 말했다.

o 唐(당)-노나라 지명.

o 紀裂繻(기열수)-기(紀)나라의 열수. 열수는 기나라의 대부(大夫)로, 자(字)를 자백(子帛)이라 했다.

o 逆女(역녀)-아내를 맞이하다.

o 伯姬(백희)-백은 장녀(長女)를 뜻하고, 희는 노나라 군주의 성. 은공의 맨 위 자매.

o 莒子(거자)-거나라 군주인 자작(子爵).

o 密(밀)-거나라 지명.

o 十有二月乙卯(십유이월을묘)-12월 16일.

o 夫人子氏(부인자씨)-환공(桓公)의 생모인 중자(仲子)를 말한다.

傳 二年春,에 公會戎于潛,은 脩惠公之好也.라 戎請盟,이로되
公辭.라

莒子娶于向,이나 向姜不安莒而歸.라 夏,에 莒人入向,하여 以
姜氏還.이라

司空無駭入極,에 費庈父勝之.라

戎請盟,하여 秋,에 盟于唐,하여 復脩戎好也.라

구 월   기 열 수 래 역 녀   경 위 군 역 야
九月,에 **紀裂繻來逆女,**는 **卿爲君逆也.**라

동   기 자 백   거 자 맹 우 밀   노 고 야
冬,에 **紀子帛·莒子盟于密,**은 **魯故也.**라

정 인 벌 위   토 공 손 활 지 란 야
鄭人伐衛,는 **討公孫滑之亂也.**라

2년 봄에 공이 잠(潛)에서 융 오랑캐와 만난 것은, 혜공(惠公) 시대의 우호 관계를 지속하기 위해서였다. 그때 융 오랑캐가 동맹 맺기를 청했지만, 공은 받아들이지 않았다.

거(莒)나라 군주인 자작이 상(向)나라에서 부인을 맞이했는데, 거나라 군주 부인이 된 강씨(姜氏)가 거나라에서 안주할 수가 없어서, 자기가 태어난 상나라로 돌아갔다. 여름에 거나라 사람이 상나라로 들어가서 강씨를 데리고 돌아왔다.

노나라 사공(司空) 벼슬에 있었던 무해(無駭)가 극(極)나라로 (군대를 이끌고) 들어가자, (전해에 군대를 이끌고 성을 쌓은) 비금보(費庈父)가 쳐들어가 극나라를 멸망시켰다.

융 오랑캐가 동맹 맺기를 청해서, 가을에 당(唐)에서 동맹을 맺은 것은, 거듭 융 오랑캐와 우호 관계를 닦은 일이다.

9월에 기(紀)나라의 열수(裂繻)가 와 노나라 군주의 따님을 맞이한 것은 기나라 경(卿)으로서 자기 나라 군주를 위하여 맞이한 일이다.

겨울에 기나라 자백(子帛)과 거나라의 군주인 자작이 밀(密)에서 동맹을 맺은 일은, (거나라와 사이가 좋지 못한) 노(魯)나라를 위한 때문이다.

정(鄭)나라 사람이 위(衛)나라를 친 일은, 공손활(公孫滑)을 위해서 위나라가 일으킨 난리에 대한 보복의 정벌이었다.

▌**주해**▌ ○向姜(상강)─상나라의 공녀로서 거나라 군주 부인. 상나라 군주의 성이 강씨였기에 상강이라 말했다.

ㅇ司空(사공)—노나라의 경(卿)으로는, 사공·사도(司徒)·사마(司馬)의
세 가지가 있었다. 사도는 문교(文敎)를 맡고, 사마는 군사(軍事)를 맡
았으며, 사공은 토지와 국민에 대한 일을 장악했다.

ㅇ勝之(승지)—승(勝)은 멸망시켰다로 풀이된다. 여기에 나오는 비금보
(費庈父)는 원년(元年) 전(傳)에 나온 비백(費伯)이다. 그는 낭(郞)에
성을 쌓았다.

經| ㅇ三年春王二月己巳,에 日有食之.라

ㅇ三月庚戌,에 天王崩.이라

ㅇ夏四月辛卯,에 君氏卒.이라

ㅇ秋,에 武氏子來求賻.라

ㅇ八月庚辰,에 宋公和卒.이라

ㅇ冬十有二月,에 齊侯·鄭伯盟于石門.이라

ㅇ癸未,에 葬宋穆公.이라

3년 봄 천자가 쓰는 역(曆)으로 2월 기사날에, 일식(日食)이 있
었다.

3월 경술날에, 천자께서 붕어(崩御)하셨다.

여름 4월 신묘날에, 군씨(君氏)께서 돌아가셨다.

가을에, 무씨(武氏)의 아들이 와 장례식을 부조하는 부의(賻儀)를
달라고 요구했다.

8월 경진날에, 송(宋)나라 군주인 화(和)가 세상을 떠났다.

겨울 12월에, 제(齊)나라 군주인 후작과 정(鄭)나라 군주인 백작이
석문(石門)에서 동맹을 맺었다.

계미날에 송나라 목공(穆公)을 장사 지냈다.

주해 ㅇ二月己巳(이월기사)-2월 1일.

ㅇ三月庚戌(삼월경술)-전(傳)의 주해 참고.

ㅇ四月辛卯(사월신묘)-4월 24일.

ㅇ君氏(군씨)-은공의 어머니인 성자(聲子).《공양전》과 《곡량전》에는 윤씨(尹氏)라 하여, 천자를 도운 대부(大夫)였다고 전해진다.

ㅇ武氏子(무씨자)-천자의 대부(大夫)인 무씨의 아들.

ㅇ賻(부)-장례를 돕기 위하여 주는 재물이나 돈.

ㅇ宋公和(송공화)-화(和)는 송나라 군주의 이름으로 죽은 뒤 목공(穆公)이라는 시호(諡號)가 주어졌다. 목공은 기원전 728~720년까지 재위했다.

ㅇ齊侯(제후)-제나라 군주의 작(爵)은 후작. 당시의 제나라 군주는 희공(僖公)으로, 기원전 730~697년까지 재위했다.

ㅇ鄭伯(정백)-백작(伯爵)의 나라인 정나라의 당시 군주는 장공(莊公).

ㅇ石門(석문)-제나라 지명으로, 지금의 산동성 음현(陰縣) 북쪽 땅.

ㅇ癸未(계미)-12월 20일.

傳 三年春王三月壬戌,에 平王崩,이어늘 赴以庚戌.이라 故로 書之.라

夏,에 君氏卒,하니 聲子也라 不赴于諸侯,하고 不反哭于寢,하며 不祔于姑.라 故로 不曰薨,하고 不稱夫人.이라 故로 不言葬,하고 不書姓,하고 爲公故曰君氏.라

3년 봄 천자가 쓰는 역(曆)으로 3월 임술날에, 천자인 평왕(平王)이 붕어하셨거니와, 경술날이라고 알렸다. 그러므로 그대로 경에 썼다.

여름에, 군씨(君氏)가 세상을 떠나셨는데, 즉 성자(聲子)셨다. 돌아

가신 일은 여러 제후국 군주에게 알리지 않았고, 장사를 지내고 묘
(墓)에서 돌아와 정침(正寢)에서 울지 않았으며, 조고묘(祖姑廟)에
모시지 않았다. 그러므로 훙(薨)이라 말해 쓰지 않고, 또 부인이라고
도 칭해서 쓰지 않았다. 그래서 장사 지낸 일을 말하지 않고, 성씨(姓
氏)를 쓰지 않고서, 은공을 위하는 까닭으로 군씨라 말한 것이다.

주해 ㅇ赴(부)−알리는 것.

ㅇ聲子(성자)−은공(隱公)의 생모.

ㅇ反哭于寢(반곡우침)−장사를 지내고, 묘에서 돌아와 정침에서 곡하는
것이 예부터의 예법이었다. 그러나 은공은 자기가 정식 군주가 아니라
는 겸손한 태도를 취하여, 군주로서 취할 법식을 생략했다.

ㅇ祔于姑(부우고)−장사를 지내고 난 뒤, 죽은 이의 영혼을 빈궁(殯宮)에
모시는 예식을 우(虞)라 했다. 우의 일수(日數)는 죽은 이의 신분에 따
라 달랐지만, 그 마지막 날을 졸곡(卒哭)이라 하고, 졸곡 다음날에는
영혼을 선조의 사당에 모셨다. 이 일을 부(祔)라 했다. 여자의 경우는
조고묘(祖姑廟)에 부하였다.

ㅇ君氏(군씨)−군부인(君夫人)이라 풀이된다. 군(君)은 군주의 부인, 곧
소군(小君)을 가리킨 말이다.

정무공 장공 　 위평왕경사 　 왕 이 우곡 　 정백 원 왕
鄭武公・莊公,이 爲平王卿士.라 王貳于虢,에 鄭伯怨王.이라
왕왈 무지 　 고 　 주 정교질 　 왕자호위질어정 　 정공
王曰, 無之.라 故로 周・鄭交質,하여 王子狐爲質於鄭,하고 鄭公
자홀위질어주 　 왕붕 　 주인장비괵공정 　 사월 　 정제
子忽爲質於周.라 王崩,하니 周人將畀虢公政.이라 四月,에 鄭祭
족솔사취온지맥 　 추 　 우취성주지화 　 주 정교오
足帥師取溫之麥,하고 秋,에 又取成周之禾,하니 周・鄭交惡.라

군자왈 신불유중 　 질무익야 　 명서이행 　 요지이례
君子曰, 信不由中,이면 質無益也.라 明恕而行,하고 要之以禮,
수무유질 　 수능간지 　 구유명신 　 간계소치지
면 雖無有質,이라도 誰能間之.리오 苟有明信,이면 澗谿沼沚之

毛,와 蘋蘩蘊藻之菜,와 筐筥錡釜之器,와 潢汙行潦之水,라도 可
薦於鬼神,하고 可羞於王公.이라 而況君子結二國之信,하고 行之
以禮,엔 又焉用質.가 風有采蘩·采蘋,하고 雅有行葦·泂酌,하
여 昭忠信也.라

武氏子來求賻,는 王未葬也.라

　　정나라의 무공과 장공은 주나라 천자인 평왕을 돕는 경사(卿士)가
되었다. 천자인 왕이 괵(虢)나라 군주에게 정권(政權)을 맡기려 하자,
정나라 군주인 백작이 왕을 원망하였다. 그러자 왕이 말씀하시기를,
"그런 일이 없소이다."라고 하셨다. 그런 일이 있었기에 주나라와 정
나라는 서로 인질(人質)을 교환하여, 왕자 호(狐)가 정나라에 인질로
가고, 정나라 군주의 아들 홀(忽)이 주나라에 인질로 갔다. 평왕이 붕
어하시니, 주나라 조정 사람들은 괵나라 군주에게 정권을 맡기려 했
다. 4월에 정나라의 제족(祭足)이 군대를 거느리고 가 주나라 왕실의
영토인 온(溫) 땅의 보리를 베고, 가을에 또 성주(成周)의 곡식을 베
니, 주나라와 정나라는 서로 미워했다.

　　이 사실을 두고 군자(君子)는 말했다.
"믿음이 진심에서 나온 것이 아니라면,
인질은 아무런 소용이 없는 것이다. 공
명정대하고 상대를 이해하는 마음으로
행하고, 질서를 지키는 예의로 맺어 긴
밀하게 한다면, 인질이 없다 하더라도
누구라도 두 사이를 떼어놓을 것인가?
진실로 진정한 신의(信義)가 있다면야,

정(鼎)

산골짜기에 흐르는 냇물이나 못가에 난 물풀[水草], 물 위에 뜬 풀,
백쑥, 마름 등이나, 좋게 만들지 않은 네모지거나 둥근 대광주리나 세
발 솥이나 가마솥 같은 기물(器物), 또는 물구덩이에 잠겨 있는 물이
나, 길에 고인 빗물 같은 깨끗하지 못한 물이라도, 선조의 제사상에
바칠 수가 있고, 또 천자나 군주에게도 드릴 수가 있는 것이다. 그런
데 군자(君子)로서 두 나라의 신의를 맺고, 예의로써 행함에는 또 어
찌 인질을 필요로 한단 말인가?《시경(詩經)》풍(風)의 시에, 채번(釆
蘩)·채빈(釆蘋) 시가 있고, 아(雅)에 행위(行葦)·형작(泂酌) 시가
있어서, 충(忠)과 신의(信義)를 밝히었다."

무씨의 아들이 와 부의(賻儀)를 요구했다고 쓴 것은, 평왕의 장례
식을 아직 치르지 않고, 새 천자가 친히 정사를 보지 않아, 정식 절차
를 밟지 않고서 사사로이 왔기 때문이다.

▌주해┃ ○卿士(경사)-주(周)나라 조정에는 육경(六卿)이 있었는데, 경사
는 그 중의 집정자(執政者)를 말한다.
○祭足(제족)-정(鄭)나라 대부였던 제중(祭仲)으로, 자(字)가 중족(仲足).
○溫(온)-주나라 직할영유지(直轄領有地) 이름으로, 지금의 하남성 온현
(溫縣) 땅.
○成周(성주)-주나라 직할 지명으로 지금의 하남성 낙양현(洛陽縣) 땅.
○禾(화)-곡물을 총칭해서 화라고 했으나 여기에서는 고량(高粱)을 뜻한다.
○筐筥錡釜(광거기부)-광은 네모진 대광주리고, 거는 둥근 대광주리며,
기는 발이 있는 솥이고, 부는 발이 없는 솥을 말한다.
○風(풍)-은(殷)나라 말엽에서 서주(西周)시대에 걸쳐 지어진 시를 모아
담은 시집(詩集)을《시경(詩經)》이라 하여 전해진다. 그런데《시경》의
시는 풍(風)·아(雅)·송(頌)의 세 종류로 나누어진다. 풍은 각 지방국
(地方國)의 민요시이고, 아는 상류계급의 개인시이며, 송은 궁중의 제사
시에 쓰는 악장(樂章)이었다. 풍에는 15개 나라의 민요시가 들어 있다.
○釆蘩(채번)-풍의 소남(召南) 지방의 시편(詩篇)의 하나로, 어진 부인

이 백쑥을 뜯어 조상의 제사에 올리는 정성을 노래부른 것이다.
o采蘋(채빈)－젊은 여자가 물 위에 떠있는 물풀을 취하여 조상의 제사에
바치는 정성을 두고 노래부른 것이다.
o行葦(행위)－시편의 하나. 아(雅)는 대아(大雅)와 소아(小雅)로 나뉘어
지는데 이 시는 대아에 속한다. 충후(忠厚)의 마음을 기리어 노래 부른
것이다.
o泂酌(형작)－대아에 속한 시편의 하나. 충신(忠信)을 강조한 것이다.
o武氏子(무씨자) 운운－평왕의 장례식을 끝내지 않고, 시체를 빈궁(殯宮)
에 안치하고 있는 기간이라, 새 천자가 정사를 재상에게 일임했고 무씨
의 아들을 아직 대부(大夫)로 정식 임명하지 않았을 뿐만 아니라 노나
라에 가 부의를 요구하라는 명을 내리지 않았던 터에, 그가 스스로 노
나라에 가 부의를 내라고 요구했기에 사사로운 일로 취급해서 이렇게
기록했다는 것이다. 정식의 왕명에 의했더라면, 환공(桓公) 15년의 기사
'천왕사가부래구거(天王使家父來求車).' 이런 식이 되어졌을 것이다.

해설┃ 주나라의 천자와 정나라 군주 사이에 있었던 알력을 들고, 충
(忠)과 신의(信義)가 지켜져야 한다는 것을 주장하고 있다.

宋穆公疾,에 召大司馬孔父,하여 而屬殤公焉.이라 曰, 先君舍
與夷而立寡人.이라 寡人不敢忘.이라 若以大夫之靈,으로 得保首
領以沒,에 先君若問與夷,이면 其將何辭以對.리오 請子奉之以
主社稷,이면 寡人雖死亦無悔焉.이라 對曰, 群臣願奉馮也.로소이
다 公曰, 不可.라 先君以寡人爲賢,하여 使主社稷.이라 若棄德不
讓,이면 是廢先君之擧也,이니 豈曰能賢,가 光昭先君之令德,을
可不務乎.아 吾子其無廢先君之功.하라 使公子馮出居于鄭.이라

팔월경진　송목공졸　상공즉위
八月庚辰,에 宋穆公卒,하여 殤公卽位.라

군자왈　송선공가위지인의　입목공　기자향지　명이
君子曰, 宋宣公可謂知人矣.라 立穆公,하고 其子饗之,는 命以

의부　상송왈　은수명함의　백록시하　기시지위호
義夫.라 商頌曰, 殷受命咸宜,에 百祿是荷.로다 其是之謂乎.아

동　제　정맹우석문　심노지맹야　경술　정백지거분
冬,에 齊·鄭盟于石門,은 尋盧之盟也.라 庚戌,에 鄭伯之車僨

우제
于濟.라

송나라 목공이 병이 나자, 대사마로 있는 공보(孔父)를 불러 상공(殤公)으로 뒤를 잇게 하라고 부탁했다. 그때 공은 말하기를, "선대 군주께서는 아들 여이(與夷)를 제쳐놓고 동생인 나를 군주로 세워 삼으시었소. 나는 그 은혜와 의리를 잊을 수가 없소. 만일 대부(大夫)인 그대의 덕택으로 완전한 몸으로 제대로 잘 죽어 저 세상에 가서, 선대 군주께서 여이에 대하여 물으신다면, 무슨 말로 대답을 해야겠소? 청하노니, 여이를 받들어 나라의 사직을 맡도록만 한다면, 나는 비록 죽는다 하더라도 마음에 걸리는 게 없게 되오."라고 했다. 그러자 공보가 대답하기를, "뭇 신하들은 풍(馮) 공자를 군주로 받들기를 원하고 있사옵니다."라고 했다. 이 말에 공은 말했다. "안되오. 선대 군주께서는 나를 어진 사람이라 하여, 나로 하여금 나라의 사직을 맡게 하셨소. 내가 만약 덕(德)을 버리고서 군주 자리를 그에게 물려주지 않는다면, 이는 전의 군주가 취하신 훌륭한 일을 없었던 일로 묵살해 버리는 것이 되니, 어찌 나를 능하고 어진 사람이라 말할 수가 있겠소. 선대 군주의 훌륭한 덕이 빛나게 함을 힘쓰지 않을 수가 있겠소? 그대는 선대 군주의 공을 사라지게 마시오." 그리고 공자 풍으로 하여금 나라에서 떠나 정나라로 가 있게 했다. 8월 경진날 송나라 목공이 세상을 떠나고, 상공이 군주 자리에 올랐다.

군자는 말했다. "송나라 선공(宣公)은 사람을 잘도 알아보았다고

말할 수가 있다. 목공을 자기 후계자로 세우고, 그 아들이 군주 자리를 이어받은 것은, 그의 물려줌이 의리(義理)에 맞아서였도다. 상송(商頌)의 시에 이르기를, '은(殷)나라가 천명(天命)을 받아 천자 자리를 이은 것은 오직 마땅한 일이어서, 모든 복을 다 받았던 것이로세.'라고 했는바, 이것은 이를 두고 말한 것이 아닐까?"

겨울에, 제나라와 정나라가 석문(石門)에서 동맹을 맺은 것은 노(盧)에서의 동맹을 부활시켜 지속시키기 위함이었다. 경술날에, 정나라 군주 백작이 탄 수레가 제수(濟水)에 굴러떨어졌다.

▌주해▐ ○宋穆公(송목공)—선대(先代) 군주인 선공(宣公)의 동생으로, 기원전 728~720년까지 재위했다.

○大司馬(대사마)—군사(軍事)를 장악하는 벼슬.

○孔父(공보)—공자(孔子)의 6세조(六世祖).

○殤公(상공)—선공(宣公)의 아들로, 이름을 여이(與夷)라 했다. 선공은 동생 목공이 어질다 여겨, 군주 자리를 아들에게 전하지 않고 동생에게 전했다. 그런데 목공은 형의 은혜를 잊지 못하여, 군주 자리를 형의 아들 여이에게 전했다.

○先君(선군)—선대 군주. 선공을 가리킨다.

○寡人(과인)—덕(德)이 적은 사람이라는 뜻인데, 이 말은 제후(諸侯)가 자신, '나'라고 하는 전용어(專用語)가 되었다.

○得保首領以沒(득보수령이몰)—완전한 신체를 간직한 채 잘 죽어갈 수가 있다는 뜻.

○子(자)—그대, 당신의 뜻으로, 공보를 가리킨 말.

○主社稷(주사직)—사(社)는 토지신(土地神)이고, 직(稷)은 곡물(穀物)을 주관하는 신인데, 옛날 천자나 제후는 궁전 서편에 이 두 신을 모시고 제사지냈다. 뜻이 변하여 사직이라는 말은 국가(國家)의 뜻으로 쓰이게 되었다. 주사직은 나라를 주관한다, 즉 임금이 된다는 뜻이다.

○饗(향)—뒤를 잇는다는 뜻을 나타낸다.

○命以義夫(명이의부)—명(命)함이(군주 자리에 오르라고 시킴이) 의리로

써 했다. 부(夫)는 감탄 조사.

o 八月庚辰(팔월경진)—8월 15일.

o 君子(군자)—전(傳)의 작자가 자신을 두고 말한 것.

o 商頌(상송)—《시경》의 송(頌)은 주송(周頌)·노송(魯頌)·상송으로 나
누어졌다. 주송은 주의 천자 왕실에서 조상의 제사를 지낼 때 노래한
악장(樂章)이고, 노송은 노나라의 군주가 조상의 제사에 쓴 악장이며,
상송은 은(殷, 商나라라고도 한다)나라 왕의 후손이 조상의 제사 때에
노래한 악장이다.

o 尋(심)—온(溫)자와 뜻이 통한다. 차게 된 것을 따뜻하게 하다인데, 부
활시켜 지속케 한다로 풀이된다.

o 盧之盟(노지맹)—노(盧)는 제나라 땅이었다. 춘추시대에 접어들기 전에,
제나라와 정나라는 노에서 동맹을 맺은 일이 있었다.

o 庚戌(경술)—두예의 주(注)는, 12월에는 경술날은 들지 않았고, 11월
17일이 경술날이었다고 말하고 있다.

해설┃ 이 대목에서는 송나라 선공이 선견지명(先見之明)을 가졌고,
목공이 의리를 잘 지켰다는 것을 특히 강조하고 찬양했다.

　　　위 장 공 취 우 제 동 궁 득 신 지 매　　　 왈 장 강　　 미 이 무 자　　　위
衛莊公娶于齊東宮得臣之妹,하여 曰莊姜.이라 美而無子,에 衛
　인 소 위 부 석 인 야　　 우 취 우 진　　 왈 려 규　　 생 효 백　　　 조 사
人所爲賦碩人也.라 又娶于陳,에 曰厲嬀.라 生孝伯,하고 早死.라
기 제 대 규 생 환 공　　　 장 강 이 위 기 자
其娣戴嬀生桓公,하니 莊姜以爲己子.라

　　　공 자 주 우　　 폐 인 지 자 야　　 유 총 이 호 병　　 공 불 금　　　 장 강
公子州吁,는 嬖人之子也.라 有寵而好兵,에 公弗禁,하고 莊姜
오 지　　 석 작 간 왈　　 신 문　　 애 자　　 교 지 이 의 방　　　 불 납 어
惡之.라 石碏諫曰, 臣聞,하되 愛子,엔 敎之以義方,하여 弗納於
사　　　 교 사 음 일　　 소 자 사 야　　 사 자 지 래　　　 총 록 과 야
邪.이오니다 驕奢淫泆,은 所自邪也.요 四者之來,는 寵祿過也.로
다 장 립 주 우　　　 내 정 지 의　　 약 유 미 야　　 계 지 위 화
다 將立州吁,이오면 乃定之矣.라 若猶未也,면 階之爲禍.리이다

^{부총이불교} ^{교이능강} ^{강이불감} ^{감이능진자선의}
夫寵而不驕,하고 **驕而能降,**하며 **降而不憾,**하고 **憾而能眕者鮮矣.**

^{차부천방귀} ^{소릉장} ^{원간친} ^{신간구}
이오니다 **且夫賤妨貴,**하고 **少陵長,**하며 **遠間親,**하고 **新間舊,**하고

^{소가대} ^{음파의} ^{소위륙역야} ^{군의신행} ^{부자자효}
小加大,하며 **淫破義,**는 **所謂六逆也.**요 **君義臣行,**하고 **父慈子孝,**

^{형애제경} ^{소위륙순야} ^{거순효역} ^{소이속화}
하며 **兄愛弟敬,**은 **所謂六順也.**로소이다 **去順效逆,**은 **所以速禍**

^야 ^{군인자} ^{장화시무거} ^{이속지} ^{무내불가호}
也.이오니다 **君人者,**는 **將禍是務去,**어늘 **而速之,**는 **無乃不可乎.**

^{불청} ^{기자후여주우유} ^{금지불가} ^{환공립} ^내
리오 **弗聽.**이라 **其子厚與州吁游,**에 **禁之不可.**라 **桓公立,**하니 **乃**

^로
老.라

위나라 장공이 제나라 태자 득신(得臣)의 누이동생을 부인으로 맞
이하여 장강(莊姜)이라 했다. 그녀는 아름다웠으나 아들을 낳지 못하
여, 위나라 사람이 그녀를 위하여 《시경(詩經)》 석인편(碩人篇) 시를
지었다. 장공은 다시 진나라에서 부인을 맞이하였는데 그녀는 여규
(厲嬀)라 했다. 그녀는 효백(孝伯)을 낳은 후 일찍 죽었다. 여규의 자
매인 대규(戴嬀)가 환공을 낳으니, 장강은 자기의 아들로 삼았다.
　군주의 아들 주우(州吁)는 사랑받는 첩의 아들이었다. 그는 공의
사랑을 받고, 군대놀이를 좋아하였는데, 공은 그것을 못하게 하지 않
았고, 장강은 그를 미워했다. 석작(石碏)은 공에게 충간(忠諫)해서 말
했다. "신(臣)은 들었사온데, 아들을 사랑함에는 바른 길을 가르치어,
나쁜 데에 들지 않게 하는 거라 하옵니다. 교만스럽고, 사치스럽고,
과도(過度)하게 욕심부리고, 제마음대로 날뛰는 것은, 스스로가 나쁜
길로 들게 하는 것이옵고, 이 네 가지의 버릇은, 총애와 대우(待遇)함
이 지나침에서 오는 것이옵니다. 주우 공자님을 태자로 세우시려거든,
곧 이를 결정하소서. 만일에 그렇지 않으신다면, 군주의 총애를 믿고
화를 일으킬 것이옵니다. 사랑을 받으면서도 교만부리지 않고, 교만스

럽다가도 낮게 지낼 수 있으며, 낮게 있으면서도 원망하지 않고, 원망
스러운데도 꾹 참아 자중(自重)할 수 있는 사람은 적사옵니다. 그리
고 신분이 천한 자가 귀한 사람을 방해하고, 나이 적은 자가 연장자
를 능멸하며, 먼 자가 가까운 자를 이간시키고, 새로 들어온 자가 오
래된 자를 이간시키고, 신분이 낮은 자가 높은 자리의 사람을 무시하
며, 부정한 짓이 의(義)를 파멸시키는 것은, 이른바 여섯 가지의 거역,
즉 육역(六逆)이옵니다. 그리고 군주가 의리를 보여 신하가 그를 행
하고, 아비는 자식에게 자애롭고 자식은 효도하며, 형은 동생을 사랑
하고 동생은 형을 공경한다는 것은, 이른바 여섯 가지의 순응(順應),
즉 육순(六順)이옵니다. 도리에 순응함을 버리고 도리에 거역됨을 따
른다는 것은, 화를 재촉하는 것이옵니다. 백성들에게 임금된 이는 화
될 것을 제거함에 힘써야 하옵거늘, 이를 빨리 오도록 재촉한다는 것
은 안되지 않사옵니까?" 그러나 공은 듣지 않았다. 석작의 아들 후
(厚)가 주우와 같이 놀고 지내기에 그러지 못하게 했지만 듣지 않았
다. 환공(桓公)이 태자 자리에 앉자, 석작은 늙었음을 이유로 벼슬을
그만두었다.

주해 | ○衛莊公(위장공)─기원전 757~735년까지 재위했다.
○莊姜(장강)─장(莊)은 장공의 장자를 딴 것이고, 강(姜)은 태어난 나라
제나라의 성이 강씨였기에 붙인 것이다.
○厲嬀(여규)─여(厲)는 죽은 뒤에 주어진 이름이고, 규(嬀)는 태어난 나
라인 진(陳)의 성(姓)이었다. 죽은 이에게 이름을 주는 시법(諡法)에,
포악하고 거만하며, 어버이가 없는 사람에게는 여(厲)의 이름을 준다고
했다.
○嬖人(폐인)─애첩(愛妾). 폐(嬖)는 비천한 사람이 군주의 총애받음을
일렀다.
○義方(의방)─의로운 길, 바른 길.
○淫(음)─보통 음탕의 뜻으로 풀이하나, 여기에서는 과도하게 욕망부리

는 것을 의미한다.

○老(노)－늙어 벼슬을 그만둔다는 뜻이 있다. 옛날 대부(大夫)는 70세가
되면 정년 퇴직했다.

┃經┃ ○四年春王二月,에 莒人伐杞,하여 取牟婁.라

○戊申,에 衛州吁弑其君完.이라

○夏,에 公及宋公遇于清.이라

○宋公·陳侯·蔡人·衛人伐鄭.이라

○秋,에 翬帥師,하여 會宋公·陳侯·蔡人·衛人,하고 伐鄭.이라

○九月,에 衛人殺州吁于濮.이라

○冬十有二月,에 衛人立晉.이라

4년 봄 천자가 쓰는 역(曆)으로 2월에, 거(莒)나라 사람이 기(杞)나
라를 쳐서 모루(牟婁)를 빼앗았다.

무신날에, 위나라 주우(州吁)가 그의 군주 완(完)을 죽였다.

여름에, 은공이 송나라 군주와 청(清)에서 만났다.

송나라 군주·진나라 군주인 후작(侯爵)·채나라 사람·위나라 사
람이 정나라를 쳤다.

가을에, 휘(翬)가 군사를 거느리고, 송나라 군주·진나라 군주인 후
작·채나라 사람·위나라 사람들과 회합하고 정나라를 쳤다.

9월에, 위나라 사람이 주우를 복(濮)에서 죽였다.

겨울 12월, 위나라 사람들이 진(晉)을 군주로 세웠다.

┃주해┃ ○牟婁(모루)－기(杞)나라 지명으로, 지금의 산동성 제성현(諸城

縣) 서쪽 땅.

○戊申(무신)—3월 17일.

○淸(청)—위나라 지명으로, 지금의 산동성 동아현(東阿縣) 서북방 땅.

○翬(휘)—공자의 이름으로, 당시 노나라의 대부(大夫).

○濮(복)—강 이름.

傳│ 四年春,에 衛州吁弑桓公而立.이라 公與宋公爲會,하여 將尋
宿之盟.이라 未及期,에 衛人來告亂.이라 夏,에 公及宋公遇于淸.
이라

宋殤公之卽位也,에 公子馮出奔鄭,하니 鄭人欲納之.라 及衛
州吁立,에 將脩先君之怨於鄭,하여 而求寵於諸侯,하고 以和其
民.이라 使告於宋曰, 君若伐鄭以除君害,면 君爲主.하라 弊邑
以賦與陳·蔡從,이리니 則衛國之願也.라 宋人許之.라 於是,에
陳·蔡方睦於衛.라 故로 宋公·陳侯·蔡人·衛人伐鄭,하여 圍
其東門,이나 五日而還.이라

公問於衆仲曰, 衛州吁, 其成乎.아 對曰, 臣聞以德和民,이요
不聞以亂.이오니다 以亂,은 猶治絲而棼之也.이로소이다 夫州吁,는
阻兵而安忍,이옵거늘 阻兵無衆,이오 安忍無親.이오니다 衆叛親
離,면 難以濟矣.로소이다 夫兵猶火也,로 弗戢,이면 將自焚也.이오
니다 夫州吁弑其君,하고 而虐用其民.하오니다 於是乎, 不務令德,

하고 <ruby>而欲以亂成<rt>이 욕 이 란 성</rt></ruby>，이니 <ruby>必不免矣<rt>필 불 면 의</rt></ruby>。이니이다

4년 봄에, 위나라 주우가 환공을 살해하고 자신이 군주 자리에 올랐다. 은공은 송나라 군주와 회합하여, 전에·숙(宿)에서 동맹 맺었던 것을 부활, 지속시키려 했다. 그런데 그 시기가 되기 전에, 위나라 사람이 와 난동이 있었음을 알렸다. 여름에 은공은 송나라 군주와 청(淸)에서 만났다.

송나라 상공이 즉위하자, 공자인 풍(馮)이 정나라로 망명하니, 정나라 사람들이 옹립(擁立)하려고 했다. 위나라 주우가 군주 자리에 앉게 되어, 선대 군주의 정나라에 대한 원한을 풀고, 제후들의 인기를 얻어, 국민들이 자기에게 따르게 하였다. 그리하여 그는 사자(使者)를 송나라로 보내어 말하기를, "만일 정나라를 쳐서, 해(害)됨을 제거하려면, 당신께서 중장자가 되십시오. 저희 나라는 군대로써 진나라·채나라와 같이 뒤를 따를 것인데, 이것이 곧 우리 위나라의 소원입니다."라고 했다. 송나라 사람이 이를 받아들이어 그렇게 하기로 했다. 이때 진나라·채나라가 위나라에 대해서 한창 좋게 대하고 있었다. 그러므로 송나라 군주·진나라 군주인 후작·채나라 사람·위나라 사람들이 정나라를 쳐, 정나라 서울의 동문을 에워쌌는데, 닷새가 되어서는 돌아가 버렸다.

은공이 중중(衆仲)에게 묻기를, "위나라 주우는 성공할까?"라고 하셨다. 이에 대하여 중중은 대답했다. "신(臣)은 덕으로 백성을 따르게 한다는 것을 들었사오나, 비인도적(非人道的)인 일로 그렇게 한다는 것은 듣지 못했사옵니다. 비인도적인 일로 백성을 따르게 하는 것은, 마치 엉킨 실을 잘 푼다는 것이 오히려 그걸 더 엉키게 하는 것과 같사옵니다. 주우는 무력(武力)만을 믿고 잔인한 짓을 하면서도 태연하옵지만, 무력을 믿었다간 국민 대중이 떨어져 나가 없게

되고, 잔인한 짓을 하고도 태연하다면, 친근한 자들도 떨어져 나가 없게 되옵니다. 국민 대중이 배반하고, 친근한 자들이 떨어져 나가면, 일의 성공은 어려울 뿐입니다. 무력이란 건 마치 불과 같은 것이어서 잘 단속하지 않으면 장차 자신이 그 불 속에서 타게 될 것이옵니다. 주우는 그의 군주를 살해하였사옵고, 그의 국민을 모질게 부리고 있나이다. 이에 미덕(美德) 닦음에 힘쓰지 않고, 인도에서 벗어나는 짓으로써 야망을 성취하려 하고 있으니, 반드시 화를 면하지 못할 것이옵니다."

주해 ○宋公(송공)-송나라 상공(殤公)을 말한다.
○宿之盟(숙지맹)-은공 원년(元年)에, '9월 급송인맹우숙(九月, 及宋人盟于宿)'이라 말한 것을 가리킨다.
○先君之怨(선군지원)-은공 2년에 정나라 사람들이 위나라를 친 일이 있었는데, 그에 대해서 선대 군주가 원한을 품었다는 것을 말한다.
○弊邑(폐읍)-위나라 주우가 자기 나라를 겸칭(謙稱)한 말.
○賦(부)-군대를 뜻한다.
○亂(난)-인도에 어긋나는 행동을 뜻한다.
○阻兵而安忍(조병이안인)-무력을 믿고 잔인한 짓을 하면서도 태연하다.
○難以濟矣(난이제의)-이루기는 어렵다.
○戢(즙)-단속하다.
○不免矣(불면의)-화를 면치 못한다.

秋,에 諸侯復伐鄭.이라 宋公使來乞師,에 公辭之.라 羽父請以師會之,에 公弗許,러니 固請而行.이라 故로 書曰, 翬帥師,하니 疾之也.라 諸侯之師,가 敗鄭徒兵,하고 取其禾而還.이라

가을에, 제후들이 다시 정나라를 쳤다. 송나라 군주의 사자(使者)

가 와 원군(援軍)을 요청하자, 은공은 사절하였다. 우보(羽父)가 군
대를 거느리고 가서 참가하기를 원하자, 공이 허락하지 않았거니와
우보는 굳이 원해서 갔다. 그러므로 경(經)에 휘(翬)가 군대를 이끌
었다고 써 말했는데, 그것은 그를 미워해서였다. 제후들의 군대는 정
나라 보병(步兵)을 패배시키고, 정나라의 곡식을 베어 거두어가지고
귀환했다.

주해 ㅇ羽父(우보)—공자 휘(翬)의 자(字). 경(經)에 그를 공자라 말하
지 않은 것은, 은공의 명을 따르지 않은 것이 불의(不義)였다고 여겨서
였다. 《공양전》과 《곡량전》에는, 그가 뒤에 환공(桓公)에게 거짓말을
해서, 은공을 죽이게 한 죄인이었기에 공자라고 쓰지 않았다고 했다.
ㅇ徒兵(도병)—전차(戰車)나 말을 타지 않고 싸우는 보병.

州吁未能和其民,에 厚問定君於石子.라 石子曰, 王覲爲可.라
何以得覲,가 曰, 陳桓公方有寵於王,하고 陳・衛方睦,하니 若朝
陳使請,이면 必可得也.라 厚從州吁如陳.이라 石碏使告于陳曰,
衛國褊小,에 老夫耄矣,하니 無能爲也.라 此二人者,는 實弑寡君,
이니 敢卽圖之.하라 陳人執之,하여 而請涖於衛.라

九月,에 衛人使右宰醜,하여 涖殺州吁于濮,하고 石碏使其宰獳
羊肩,하여 涖殺石厚于陳.이라 君子曰, 石碏純臣也.라 惡州吁,하
여 而厚與焉.이라 大義滅親,은 其是之謂乎.아

衛人逆公子晉于邢,하고 冬十二月,에 宣公卽位.라 書曰, 衛人
立晉,은 衆也.라

주우(州吁)가 국민들이 좋아하여 따르지 못하자, 석후(石厚)가 아버지 석작(石碏)에게, 주우가 군주로서 지위를 단단하게 할 방법을 물었다. 그러자 석작은, "천자(天子)를 찾아뵙는 게 가(可)한 일이다."라고 했다. 그러자 석후가 말하기를, "어찌 하면 천자를 뵐 수가 있습니까?"라고 물었다. 이에 대해서 석작은 "진(陳)나라의 환공(桓公)은 바야흐로 천자께 총애를 받고, 진나라와 위나라는 현재 화목한 사이이니, 만약 진나라로 가 천자께 만나 줄 것을 요청하게 한다면, 반드시 천자를 뵐 수가 있을 게다."라고 대답했다. 석후가 주우를 따라 진나라로 갔다. 그러자 석작은 사자를 보내어 진나라에게 말하기를, "위나라는 작은데다가, 대부(大夫) 자리에서 물러난 저는 이제 늙어, 무슨 일을 할 수가 없사옵니다. (귀국으로 간) 이들 두 사람은 실로 군주를 죽인 것이니, 그들을 바로 죽여 주기를 바라옵니다."라고 했다. 진나라 사람이 그들을 잡아, 그들 죽이는 일에 입회(立會)하기를 요청했다.

9월에, 위나라 사람들은 우재(右宰) 벼슬에 있는 추(醜)를 보내어, 주우를 복(濮)에서 죽일 때에 입회하게 하고, 석작은 가신(家臣)의 우두머리인 누양견(獳羊肩)을 보내어, 아들 석후를 진나라에서 죽이는 일에 입회시켰다. 군자(君子)는 말하기를, "석작은 진실한 충신이었도다. 주우를 미워하여 아들 석후도 죽음에 끼이게 했다. 대의(大義) 때문에 육친(肉親)을 죽인다 함은, 이를 두고 이름인가!"라고 했다.

위나라 사람들이 공자 진(晉)을 형(邢)나라로부터 맞이하고, 겨울 12월에, 선공(宣公)이 군주 자리에 올랐다. 경(經)에 위나라 사람이 진을 군주로 세웠다고 써 말한 것은, 국민들의 뜻이 진을 군주로 세울 것을 요망했기 때문이다.

▌주해▐ ㅇ王覲(왕근) ─ 천자를 뵙는 것.
　　　ㅇ老夫耄矣(노부모의) ─ 노부는 대부에서 물러난 자의 자칭(自稱)이고, 모(耄)는 80세라는 뜻이 있는데, 여기에서는 늙은 사람으로 해석된다. 옛

날에 대부는 70세가 되면 자리에서 물러났다.

ㅇ邢(형)—주공(周公)의 넷째아들 정연(靖淵)의 봉국(封國)으로, 지금의 하북성 형태현(邢台縣)에 위치했다. 군주의 성은 희(姬)이고, 작은 후작(侯爵)이었다.

▌**해설**▐ 이 대목의 글은 불의자(不義者)는 망하고, 대의(大義)를 위해서는 사사로운 정을 돌아보지 않는 의리심을 환기시키고 있다.

▌**經**▐ ㅇ五年春,에 公矢魚于棠.이라

ㅇ夏四月,에 葬衛桓公.이라

ㅇ秋,에 衛師入郕.이라

ㅇ九月,에 考仲子之宮,하고 初獻六羽.라

ㅇ邾人·鄭人伐宋.이라

ㅇ螟.이라

ㅇ冬十有二月辛巳,에 公子彄卒.이라

ㅇ宋人伐鄭,하여 圍長葛.이라

5년 봄에, 은공이 당(棠)에서 물고기를 구경하였다.

여름 4월에, 위나라 환공을 장사 지냈다.

가을에, 위나라 군대가 성나라로 들어갔다.

9월에, 중자(仲子)의 사당이 지어졌고, 처음으로 육우(六羽)의 춤을 추어 올렸다.

주나라 사람들과 정나라 사람들이 송나라를 쳤다.

벼멸구 떼가 일어났다.

겨울 12월 신사날에, 공자인 구(彄)가 세상을 떠났다.
송나라 사람들이 정나라를 쳐 장갈(長葛)을 포위했다.

주해 ○矢(시)―화살, 맹서한다 등의 뜻이 있지만, 여기에서는 본다, 구
경한다로 풀이된다.

○棠(당)―노나라의 지명으로, 지금의 산동성 어태현(魚台縣) 동북쪽 땅.

○郕(성)―주 무왕(武王)의 동생 숙무(叔武)의 봉국(封國). 처음에는 지
금의 산동성 늠구현(廩丘縣)을 차지했으나 뒤에는 지금의 산동성 영양
현(寧陽縣)으로 옮겼다.

○六羽(육우)―전(傳)의 주해 참고.

○螟(명)―곡물을 망치는 벌레. 벼멸구.

○長葛(장갈)―정나라 지명으로, 지금의 하남성 장갈현(長葛縣).

傳 五年春^{오년춘}에, 公將如棠觀魚者^{공장여당관어자}에, 臧僖伯諫曰^{장희백간왈}, 凡物不足以講^{범물부족이강}
大事^{대사}하고 其材不足以備器用^{기재부족이비기용}이면 則君不舉焉^{즉군불거언}.이로소이다 君將納^{군장납}
民於軌物者也^{민어궤물자야}.라 故^고로 講事以度軌^{강사이탁궤}에, 量謂之軌^{양위지궤}요 取材以章^{취재이장}
物^물하여 采謂之物^{채위지물}이온데 不軌不物^{불궤불물}은, 謂之亂政^{위지란정}이오 亂政亟行^{난정극행},
이면 所以敗也^{소이패야}.라소이다 故^고로 春蒐^{춘수}하고 夏苗^{하묘}하며 秋獮^{추선}하고 冬狩^{동수},
하옵거늘 皆於農隙^{개어농극}하여, 以講事也^{이강사야}.로소이다 三年而治兵^{삼년이치병}에 入而^{입이}
振旅^{진려}하고 歸而飲至^{귀이음지}하여야 以數軍實^{이수군실}하고 昭文章^{소문장}하여 明貴賤^{명귀천},하
고 辨等列^{변등렬}하고 順少長^{순소장}하여 習威儀也^{습위의야}.이오니다 鳥獸之肉^{조수지육}이 不登^{부등}
於俎^{어조}하고 皮革·齒牙·骨角·毛羽^{피혁 치아 골각 모우}가 不登於器^{부등어기}면 則公不射^{즉공불사},
는 古之制也^{고지제야}.라소이다 若夫山林川澤之實^{약부산림천택지실}과 器用之資^{기용지자},는 皂隸之^{조예지}

<ruby>事</ruby><ruby>사</ruby>,요 <ruby>官司之守</ruby><ruby>관사지수</ruby>로 <ruby>非君所及也</ruby><ruby>비군소급야</ruby>.이오니다 <ruby>公曰</ruby><ruby>공왈</ruby>, <ruby>吾將略地焉</ruby><ruby>오장략지언</ruby>.이로다

<ruby>遂往</ruby><ruby>수왕</ruby>,하여 <ruby>陳魚而觀之</ruby><ruby>진어이관지</ruby>에 <ruby>僖伯稱疾不從</ruby><ruby>희백칭질부종</ruby>.이라 <ruby>書曰</ruby><ruby>서왈</ruby>, <ruby>公矢魚于</ruby><ruby>공시어우</ruby>

<ruby>棠</ruby><ruby>당</ruby>,은 <ruby>非禮也</ruby><ruby>비례야</ruby>,요 <ruby>且言遠地也</ruby><ruby>차언원지야</ruby>.라

5년 봄에, 은공이 당(棠)으로 가 물고기 구경을 하려 하자, 장희백(臧僖伯)이 충간하는 말을 했다. "무릇 (사냥 등을 해서 얻은) 물건이 나라의 큰일(전쟁이나 제사)을 강구함에 소용되지 못하고, 그 얻은 제물이 나라의 큰일에 쓰는 기물 만드는 데 소용되지 못하다면, 군주는 그 일을 하지 않는 것이옵니다. 군주는 백성들을 통솔 영도하여 궤(軌)와 물(物)에 알맞게 하는 것이옵니다. 그러므로 군주는 나라의 일을 실습(實習)시켜, 그 행하는 바가 바른 법도에 알맞는 여하를 헤아려 법도에 알맞음을 궤라 하옵고, 재물을 얻어 기물을 꾸미어, 법도에 알맞음을 물이라 하옵는데, 행하는 바가 알맞지 않고, 얻은 재물 씀이 법도에 알맞지 못하면, 그것은 곧 정사(政事)를 어지럽히는 것이라 이르고, 정사 어지럽힘을 자주 하게 된다면, 그것은 나라를 망치게 하는 것이옵니다. 그러기에 봄에는 새끼를 배지 않은 짐승만 골라 잡는 수(蒐) 사냥을 하옵고, 여름에는 곡물의 싹을 해치는 것을 잡는 묘(苗) 사냥을 하오며, 가을에는 군사 훈련을 겸해서 짐승을 죽이는 선(獮) 사냥을 하옵고, 겨울에는 짐승을 에워싸 마구 잡는 수(狩) 사냥을 하옵는데, 이 각 시절의 사냥은 다 농사일이 바쁘지 않은 틈을 타서 군사 실습을 하는 것이옵니다. 3년만에 한번씩 군비(軍備)를 닦는 군사 연습을 하는 데 있어, 그것을 끝내고 도성(都城)에 들어와서는 군대를 잘 정비하고, 끝내고 돌아와서는 조상의 사당에 고하고 술잔치를 베풀며, 군기(軍器)나 잡은 것들을 조사하여 그 수를 파악하고, 모든 기물의 장식(裝飾)을 법도에 맞도록 잘하고, 사람들의 귀하고

제기〔俎〕

천한 신분 구별을 정확히 밝히고, 군대 대열 간의 서열(序列)을 분별하고, 장유(長幼)의 질서에 따르게 하여 당당한 예의를 갖추도록 실습을 시키는 것이옵니다. 조수(鳥獸)의 살코기가 선조에게 드리는 제사상에 오르지 못하고, 사냥에서 잡은 짐승의 가죽·치아·뼈·뿔·털·날개 등이 기물(器物) 장식에 쓰이지 못하는 것이라면, 군주는 그 짐승을 쏘지 않는 것이 옛날에 정해진 법도이옵니다. 산림(山林)이나 내·못 등에서 나는 것들, 또는 기물을 만드는 데 쓰는 물자에 관한 일은 하인들의 일이고 관리가 감독함이 그 직분이어서, 군주가 할 일은 아니옵니다." 이 말에 공은, "나는 우리 영토를 순행(巡行)하려는 거요."라고 말하였다. 공은 드디어 가서 물고기를 구경하였는데, 희백은 병이라 핑계대고 따라가지 않았다. 경(經)에 공이 당에서 물고기 구경을 하셨다고 한 것은, 공의 행위가 예(禮)에 어긋난 일이며, 또 먼 곳이어서 군주로서는 갈 곳이 안된다는 것을 말한 것이다.

주해 ㅇ臧僖伯(장희백)-효공(孝公)의 아들로, 공자 구(彄). 자가 자장(子臧)으로, 죽은 뒤 희(僖)라는 이름이 주어졌다.
ㅇ大事(대사)-나라의 큰 일. 전쟁과 제사(祭祀)를 대사라 했는데, 이 글에서는 주로 군사를 말했다.
ㅇ度軌(탁궤)-법도에 맞는가 여하를 헤아림.
ㅇ量(양)-법도에 잘 맞음.
ㅇ蒐(수)·苗(묘)·獮(선)·狩(수)-계절에 따라 한 사냥 이름.
ㅇ軍實(군실)-군사 연습에 사용한 군기와 연습에서 잡은 짐승. 다만 군기만을 뜻하기도 한다.
ㅇ不登於俎(부등어조)-조(俎)는 제사 때에 제물을 올려놓는 그릇. 제사상에 오르지 못한다는 뜻.
ㅇ不登於器(부등어기)-기물을 장식에 쓰지 못함.

ㅇ阜隷(조예)－하인. 사(士)의 하인을 조(阜)라 했고, 조의 하인을 여(輿)
라 했으며, 여의 하인을 예(隷)라 했다.

ㅇ官司之守(관사지수)－관리의 직분(職分).

ㅇ略地(약지)－영토를 순행한다는 뜻.

　　　　곡옥장백　　　　이정인　형인벌익　　왕사윤씨　무씨조지
曲沃莊伯,이 **以鄭人·邢人伐翼,**에 **王使尹氏·武氏助之,**하니

익후분수
翼侯奔隨.라

곡옥(曲沃)의 장백(莊伯)이 정나라 사람·형나라 사람들을 이끌고
익(翼)을 치자, 천자는 윤씨·무씨를 시켜 그를 도우니, 익(翼)을 다
스리는 익후가 수(隨) 땅으로 도망했다.

▌주해▕　ㅇ曲沃(곡옥)－노나라 혜공(惠公) 24년에, 진(晉)나라 소후(昭侯)
가 동생 성사(成師)에게 봉한 땅으로, 지금의 산서성(山西省) 문희현
(聞喜縣) 동북쪽 땅.

　　　ㅇ莊伯(장백)－성사(成師)의 아들.

　　　ㅇ翼(익)－진(晉)나라의 서울로, 일명 강(絳)이라고도 했다. 지금의 산서
성 익현(翼縣)의 동남에 위치했다. 진나라는 본시 진양(晉陽, 산서성
太原縣 땅)을 서울로 정했다가 뒤에 곡옥으로 옮기었고, 목공(穆公) 때
에는 다시 강(絳)으로 옮겼다. 강은 목공의 손자 효공(孝公) 때 익(翼)
이라 개명되었다.

　　　ㅇ尹氏(윤씨)－대대로 주(周)나라 조정에서 경(卿)으로 있었다. 윤(尹), 즉
지금의 하남성 신안현(新安縣) 동남쪽 땅을 채읍(采邑)으로 받았다.

　　　ㅇ武氏(무씨)－대대로 주나라 조정에서 봉사했다. 그의 조부는 평왕의 작
은아들이다.

　　　ㅇ翼侯(익후)－진(晉)나라 효공(孝公)의 동생 악후(鄂侯).

　　　ㅇ隨(수)－지금의 산서성 개휴현(介休縣) 동쪽에 있었던 진나라의 지명.

夏,에 葬衛桓公.이라 衛亂.이라 是以로 緩.이라

四月,에 鄭人侵衛牧,하여 以報東門之役.이라 衛人以燕師伐

鄭,에 鄭祭足·原繁·泄駕,가 以三軍軍其前,하고 使曼伯與子

元潛軍其後.라 燕人畏鄭三軍,하여 而不虞制人.이라 六月,에 鄭

二公子,가 以制人敗燕師于北制.라 君子曰, 不備不虞,는 不可

以師.라

曲沃叛王.이라 秋,에 王命虢公,하여 伐曲沃,하고 而立哀侯于

翼.이라

衛之亂也,에 郕人侵衛.라 故로 衛師入郕.이라

여름에 위나라 환공을 장사 지냈다. 위나라 안이 어지러웠기에, 늦어졌다.

4월에, 정나라 사람들이 위나라의 서울 교외로 침입하여, 전에 동문(東門)을 에워쌌던 싸움에 대한 보복을 했다. 위나라 사람이 연나라 군대를 이끌고 정나라를 치자, 정나라의 제족(祭足)·원번(原繁)·설가(泄駕)가, 삼군(三軍)을 거느리고 연나라 군대의 전방에 진을 치고, 만백(曼伯)과 자원(子元)을 시켜 몰래 그 후방에 진을 치게 했다. 연나라 사람들은 전방에 있는 정나라의 삼군만을 두려워하고는, 만백과 자원이 거느리고 있는 후방에 있는 제(制) 사람들은 생각지 않고 있었다. 6월에 정나라의 두 공자가 제 사람들을 이끌고서는 북제(北制)에서 연나라 군대를 쳐부수었다. 군자는 이를 두고 말하기를, "불의(不意)의 일에 대비하지 않고서는, 전쟁할 수가 없도다."라고 했다.

곡옥이 천자에 대해서 반기를 들었다. 가을에, 천자는 괵(虢) 군주에게 명해서 곡옥을 치고, 애후(哀侯)를 익의 주인이 되게 정하였다.

위나라의 난리에 성(郕) 사람들이 위나라를 침범했다. 그래서 위나라 군대가 성으로 들어갔다.

주해 ○緩(완)－늦음. 위나라 환공이 살해된 것은 전년(前年) 3월이었다. 제후는 다섯 달 뒤에 장례식을 하게 되어 있는데 이해 4월에야 장례식을 치르었으니 늦은 것이다.

○牧(목)－도성(都城) 밖, 즉 교외(郊外).

○東門之役(동문지역)－4년조에, 송·진·채·위나라 군대가 정나라 서울의 동문을 포위했던 싸움을 이른다.

○北制(북제)－정나라 지명으로, 지금의 하남성 광무현(廣武縣) 서북 일대.

○叛王(반왕)－앞의 전(傳)에 나왔듯이 주나라 환왕(桓王)은 곡옥(曲沃)의 장백(莊伯)을 도와 익(翼)을 쳤고, 익의 악후(鄂侯)는 수(隨)로 도망했다. 그래서 환왕은 악후의 아들인 광(光)을 그곳의 주재자로 삼았는데, 장백이 왕명을 따르지 않았다. 그러자 다시 익을 쳐 빼앗자, 광은 국외로 도망했다. 이 사실을 두고 말한다.

○哀侯(애후)－악후의 아들.

九月,에 考仲子之宮,하여 將萬焉,에 公問羽數於衆仲.이라 對曰, 天子用八,이요 諸侯用六,이요 大夫四,요 士二.이오니다 夫舞所以節八音而行八風.이라 故로 自八以下.로소이다 公從之.라 於是,에 初獻六羽,하니 始用六佾也.라

9월에, 중자(仲子)의 사당이 준공되어, 무악(舞樂)을 행하려고 공이 중중(衆仲)에게 꿩의 꼬리를 단 기를 가지고 춤추는 사람 수를 물었

다. 그랬더니 중중은 대답했다. "천자는 팔일법(八佾法)을 쓰고, 제후
는 육일법(六佾法)을 쓰며, 대부는 사일법(四佾法)을 쓰고, 사(士)는
이일법(二佾法)을 쓰옵니다. 대체 무악이라는 것은, 여덟 가지 악기
소리를 조화시키고, 팔방(八方)의 풍류에 알맞게 하는 것이옵니다. 그
러므로 팔일(八佾) 이하로 정한 것이옵니다." 공은 그의 대답에 따랐
다. 이에 처음으로 육일의 춤을 바쳐, 육일법을 쓰게 된 것이다.

│주해│ ㅇ萬(만)-문무(文舞)·무무(武舞)의 총칭. 문무는 춤추는 사람이
왼손에는 피리[籥]를 들고, 오른손에는 꿩 꼬리를 붙인 기를 들고서 춤
추는 것으로 약무(籥舞)라고도 했다. 무무는 간무(干舞)라고도 하여,
왼손에는 붉은 방패를 들고, 오른손에는 구슬로 만든 의례용 도끼를 들
고 춤추는 것.

ㅇ羽數(우수)-꿩 꼬리가 달린 기를 들고 춤추는 사람 수.

ㅇ八(팔)-팔일(八佾)을 말한다. 일(佾)은 무법(舞法)의 단위로, 춤추는
사람이 여덟 명인 것을 말한다. 팔일은 즉 64명이 춤추는 법식.

ㅇ八音(팔음)-이설(異說)이 있으나, 관(管)·축오(祝敔)·슬(瑟)·훈(塤)·
종(鐘)·경(磬)·고(鼓)·생(笙)을 말한다.

ㅇ八風(팔풍)-팔방의 풍류. 팔방은 정동(正東)·동남(東南)·정남(正
南)·서남(西南)·정서(正西)·서북(西北)·정북(正北)·동북(東北)을
말한다.

│해설│ 이 대목에서는, 노나라는 주왕실에서와 같이 팔일법(八佾法)을
썼는데, 이때 비로소 육일법을 썼다는 것을 밝히고 있다. 그런데 《공
양전》은공 5년조에는, 당시 천자는 팔일법을 썼고, 주나라 조정의 삼
공(三公)은 육일법을 썼고, 제후는 사일법을 쓰는 것이 정당했음에도
노나라가 육일법을 쓴 것은, 예의에 어긋나는 일이었다고 비난했다.

송 인 취 주 전   주 인 고 어 정 왈   청 군 석 감 어 송   폐 읍 위
宋人取邾田,하니 邾人告於鄭曰, 請君釋憾於宋.하소서 敝邑爲

道.리이다 鄭人以王師會之,하여 伐宋入其郛,하여 以報東門之役,
이라 宋人使來告命.이라 公聞其入郛也,에 將救之,하고 問於使
者曰, 師何及.가 對曰, 未及國.이로소이다 公怒乃止,하고 辭使者
曰, 君命寡人,은 同恤社稷之難,이어늘 今問諸使者,하니 曰師未
及國.이라 非寡人之所敢知也.라

  冬十二月辛巳,에 臧僖伯卒.이라 公曰, 叔父有憾於寡人.이라
寡人弗敢忘.이라하고 葬之加一等.이라 宋人伐鄭,하여 圍長葛,하
여 以報入郛之役也.라

　송나라 사람들이 주(邾)나라 밭을 점령하니, 주나라 사람이 정나라
로 가서 말하기를, "원하옵건대 군주께서는 송나라에 대한 원한을 풀
어주소서. 저희 나라는 싸움의 앞잡이가 되겠사옵니다."라고 했다. 정
나라 사람이 천자의 군대를 이끌고 주나라 군과 합류해서 송나라를
공격하여 외성(外城)까지 쳐들어가, 전의 도성 동문을 포위한 싸움에
대한 보복을 했다. 송나라 사람이 와 은공에게 구원을 청하라는 그의
군주 명을 말했다. 공은 정나라 군이 송나라의 도성 밖의 외성까지
들어갔다는 소식을 듣고는, 송나라를 도우려 하고 그 사자(使者)에게,
"정나라 군대가 어디까지 왔는가?"라고 물었다. 사자가 대답하기를,
"아직 서울까지는 오지 않았사옵니다."라고 했다. 그러자 공은 노하여
그만두기로 하고 사자에게 사절해서 말하기를, "그대의 군주가 내게
말한 것은, 같이 나라의 위난(危難)을 근심하자는 거요. 그런데 이제
사자인 그대에게 그 사정을 물으니, 적군이 아직 서울까지 오지 않았
다 말했소. 그렇다면 과인이 감히 알 바가 아니오."라고 하였다.

겨울 12월 신사날에, 장희백이 세상을 떠났다. 공은, "숙부께서는 내게 원한을 품었다. 나는 그 마음을 감히 잊지 않을 것이다."라고 말하고, 그의 신분을 한 계급 더 올려 장사 지냈다. 송나라 사람들이 정나라를 쳐 장갈(長葛)을 포위하여 전에 도성 밖의 외성까지 공격했던 싸움에 대한 보복을 했다.

주해 | ㅇ郛(부)―외성(外城).

ㅇ告命(고명)―군주의 명을 고함.

ㅇ未及國(미급국)―아직 서울까지는 오지 못했다. 국(國)은 국도(國都)를 말한다.

ㅇ公怒(공노)―공이 노했다. 사자는 생각하기를, 적군이 이미 국도까지 왔다고 하면 은공이 이미 늦었으니, 원군을 보낼 수 없다고 거절할까 염려해서, 아직 국도에는 미치지 못하고 있다고 말했다. 그런데 은공은 사실대로 말하지 않고, 자기를 속여 출군(出軍)을 재촉하는 거라 감지(感知)하고는 화를 냈다.

ㅇ叔父有憾於寡人(숙부유감어과인)―숙부는 내게 원한이 있다는 이 말은, 전에 은공이 당(棠)으로 물고기 구경을 갔을 때, 장희백(臧僖伯)이 가지 말라고 충고했건만, 은공은 그의 충고를 어기고 갔었다. 이에 대해서 장희백이 서운하게 생각한 것을 말한다.

ㅇ寡人弗敢忘(과인불감망)―과인은 감히 잊지 않을 거라는 말은 장희백의 충심(忠心)을 잊지 않겠다는 말이다.

經 | ㅇ 六年春(육년춘),에 鄭人來渝平(정인래유평).이라

ㅇ 夏五月辛酉(하오월신유),에 公會齊侯盟于艾(공회제후맹우애).라

ㅇ 秋七月(추칠월).이라

ㅇ 冬(동),에 宋人取長葛(송인취장갈).이라

6년 봄에 정나라 사람이 와, 전의 화목하지 않았던 태도를 바꾸어, 화목하게 지내자고 했다.

여름 5월 신유날에, 공이 제나라 군주인 후작과 만나, 애산(艾山)에서 동맹을 맺었다.

가을 7월.

겨울에, 송나라 사람들이 장갈(長葛)을 빼앗았다.

주해│ ○渝平(유평)－전의 좋지 못한 태도를 바꾸어 화목하는 것.

○艾(애)－산 이름. 지금의 산동성 신태현(新泰縣) 동북방에 있다. 당시 노나라와 제나라의 경계.

○五月辛酉(오월신유)－5월 11일.

○秋七月(추칠월)－이 조항에는 기사가 없다. 그런데도 달만 쓴 것은 무슨 이유일까?

傳│ 六年春,에 鄭人來渝平,은 更成也.라

翼九宗·五正頃父之子嘉父,가 逆晉侯于隨,하여 納諸鄂,하니

晉人謂之鄂侯.라

夏,에 盟于艾,하여 始平于齊也.라

6년 봄에 정나라 사람이 와, 전의 화목하지 못했던 태도를 바꾸어 화목하게 지내자고 한 것은, 그때까지 두 나라 사이가 좋지 못했던 것을 고쳐 화목하게 되었다는 것이다.

익(翼)의 구종(九宗)의 일족이고, 오행(五行)에 관한 것을 맡은 벼슬의 장관이었던 가문 출신인 경보(頃父)의 아들 가보(嘉父)가, (곡옥의 장백한테 몰린) 진후(晉侯)를 수(隨)에서 맞이하여 악(鄂)으로 들어오게 하니, 진나라 사람들은 그를 악후라 불렀다.

여름에, 애산(艾山)에서 동맹을 맺어, 비로소 제나라와 화목하게 되었다.

주해 │ ㅇ更成(경성)－이제까지의 태도를 바꾸어 화목했다. 원래 노나라와 정나라는 숙적지간(宿敵之間)이었는데, 은공 5년에 송나라의 원군 요청을 거절해서 송과 사이가 나빠지자, 그것을 계기로 화평을 제의했다.
　ㅇ九宗(구종)－은(殷)나라의 호족(豪族)으로 회(懷) 성을 가진 구족(九族).
　ㅇ五正(오정)－은나라 시대에 오행(五行)에 관한 것을 장악한 관청의 장관.
　ㅇ鄂(악)－진(晉)나라 지명으로, 지금의 산서성 향녕현(鄕寧縣) 남쪽 땅.

五月庚申에, 鄭伯侵陳大獲이라. 往歲에, 鄭伯請成于陳한대 陳侯不許라. 五父諫曰, 親仁善鄰은 國之寶也니 君其許鄭하소서 陳侯曰, 宋·衛實難이어늘 鄭何能爲아 遂不許라 君子曰, 善不可失이오 惡不可長이라함은 其陳桓公之謂乎아 長惡不悛이면 從自及也라 雖欲救之라도 其將能乎아 商書曰, 惡之易也는 如火之燎于原하여 不可嚮邇어늘 其猶可撲滅가 周任有言하되 曰, 爲國家者는 見惡如農夫之務去草焉이라 芟夷蘊崇之하여 絕其本根하여 勿使能殖이면 則善者信矣로다

5월 경신날에, 정나라 군주인 백작이 진나라를 침공하여, 큰 성과를 거두었다. 지난 해에, 정나라 군주가 진나라에 대해서 친목을 요청했는데, 진나라 군주인 후작이 허락하지 않았다. 그때 진나라의 오보(五父)가 충고해서 말하기를, "어짊을 친하게 하고 이웃과 사이좋게 함

은 국가의 보배스러운 일이오니, 군주께서는 정나라의 초청을 허락하소서."라 했다. 그러나 진나라 군주는 말하기를, "송나라·위나라도 실로 우리나라를 상대하기가 어려운데, 정나라가 어떻게 우리를 상대하겠느냐?"라 하고, 결국 허락하지 않았다.

군자는 이를 비평하여 말했다. "'좋은 일은 놓쳐서 안되고, 악한 일은 커지게 해서는 안된다.'라고 한 말은, 진나라 환공(桓公)을 두고 한 말이 아닐런지? 악이 커짐에도 바르게 고치지 않으면, 화가 자신에게 미치게 된다. 그래서 내 몸을 구해 내려고 한들, 구할 수가 있을 것인가? 상서(商書)에는, '악이 커짐은, 마치 불이 벌판을 태우는 것과 같아, 가까이 갈 수가 없는 것이거늘, 어떻게 완전히 없앨 수 있으랴?'라고 말하고 있다. 그리고 주임(周任)이 한 말이 있는데, 그는 다음과 같은 말을 했다. '국가를 다스리는 자는, 악한 걸 보면 농부가 잡초를 없앰에 힘쓰듯이 해야 한다. 잡초를 모조리 뽑아 쌓아 썩혀 그 뿌리를 없애어 번식하지 않게 한다면, 심어서 좋은 것은 잘 자랄 것이로다.'"

주해 ㅇ五月庚申(오월경신)-5월 11일.
ㅇ鄭伯(정백)-정나라 군주 장공(莊公).
ㅇ大獲(대획)-큰 성과를 얻었다.
ㅇ往歲(왕세)-지난 해. 은공 4년, 진(陳)이 위(衛)의 주우(州吁)와 정나라를 공격했을 때를 말한다.
ㅇ五父(오보)-진(陳)나라 공자로, 환공(桓公)의 동생. 당시 진의 군주는 환공.
ㅇ商書(상서) 운운-《서경》 반경편(盤庚篇).
ㅇ易(이)-커지다.
ㅇ周任(주임)-주(周)나라 대부로 사관(史官).
ㅇ芟夷(삼이)-모두 다 베어 버림.
ㅇ蘊崇(온숭)-쌓는다, 쌓아 썩힌다.

ㅇ信(신)—자람.

^추 ^{송인취장갈}
秋,에 宋人取長葛.이라

^동 ^{경사래고기} ^{공위지청적어송} ^위 ^제 ^정 ^예
冬,에 京師來告飢.라 公爲之請糴於宋·衛·齊·鄭,하니 禮

^야
也.라

^{정백여주} ^{시조환왕야} ^{왕불례언} ^{주환공언어왕왈}
鄭伯如周,하여 始朝桓王也.라 王不禮焉,에 周桓公言於王曰,

^{아주지동천} ^진 ^{정언의} ^{선정이권래자} ^{유구불}
我周之東遷,은 晉·鄭焉依.로소이다 善鄭以勸來者,라도 猶懼不

^기 ^{황불례언} ^{정불래의}
蔇,이옵거늘 況不禮焉.이리오 鄭不來矣.이리이다

가을에, 송나라 사람들이 장갈 땅을 빼앗았다.

겨울에, 천자의 서울에서 사람이 와 기근(飢饉)이 났다고 알렸다. 은공은 주나라의 기근을 구하기 위해서 송나라·위나라·제나라·정나라 등에게 곡식 사들이기를 요청했는데, 그 일은 예의에 맞는 일이었다.

정나라 군주인 백작이 주나라로 가 처음으로 천자인 환왕(桓王)을 배알(拜謁)했다. 그때 천자가 정나라 군주에게 예우(禮遇)하지 않자, 주(周)의 환공이 천자에게 말했다. "우리 주나라 왕실이 서쪽에서 이 동쪽으로 옮김에는, 진나라·정나라에 의지했던 것이옵니다. 이제 정나라에 대해서 친절하게 하여, 왕실을 찾아올 것을 권한다 하더라도, 그가 찾아오지 않을까 염려되옵는데, 하물며 예우를 하지 않는다면 다시 말할 것이 있사오리까! 앞으로 정나라 군주는 찾아오지 않을 것이옵니다."

주해 ㅇ秋(추), 宋人取長葛(송인취장갈)—경(經)에는 '추(秋)'를 '동(冬)'

으로 하고 있어, 서로 다르다. 두예(杜預)는 그의 주에, 장갈을 쳐 빼앗은 것은 가을의 일이었으나, 그 사실을 노나라에 통고한 것은 겨울이었기에, 경에는 '동(冬)'이라 했다고 말했다. 일설에는, 송나라는 은(殷)나라 왕의 후예의 나라여서, 은나라 때의 역(曆)을 썼던 것인데, 작자는 송나라가 그들의 역에 의해서 적은 것을 잘못 이용해서 이런 착오가 있다고 말하기도 했다. 은나라 역으로 '추구월(秋九月)'이, 주나라 역으로는 '동시월(冬十月)'이다.

○周桓公(주환공)─주공(周公)의 후손 흑견(黑肩). 주공은 본시 주(周)라는 땅을 채읍(采邑)으로 받았다. 그 땅은 지금의 섬서성(陝西省) 기산현(岐山縣) 서북방의 땅이다. 그런데 그의 큰아들 백금(伯禽)은 봉국(封國)인 노(魯)나라 군주가 되고, 다음 아들은 주왕실을 도와 주의 서울에 있었다. 환공은 그의 후손으로, 주공의 채읍 지명을 따라 주환공이라 일렀다.

○覬(기)─'지(至)'와 같다.

█해설│ 이 글 중, '오월경신(五月庚申)'조에서는, 정나라와 진나라의 관계를 가지고, 사람은 어질게 살고 이웃과 잘 지내야 한다는 것과, 국가를 다스리는 자는 부조리가 생기는 것을 막기에 힘써야 한다는 것을 강조했다.

█經│ ○七年春王三月,에 叔姬歸于紀.라

○滕侯卒.이라

○夏,에 城中丘.라

○齊侯使其弟年來聘.이라

○秋,에 公伐邾.라

○冬,에 天王使凡伯來聘.이라 戎伐凡伯于楚丘以歸.라

7년 봄 천자가 쓰는 역으로 3월에, 숙희(叔姬)가 기나라로 시집갔다. 등나라 군주인 후작이 세상을 떠났다.

여름에, 중구(中丘)에 성을 쌓았다.

제나라 군주인 후작이 그의 동생 연(年)으로 하여금 예물(禮物)을 갖고 찾아오게 하였다.

가을에, 공이 주(邾)나라를 쳤다.

겨울에, 천자께서 범(凡)나라 군주인 백작으로 하여금 예물을 갖고 찾아오게 하였다. 융 오랑캐가 범나라 군주를 초구(楚丘)에서 습격한 다음 돌아갔다.

┃주해┃ ○叔姬(숙희)-은공 2년에 시집간 백희(伯姬)의 동생.

○滕(등)-주 문왕(文王)의 아들 착숙수(錯叔繡)의 자손이 다스린 봉국(封國)으로, 지금의 산동성 등현(滕縣) 땅을 차지했다. 군주의 성은 희(姬)이고, 작은 후작(侯爵).

○中丘(중구)-노나라 지명으로, 지금의 산동성 임기현(臨沂縣) 동북 땅.

○凡(범)-주공(周公)의 아들 범백(凡伯)의 자손이 다스린 봉국으로, 지금의 하남성 휘현(輝縣) 땅을 차지했다. 군주는 희(姬)성이고, 작은 백작. 그런데 이 당시에는, 범나라는 이미 멸망하여 없었고, 그 자손은 주 왕실에서 벼슬하고 있었지만 전의 가호(家號)를 그대로 썼다.

○來聘(내빙)-예물을 갖고 찾아옴.

○楚丘(초구)-조(曹)나라 지명으로, 지금의 산동성 조현(曹縣) 동남쪽 40리에 있다.

○以歸(이귀)-여기에서는 돌아갔다의 뜻으로 해석되나, (범백을) 잡아 돌아갔다의 뜻이 있다.

┃傳┃ 七年봄에, 滕侯卒.이라 不書名,은 未同盟也.라 凡諸侯同盟,
이면 於是稱名.이라 故로 薨則赴以名,하고 告終稱嗣也,하여 以繼

好息民_{호식민},이니 謂之禮經_{위지례경}.이라

夏_하,에 城中丘_{성중구}는 書不時也_{서불시야}.라

齊侯使夷仲年來聘_{제후사이중년래빙},은 結艾之盟也_{결애지맹야}.라

秋_추,에 宋及鄭平_{송급정평}.이라 七月庚申_{칠월경신},에 盟于宿_{맹우숙}.이라 公伐邾_{공벌주},는 爲宋_{위송}

討也_{토야}.라

　7년 봄에, 등나라 군주인 후작이 세상을 떠났다. 그런데, 그의 이름을 적지 않은 것은, 등나라와 노나라가 아직껏 동맹을 맺고 있지 않았기 때문이다. 무릇 제후가 동맹을 맺으면, 곧 관계되는 기사(記事)에 이름을 적었다. 그래서 제후의 훙거(薨去)에는 그의 이름을 밝히어 부고(訃告)하여, 세상을 마치었음을 알리고, 그 후계자의 이름을 들어 알려, 그것으로 우호 관계를 계속하고, 국민들을 안정시켰으니, 이것을 예의의 상법(常法)이라 이르는 것이다.

　여름에, 중구(中丘)에 성을 쌓았다는 것은, 성을 쌓아도 좋은 시기가 아니었음을 말해 쓴 것이다.

　제나라의 군주인 후작이 (그의 동생인) 이중년(夷中年)을 시켜 예물을 갖고 노나라를 찾게 한 것은, 애(艾)에서 동맹을 맺은 일을 단단히 하기 위한 일이었다.

　가을에, 송나라는 정나라와 화목했다. 7월 경신날에, 숙(宿)에서 동맹을 맺었다. 은공이 주나라를 친 것은, 송나라를 위해서 친 것이다.

┃주해┃ ○薨(훙)−제후가 죽음을 말함.
　○禮經(예경)−예의 상법(常法).
　○齊侯(제후)−제나라 군주 희공(僖公).

○七月庚申(칠월경신)－7월 18일.

初(초),에 戎朝于周(융조우주),하여 發幣于公卿(발폐우공경),에 凡伯弗賓(범백불빈).이라 冬(동),에 王使(왕사)
凡伯來聘(범백래빙),하고 還(환),에 戎伐之于楚丘以歸(융벌지우초구이귀).라
陳及鄭平(진급정평).이라 十二月(십이월),에 陳五父如鄭涖盟(진오보여정리맹).이라 壬申(임신),에 及鄭(급정)
伯盟(백맹),에 歃如忘(삽여망).이라 泄伯曰(설백왈), 五父必不免(오보필불면).이라 不賴盟矣(불뢰맹의).로다 鄭(정)
良佐如陳涖盟(양좌여진리맹),하여 辛巳(신사),에 及陳侯盟(급진후맹),이러니 亦知陳之將亂也(역지진지장란야).라
鄭公子忽在王所(정공자홀재왕소).라 故(고)로 陳侯請妻之(진후청처지),에 鄭伯許之(정백허지),하여 乃成(내성)
婚(혼).이라

전에, 융 오랑캐가 주(周)나라 천자를 뵈러 가, 공경들에게 선물을 주었을 때, 범백(凡伯)이 오랑캐를 초대해서 대접하지 않았다. 겨울에 천자께서 범백을 시켜 예물을 갖고 노나라를 찾게 하고, 그가 돌아가니, 오랑캐는 그를 초구(楚丘)에서 습격해서, 잡아 돌아갔다.

진나라가 정나라와 화목했다. 12월에, 진나라 오보는 정나라로 가, 그 동맹 맺음에 참석했다. 임신날에, 정나라 군주와 맹서를 맺었는데, 맹서 맺은 피를 입가에 바를 때, 넋을 잃고 있었다. 이 모습을 본 설백(泄伯)은, "오보는 반드시 화를 면할 수가 없을 것이다. 그는 맹서를 함에 정신을 두지 않았도다."라고 말했다. 정나라의 양좌(良佐)가 진나라로 가 맹서 맺음에 참여하여, 신사날에 진나라 군주와 맹서하였는데, 그때 또한 진나라가 장차 어지럽게 될 것을 알아차렸다.

정나라의 공자 홀(忽)이 주나라 서울에 있었다. 그러므로, 진나라 군주는 그에게 딸을 주어 아내로 삼을 것을 청하여, 정나라 군주가

허락해서, 혼인이 이루어졌다.

┃주해┃ ○發幣(발폐)-예물(禮物)을 드림.

○弗賓(불빈)-손님 대접을 하지 않는 것.

○陳五父(진오보)-오보는 진나라 군주의 동생.

○壬申(임신)-12월 2일.

○歃(삽)-동맹을 맺을 때, 소[牛] 귀의 피를 입가에 바르는 일.

○忘(망)-넋을 잃은 모양.

○在王所(재왕소)-천자의 서울에 있었다. 정나라의 공자 홀(忽)이 주나
라에 인질이 되어 간 일은 은공 3년조에 나왔다.

┃經┃ ○八年春,에 宋公·衛侯遇于垂.라
　　　　　팔 년 춘　　　　송 공　　　위 후 우 우 우 수

○三月,에 鄭伯使宛來歸祊,하고 庚寅,에 我入祊.이라
　삼 월　　　정 백 사 완 래 귀 팽　　　경 인　　　아 입 팽

○夏六月己亥,에 蔡侯考父卒.이라
　하 유 월 기 해　　　채 후 고 보 졸

○辛亥,에 宿男卒.이라
　신 해　　　숙 남 졸

○秋七月庚午,에 宋公·齊侯·衛侯盟于瓦屋.이라
　추 칠 월 경 오　　　송 공　　제 후　　위 후 맹 우 와 옥

○八月,에 葬蔡宣公.이라
　팔 월　　　장 채 선 공

○九月辛卯,에 公及莒人盟于浮來.라
　구 월 신 묘　　　공 급 거 인 맹 우 부 래

○螟.이라
　명

○冬十有二月,에 無駭卒.이라
　동 십 유 이 월　　　무 해 졸

8년 봄에, 송나라 군주인 공작·위나라 군주인 후작이 수(垂)에서
만났다.

3월, 정나라 군주인 백작이 완(宛)을 시켜 팽(祊) 땅을 주었고, 경인날에 우리는 팽으로 들어갔다.

여름 6월 기해날에, 채나라 군주인 후작 고보(考父)가 세상을 떠났다.

신해날에, 숙(宿)의 통치자인 남작(男爵)이 세상을 떠났다.

가을 7월 경오날, 송나라 군주인 공작·제나라 군주인 후작·위나라 군주인 후작이, 와옥(瓦屋)에서 동맹을 맺었다.

8월, 채나라 선공을 장사 지냈다.

9월 신묘날에, 은공은 거나라 사람과 부래(浮來)에서 맹서하였다.

벼멸구 떼가 일어났다.

겨울 12월에, 무해(無駭)가 세상을 떠났다.

주해 ○垂(수)-지명. 위나라 땅이었다고도 하고, 송나라 땅이었다고도 한다.

○宛(완)-정나라 대부의 이름. 성은 나타나 있지 않다.

○祊(팽)-천자가 태산(泰山)에 제사 지낼 때, 그 행사를 돕게 하기 위하여, 특별히 제나라에게 준 땅. 지금의 산동성 비현(費縣).

○瓦屋(와옥)-기(紀)나라 지명.

○浮來(부래)-기나라 지명으로 지금의 산동성 기래현(沂來縣) 서남쪽.

傳 八年春,에 齊侯將平宋·衛,하여 有會期.라 宋公以幣請於衛,하여 請先相見,에 衛侯許之.라 故로 遇于犬丘.라 鄭伯請釋泰山之祀而祀周公,하여 以泰山之祊易許田.이라 三月,에 鄭伯使宛來歸祊,은 不祀泰山也.라 夏,에 虢公忌父始作卿士于周.라

四月甲辰_{사월갑진},에 鄭公子忽如陳_{정공자홀여진},하여 逆婦嬀_{역부규},하고 辛亥以嬀氏歸_{신해이규씨귀},하

여 甲寅入于鄭_{갑인입우정},이라 陳鍼子送女_{진겸자송녀},에 先配而後祖_{선배이후조},라 鍼子曰_{겸자왈}, 是_시

不爲夫婦_{불위부부},라 誣其祖矣_{무기조의},로다 非禮也_{비례야},라 何以能育_{하이능육},가

齊人卒平宋·衛于鄭_{제인졸평송 위우정},이라 秋會于溫_{추회우온},하고 盟于瓦屋_{맹우와옥},하여 以釋_{이석}

東門之役_{동문지역},하니 禮也_{예야}.라

八月丙戌_{팔월병술},에 鄭伯以齊人朝王_{정백이제인조왕},하니 禮也_{예야}.라

公及莒人盟于浮來_{공급거인맹우부래},하여 以成紀好也_{이성기호야}.라

8년 봄에, 제나라 군주인 후작이 송나라·위나라의 화목을 타진하여, 그 기일이 정해져 있었다. 그런데 송나라 군주가 예물을 위나라로 보내고, 그보다 먼저 서로 만나기를 요청하여, 위나라 군주인 후작이 그 요청을 받아들였다. 그래서 견구(犬丘)에서 만났다.

정나라 군주인 백작이 태산(泰山)에 제사 지내는 일은 그만두고, 대신 주공(周公)의 제사를 지낼 테니, 태산에 제사 지내는 일을 도우라고 주나라가 준 팽 땅과 허 땅을 바꾸자고 요청했다. 3월에, 정나라 군주가 완(宛)을 시켜 팽 땅을 넘겨준 일은 태산에 제사를 지내지 않았음을 말함이다.

여름에, 괵나라 군주 기보(忌父)가 비로소 주나라의 경사가 되었다.

4월 갑진날에 정나라 공자 홀이 진나라로 가, 아내로 규씨(嬀氏)를 맞이하고는, 신해날에 귀국길에 올라, 갑인날에 정나라로 들어가 도착했다. 진나라의 (대부인) 겸씨(鍼氏)가 진나라의 딸을 호송했는데, 공자 홀은 먼저 혼례식을 올리고, 그 뒤에야 조상의 사당에 고(告)하였다. 그것을 본 겸씨는 말하기를, "이들은 좋은 부부가 되지 못하겠구

나. 그는 조상을 속이고 있다. 이건 예의가 아니다. 어찌 자손이 번영하랴!"라고 했다.

제나라 사람이 마침내 송나라·위나라가 정나라와 화목하게 했다. 가을에 온(溫)에서 회합하고, 와옥(瓦屋)에서 동맹을 맺어, (송·위가 정나라 도성의) 동문을 포위한 싸움에 대한 감정을 풀게 했으니, 예에 맞는 일이었다.

8월 병술날에 정나라 군주인 백작이 제나라 사람과 천자에게 조회한 것은 예에 맞는 일이었다.

공은 거나라 사람과 부래(浮來)에서 맹서하여, 기(紀)나라와 우호 관계를 두터이했다.

┃ 주해 ┃ ○有會期(유회기) ─ 만날 기일이 정해 있었다.

○犬丘(견구) ─ 경(經)에 나온 수(垂)의 다른 이름.

○泰山之祊(태산지팽) ─ 천자가 산동성에 있는 태산에 제사 지낼 때, 그 일을 돕게끔 정나라에 준 땅인 팽. 팽은 탕목읍(湯沐邑)으로, 제사를 지내기 위하여 목욕재계하는 곳이다.

○許田(허전) ─ 허(許)의 토지. 주공(周公)에게 조숙읍(朝宿邑 : 천자가 태산에 제사 지낼 때, 제후들과 유숙하는 읍)으로 주었다. 그런데 후세에, 노나라는 허에다 주공을 제사 지내는 별묘(別廟)를 지었다. 그 당시는 주나라 왕실의 세력이 쇠퇴해서, 천자가 태산으로 가 제사를 지내지 않았다. 그래서 정나라는 자기 나라에 가까운 노나라의 허 땅과, 노나라와 가까운 팽 땅과 교환하고, 자기 나라는 태산에 제사 지내는 일에는 관여하지 않고, 대신 주공의 제사를 지내겠다고 했다.

○四月甲辰(사월갑진) ─ 4월 6일.

○辛亥(신해) ─ 4월 13일.

○甲寅(갑인) ─ 4월 16일.

○先配而後祖(선배이후조) ─ 먼저 혼례식을 올리고, 그 뒤에 조상의 사당에 고하다. 원래 다른 나라에서 부인을 맞이했을 때에는 그 일을 먼저 조상의 사당에 고하고, 그 뒤에 혼례식을 올리는 것이 당시의 예법이었다.

○育(육)-자손을 기름. 여기서는 자손이 번영함.
○八月丙戌(팔월병술)-두예의 주에는 8월에는 병술날이 없으며, 잘못 적었다고 말하고 있다.

해설| 이 대목에서는 제나라 군주가 사이가 나쁜 송나라와 위나라를 화목하게 한 일을 칭찬하고, 정나라와 노나라가, 왕 즉 천자가 태산에 제사 지내는 일을 돕게끔 준 땅을 마음대로 바꾼 일을 가지고 주나라 왕실이 무력했음을 암시했다. 그리고 정나라 공자 홀과 진나라 공녀 (公女)와의 혼례 절차가 예법에 어긋났음을 비난하고 있다.

冬,에 齊侯使來告成三國.이라 公使衆仲對曰, 君釋三國之圖,하여 以鳩其民,하니 君之惠也.로다 寡君聞命矣,에 敢不承受君之明德.이리오

無駭卒.이라 羽父請諡與族,에 公問族於衆仲.이라 衆仲對曰, 天子建德,에 因生以賜姓,하고 胙之土而命之氏.이오니다 諸侯以字爲諡,하고 因以爲族,하옵고 官有世功,이면 則有官族,이오 邑亦如之.이오니다 公命以字爲展氏.라

겨울에, 제나라 군주인 후작이 사자를 시켜 세 나라가 화목하게 된 것을 알렸다. 은공은 중중(衆仲)을 시켜 응답하여 말하기를, "군주께서는 세 나라가 서로 상대에 대해서 도모하여 전란(戰亂)을 일으킬 화(禍)를 제거해서 백성들을 편안하게 했으니, 이것은 다 군주의 은혜입니다. 내가 군주의 말씀을 들으니, 어찌 군주의 밝은 덕을 우러러 받들지 않겠사옵니까?"라고 했다.

　무해(無駭)가 세상을 떠났다. 우보(羽父)가 그에 대한 시호(諡號)와 족명(族命) 내리기를 요청하자, 은공은 중중에게 족명을 어떻게 줄까에 대해서 물었다. 중중은 대답했다. "천자는 덕이 있는 분을 제후(諸侯)로 삼는 데 있어, 태어난 땅 이름에 따라 성을 주시고, 영토(領土)로써 토지를 주시는데, 그 영토의 이름에 따라 씨명(氏名)을 주시는 것이옵니다. 제후는 신하에게 그의 자(字)를 가지고 시명(諡名)으로 주고, 그것으로 족명으로 삼아주옵고, 대대로 공이 있으면 그 벼슬 이름으로 족명으로 삼기도 하고, 고을을 잘 다스렸으면 그 고을 이름으로써 족명으로 삼기도 하옵니다." 이에, 공은 자를 가지고 족명을 삼아 전씨(展氏)라 했다.

│주해│　ㅇ鳲(구)―편안함.
　ㅇ諡(시)―죽은 사람에게 주어지는 이름. 죽은 이는 시로 부르고, 원 이름은 휘(諱)라 하여 쓰지 않는 것이 예였다.
　ㅇ族(족)―씨(氏)에서 나누어진 족의 이름. 같은 성(姓)이지만, 자손이 나누어진 계통을 구분하기 위하여, 족명이 주어졌다. 원래, 성에서 나누어지고, 씨에서 족이 나뉘어졌다.
　ㅇ建德(건덕)―덕이 있는 사람을 제후로 삼음.
　ㅇ因生以賜姓(인생이사성)―태어난 땅 이름을 따라 성을 삼아 줌. 순(舜) 임금은 규수(嬀水) 근처에서 낳았다고, 규(嬀) 성을 받았다 한다.
　ㅇ胙之土(조지토)―제후에게 영토를 줌.
　ㅇ以字爲諡(이자위시), 因以爲族(인이위족)―이에 대해서는, 죽은 사람의 자를 갖고 시호로 삼고, 그것으로 족명으로 삼았다고 풀이하기도 하고, 죽은 이의 할아버지의 자로써 시호와 족명으로 삼았다고 풀이하기도 한다. 두예가 뒤의 설을 주장했다. 그는 무해(無駭)의 할아버지 자가 전(展)이었기에, 전씨(展氏)라 한 것이라고 말했다.

│經│　ㅇ九年春,에 天王使南季來聘.이라

ㅇ^{삼월계유}三月癸酉,에 ^{대우진전}大雨震電,하고 ^{경진}庚辰,에는 ^{대우설}大雨雪.이라

ㅇ^{협졸}挾卒.이라

ㅇ^하夏,에 ^{성랑}城郞.이라

ㅇ^{추칠월}秋七月.이라

ㅇ^동冬,에 ^{공회제후우방}公會齊侯于防.이라

9년 봄에, 천자는 남계(南季)로 하여금 예물을 갖고 찾아뵙게 했다.

3월 계유날에, 큰비가 오고 천둥과 번개가 쳤고, 경진날에는 큰눈이 내렸다.

협(挾)이 세상을 떠났다.

여름에 낭(郞)에 성을 쌓았다.

가을 7월.

겨울에, 공은 제나라 군주인 후작과 방(防)에서 만났다.

주해 ㅇ南季(남계)−남은 성이고, 계는 자(字).

ㅇ癸酉(계유)−3월 11일.

ㅇ庚辰(경진)−3월 18일.

ㅇ大雨雪(대우설)−크게 눈이 내렸다.

ㅇ挾(협)−노나라 대부의 이름.

ㅇ郞(낭)−은공 원년조에 나온 낭(郞)과는 다른 땅으로, 곡부(曲阜) 서쪽 땅을 말한 것이라 한다.

ㅇ防(방)−노나라 지명.

傳 ^{구년춘}九年春, ^{왕삼월계유}王三月癸酉,에 ^{대우림이진}大雨霖以震,은 ^{서시야}書始也,요 ^{경진}庚辰,에

大雨雪,도 亦如之,라니 書時失也.라 凡雨自三日以往爲霖,이고
平地尺爲大雪.이라

夏,에 城郞,은 書不時也.라

宋公不王.이라 鄭伯爲王左卿士,에 以王命討之伐宋,하니 宋
以入郛之役怨公,하여 不告命.이라 公怒,하여 絕宋使.라

秋,에 鄭人以王命來告伐宋.이라

冬,에 公會齊侯于防,은 謀伐宋也.라

9년 봄 천자가 쓰는 역으로 3월 계유날에 큰 장맛비가 내리고 우레
가 진동했다 함은, 그날부터 시작되었다는 것을 써 말한 것이고, 경진
날에 큰눈이 내렸다는 것 또한 같은 것인데, 이것은 비와 눈이 때가 아
닌데도 내렸다는 것을 쓴 것이다. 무릇 비 내림이 사흘 이상이면 장맛
비라 하고, 평지에 한 자의 눈이 쌓인 것부터를 큰눈이라 한다.

여름에 낭(郞) 땅에 성을 쌓았다는 것은, 성을 쌓을 때가 아님을
말한 것이다.

송나라 군주가 천자를 잘 섬기지 않았다. 정나라 군주인 백작이 천
자 조정의 좌경사가 되어 있었으므로, 천자의 명으로 그를 문책하여
송나라를 치니, 송나라에서는 전에 부(郛) 땅으로 침입했을 때의 원한
으로 은공을 원망하여 그 사실을 알리지 않은 것이다. 이에 공은 노
하여 송나라로 사자 보내는 것을 금했다.

가을에 정나라 사람이 와, 천자의 명으로 송나라를 쳤다는 것을 고
했다.

겨울에, 공이 제나라 군주인 후작과 방(防)에서 회합을 가진 것은,

송나라를 정벌할 것을 꾀해서였다.

北戎侵鄭,에 鄭伯禦之.라 患戎師曰, 彼徒我車,에 懼其侵軼
我也.라 公子突曰, 使勇而無剛者,하여 嘗寇而速去之.니이다 君
爲三覆以待之.하소서 戎輕而不整,에 貪而無親,하여 勝不相讓,
하고 敗不相救,하오니 先者見獲,이면 必無進.이리이다 進而遇覆,
이면 必速奔,에 後者不救,면 則無繼矣,이리니 乃可以逞.이리이다
從之.라 戎人之前遇覆者奔,에 祝聃逐之,하여 衷戎師,하여 前後
擊之盡殪.라 戎師大奔,에 十一月甲寅,에 鄭人大敗戎師.라

북방 오랑캐가 정나라를 침범하자, 정나라 군주는 그를 막아냈다. 정나라 군주가 오랑캐 군사에 대해서 걱정되어 말하기를, "그들은 도보(徒步)로 싸우는 보병(步兵)이고, 우리는 전차를 타고 하는 싸움에, 그들이 우리 군대를 공격하여 사이로 빠져 들어올까 걱정이로구나." 라고 했다. 그랬더니 공자 돌(突)이 말했다. "용맹하면서도 담력이 없는 자들로 하여금 도적들 치는 것을 시험케 했다가, 그 뒤에 빨리 그들을 물리치도록 하옵지요. 군주께서는 세 군데에 복병을 숨겨두시고 기다리옵소서. 오랑캐들은 경솔하고 대열(隊列)이 정연하지 못한 데다가, 개개인이 모두 욕심이 많고 서로 화목하지 못하여, 싸움에 이기면 그 공을 다른 사람에게 사양하지 않고, 지게 되면 서로 구하지 않사오니, 그들 앞잡이들이 잡을 만한 사람들이 있음을 보고는, 반드시 앞으로 진격하기에 애를 쓸 것이옵니다. 앞으로 진격했다가, 우리의 복병을 만나게 되면, 그들은 반드시 재빨리 도망칠 것이므로, 뒤에 있

는 자들이 그들을 구하지 않으면, 쳐들어옴은 끊어지고 말 것이오니, 반드시 우리는 그들을 마음대로 할 수가 있사옵니다." 정나라 군주는 그 말대로 했다. 오랑캐 앞잡이들이 복병을 만나자 그들은 도망쳐서, 축담(祝聃)이 쫓아, 오랑캐 군대를 포위해서 앞뒤로 쳐 다 죽였다. 오랑캐 군사가 크게 무너져 11월 갑인날에, 정나라 사람들은 오랑캐 군사를 대패시켰다.

주해 ○侵軼(침질) − 습격해서 마주침.

○勇而無剛者(용이무강자) − 용맹하면서도 담력이 없는 자.

○覆(복) − 복병.

○逞(영) − 마음대로 함.

○衷戎師(충융사) − 오랑캐 군사를 포위함.

○盡殪(진에) − 다 죽임.

○十一月甲寅(십일월갑인) − 11월 26일.

經 ○○十年春王二月,에 公會齊侯·鄭伯于中丘.라
　(십년춘왕이월)　(공회제후)　(정백우중구)

○夏,에 翬帥師會齊人·鄭人,하여 伐宋.이라
　(하)　(휘솔사회제인)　(정인)　(벌송)

○六月壬戌,에 公敗宋師于菅.이라
　(유월임술)　(공패송사우관)

○辛未取郜,하고 辛巳取防.이라
　(신미취고)　(신사취방)

○秋,에 宋人·衛人入鄭,하고 宋人·蔡人·衛人伐戴,에 鄭伯
　(추)　(송인)　(위인입정)　(송인)　(채인)　(위인벌대)　(정백)

伐取之.라
(벌취지)

○冬十月壬午,에 齊人·鄭人入郕.이라
　(동시월임오)　(제인)　(정인입성)

10년 봄 천자가 쓰는 역으로 2월에, 공은 제나라 군주인 후작·정나라 군주인 백작과 중구(中丘)에서 회합했다.

여름에, 휘(翬)가 군사를 거느리고 제나라 사람·정나라 사람들과 힘을 모아 송나라를 쳤다.

6월 임술날에, 공은 송나라 군사를 관(菅)에서 패배시켰다.

신미날에는 고(郜)나라를 차지하고, 신사날에는 방(防) 땅을 차지했다.

가을에, 송나라 사람·위나라 사람들이 정나라로 쳐들어갔고, 송나라 사람·채나라 사람·위나라 사람들이 대(戴)나라를 치자, 정나라 군주인 백작이 그들을 치고 차지했다.

겨울 10월 임오날에, 제나라 사람·정나라 사람들이 성(郕)으로 쳐들어갔다.

▌주해▐ ○中丘(중구)-은공 7년조에 나왔다.

○菅(관)-송나라 지명으로, 지금의 산동성 금향현(金鄕縣)과 성무현(城武縣) 사이의 땅.

○郜(고)-주 문왕(文王)의 서자(庶子)의 봉국. 고에는 남고(南郜)와 북고(北郜)가 있었는데, 여기에서는 남고이고, 환공 2년조에 나오는 고는 북고를 말한다. 남고는 지금의 산동성 성무현 동남방을 차지했고, 북고는 그 북방에 위치했다.

▌傳▐ 十年春王正月,에 公會齊侯·鄭伯于中丘,하고 癸丑盟于鄧,하여 爲師期.라

夏五月,에 羽父先會齊侯·鄭伯,하고 伐宋.이라

六月戊申,에 公會齊侯·鄭伯于老桃.라 壬戌,에 公敗宋師于菅,하고 庚午,에 鄭師入郜,하여 辛未歸于我,하며 庚辰,에 鄭師

입 방　　　신 사 귀 우 아　　군 자 위　　　정 장 공　　　어 시 호 가 위 정
入防,하여 辛巳歸于我.라 君子謂,하되 鄭莊公,이 於是乎可謂正

의　　　이 왕 명 토 부 정　　　불 탐 기 토　　　이 로 왕 작　　　정 지
矣.로다 以王命討不庭,하고 不貪其土,하여 以勞王爵,하니 正之

례 야
禮也.라

10년 봄, 천자가 쓰는 역으로 정월에, 공은 제나라 군주인 후작과 정나라 군주인 백작과 중구(中丘)에서 만나고, 계축날에는 등(鄧)에서 맹서하여, 송나라를 칠 기일을 정했다.

여름 5월에, 우보(羽父)가 먼저 제나라 군주·정나라 군주를 만나고 나서 송나라를 쳤다.

6월 무신날에 공은 제나라 군주인 후작 및 정나라 군주인 백작을 노도(老桃)에서 만났다. 임술날에 공은 송나라 군대를 관(菅)에서 패배시키고, 경오날에 정나라 군대는 고(郜)나라로 쳐들어가 점령해서, 신미날에 그 땅을 우리 노나라에게 넘겨주고, 경진날에는 정나라 군대가 방(防)으로 쳐들어가 점령해서, 신사날에 우리 노나라에게 넘겨주었다. 군자가 이르기를, "정나라 장공은 이때에 바른 태도였다고 이를 수 있도다. 그분은 천자의 명으로 천자를 위하지 않는 이를 쳤고, 영토를 탐내지 않았으며, 천자께서 내린 작(爵)이 높은 분에게 이를 주어 위로했음은 바른 예의였도다."라 했다.

▌주해│ ○齊侯鄭伯(제후정백)−제나라 군주는 희공(僖公)이었고, 정나라 군주는 장공(莊公)이었다.

○癸丑(계축)−정월 26일. 그러므로 경(經)에 2월이라 한 것은 정월의 잘못이 된다.

○鄧(등)−노나라 지명.

○六月戊申(유월무신)−6월에는 무신날이 없었고, 5월 23일이 무신날이었다 한다. 그렇다면, 전(傳)에 6월이라 한 것은 잘못이 된다.

o 壬戌(임술)-6월 7일.
o 庚午(경오)-6월 15일.
o 庚辰(경진)-6월 25일.
o 不庭(부정)-천자의 명에 따르지 않는 자. 천자를 위하지 않는 자.
o 王爵(왕작)-천자가 정한 공(公)·후(侯)·백(伯)·자(子)·남(男)의 다섯 작. 여기에서는 자기보다 높은 작을 가진 사람을 뜻한다. 즉 노나라 군주는 후작이었고, 정나라 군주는 백작이었다.

▌해설▐ 이 대목에서는 특히 정나라 군주 장공(莊公)이 예의를 잘 지키었다는 것을 찬양했다.

蔡人·衛人·郕人,이 不會王命.이라
秋七月庚寅,에 鄭師入郊,하여 猶在郊.라 宋人·衛人入鄭,하고 蔡人從之伐戴.라
八月壬戌,에 鄭伯圍戴,하고 癸亥克之,하여 取其三師焉.이라 宋·衛旣入鄭,하여 而以伐戴召蔡人,에 蔡人怒.라 故로 不和而敗.라
九月戊寅,에 鄭伯入宋.이라
冬,에 齊人·鄭人入郕,은 討違王命也.라

채·위·성나라 사람들이, 천자의 명령에 따르지 않았다.
가을 7월 경인날에, 정나라 군사가 (송나라의) 도읍의 교외로 들어가, 그저 그 교외에 머물고 있었다. 송·위나라 사람들이 정나라로 쳐들어갔고, 채나라 사람들이 그들을 따라 대나라를 쳤다.

8월 임술날에, 정나라 군주인 백작이 대나라를 포위하고, 계해날에는 승리해서 송·위·채 세 나라의 군사를 손아귀에 넣었다. 송나라·위나라 군대가 정나라로 쳐들어가고 난 뒤, 대나라를 치는 일로 채나라 사람을 참가하라는 부름에, 채나라 사람이 노했다. 그러므로, 그들의 불화(不和)로 인해 패배한 것이다.

9월 무인날에, 정나라 군주인 백작이 송나라로 쳐들어갔다.

겨울에, 제나라·정나라 사람들이 성나라로 들어간 것은, 천자의 명을 거역한 것을 응징함이다.

┃주해┃ ○不會王命(불회왕명)─주(周)의 왕, 즉 천자의 명을 따르지 않았음. 그 명은 곧 송(宋)나라를 치라는 것이었다.

○七月庚寅(칠월경인)─7월 5일.

○郊(교)─교외(郊外). 즉 송나라 도읍의 교외.

○八月壬戌(팔월임술)─8월 8일.

○癸亥(계해)─8월 9일.

○蔡人怒(채인노)─정나라로 쳐들어가는 일은 송·위 두 나라만 하고서, 대를 치는 일에만 참가하라고 했다고, 채나라 사람이 화를 냈다는 것이다.

○九月戊寅(구월무인)─두예가 주에서 말하기를, 9월에는 무인날이 없었고, 이것은 8월 24일이었다고 했다.

┃經┃ ○十有一年春,에 滕侯·薛侯來朝.라
십유일년춘 등후 설후래조

○夏,에 公會鄭伯于時來.라
하 공회정백우시래

○秋七月壬午,에 公及齊侯·鄭伯入許.라
추칠월임오 공급제후 정백입허

○冬十有一月壬辰,에 公薨.이라
동십유일월임진 공훙

11년 봄에, 등나라 군주인 후작과 설나라 군주인 후작이 찾아왔다.

여름에, 공이 정나라 군주인 백작과 시래(時來)에서 회합했다.

가을 7월 임오날에, 공은 제나라 군주 및 정나라 군주와 허(許)나라로 쳐들어갔다.

겨울 11월 임진날에, 은공이 훙거(薨去)했다.

주해 ○薛(설)—황제(黃帝)의 후예라고 하는 해중(奚仲)의 봉국(封國)으로, 지금의 산동성 등현(滕縣) 남쪽 땅을 차지했고, 군주의 성은 임(任)이었다.

○時來(시래)—정나라 지명으로, 지금의 하남성 광무현(廣武縣) 동쪽에 있다.

○許(허)—제후국의 이름으로, 군주의 성은 강(姜)이었고, 지금의 하남성 허창현(許昌縣)에 위치했다.

傳 十一年春,에 滕侯·薛侯來朝,하여 爭長.이라 薛侯曰, 我先封.이라 滕侯曰, 我周之卜正也,요 薛庶姓也,니 我不可以後之.라 公使羽父請於薛侯曰, 君與滕君,은 辱在寡人.이라 周諺有之,하니 曰, 山有木,에 工則度之,요 賓有禮,면 主則擇之.라 周之宗盟,은 異姓爲後.라 寡人若朝于薛,이면 不敢與諸任齒.라 君若辱贶寡人,이면 則願以滕君爲請.이라 薛侯許之,하여 乃長滕侯.라

11년 봄에, 등나라 군주인 후작과 설나라 군주인 후작이 노나라로 찾아와, 서로 지위가 위임을 다투었다. 설나라 군주가 말하기를, "우리나라가 먼저 봉(封)을 받았소."라고 했다. 그러자 등나라 군주는, "나는

주왕실(周王室)의 복관(卜官)의 장(長)이었고, 설나라의 국성(國姓)은 주왕실과 성이 다르니, 내가 설나라 군주의 아래일 수 없소이다.”라고 말하였다. 이에, 은공은 우보(羽父)를 시켜 설나라 군주에게 청해서 말하기를, “군주와 등나라 군주께서는 감사하게도 나를 찾아와 계십니다. 주나라에 속담이 있는데, 그 속담은, ‘산에 나무가 있으나 그것은 공장(工長)이 가서 그 크고 작은 것을 헤아리어 쓸 바를 결정하고, 손님이 예를 올리는 일이 있게 되면, 주인이 곧 그 선후를 택해 정한다.’라는 것입니다. 주나라 왕실이 제후들과 동맹을 맺을 때, 왕실과 다른 성의 제후를 뒤편으로 미룹니다. 내가 만일 군주의 나라인 설나라에 찾아간다면, 감히 군주의 동생인 임씨(任氏)들과 같은 줄에 끼게는 안하시겠지요. 군주께서 내게 후의(厚意)를 보여주시려거든, 등나라 군주에게 윗자리를 차지하라고 청하시기를 원합니다.”라고 했다. 이에, 설나라 군주가 그렇게 하기를 응낙하여, 등나라 군주가 상석을 차지했다.

▌주해▎ ○爭長(쟁장)─윗자리를 다툼.
　○先封(선봉)─먼저 봉해짐. 설나라의 조상인 해중(奚仲)은 하(夏)나라 때에 봉되었다고 한다.
　○卜正(복정)─복관의 장(長).
　○庶姓(서성)─다른 성. 등나라 군주의 성은 주왕실과 같이 희(姬)성이었기에, 이렇게 말했다.
　○宗盟(종맹)─천자가 제후와 동맹 맺음을 높여 말한 것이다. 종(宗)은 높인 말이다.
　○諸任(제임)─모든 임씨. 설나라 군주의 성이 임씨였기에, 이렇게 말했다.
　○貺(황)─줌. 혜택을 줌. 여기에서는 후의를 베풂.
　○爲請(위청)─요청을 함. 여기에서는 ‘상석이 되라고’의 뜻. 말이 생략되었다.

夏_하에 公會鄭伯于郲_{공회정백우래},는 謀伐許也_{모벌허야}.라 鄭伯將伐許_{정백장벌허},하여 五月甲_{오월갑}

辰授兵於大宮,에 公孫閼與潁考叔爭車.라 潁考叔挾輈以走,에
子都拔棘以逐之,하여 及大逵,로되 弗及,하니 子都怒.라

秋七月,에 公會齊侯·鄭伯,하여 伐許.라 庚辰傅于許,하여 潁
考叔取鄭伯之旗蝥弧,하여 以先登,에 子都自下射之,에 顚.이라
瑕叔盈又以蝥弧登,하여 周麾而呼曰, 君登矣.라하니 鄭師畢登.
이라 壬午遂入許,에 許莊公奔衛.라 齊侯以許讓公,에 公曰, 君
謂許不供.이라 故로 從君討之,에 許旣伏其罪矣.라 雖君有命,이
나 寡人弗敢與聞.이라하고 乃與鄭人.이라

여름에, 공이 정나라 군주인 백작과 내(郲)에서 회합한 것은, 허나
라를 칠 것을 상의하기 위해서였다. 정나라 군주는 허나라를 치려고,
5월 갑진날에 조상의 사당에서 군대들에게 병기를 나누어 주었는데,
공손알(公孫閼)과 영고숙(潁考叔)이 전차(戰車)를 가지고 다투었다.
영고숙이 수레의 멍에를 옆에 끼고 달아나자, 자도(子都：공손알)가
창을 빼들고 그 뒤를 쫓아 큰길까지 갔으나 따르지를 못하니, 자도는
화를 냈다.

가을 7월에, 공이 제나라 군주 및 정나라 군주와 만나고, 허나라를
쳤다. 경진날에 허나라 도성에 당도하여, 영고숙이 정나라 군주의 군
기(軍旗)인 모호(蝥弧)를 들고, 제일 먼저 성으로 올라가려 하자 자
도가 그 밑에서 활을 쏘아, 영고숙은 굴러떨어져 죽었다. 하숙영(瑕叔
盈)이 다시 그 모호를 들고 올라가 기를 흔들며 외쳐 말하기를, "군주
께서는 올라오셨다！"라고 하자, 정나라 군사가 다 올라갔다. 임오날에
드디어 성중으로 쳐들어가자, 허나라 장공은 위나라로 도망쳤다. 제나

극(戟)

라 군주가 허나라 땅을 은공에게 양보하자, 공은 "군주께서 허나라가 주왕실(周王室)에 대해서 불충한다고 말씀하셨습니다. 그래서 나는 군주를 따라 허나라를 친 것인데, 허나라가 이미 항복을 했습니다. 군주께서 나보고 허나라 땅을 차지하라는 말씀이 있었지만, 나는 감히 그 말씀대로 들을 수는 없습니다."라고 말했다. 그리고는 정나라 사람에게 주었다.

주해 ㅇ郲(내)—시래(時來)의 다른 이름으로, 정나라 땅.

ㅇ五月甲辰(오월갑진)—5월 24일.

ㅇ大宮(대궁)—조상의 묘.

ㅇ庚辰(경진)—7월 1일.

ㅇ傅于許(부우허)—허나라에 (도성에) 육박했다.

ㅇ蝥弧(모호)—창과 호(弧)라는 별을 그린 군기.

ㅇ瑕叔盈(하숙영)—대부(大夫).

ㅇ壬午(임오)—7월 3일.

ㅇ不供(불공)—불충(不忠).

정 백 사 허 대 부 백 리 봉 허 숙 이 거 허 동 편
鄭伯使許大夫百里奉許叔以居許東偏,하고 왈 曰, 천 화 허 국 天禍許國,하고

귀 신 실 불 령 우 허 군
鬼神實不逞于許君,하여 이 가 수 우 아 과 인 而假手于我寡人.이라 과 인 유 시 일 이 부 寡人唯是一二父

형 불 능 공 억
兄不能供億,에 기 감 이 허 자 위 공 호 其敢以許自爲功乎.아 과 인 유 제 寡人有弟,에 불 능 화 협 不能和協,하

이 사 호 기 구 어 사 방
여 而使餬其口於四方,이어늘 기 황 능 구 유 허 호 其況能久有許乎.아 오 자 기 봉 허 吾子其奉許

숙
叔,하여 이 무 유 차 민 야 以撫柔此民也,라 오 장 사 획 야 좌 오 자 吾將使獲也佐吾子.하리라 약 과 인 득 若寡人得

몰 우 지
沒于地,에 천 기 이 례 회 화 우 허 天其以禮悔禍于許,면 무 녕 자 無寧玆.요 허 공 부 봉 기 사 직 許公復奉其社稷.이

라 唯我鄭國之有請謁焉，엔 如舊婚媾，하여 其能降以相從也.라 無滋他族實偪處此，하여 以與我鄭國爭此土也.로다 吾子孫其覆 亡之不暇，이어늘 而況能禋祀許乎.아 寡人之使吾子處此，는 不 唯許國之爲，요 亦聊以固吾圉也.라

乃使公孫獲處許西偏，하고 曰, 凡而器用財賄，는 無寘於許，하고 我死，엔 乃亟去之.하라 吾先君新邑於此，에도 王室而旣卑矣.요 周之子孫，은 日失其序.라 夫許大岳之胤也.라 天而旣厭周德 矣，에 吾其能與許爭乎.아

君子謂，하되 鄭莊公，은 於是乎有禮.라 禮經國家，하고 定社稷，하 며 序民人，하고 利後嗣者也.라 許無刑而伐之，에 服而舍之，하여 度德而處之，하고 量力而行之，하며 相時而動，하여 無累後人, 하니 可謂知禮矣.라

정나라 군주인 백작이 허나라 대부 백리(百里)로 하여금 허나라 군주의 동생인 허숙(許叔)을 모시고 허나라 동쪽 변방 땅에 있게 하고는 말했다. "하늘이 허나라에 화를 내리고, (허나라 조상의) 귀신도 실로 허나라 군주를 좋게 여기지 않으므로, 허나라를 내게 잠시 맡긴 것이네. 나는 다만 한두 사람의 일가도 의식을 주어 편안하게 못하고 있는데, 어찌 허나라를 내 자신의 공에 의한 것이라고 하겠소. 내게는 동생이 있는데 서로 화목할 수가 없어, 다른 나라 사방을 헤매며 얻어먹게 하고 있는데, 하물며 이 허나라를 영구히 차지할 수가 있겠

소? 그대는 허숙을 잘 받들어, 이곳의 백성을 잘 다스리게. 내 획(獲)
을 시켜 그대를 돕게 하겠네. 만일 내가 땅 속에 묻히게 되어, 하늘이
예의로써 허나라에 화를 준 것을 후회하게 된다면, 정녕 이곳 동쪽
땅뿐이 아닐 것이고, 모든 땅을 다 차지할 것이네. 허나라 군주는 그
사직(社稷)을 받들게 될 것일세. 우리 정나라의 요청이 있게 되면, 예
부터의 혼인 관계가 있는 사이와 같이 여겨 잘 순종하여 따라주게.
다른 민족들을 이곳에 불러들이어 왕성하게 해서, 우리 정나라와 이
땅을 두고 다투는 일이 없게 하게. 내 자손들은 내 나라의 존망(存亡)
에 대해서 걱정하는 일로도 틈이 없을 것인데, 어찌 이 허나라 땅을
다스리며 조상에 대한 제사를 지내는 처지가 될 것인가? 내 그대로
하여 이 땅에 있게 하는 것은, 다만 허나라를 위해서뿐만이 아니라,
우리나라 국경을 단단히 하는 것에 힘이 되게 하는 걸세."

　그리고는 공손획(公孫獲)을 허나라 서쪽 변방에 있게 하고 말했
다. "모든 너의 기물과 재물은 허 땅 안에 두지를 말고, 내가 죽으면
바로 있던 곳을 떠나라. 우리의 선대 군주께서 현재의 서울로 옮기시
었을 때만 해도, 주나라 왕실의 위력이 떨어졌고, 지금 주나라 왕실
의 자손들은 날로 쇠약해져 질서를 잃어 간다. 허나라는 요(堯)임금
때에 대악(大岳) 벼슬을 한 분의 후예 나라다. 하늘은 주왕실이 천
하를 차지함을 미워하고 있으므로 우리가 허나라와 다툴 수가 있겠
느냐?"

　군자(君子)가 이르기를, "정나라 장공은 이 일처리에 있어 예의적
이었다. 예(禮)는 국가를 잘 다스리는 것이고, 사직을 안정케 하며, 백
성들을 질서있게 하고, 뒤를 잇는 자들을 이롭게 하는 것이다. 허나라
가 법이 없어 정벌했으므로, 굴복하자 용서하여 덕 있는 자를 헤아리
어 그 땅에 있게 하고, 자기의 역량(力量)을 헤아리어 행했으며, 시세
(時勢)에 알맞게 행동해서, 뒤를 잇는 사람에게 누가 없게 했으니, 예
를 알았다고 이를 수가 있도다."라고 하였다.

주해┃ ㅇ鬼神(귀신)-허나라 선조의 영혼.

ㅇ父兄(부형)-여기에서는 일가.

ㅇ供億(공억)-의식(衣食)을 대어 편히 지내게 함.

ㅇ弟(제)-장공의 동생은 공숙단(共叔段)이다. 공숙단에 대한 일은 은공
원년조에 나왔다.

ㅇ使餬其口於四方(사호기구어사방)-사방에 돌아다니며 그 입을 부치게
한다. 즉 사방에서 얻어먹게 한다. 호(餬)는 죽 부쳐먹는다의 뜻이 있다.

ㅇ撫柔(무유)-사랑하며 다스림, 잘 다스림.

ㅇ獲(획)-획은 공손(公孫)으로 대부.

ㅇ得沒于地(득몰우지)-땅에 묻혀지게 됨.

ㅇ無寧玆(무영자)-영(寧)은 정녕의 뜻이고, 자(玆)는 동쪽 변방의 땅이
라는 뜻으로 썼다.

ㅇ舊婚媾(구혼구)-예부터 혼인한 사이.

ㅇ禋祀(인사)-몸을 정결히 하여 제사를 지냄.

ㅇ圉(어)-변방, 방어(防禦).

ㅇ而(이)-너.

ㅇ吾先君新邑於此(오선군신읍어차)-우리 선대 군주께서 현재의 서울 이
곳을 새로 도읍으로 삼음. 이것은 장공의 조부 환공(桓公)이 도읍을 신
정(新鄭)으로 옮겼던 일을 말한다. 정은 본시 경조(京兆)를 도읍으로
삼았으나, 환공 때에 신정으로 옮겼다.

ㅇ大岳(대악)-요(堯)임금 때의 벼슬 이름.

ㅇ無刑(무형)-법이 없다. 즉 법을 지키지 않음.

해설┃ 이 대목에서는 정나라의 장공이, 얻은 허나라 땅을 완전히 영
토로 소유하지 않고, 허나라의 신하에게 다스릴 것을 명한 일을 밝히
고, 그의 예법이 올바랐음을 찬양했다.

정 백 사 졸 출 가　　　　 항 출 견 계　　　 이 저 사 영 고 숙 자　　　 군 자
鄭伯使卒出豭,하고 **行出犬鷄**,하여 **以詛射潁考叔者**.라 **君子**

위　 정 장 공 실 정 형 의　　 정 이 치 민　　　 형 이 정 사　　 기 무 덕 정
謂, 鄭莊公失政刑矣.라 **政以治民**하고, **刑以正邪**.라 **既無德政**,

하고 又無威刑^{우무위형}.이라 是以^{시이},로 及邪^{급사},이었거늘 邪而詛之^{사이저지},에 將何益^{장하익}
矣^의.리오

王取鄔^{왕취오}·劉^유·蔿^위·邘之田于鄭^{우지전우정},하여 而與鄭人蘇忿生之田^{이여정인소분생지전}, 溫^온·
原^원·絺^치·樊^번·隰^습·郕^성·欑茅^{찬모}·向^상·盟^맹·州^주·陘^형·隤^퇴·懷^회.라 君子^{군자}
是以知桓王之失鄭也^{시이지환왕지실정야}.라 恕而行之^{서이행지},는 德之則也^{덕지칙야},요 禮之經也^{예지경야}.라
己弗能有^{기불능유},하여 而以與人^{이이여인},엔 人之不至^{인지부지},가 不亦宜乎^{불역의호}.아

정나라 군주인 백작이 백 명으로 된 부대마다에 수돼지 한 마리를 내고, 또 25명으로 된 소대(小隊)마다에 개 한 마리, 닭 한 마리씩을 내어, 그것으로 제물(祭物)삼아 영고숙(潁考叔)을 쏘아 죽인 자를 저주케 했다. 군자는 이르기를, "정나라 장공은 정사(政事)와 형벌 줌을 제대로 하지 못했다. 정사를 해서는 백성을 다스리고, 형벌을 주어서는 부정(不正)을 바로잡는 것이다. 이왕에 덕으로 한 정사가 없었고, 또 위엄을 보이는 형벌이 없었다. 그러므로 부정한 일이 있게 되었는데, 부정이 있고서 저주를 하는 데 있어, 장차 무슨 이익이 있으랴."라고 했다.

천자가 오(鄔)·유(劉)·위(蔿)·우(邘)의 토지를 정나라에게서 손에 넣고, 소분생(蘇忿生)의 토지였던 온(溫)·원(原)·치(絺)·번(樊)·습(隰)·성(郕)·찬모(欑茅)·상(向)·맹(盟)·주(州)·형(陘)·퇴(隤)·회(懷)를 정나라 사람에게 주었다. 군자는 이로 인하여 주나라 천자 환왕(桓王)이 정나라를 잃게 됨을 알았다. 그리고 상대를 관대히 대하면서 행한다는 것은, 덕의 원칙이고 예의 근본이다. 내가 가질 수가 없어서 남에게 줌에는, 사람이 따라오지 않는다는 것이 당연한 일이 아닐까?

주해┃ ○卒(졸)-백 명으로 된 군(軍)의 부대.

○行(항)-25명으로 된 군의 작은 부대.

○豭(가)-수퇘지.

○犬鷄(견계)-한 마리의 개와 한 마리의 닭을 말한다.

○詛(저)-신에게 원망하고 있는 사람에게 화가 있게 해달라고 빌며 저주하는 것.

○蘇忿生(소분생)-주나라 무왕(武王) 때에 사구(司寇) 벼슬에 있었다.

○君子是以(군자시이)-이하는 군자가 평한 말이다.

해설┃ 정나라 군주가 덕정(德政)을 베풀지 못하고, 또 위엄있게 형벌을 가하지 못했던 것과, 천자인 환왕(桓王)이 좋지 못한 땅을 가지고 정나라의 땅과 바꾸어, 결국은 정나라를 잃게 되었다는 것을 말하고 있다. 이 글은 근본을 다스리지 못하면 사도(邪道)가 생기는데, 사도가 생긴 뒤에 지엽적(枝葉的)인 일로 그것을 없앤다는 것은 어리석다는 것과, 사람을 덕과 예로 대하지 않으면 떨어져 나간다는 것을 가르쳐 주고 있다.

鄭·息有違言,하여 息侯伐鄭.이라 鄭伯與戰于境,에 息師大敗而還.이라 君子是以知息之將亡也.라 不度德,하고 不量力,하며 不親親,하고 不徵辭,하며 不察有罪.라 犯五不韙而以伐人,에 其喪師也,는 不亦宜乎.아

정나라와 식(息)나라 사이에 말다툼이 있어서, 식나라 군주인 후작이 정나라를 쳤다. 정나라 군주인 백작이 식나라 군대와 국경에서 싸워, 식나라 군대가 대패하여 돌아갔다. 군자는 이로 인하여 식나라가 곧 망할 것을 알았다. 그리고 말했다. "식나라는 덕을 헤아리지 않았고 역량을 헤아리지 않았으며, 친척을 친하게 하지 않았고, 한 말을

사실에 비추어 따져 보지 않았으며, 누구에게 허물이 있는가를 살피지 않았다. 이 다섯 가지 옳지 못함을 범하고서, 다른 나라 사람을 쳤으므로 그가 군대를 잃음은 당연한 일이 아닌가?"

■주해| ○息(식)-나라 이름으로, 지금의 하남성 식현(息縣) 지방을 차지했다. 군주의 성은 희(姬)로, 정나라와 같은 성이었다. 식나라는 장공(莊公) 14년(기원전 680)에 초(楚)나라한테 망했다.

○違言(위언)-말을 어기다. 약속을 어기다. 말다툼을 하다.

○不親親(불친친)-친척을 친하게 대하지 않다. 식나라 군주와 정나라 군주는 같은 희(姬)성이어서 일가인데도, 친하게 지내지 않았다는 것.

○不韙(불위)-옳지 못함.

■해설| 이 대목은 식나라 군주가 일가 나라인 정나라와 싸워 진 일을 밝히고, 식나라 군주가 덕이 없고 의리가 없어서, 장차 나라를 잃게 되었음을 개탄했다.

> 冬十月,에 鄭伯以虢師伐宋.이라 壬戌大敗宋師,하여 以報其
> 入鄭也.라 宋不告命.이라 故로 不書.라 凡諸侯有命告則書,하고
> 不然則否,에 師出臧否亦如之.라 雖及滅國,에 滅不告敗,하고 勝
> 不告克,이면 不書于策.이라

겨울 10월에, 정나라 군주는 괵의 군대로 송나라를 쳤다. 임술날에 송나라 군대를 크게 패배시킨, 전에 송나라가 정나라를 쳐들어갔던 일에 대한 보복을 했다. 송나라가 그 일을 알리지 않았다. 그러므로, 경(經)에는 쓰지 않았다. 무릇 제후가 사자를 보내어 일에 대한 그 나라 군주의 말을 고해 오면, 사관(史官)은 그 일을 기록하는데, 그렇지 않으면 쓰지 않는데, 군대를 출동하여 그 승패(勝敗)에 대해서도 또

한 이와 같이 한다. 즉 비록 나라를 멸망시킴에 있어서도, 졌다는 것을 알리지 않거나 승전에 그 이기었음을 고하지 않으면, 사관은 그 사실을 책(策)에 기록하지 않는 것이다.

┃주해┃ ㅇ壬戌(임술)－10월 15일.
  ㅇ以報其入鄭也(이보기입정야)－때문에 그(나라)가 정나라에 쳐들어간 것에 보복하다. 송나라가 정나라로 쳐들어간 사실은 은공 10년조에 나왔다.
  ㅇ命(명)－사자(使者)로 하여금 제후들에게 고할 군주의 명.
  ㅇ臧否(장부)－원래 선(善)과 악(惡)의 뜻으로 쓴다. 그러나, 여기에서는 승(勝)과 패(敗)로 풀이된다.

┃해설┃ 10월에 정나라가 송나라를 쳐, 전에 송나라가 정나라로 쳐들어갔었던 일에 대해서 보복했다는 것을 밝히고, 옛날의 사관(史官)이 다른 나라의 사건을 기록하는 원칙을 말했다.

우보청살환공 장이구태재 공왈 위기소고야 오
羽父請殺桓公,하니 將以求大宰.라 公曰, 爲其少故也,러니 吾

장수지의 사영토구 오장로언 우보구 반참공
將授之矣.라 使營菟裘,하여 吾將老焉.이라 羽父懼,하고 反譖公

우환공 이청시지 공지위공자야 여정인전우호양지
于桓公,하여 而請弑之.라 公之爲公子也,에 與鄭人戰于狐壤止

언 정인수저윤씨 뇌윤씨이도어기주종무 수여윤
焉.이라 鄭人囚諸尹氏,에 賂尹氏而禱於其主鍾巫,하고 遂與尹

씨귀 이립기주 십일월 공제종무 재우사포
氏歸,하여 而立其主.라 十一月,에 公祭鍾巫,로 齊于社圃,하고

관우위씨 임진 우보사적시공우위씨 입환공 이
館于寫氏.라 壬辰,에 羽父使賊弑公于寫氏,하고 立桓公,하여 而

토위씨 유사자 불서장 불성상야
討寫氏,에 有死者.라 不書葬,은 不成喪也.라

우보(羽父)가 환공을 죽이기를 요청했으니, 장차 그 공으로 태재 벼슬을 구하고자 하는 생각에서였다. 은공이 말하기를, "내가 군주 자

리를 지키게 된 것은 조카(환공)가 어려서였는데, 이제는 곧 그에게 자리를 물려주려 하오. 그리고 토구(菟裘)에 집을 지어, 거기서 은거(隱居)하며 늙으려 하오."라고 했다. 그러자 우보는 그 사실이 알려질까 두려워하고, 이번에는 반대로 은공을 환공에게 모략하여, 은공을 죽일 것을 청했다. 은공이 공자로 있을 적에, 정나라 사람들과 싸우다가 호양(狐壤)에서 포로가 되었다. 그때, 정나라 사람은 공을 윤씨 집에 가두었는데, 공은 윤씨에게 뇌물을 주고 그 윤씨 집이 위하는 주신(主神)인 종무(鍾巫)에게 기도를 드렸고, 윤씨와 같이 나라로 돌아와서는, 윤씨 집의 주신에게 제사를 지내는 사당을 지었다. 11월에, 공은 종무에게 제사를 지내려고 사포(社圃)에서 몸을 청결히 하고, 위씨 집에 유숙했다. 그런데 임진날에, 우보는 악한 자를 시켜 은공을 위씨 집에서 죽이고, 환공을 군주로 세우고는, 위씨에게 죄를 씌우고 그를 쳤는데, 죽은 자들이 있었다. 은공의 장례식에 대해서 경에 쓰지 않은 것은, 장례식을 정식으로 행하지 않아서였다.

┃주해┃ ○羽父(우보)－노나라 공자 휘(翬).

○大宰(태재)－벼슬 이름. 원래 주나라 조정에 두었던 관직 이름. 주나라는 육경(六卿)이 있었는데, 그 장(長)을 대재라 했다. 지금의 수상(首相)에 해당한다. 노나라에서는 삼경(三卿)을 두고, 대재는 두지 않았지만, 우보는 장차 대재 벼슬을 두고, 자신이 그 직위에 오르려 꾀했다.

○菟裘(토구)－지명으로 지금의 산동성 사수현(泗水縣) 북쪽. 후세에 벼슬에 있던 자가 은퇴하여 있는 곳을 토구라 한 것은, 이에 근원한다.

○其主鍾巫(기주종무)－그의 집을 지키는 주신(主神)인 종무.

○立其主(입기주)－윤씨 집을 지키는 주신인 종무를 제사 지내는 사당을 지었다.

○齊(제)－제사 지내기 전에 몸을 깨끗이 하는 것.

○社圃(사포)－과수원 혹은 채원(菜園)의 이름.

○有死者(유사자)－은공을 죽였다는 죄명을 쓰고 죽은 사람이 있었다

의 뜻.

┃해설┃ 은공이 죽어간 경위를 밝힌 동시에, 우보(羽父)의 불의(不義)를 말하고 있다.

은공은 비록 군주 자리를 지켰지만, 언제나 자신은 섭정(攝政)이지, 정식 군주가 아니라고 생각했다. 그는 군주 자리를 서제(庶弟)인 환공(桓公)에게 물려주려고 결심했다. 환공의 어머니인 중자(仲子)가, 그의 아버지인 혜공(惠公)의 총애를 받았고, 혜공은 중자의 아들 환공을 군주로 삼으려 생각했던 뜻을 받들어서였다. 그가 혜공이 죽은 뒤에 군주 자리에 오른 것은, 환공이 너무나 어려서 군주 자리에 오를 수가 없어서였다.

◑ 은공(隱公) 시대 연표

기원전	周	燕	鄭	曹	蔡	陳	衛	宋	楚	秦	晉	齊	魯	중요사항
722	平王 49	穆公 7	莊公 22	桓公 35	宣公 28	桓公 23	桓公 13	穆公 7	武王 19	文公 44	鄂公 2	僖公 9	隱公 1	정나라 장공이 대숙단(大叔段)에게 이기다
721	50	8	23	36	29	24	14	8	20	45	3	10	2	은공이 융(戎)과 만나다
720	51	9	24	37	30	25	15	9	21	46	4	11	3	송나라 목공이 형의 아들을 군주로 삼다
719	桓王 1	10	25	38	31	26	16	殤公 1	22	47	5	12	4	위나라 주우(州吁)가 환공을 죽이다
718	2	11	26	39	32	27	宣公 1	2	23	48	6	13	5	진(晉)나라 사정이 어지러워지다 / 정나라 군이 연나라 군을 북제(北制)에서 패배시키다
717	3	12	27	40	33	28	2	3	24	49	哀公 1	14	6	정나라 장공이 진(陳)나라 군을 쳐부수다 / 송나라 사람이 정나라 장갈(長葛)을 점령하다
716	4	13	28	41	34	29	3	4	25	50	2	15	7	진(陳)나라와 정나라가 맹약을 하다 / 노나라가 주(邾)나라를 치다
715	5	14	29	42	35	30	4	5	26	寧公 1	3	16	8	제나라가 송·위·정의 세 나라를 화평(和平)케 하다
714	6	15	30	43	桓公 1	31	5	6	27	2	4	17	9	은공이 제나라 희공과 방(防)에서 만나다
713	7	16	31	44	2	32	6	7	28	3	5	18	10	은공이 제나라 희공·정나라 장공과 합세하여 송나라 군사를 쳐부수다
712	8	17	32	45	3	33	7	8	29	4	6	19	11	등(滕)·설(薛)의 군주가 노나라를 방문하여 윗자리를 다투다 / 우보(羽父)가 은공을 죽이다

제2

환 공
桓 公

혜공의 아들. 어머니는 중자(仲子). 재위 기원전 711~694

經ㅣ ○元年春王正月,에 公卽位.라
　　　　（원년춘왕정월）　（공즉위）

○三月,에 公會鄭伯于垂,하고 鄭伯以璧假許田.이라
　（삼월）　（공회정백우수）　（정백이벽가허전）

○夏四月丁未,에 公及鄭伯盟于越.이라
　（하사월정미）　（공급정백맹우월）

○秋,에 大水.라
　（추）　（대수）

○冬十月.이라
　（동시월）

원년 봄 천자가 쓰는 역으로 정월에, 공이 군주 자리에 올랐다.

3월, 공이 정나라 군주인 백작과 수(垂)에서 회합하고, 정나라 군주가 허(許)의 토지를 바꾸어 갖는 대가로 옥(玉)을 채웠다.

여름 4월 정미날에, 공은 정나라 군주인 백작과 월(越)에서 맹서하였다.

가을에 큰물이 났다.

곡벽(曲璧)

겨울 10월.

주해┃ ○桓公(환공) — 혜공(惠公)과 중자(仲子) 사이에 태어난 은공의 서
제(庶弟). 기원전 711∼694년까지 재위했다.

○垂(수) — 은공 8년조에 나왔다.

○以璧假許田(이벽가허전) — 노나라의 허 땅과 정나라의 팽(祊) 땅을 서
로 교환한 일에 대해서는 은공 8년조에 나왔다. 그런데 그 일이 이 해
에 정식으로 마무리 지어졌다. 이 글에서 ‘가(假)’는 가(加)했다, 채웠다
로 풀이된다. 정나라가 준 땅 팽은 노나라의 허 땅보다 작으므로, 그
대가를 옥으로 채웠다는 뜻이다. 이 글은 ‘옥으로 허의 토지를 빌렸다.’
로 풀어도 무방하다.

○越(월) — 수(垂) 근처의 지명.

傳┃ 元年春,에 公卽位,하여 脩好于鄭.이라 鄭人請復祀周公,하고
辛易祊田,에 公許之.라 三月,에 鄭伯以璧假許田,은 爲周公祊
故也.라

夏四月丁未,에 公及鄭伯盟于越,은 結祊成也.라 盟曰, 渝盟
無享國.이라

秋,에 大水.라 凡平原出水爲大水.라

冬,에 鄭伯拜盟.이라

宋華父督,이 見孔父之妻于路,하고 目逆而送之,하고 曰美而
艶.이라

원년 봄에, 공이 즉위하고 정나라와 수호(修好)를 맺었다. 정나라

사람이 다시 주공에게 제사를 지내겠다 하고, 이윽고 (허의 토지를) 팽(祊)과 바꾸자고 요청하자, 공이 허락했다. 3월에, 정나라 군주가 허(許)의 토지를 바꾸어 갖는 대가로 옥을 채웠다는 것은, 노나라가 지냈던 주공의 제사를, 정나라가 허의 토지를 차지하고서 대신 지내기로 하고, 정나라 팽의 토지를 노나라가 허와 바꾸어 가진 일을 밝히기 위해서였다.

여름 4월 정미날에, 공이 정나라 군주와 월(越)에서 맹서하였음은, 팽 땅과 교환하는 일을 완결(完結)시키기 위함이었다. 그때의 맹세는, '이 맹세를 어기는 날에는, 나라를 보존할 수 없도다.'라고 했다.

가을에 큰물[大水]이 났다. 무릇 평평한 들판에 물이 나게 됨을 큰물이라 한다.

겨울에, 정나라 군주인 백작이 와서 전에 (4월에) 맺은 맹서에 대해 사례(謝禮)를 드렸다.

송나라의 화보독(華父督)이 대부 공보(孔父)의 아내를 길에서 만나, 똑바로 보고 지나간 뒤에 뒤돌아보기까지 하고서, 아름답고도 곱다고 말했다.

▌주해▐ ○爲周公祊故也(위주공팽고야)―정나라가 허 땅을 차지하여, 주공의 제사를 지내고, 대신 노나라는 정나라 땅인 팽을 바꾸어 차지하는 일을 결론짓기 위함.
○四月丁未(사월정미)―4월 2일.
○華父督(화보독)―송나라 대공(戴公)의 손자로, 당시 송나라의 대재(大宰).

▌經▐ ○二年春王正月戊申,에 宋督弒其君與夷及其大夫孔父.라
○滕子來朝.라

ㅇ 三月_{삼월},에 公會齊侯_{공회제후}・陳侯_{진후}・鄭伯于稷_{정백우직},하여 以成宋亂_{이성송란}.이라

o 三月,에 公會齊侯・陳侯・鄭伯于稷,하여 以成宋亂.이라

o 夏四月,에 取郜大鼎于宋,하고 戊申納大廟.라

o 秋七月,에 杞侯來朝.라

o 蔡侯・鄭伯會于鄧.이라

o 九月入杞.라

o 公及戎盟于唐.이라

o 冬,에 公至自唐.이라

2년 봄 천자가 쓰는 역으로 정월 무신날에, 송나라의 독(督)이 군주 여이(與夷) 및 대부인 공보(孔父)를 살해했다.

등나라 군주인 자작이 찾아왔다.

3월에, 공이 제나라 군주인 후작・진나라 군주인 후작・정나라 군주인 백작과 직(稷)에서 회합하여, 송나라의 어지러운 상태를 가라앉게 했다.

여름 4월에, 고(郜)나라에서 만든 큰 솥을 송나라로부터 얻어, 무신날에 태묘, 즉 주공묘(周公廟)에 바쳤다.

가을 7월에, 기나라 군주인 후작이 찾아왔다.

채나라 군주인 후작과 정나라 군주인 백작이 등(鄧)에서 동맹을 맺었다.

9월에 기나라로 쳐들어갔다.

공이 오랑캐와 당(唐)에서 맹서하였다.

겨울에, 공이 당으로부터 왔다.

▌주해▌ o督(독)―화보독(華父督).

ㅇ與夷(여이)-송나라 군주 상공(殤公)의 이름.

ㅇ滕子(등자)-등나라 군주인 자작. 은공 11년조에는 등후(滕侯 : 등나라 군주인 후작)라 했던 후(侯)가 자(子)로 바뀌어졌으니, 그 사이에 작의 강등을 받았던 것 같다.

ㅇ稷(직)-송나라 지명으로, 지금의 하남성 상구현(商丘縣) 경계에 있는 땅.

ㅇ大廟(태묘)-주공묘를 노나라에서는 태묘라 했다.

ㅇ鄧(등)-채(蔡)나라 지명으로, 지금의 하남성 언현(鄢縣) 땅.

ㅇ至自唐(지자당)-당(唐)에서 돌아왔다. 옛날에, 군주가 어디를 갔다가 귀국해서 조상의 사당에 고하게 되면, 'ㅇㅇ로부터 왔다.' 이런 식으로 기록했다.

傳| 二年春에, 宋督攻孔氏,하여 殺孔父而取其妻에, 公怒라 督懼,하여 遂弑殤公이라 君子以督爲有無君之心,하여 而後動於惡이라 故로 先書弑其君이라

會于稷,하여 以成宋亂은, 爲賂故立華氏也라

宋殤公立,하여 十年十一戰에, 民不堪命이라 孔父嘉爲司馬, 하고 督爲大宰라 故로 因民之不堪命,하여 先宣言曰, 司馬則然이라 已殺孔父,하여 而弑殤公,하고 召莊公于鄭而立之,하여 以親鄭,하고 以郜大鼎賂公이라 齊·陳·鄭皆有賂라 故로 遂相莊公이라

2년 봄에, 송나라 화보독(華父督)이 공씨를 습격하여, 공보(孔父)를 죽이고 그의 아내를 빼앗자, 공이 노했다. 그러자 독은 두려워하다가, 드디어는 상공(殤公)을 살해했다. 군자는, 독이 군주란 없다고 여

기는 방자한 마음이 있었기에, 악한 데에 마음이 동했다고 여기었다. 그래서 먼저 그가 군주를 죽였다고 썼다.

직(稷)에서 회합하여, 송나라의 어지러운 상태를 가라앉혔다는 것은, 뇌물을 주었기에 화씨(華氏)의 입장이 선 것이다.

송나라 상공이 군주가 되어, 10년에 열한 차례 싸움을 하니, 백성들이 명 받들기를 감내할 수가 없었다. 공보가(孔父嘉)는 사마가 되었고, 독은 태재가 되었다. 그러므로, 독은 백성들이 싸우라는 명 받들기를 감내할 수 없음을 핑계로 먼저 "사마가 이러이러하게 싸우라고 하는 것이다."라고 선언했다. 공보를 죽이고 상공을 살해하고는, 정나라에 있는 장공(莊公)을 불러들이어 군주 자리에 앉혀, 정나라에게 호감을 사고, 고(郜)에서 만든 큰 솥을 환공에게 뇌물로 바쳤다. 그리고 제·진·정나라에도 다 뇌물을 주었다. 그러기에, 마침내 장공을 도운 것이다.

주해 ㅇ立華氏(입화씨)-입(立)은 두둔하여 입장을 세워 줌.
ㅇ孔父嘉(공보가)-공자(孔子)의 6세조. 보(父)는 자(字)이고, 가(嘉)는 이름.
ㅇ司馬(사마)-군사를 장악하는 벼슬.
ㅇ司馬則然(사마즉연)-사마가 곧 이렇게 싸우게 했다.
ㅇ相莊公(상장공)-장공을 도왔다. 송의 장공은 곧 공자 풍(馮)이다.

夏四月,에 取郜大鼎于宋,하여 戊申納于大廟,는 非禮也.라 臧
哀伯諫曰, 君人者,는 將昭德塞違,하여 以臨照百官,이라도 猶懼
或失之.이오니다 故로 昭令德以示子孫.이로소이다 是以,로 淸廟
茅屋,하고 大路越席,하며 大羹不致,하고 粢食不鑿,은 昭其儉也.
요 袞冕黻珽, 帶裳幅舄, 衡紞紘綖,은 昭其度也,이오며 藻率鞞

鞶, 鞏厲游纓,은 昭其數也,요 火龍黼黻,은 昭其文也,이오며 五
色比象,은 昭其物也,요 錫鸞和鈴,은 昭其聲也,이오며 三辰旂
旗,는 昭其明也.이오니다 夫德儉而有度,하고 登降有數,하며 文
物以紀之,하고 聲明以發之,하여 以臨照百官,이면 百官於是乎
戒懼,하여 而不敢易紀律.이오니다 今滅德立違,하시고 而寘其賂
器於大廟,하여 以明示百官,이옵거늘 百官像之,엔 其又何誅焉.이
리오 國家之敗,는 由官邪也,이옵고 官之失德,은 寵賂章也.로소
이다 郜鼎在廟,하니 章孰甚焉.이리오 武王克商,하시고 遷九鼎于
雒邑,에 義士猶或非之.였나이다 而況將昭違亂之賂器於大廟.리
오 其若之何.오 公不聽.이라 周內史聞之曰, 臧孫達,은 其有後
於魯乎.아 君違,에 不忘諫之以德.이로다

여름 4월에 노나라는 고나라에서 만든 큰 솥을 송나라로부터 입수
하여 무신날에 그것을 태묘에 바친 것은 예의에 어긋나는 일이었다.
장애백(臧哀伯)이 공에게 충간(忠諫)해서 말했다. "만민을 다스리는
군주는, 덕을 밝히고 그릇된 것을 막으면서 백관(百官)에게 군림(君
臨)하더라도 혹 실수가 없나 하고 두려워하는 것이옵니다. 그러므로,
아름다운 덕을 밝히어 자손들에게 모범을 보이옵니다. 그러기에, 주
(周)나라 문왕(文王)·무왕(武王)을 제사 지내는 청묘(淸廟)를 띠로
이었고, 하늘에 제사 올리는 데 쓰는 대로(大路)라는 수레에 깐 방석
은 풀로 짠 것이오며, 대갱(大羹)이라는 제사상에 올리는 국은 조미
(調味)를 하지 않고, 제사상에 올리는 서직(黍稷)이라는 곡물은 보기

좋게 깨끗이 씻지 않는 것은, 그 검약(儉約)함을 나타내어 밝힘이옵니다. 그리고 천자의 예복으로 입는 곤복(袞服)이나 면(冕)이라 하는 관(冠)·불(黻)이라 하는 제복(祭服)·정(珽)이라 하는 옥홀(玉笏)·띠·치마·정강이에 닿는 옷·겹창의 신과, 형(衡)이라 하는 관(冠)이 움직이지 않게 찌르는 비녀·담(紞)이라 하는 관에 늘어뜨리는 끈·관을 잡아 매는 굉(紘)이라는 끈·연(綖)이라 하는 관 위에 덮는 것은 그 법도를 밝히는 것이옵고, 조율(藻率)이라는 물풀을 그린 차는 수건·병(鞞)이라 하는 칼집·봉(鞛)이라 하는 칼 장식품·반(鞶)이라 하는 가죽띠·여(厲)라 하는 가죽띠의 끝에 늘어뜨리는 장식품·유(游)라 하는 깃발에 드리는 베·영(纓)이라 하는 말〔馬〕의 가슴을 장식하는 끈은 다 신분의 높고 낮음에 따라 쓰는 그 수(數)의 차이를 밝히는 것이오며, 화(火)·용(龍)·보(黼)·불(黻)의 무늬 모양은, 신분의 높고 낮음을 분별하는 무늬를 밝히는 것이오며, 오색(五色)으로 기물(器物)에 여러 가지 모양을 그리는 것은, 각기 그것의 뜻을 밝히는 것이옵고, 말의 머리에 다는 방울인 석(錫)·말고삐에 다는 방울인 난(鸞)·수레의 앞 가로막이 나무에 다는 방울인 화(和)·기(旗)에 다는 방울인 영(鈴)은 군주의 덕음(德音)을 나타내는 것이오며, 일(日)·월(月)·성(星)을 그린 기는 하늘의 밝음을 나타내는 것이옵니다. 검약의 덕을 근본 삼아야 법도가 있고, 신분의 높고 낮음에 따라

말고삐에 다는 방울〔鸞〕

쓰는 수가 정해져 있사오며, 의복의 무늬나 오색으로 그린 여러 가지 모양에 의하여 심덕(心德)을 갖추어야 함을 마음에 아로새기고, 방울 소리와 밝은 모양으로는 심덕을 발양시켜서 백관에게 군림한다면, 백관들은 이에 경계하고 두려워하여, 감히 규율을 어기지 못하옵니다. 그러하온데, 이제 심덕(心德)을 하시며 나쁜 사람을 도우시고, 그 뇌물로 받으신 기물을 태묘에 들여놓으시어,

백관들에게 그릇된 일을 명백히 보이시옵는데, 앞으로 백관들이 이 일을 본따 한다면, 그 또한 어떻게 책망할 것이옵니까? 국가가 패망하는 것은 관리들의 부정으로 말미암았고, 관리들의 실덕은 군주의 은총(恩寵)을 구하는 뇌물 바침이 공공연하게 행해짐으로써이옵니다. 지금 고(郜)나라에서 만든 솥이 태묘에 있으니 부정의 나타남이 이것보다 더 심하겠습니까? 옛날에 무왕께서 상나라를 쳐 이기시고, 구정(九鼎)을 낙읍(洛邑)으로 옮기자, 의사(義士) 중에는 그 또한 안되는 일이라고 비난하는 이가 있었나이다. 그런데, 하물며 불의(不義) 무도(無道)한 자가 보낸 뇌물의 그릇을 태묘에 들여놓을 수가 있겠사옵니까? 그걸 어찌 하실 수 있으리오까?" 공은 그 말을 듣지 않았다. 주나라 내사(內史)가 이 일을 듣고는, "장손달, 그의 후손이 노나라에서 번영하리라. 군주가 잘못하자, 덕으로 충간(忠諫)함을 잊지 않았도다."라고 말했다.

주해 ○戊申(무신)-5월 10일.
○莊哀伯(장애백)-노나라 대부로 희백(僖伯)의 아들.
○塞違(색위)-부정을 막음.
○立違(입위)-부정한 사람을 도와 그 입장을 세움.
○寵賂(총뢰)-은총을 구하기 위해서 뇌물을 줌.
○九鼎(구정)-전해지는 얘기에 의하면, 하(夏)나라 우(禹)임금이 중국 구주(九州)의 쇠를 모아 만든 솥이라 한다. 그리하여, 하나라·은(殷 : 商)나라 때에는 나라를 전(傳)한 보물처럼 여겼다 한다.
○雒邑(낙읍)-지금의 낙양(洛陽).
○內史(내사)-주나라 태사(太史)의 속관으로, 문서 기록과 점복(占卜)에 관한 일을 맡았다.

秋七月,에 杞侯來朝,하였거늘 不敬.이라 杞侯歸,에 乃謀伐
之.라

채 후　정 백 회 우 등　시 구 초 야
蔡侯·鄭伯會于鄧,은 始懼楚也.라

구 월　입 기　토 불 경 야
九月,에 入杞,는 討不敬也.라

공 급 융 맹 우 당　수 구 호 야
公及戎盟于唐,은 脩舊好也.라

동　공 지 자 당　고 우 묘 야　범 공 행　고 우 종 묘　반
冬,에 公至自唐,은 告于廟也.라 凡公行,에 告于宗廟,하고 反

행　음 지　사 작 책 훈 언　예 야　특 상 회　왕 래 칭 지
行,에 飮至,하고 舍爵策勳焉,에 禮也.라 特相會,엔 往來稱地,하

거늘 양 사 야　자 삼 이 상　즉 왕 칭 지　내 칭 회　성
거늘 讓事也.라 自參以上,이면 則往稱地,하고 來稱會,하거늘 成

사 야
事也.라

가을 7월에, 기나라 군주인 후작이 찾아왔는데, 그는 공경스럽지 못
했다. 기나라 군주가 돌아가자, 기나라를 칠 것을 상의했다.

채나라 군주인 후작과 정나라 군주인 백작이 등(鄧)에서 회합한 것
은, 비로소 초나라의 세력을 두려워했음이다.

9월에 기나라에 쳐들어간 것은, 공경스럽지 않음을 문책함이었다.

공이 당(唐)에서 오랑캐와 맹세를 맺은 것은, 옛날부터의 우호 관
계가 지속됨을 다지기 위함이었다.

겨울에 공이 당(唐)으로부터 이르렀다는 것은, 돌아와 사당에 고했
다는 것이다. 무릇 군주가 다른 나라로 감에는 종묘(宗廟)에 고하고,
나라로 돌아옴에는 사당에 보고하고 나서, 주연(酒宴)을 베풀고, 술잔
을 놓고서는, 가서 세운 훈공(勳功)을 책(策)에 기록하는 것인데, 이
렇게 하는 것이 예법인 것이다. 다만 두 나라끼리만 회합함에는, 왕래
에 그 땅 이름을 말해 쓰는데, 이것은 회합에는 반드시 주장하는 쪽
이 있어야 하지만, 두 나라끼리만 회합하게 되면, 서로가 주장자의 지
위를 양보하여, 결국은 주장자가 없게 되는 것이기 때문이다. 그러나,

세 나라 이상이 회합하는 경우에는, 갈 때에는 그 땅 이름을 쓰고, 돌아옴에는 그 회합에서 돌아왔다고 쓰는데, 이것은 회합의 일을 잘 치르었기 때문이다.

주해 ○飲至(음지)─돌아와 사당에 보고하고, 사당 안에서 주연을 베푸는 것.

○舍爵(사작)─술잔을 놓음. 주연을 그만둠.

○策勳(책훈)─간 곳에서 이룬 공훈을 책에 기록함.

初,에 晉穆侯之夫人姜氏,가 以條之役生太子,에 命之曰仇.라
其弟以千畝之戰生,하니 命之曰成師.라 師服曰, 異哉,에 君之
名子也.라 夫名以制義,하고 義以出禮,하며 禮以體政,하고 政以
正民.이라 是以,로 政成,하고 而民聽.이라 易則生亂.이라 嘉耦
曰妃,요 怨耦曰仇,는 古之命也.라 今,에 君命太子曰仇,하고 弟
曰成師,는 始兆亂矣.라 兄其替乎.인저

惠之二十四年,에 晉始亂.이라 故로 封桓叔于曲沃,하고 靖侯
之孫欒賓傅之.라 師服曰, 吾聞,하되 國家之立也,에 本大而末
小.라 是以能固.라 故로 天子建國,하고 諸侯立家,하며 卿置側
室,하고 大夫有貳宗,하며 士有隸子弟,하고 庶人工商各有分親,
에 皆有等衰.라 是以,로 民服事其上,하고 而下無覬覦.라 今,에
晉甸侯也.라 而建國.이라 本旣弱矣,에 其能久乎.아

惠之三十年,에 晉潘父弑昭侯而納桓叔,이나 不克,하고 晉人立孝侯.라

惠之四十五年,에 曲沃莊伯,이 伐翼弑孝侯,에 翼人立其弟鄂侯.라 鄂侯生哀侯,하고 哀侯侵陘庭之田,에 陘庭南鄙,가 啓曲沃,하여 伐翼.이라

전에, 진나라 군주 후작인 목공(穆公)의 부인 강씨는, 조(條) 땅에서 벌어진 전쟁 때 태자를 낳아, 그 이름을 구(仇)라 했다. 그리고 태자의 동생은 천무(千畝)에서 싸울 때에 낳아, 그 이름을 성사(成師)라 했다. 그러므로 사복(師服)이 말했다. "이상도 하다, 우리 군주께서 아들 이름을 지으심이여! 대저 이름을 지어 의리를 규정하고, 의리로 예를 낳으며, 예로써 정치를 체득하고, 그 정치로써 백성들을 바르게 하는 것이다. 이리하여 정치는 이루어지고, 백성들은 따른다. 이걸 어기면, 즉 어지러움을 낳는다. 좋은 배필은 비(妃)라 하고, 미운 짝은 원수라 한다는 것은, 옛날에 말해진 것이다. 이제, 우리 군주가 태자의 이름을 구라 하시고, 동생을 성사라 하신 것은, 어지러움이 시작된 징조이다. 형 되시는 분이 쇠퇴할 것이리라!"

노나라 혜공(惠公) 24년에, 진나라가 서서히 어지럽게 되었다. 그래서 환숙(桓叔)을 곡옥(曲沃)에 봉하고, 정공(靖公)의 손자인 난빈(欒賓)이 도왔다. 이에 사복은 말했다. "내 들은 바로는, 국가를 세움에는, 본국은 크고 나누어진 나라는 작은 것이다. 그래야만 나라가 군건할 수가 있는 것이다. 그러므로, 천자는 제후국을 세우고, 제후는 분가(分家)를 세우며, 경(卿)은 적자(嫡子) 외의 아들들의 집을 마련하고, 대부는 소종(小宗)을 두며, 사(士)는 잡역(雜役)을 맡는 자제를

두고, 농민·공상(工商)도 각기 분가(分家)를 둠에 다 등급이 있다.
그러므로 백성들은 복종하여 윗사람을 섬기고, 아랫사람이 윗사람의
자리를 넘겨봄이 없는 것이다. 지금, 진나라는 천자에게 매인 제후국
이다. 그런데도, 봉국(封國)을 세웠다. 본국이 이미 약해졌으므로 오
래 갈 수가 있으랴!"

　노나라 혜공 30년에, 진나라 반보(潘父)가 진나라 소공(昭公)을 죽
이고 환숙을 불러들이려 했으나 성공하지 못하고, 진나라 사람들은
효공(孝公)을 군주로 세웠다.

　혜공 45년에, 곡옥의 장백(莊伯)이 진나라 도읍인 익(翼)을 쳐 효
공을 죽이자, 익 사람들이 효공의 동생 악후(鄂侯)를 세웠다. 악후는
애공(哀公)을 낳았고, 애공이 형정(陘庭) 땅을 침범하자, 형정 남쪽
땅 사람들이 곡옥의 군대를 인도하여 익을 쳤다.

▎주해▎　ㅇ穆侯(목후)－기원전 813~787년까지 재위했다.
　ㅇ條之役(조지역)－조 땅에서의 전쟁. 이 싸움은 목공 7년에 있었다
　　한다.
　ㅇ仇(구)－원수인 적으로 미워하고 싸웠다는 뜻으로 붙인 이름.
　ㅇ千畝之戰(천무지전)－천무에서의 싸움. 이 싸움은 목공 10년에 있었다
　　한다.
　ㅇ成師(성사)－군대를 쳐 돌렸다의 뜻. 적군을 쳐 전공을 세웠다고 해서
　　붙인 이름.
　ㅇ桓叔(환숙)－성사(成師).
　ㅇ靖侯(정후)－정공(靖公). 즉 환숙의 고조(高祖).
　ㅇ置側室(치측실)－적자(嫡子) 이외의 아들에게 분가(分家)시키는 것.
　ㅇ貳宗(이종)－소종(小宗). 소종은 대종(大宗)에 대한 것이다. 제후(諸侯)
　　의 차남을 분가시켜 별자(別子)라 했고, 별자의 아들을 계자(繼子)라
　　했으며, 이를 대종이라 했다. 대종은 적자가 계승하여 영원히 계속되었
　　다. 그리고 대종의 동생이 분가하면, 그를 소종이라 했다.
　ㅇ隷子弟(예자제)－잡역(雜役)에 부리는 자제.

○庶人(서인)-다음에 나오는 공상(工商)에 대해서, 농민을 말한 것.
○甸侯(전후)-전(甸)에 속하는 제후. 전은 육복(六服)의 하나. 천자가 직
  할하는 땅은 방기(邦畿)라 해서, 천리(千里) 사방이었는데, 육복은 그
  끝에서 5백리마다 구별하여, 후(侯)・전(甸)・남(男)・채(采)・위(衛)・
  요(要)라 했다.
○昭侯(소후)-소공. 즉 문후(文侯 : 仇)의 아들.
○孝侯(효후)-효공. 소후의 아들.
○莊伯(장백)-환숙, 즉 성사(成師)의 아들.
○陘庭(형정)-익(翼) 남방에 있는 지명.
○啓(계)-길 안내를 함. 앞잡이가 됨.

經 ○三年春正月,에 公會齊侯于嬴.이라
  삼년춘정월   공회제후우영

○夏,에 齊侯・衛侯胥命于蒲.라
  하   제후   위후서명우포

○六月,에 公會杞侯于郕.이라
  유월   공회기후우성

○秋七月壬辰朔,에 日有食之,하니 旣.라
  추칠월임진삭   일유식지   기

○公子翬如齊逆女.라
  공자휘여제역녀

○九月,에 齊侯送姜氏于讙.이라
  구월   제후송강씨우환

○公會齊侯于讙.이라
  공회제후우환

○夫人姜氏至自齊.라
  부인강씨지자제

○冬,에 齊侯使其弟年來聘.이라
  동   제후사기제년래빙

○有年.이라
  유년

3년 봄 정월에 공이 제나라 군주인 후작과 영(嬴)에서 만났다.

여름에, 제나라 군주인 후작·위나라 군주인 후작이 포(蒲)에서 서로 언약했다.

6월에, 공이 기나라 군주인 후작과 성(郕)에서 만났다.

가을 7월 임진 삭일(朔日)에 일식이 있었는데, 개기식(皆旣食)이었다.

공자 휘(翬)가 제나라로 가 제나라 딸을 맞이하기로 했다.

9월에, 제나라 군주 후작이 강씨를 환(讙)으로 보냈다.

공이 제나라 군주인 후작을 환에서 만났다.

부인 강씨가 제나라로부터 이르렀다.

겨울에, 제나라 군주인 후작이 동생으로 하여금, 예물을 가지고 찾아오게 했다.

풍년이 들었다.

주해 ㅇ嬴(영)–제나라 지명으로, 지금의 산동성 내무현(萊蕪縣) 서북 땅.
ㅇ胥命于蒲(서명우포)–포(蒲)는 위나라 지명으로, 지금의 하북성 장원현(長垣縣) 서남 땅이다. 서명(胥命)은 상명(相命)과 같은 말로 언약(言約)을 말한다. 맹서하는 의식은 하지 않고, 다만 말로 약속하는 것을 말한다.
ㅇ郕(성)–은공 5년조에 나왔다.
ㅇ旣(기)–개기식(皆旣食)을 말한다.
ㅇ讙(환)–노나라 지명으로, 지금의 산동성 태안현(泰安縣) 서남 땅.
ㅇ姜氏(강씨)–제나라 희공(僖公)의 딸.
ㅇ有年(유년)–여기에서 연(年)은 곡물이 잘 익었다는 뜻이다. 유년은 즉 풍년이 들었다는 말.

傳 三年春,에 曲沃武公,이 伐翼次于陘庭.이라 韓萬御戎,하고
梁弘爲右,하여 逐翼侯于汾隰,에 驂絓而止,하니 夜獲之,하고 及

난 공 숙
欒共叔.이라

융거(戎車, 兵車)

3년 봄에, 곡옥(曲沃)의 무공이 익을 치려고 형정(陘庭)에 주둔했다. 한만(韓萬)이 전차를 조종하고, 양홍(梁弘)이 전차의 오른쪽 전사(戰士)가 되어, 익의 군주를 분수(汾水) 가의 질퍽한 데로 몰자, 전차를 끄는 옆의 말이 나무에 걸려 못가고 머무니, 저녁에 익의 군주를 잡았고, 난공숙(欒共叔) 또한 잡아죽였다.

주해 ○曲沃武公(곡옥무공)－곡옥은 장백(莊伯)의 아들.

○韓萬(한만)－장백의 동생.

○御戎(어융)－전차(戰車 : 兵事)를 조종함. 옛날의 전차는 가운데에 조종자가 자리 잡고, 왼쪽에 사수(射手)가 전차장(戰車長)으로 타며, 오른쪽에는 창을 든 전사(戰士)가 탔다.

○爲右(위우)－창을 들고 오른쪽에 타는 전사가 됨.

○汾隰(분습)－분(汾)은 강 이름이고, 습(隰)은 물가 질펀한 곳.

○驂(참)－옛날의 전차는 네 마리의 말이 끌었는데 가운데 두 마리는 양복(兩服)이라 하고, 좌우(左右)의 말은 양참(兩驂)이라 했다.

○欒共叔(난공숙)－난빈(欒賓)의 아들.

회 우 영　　성 혼 우 제 야
會于嬴,은 成婚于齊也.라

하　　제 후　위 후 서 명 우 포　　불 맹 야
夏,에 齊侯・衛侯胥命于蒲,는 不盟也.라

공 회 기 후 우 성　　기 구 성 야
公會杞侯于郕,은 杞求成也.라

노나라 환공이 제나라 군주를 영(嬴)에서 만난 것은, 제나라와 혼인 일을 결정하기 위해서였다.

여름에, 제나라 군주인 후작과 위나라 군주인 후작이 포(蒲)에서
서로 언약했다 함은, 그들이 맹서의 의식을 행하지 않았다는 것이다.
환공이 기나라 군주인 후작과 성(郕)에서 만난 것은, 기나라가 화
평(和平)을 구했기 때문이다.

주해 ○求成(구성)－화평을 구함.

秋,에 公子翬如齊逆女,는 脩先君之好.라 故로 曰公子.라 齊
侯送姜氏于讙,은 非禮也.라 凡公女嫁于敵國,엔 姊妹則上卿送
之,하여 以禮於先君,하고 公子則下卿送之,하며 於大國,이면 雖
公子,라도 亦上卿送之,하고 於天子,면 則諸卿皆行,하되 公不自
送.이라 於小國,이면 則上大夫送之.라

冬,에 齊仲年來聘,은 致夫人也.라

芮伯萬之母芮姜,은 惡芮伯之多寵人也.라 故로 逐之,에 出居
于魏.라

가을에, 공자 휘가 제나라로 가, 제나라의 공녀(公女)를 맞이한 일
은, 선대 군주 이래의 우호 관계의 지속을 다지는 일이었다. 그러므로
공자라고 말한 것이다. 제나라 군주인 후작이 강씨(姜氏)를 환 땅까지
환송해 준 일은 예의에 맞지 않는 일이었다. 무릇 군주의 딸이 대등한
나라로 시집을 감에 있어, 군주의 자매라면 상경(上卿)이 모시고 가
선대 군주에 대해서 경의(敬意)를 나타내고, 군주의 딸이라면 하경(下
卿)이 모시고 가며, 자기 나라보다 큰 나라로 가면 비록 군주의 딸이

라 하더라도 상경이 모시고 가고, 천자에게로 시집을 간다면 모든 경
(卿)이 다 따라가되, 군주 자신은 가지 않는 것이다. 그리고 자기 나라
보다 작은 나라로 가면, 상대부(上大夫)가 모시고 간다.

　겨울에, 제나라 중년(仲年)이 예물을 가지고 찾아온 것은, 부인을
위해서였다.

　예나라 군주인 백작 만(萬)의 어머니 예강(芮姜)이, 예나라 군주인
백작이 자기 뜻에 맞는 사랑하는 신하가 많음을 미워했다. 그래서 그
를 내쫓자, 그는 몰래 나가 위(魏)나라에 거처했다.

주해┃ ○敵國(적국)－필적(匹敵)의 나라, 대등의 나라.
　○上卿(상경)－제후국(諸侯國)에 상경·중경(中卿)·하경(下卿)의 삼경(三
　　卿)이 있었다.
　○上大夫(상대부)－제후국에 오대부(五大夫)가 있었는데, 지위에 따라 상
　　대부·하대부(下大夫)로 나누어졌다.
　○致夫人(치부인)－부인을 위함. 치(致)는 부인이 부인 노릇을 잘하고 있
　　는가 여하를 본다는 뜻이 있다.
　○芮(예)－나라 이름. 군주의 성은 희(姬)였고, 지금의 섬서성(陝西省) 조
　　읍현(朝邑縣) 땅을 차지했다.
　○多寵人(다총인)－마음에 들어 사랑하는 신하가 많음.
　○魏(위)－희성(姬姓)의 나라로, 지금의 산서성 예현(芮縣)을 근거지로
　　했다. 기원전 661년에 진(秦)나라에게 망했다.

經┃ ○四年春正月,에 公狩于郎.이라
　○夏,에 天王使宰渠伯糾來聘.이라

　4년 봄 정월에 공은 낭(郎)에서 사냥했다.
　여름에, 천자는 재(宰) 벼슬에 있는 거백규(渠伯糾)로 하여금 예물

을 가지고 찾아오게 하였다.

▌주해▌ ㅇ狩(수)-겨울에 하는 사냥. 주나라의 정월은, 하(夏)나라 역으로
는 11월.

▌해설▌ 《춘추》는 사시절(四時節) 중 기사거리가 없어도, 시절만은 표
시하는 게 예였다. 그런데 이 해에서는 추(秋)와 동(冬)의 내용이 빠
졌다. 원래 '추칠월(秋七月)·동시월(冬十月)' 이런 것이 있었는데, 후
에 탈락된 것이 아닐까 한다.

▌傳▌ ^{사 년 춘 정 월} 四年春正月,에 ^{공 수 우 랑} 公狩于郎,은 ^{서 시 례 야} 書時禮也.라
　　^하 夏,에 ^{주 재 거 백 규 래 빙} 周宰渠伯糾來聘,한대 ^{부 재} 父在.라 ^{고　명} 故로 名.이라
　　^추 秋,에 ^{진 사 침 예 패 언} 秦師侵芮敗焉,이어늘 ^{소 지 야} 小之也.라
　　^동 冬,에 ^{왕 사} 王師·^{진 사 위 위} 秦師圍魏,하여 ^{집 예 백 이 귀} 執芮伯以歸.라

4년 봄 정월에, 공이 낭(郎)에서 사냥을 했다 함은, 사냥하는 시기
가 정해져 있음에 따라(예식대로) 행했음을 쓴 것이다.
　여름에, 주나라 재(宰)인 거백규(渠伯糾)가 예물을 가지고 찾아왔
는데, 그의 아버지가 재 벼슬에 있었기에 그의 이름을 썼다.
　가을에, 진나라가 예나라에 침입해서 패했는데 그것은 예나라를 작
은 나라라 깔보아서였다.
　겨울에, 천자의 군대와 진나라 군대가 위나라를 포위하여, 예나라
군주인 백작을 잡아 데리고 돌아갔다.

▌주해▌ ㅇ父在(부재), 故名(고명)-거백규의 아버지가 살아서 재(宰) 벼슬
에 엄연히 있는데도, 백규가 아버지의 관직 이름을 칭하고 찾아온 것은
잘못이기에, 그것을 비난하는 의미로 그의 이름을 썼다는 뜻이 있다.

經| ○五年春正月甲戌・己丑,에 陳侯鮑卒.이라
_{오 년 춘 정 월 갑 술 기 축 진 후 포 졸}

○夏,에 齊侯・鄭伯如紀.라
_{하 제 후 정 백 여 기}

○天王使仍叔之子來聘.이라
_{천 왕 사 잉 숙 지 자 래 빙}

○葬陳桓公.이라
_{장 진 환 공}

○城祝丘.라
_{성 축 구}

○秋,에 蔡人・衛人・陳人從王伐鄭.이라
_{추 채 인 위 인 진 인 종 왕 벌 정}

○大雩.라
_{대 우}

○螽.이라
_종

○冬,에 州公如曹.라
_{동 주 공 여 조}

5년 봄 정월 갑술날・기축날에 진나라 군주인 후작 포(鮑)가 세상을 떠났다.

여름에, 제나라 군주인 후작과 정나라 군주인 백작이 기(紀)나라에 갔다.

천자께서 잉숙(仍叔)의 아들로 하여금 예물을 가지고 찾아오게 하였다.

진나라 환공을 장사 지냈다.

축구(祝丘)에 성을 쌓았다.

가을에, 채나라 사람・위나라 사람・진나라 사람들이 천자를 따라 정나라를 쳤다.

비 오기를 비는 큰 제사를 지냈다.

메뚜기 떼가 일어났다.

겨울에, 주(州)나라 군주가 조나라에 갔다.

▌주해▐ ○正月甲戌己丑(정월갑술기축)─갑술(甲戌)은 전년 12월 21일이
고, 기축(己丑)은 이해 정월 6일. 그런데 이렇게 두 날을 적은 것은, 당
시 진나라가 혼란스러워, 군주의 죽음을 두 번 알렸기 때문이다.

○鮑(포)─진(陳) 환공(桓公)의 이름.

○紀(기)─나라 이름.

○仍叔(잉숙)─주나라 대부.

○祝丘(축구)─노나라 지명으로, 지금의 산동성 임기현(臨沂縣) 동남 땅.

○大雩(대우)─큰 기우제(祈雨祭).

○螽(종)─곡물의 해충인 메뚜기. 여기에서는 메뚜기 떼가 일어났다는 뜻
으로 풀이된다.

○州(주)─나라 이름으로, 군주의 성은 강(姜)이고, 지금의 산동성 안구현
(安邱縣)에 위치했다.

○曹(조)─주 무왕(武王)의 동생 숙진탁(叔振鐸)의 봉국으로, 지금의 산
동성 정도현(定陶縣)에 위치했다.

▌傳▐ 五年春正月甲戌·己丑,에 陳侯鮑卒,은 再赴也.라 於是,에
陳亂.이라 文公子他殺太子免,하여 而代之.라 公疾病而亂作,에
國人分散.이라 故로 再赴.라

夏,에 齊侯·鄭伯朝于紀,하여 欲以襲之,나 紀人知之.라

5년 봄 정월 갑술날·기축날에, 진나라 군주인 후작이 세상을 떠났
다 함은, 두 번 알려서였다. 이때 진나라는 어지러웠다. 문공의 아들
인 타(他)가 태자 면(免)을 죽이고 자신이 대신 태자가 되었다. 공이
병이 나 있는 동안 이 난동이 일어나 나라 사람들이 흩어졌다. 그러
므로 갈피를 못잡아, 두 번이나 군주의 죽음을 알린 것이다.

여름에, 제나라 군주인 후작과 정나라 군주인 백작이 기나라를 찾

아가 기나라를 습격하려 했는데, 기나라 사람이 그것을 알아차렸다.

주해 ㅇ文公(문공)-진나라 환공(桓公)의 아버지.

ㅇ他(타)-환공의 배다른 동생.

ㅇ免(면)-환공의 아들로 태자.

王奪鄭伯政,하니 鄭伯不朝.라 秋,에 王以諸侯伐鄭,하고 鄭伯

禦之.라 王爲中軍,하고 虢公林父將右軍,에 蔡人·衛人屬焉,하

고 周公黑肩將左軍,에 陳人屬焉.이라 鄭子元請爲左拒以當蔡

人·衛人,하고 爲右拒以當陳人,하고 曰, 陳亂,에 民莫有鬪心,이

니 若先犯之,면 必奔.이리이다 王卒顧之,면 必亂,이요 蔡·衛不

枝엔 固將先奔.이리이다 旣而萃於王卒,이면 可以集事.이오니다

從之.라

曼伯爲右拒,하고 祭仲足爲左拒,하며 原繁·高渠彌以中軍奉

公,하고 爲魚麗之陳,하여 先偏後伍,하되 伍承彌縫.이라 戰于繻

葛,에 命二拒曰, 旝動而鼓.라 蔡·衛·陳皆奔,에 王卒亂.이라

鄭師合以攻之,에 王卒大敗.라 祝聃射王中肩,하고 王亦能軍.이

라 祝聃請從之,하니 公曰, 君子不欲多上人,이어늘 況敢凌天子

乎.아 苟自救也,요 社稷無隕多矣.로다 夜,에 鄭伯使祭足勞王,하

고 且問左右.라

잉숙지자   약야
仍叔之子,는 弱也.라

　천자가 정나라 군주인 백작이 쥐고 있는 정권을 빼앗으니, 정나라 군주가 천자를 찾아뵙지 않았다. 가을에 천자가 제후를 거느리고 정나라를 치니, 정나라 군주는 방어하였다. 천자는 중군(中軍)을 거느리고, 괵나라 군주 임보(林父)는 우군(右軍)을 이끌었는데, 채나라 사람·위나라 사람들이 이에 속했고, 주의 군주 흑견(黑肩)이 좌군(左軍)을 거느렸는데, 진나라 사람들이 이에 속했다. 정나라 자원(子元)이 좌익군(左翼軍)을 편성하여 채나라·위나라 사람들을 막아내게 하고, 우익군(右翼軍)을 편성해서 진나라 사람들을 막을 것을 요청하여 말하기를, "진(陳)나라는 나라 안이 어지러워, 그 백성들은 싸울 마음이 없사오니, 만일 먼저 그들을 습격하면, 그들은 반드시 도망할 것이옵니다. 천자의 군졸들이 그것을 보면, 반드시 대열이 어지럽게 되옵고, 채나라·위나라 군대는 지탱할 수가 없으며, 물론 서로 먼저 도망치려 할 것이옵니다. 그렇게 되어 천자의 군대에게 집중 공격을 한다면, 성공할 수가 있나이다."라고 했다. 정나라 군주는 그 말대로 했다.
　만백(曼伯)이 우익군을 끌고, 제중족(祭仲足)은 좌익군을 통솔하고, 원번(原繁)과 고거미(高渠彌)가 중군으로 군주를 모시고, 어려진(魚麗陣)이라는 진을 펴 전차 부대를 앞세우고, 그 뒤에 보병(步兵) 부대가 따르되, 보병 편대로 전차와 전차의 사이를 메꾸었다. 수갈(繻葛) 땅에서 싸울 때, 좌·우익 양군에게 명하기를, "대장(大將)의 군기(軍旗)가 움직이면 북을 쳐라."고 했다. 채·위·진나라의 군대가 다 도망치자, 천자의 군대가 혼란하게 되었다. 정나라 군대가 힘을 합쳐 공격하니, 천자의 군대가 대패했다. 축담(祝聃)이 활을 천자에게 쏘아 어깨를 맞혔는데, 천자는 역시 분전(奮戰)하였다. 축담이 천자의 군대를 몰자고 요청하니 공이 말하기를, "군자(君子)는 다른 사람을 심하게 능멸하는 것이 아닌데, 하물며 천자를 감히 능멸한단 말인가?
진실로 자신을 구하면 되니, 나라를 잃지 않으면 다행이로세."라고 했
다. 저녁에 정나라 군주는 제족(祭足)을 보내어 천자를 위로하고, 또
천자를 모시는 좌우 사람들에게 문안을 드리게 했다.
　잉숙(仍叔)의 아들이라 한 것은 어려서였다.

주해 ○王奪鄭伯政(왕탈정백정)—전에 정나라의 군주가 주나라 조정의
　정사를 담당했는데, 천자가 그에게서 정권을 빼앗았다는 것.
　○子元(자원)—정나라 공자.
　○左拒(좌거)—좌익군.
　○魚麗之陳(어려지진)—군진법(軍陣法)으로, 긴 원형(圓形)의 진법.
　○偏(편)—전차 부대. 전차 25대의 부대를 편이라 했다.
　○伍(오)—보병 5명. 여기에서는 보병 부대.
　○彌縫(미봉)—사이사이에 채우다.
　○繻葛(수갈)—정나라 지명으로, 지금의 하남성 장갈현(長葛縣) 북쪽 땅.
　○旝(괴)—대장기.
　○祭足(제족)—정나라 대부 제중(祭仲). 제중족(祭仲足)이라고도 했다.

秋,에 大雩는 書不時也.라 凡祀는 啓蟄而郊,하고 龍見而雩,
하며 始殺而嘗,하고 閉蟄而烝.이라 過則書.라

冬,에 淳于公如曹.라 度其國危,하여 遂不復.이라

　가을에 큰 기우제(祈雨祭)를 지냈다는 것은, 제때에 지냈음을 쓴 것
이다. 무릇 제사는 땅 속에 묻혀 겨울을 지낸 벌레들이 움직이기 시작
하는 정월에 교(郊)에서 제사를 올리고, 창룡수(蒼龍宿)의 별이 나타
나는 4월에 기우제를 지내며, 만물이 시들기 시작하는 8월에는 새 곡
식을 사당에 바치는 제사를 올리고, 벌레들이 땅 속으로 숨는 10월에

여러 가지를 차려 종묘(宗廟)에 제사를 지내는 것이다. 이 정해진 시
기를 지나서 때가 아닌 제사를 지내게 되면, 경(經)에 기록했다.

　겨울에 순우공(淳于公)이 조나라로 갔는데, 자기 나라 형세가 위험
하다 여겨서 결국 돌아가지 않았다.

■주해┃　○啓蟄(계칩)―벌레가 움츠림. 벌레가 움츠리는 것은, 하(夏)나라
　　역(曆)으로 정월이다. 이때에는 남교(南郊)에서 곡식의 풍년들기를 원
　　하여 하늘에 제사를 지냈다.
　　○龍見(용현)―창룡수(蒼龍宿)가 여름 4월이면 초저녁 때 동방에 나타나
　　는데, 이 4월엔 우(雩) 제사를 지냈다.
　　○始殺(시살)―만물이 시들기 시작함. 8월에는 만물이 시작하는데, 이 달
　　에는 새로 난 곡식을 조상에게 맛보이는 상(嘗) 제사를 드렸다.
　　○閉蟄(폐칩)―겨울이 되어 벌레 등이 땅 속으로 숨음. 10월이 되면 벌레
　　가 다 숨는다. 이 달에는 여러 가지를 조상에 바치는 증(烝) 제사를 올
　　렸다.
　　○淳于公(순우공)―순우는 주(州)나라의 도읍. 순우를 도읍으로 한 주나
　　라 군주라는 뜻.

■해설┃　이 대목에서는 특히 사시절에 지내는 큰 제사, 교(郊)·우
(雩)·상(嘗)·증(烝)의 시기를 명백히 했다.

■經┃　○六年春正月，에 寔來.라
　　（육 년 춘 정 월　　식 래）

　○夏四月，에 公會紀侯于成.이라
　　（하 사 월　　공 회 기 후 우 성）

　○秋八月壬午，에 大閱.이라
　　（추 팔 월 임 오　　대 열）

　○蔡人殺陳他.라
　　（채 인 살 진 타）

　○九月丁卯，에 子同生.이라
　　（구 월 정 묘　　자 동 생）

o 冬,에 紀侯來朝.라
<small>동　　기 후 래 조</small>

6년 봄 정월에 사람[淳于公]이 왔다.

여름 4월에, 공이 기나라 군주인 후작을 성(成)에서 만났다.

가을 8월 임오날에, 전쟁 무기를 크게 검열했다.

채나라 사람이 진나라의 타(他)를 죽였다.

9월 정묘날에, 아들 동(同)이 태어났다.

겨울에, 기나라 군주인 후작이 찾아왔다.

주해 | o 寔來(식래)─식은 순우공(淳于公)을 가리킨다.

o 成(성)─노나라 지명으로, 지금의 산동성 영양현(寧陽縣) 동북쪽 땅.

o 大閱(대열)─전쟁에 쓰이는 무기를 크게 검열(檢閱)함.

o 同(동)─환공의 아들로, 뒤에 장공(莊公)이 되었다. 춘추시대(春秋時代)
의 노나라 열두 군주 중, 장공만이 정부인(正夫人) 소생이었다.

傳 | 六年春,에 自曹來朝.라 書曰寔來,는 不復其國也.라
<small>육 년 춘　　　　자 조 래 조　　　서 왈 식 래　　　　불 부 기 국 야</small>

楚武王侵隨,하고 使薳章求成焉,에 軍於瑕以待之.라 隨人使
<small>초 무 왕 침 수　　　　사 원 장 구 성 언　　　군 어 하 이 대 지　　　　수 인 사</small>

少師董成.이라 鬪伯比言於楚子曰, 吾不得志於漢東也,는 我則
<small>소 사 동 성　　　　　투 백 비 언 어 초 자 왈　　오 부 득 지 어 한 동 야　　　아 즉</small>

使然.이외다 我張吾三軍,하고 而被吾甲兵,하여 以武臨之,에 彼
<small>사 연　　　　아 장 오 삼 군　　　　이 피 오 갑 병　　　　이 무 림 지　　　피</small>

則懼而協以謀我.로소이다 故로 難間也.이오니다 漢東之國,은 隨
<small>즉 구 이 협 이 모 아　　　　고　　난 간 야　　　　　한 동 지 국　　　수</small>

爲大,에 隨張,이면 必棄小國.로리이다 小國離,는 楚之利也.로소이
<small>위 대　　　수 장　　　필 기 소 국　　　　소 국 리　　초 지 리 야</small>

다 少師侈,이오니 請嬴師以張之.하소서 熊率且比曰, 季梁在,하니
<small>　소 사 치　　　　청 영 사 이 장 지　　　　웅 솔 차 비 왈　　계 량 재</small>

何益.가 鬪伯比曰, 以爲後圖,요 少師得其君.이라
<small>하 익　　　투 백 비 왈　　이 위 후 도　　소 사 득 기 군</small>

왕훼군이납소사   소사귀   청추초사   수후장허지
王毀軍而納少師.라 少師歸,하여 請追楚師,하니 隨侯將許之.라

계량지지왈   천방수초   초지리   기유아야   ·   군하급
季梁止之曰, 天方授楚,에 楚之羸은 其誘我也.로소이다 君何急

언   신문   소지능적대야   소도대음   소위도
焉.고 臣聞,하되 小之能敵大也,는 小道大淫.이라하오니다 所謂道,

는 충어민이신어신야   상사이민   충야   축사정사
는 忠於民而信於神也.이오니다 上思利民,은 忠也,요 祝史正辭,

는 신야   금민뇌이군령욕   축사교거이제   신부
는 信也.이오니다 今民餒而君逞欲,하시고 祝史矯擧以祭,요 臣不

지기가야
知其可也.로소이다

공왈   오생전비돈   자성풍비   하즉불신   대왈 부
公曰, 吾牲牷肥腯,하고 粢盛豐備,어늘 何則不信.가 對曰, 夫

민신지주야   시이   성왕선성민   이후치력어신
民神之主也.로소이다 是以,로 聖王先成民,하고 而後致力於神.이

고   봉생이고왈   박석비돈   위민력지보존
었나이다 故로 奉牲以告曰, 博碩肥腯,이라하였으니 謂民力之普存

야   위기축지석대번자야   위기부질축려야   위기비돈함
也,요 謂其畜之碩大蕃滋也,며 謂其不疾瘯蠡也,요 謂其備腯咸

유야   봉성이고왈   결자풍성   위기삼시불해
有也.였나이다 奉盛以告曰, 潔粢豐盛,이라하였으니 謂其三時不害

이민화년풍야   봉주례이고왈   가율지주   위
而民和年豐也.였나이다 奉酒醴以告曰, 嘉栗旨酒,라하였으니 謂

기상하개유가덕이무위심야   소위형향무참특야
其上下皆有嘉德而無違心也.였나이다 所謂馨香無讒慝也.로소이

다 고   무기삼시   수기오교   친기구족   이치기인
다 故로 務其三時,하고 脩其五敎,하며 親其九族,하여 以致其禋

사   어시호   민화이신강지복   고   동즉유성
祀.이오니다 於是乎, 民和而神降之福.이오니다 故로 動則有成.이

로소이다 금   민각유심   이귀신지주   군수독풍   기하복
로소이다 今, 民各有心,하고 而鬼神之主,에 君雖獨豐,에 其何福

지유   군고수정이친형제지국   서면어난   수
之有.리오 君姑脩政而親兄弟之國,이오면 庶免於難.이리이다 隨

후구이수정   초불감벌
侯懼而脩政,이라 楚不敢伐.이라

6년 봄에, 조나라에서 찾아왔다. 경에 이 사람이 왔다고 쓴 것은, 그가 자기 나라로 돌아가지 않았기 때문이다.

초나라 무왕이 수나라를 침략하여, 원장(薳章)으로 하여금 화평(和平)을 교섭하게 하고는, 군대를 하(瑕)에 주둔시키고 그 결과를 기다렸다. 수나라 사람들은 소사(少師) 벼슬에 있는 사람을 시켜 그 교섭과 일을 감독하게 했다. 투백비(鬪伯比)가 초나라 군주인 자작(子爵)에게 말했다. "우리나라가 한수(漢水)에서 동쪽으로 뻗어나가지 못하고 있는 것은, 우리나라 스스로가 그렇게 하고 있는 것이옵니다. 우리나라가 삼군(三軍)을 내어 떨치게 하여 무장으로 뒤덮어서 무력으로 대하면 한수 동쪽에 있는 저들은 우리를 두려워해, 서로 협력하여 우리에게 대항함을 꾀하고 있나이다. 그러므로 그 나라들을 떼어놓기가 어렵사옵니다. 한수 동쪽에 있는 나라 중에 수나라가 큰 나라이온데, 수나라가 세력을 펴 우쭐하게 된다면, 반드시 다른 작은 나라들은 개의치 않고 그대로 내버려둘 것이옵니다. 그 작은 나라들이 수나라에게서 떨어져 나감은, 우리나라의 이익이 되옵니다. 이제 수나라의 소사(少師)가 거만을 떨고 있사오니, 청하옵건대 우리 군대의 세력을 약하게 해서, 그를 뽐내게 하옵소서." 이 말에, 웅솔차비(熊率且比)가 말하기를, "수나라에 계량(季梁)이 있는데, 그런 꾀가 무슨 이익이 되겠소?"라고 했다. 그러자 투백비는 말하기를, "나는 뒷날을 위하여 꾀하는 것이고, 소사는 그의 군주의 신임을 받고 있소이다."라고 했다.

초나라 왕은 군대를 감소시키고 소사를 맞아들였다. 소사가 돌아가서는, 초나라 군대를 추격하자고 군주에게 청하니, 수나라 군주인 후작은 그의 말에 따르기로 했다. 그러자 계량이 그렇게 못하게 하며 말했다. "하늘이 초나라에게 좋은 운수를 주고 있는데, 초나라가 약한 체하는 것은 우리를 속이는 것이옵니다. 그런데, 군주께서는 어찌 급히 서두르시옵니까? 신(臣)이 들었사옵건대, 작은 나라가 큰 나라에 대해서 대적(對敵)할 수 있는 것은, '작은 나라는 도(道)를 지키고, 큰 나라는 도를 지키지 않기 때문이다.'라고 하옵니다. 도라 하는 것은, 백성들에게 충성스럽고, 그리고 신(神)에게 거짓이 없는 일이옵니다. 군주가 백성들에게 이롭게 하자고 생각함이 충성이옵고, 제사 지내는 일을 맡은 신관(神官)이 신에게 바른 말 하는 것이 신(信)이옵니다. 그러하온데 지금 백성들은 굶주리는데도, 군주께서는 욕심만 채우시고, 신관은 거짓말을 늘어놓으며 제사를 지내옵는데, 신은 초나라 군을 추격하시려는 일이 옳은 일인지 잘 알 수가 없나이다."

군주가 말하기를, "내 제사상에 바치는 희생(犧牲)은 다 완전하고도 살이 찐 것이고, 올리는 곡식은 풍부한데, 그 어찌 속이는 일이란 말이오?"라고 했다. 그러자 계량이 대답했다. "백성은 신에게 제사 지내는 주인공이옵니다. 그러므로 옛날의 어진 임금은 먼저 백성들이 잘 살게 하고, 그리고 난 뒤에야 신에게 정성을 드리었나이다. 그랬기에 제사상에 희생을 올리고 말하기를, '박석비돈(博碩肥腯)'이라고 하였으니, 이 말은 백성들이 널리 퍼져 있음을 말함이고, 그들의 가축이 크고도 번식해 있음을 말함이었으며, 그것들이 아무런 피부병에 걸리지 않았음을 말한 것이었고, 그것이 다 살쪘다는 것을 말한 것이었나이다. 그리고 곡물을 그릇에 담아 올리며 말하기를, '결자풍성(潔粢豊盛)'이라고 하였사온데, 이 말은 농사철인 삼시절(三時節)에 백성들을 괴롭히지 않았고, 백성들이 태평했으며, 풍년이 들었다는 것을 이른 것이옵니다. 그리고 또 술을 올리며 말하기를, '가율지주(嘉栗旨酒)'라고 하였사온데, 이 말은 윗사람이나 아랫사람들이 다 아름다운 덕을 지니고 있어, 누구나 다 삐뚤어진 마음을 가지고 있지 않다는 것을 이름이었나이다. 세상에서 말하는 '향기가 꽃답고, 모략하고 악함이 없다.'는 것을 두고 하는 말이옵니다. 그러므로 군주는 농사철인 삼시절을 중대시하고, 오교(五敎)를 닦으며, 구족(九族)과 친밀히 하고 나서, 신에게 제사를 지내는 것이옵니다. 그리되어야 백성들은 평화스럽고, 신은 복을 내리는 것이옵니다. 그래서 무엇을 하려고 움직이면,

곧 성공이 있게 되옵니다. 지금 우리나라 백성들은 각기 딴 마음을 가지고 있어, 정신이 통일되지 못하여 있고, 생활이 곤란하여 신을 받들 사람이 적은 처지에, 군주께서 혼자 풍부히 지내신다 한들, 무슨 복이 있겠사옵니까? 군주께서는 잠시동안 좋은 정치를 닦고, 형제 나라들과 친히 지내신다면, 아마도 곤란을 면할 것이옵니다." 이 말을 들은 수나라 군주는 두려워하여, 정사에 힘썼다. 그리고 초나라는 감히 치지 못했다.

주해 ㅇ楚武王(초무왕)-초나라는 제후국이었음에도, 주나라 왕실이 쇠퇴하자 왕이라 칭했다. 무왕은 기원전 740~690년까지 재위했다.

ㅇ隨(수)-나라 이름. 군주의 성은 희(姬)였고, 지금의 호북성(湖北省) 수현(隨縣) 남부 땅에 위치했다.

ㅇ瑕(하)-수나라 지명.

ㅇ少師(소사)-벼슬 이름.

ㅇ董成(동성)-일이 이루어짐을, 화평이 되어짐을 감독함.

ㅇ漢東(한동)-한수(漢水) 동쪽. 한수는 양자강(揚子江)의 지류(支流)로, 한구(漢口)에서 양자강과 합쳐진다.

ㅇ三軍(삼군)-1군(軍)은 1만 2천5백명의 군대를 말한다. 당시에 주나라 왕, 즉 천자는 6군을 보유하고, 큰 제후국은 3군, 그 다음 제후국은 2군, 작은 제후국은 1군을 각각 보유했다.

ㅇ張(장)-세를 떨치다. 뽐내다.

ㅇ羸師(영사)-군력(軍力)을 약하게 함.

ㅇ得其君(득기군)-그의 군주에게 신임을 받음.

ㅇ毀軍(훼군)-군대를 감소시킴.

ㅇ逞欲(영욕)-욕망을 마음대로 채움.

ㅇ矯擧(교거)-사실과 다르게 속여 말함.

ㅇ祝史正辭(축사정사)-제사 지내는 일을 맡은 신관이 제문(祭文)을 지어, 신에게 올리는 제물에 대해서 바른 말을 함.

ㅇ博碩肥腯(박석비돈)-박(博)은 민력(民力)이 널리 있음이고, 석(碩)은

희생으로 올린 것, 즉 가축이 크고 번식했음이며, 비(肥)는 피부병이 걸리지 않음이고, 돈(腯)은 완전하고 살이 쪘음이다.

ㅇ疾瘯蠡(질족려)－피부병에 걸려 앓음. 족려는 피부병.

ㅇ潔粢豐盛(결자풍성)－깨끗한 곡식을 많이 담다.

ㅇ三時(삼시)－농사철인 봄·여름·가을.

ㅇ嘉栗旨酒(가율지주)－아름답고 맑으며 맛있은 술.

ㅇ馨香無讒慝(형향무참특)－(덕이 있어) 향기로워 모략하고 간악함이 없음.

ㅇ五教(오교)－오륜(五倫)의 가르침.

ㅇ九族(구족)－직계의 고조·증조·조부·아버지·자신·아들·손자·증손·현손(玄孫)에 이르는 사이의 방계까지를 다 넣어 구족이라 한다. 그리고 이성(異姓)을 포함해서 말하는 경우는, 부족(父族) 4·모족(母族) 3·처족(妻族) 2를 합해서 이른다.

ㅇ禋祀(연사)－제사.

ㅇ兄弟之國(형제지국)－동성(同姓)의 나라.

하회우성 기래자모제난야
夏會于成,은 紀來諮謀齊難也.라

북융벌제 제후사걸사우정 정태자홀솔사구제 유
北戎伐齊,에 齊侯使乞師于鄭,하니 鄭太子忽帥師救齊.라 六

월대패융사 획기이수대량 소량갑수삼백 이헌어제
月大敗戎師,하고 獲其二帥大良·小良甲首三百,하여 以獻於齊.

어시 제후지대부수제 제인궤지희 사로위기반
라 於是,에 諸侯之大夫戍齊.라 齊人饋之餼,에 使魯爲其班,이어

후정 정홀이기유공야노 고 유랑지사
늘 後鄭.이라 鄭忽以其有功也怒.라 故로 有郎之師.라

공지미혼어제야 제후욕이문강처정태자홀 태자홀
公之未婚於齊也,에 齊侯欲以文姜妻鄭太子忽,하니 太子忽

사 인문기고 태자왈 인각유우 제대 비오우야
辭.라 人問其故,하니 太子曰, 人各有耦,에 齊大,하여 非吾耦也.

시운 자구다복 재아이이 대국하위 군자왈
라 詩云,하되 自求多福.이라 在我而已.라 大國何爲.아 君子曰,

선자위모 급기패융사야 제후우청처지 고사 인문기
善自爲謀.라 及其敗戎師也,에 齊侯又請妻之,나 固辭.라 人問其

故,하니 太子曰, 無事於齊,라도 吾猶不敢.이라 今以君命奔齊急,
하여 而受室以歸,면 是以師婚也.라 民其謂我何.아 遂辭諸鄭伯.
이라

秋大閱,은 簡車馬也.라

　여름에 성(成)에서 회합한 것은, 기나라의 편의와, 제나라가 자기
나라를 쳐 어려운 일이 있게 된 것에 대하여 자문(諮問)하고 상의함
에서였다.

　북방 오랑캐가 제나라를 치자, 제나라 군주가 사자를 보내어 정나
라에게 구원병을 요청하여 정나라 태자인 홀(忽)은 군대를 거느리고
가 제나라를 구제했다. 6월에 오랑캐 군사를 크게 쳐부수어, 그 뒤 장
수 대량(大良)과 소량(小良), 그리고 무장병(武裝兵)의 목 3백을 쳐
서 제나라에 바쳤다. 이때 제후의 대부들이 제나라를 지키고 있었다.
제나라 사람들이 그들에게 말먹이와 쌀을 주는 데 있어 노나라 사람
에게 그 차례를 정해서 분배케 했는데, 정나라 편을 뒤로 미루었다.
그러자 정나라 태자 홀은, 군공(軍功)이 있음을 내세워 화를 냈다. 그
래서 낭(郎)에서의 싸움이 있었다.

　환공이 제나라와 아직 혼인하지 않았을 때, 제나라 군주는 문강(文
姜)을 정나라 태자 홀의 아내로 삼으려 하니, 태자 홀은 사절했다. 어
느 사람이 그 까닭을 물으니 태자는 말하기를, "사람에게는 각각 짝
이 있는 것인데, 제나라는 큰 나라여서, 제나라 사람은 나의 짝이 아
니다. 시(詩)에 이르기를, '자기 스스로 다복(多福)을 구한다.'라 했다.
내가 내 분수에 맞는 사람을 구할 따름이다. 큰 나라가 무슨 소용에
닿는가?"라고 했다. 군자(君子)는 '그는 잘도 자신에게 좋은 계략을
세웠다.'라고 평했다. 그가 오랑캐 군사를 크게 패배시키자, 제나라 군
주는 또다시 그에게 아내로 맞이해 달라고 청했으나, 그는 굳이 사절

했다. 어느 사람이 그 까닭을 물으니 태자는 말하기를, "제나라에 일이 없었을 때에도, 내 감히 맞이하지 않았는데, 이제 군주의 명으로 제나라의 위급한 일로 내달렸다가, 아내를 얻어 돌아간다면, 그것은 전쟁을 핑계로 혼인한 것이 된다. 그러면, 백성들이 나에게 무어라 말할 것인가?"라고 했다. 그는 결국 정나라 군주(그의 아버지)에게 말하여 사절했다.

가을에 대열(大閱)했다 함은 전차와 군마(軍馬)를 점검한 것이다.

주해 ○ 北戎(북융)―북방 오랑캐. 지금의 하북성 노룡(盧龍)·옥전(玉田)·계현(薊縣) 등의 지방에 거주했던 이민족(異民族).
○ 大良(대량)·小良(소량)―관직 이름인지, 사람 이름인지 확실하지 않다.
○ 甲首(갑수)―무장병의 목.
○ 饋(궤)―먹여 준다. 먹게 나누어 준다.
○ 餼(희)―쌀, 먹을 것. 여기에서는 사람과 말이 먹을 것을 말한다.
○ 爲其班(위기반)―차례를 정해서 분배함.
○ 郎之師(낭지사)―낭에서의 싸움. 환공(桓公) 10년에, 정나라 군주가 제나라·위나라 군을 이끌고, 노나라의 낭을 공격했던 싸움을 말한다.
○ 詩云(시운)―《시경》 대아(大雅) 문왕편(文王篇)에 나오는 구절.

九月丁卯에, 子同生하니, 以太子生之禮擧之하여 接以大牢하고 卜士負之하며 士妻食之라 公與文姜·宗婦命之에 公問名於申繻라 對曰, 名有五한대 有信有義有象有假有類이오니다 以名生爲信하고 以德命爲義하며 以類命爲象하고 取於物爲假하며 取於父爲類이옵거늘 不以國하고 不以官하며 不以山川하고 不以隱疾하며 不以畜牲하고 不以器幣이오니다 周人以諱事神,

하여 名終將諱之.로소이다 故로 以國則廢名,하고 以官則廢職,하

며 以山川則廢主,하고 以畜牲則廢祀,하며 以器幣則廢禮.이오니

다 晉以僖侯廢司徒,하고 宋以武公廢司空,하며 先君獻·武廢二

山.이었나이다 是以,로 大物不可以命.이오니다 公曰, 是其生也,에

與吾同物,이니 命之曰同.이라

冬,에 紀侯來朝.라 請王命以求成于齊,나 公告不能.이라

9월 정묘날에 공의 아들 동(同)이 태어나니, 태자가 탄생한 예(禮), 즉 탄생 의식을 거행하여, 환공이 아들을 면접하는데, 소·양(羊)·돼지고기를 차려놓고서, 점을 쳐 좋은 선비를 골라 태자를 맡기고, 선비의 아내를 골라 유모로 삼았다. 공이 문강(文姜) 및 종친(宗親)의 아내들과 그의 이름을 지을 때, 신수(申繻)에게 이름 짓는 법을 물었다. 그러자 신수는 대답하였다. "이름 짓는 방법에는 다섯 가지가 있사온데, 신(信)이라는 게 있고, 의(義)라는 게 있으며, 상(象)이라는 게 있고, 가(假)라는 게 있으며, 유(類)라는 게 있사옵니다. 태어나면서 이름이 될 것을 가지고 나와 그것으로 이름 지음을 신이라 하고, 장래의 영화를 위해서 훌륭한 덕(德)의 뜻을 붙여 짓는 것을 의라 하며, 용모(容貌)와 같은 것의 이름을 취해서 이름으로 삼는 것은 상이라 하고, 태어났을 때에 어느 물건과 관계가 있게 되어 그 물건의 이름을 따는 것을 가라 하며, 아버지와 관계가 있는 일로 이름 지음을 유라 하옵는데, 제후(諸侯) 나라 이름을 쓰지 않고, 관직 이름을 쓰지 않으며, 산천의 이름을 쓰지 않고, 병질(病疾)의 이름을 쓰지 않으며, 가축의 이름을 쓰지 않고, 기물(器物)이나 옥백(玉帛)의 이름을 쓰지 않사옵니다. 주(周)나라 사람은 생전의 이름으로써 신주(神主)로 모

시고, 세상에서 이름 불려짐이 끝나면(죽으면) 그 이름은 휘(諱)라 하
여 부르지 않사옵니다. 그러므로 나라 이름으로써 이름을 삼으면 그
나라 이름을 없애버리고, 관직 이름으로써 이름 삼으면 그 관직 이름
을 없애며, 산천의 이름으로써 이름 삼으면 그 산천 이름을 쓰지 않
고, 가축 이름으로 이름 삼으면 그 가축은 제사상에 희생물로 올리지
않으며, 기물이나 옥백의 이름으로써 이름 삼으면 그것을 예물로 쓰
지 않사옵니다. 진(晉)나라 희공(僖公)이 이름을 사도(司徒)라 하였기
에 사도의 관직 이름을 고치었고, 송나라 무공(武公)의 이름이 사공
(司空)이었기에 사공의 관직 이름을 고치었으며, 우리의 선대 군주인
헌공(獻公)과 무공(武公)께서 산 이름으로 이름을 삼으셨기에 그 두
산의 이름을 바꾸었나이다. 그러므로 중요한 것의 이름으로는 이름
삼을 수가 없는 것이옵니다." 공이 말하기를, "이 아이가 태어난 날이
나와 같았도다."라 하고는, 이름을 동(同)이라 지었다.

　겨울에, 기나라 군주인 후작이 찾아왔다. 천자의 명을 받아 제나라
와 화평하도록 요구해 달라고 요청하였으나, 공은 그런 힘이 없다고
말했다.

▌주해▐　ㅇ九月丁卯(구월정묘)-9월 24일.
　ㅇ同(동)-환공의 태자 이름으로, 후의 장공(莊公).
　ㅇ太子生之禮(태자생지례)-태자가 태어난 때의 의식. 《예기(禮記)》내칙
　　(內則)에, 군주의 세자가 탄생했을 때에 지킬 예의에 대해서 자세히 말
　　하고 있다.
　ㅇ接以大牢(접이대뢰)-소[牛]·양(羊)·돼지를 의식상에 차리고 면접함.
　ㅇ以名生(이명생)-이름 지을 수 있는 어느 표시를 가지고 태어나 그로
　　써 이름 삼음. 환공의 아들 우(友)가 태어났을 때, 손바닥에 우(友)자
　　무늬가 있어, 그 자로 이름 지었음이 그 예다.
　ㅇ以德命(이덕명)-덕이 될 말로 이름 지음. 주(周) 문왕(文王)이 무왕
　　(武王)을 낳자, 장래에 군병을 내어 포악한 자를 죽일 것이라 해서, 무

왕의 이름을 발(發)이라 한 것은 이것의 예다.

ㅇ以類命(이류명)－용모와 같은 물건의 이름을 따 이름 지음. 공자(孔子)
의 머리가 이산(尼山) 모양과 같다고 해서 구(丘)라 이름한 것은 이 예
가 된다.

ㅇ取於物(취어물)－탄생했을 때에 관계 있는 것의 이름을 취함.

ㅇ取於父(취어부)－아버지와 관계 있음을 취함. 환공이 아들의 생일이 자
기의 생일과 같다고 해서 이름을 동(同)이라 한 것은, 이 예에 속한다.

ㅇ廢主(폐주)－산천의 옛 이름을 쓰지 않고 고침.

ㅇ廢祀(폐사)－이름으로 쓰인 가축을 제사의 희생물로 쓰지 않음.

ㅇ廢禮(폐례)－예물로 쓰지 않음.

ㅇ廢司徒(폐사도)－진나라 희공의 이름이 사도였기에, 진에서는 사도를
중군(中軍)으로 고쳤다.

ㅇ廢司空(폐사공)－송나라 무공의 이름이 사공이었기에, 그 관직 이름을
사성(司城)이라 고쳤다.

ㅇ獻武廢二山(헌무폐이산)－노나라 헌공은 이름을 구(具)라 했고, 무공은
이름을 오(敖)라 했다. 그래서 노나라에 있는 구산(具山)과 오산(敖山)
의 두 산 이름을 그 고을 이름을 따서 바꾸고, 옛 이름을 쓰지 않았다.

ㅇ大物(대물)－큰 물건, 중요한 것.

ㅇ同物(동물)－생일을 같이함.

┃經┃ ㅇ七年春二月己亥,에 焚咸丘.라
　　　　칠 년 춘 이 월 기 해　　분 함 구

　　ㅇ夏,에 穀伯綏來朝,하고 鄧侯吾離來朝.라
　　　　하　곡 백 수 래 조　　등 후 오 리 래 조

7년 봄 2월 기해날에, 함구(咸丘)를 불태워서 사냥했다.

여름에 곡나라 군주인 백작 수(綏)가 찾아왔고, 등나라 군주인 후
작 오리(吾離)가 찾아왔다.

┃주해┃ ㅇ焚咸丘(분함구)－분(焚)은 불태운다란 뜻이지만, 여기에서는 불

태우고 사냥했음을 뜻한다. 함구는 노나라 지명으로 지금의 산동성 거
야현(鉅野縣) 동쪽 땅.

ㅇ穀(곡)-나라 이름. 지금의 호북성 곡성현(穀城縣)에 위치했고, 군주의
작(爵)은 백작.

ㅇ鄧(등)-나라 이름. 지금의 하남성 등현(鄧縣)에 위치하고, 군주의 성은
만(曼)으로 작은 후작.

傳| 七年春,에 穀伯·鄧侯來朝.라 名賤之也.라

夏,에 盟·向求成于鄭,하고 旣而背之.라

秋,에 鄭人·齊人·衛人伐盟·向,하니 王遷盟·向之民于郟.
이라

冬,에 曲沃伯誘晉小子侯殺之.라

7년 봄에, 곡나라 군주인 백작과 등나라 군주인 후작이 찾아왔다.
그들의 이름을 적은 것은, 그들을 천하게 여겨서였다.

여름에 맹(盟)과 상(向)이 정나라에 대해서 화평을 청하고, 그 화평
이 이루어지자 바로 정나라를 배반했다.

가을에 정나라·제나라·위나라 사람들이 맹과 상을 정벌하니, 천
자는 맹·상의 백성들을 겹(郟)으로 옮겼다.

겨울에, 곡옥의 군주가 진나라 군주의 작은아들 후(侯)를 유인해서
그를 죽였다.

주해| ㅇ盟(맹)·向(상)-은공 11년에, 천자인 주(周)나라 왕이 정나라에
게 준 고을 이름.

ㅇ郟(겹)-주나라 왕실의 직할지(直轄地) 이름으로, 지금의 하남성 낙양
현(洛陽縣) 서쪽 땅.

ㅇ曲沃伯(곡옥백)－곡옥의 무공(武公).
ㅇ晉小子侯(진소자후)－진나라 애공(哀公)의 작은아들 후.

經ㅣ ㅇ八年春正月己卯,에 烝.이라

ㅇ天王使家父來聘.이라

ㅇ夏五月丁丑,에 烝.이라

ㅇ秋,에 伐邾.라

ㅇ冬十月,에 雨雪.이라

ㅇ祭公來,하여 遂逆王后于紀.라

8년 봄, 정월 기묘날에 종묘(宗廟)에 증(烝) 제사를 드렸다.

천자가 가보(家父)로 하여금 예물을 가지고 찾아오게 하셨다.

여름 5월 경축날에, 종묘에 증 제사를 드렸다.

가을에 주(邾)나라를 정벌했다.

겨울 10월에 눈이 내렸다.

제공(祭公)이 와, 곧 왕후(王后)를 기나라에서 맞이했다.

주해ㅣ ㅇ烝(증)－종묘(宗廟)에 드리는 제사 이름. 이 제사는 원래 하(夏)
나라 역(曆)으로는 10월, 주(周)나라 역으로는 12월에 지냈다. 그런데
도 정월과 5월에 지낸 것은 잘못이다.

ㅇ家父(가보)－가(家)는 성이고, 보(父)는 자(字). 천자의 대부(大夫).

ㅇ十月雨雪(시월우설)－주력(周曆) 10월은 하력(夏曆) 8월이다. 이 달에
는 눈이 오지 않는데 눈이 내렸기에 쓴 것이다.

ㅇ祭公(제공)－주(周)나라 조정의 삼공(三公)의 한 사람으로 성이 제(祭)
였던 사람.

ㅇ逆王后(역왕후)-왕후를 맞이할 당시 노나라 군주는 천자의 혼인 일을
맡고 있었다.

傳| 八年春滅翼.이라

隨少師有寵,에 楚鬪伯比曰, 可矣.외다 讎有釁,하니 不可失
也.로소이다

夏,에 楚子合諸侯于沈鹿,이러니 黃·隨不會.라 使薳章讓黃,하고
楚子伐隨,에 軍於漢淮之閒.이라 季梁請,하되 下之,라가 弗許而
後戰.하소서 所以怒我而怠寇也.로소이다 少師謂隨侯曰, 必速戰.
하소서 不然,이면 將失楚師.이리다 隨侯禦之,에 望楚師.라 季梁
曰, 楚人上左,이오니 君必左.이오니다 無與王遇.하소서 且攻其右,
면 右無良焉,에 必敗,요 偏敗,면 衆乃攜矣.리이다 少師曰, 不當
王,이면 非敵也,로소이다라 하고 弗從.이라 戰于速杞,하여 隨師敗
績,하고 隨侯逸.이라 鬪丹獲其戎車與其戎右少師.라

秋,에 隨及楚平,에 楚子將不許.라 鬪伯比曰, 天去其疾矣,에
隨未可克也.라 乃盟而還.이라

冬,에 王命虢仲,하여 立晉哀侯之弟緡于晉.이라

祭公來,하여 遂逆王后于紀,는 禮也.라

8년 봄에, (곡옥의 무공이) 익(翼)을 멸망시켰다.

수나라 소사(少師)가 군주의 총애를 받고 있으므로, 초나라의 투백비(鬪伯比)는 (군주에게) 말하기를, "되었사옵니다. 원수의 나라에 틈이 있사온즉, 이 기회를 놓쳐서는 아니되옵니다."라고 했다.

여름에 초나라 군주인 자작이 제후들을 침록(沈鹿)으로 모이게 했는데, 황(黃)나라와 수나라가 그 회합에 나오지 않았다. 그래서 초나라 군주는 원장(蒍章)으로 하여금 황나라를 문책케 하고, 초나라 군주 자신이 수나라를 치려고 한수(漢水)와 회수(淮水) 사이에 군진을 쳤다. 수나라의 계량(季梁)은 군주에게 청해서 말하기를, "항복했다가 초나라가 우리나라를 용서하지 않거든, 그때에 싸우소서. 그것은 우리 군대를 화나게 하고 적군을 태만하게 함이 되옵니다."라고 했다. 그러자 소사가 수나라 군주에게 말하기를, "모름지기 빨리 싸우셔야 하옵니다. 그렇지 않으면, 저 초나라 군대를 놓치게 될 것이옵니다."라고 했다. 수나라 군주가 초군을 방어하려고 초나라 군대를 바라보고 있었다. 그때 계량이 말하기를, "초나라 사람들은 왼쪽을 오른쪽보다 높이 여기니, 그 군주는 반드시 좌익군(左翼軍)에 끼어 있을 것이옵니다. 그러하오니, 군주께서는 초나라 왕을 만나면 아니되옵니다. 이제부터 그 우익군을 치면, 우익군에는 잘 싸우는 군사가 없을 것이오니, 반드시 패할 것이옵고, 한쪽 편의 군대가 패하게 되면, 초나라 군의 다른 군사들의 대열은 끊어질 것이옵니다."라고 하니 소사가 말하기를, "적의 왕과 정면으로 싸우지 않으면, 대적(對敵)의 싸움이 되지 않사옵니다."라고 하여 찬성하지 않았다. 속기(速杞)에서 두 나라 군대가 싸워, 수나라 군대는 패하고, 수나라 군주는 도망쳤다. 투단(鬪丹)이 수나라 군주가 탄 전차와, 그 전차의 오른쪽에 타고 있던 소사를 잡았다.

가을에 수나라가 초나라와 화평(和平)을 제의하자, 초나라 군주가 허락하지 않으려 하니 투백비가, "하늘이 수나라의 암이 되는 존재를 없앴으니, 수나라는 이겨내지 못하옵니다."라고 말해, 서로 화평의 맹서를 하고 돌아갔다.

겨울에, 천자가 괵중(虢仲)에게 명하여, 진나라 애공(哀公)의 동생 민(緡)을 진나라 군주로 세웠다.

제공(祭公)이 와, 곧 기나라에서 왕후를 맞이한 일은, 예의에 맞는 일이었다.

주해 ○黃(황)-자작(子爵)의 나라로, 지금의 하남성 황천현(潢川縣)에 위치했다.

○上左(상좌)-왼쪽을 높이 여김. 당시에 일반적으로 오른쪽을 왼쪽보다 위로 여겼지만, 초나라는 왼쪽을 위로 여겼다.

○偏(편)-한쪽 편.

○速杞(속기)-수나라 지명으로, 지금의 호북성 광산현(廣山縣) 경계.

○去其疾(거기질)-그 병적(病的)·암적(癌的) 존재를 제거함.

○虢仲(괵중)-주나라 조정의 경사(卿士)로 있던 괵나라 군주 임보(林父). 괵나라에 처음으로 봉된 이가, 중(仲 : 伯仲叔季의 仲)이었기에, 그 나라 군주를 대대로 괵중이라고 불렀다.

○禮也(예야)-예의의 일이다. 천자가 제후 나라에서 왕후를 취할 때에는, 그 일을 동성(同姓)의 제후에게 맡게 하고, 정해진 여자를 경(卿)을 시켜 맞이하게 했다. 당시에 제후는 부인을 친히 맞이했으나, 천자는 친영(親迎)하지 않았다. 여기에서는 왕후를 맞이하는 절차가 예의에 맞았다는 것을 말한다.

經 ○九年春,에 紀季姜歸于京師.라

○夏四月.이라

○秋七月.이라

○冬,에 曹伯使其世子射姑來朝.라

9년 봄에, 기나라 계강(季姜)이 천자가 계시는 서울로 시집갔다.

여름 4월.

가을 7월.

겨울에, 조나라 군주인 백작이 세자인 역고(射姑)로 하여금 공을 뵙게 했다.

주해┃ ○季姜(계강)─주나라 환왕(桓王)의 왕후. 계(季)는 자(字)이고, 강(姜)은 성. 기나라 군주의 성은 강이었다.

○京師(경사)─천자의 도읍. 당시 경사는 낙읍(洛邑).

傳┃ 九年春,에 紀季姜歸于京師.라 凡諸侯之女行,은 唯王后書.라

巴子使韓服告于楚,하여 請與鄧爲好.라 楚子使道朔將巴客以聘於鄧,이러니 鄧南鄙鄾人,이 攻而奪之幣,하고 殺道朔及巴行人.이라 楚子使薳章讓於鄧,에 鄧人弗受.라

夏,에 楚使鬪廉帥師,하여 及巴師圍鄾.라 鄧養甥·聃甥帥師,하여 救鄾,에 三逐巴師,하나 不克.이라 鬪廉衡陳其師於巴師之中,하여 以戰而北.라 鄧人逐之,에 背巴師,하여 而夾攻之.라 鄧師大敗,하고 鄾人宵潰.라

秋,에 虢仲·芮伯·梁伯·荀侯·賈伯伐曲沃.이라

冬,에 曹太子來朝.라 賓之以上卿,하니 禮也.라 享曹太子,에

初獻,하고 樂奏而歎.이라 施父曰, 曹太子,는 其有憂乎.아 非歎
所也.라

9년 봄에, 기나라 계강(季姜)이 천자가 계시는 서울로 시집갔다. 무릇 제후의 딸이 시집감에는, 왕후로 갈 때만 경에 썼다.

파(巴)나라 군주인 자작이 한복(韓服)을 초나라로 보내어, 등나라와 우호 관계를 맺게 해줄 것을 청했다. 초나라 군주인 자작이 도삭(道朔)을 시켜 파나라의 손님을 데리고 등나라를 찾아가게 했는데, 등나라 남방의 우(鄾) 땅 사람이 습격하여, 가지고 가던 예물을 빼앗고, 도삭과 파나라 사자(使者)를 죽였다. 초나라 군주는 원장(薳章)을 시켜 등나라를 문책케 했는데, 등나라 사람이 받아들이지 않았다.

여름에, 초나라는 투렴(鬪廉)에게 군대를 거느리고, 파나라 군대와 우 땅을 포위케 했다. 등나라의 양생(養甥)과 담생(聃甥)이 군대를 이끌고 우를 도와, 세 번이나 파나라 군대를 몰았으나 승리하지 못하였다. 투렴은 군대를 파나라 군대 속의 옆으로 끼어넣고는, 싸우면서 도망하는 체 했다. 등나라 사람들이 그들을 몰다가, 파나라 군사가 뒤에 있자, 두 나라 군대는 등나라 군대를 협공했다. 이에 등나라 군대는 크게 패하고, 우 사람들은 그 저녁에 궤멸(潰滅)되었다.

가을에, 괵중(虢仲) · 예(芮)나라 군주인 백작 · 양(梁)나라 군주인 백작 · 순(荀)나라 군주인 후작 · 가(賈)나라 군주인 백작이 곡옥을 정벌했다.

겨울에, 조(曹)나라 태자가 찾아왔다. 그를 상경(上卿)과 같이 대우했는데, 예에 맞는 일이었다. 조나라 태자를 대접함에 처음 잔을 올리고 음악을 연주하니, 그는 탄식하였다. 그러자 노나라의 시보(施父)는, "조나라 태자는 근심이 있는 건가? 탄식할 경우가 아닌데도, 탄식을 하더군!"이라 말했다.

주해│　○巴(파)ᅳ지금의 사천성(四川省) 파현(巴縣)에 위치한 나라로, 국
　　　성(國姓)은 희(姬)였고, 군주의 작은 자작.

　　　○鄧(등)ᅳ나라 이름. 지금의 호북성(湖北省) 양양현(襄陽縣)에 위치했다.

　　　○行人(행인)ᅳ외교관, 사자(使者). 여기에서는 한복(韓服)을 말한다.

　　　○衡陳(횡진)ᅳ횡대(橫隊)로 늘여 세움.

　　　○芮伯(예백)ᅳ예나라 군주인 백작. 환공 3년조에 나온 만(萬).

　　　○梁(양)ᅳ나라 이름. 지금의 섬서성(陝西省) 한성현(韓城縣)에 위치했으
　　　며 군주의 성은 영(嬴).

　　　○荀(순)ᅳ주 성왕(成王)의 동생의 봉국(封國)으로, 지금의 산서성(山西
　　　省) 신강현(新降縣)에 위치했다. 국성은 희(姬).

　　　○賈(가)ᅳ주 강왕(康王)이 당숙우(唐叔虞)의 작은아들 공명(公明)에게
　　　봉한 나라로 지금의 섬서성 포성현(蒲城縣)에 위치했다. 국성은 역시
　　　희(姬)였고, 군주의 작은 백작.

　　　○以上卿(이상경)ᅳ상경에 대한 예우(禮遇)로써.

經│　○十年春王正月庚申,에 曹伯終生卒.이라

　　　○夏五月,에 葬曹桓公.이라

　　　○秋,에 公會衛侯于桃丘,에 弗遇.라

　　　○冬十有二月丙午,에 齊侯·衛侯·鄭伯來戰于郞.이라

　　10년 봄 천자가 쓰는 역(曆)으로 정월 경신날에, 조나라 군주인 백
　작 종생(終生)이 세상을 떠났다.

　　여름 5월에, 조나라 환공(桓公)을 장사 지냈다.

　　가을에, 공이 위나라 군주인 후작과 도구(桃丘)에서 회합을 갖기로
　했으나, 만나지 않았다.

　　겨울 12월 병오날에, 제나라 군주인 후작·위나라 군주인 후작·정

나라 군주인 백작이 쳐들어와, 낭(郞)에서 싸웠다.

주해 ○曹伯終生卒(조백종생졸) – 종생(終生)은 조나라 군주의 이름. 죽
은 뒤에 환공(桓公)이라 했다. 이 글귀는 전년에 조나라 태자가 노나라
에서 대접을 받으며 탄식한 일과 통한다. 그때, 조 환공은 병으로 누워
있어, 태자는 아버지의 몸을 근심하고 탄식한 것이다.
○桃丘(도구) – 위(衛)나라 지명으로, 지금의 산동성 동아현(東阿縣) 서남 땅.
○郞(낭) – 노나라 지명.

傳 十年春,에 曹桓公卒.이라

虢仲譖其大夫詹父於王.이라 詹父有辭,하고 以王師伐虢,하니
夏,에 虢公出奔虞.라

秋,에 秦人納芮伯萬于芮.라

初,에 虞叔有玉,에 虞公求旃,이나 弗獻.이라 旣而悔之曰, 周
諺有之,하되 匹夫無罪,나 懷璧其罪.라하거늘 吾焉用此.아 其以
賈害也.리라 乃獻之,하니 又求其寶劍.이라 叔曰, 是無厭也.라
無厭,이면 將及我.리라 遂伐虞公.이라 故로 虞公出奔共池.라

冬,에 齊·衛·鄭來戰于郞.이라 我有辭也.라 初,에 北戎病齊,에
諸侯救之,하고 鄭公子忽有功焉.이라 齊人饋諸侯,에 使魯次之.
라 魯以周班後鄭,하니 鄭人怒,하고 請師於齊,에 齊人以衛師
助之.라 故로 不稱侵伐.이라 先書齊·衛,는 王爵也.라

10년 봄에, 조나라 환공이 세상을 떠났다.

괵중(虢仲)이 그의 대부인 첨보(詹父)를 천자에게 헐뜯었다. 첨보가 그 일에 대해서 변명할 말이 있어 변명하고는, 천자의 군대로 괵나라를 치니, 여름에 괵공은 우(虞)나라로 도망쳤다.

가을에, 진(秦)나라 사람이 예나라의 군주인 백작 만(萬)을 예나라로 들어가게 했다.

전에, 우숙(虞叔)이 옥(玉)을 가지고 있었는데, 형인 우나라 군주가 그 옥을 달라고 요구했으나, 우숙은 바치지 않았다. 조금 있다가 그는 후회하고 말하기를, "주(周)나라 속담에, '천한 사람이야 아무 죄가 없더라도, 분수에 맞지 않는 보옥(寶玉)을 갖고 있으면 그것이 죄가 된다.'라 하는데, 내 이것을 어디에 쓸 것인가? 그것으로 해를 사게 될 것이로다."라고 하였다. 그리고는, 곧 옥을 형에게 바쳤다. 그랬더니, 형인 우공은 또 그의 보검을 요구하였다. 그러자 우숙은 말하기를, "이건 욕심부림에 한이 없는 게로군. 이렇게 욕심부림이 한이 없다면, 장차 나를 해칠 것이로다."라고 했다. 그리고 드디어 우공을 쳤다. 그래서 우공은 홍지(洪池)로 도망갔다.

겨울에, 제나라·위나라·정나라가 쳐들어와 낭(郎)에서 싸웠다. 이에 대해서, 우리 노나라는 변명할 말이 있다. 애당초, 북방 오랑캐가 제나라를 괴롭혀 제후들이 제나라를 구원하고, 정나라 공자 홀(忽)이 공을 세움이 있었다. 그때, 제나라 사람이 제후들에게 인마(人馬)의 먹을 것을 내줌에 있어, 노나라로 하여금 차례로 분배케 했다. 그래서 노나라는 주나라 천자한테 받은 작위의 높고 낮음에 따라, 정나라의 차례를 뒤로했더니, 정나라 사람이 화를 내고, 제나라에 대해서 군대 내기를 요청하여, 제나라 사람은 위나라 군사를 이끌고 도왔다. 그러므로, 세 나라가 침입했네 정벌했네로 말하지 않은 것이다. 제나라·위나라를 정나라보다 먼저 쓴 것은, 천자한테 받은 작위의 높고 낮음을 따져서였다.

주해 ㅇ芮伯萬(예백만)－환공 4년조에 나왔다. 그는 어머니인 예강(芮
姜)의 미움을 받고 위(魏)나라로 몰려났다.

ㅇ賈害(고해)－해를 사다.

ㅇ將及我(장급아)－장차 화가 내 몸에 미칠 것이다.

ㅇ洪池(홍지)－우(虞)나라 지명으로, 지금의 산서성 평륙현(平陸縣) 동북방.

經 ㅇ十有一年春正月,에 齊人·衛人·鄭人盟于惡曹.라

ㅇ夏五月癸未,에 鄭伯寤生卒.이라

ㅇ秋七月,에 葬鄭莊公.이라

ㅇ九月,에 宋人執鄭祭仲.이라

ㅇ突歸于鄭.이라

ㅇ鄭忽出奔衛.라

ㅇ柔會宋公·陳侯·蔡叔盟于折.이라

ㅇ公會宋公于夫鍾.이라

ㅇ冬十有二月,에 公會宋公于闞.이라

11년 봄 정월에, 제나라 사람·위나라 사람·정나라 사람이 오조
(惡曹)에서 맹서했다.

여름 5월 계미날에, 정나라 군주인 백작 오생(寤生)이 세상을 떠
났다.

가을 7월에, 정나라 장공을 장사 지냈다.

9월에, 송나라 사람이 정나라 제중(祭仲)을 잡았다.

돌(突)이 정나라로 돌아갔다.

정나라의 홀(忽)이 위나라로 달아났다.

유(柔)가 송나라 군주인 공작·진나라 군주인 후작·채숙(蔡叔)들 과 절(折)에서 맹서하였다.

공이 송나라 군주인 공작과 부종(夫鍾)에서 회합을 가졌다.

겨울 12월에, 공이 송나라 군주인 공작과 감(闞)에서 회합을 가졌다.

주해 ○惡曹(오조)−본시 오조(烏曹)라 했다. 지금의 하남성 연진현(延 津縣) 동남쪽 땅.

○突(돌)−정나라 장공의 부인 옹길(雍姞)의 아들.

○忽(홀)−장공의 부인 등만(鄧曼)이 낳은 아들로, 뒤의 소공(昭公).

○柔(유)−노나라 대부 이름.

○折(절)−노나라 지명.

○夫鍾(부종)−성(郕)의 지명으로, 지금의 산동성 영양현(寧陽縣) 땅.

○闞(감)−노나라 지명. 지금의 산동성 문상현(汶上縣) 땅.

傳 十一年春,에 齊·衛·鄭·宋盟于惡曹.라

楚屈瑕將盟貳·軫,에 鄖人軍於蒲騷,하여 將與隨·絞·州·

蓼伐楚師,하니 莫敖患之.라 鬪廉曰, 鄖人軍其郊,하니 必不誡.라

且日虞四邑之至也.라 君次於郊郢,하여 以禦四邑.하라 我以銳

師宵加於鄖.하리라 鄖有虞心,하고 而恃其城,하니 莫有鬪志.라 若

敗鄖師,면 四邑必離.라 莫敖曰, 盍請濟師於王.가 對曰, 師克,

은 在和,요 不在衆.이라 商周之不敵,은 君之所聞也.라 成軍以

出,에 又何濟焉.고 莫敖曰, 卜之.하라 對曰, 卜以決疑,어늘 不疑

何卜.가 遂敗鄖師於蒲騷,하고 卒盟而還.이라

11년 봄에, 제·위·정·송나라가 오조(惡曹)에서 맹서하였다.

초나라의 굴하(屈瑕)가 이(貳)나라·진(軫)나라와 동맹을 맺으려는 때에, 운(鄖)나라 사람이 포소(蒲騷)에 군진을 치고, 장차 수(隨)나라·교(絞)나라·주(州)나라·요(蓼)나라와 초나라 군을 치려 하니, 막오(莫敖) 벼슬의 굴하가 걱정했다. 이에 투렴(鬪廉)이 말하기를, "운나라 사람은 그들의 도읍 교외에 군진을 치고 있으니, 반드시 경계를 하지 않고

갑골문자대판
(甲骨文字大版)

있을 것입니다. 그리고 그들은 매일같이 네 나라 군대가 도착하기를 기다리고 있습니다. 그러니 군(君)께서는 교영(郊郢)에 주둔하고 계셨다가, 네 나라 군대를 막아 내십시오. 저는 잘 싸우는 군대로 저녁에 운나라 군에게 공격을 가하겠습니다. 운나라 군사가 원군(援軍) 올 것을 기대하는 마음이 있고, 또 자기 나라 도성(都城)이 가까이 있음을 믿고 있으니 투지가 없을 것입니다. 만약 운군이 패한다면, 네 나라 군대는 떨어져 나갈 것입니다."라고 했다. 이에 대해서 막오(莫敖)는, "어째서 왕에게 증군(增軍)을 청하지 않는 거요?"라고 말했다. 투렴이 말하기를, "군사가 싸움에 이긴다는 것은 서로 화합하는 데 있는 것이지, 군병의 수가 많은 데 있지 않습니다. 옛날에 군대가 많았던 상(商)나라가, 군대가 적었던 주(周)나라에 대해서 맞서지 못했다는 것은, 군께서 들어 알고 계시는 일입니다. 군대 편성을 해서 나왔는데, 또 어떻게 증군하겠습니까?"라고 하니 막오는, "그럼, 승전을 점쳐 보시오."라고 말하였다. 투렴은, "점은 의심나는 걸 결정지을 때 치는 것인데, 의심나는 것이 없는 마당에야 어찌 치겠습니까?"라고 대답했다. 그는 드디어 운군을 포소에서 패배시키고, 마침내는 맹서하고 돌아갔다.

주해 ○齊(제)·衛(위)·鄭(정)·宋盟于惡曹(송맹우오조)－이 글에는 송(宋)나라가 들어 있으나, 경문(經文)에는 송(宋)이 끼어 있지 않다. 경문에 탈락(脫落)이 있는 것인지, 전문(傳文)에 모르고 넣었는지, 판단하기 어렵다.

○貳(이)－나라 이름. 지금의 호북성 응산현(應山縣)에 위치했다.

○軫(진)－나라 이름. 지금의 호북성 응성현(應城縣)에 위치했다.

○鄖(운)－나라 이름. 지금의 호북성 안륙현(安陸縣)에 위치했다.

○蒲騷(포소)－운나라의 지명으로, 지금의 호북성 응성현 북쪽 땅.

○絞(교)－나라 이름. 지금의 호북성에 위치했다.

○州(주)－나라 이름. 지금의 호북성에 위치했다.

○蓼(요)－나라 이름. 지금의 하남성에 위치했다.

○莫敖(막오)－초나라의 관직 이름.

○四邑(사읍)－수·교·주·요가 다 작은 나라이기에, 네 나라를 네 고을이라 말한 것이다.

○郊郢(교영)－초나라 지명으로, 지금의 호북성 종상현(鍾祥縣) 땅.

○虞心(우심)－원군을 기다리는 마음.

○卜(복)－점 이름으로, 거북의 등[龜甲]을 불에 구워, 그것이 벌려지는 모양을 가지고 길흉(吉凶)을 판단했다.

鄭昭公之敗北戎也,에 齊人將妻之,나 昭公辭.라 祭仲曰, 必取之.하라 君多内寵,에 子無大援,이니 將不得立,이오 三公子皆君也.라 弗從.이라

夏,에 鄭莊公卒.이라 初,에 祭封人仲足,이 有寵於莊公,하여 莊公使爲卿,하고 爲公娶鄧曼,하여 生昭公.이라 故로 祭仲立之.라 宋雍氏女於鄭莊公,하니 曰雍姞,이요 生厲公.이라 雍氏宗,은 有

寵_총於_어宋_송莊_장公_공.이라 故_고로 誘_유祭_제仲_중而_이執_집之_지曰_왈, 不_불立_립突_돌,이면 將_장死_사.라 亦_역

執_집厲_려公_공而_이求_구賂_뢰焉_언.이라 祭_제仲_중與_여宋_송人_인盟_맹,하며 以_이厲_려公_공歸_귀而_이立_립之_지.라

秋_추九_구月_월丁_정亥_해,에 昭_소公_공奔_분衛_위,하고 己_기亥_해,에 厲_려公_공立_립.이라

정나라 소공(昭公)이 북방 오랑캐를 패배시켰을 때, 제나라 사람이 그에게 딸을 아내로 주려고 했지만, 소공은 거절했다. 그러자 제중(祭仲)이 말하기를, "반드시 맞이하십시오. 현재 군주께는 사랑하는 여인이 많은데, 공자님에게는 크게 도울 분이 없으므로 장차 군주 자리에 앉아 있지를 못할 것이고, 세 공자님들도 다 군주 자리를 노립니다."라고 했다. 그러나, 그는 이 말에 따르지 않았다.

여름에, 정나라 장공이 세상을 떠났다. 전에, 제(祭) 땅 국경 지대를 관리하는 자리에 있었던 중족(仲足)이 장공의 총애를 받아 장공은 그로 하여금 경(卿)이 되게 했고, 그는 장공을 위하여 등만(鄧曼)을 맞이하여, 등만은 소공을 낳았다. 그러므로 제중은 그를 군주로 앉히었다. 그런데 송나라의 옹씨(雍氏)가 정나라 장공에게로 딸을 보냈는데, 그녀는 옹길(雍姞)이라 했고 여공(厲公)을 낳았다. 옹씨의 종중은 송나라 장공한테 총애를 받고 있었다. 그래서 제중을 송나라로 꾀어들여 말하기를, "돌(突)을 군주 자리에 앉히지 않으면, 장차 죽으리라."라고 했다. 그리고 여공을 잡아놓고는 뇌물을 요구했다. 제중은 송나라 사람과 맹서하고, 여공을 데리고 나라로 돌아가 여공을 군주로 세웠다.

가을 9월 정해날에, 소공은 위나라로 도망가고, 기해날에는 여공이 군주가 되었다.

주해 ○昭公(소공) ─ 홀(忽).
　　○三公子(삼공자) ─ 돌(突)·미(亹)·의(儀).

　　ㅇ祭(제)-정나라 지명으로, 지금의 하남성 중모현(中牟縣) 땅.
　　ㅇ九月丁亥(구월정해)-9월 13일.
　　ㅇ己亥(기해)-9월 25일.

┃해설┃ 이 글에서는, 제중이 자기가 세운 군주 소공을, 다른 나라 사람
의 협박에 못이겨 내쫓았다는 것을 알려주고 있다. 얼핏 생각해서는,
제중의 행위는 비열하고 불충(不忠)의 짓이다. 그러나 당시 그가 군주
를 바꾸지 않고, 송나라 옹씨 문중의 요구를 무시했다면, 정나라의 운
명이 위험했다는 사실을 무시해서는 안된다. 쫓겨난 소공은 환공 15년
에 돌아와 다시 군주가 되고, 여공이 몰려났다. 결과적으로는, 정나라가
무사했던 것으로, 제중의 처사를 불의 불충이었다고 속단할 수는 없다.

┃經┃　ㅇ十有二年春正月.이라
　　　　　　　십유이년춘정월

　ㅇ夏六月壬寅,에 公會杞侯·莒子盟于曲池.라
　　하유월임인　　　공회기후　　거자맹우곡지

　ㅇ秋七月丁亥,에 公會宋公·燕人盟于穀丘.라
　　추칠월정해　　　공회송공　　연인맹우곡구

　ㅇ八月壬辰,에 陳侯躍卒.이라
　　팔월임진　　　진후약졸

　ㅇ公會宋公于虛.라
　　공회송공우허

　ㅇ冬十有一月,에 公會宋公于龜.라
　　동십유일월　　　공회송공우귀

　ㅇ丙戌,에 公會鄭伯盟于武父.라
　　병술　　공회정백맹우무보

　ㅇ丙戌,에 衛侯晉卒.이라
　　병술　　위후진졸

　ㅇ十有二月,에 及鄭師伐宋,하여 丁未戰于宋.이라
　　십유이월　　　급정사벌송　　　정미전우송

12년 봄 정월.
여름 6월 임인날에, 공이 기나라 군주인 후작·거나라 군주인 자작

과 곡지(曲池)에서 맹서하였다.

　가을 7월 정해날에, 공이 송나라 군주인 공작·연나라 사람과 곡구(穀丘)에서 맹서하였다.

　8월 임진날에, 진나라 군주인 후작이 세상을 떠났다.

　공이 허(虛)에서 송나라 군주인 공작과 회합을 가졌다.

　겨울 11월에, 공이 귀(龜)에서 송나라 군주인 공작과 회합을 가졌다.

　병술날에, 공이 정나라 군주인 백작과 만나서, 무보(武父)에서 맹서하였다.

　병술날에, 위나라 군주인 후작 진(晉)이 세상을 떠났다.

　12월에 정나라 군사와 같이 송나라를 쳐, 정미날에 송나라에서 싸웠다.

▌주해▎　○曲池(곡지)−노나라 지명. 지금의 산동성 곡부현(曲阜縣) 동북쪽.
　　　　○穀丘(곡구)−송나라 지명. 지금의 산동성 조현(曹縣) 동북쪽.
　　　　○虛(허)−송나라 지명. 지금의 하남성 수현(睢縣) 경계.
　　　　○龜(귀)−송나라 지명. 지금의 하남성 수현 땅.
　　　　○武父(무보)−정나라 지명. 지금의 하북성 동명현(東明縣) 서남쪽.

▌傳▎　十二年夏,에 盟于曲池,는 平杞·莒也.라

　　公欲平宋·鄭.이라 秋,에 公及宋公盟于句瀆之丘,로되 宋成未

　可知也.라 故로 又會于虛.라 冬又會于龜,에 宋公辭平.이라 故로

　與鄭伯盟于武父.라 遂帥師而伐宋,하여 戰焉.이라 宋無信也.라

　君子曰, 苟信不繼,면 盟無益也.라 詩云, 君子屢盟,하여 亂是

　用長.이라 無信也.라

12년 여름에 곡지(曲池)에서 맹서하였음은, 기나라와 거나라가 화목하게 하기 위해서였다.

공이 송나라와 정나라를 화평시키려 했다. 가을에, 공과 송나라 군주인 공작이 구독(句瀆)의 곡구(穀丘)에서 맹서하였으되, 송나라가 화평을 하려는지 그 마음을 알 수가 없었다. 그래서 다시 허(虛)에서 회합을 가졌다. 겨울에 다시 귀(龜)에서 만났는데, 송나라 군주가 화평을 거절했다. 그러므로, 공은 정나라 군주인 백작과 무보(武父)에서 맹서하였다. 그리고 마침내 군사를 이끌고 송나라와 싸웠다. 그것은 송나라가 신의가 없기 때문이었다.

이 사실을 두고 군자는 말했다. "진실로 믿음이 계속되지 않는다면, 맹서함이 아무 소용이 없다. 시에 이르되, '군자(君子)가 자주 맹서하니, 전란(戰亂)이 조장(助長)되어지도다.'라고 했는데, 이것은 신의가 없어서 그렇다는 것이다."

주해 ○詩云(시운)－《시경》소아(小雅) 교언편(巧言篇).

楚伐絞,하여 軍其南門.이라 莫敖屈瑕曰, 絞小而輕.이라 輕則
寡謀.라 請無扞采樵者以誘之.라 從之.라 絞人獲卅人.이라 明
日,에 絞人爭出,하여 驅楚役徒於山中.이라 楚人坐其北門,하고
而覆諸山下,하여 大敗之,하고 爲城下之盟而還.이라

伐絞之役,에 楚師分涉於彭.이라 羅人欲伐之,하여 使伯嘉諜
之,에 三巡數之.라

초나라가 교나라를 쳐 그 도성(都城) 남문에 군진을 폈다. 막오 벼

슬에 있는 굴하(屈瑕)가 말하기를, "교나라는 작은 데다가 경솔하다.
경솔하니 꾀가 적을 것이다."라고 했다. 그리고 호위(護衛)함이 없이
나무꾼을 풀어서 교나라 사람들을 유인하자고 요청했다. 초나라 군은
그의 말을 따랐다. 교나라 사람들이 초나라 나무꾼 30명을 잡았다. 다
음날, 교나라 사람들은 서로 다투어 나와 산 속에서 조나라 일꾼들을
모았다. 초나라 사람들은 그 북문을 지키고, 산 밑에다 복병을 두었다
가 습격하여 교나라 군을 크게 패배시키고, 성 밑에서 맹서하고 돌아
갔다.

　교나라를 치는 싸움에서 초나라 군대가 패를 나누어 팽수(彭水)를
건넜다. 나(羅)나라 사람이 그 초나라 군을 공격하려 하여, 백가(伯
嘉)에게 그 군세(軍勢)를 정찰(偵察)케 하니 그는 세 차례나 초나라
군의 둘레를 돌며 그 수를 헤아렸다.

주해　ㅇ扞(한)－지킴, 호위함.
　ㅇ覆(복)－복병을 두었다가 침.
　ㅇ城下之盟(성하지맹)－적국의 도성(都城)까지 쳐들어가 그 성 밑에서
　　항복의 맹서를 함. 가장 치욕적인 항복이다.
　ㅇ彭(팽)－강 이름. 즉 팽수(彭水)로, 호북성 방현(房縣)을 가로질러 흐른다.
　ㅇ羅(나)－나라 이름. 지금의 호북성 자충현(自忠縣 : 옛 이름은 宜城縣)
　　에 위치했으나, 뒤에 초나라에게 패하고 나자 지강현(枝江縣)으로 옮겼
　　다. 군주의 성은 웅(熊).
　ㅇ諜(첩)－적의 형세를 정찰함.

經　ㅇ十有三年春二月에, 公會紀侯 · 鄭伯이라
　ㅇ己巳에, 及齊侯 · 宋公 · 衛侯 · 燕人戰하여, 齊師 · 宋師 · 衛
　師 · 燕師敗績이라

ㅇ 三月_{삼월},에 葬衛宣公_{장위선공}.이라

ㅇ 夏_하,에 大水_{대수}.라

ㅇ 秋七月_{추칠월}.이라

ㅇ 冬十月_{동시월}.이라

13년 봄 2월에, 공이 기나라 군주인 후작·정나라 군주인 백작과 회합했다.

기사날에, 제나라 군주인 후작·송나라 군주인 공작·위나라 군주인 후작·연나라 사람이 싸워, 제나라 군사·송나라 군사·위나라 군사·연나라 군사가 패배했다.

3월에 위나라 선공을 장사 지냈다.

여름에, 큰물이 났다.

가을 7월.

겨울 10월.

傳ㅣ 十三年春_{십삼년춘},에 楚屈瑕伐羅_{초굴하벌라}.라 鬪伯比送之還_{투백비송지환},에 謂其御曰_{위기어왈},

莫敖必敗_{막오필패}.라 擧趾高_{거지고},에 心不固矣_{심불고의}.라 遂見楚子曰_{수견초자왈}, 必濟師_{필제사}.이오니

다 楚子師焉_{초자사언}.이라 入告夫人鄧曼_{입고부인등만}.이라 鄧曼曰_{등만왈}, 大夫其非衆之謂_{대부기비중지위}.

이오니다 其謂君撫小民以信_{기위군무소민이신},하고 訓諸司以德_{훈제사이덕},하며 而威莫敖以_{이위막오이}

刑也_{형야}.리이다 莫敖狃於蒲騷之役_{막오뉴어포소지역},하여 將自用也_{장자용야}.로소이다 必小羅_{필소라},

이리니 君若不鎭撫_{군약부진무},하시면 其不設備乎_{기불설비호}.인저 夫固謂君訓衆_{부고위군훈중},하여

而好鎭撫之_{이호진무지},하고 召諸司_{소제사},하여 而勸之以令德_{이권지이령덕},하며 見莫敖_{견막오},하여

이 고 저 천 지 불 가 이 야
而告諸天之不假易也.이리이다 不然,이면 夫豈不知楚師之盡行
불 연   부 기 부 지 초 사 지 진 행

야
也.리이까

초 자 사 뢰 인 추 지   불 급   막 오 사 순 우 사 왈   간 자 유 형
楚子使賴人追之,에 不及.이라 莫敖使徇于師曰, 諫者有刑.이라

급 언   난 차 이 제 기 수   수 무 차   차 불 설 비   급 라
及鄢,하여 亂次以濟其水.라 遂無次,하고 且不設備.라 及羅,에

나 여 노 융 량 군 지   대 패 지   막 오 액 우 황 곡   군 수 수 우
羅與盧戎兩軍之,하여 大敗之.라 莫敖縊于荒谷,하고 群帥囚于

야 부   이 청 형   초 자 왈 고 지 죄 야   개 면 지
冶父,하여 以聽刑.이라 楚子曰, 孤之罪也.라 皆免之.라

13년 봄에, 초나라 굴하(屈瑕)가 나(羅)나라를 쳤다. 투백비가 그를
바래다주고 돌아오자, 굴하가 탄 전차를 조정하는 자에게 말하기를,
"막오관[굴하]은 반드시 패할 것이다. 행동거지가 거만하고, 그의 마
음은 침착하지 못다."라고 했다. 그리고 초나라 군주인 백작을 만나
서 말하기를, "반드시 증군(增軍)하셔야 되옵니다."라고 했다. 그러나
초나라 군주인 자작은 그의 요청을 거절했다. 투백비는 내전으로 들
어가 군주의 부인인 등만에게 말했다. 등만은 군주에게 말했다. "대부
투백비는 군대를 불려서 많게 하자는 것을 말한 것이 아닐 것이옵니
다. 그는, 군주께서 병졸들을 신의(信義)로 어루만지시고, 모든 책임
을 맡은 사람들을 덕(德)으로 교훈하시며, 막오관에게 싸움에 지면 형
(刑)을 내리신다고 위협하실 것을 일렀을 것이옵니다. 막오관은 포소
(蒲騷)에서의 싸움에서 익숙해져서, 자기 마음대로의 싸움을 하려 하
옵니다. 그는 반드시 나나라를 깔볼 것이오니, 군주께서 만일 그를 다
스리지 않을 것 같으면, 그는 적군에 대한 아무런 대비를 하지 않을
것이옵니다. 투백비는 진실로 군주께서 군병들을 잘 교훈하셔서 다스
리고, 여러 책임자들을 부르시어 덕으로써 잘 되게 하라고 격려하시
며, 막오관을 보고는, 하늘은 남을 가벼이 보는 자에게 힘을 빌려 주

지 않는다는 것을 말씀하시기를 이르고 있는 것이옵니다. 그렇지 않
다면, 그가 어찌 초나라 군사가 다 출군(出軍)한 것을 모르고서 종군
하라고 할 것이옵니까?"

초나라 군주인 자작은 뇌(賴)나라 사람을 시켜 뒤쫓아가 막오관을
불렀지만, 미치지 못했다. 막오관은 전령(傳令)을 시켜 말하기를, "내
가 취하는 행동에 충고를 하는 자에게는 형벌이 있을 것이다."라고
했다. 언수(鄢水)에 도착하였으나 그는 군대 대열을 갖추지 않고, 아
무렇게나 무질서하게 그 강물을 건넜다. 그리고 난 뒤에도 대열을 정
돈하지 않고, 또 적군을 만나면 어떻게 한다는 대비책도 강구하지
않았다. 나나라 땅에 도착하자, 나나라는 노융(盧戎)과 합세하여 두
군대가 대전한 결과 초나라 군을 크게 쳐부수었다. 막오관은 싸움
에 지자 황곡(荒谷)에서 목을 매어 죽고, 초나라 여러 장수들은 야
부(冶父)에서 죄인의 몸이 되어, 군주의 처형 내리기만을 기다리고
있었다. 그때 초나라 군주는, "나의 죄다."라고 말했다. 그리고 다
용서했다.

▋주해▋ ○不假易(불가이)-남을 깔보는 자에게는 힘을 빌리지 않음.
 ○賴(뇌)-나라 이름. 지금의 호북성 수현(隨縣)에 위치했고, 군주의 성은
  강(姜).
 ○徇(순)-조리돌림, 전령(傳令).
 ○鄢(언)-강 이름. 이수(夷水)라고도 했고, 지금은 만하(蠻河)라 한다. 지
  금의 호북성 자충현(自忠縣)에서 서남방으로 흘러, 한수(漢水)와 합류된다.
 ○盧戎(노융)-남만(南蠻)이라고도 했다. 지금의 호북성 남장현(南漳縣)
  에 위치했다.
 ○荒谷(황곡)-초나라 지명.
 ○冶父(야부)-초나라 지명.
 ○聽刑(청형)-처형(處刑)의 명을 기다림.
 ○孤(고)-제후가 '나'라는 뜻으로 쓴 말.

^{송다책뢰어정} ^{정불감명} ^고 ^{이기} ^{노급제여송}
宋多責賂於鄭,에 鄭不堪命.이라 故로 以紀・魯及齊與宋・

^위 ^{연전} ^{불서소전} ^{후야} ^{정인래청수호}
衛・燕戰.이라 不書所戰,은 後也.라 鄭人來請脩好.라

송나라・정나라에 대해서 많은 뇌물을 요구하니 정나라는 그것을
다 감내할 수가 없었다. 그래서 기나라・노나라 군을 이끌고 제・
송・위・연나라와 싸웠다. 싸운 곳을 경에 쓰지 않은 것은, 노나라가
싸우는 곳에 늦게 도착했기 때문이다. 그때 정나라 사람이 와 우호
관계 맺기를 요청했다.

^{십유사년춘정월} ^{공회정백우조}
經 ○十有四年春正月,에 公會鄭伯于曹.라

^{무빙}
○無氷.이라

^{하오}
○夏五.라

^{정백사기제어래맹}
○鄭伯使其弟語來盟.이라

^{추팔월임신} ^{어름재}
○秋八月壬申,에 御廩災.라

^{을해상}
○乙亥嘗.이라

^{동십유이월정사} ^{제후록보졸}
○冬十有二月丁巳,에 齊侯祿父卒.이라

^{송인이제인} ^{채인} ^{위인} ^{진인벌정}
○宋人以齊人・蔡人・衛人・陳人伐鄭.이라

14년 봄 정월에, 공이 정나라 군주인 백작을 조(曹)에서 만났다.
얼음이 없었다.
여름 5(월).
정나라 군주인 백작이 동생 어(語)에게 와 맹서하게 했다.

가을 8월 임신날에, 조상의 제사에 쓸 곡물을 둔 창고에 불이 났다. 을해날에 상(嘗) 제사를 올렸다.

겨울 12월 정사날에, 제나라 군주인 녹보(祿父)가 세상을 떠났다.

송나라 사람이 제나라 사람·채나라 사람·위나라 사람·진나라 사람들을 이끌고, 정나라를 쳤다.

주해 ○夏五(하오)-'하오월(夏五月)'에서 '월(月)'자가 탈락한 것.
○御廩(어름)-어(御)는 존칭이고, 늠(廩)은 곡식을 두는 창고 어름은 즉 군주가 조상에게 제사 지내기 위해서 친히 농사지어 얻은 곡식을 두는 창고
○八月壬申(팔월임신)-8월 15일.
○乙亥(을해)-8월 18일.
○嘗(상)-새 곡식으로 조상에게 드리는 제사 이름.

傳| 十四年春,에 會于曹.라 曹人致饎,는 禮也.라

夏,에 鄭子人來尋盟,하고 且脩曹之會.라

秋八月壬申,에 御廩災,하고 乙亥嘗,은 書不害也.라

冬,에 宋人以諸侯伐鄭,은 報宋之戰也.라 焚渠門,하여 入及大逵,하고 伐東郊,하여 取牛首,하고 以大宮之椽歸,하여 爲盧門之椽.이라

14년 봄에, 공이 정나라 군주와 조나라에서 회합을 가졌다. 때에, 조나라 사람이 먹을 것을 대어 준 것은 예의에 맞는 일이었다.

여름에, 정나라의 자인(子人)이 와, 전의 맹서한 것을 재확인하고, 또 조나라에서 회합했던 우호 관계를 더 두텁게 했다.

가을 8월 임신날에, 조상에게 제사 지낼 곡식을 둔 창고가 타고, 을해날에 상(嘗) 제사를 올렸다고 한 것은, 화재로 해를 입지 않았다는 것을 말해 쓴 것이다.

겨울에, 송나라 사람이 제후들의 군대를 이끌고 정나라를 친 것은, 전에 송나라에서 싸웠던 일에 대한 보복이었다. 그 싸움에서 정나라 거문(渠門)을 불태운 뒤, 성내(城內)의 큰길까지 침입했고, 정나라 도성 동쪽 교외를 쳐 우수(牛首)를 점령했고, 조상을 제사 지내는 사당의 서까래를 가지고 돌아가 송나라 노문(盧門)의 서까래로 삼았다.

┃주해┃ ○宋之戰(송지전)−이 싸움은 환공 12년 12월에 있었다.

○渠門(거문)−정나라 성문의 이름. 정나라 도성에는 거문·황문(皇門)·전문(鄟門)·묘문(墓門)·사지양문(師之梁門)·순문(純門)·시문(時門)·길질지문(桔秩之門)·규문(闔門) 등이 있었다 한다.

○牛首(우수)−정나라 지명. 지금의 하남성 진류현(陳留縣) 서남쪽.

○大宮(대궁)−군주의 조상을 모신 사당. 즉 조묘(祖廟).

○盧門(노문)−송나라 도성의 문 이름. 송나라 도성에는 노문·양문(揚門)·몽문(蒙門)·질택문(垤澤門)·조문(曹門)·동문(桐門) 등이 있었다 한다.

┃經┃ ○十有五年春二月,에 天王使家父來求車.라
（십유오년춘이월 천왕사가보래구거）

○三月乙未,에 天王崩.이라
（삼월을미 천왕붕）

○夏四月己巳,에 葬齊僖公.이라
（하사월기사 장제희공）

○五月,에 鄭伯突出奔蔡.라
（오월 정백돌출분채）

○鄭世子忽復歸于鄭.이라
（정세자홀복귀우정）

○許叔入于許.라
（허숙입우허）

○公會齊侯于艾.라
<small>공 회 제 후 우 애</small>

○邾人·牟人·葛人來朝.라
<small>주 인   모 인   갈 인 래 조</small>

○秋九月,에 鄭伯突入于櫟.이라
<small>추 구 월   정 백 돌 입 우 력</small>

○冬十有一月,에 公會宋公·衛侯·陳侯于袤,하여 伐鄭.이라
<small>동 십 유 일 월   공 회 송 공   위 후   진 후 우 치   벌 정</small>

15년 봄 2월에, 천자께서 가보(家父)로 하여금 와서 수레를 요구하
게 하셨다.

3월 을미날에, 천자께서 승하하셨다.

여름 4월 기사날에, 제나라 희공(僖公)을 장사 지냈다.

5월에 정나라 군주인 백작 돌(突)이 채나라로 달아났다.

정나라 세자인 홀(忽)이 정나라 군주 자리로 되돌아왔다.

허숙(許叔)이 허나라로 들어갔다.

공이 제나라 군주인 후작을 애(艾)에서 만났다.

주·모·갈나라 사람이 찾아왔다.

가을 9월에, 정나라 군주인 백작 돌이 역(櫟)으로 들어갔다.

겨울 11월에, 공이 송나라 군주인 공작·위나라 군주인 후작·진나
라 군주인 후작과 치(袤)에서 회합을 갖고, 정나라를 쳤다.

주해 ○三月乙未(삼월을미)-3월 11일.

○崩(붕)-천자가 세상을 떠난 것을 붕이라 한다.

○四月己巳(사월기사)-4월 15일.

○許叔(허숙)-허나라 장공(莊公)의 동생으로, 은공 11년에 정나라 군주
　가 허나라 대부 백리(百里)에게 명하여, 허숙을 모시고 허나라 동쪽에
　있게 했다.

○艾(애)-노나라의 산 이름. 은공 6년조 참조.

○牟(모)-나라 이름. 지금의 산동성 내무현(萊蕪縣)에 위치했고, 군주의

작은 자작.

o 葛(갈)-노나라의 부속국(附屬國)으로, 지금의 하남성 영릉현(寧陵縣) 북방에 위치했다.

o 櫟(역)-정나라의 별도(別都 : 다른 서울)로 지금의 하남성 우현(禹縣) 땅.

o 袤(치)-송나라 지명. 지금의 안휘성(安徽省) 숙현(宿縣) 서북 땅.

傳| 十五年春,에 天王使家父來求車,는 非禮也.라 諸侯不貢車服,하고 天子不私求財.라

祭仲專,에 鄭伯患之,하고 使其壻雍糾殺之,에 將享諸郊.라 雍姬知之,하고 謂其母曰, 父與夫孰親.가 其母曰, 人盡夫也,로되 父一而已.라 胡可比也.아 遂告祭仲曰, 雍氏舍其室而將享子于郊.라 吾惑之,하여 以告.라 祭仲殺雍糾,하여 尸諸周氏之汪,하니 公載以出,하여 曰, 謀及婦人,에 宜其死也.라

夏,에 厲公出奔蔡,하고 六月乙亥,에 昭公入.이라

許叔入于許.라 公會齊侯于艾,는 謀定許也.라

秋,에 鄭伯因櫟人殺檀伯,하여 而遂居櫟.이라

冬,에 會于袤,는 謀伐鄭,하여 將納厲公也.라 弗克而還.이라

15년 봄에, 천자가 가보(家父)에게 수레를 요구하게 하신 것은 예의가 아니었고, 제후는 수레와 옷을 천자에게 바치는 것이 아니며, 천자는 사사로이 재물을 요구하는 것이 아니다.

제중(祭仲)이 나랏일을 제멋대로 하여, 정나라 군주는 그 존재를 걱

정하고, 사위인 옹규(雍糺)를 시켜 죽이게 하니, 그를 교외로 불러내어 대접하였다. 옹의 아내가 그 일을 알아채고 어머니에게 말하기를, "아버지와 남편은 어느 쪽이 더 친한 것입니까?"라고 했다. 어머니는, "남자라면 누구나 남편으로 삼을 수 있지만, 아버지는 세상에서 단 하나뿐이다. 그러니 어찌 비할 수가 있겠느냐?"라고 말하였다. 이 말에 그녀는 제중에게 말하기를, "옹가는 집의 일에 신경도 쓰지 않으면서 아버지를 교외에 불러내어 대접하려 하고 있습니다. 나는 그 일을 이상히 여겨, 아버지께 말씀드리는 것입니다."라고 했다. 이에 제중은 옹규를 죽여, 그 시체를 주씨(周氏)네 집 못에다 내던졌더니 정나라 군주 여공(厲公)이 그 시체를 수레에 싣고 도성을 나가며 말하기를, "모사(謀事)가 아내에게 알려졌으니, 죽게 된 것은 마땅한 일이로구나."라고 했다.

여름에 여공이 채나라로 도망치고, 6월 을해날에 소공(昭公)이 정나라로 들어갔다.

허숙(許叔)이 허나라로 들어갔다. 공이 애(艾)에서 제나라 군주인 후작을 만난 것은, 허나라를 평화롭게 하기 위함을 도모함이었다.

가을에, 정나라 군주인 백작[여공]이, 역(櫟) 땅 사람을 시켜 단백(檀伯)을 죽이고, 역에서 살았다.

겨울에 치(袤)에서 회합한 것은, 정나라를 칠 일을 상의하고, 장차 여공을 다시 정나라 군주로 들여보내기 위해서였다. 그러나 뜻대로 하지 못하고 되돌아왔다.

주해 ○室(실)―아내.
○尸諸周氏之汪(시저주씨지왕)―시체를 주씨네 집 못에 내던졌다.
○檀伯(단백)―역(櫟) 땅을 다스린 정나라 대부.

經 ○十有六年春正月(십유륙년춘정월),에 公會宋公(공회송공)·蔡侯(채후)·衛侯于曹(위후우조).라
○夏四月(하사월),에 公會宋公(공회송공)·衛侯(위후)·陳侯(진후)·蔡侯(채후),하고 伐鄭(벌정).이라

ㅇ 秋七月,에 公至自伐鄭.이라

ㅇ 冬,에 城向.이라

ㅇ 十有一月,에 衛侯朔出奔齊.라

16년 봄 정월에, 공이 송나라 군주인 공작·채나라 군주인 후작·위나라 군주인 후작과 조(曹)에서 회합을 가졌다.

여름 4월에, 공이 송나라 군주인 공작·위나라 군주인 후작·진나라 군주인 후작·채나라 군주인 후작과 회합을 갖고, 정나라를 쳤다.

가을 7월에, 공이 정나라를 치는 일에서 돌아왔다.

겨울에, 상(向)에 성을 쌓았다.

11월에, 위나라 군주인 후작 삭(朔)이 제나라로 달아났다.

주해 ㅇ向(상)-지금의 산동성 임기현(臨沂縣) 서남쪽 땅.

傳 十六年春正月,에 會于曹,는 謀伐鄭也.라

夏,에 伐鄭.이라

秋七月,에 公至自伐鄭,하여 以飮至之禮也.라

冬,에 城向,은 書時也.라

16년 봄 정월에 조(曹)에서 회합을 가졌음은, 정나라 치는 일을 상의하기 위함이었다.

여름에 정나라를 쳤다.

가을 7월에 공이 정나라 치는 일에서 돌아왔다고 한 것은, 돌아와 종묘에 고하고 술잔치를 벌이는 예식을 베풀었기 때문이다.

겨울에 상(向)에 성을 쌓았다고 한 것은 제때에 했다는 것을 말해 쓴 것이다.

初,에 衛宣公烝於夷姜,하고 生急子,하여 屬諸右公子.라 爲之

娶於齊,에 而美.라 公取之,하고 生壽及朔,하여 屬壽於左公子.라

夷姜縊,에 宣姜與公子朔構急子.라 公使諸齊,하고 使盜待諸莘,

하여 將殺之.라 壽子告之使行,에 不可曰, 棄父之命,이면 惡用子

矣아 有無父之國,이면 則可也.라 及行,에 飲以酒,하고 壽子載其

旌以先.이라 盜殺之.라 急子至曰, 我之求也,어늘 此何罪.아 請

殺我乎.인저 又殺之.라 二公子故怨惠公.이라

十一月,에 左公子泄·右公子職立公子黔牟,하니 惠公奔齊.라

전에, 위나라 군주 선공은 촌수가 높은 여자인 이강(夷姜)과 간음하고 급자(急子)를 낳아서는, 우공자에게 위촉해서 돌보게 했다. 그리고 급자를 위해 제나라에서 여자를 맞이했는데, 그녀는 아름다웠다. 선공은 그녀를 자기가 차지하고는 수(壽)와 삭(朔)을 낳아, 수를 좌공자에게 위촉하여 돌보게 했다. 총애를 잃은 이강이 목을 매어 죽으니, 선강(宣姜)은 공자 삭과 급자를 죄에 연루하였다. 선공은 급자를 제나라 사자(使者)로 보내고, 자객을 시켜 신(莘)에서 기다렸다가 죽이게 했다. 수가 이 일을 급자에게 알리고 도망치라 하니 급자는 그럴 수 없다고 하고서 말하기를, "아버지의 명을 따르지 않는대서야 누가 그런 자식을 용납해 줄 것인가? 아비 없는 나라가 있다면, 그 나라로

가면 좋겠지만!"라고 했다. 제나라로 갈 때가 되자, 그에게 술을 먹이
고 수는 수레에 급자인 것을 표시한 깃발을 세우고 먼저 떠났다. 자
객이 그를 보고 죽였다. 뒤에 급자가 그곳에 당도하여서 말하기를,
"나를 죽이기를 요구한 것인데, 이 사람이 무슨 죄가 있단 말이냐?
나를 죽여라!"라고 했다. 그러자 그도 죽였다. 두 공자는 이 일로 혜
공을 원망했다.

11월에, 좌공자 설(泄)과 우공자 직(職)이 공자 검모(黔牟)를 군주
로 세우니 혜공은 제나라로 도망갔다.

주해 |　o烝(증)―아랫사람이 촌수 높은 여자와 간통함을 말한다.

　o夷姜(이강)―선공의 아버지 장공(莊公)의 부인으로, 선공의 서모(庶母).

　o右公子(우공자)·左公子(좌공자)―우(右)·좌(左)는 무엇을 의미하는지
　　알 수 없다. 신분의 존비(尊卑)를 나타낸 말일까? 우공자 직(職)과 좌
　　공자 설(泄)은 선공과 형제간이었다.

　o莘(신)―위나라 지명.

　o惠公(혜공)―삭(朔).

經 |　십유칠년춘정월병진　공회제후　기후맹우황
　o十有七年春正月丙辰,에 公會齊侯·紀侯盟于黃.이라

　이월병오　공회주의보　맹우유
　o二月丙午,에 公會邾儀父,하여 盟于趡.라

　하오월병오　급제사전우해
　o夏五月丙午,에 及齊師戰于奚.라

　유월정축　채후봉인졸
　o六月丁丑,에 蔡侯封人卒.이라

　추팔월　채계자진귀우채
　o秋八月,에 蔡季自陳歸于蔡.라

　계사　장채환후
　o癸巳,에 葬蔡桓侯.라

　급송인　위인벌주
　o及宋人·衛人伐邾.라

　　　　동 시 월 삭　　　일 유 식 지
ㅇ冬十月朔,에 日有食之.라

　　17년 봄 정월 병진날에, 공이 제나라 군주인 후작·기나라 군주인 후작과 회합하여 황(黃)에서 맹서하였다.

　　2월 병오날에, 공이 주나라의 의보(儀父)와 만나, 유(趄)에서 맹서하였다.

　　여름 5월 병오날에, 제나라 군사와 해(奚)에서 싸웠다.

　　6월 정축날에, 채나라 군주인 후작 봉인(封人)이 세상을 떠났다.

　　가을 8월에 채계(蔡季)가 진나라로부터 채나라로 돌아갔다.

　　계사날에 채나라 환공(桓公)을 장사 지냈다.

　　송나라 사람·위나라 사람들과 주(邾)나라를 쳤다.

　　겨울 10월 초하루에, 일식이 있었다.

주해｜ ㅇ正月丙辰(정월병진)－1월 13일.

　ㅇ黃(황)－제나라 지명. 지금의 산동성 추평현(鄒平縣) 동남쪽.

　ㅇ二月丙午(이월병오)－두예는 그의 주에서 3월 4일이라고 했다.

　ㅇ趄(유)－노나라 지명. 지금의 산동성 사수현(泗水縣)과 추현(鄒縣) 사이의 땅.

　ㅇ奚(해)－노나라 지명.

　ㅇ六月丁丑(유월정축)－6월 6일.

　ㅇ蔡季(채계)－채나라 환공(桓公)의 동생.

　ㅇ癸巳(계사)－8월 23일.

　　　십 칠 년 춘　　　맹 우 황　　　평 제　　　기　　　　차 모 위 고 야　　　급 주
傳｜ 十七年春,에 盟于黃,은 平齊·紀,하고 且謀衛故也.라 及邾

　의 보 맹 우 유　　심 멸 지 맹 야
儀父盟于趄,는 尋蔑之盟也.라

　하 급 제 사 전 우 해　　강 사 야　　어 시　　제 인 침 노 강　　강 리
夏及齊師戰于奚,는 疆事也.라 於是,에 齊人侵魯疆,하니 疆吏

來告.라 公曰, 疆場之事,는 愼守其一,하여 而備其不虞,하고 姑

盡所備焉,에 事至而戰.하라 又何謁焉.고

蔡桓侯卒,에 蔡人召蔡季于陳.이라 秋,에 蔡季自陳歸于蔡,는

蔡人嘉之也.라

伐邾,는 宋志也.라

17년 봄에 황(黃)에서 맹서한 것은, 제나라와 기나라가 화목하게 하기 위해서였고, 또 위나라에 대해서 상의하기 위해서였다. 주나라의 의보(儀父)와 유(趡)에서 맹서하였음은, 멸(蔑)에서 가졌던 동맹을 부활시키기 위해서였다.

여름에 제나라 군사와 해(奚)에서 싸운 것은, 국경에 관한 일 때문이었다. 이때 제나라 사람들이 노나라 국경을 침범하니, 국경을 지키는 관리가 와 보고했다. 그러자 공이 말하기를, "국경에 관한 일이라면, 그 일정한 분계(分界)를 조심스럽게 지키면서, 불의(不意)에 일어나는 일에 대비하고, 대비할 일을 다 마치고 나서 일이 터지거든 싸워라. 또 내게 보고할 게 있겠는가?"라고 했다.

채나라 환공이 세상을 떠나자, 채나라 사람들이 채계(蔡季)를 진나라에서 불렀다. 가을에 채계가 진나라로부터 채나라로 돌아간 것은, 채나라 사람들이 그를 좋아해서였다.

주나라를 친 것은, 송나라의 뜻이었다.

주해 ○蔑之盟(멸지맹)-은공 원년에 멸에서 맺은 동맹.
○疆場(강역)-국경.
○其一(기일)-정해진 일정한 분계(分界).
○不虞(불우)-뜻밖에 일어나는 일.

冬十月朔_{동시월삭},에 日有蝕之_{일유식지},어늘 不書日_{불서일},은 官失之也_{관실지야}.라 天子有日_{천자유일}
官_관,하고 諸侯有日御_{제후유일어}.라 日官居卿以底日_{일관거경이지일},이 禮也_{예야}.요 日御不失_{일어불실}
日_일,하여 以授百官于朝_{이수백관우조}.라

初_초,에 鄭伯將以高渠彌爲卿_{정백장이고거미위경},에 昭公惡之_{소공오지},하여 固諫_{고간},이나 不聽_{불청}.이
라 昭公立_{소공립},에 懼其殺己也_{구기살기야}.라 辛卯弑昭公_{신묘시소공},하고 而立公子亹_{이립공자미}.라 君_군
子謂_{자위},하되 昭公知所惡矣_{소공지소오의}.라 公子達曰_{공자달왈}, 高伯其爲戮乎_{고백기위육호},인저 復_복
惡已甚矣_{오이심의}.라

겨울 10월 초하루에 일식이 있었는데도 그날의 간지(干支)를 쓰지 않은 것은, 그 일을 맡고 있는 관리가 그 초하룻날의 간지를 잊었기 때문이다. 천자 밑에는 일관(日官)이 있고, 제후에게는 일어(日御)라 는 벼슬이 있다. 일관은 경(卿)과 똑같은 지위를 차지하고 있으면서 역일(曆日)에 관해서 바르게 밝히는 것이 정해진 예법이고, 일어는 천자의 조정에서 정한 일력(日曆)을 전해 받아, 그것을 잊지 않고 조 정에서 백관들에게 알려주는 것이다.

전에 정나라 군주인 백작이, 고거미(高渠彌)를 경으로 삼으려 하자 소공(昭公)이 고거미를 미워하여 강력히 말렸다. 그러나 들어 주지 않았다. 소공이 군주 자리에 앉게 되자, 고거미는 자기를 죽일까 두려 워했다. 그래서 신묘날에 소공을 죽이고, 공자 미(亹)를 군주로 세웠 다. 군자(君子)는 이르기를, "소공은 미워할 사람을 잘 알았다."라 했 고, 공자 달(達)은 "고백(高伯)은 죽게 될 것이로다. 자기를 미워한 사람에 대한 보복이 너무나도 지나쳤다."라고 말했다.

주해 ○官失之也(관실지야)─담당관이 [일어가] 그날의 간지(干支)를 잊

었다.
o居卿(거경)—경의 지위에 있음.
o底日(지일)—역일(曆日)을 바르게 정함.
o鄭伯(정백)—당시 정나라 군주는 장공(莊公).
o昭公(소공)—이름이 홀(忽).
o辛卯(신묘)—10월 23일.
o公子達(공자달)—노나라 공자로 대부였고, 이름이 달(達).
o復惡(복오)—미워하는 사람에게 보복함.

經| o十有八年春王正月,에 公會齊侯于濼.이라

　　公與夫人姜氏
o公與夫人姜氏,가 遂如齊.라

　　夏四月丙子
o夏四月丙子,에 公薨于齊.라

　　丁酉
o丁酉,에 公之喪至自齊.라

　　秋七月
o秋七月.이라

　　冬十有二月己丑
o冬十有二月己丑,에 葬我君桓公.이라

18년 봄 천자가 쓰는 역으로 정월에, 공이 제나라 군주인 후작을 낙수(濼水) 가에서 만났다.

공과 부인 강씨(姜氏)가 마침내 제나라로 갔다.

여름 4월 병자날에 공이 제나라에서 돌아가셨다.

정유날에, 공의 상(喪)이 제나라로부터 도착하였다.

가을 7월.

겨울 12월 기축날에, 우리 군주 환공을 장사 지냈다.

주해| o濼(낙)—지금의 산동성 역성현(歷城縣)에 흐르는 강. 당시에 노

나라 영토였다.

ㅇ遂(수)-마침내. 여기에서는 낙수 가에서의 회합 끝에 '바로'의 뜻으로
풀이된다.

傳| 十八年春, 에 公將有行, 에 遂與姜氏如齊. 라 申繻曰, 女有
家, 하고 男有室, 이 無相瀆也. 라하오이다 謂之有禮, 이오니 易此必
敗. 리이다 公會齊侯于濼, 하고 遂及文姜如齊. 라 齊侯通焉, 에 公
謫之, 하니 以告. 라

夏四月丙子, 에 享公, 하고 使公子彭生乘公, 에 公薨于車. 라 魯
人告于齊曰, 寡君畏君之威, 하여 不敢寧居, 하고 來脩舊好. 라 禮
成而不反, 하니 無所歸咎, 요 惡於諸侯, 하니 請以彭生除之. 라 齊
人殺彭生. 이라

18년 봄에, 공이 출타하려 할 때, 부인 강씨(姜氏)와 같이 제나라로
가려 했다. 그러자 신수(申繻)가 말하기를, "여자는 남편의 집을 지키
고 있고, 남자는 부인의 방에 편안히 거처하고 있음이, 서로 욕되게
하지 않음이 된다고 하옵니다. 그렇게 함을 예법을 지킨다고 이르옵
니다. 그것을 어기면 반드시 화가 있사옵니다."라고 했다. 공은 제나
라 군주인 후작을 낙수(濼水) 가에서 만나고, 부인 문강(文姜)과 같
이 제나라로 갔다. 제나라 군주가 부인 문강과 몰래 간통하여 공이
그 일을 꾸짖으니, 부인이 제나라 군주에게 말했다.

여름 4월 병자날에, 공에게 잔치를 베풀어 대접하고는, 제나라 공
자 팽생(彭生)에게 공을 수레에 태우게 했다. 그 때문에 공은 수레

안에서 돌아가셨다. 노나라 사람이 제나라에게 말했다. "우리 군주께
서는 제나라 군주의 위력을 두려워하시어, 감히 편안한 날을 보내시
지 못했다가 귀국(貴國)으로 오셔서 오래된 우호 관계를 굳게 하셨
소. 방문의 예를 굳게 하였는데, 본국으로 돌아가시지 못하게 되었으
니, 이렇게 된 허물을 돌릴 바 없고, 또 제후들에 대한 입장이 좋지
못하오. 그러니 팽생을 없애 주기 바라오." 이에 제나라 사람은 팽생
을 죽였다.

주해 ○讁(적)—죄를 꾸짖음.
○四月丙子(사월병자)—4월 10일.
○薨于車(훙우거)—훙(薨)은 제후의 죽음을 말한다. 제나라의 공자 팽생
(彭生)은 기운이 세어, 환공을 수레에 태운다고 하여, 환공의 늑골(肋
骨)을 눌러 죽였다 한다.

秋,에 齊侯師于首止.라 子亹會之,에 高渠彌相.이라
七月戊戌,에 齊人殺子亹,하고 而轘高渠彌.라 祭仲逆鄭子于
陳,하여 而立之.라 是行也,에 祭仲知之.라 故로 稱疾不往.이라
人曰, 祭仲以智免,이라하고 仲曰, 信也.라

가을에, 제나라 군주인 후작은 수지(首止)에 군사를 진군시켰다. 정
나라 자미(子亹)가 제나라 군주를 만나는데, 고거미(高渠彌)가 그 일
을 도왔다.

7월 무술날에, 제나라 사람이 정나라 자미를 죽이고, 고거미를 양쪽
수레 사이에 줄로 매어 수레를 끌어 찢어죽였다. 이에 제중(祭仲)은
정나라 공자를 진나라에서 맞아들여 군주로 세웠다. 자미가 제나라
군주를 만나러 감에 있어, 제중은 가면 죽을 것이라는 것을 알고 있

었다. 그래서 그는 병이라 핑계대고 따라가지 않았다. 어느 사람이 말하기를, "제중은 지혜로 죽음을 면했다."라 했고, 제중 자신은, "옳은 말이다."라고 하였다.

주해 ㅇ首止(수지) - 위나라 지명.
ㅇ七月戊戌(칠월무술) - 7월 3일.
ㅇ鄭子(정자) - 정나라 공자. 소공(昭公)의 동생 자의(子儀).

주공욕시장왕이립왕자극   신백고왕   수여왕살주공
周公欲弑莊王而立王子克,하니 辛伯告王.이라 遂與王殺周公
혹견   왕자극분연   초   자의유총어환왕   환왕촉
黑肩,하니 王子克奔燕.이라 初,에 子儀有寵於桓王.이라 桓王屬
저주공   신백간왈 병후   필적   양정   우국
諸周公.이라 辛伯諫曰, 並后,하고 匹嫡,하며 兩政,하고 耦國,함은
난지본야   주공불종   고   급
亂之本也.로소이다 周公弗從.이라 故로 及.이라

주(周)의 군주가 천자 장왕을 살해하고 왕자인 극(克)을 천자로 세우려 하니, 신백(辛伯)이 천자에게 고했다. 그뒤, 바로 천자와 협력하여 주의 군주 흑견(黑肩)을 죽이니, 왕자 극은 연나라로 도망갔다. 전에, 자의(子儀)는 환왕한테 총애를 받았다. 환왕은 그를 주의 군주에게 돌보라 부탁하였다. 신백이 일찍이 주의 군주에게 충고했다. "첩되는 이가 왕후와 동등하게 지내고, 서자(庶子)가 적자(嫡子)와 동등하게 날뛰며, 총애받은 신하가 정치를 담당하고 있는 대신과 같이 정권에 관여하고, 지방 제후국의 도성(都城)이 천자의 서울과 맞먹도록 크게 하는 것은, 나라를 어지럽히는 근본이 되옵니다." 주의 군주는 이 말을 따르지 않았다. 그러므로 화를 당했다.

주해 ㅇ克(극) - 장왕(莊王)의 동생.
ㅇ子儀(자의) - 왕자 극의 자(字).

o 辛伯(신백)－주의 군주 흑견의 신하.

o 並后(병후)－첩(妾)이 왕후와 어깨를 나란히 함.

o 匹嫡(필적)－서자가 적자와 필적하게 지냄.

o 兩政(양정)－총애받는 신하가 정권을 맡고 있는 신하와 같이 정권을 잡음.

o 耦國(우국)－지방국의 도읍 성이 천자의 서울과 맞먹음.

● 환공(桓公) 시대 연표

기원전	周	燕	鄭	曹	蔡	陳	衛	宋	楚	秦	晉	齊	魯	중요 사항
711	桓王9	穆公18	莊公33	桓公46	桓公4	桓公34	宣公8	殤公9	武公30	寧公5	哀公7	僖公20	桓公1	노나라, 정나라와 우호 관계를 맺다
710	10	宣公1	34	47	5	35	9	莊公1	31	6	8	21	2	송나라 화보독이 군주 상공을 죽이다
709	11	2	35	48	6	36	10	2	32	7	9	22	3	진(晉)나라 사람이 소자를 군주로 삼다
708	12	3	36	49	7	37	11	3	33	8	小子1	23	4	진(秦)나라 군사가 예(芮)나라 군주를 잡다
707	13	4	37	50	8	38	12	4	34	9	2	24	5	정나라 군사가 천자가 거느린 채·위·진(陳)의 군을 패배시키다
706	14	5	38	51	9	厲公1	13	5	35	10	3	25	6	초나라가 수(隨))나라를 치다 노나라 장공(莊公) 태어나다
705	15	6	39	52	10	2	14	6	36	11	4	26	7	겨울에, 곡옥(曲沃)의 무공(武公)이 진(晉)의 소자(小子)를 꾀어 죽이다
704	16	7	40	53	11	3	15	7	37	12	閔公1	27	8	초나라 군주가 왕(王)이라 칭하다
703	17	8	41	54	12	4	16	8	38	出公1	2	28	9	초나라가 파(巴)나라와 등(鄧)나라 군을 쳐부수다
702	18	9	42	55	13	5	17	9	39	2	3	29	10	제·위·정의 군사가 노나라의 낭(郎)에서 싸우다
701	19	10	43	莊公1	14	6	18	10	40	3	4	30	11	정나라 소공을 몰아내고 여공을 세우다
700	20	11	厲公1	2	15	7	19	11	41	4	5	31	12	노나라 공이, 송나라와 정나라가 화평 관계를 맺도록 노력했으나, 뜻대로 되지 않다
699	21	12	2	3	16	莊公1	惠公1	12	42	5	6	32	13	노나라 공이, 기(杞)·제나라 군주와 협력하여 제·송·위·연의 군과 싸워 쳐부수다
698	22	13	3	4	17	2	2	13	43	6	7	33	14	송나라 사람이 정나라를 치다
697	23	桓公1	4	5	18	3	3	14	44	武公1	8	襄公1	15	3월에 주나라 환왕 임(林)이 훙거하다

기원전	周	燕	鄭	曹	蔡	陳	衛	宋	楚	秦	晉	齊	魯	중요 사항
696	莊王 1	2	昭公 1	6	19	4	4	15	45	2	9	2	16	11월에 위나라 혜공이 제나라로 달아나다
695	2	3	2	7	20	5	黔牟 1	16	46	3	10	3	17	제나라가 노나라를 침공하다 정나라 고거미가 소공을 죽이다
694	3	4	子處 1	8	哀公 1	6	2	17	47	4	11	4	18	노나라 공이 부인과 같이 제나라에 가다 주왕(周王)이 주공(周公) 흑견(黑肩)을 죽이다

제3

....

장 공
莊 公

환공(桓公)의 아들. 어머니는 문강(文姜). 재위 기원전 693~662

經| ○元年春王正月.이라

○三月,에 夫人遜于齊.라

○夏,에 單伯送王姬.라

○秋,에 築王姬之館于外.라

○冬十月乙亥,에 陳侯林卒.이라

○王使榮叔來錫桓公命.이라

○王姬歸于齊.라

○齊師遷紀郱·鄑·郚.라

원년 봄 천자가 쓰는 역으로 정월.

3월에 부인이 제나라로 피해 갔다.

여름에 선백(單伯)이 왕녀의 시집가는 길을 모셨다.

가을에 왕녀가 머무를 집을 성밖[城外]에 지었다.

겨울 10월 을해날에, 진나라 군주인 후작 임(林)이 세상을 떠났다.

천자께서 영숙(榮叔)으로 하여금 와서 환공에 대한 명(命)을 하사케 하셨다.

왕녀가 제나라로 시집갔다.

제나라 군사가 기나라의 병(邴)·자(鄑)·오(郚) 땅의 백성들을 옮겼다.

주해 ㅇ夫人遜于齊(부인손우제) - 부인은 환공의 부인인 문강(文姜). 문강은 제나라 군주와 간통했고, 환공을 고자질해서 죽게 했다. 그래서 노나라에 있을 수가 없어서, 제나라로 도망갔다.

ㅇ單伯(선백) - 선나라 군주인 백작. 선나라는 주 성왕(成王)의 작은아들 진(臻)을 봉한 나라로, 지금의 섬서성 보계현(寶鷄縣)에 위치했고, 군주의 작은 백작.

ㅇ外(외) - 성외(城外). 제나라 사람이 환공을 죽인 일로, 노나라는 제나라를 원수로 여겼다. 그래서 왕녀의 시집가는 일로, 제나라 사람과 성내에서 만나기가 싫어, 왕녀가 머무를 집을 성밖에다 지었다.

ㅇ榮叔(영숙) - 주나라의 대부로, 영은 성이고, 숙은 그의 자(字).

ㅇ錫桓公命(석환공명) - 환공에 대해서 명(命)을 줌. 명은 죽은 이에게 생전의 공을 생각해서 벼슬 한 등을 높여 주는 일도 말하나, 엄격히 말하면, 관작을 줄 때, 천자가 내리는 옥(玉)과 관복(官服)을 지칭한다.

ㅇ遷(천) - 백성을 옮기고 점령함.

ㅇ邴(병) - 지금의 산동성 임구현(臨朐縣) 동남쪽 땅.

ㅇ鄑(자) - 지금의 산동성 창읍현(昌邑縣) 서북쪽 땅.

ㅇ郚(오) - 지금의 산동성 안구현(安邱縣) 서남쪽 땅.

傳 元年春,에 不稱卽位,는 文姜出故也.라
원년춘 불칭즉위 문강출고야

三月,에 夫人遜于齊.라 不稱姜氏,는 絶不爲親.이라 禮也.라
삼월 부인손우제 불칭강씨 절불위친 예야

秋,에 築王姬之館于外.라 爲外,는 禮也.라

원년 봄의 조항에 공이 즉위했다고 말하지 않은 것은, 어머니 문강(文姜)이 나라에서 나갔기 때문이다.

3월에, 부인이 제나라로 돌아갔다. 강씨라 쓰지 않은 것은, 인연을 끊어 어머니가 아니어서였다. 이러한 기록은 예의에 맞는 일이다.

가을에 왕녀의 머무를 집을 성밖에다 지었다. 성밖에다 지었음은, 예의에 맞는 일이었다.

經| ㅇ二年春王二月,에 葬陳莊公.이라

ㅇ夏,에 公子慶父帥師,하여 伐於餘丘.라

ㅇ秋七月,에 齊王姬卒.이라

ㅇ冬十有二月,에 夫人姜氏會齊侯于禚.이라

ㅇ乙酉,에 宋公馮卒.이라

2년 봄 천자가 쓰는 역으로 2월에, 진나라 장공을 장사 지냈다.

여름에, 공자 경보(慶父)가 군사를 이끌고 어여구(於餘丘)를 쳤다.

가을 7월에, 제나라로 시집간 왕녀가 세상을 떠났다.

겨울 12월에, 부인 강씨가 제나라 군주인 후작을 작(禚)에서 만났다.

을유날에, 송나라 군주인 공작 풍(馮)이 세상을 떠났다.

주해| ㅇ慶父(경보)-장공(莊公)의 서형(庶兄).

ㅇ於餘丘(어여구)-《공양전》과 《곡량전》에는 주(邾)나라의 고을 이름이라고 했다. 두예는 작은 나라의 이름이라고 주를 달았다.

ㅇ禚(작)-제나라 지명. 지금의 산동성 장청현(長淸縣) 경계 지대.

傳│ 二年冬,에 夫人姜氏會齊侯于禚,은 書姦也.라

2년 겨울에, 부인 강씨가 제나라 군주인 후작과 작(禚)에서 만났다는 것은, 그들이 간통했음을 쓴 것이다.

經│ ○三年春王正月,에 溺會齊師,하여 伐衛.라

○夏四月,에 葬宋莊公.이라

○五月,에 葬桓王.이라

○秋,에 紀季以酅入于齊.라

○冬,에 公次于滑.이라

3년 봄 천자가 쓰는 역으로 정월에, 익(溺)이 제나라 군대와 합류하여 위나라를 쳤다.

여름 4월에, 송나라 장공을 장사 지냈다.

5월에 환왕(桓王)을 장사 지냈다.

가을에 기계(紀季)가 휴(酅) 땅을 가지고 제나라로 복종하여 들어갔다.

겨울에 공이 활(滑)에서 머물렀다.

주해│ ○溺(익)－노나라 대부.

○紀季(기계)－기나라 군주의 동생.

○以酅入于齊(이휴입우제)－휴(酅)는 기나라 고을. 지금의 산동성 임치현(臨淄縣) 동쪽 땅. 당시 제나라가 기나라를 멸망시키려 하자, 기계(紀季)는 휴 고을 땅을 가지고 제나라로 가 복종하였다.

○滑(활)－정나라 지명. 지금의 하남성 수현(睢縣) 서북쪽 땅.

傳|　三年春에，에 溺會齊師,하여 伐衛,는 疾之也.라

夏五月에，에 葬桓王,은 緩也.라

秋,에 紀季以酅入于齊.라 紀於是乎始判.이라

冬,에 公次于滑,은 將會鄭伯謀紀故也.라 鄭伯辭以難.이라 凡

師出,하여 一宿爲舍,요 再宿爲信,이며 過信爲次.라

　3년 봄에 익(溺)이 제나라 군사와 합류하여 위나라를 쳤다고 한 것은, 자기 마음대로 하였기에 그를 비난한 것이다.

　여름 5월에 환왕을 장사 지낸 것은, 때를 어겨 늦은 것이다.

　가을에 기계(紀季)가 휴(酅) 땅을 가지고 제나라로 복종하여 들어갔다. 기나라는 이에 비로소 나누어졌다.

　겨울에 공이 활(滑)에서 머문 것은, 정나라 군주인 백작과 만나 기나라의 일을 의논하려 했던 때문이다. 그런데 정나라 군주인 백작은, 자기 나라에 어려운 일이 있다는 이유로 거절했다. 무릇 군대가 출동하여 나가, 하룻밤을 묵는 것을 사(舍)라 하고, 이틀밤 묵는 것을 신(信)이라 하며, 이틀밤보다 더 묵는 것을 차(次)라 한다.

주해|　○疾(질)―미워하다, 싫어하다, 비난하다.

　○緩(완)―늦음. 환왕은 환공(桓公) 15년 3월에 붕(崩)했다. 그런데 7년이나 지나 이 해에 정식 장례식을 치르었다는 것은, 너무나 늦은 일이다. 천자는 붕한 지 7개월 뒤에 장사 지내는 게 예법이다.《공양전》과《곡량전》에는 개장(改葬)한 것이라고 해명했다.

經|　○四年春王二月,에 夫人姜氏享齊侯于祝丘.라

　　　　삼 월　　　기 백 희 졸
○ 三月,에 紀伯姬卒.이라

　　　하　　　제 후　진 후　　정 백 우 우 수
○ 夏,에 齊侯·陳侯·鄭伯遇于垂.라

　　기 후 대 거 기 국
○ 紀侯大去其國.이라

　　유 월 을 축　　　제 후 장 기 백 희
○ 六月乙丑,에 齊侯葬紀伯姬.라

　　추 칠 월
○ 秋七月.이라

　　　동　　　공 급 제 인 수 우 작
○ 冬,에 公及齊人狩于禚.이라

　　4년 봄 천자가 쓰는 역으로 2월에, 부인 강씨(姜氏)가 제나라 군주
인 후작에게 축구(祝丘)에서 잔치를 베풀었다.

　　3월에 기나라 군주인 백작 희(姬)가 세상을 떠났다.

　　여름에, 제나라 군주인 후작·진나라 군주인 후작·정나라 군주인
백작이 수(垂)에서 만났다.

　　기나라 군주인 후작은 영영 그 나라를 떠났다.

　　6월 을축날에, 제나라 군주인 후작이 기나라 백희(伯姬)를 장사 지
냈다.

　　가을 7월.

　　겨울에, 공이 제나라 사람과 작(禚)에서 사냥했다.

▌주해│ ○祝丘(축구)-노나라 지명.

　　　　○垂(수)-위(衛)나라 지명.

　　　　○大去(대거)-나라를 떠나 돌아오지 않음.

　　　　　　사 년 춘 왕 삼 월　　　　초 무 왕 형 시　　　수 사 혈 언　　　이 벌 수
▌傳│ 四年春王三月,에 楚武王荆尸,하여 授師子焉,하며 以伐隨.라

　　장 제　　　입 고 부 인 등 만 왈　　여 심 탕　　　등 만 탄 왈　　왕 록 진 의
　將齊,에 入告夫人鄧曼曰, 余心蕩.이라 鄧曼歎曰, 王祿盡矣.오니

다 盈而蕩,은 天之道也.로소이다 先君其知之矣.이오니다 故로 臨

武事,하여 將發大命,하며 而蕩王心焉.이오니다 若師徒無虧,하고

王薨於行,이면 國之福也.로소이다 王遂行,하여 卒於樠木之下.라

令尹鬪祁·莫敖屈重,이 除道,하고 梁差,하여 營軍臨隨.라 隨人

懼,하여 行成.이라 莫敖以王命入盟隨侯,하고 且請爲會於漢汭而

還.이라 濟漢而後發喪.이라

紀侯不能下齊,하여 以國與紀季.라

夏,에 紀侯大去其國,은 違齊難也.라

　4년 봄 천자가 쓰는 역으로 3월에, 초나라 무왕이 초나라 특유의
진법(陣法)을 세워, 군사들에게 창을 주어서 수나라를 치기로 했다.
왕이 재계(齋戒)하려고 안으로 들어가 부인 등만(鄧曼)에게 말하기
를, "내 마음이 울렁거리오."라고 했다. 그러자 등만이 탄식하고는 말
했다. "대왕(大王)의 운수가 다 되었사옵니다. 가득 차면 넘친다는
것은, 천도(天道)이옵니다. 선대 군주께서는 그것을 아시고 계시옵니
다. 그래서 싸움일에 이르러, 대왕의 출진(出進) 명령을 내리시려는
이때에, 대왕의 마음을 울렁거리게 하셨사옵니다. 만약 우리 군사들
이 다치지 않고, 대왕께서 싸우러 가시는 길에서 훙거(薨去)하시게
된다면, 그야말로 우리나라의 복이 되겠사옵니다." 왕은 싸우러 나가,
만목(樠木)이라는 나무 밑에서 세상을 떠났다. 영윤(令尹)인 투기(鬪
祁)와 막오관인 굴중(屈重)은, (왕의 죽음을 감추고서) 길을 닦아 열
고, 차수(差水)에 다리를 놓아 건너가, 군진을 쳐 수나라에 임박(臨
迫)했다. 그러자 수나라 사람은 두려워하고는 화목할 것을 청했다.

그래서 막오관은 왕명을 받았다고 수나라로 들어가, 수나라 군주인 후작과 화평의 맹서 맺기를 행하고, 한수(漢水) 서쪽에서 두 나라 군주가 회합할 것을 요청하고 돌아왔다. 그들은 한수를 건너고 나서야 왕의 죽음을 발표했다.

기나라 군주인 후작이 제나라에 대해서 항복할 수가 없어서, 나라를 기계(紀季)에게 주어 막게 하였다.

여름에 기나라 군주인 후작이 그의 나라를 영영 떠났다는 것은, 제나라가 쳐들어온 국난(國難)을 피하기 위해서였다.

주해 ○荊尸(형시)—형(荊)은 초(楚)나라를 뜻하고, 시(尸)는 진(陣)을 의미한다. 형시는 즉 초나라 특유의 군진(軍陣)이다. 여기에서는 초나라 특유의 군진법을 세웠다고 해석된다.

○孑(혈)—창. 종전에 초나라는 싸움에 창을 쓰지 않았는데, 이 당시에 비로소 창을 쓰는 전법(戰法)을 시행했다.

○齊(제)—재계(齋戒)함.

○蕩(탕)—가슴이 두근거리고 불안정함.

○祿(녹)—원래 봉록(俸祿)이라는 뜻으로 쓰였으나, 여기에서는 하늘이 준 운수.

○行(행)—출진(出陣) 길.

○楠木(만목)—나무 이름.

○令尹(영윤)—초나라의 재상(宰相).

○除道(제도)—도로를 닦아 열음.

○梁差(양차)—차수(差水)에 다리를 놓음. 차수는 호북성 수현(隨縣) 서북방에 있는 계명산(鷄鳴山)을 근원으로 하여 흐른다.

○營軍(영군)—군영(軍營)을 차림.

○以王命(이왕명)—왕의 명이라 하고서.

○發喪(발상)—상 당했음을 발표함.

經 ○五年春王正月.이라
오 년 춘 왕 정 월

○ _하夏,에 _{부인강씨여제사}夫人姜氏如齊師.라

○ _추秋,에 _{예리래래조}郳犁來來朝.라

○ _동冬,에 _{공회제인 송인 진인 채인 벌위}公會齊人 · 宋人 · 陳人 · 蔡人,하여 伐衛.라

5년 봄 천자가 쓰는 역으로 정월.

여름에, 부인 강씨(姜氏)가 제나라 서울로 갔다.

가을에, 예(郳)의 이래(犁來)가 찾아왔다.

겨울에 공이 제나라 사람 · 송나라 사람 · 진나라 사람 · 채나라 사람들과 회합을 갖고 위나라를 쳤다.

주해 ○郳(예)－노나라에 딸린 작은 나라로, 지금의 산동성 등현(滕縣)에 위치했다. 뒤에 노 환공을 따라 주 천자를 높이는 운동에 가담, 그 공으로 자작(子爵)의 작위를 받았다.

傳 _{오년추}五年秋,에 _{예리래래조}郳犁來來朝,에 _{명미왕명야}名未王命也.라

_{동벌위}冬伐衛,는 _{납혜공야}納惠公也.라

5년 가을에, 예(郳)의 이래(犁來)가 찾아왔는데 그의 이름을 쓴 것은, 그가 아직 천자의 제후가 되라는 명이 없었기 때문이다.

겨울에 위나라를 친 것은, 혜공(惠公)을 위나라로 들어가게 하기 위해서였다.

주해 ○惠公(혜공)－이름은 삭(朔). 환공 16년에 제나라로 도망갔다.

經 ○_{육년춘왕정월}六年春王正月,에 _{왕인자돌구위}王人子突救衛.라

○夏六月_{하유월},에 衛侯朔入于衛_{위후삭입우위}.라

○秋_추,에 公至自伐衛_{공지자벌위}.라

○螟_명.이라

○冬_동,에 齊人來_{제인래},하여 歸衛俘_{귀위부}.라

6년 봄 천자가 쓰는 역으로 정월에, 천자의 사람인 자돌(子突)이 위나라를 구했다.

여름 6월에, 위나라 군주인 후작 삭(朔)이 위나라로 들어갔다.

가을에, 공이 위나라 치는 일에서 돌아왔다.

멸구 떼가 일어났다.

겨울에 제나라 사람이 와, 위나라의 포로를 돌려보냈다.

주해 | ○子突(자돌)―주나라 대부.
　○歸衛俘(귀위부)―위나라 포로를 돌려보냄.《공양전》·《곡량전》의 경문에는 '부(俘)'를 '보(寶)'로 하였고,《좌씨전》의 전문(傳文)에도 '보(寶)'라 해서, '위나라에서 빼앗은 보물을 돌려보냈다'로 된다. 이런 것으로 보아 이 경문이 잘못된 것이 아닐까?

傳 | 六年春_{육년춘},에 王人救衛_{왕인구위}.라
　夏_하,에 衛侯入_{위후입}.이라 放公子黔牟于周_{방공자검모우주},하고 放甯跪于秦_{방녕궤우진},하며 殺_살
左公子泄·右公子職_{좌공자설 우공자직},하여 乃卽位_{내즉위}.라 君子以二公子之立黔牟_{군자이이공자지립검모},로
爲不度矣_{위불탁의}.라 夫能固位者_{부능고위자},는 必度本末_{필탁본말},하여 而後立衷焉_{이후립충언}.이라 不_부
知其本不謀_{지기본불모},요 知本之不枝_{지본지부지},면 弗强_{불강},이라 詩曰_{시왈}, 本枝百世_{본지백세}.라

동   제 인 래 귀 위 보   문 강 청 지 야
冬,에 齊人來歸衛寶,는 文姜請之也.라

6년 봄에, 천자의 사람이 위나라를 구했다.

여름에 위나라 군주인 후작이 본국으로 들어갔다. 그는 공자 검모(黔牟)를 주나라로 추방하고, 영궤(甯跪)를 진(秦)나라로 추방하여, 좌공자 설(泄)과 우공자 직(職)을 죽이고는, 군주 자리에 올랐다. 군자(君子)는 두 공자가 검모를 세웠음을 가지고, 앞을 헤아리지 못한 것이었다고 말했다. 자신의 지위를 단단히 할 수 있는 자라면, 반드시 근본과 지엽(枝葉)을 헤아려서, 가장 적당한 사람을 세우는 것이다. 그 근본이 어떠한가를 알지 못하면 그를 위해서 도모하지 않는 것이고, 그 뿌리가 약해서 지엽을 무성하게 못할 것을 알면 억지로 하지 않는 것이다. 《시경(詩經)》에서 말하기를 '뿌리와 가지가 무성하여 백세까지 번영한다.'고 하였다.

겨울에 제나라 사람이 와, 위나라에서 빼앗은 보물을 돌려보낸 것은 문강(文姜)이 그러라고 요청해서였다.

주해 ○位(위)−지위.
　○本末(본말)−근본과 지엽. 여기에서의 본(本)은, 군주로서 존립할 수 있는 능력과 그 주위 세력 등을 말한 것이고, 말(末)은 군주가 된 뒤에, 오래오래 자리를 지킬 수 있고, 많은 세력을 구축하게 될 것인가를 말한다.
　○衷(충)−가장 적당한 사람.
　○本之不枝(본지부지)−나무의 근본이 약해서 지엽을 무성하게 못함. 여기에서는 군주로서 대가 약해서, 장래에 번영하지 못함을 말한다.
　○詩曰(시왈)−《시경》대아(大雅) 문왕편(文王篇)의 구절.

초 문 왕 벌 신   과 등   등 기 후 왈   오 생 야   지 이 향 지
楚文王伐申,에 過鄧.이라 鄧祁侯曰, 吾甥也.라하고 止而享之.

라 騅甥·聃甥·養甥請殺楚子,나 鄧侯弗許.라 三甥曰, 亡鄧國
者,는 必此人也.로소이다 若不早圖,이오면 後君噬齊.리이다 其及
圖之乎.인가 圖之,면 此爲時矣.오니다 鄧侯曰, 人將不食吾餘.리
라 對曰, 若不從三臣,이시면 抑社稷實不血食.이리다 而君焉取餘.
이리오 弗從.이라 還年,에 楚子伐鄧,하고 十六年,에 楚復伐鄧,하여
滅之.라

초나라 문왕이 신(申)나라를 치는 데 있어, 등(鄧)나라를 지나다가 들렀다. 등나라 기공(祁公)은, "나의 생질이시다."라 하고는, 그를 머물게 하여 대접했다. 그때, 추생(騅甥)·담생(聃甥)·양생(養甥)이 초나라 군주인 자작을 죽이자고 청했다. 그러나 등나라 군주인 후작은 그 청을 허락하지 않았다. 그러자 세 생질은 말하기를, "등나라를 멸망시킬 자는 반드시 이 사람이옵니다. 만약 빨리 해치우지 않으신다면, 뒤에 군주께서 후회를 하셔도 소용없을 것이옵니다. 그때에 이 사람을 없앨 것을 도모하시렵니까? 이 사람을 없애려면, 지금이 그 시기이옵니다."라고 했다. 그러자 등나라 군주는, "내 이 사람을 죽인다면, 사람들은 내가 남긴 것을 먹지 않을 것이다."라고 말했다. 이에 대해서 생질들은 말하기를, "만일, 저희들 세 신하가 올리는 말씀을 듣지 않으신다면, 정녕 나라가 없어져서 실로 종묘 사직이 제사를 받지 못할 것이온데, 군주께서는 어찌 드시고 남을 것이 있사오리까?"라고 했다. 그러나 군주는 그들의 의견에 따르지 않았다. 싸움을 끝내고 돌아가는 해에, 초나라 군주인 자작은 등나라를 쳤고, 노 장공 16년에 초나라는 다시 등나라를 멸망시켰다.

주해 ㅇ甥(생)-생질. 초나라 문왕의 어머니 등만(鄧曼)은 등나라 기공(祁

公)의 자매였다.

ㅇ雛甥(추생) · 聃甥(담생) · 養甥(양생) – 다른 나라로 시집을 가 낳은 등
나라 군주의 자매의 아들들.

ㅇ噬齊(서제) – 본래 '서제(噬臍)'라 쓴다. 배꼽을 물다. 이것은 후회하더
라도 소용없다는 비유어로 쓴다.

ㅇ社稷實不血食(사직실불혈식) – 나라가 망해서, 종묘 사직이 실로 제사를
받지 못함.

經 |　ㅇ七年春,에 夫人姜氏會齊侯于防.이라
　　　칠 년 춘　　　부 인 강 씨 회 제 후 우 방

　　ㅇ夏四月辛卯夜,에 恒星不見,하고 夜中星隕如雨.라
　　　하 사 월 신 묘 야　　항 성 불 현　　야 중 성 운 여 우

　　ㅇ秋,에 大水.라
　　　추　　대 수

　　ㅇ無麥苗.라
　　　무 맥 묘

　　ㅇ冬,에 夫人姜氏會齊侯于穀.이라
　　　동　　부 인 강 씨 회 제 후 우 곡

　7년 봄에, 부인 강씨(姜氏)가 제나라 군주인 후작을 방(防)에서 만
났다.

　여름 4월 신묘날 저녁에, 항성(恒星)이 나타나지 않았고, 밤중에 별
이 비내리듯이 떨어졌다.

　가을에 큰물이 났다.

　보리와 고량(高粱)의 싹들이 자라지 않았다.

　겨울에, 부인 강씨가 제나라 군주와 곡(穀)에서 만났다.

주해 |　ㅇ防(방) – 노나라 지명.

　　ㅇ恒星(항성) – 늘 보이는 별. 4월 신묘날은 5일이었는데, 이날은 저녁이
　　　되어도 햇빛이 남아 있어, 늘 보이는 별이 나타나 보이지 않았다는 것
　　　이다.

○穀(곡)—지금의 산동성 동아현(東阿縣) 땅.

傳┃ ^{칠년춘} 七年春,에 ^{문강회제후우방} 文姜會齊侯于防,은 ^{제지야} 齊志也.라

^하 夏,에 ^{항성불현} 恒星不見,은 ^{야명야} 夜明也.라 ^{성운여우} 星隕如雨,는 ^{여우해야} 與雨偕也.라

^추 秋,에 ^{무맥묘} 無麥苗,는 ^{불해가곡야} 不害嘉穀也.라

7년 봄에 문강(文姜)이 제나라 군주인 후작을 방(防)에서 만난 것은, 제나라 군주의 뜻에서였다.

여름에, 늘 보이는 별이 나타나지 않았다는 것은, 저녁인데도 훤하게 밝아서였다. 별 떨어짐이 비오듯했다는 것은, 비 내리는 것과 같았다는 것이다.

가을에 보리와 고량의 싹이 자라지 않았다는 것은, 다른 좋은 곡식은 해치지 않았다는 것이다.

주해┃ ○麥苗(맥묘)—보리와 싹. 주나라 역으로 가을은, 하(夏)나라 역으로는 여름이다. 그때는, 보리는 다 익지만 고량은 아직 싹으로 있는 때다. 그래서 '묘(苗)'를 고량의 싹이라 풀이했다.

經┃ ○^{팔년춘왕정월} 八年春王正月,에 ^{사차우랑} 師次于郎,하여 ^{이사진인} ^{채인} 以俟陳人·蔡人.이라

○^{갑오치병} 甲午治兵.이라

○^하 夏,에 ^{사급제사위성} 師及齊師圍郕,하니 ^{성항우제사} 郕降于齊師.라

○^추 秋,에 ^{사환} 師還.이라

○^{동십유일월계미} 冬十有一月癸未,에 ^{제무지시기군제아} 齊無知弑其君諸兒.라

8년 봄 천자가 쓰는 역으로 정월에, 군사들이 낭(郎)에서 묵어, 진나라 사람·채나라 사람들을 기다렸다.

갑오날에 군병(軍兵)들을 정돈시켰다.

여름에 노나라 군사와 제나라 군사가 성나라를 포위하니, 성나라는 제나라 군사 앞에 항복했다.

가을에, 군사가 돌아왔다.

겨울 11월 계미날에, 제나라의 무지(無知)는 그의 군주 제아(諸兒)를 살해했다.

▌주해▐ ㅇ甲午(갑오)-정월 13일.
ㅇ治兵(치병)-출동(出動) 전에 군사들을 정돈함.

▌傳▐ 八年春,에 治兵于廟,는 禮也.라
夏,에 師及齊師圍郕.이라 郕降于齊師,하니 仲慶父請伐齊師.
라 公曰, 不可.라 我實不德,이어늘 齊師何罪.아 罪我之由.라 夏
書曰, 皐陶邁種德.이라 德乃降.이라 姑務脩德以待時乎.인저
秋,에 師還.이라 君子是以善魯莊公.이라

8년 봄에, 군병을 사당에서 정돈한 것은 예에 맞는 일이었다.

여름에, 노나라 군사와 제나라 군사가 성나라를 포위했다. 성나라가 제나라 군사에게 항복하니, 중경보(仲慶父)가 제나라 군사를 칠 것을 요청했다. 그러자 장공은 말하기를, "아니되오. 내가 실로 덕이 없어서인데, 제나라 군사에게 무슨 죄가 있단 말이오? 죄는 나에게 있소. 하서(夏書)에 이르기를, '고요(皐陶)는 덕 펴기에 힘을 썼다. 덕이 있으면 사람이 그 앞에 굴복한다.'라고 했소. 잠시 덕 쌓기에 힘써 때를

기다리도록 합시다."라고 했다.

가을에 군사가 돌아왔다. 군자(君子)는 이 일로 노나라 장공을 칭찬했다.

주해 ㅇ仲慶父(중경보)—노 환공의 아들.

ㅇ夏書(하서)—고문상서(古文尙書)의 대우모(大禹謨)에 있는 편명(篇名).

ㅇ皐陶(고요)—순(舜)임금 때의 명신(名臣).

ㅇ邁種德(매종덕)—덕 펴기를 힘씀.

齊侯使連稱・管至父戍葵丘.라 瓜時而往,에 曰, 及瓜而代.라
期戌,나 公問不至,요 請代,에 弗許.라 故로 謀作亂.이라 僖公之
母弟曰夷仲年.이라 生公孫無知,에 有寵於僖公,하여 衣服禮秩如
嫡,이러니 襄公黜之.라 二人因之以作亂.이라 連稱有從妹,하여
在公宮,이나 無寵.이라 使間公,하고 曰, 捷吾以汝爲夫人.이라

冬十二月,에 齊侯遊于姑棼,하고 遂田于貝丘.라 見大豕,에 從
者曰, 公子彭生也.라 公怒曰, 彭生敢見.가 射之,하니 豕人立而
啼.라 公懼,하여 墜于車,하며 傷足喪屨.라 反誅屨於徒人費,나 弗
得.이라 鞭之見血,에 走出,하여 遇賊于門.이라 劫而束之,하니 費
曰, 我奚禦哉.리오 袒而示之背,하니 信之.라 費請先入,하여 伏
公而出鬪,하며 死于門中,하고 石之紛如死于階下.라 遂入殺孟陽
于牀,하고 曰, 非君也.라 不類.로다 見公之足于戶下,하고 遂殺

^지   ^{이 립 무 지}
之,하여 而立無知.라

　제나라 군주인 후작이 연칭(連稱)과 관지보(管至父)로 하여금 규구
(葵丘)를 지키게 했다. 그들이 외[瓜]가 한창인 시절에 임지(任地)로
가자 군주는 말하기를, "내년 외가 나오는 시절에 교대해 주겠네."라
고 했다. 만 1년을 지키고 났으나, 군주로부터의 교대 명령이 오지 않
았고, 교대해 줄 것을 요청했으나 허락되지 않았다. 그러므로 그들은
난리를 꾸몄다. 희공(僖公)의 동생을 이중년(夷仲年)이라 했다. 이중
년이 공손무지(公孫無知)를 낳으니, 희공에게 사랑을 받아 그가 입는
의복이나 대우받음이 희공의 적자(嫡子)와 같았는데, 양공(襄公)이
군주가 되어서는, 그에 대한 대우를 낮게 했다. 그래서 연칭과 관지보
두 사람은 무지와 결탁하여 난리를 꾸몄다. 연칭에게는 사촌 누이동
생이 있어 군주의 궁 안에 있었는데, 군주의 사랑을 받지 못했다. 무
지는 그 이유로 하여 군주의 동태를 엿보게 하고 말하기를, "이번 일
이 성공된다면, 내 너를 정부인(正夫人)으로 삼으리라."라고 했다.
　겨울 12월에, 제나라 군주는 고분(姑棼)으로 놀러갔다가, 그길로
패구(貝丘)에서 사냥했다. 그때 큰 돼지가 나타나자 군주 옆에 따르
고 있던 자가, "공자 팽생(彭生)이옵니다."라고 말했다. 그러자 군주
는 노해서 말하기를, "팽생이란 놈이 감히 나타나?"라고 했다. 그리고
활로 쏘니, 돼지는 사람과 같이 일어서서 우는 소리를 냈다. 군주는
겁이 나, 타고 있던 수레에서 떨어져 발을 다치고 신발을 잃었다. 숙
소로 돌아가, 여러 가지 잔일을 하며 시중드는 비(費)에게 신발을 찾
아내라고 했지만, 찾지를 못했다. 군주가 비를 매로 때려 피가 흐르자,
비는 도망가다가 문간에서 군주를 해치려는 적(賊)을 만났다. 적이
그를 잡아 묶으려 하니 비가 말하기를, "내 어찌 반항하겠소?"라고는
저고리를 벗고 등의 매 맞은 자리를 보였더니, 적은 그를 믿었다. 비
는 자기가 먼저 군주 있는 곳으로 들어가게 할 것을 요청해서는, 군

주를 숨기고 나가 싸워, 대문 안에서 죽고, 석지분여(石之紛如)도 섬돌 밑에서 죽었다. 적들은 드디어 안으로 들어가, 군주의 잠자리에 군주인 양 누워 있는 맹양(孟陽)을 죽이고는, "이는 군주가 아니다. 군주의 모양 같지 않다."라고 했다. 그리고는 군주의 발을 문 밑으로 보고, 결국 군주를 죽이고 무지를 군주로 세웠다.

주해ㅣ ○僖公(희공)－양공(襄公)의 아버지.

○連稱(연칭)·管至父(관지보)－당시에 대부(大父)였다.

○葵丘(규구)－제나라 지명으로, 지금의 산동성 임치현(臨淄縣) 서쪽 땅.

○瓜時(과시)－외가 한창인 때. 7월.

○期戍(기수)－만 1년 수비(守備)를 하다.

○公問不至(공문부지)－교대하라는 군주의 명이 오지 않음. 당시의 군주는 양공(襄公).

○禮秩(예질)－대하는 예와 계급에 맞게 대하는 대우.

○嫡(적)－태자. 나중의 양공.

○姑棼(고분)－제나라 지명.

○貝丘(패구)－제나라 지명.

○彭生(팽생)－환공(桓公) 18년조에 나왔다. 그는 군주를 죽인 죄인으로 몰려 죽었다.

○袒而示之背(탄이시지배)－저고리를 벗고 매 맞은 등을 보이다.

初,에 襄公立無常.이라 鮑叔牙曰, 君使民慢,이니 亂將作矣.로다 奉公子小白,하여 出奔莒.라 亂作,에 管夷吾·召忽奉公子糾,하여 來奔.이라

初,에 公孫無知虐于雍廩.이라

전에 양공이 군주가 되었을 때, 양공의 정치가 정당성을 잃었다. 그

러자 포숙아(鮑叔牙)는, "군주가 백성을 다스림이 무절제하다. 난리가 장차 일어날 것이로다." 이렇게 말하고는, 공자 소백(小白)을 받들고 거(莒)나라로 달아났다. 난리가 일어나자, 관이오(管夷吾)와 소홀(召忽)은 공자 규(糾)를 받들고 우리 노나라로 도망왔다.

전에, 공손무지(公孫無知)는 옹름(雍廩)을 학대했다.

주해 ○無常(무상)—상도(常道)가 없음. 여기에서는 정치가 무질서했다는 뜻.

○鮑叔牙(포숙아)—공자 소백을 돌보았다. 관중(管仲)과 친했던 유명한 사람.

○小白(소백)—희공(僖公)의 서자(庶子)로, 뒤에 제나라 환공(桓公)이 되어, 제나라를 강하게 한 명군(名君).

○管夷吾(관이오)—공자 규를 돌보았다. 뒤에 포숙아의 추천으로, 환공 밑에서 재상이 되었다.

○召忽(소홀)—공자 규를 돌보는 일을 맡고 있었다.

○糾(규)—소백(小白)의 서형(庶兄).

○初公孫無知(초공손무지) 운운—이 글은 다음의 9년조 전문(傳文)에 속한 것을 여기에 잘못 붙인 것이 아닐까?

經 ○九年春,에 齊人殺無知.라

○公及齊大夫盟于蔇.라

○夏,에 公伐齊,하여 納子糾.라

○齊小白入于齊.라

○秋七月丁酉,에 葬齊襄公.이라

○八月庚申,에 及齊師戰于乾時,하여 我師敗績.이라

○九月_{구 월},에 齊人取子糾_{제 인 취 자 규},하고 殺之_{살 지}.라

○冬_동,에 浚洙_{준 수}.라

9년 봄에, 제나라 사람이 무지(無知)를 죽였다.

공은 제나라 대부와 기(蔇)에서 맹서하였다.

여름에 공이 제나라를 쳐서, 제나라 공자 규(糾)를 제나라로 돌려
보내려 했다.

제나라 소백(小白)이 제나라로 들어갔다.

가을 7월 정유날에, 제나라 양공을 장사 지냈다.

8월 경신날에, 제나라 군사와 건시(乾時)에서 싸워, 우리 군사가 패
배했다.

9월에, 제나라 사람이 공자 규를 체포하여, 그를 죽였다.

겨울에 수수(洙水)의 밑바닥을 깊이 팠다.

주해 ○齊人(제인)-제나라 사람. 무지(無知)한테 학대를 받았던 대부
옹름(雍廩)이었다 한다.
○蔇(기)-노나라 지명으로 지금의 산동성 임기현(臨沂縣) 서남쪽 땅.
○乾時(건시)-제나라 지명으로 지금의 산동성 박흥현(博興縣) 남쪽 땅.
○浚洙(준수)-수수(洙水)의 밑바닥을 깊이 팜. 수수는 산동성 곡부(曲阜)
부근을 흐른다. 당시에, 제나라 군사가 공격할까 하여, 강을 깊이 했다.

傳 九年春_{구 년 춘},에 雍廩殺無知_{옹 름 살 무 지}.라 公及齊大夫盟于蔇_{공 급 제 대 부 맹 우 기},는 齊無君也_{제 무 군 야}.라

夏_하,에 公伐齊納子糾_{공 벌 제 납 자 규}.라 桓公自莒先入_{환 공 자 거 선 입}.이라

秋_추,에 師及齊師戰于乾時_{사 급 제 사 전 우 건 시},하여 我師敗績_{아 사 패 적}.이라 公喪戎路_{공 상 융 로},하여

傳乘而歸_{전 승 이 귀},하고 秦子·梁子以公旗避于下道_{진 자 양 자 이 공 기 피 우 하 도}.라 是以皆止_{시 이 개 지}.라 鮑_포

숙아솔사래언왈　자규친야　청군토지　관중수야　청수
叔牙帥師來言曰, 子糾親也,니 請君討之.라 管仲讎也,니 請受

이감심언　내살자규우생두　소홀사지　관중청수　포
而甘心焉.이라 乃殺子糾于生竇,에 召忽死之.라 管仲請囚,에 鮑

숙수지　급당부　이탈지　귀이이고왈　관이오치어고
叔受之,하여 及堂阜,하여 而稅之.라 歸而以告曰, 管夷吾治於高

혜　사상가야　공종지
傒,하오니 使相可也.로소이다 公從之.라

9년 봄에, 옹름(雍廩)이 무지를 죽였다. 공이 기(蔇)에서 제나라 대부와 맹서한 것은, 제나라에 군주가 없어 그 일을 위해서였다.

여름에, 공이 제나라를 쳐 공자 규를 제나라로 들여보내려 했다. 그런데 환공(桓公)이 거나라에서 먼저 들어갔다.

가을에, 우리 군사는 제나라 군사와 건시(乾時)에서 싸우다가, 우리 군사가 패배했다. 그때 공은 타는 전차를 잃어, 역(驛)에 배치되어 사람이나 일을 전할 때 이용하는 수레를 타고 돌아왔고, 진자(秦子)와 양자(梁子)는 공을 표시하는 깃발을 들고 다른 길로 피해 달아났다. 그래서 그들은 다 잡혔다. 포숙아(鮑叔牙)가 군사를 거느리고 노나라로 와 말하기를, "공자 규는 우리 군주의 육친(肉親)이어서, (우리가 데려다 죽일 수가 없으니) 군주께서 죽이시기를 원하옵니다. 그리고, 관중(管仲)은 우리 군주의 원수이오니, 제가 체포하여 마음대로 처치하겠사옵니다."라고 했다. 이에 공자 규를 생두(生竇)에서 죽이니, 소홀(召忽)은 그를 따라 죽었다. 관중이 잡아갈 것을 요청하자, 포숙아는 그를 인수받아, 당부(堂阜)에 이르러 풀어주었다. 그리고 나라로 돌아가 군주에게 말하기를, "관이오는 고해(高傒)보다 정치를 잘하오니, 그를 재상으로 삼는 것이 좋겠습니다."라고 했다. 그러자 군주 환공은 그렇게 했다.

주해 | ○戎路(융로)-전차(戰車).

o傳乘(전승)-역(驛)에 배치하여, 일이나 사람을 전하는 데 사용하는 수레. 두예는 '다른 수레'라 주를 달았다.

o秦子(진자)·梁子(양자)-노나라 장공의 전차를 조종하고, 그의 오른쪽에 탔던 신하.

o下道(하도)-사잇길, 먼 길.

o管仲讎也(관중수야)-관중은 싸움에서 제나라 환공(桓公:小白)을 향해 쏘아, 그의 대금(帶金)을 맞추었다. 그래서 환공의 원수라 말한 것이다.

o甘心(감심)-마음대로 처형(處刑)함.

o生竇(생두)-노나라 지명.

o堂阜(당부)-제나라 지명으로, 지금의 산동성 몽음현(蒙陰縣) 서북쪽 땅.

o稅之(탈지)-풀어줌.

o高傒(고해)-당시의 제나라 재상.

▌經│ o十年春王正月,에 公敗齊師于長勺.이라

o二月,에 公侵宋.이라

o三月,에 宋人遷宿.이라

o夏六月,에 齊師·宋師次于郎.이라

o公敗宋師于乘丘.라

o秋九月,에 荊敗蔡師于莘,하여 以蔡侯獻舞歸.라

o冬十月,에 齊師滅譚,하니 譚子奔莒.라

10년 봄 천자가 쓰는 역으로 정월에, 공이 제나라 군사를 장작(長勺)에서 쳐부수었다.

2월에, 공이 송나라를 침범했다.

3월에, 송나라 사람이 숙(宿) 백성들을 다른 곳으로 옮겼다.

여름 6월에, 제나라 군사·송나라 군사가 낭(郎)에 머물렀다.

공이 송나라 군사를 승구(乘丘)에서 쳐부수었다.

가을 9월에, 초(楚)나라가 채나라 군사를 신(莘)에서 패배시키고, 채나라 군주인 후작 헌무(獻舞)를 포로로 하여 돌아갔다.

겨울 10월에, 제나라 군사가 담(譚)나라를 멸망시키니, 담나라 군주인 자작이 거나라로 도망했다.

주해 ㅇ長勺(장작)—노나라 지명으로, 지금의 산동성 곡부현(曲阜縣) 북방 경계 땅.

ㅇ宿(숙)—지금의 산동성 동평현(東平縣) 동쪽 땅. '천숙(遷宿)'은 숙 사람들을 다른 곳으로 옮기고, 그곳을 점령한다는 뜻.

ㅇ乘丘(승구)—노나라 지명으로, 지금의 산동성 자양현(滋陽縣) 서북 땅.

ㅇ荊(형)—초(楚)나라의 다른 이름.

ㅇ莘(신)—채나라 지명으로, 지금의 하남성 여남현(汝南縣) 경계.

ㅇ譚(담)—나라 이름으로, 지금의 산동성 역성현(歷城縣) 동남방에 위치했다. 군주의 성은 영(嬴)이었다고도 하고, 자(子)였다고도 한다.

傳 十年春,에 齊師伐我.라 公將戰,에 曹劌請見.이라 其鄕人曰, 肉食者謀之,어늘 又何間焉.고 劌曰, 肉食者鄙,하여 未能遠謀.라 乃入見.이라 問,하되 何以戰.이오니까 公曰, 衣食所安,은 弗敢專也,요 必以分人.이라 對曰, 小惠,요 未徧,하오니 民弗從也.리이다 公曰, 犧牲玉帛,은 弗敢加也,요 必以信.이라 對曰, 小信,이요 未孚,하오니 神弗福也.리이다 公曰, 小大之獄,은 雖不能察,이나 必以情.이라 對曰, 忠之屬也,로소이다 可以一戰.이오니다 戰則請從.

하나이다

公與之乘,하여 戰于長勺.이라 公將鼓之,에 劌曰, 未可.이오니다
齊人三鼓.라 劌曰, 可矣.로소이다 齊師敗績.이라 公將馳之,에 劌
曰, 未可.이오니라 下視其轍,하고 登軾而望之曰, 可矣.로소이다
遂逐齊師.라 旣克,에 公問其故.라 對曰, 夫戰勇氣也,로 一鼓作
氣,하고 再而衰,하며 三而竭.이오니다 彼竭我盈.이라 故로 克之.이
오니다 夫大國難測也,로 懼有伏焉.이었나이다 吾視其轍亂,하고
望其旗靡.었나이다 故로 逐之.이오니다

　10년 봄에, 제나라 군사가 우리나라를 쳤다. 공이 나가 싸우려 하
니 조귀(曹劌)가 공을 뵙고자 요청했다. 그러자 마을 사람이 말하기
를, "높은 분이 꾀한 일인데, 또 어찌하여 참견인가?"라고 했다. 조
귀가 말하기를, "높은 분들은 식견(識見)이 적어, 먼 앞날을 두고 꾀
할 수가 없소."라고 했다. 그는 들어가 공을 뵈었다. 공에게 묻되,
"무엇을 믿으시고 싸우려 하시옵니까?"라 했다. 공이 대답하기를,
"의식(衣食) 등 편안히 사는 데 필요한 것은 나 혼자 하지 않고서,
백성들에게 고루 나누어 주었노라."라 하니, 그가 대답하기를, "그것
은 작은 은혜이옵고, 군주의 은혜가 백성들에게 두루 베풀어지지 않
고 있사오니, 백성들은 군주를 잘 따르지 않을 것이옵니다."라 했다.
공이 다시, "내 조상에게 제사 드림에 있어, 제물인 희생이나 옥백을
바침에 더 늘리지 않고 거짓없이 그대로를 고하고 있다."라고 말했
다. 그러자 그는 대답하기를, "그것은 자그마한 마음이옵고, 큰 마음
은 아니오니, 신(神)께서는 복을 주시지 않을 것이옵니다."라고 했다.

청동으로 만든
종(鐘)

공이, "작고 큰 모든 소송(訴訟)을 다 살피지 못한다고는 할지라도, 내 반드시 정(情)으로 대하고 있노라."라고 말했다. 그러자 그는 말하기를, "그것은 백성을 사랑하는 충(忠)의 일에 속하옵니다. 그러시다면, 한 번 싸우실 수가 있나이다. 싸우신다면 저도 따라갈 것을 원하옵니다."라고 했다.

공은 조귀와 전차를 타고 장작(長勺)에서 싸웠다. 공이 북을 쳐 진군시키려 하자 조귀는, "아직 아니되옵니다."라고 말했다. 제나라 사람이 세 차례 북을 울렸다. 그러자 조귀는, "이제 좋사옵니다."라고 했다. 제나라 군사는 패배했다. 공이 제나라 군을 추격하려 하자 조귀는, "아직 아니되옵니다."라고 말했다. 그리고 그는 전차에서 내려 제나라 군의 전차 바퀴 자국을 살펴보고, 또 전차의 앞 가로막이 나무에 올라서서 적군을 바라보고는 말하기를, "이제는 좋사옵니다."라고 말했다. 그래서 드디어 제나라 군사를 추격했다. 싸움에 이기고 나서, 공은 그에게 까닭을 물었다. 그랬더니 그는 대답했다. "무릇 전쟁이란 것은 용기로 하옵니다. 한 번 북을 치면 용기가 나는데 응전(應戰)을 않고, 재차 북을 쳤을 때에는 적의 용기는 약해졌사온데 역시 응전을 하지 않았으며, 세 번째 북을 쳤을 때는, 적의 용기는 다 가라앉았던 것이옵니다. 적군의 용기가 다 가라앉은 뒤에 우리 군사에게 진군(進軍)의 첫번째 북을 쳐 주어 용기 충만하게 했사옵니다. 그러므로 우리는 이겼사옵니다. 그리고 큰 나라의 군사가 하는 일은 추측하기 어렵사온데, 복병이 있을까 두려워했사옵니다. 그런데 제가 그들의 전차 바퀴 자국을 살피니 난잡하고, 또 그들의 깃발이 서로 앞을 다투느라고 이리저리 흔들리는 것을 보았습니다. 그래서, 그들을 쫓은 것이옵니다."

하유월   제사   송사차우랑   공자언왈   송사부정
夏六月,에 齊師 · 宋師次于郎.이라 公子偃曰, 宋師不整,하니

가패야 송패 제필환 청격지 공불
可敗也.로소이다 宋敗,면 齊必還,이리오니 請擊之.이오니다 公弗
허 자우문절출 몽고비이선범지 공종지 대패송
許.라 自雩門竊出,하여 蒙皐比而先犯之.라 公從之,하여 大敗宋
사우승구 제사내환
師于乘丘,하니 齊師乃還.이라

여름 6월에 제나라 군사와 송나라 군사가 낭(郎)에 주둔했다. 공자
언(偃)이 공에게 말하기를, "송나라 군사가 잘 정돈되어 있지 않으니,
이길 수 있사옵니다. 송나라 군사가 패하면, 제나라 군사는 반드시 돌
아갈 것이오니 송나라 군사 치기를 원하옵니다."라고 했다. 그러나 공
이 허락하지 않았다. 그는 우문(雩門)으로부터 살짝 빠져나가 호랑이
가죽을 둘러쓰고는 누구보다도 먼저 적진으로 쳐들어갔다. 공이 그
뒤를 쫓아 진격하여, 송나라 군사를 승구(乘丘)에서 크게 쳐부수니,
제나라 군사가 곧 돌아갔다.

▌주해▌ ㅇ雩門(우문)-노나라 도성의 서문(西門) 이름.
ㅇ皐皮(고피)-호랑이 가죽.

채애후취우진 식후역취언 식규장귀 과채 채
蔡哀侯娶于陳,하고 息侯亦娶焉.이라 息嬀將歸,에 過蔡.라 蔡
후왈 오이야 지이견지 불빈 식후문지노 사위초
侯曰, 吾姨也.라 止而見之,에 弗賓.이라 息侯聞之怒.라 使謂楚
문왕왈 벌아 오구구어채 이벌지 초자종지
文王曰, 伐我.하라 吾求救於蔡,하여 而伐之.리라 楚子從之.라
추구월 초패채사우신 이채후헌무귀
秋九月,에 楚敗蔡師于莘,하여 以蔡侯獻舞歸.라
제후지출야 과담 담불례언 급기입야 제후개
齊侯之出也,에 過譚,이나 譚不禮焉.이라 及其入也,에 諸侯皆
하 담우부지
賀,어늘 譚又不至.라
동 제사멸담 담무례고야 담자분거 동맹고야
冬,에 齊師滅譚,은 譚無禮故也,요 譚子奔莒,는 同盟故也.라

채나라의 애공(哀公)이 진나라로부터 부인을 맞이했고, 식나라 군
주인 후작 역시 진나라에서 부인을 맞이했다. 식규(息嬀)가 식나라로
시집가는 길에, 채나라에 들렀다. 채나라 군주인 후작은, "내 처제가
왔다."라 했다. 그리고는 그녀를 머물게 하여 서로 만났는데, 손님 대
접을 하지 않았다. 식나라 군주가 그것을 듣고는 노했다. 그래서 초나
라 문왕에게 사자(使者)를 보내어 말하기를, "우리 식나라를 쳐들어
오십시오. 그러면 나는 채나라에게 구원을 요구해서, 구원하러 오면
그들을 치도록 하십시다."라고 했다. 그러자 초나라 군주인 자작이 그
말을 따랐다.

가을 9월에, 초나라는 채나라 군사를 신(莘)에서 쳐부수어, 채나라
군주 헌무(獻舞)를 잡아 데리고 돌아갔다.

제나라 군주인 후작이 외국으로 가는 길에 담(譚)나라를 들렀으나,
담나라에서 예를 갖추어 대하지 않았다. 그리고 제나라 군주가 외국
에 갔다가 돌아왔을 때, 제후들이 다 가서 축하했는데, 담나라 군주는
가지 않았다.

겨울에, 제나라 군사가 담나라를 멸망시킨 것은, 담나라가 무례했던
때문이고, 담나라 군주인 자작이 거(莒)나라로 도망한 것은, 그 두 나
라가 서로 동맹을 맺었기 때문이다.

주해 │ ○息嬀(식규)—식나라 군주의 부인. 진(陳)나라 군주의 성이 규
(嬀)였기에 식규라 했다.
○姨(이)—아내의 자매.
○齊侯(제후)—제나라 환공(桓公)을 말한다.

經 │ ○十有一年春王正月.이라
(십유일년춘왕정월)

○夏五月戊寅,에 公敗宋師于鄑.이라
(하오월무인)   (공패송사우진)

○秋^추,에 宋大水^{송 대 수}.라

○冬^동,에 王姬歸于齊^{왕 희 귀 우 제}.라

11년 봄 천자가 쓰는 역으로 정월.
여름 5월 무인날에, 공이 송나라 군사를 진(鄑)에서 쳐부수었다.
가을에, 송나라에 큰물이 났다.
겨울에, 왕녀(王女)가 제나라로 시집갔다.

傳| 十一年夏^{십 일 년 하},에 宋爲乘丘之役故侵我^{송 위 승 구 지 역 고 침 아}.라 公禦之^{공 어 지},에 宋師未陳^{송 사 미 진},하여 而薄之^{이 박 지},로 敗諸鄑^{패 저 진}.이라 凡師^{범 사},에 敵未陳曰敗某師^{적 미 진 왈 패 모 사},하고 皆陳^{개 진}日戰^{왈 전},하며 大崩曰敗績^{대 붕 왈 패 적},하고 得儁曰克^{득 준 왈 극},하며 覆而敗之曰取某師^{복 이 패 지 왈 취 모 사},하고 京師敗曰京師敗績于某^{경 사 패 왈 경 사 패 적 우 모}.라

11년 여름에, 송나라가 승구(乘丘)에서의 싸움을 이유로 우리나라를 침범했다. 공이 대항했는데 송나라 군사가 아직 진형(陣形)을 취하지 못해서 허술하였기에, 진(鄑)에서 패배시켰다. 무릇 싸움에서, 적이 아직 진형을 취하지 못해서 이겼을 때에는 '어느 군사를 패(敗)하게 했다.'라 하고, 서로 진형을 취해 싸운 것은 '전(戰 : 싸웠다)'이라 하며, 적군이 크게 무너졌으면 '패적(敗績)'이라 하고, 적의 뛰어난 사람을 생포(生捕)했을 때에는 '극(克 : 이기다)'이라 하며, 적군을 포위해서 쳐부순 것은 '어느 군사를 취(取)했다.'라 하고, 천자의 군사가 패배했을 때는 '천자의 군사가 누구한테 패적당했다.'고 한다.

秋^추,에 宋大水^{송 대 수}.라 公使弔焉曰^{공 사 조 언 왈}, 天作淫雨^{천 작 음 우},에 害於粢盛^{해 어 자 성},이어늘

若之何不弔.고 對曰, 孤實不敬,하여 天降之災.라 又以爲君憂,하여 拜命之辱.이라 臧文仲曰, 宋其興乎.인저 禹·湯罪己,에 其興也勃焉,하고 桀·紂罪人,에 其亡也忽焉.이라 且列國有凶,에 稱孤,는 禮也.라 言懼而名禮.라 其庶乎.인저 旣而聞之,하되 曰, 公子禦說之辭也.라 臧孫達曰, 是宜爲君.이라 有恤民之心이라.

冬,에 齊侯來逆恭姬.라

가을에, 송나라에 큰물이 났다. 그러자 공이 사자를 보내어 위문해서 말하기를, "하늘이 오랫동안 비를 내리어 조상에게 제사 드릴 곡물을 해쳤는데, 어찌하여 위문하지 않겠습니까?"라 했다. 그랬더니 송나라 군주가 대답하여 말하기를, "고(孤)가 실로 공경스럽지 못하여, 하늘이 재화를 내리시었습니다. 그리고 군주를 걱정하게 하여 고마운 말씀까지를 받고 감사합니다."라고 했다. 장문중(臧文仲)이 말하기를, "송나라는 흥하겠구나. 하(夏)나라 우(禹)임금과 은(殷)나라 탕(湯)임금이 모든 것을 자기 죄로 돌려 나라가 흥성했고, 하나라 걸왕(桀王)과 은나라 주왕(紂王)은 모든 일에 대해서 남에게 죄를 덮어씌워 나라가 갑자기 망하고 말았다. 그리고 제후 나라에서 재해가 있을 때 군주가 자신을 고(孤)라고 부르는 것이 예에 맞는 일이다. 송나라 군주는 말하는 것을 두려워하고, 자기를 칭(稱)하는 것이 예에 맞았다. 그러니 그 나라는 아마 흥할 것이다."라고 했다. 그후에 들으니, 그것은 공자 어열(禦說)이 한 말이었다 하였다. 장손달(臧孫達)은 말하기를, "공자[어열]가 군주가 되어야겠구나. 백성을 걱정하는 마음을 갖고 있다."라고 했다.

겨울에, 제나라 군주인 후작이 와 왕녀 공희(恭姬)를 맞이했다.

■ 주해 ┃ ○淫雨(음우)-오랫동안 내리는 비.

○粢盛(자성)-제사에 드리는 곡물.

○孤(고)-제후가 자신을 겸손히 이르는 말.

○臧文仲(장문중)-노나라 대부. 성은 장손(臧孫)이고, 이름은 진(辰). 문중(文仲)은 죽은 뒤에 주어진 시호.

○名禮(명례)-자기를 칭함이 예에 맞다.

○臧孫達(장손달)-장문중의 조부(祖父)로, 노나라 대부.

乘丘之役,에 公以金僕姑射南宮長萬,하고 公右歂孫生搏之.라 宋人請之.라 宋公靳之曰, 始吾敬子,러니 今子魯囚也.라 吾弗敬子矣.로다 病之.라

승구(乘丘) 싸움에서, 공은 금복고(金僕姑)로 남궁장만(南宮長萬)을 쏘아 맞추었고, 공의 전차 오른쪽에 탄 천손(歂孫)이 그를 사로잡았다. 송나라 사람이 그를 돌려보내 달라고 요청했다. 송나라 군주인 공작이 모욕하여 말하기를, "전에 나는 그대를 존경했는데, 이제 그대는 노나라의 포로가 되었다. 그러니 나는 그대를 존경하지 않겠노라." 라고 했다. 그러자 남궁장만은 그 말에 마음이 아팠다.

■ 주해 ┃ ○金僕姑(금복고)-화살 이름.

○南宮長萬(남궁장만)-남궁은 성이고, 장(長)은 자(字)이며, 만(萬)은 이름. 송나라 대부.

○靳(근)-욕보임.

■ 經 ┃ ○十有二年春王三月,에 紀叔姬歸于酅.라

○夏四月.이라

○秋八月甲午,에 宋萬殺其君捷,하고 及其大夫仇牧.이라

○冬十月,에 宋萬出奔陳.이라

12년 봄 천자가 쓰는 역으로 3월에, 기나라 숙희(叔姬)가 휴(酅)로
돌아왔다.

여름 4월.

가을 8월 갑오날에, 송나라의 만(萬)이 그의 군주 첩(捷)을 죽이고,
또 대부인 구목(仇牧)까지 죽였다.

겨울 10월에, 송나라의 만이 진나라로 도망쳤다.

주해 | ○紀叔姬歸于酅(기숙희귀우휴)－숙희는 노나라의 공녀로, 은공 7년
에 기(紀)나라로 시집갔다. 그런데 기나라가 망하자, 노나라로 돌아오기
로 되었는데 그녀는 노나라로 가기 전에 제(齊)나라에 귀속(歸屬)되어
있는 휴(酅)에 일시 몸을 의지하였다.

○八月甲午(팔월갑오)－8월 9일.

○萬(만)－남궁장만(南宮長萬).

傳 | 十二年秋,에 宋萬殺閔公于蒙澤,하고 遇仇牧于門,에 批而殺
之,하며 遇大宰督于東宮之西,하여 又殺之.라 立子游,에 群公子
奔蕭,하고 公子禦説奔亳,에 南宮牛・猛獲帥師圍亳.이라

冬十月,에 蕭叔大心,이 及戴・武・宣・穆・莊之族以曹師伐
之,하여 殺南宮牛于師,하고 殺子游于宋,하여 立桓公.이라 猛獲
奔衛,하고 南宮萬奔陳,에 以乘車輦其母,하여 一日而至.라 宋人
請猛獲于衛,하니 衛人欲勿予.라 石祁子曰, 不可.라 天下之惡,은

^{일야}
一也.라 ^{악어송이보어아}惡於宋而保於我,면 ^{보지하보}保之何補.아 ^{득일부이실일국}得一夫而失一國,하고

^{여악이기호}與惡而棄好,는 ^{비모야}非謀也.라 ^{위인귀지}衛人歸之.라 ^{역청남궁만우진이뢰}亦請南宮萬于陳以賂.라

^{진인사부인음지주}陳人使婦人飮之酒,하여 ^{이이서혁과지}而以犀革裹之.라 ^{비급송}比及宋,에 ^{수족개현}手足皆見.

이라 ^{송인개해지}宋人皆醢之.라

　12년 가을에, 송나라 만(萬)이 군주 민공을 몽택(蒙澤)에서 죽이고, 구목(仇牧)을 성문(城門)에서 만나 손으로 쳐서 죽이고는, 태재(大宰) 독(督)을 동궁의 서쪽에서 만나자 그 또한 죽였다. 그가 자유(子游)를 군주로 세우자 뭇 공자들은 소(蕭)로 도망치고, 공자 어열(禦說)은 박(亳)으로 달려갔는데, 남궁우(南宮牛)와 맹획(猛獲)이 군대를 거느리고 박을 포위했다.

　겨울 10월에, 소 땅의 숙대심(叔大心)은 송의 대공(戴公)·무공(武公)·선공(宣公)·목공(穆公)·장공(莊公)들의 자손과 같이, 조(曹)나라 군대로 그들을 쳐, 남궁우는 싸움터에서 죽이고, 자유는 송나라 도읍에서 죽이고는 환공(桓公)을 세웠다. 맹획은 위나라로 도망쳤고, 남궁만은 진나라로 도망갔는데, 그는 수레에 어머니를 태워 자신이 끌고, 하루만에 진나라에 이르렀다. 송나라 사람이 위나라에 대해 맹획을 보내라고 요구하자, 위나라 사람은 내주지 않으려 했다. 그러자 석기자(石祁子)가 말하기를, "안됩니다. 천하의 악한 자는 다 마찬가지입니다. 송나라에서 악한 짓한 사람을 우리나라에서 보호한다면, 그를 보호해서 무슨 도움이 있겠습니까? 한 사나이를 얻었다가 한 나라를 잃게 되고, 악한 자의 편이 되어서 두 나라의 우호 관계를 버린다는 것은, 좋은 계책이 아닙니다."라고 했다. 위나라 사람이

연(輦, 駕)

맹획을 송나라로 돌려보냈다. 송나라는 또 남궁만을 보내라고 진나라에 뇌물을 주어 요청했다. 진나라 사람은 부인을 시켜 그에게 술을 먹여서는 무소 가죽으로 쌌다. 그가 송나라에 당도했을 때, 안에서 몸부림을 친 바람에 가죽이 찢어져, 그의 손발이 다 드러났다. 송나라 사람은 그를 소금으로 절여 젓을 담갔다.

주해 ○蒙澤(몽택)－송나라 지명으로, 지금의 하남성 상구현(商邱縣) 동북쪽 땅.

○批(비)－손으로 때림.

○大宰(태재)－집정관(執政官).

○蕭(소)－송나라 지명. 지금의 강소성(江蘇省) 소현(蕭縣).

○亳(박)－송나라 지명. 지금의 하남성 상구현 서북쪽 땅.

○南宮牛(남궁우)－남궁만의 아들.

○輦(연)－수레를 끌고 달림.

○醢(해)－젓, 젓을 담그는 것.

經 ○十有三年春,에 齊侯·宋人·陳人·蔡人·邾人會北杏.
이라

○夏六月,에 齊人滅遂.라

○秋七月.이라

○冬,에 公會齊侯盟于柯.라

13년 봄에, 제나라 군주인 후작·송나라 사람·진나라 사람·채나라 사람·주나라 사람들이 북행(北杏)에서 회합했다.

여름 6월에, 제나라 사람이 수(遂)나라를 멸망시켰다.

가을 7월.

겨울에, 공이 제나라 군주인 후작과 가(柯)에서 맹서했다.

주해 ○北杏(북행)─제나라 지명으로, 지금의 산동성 동아현(東阿縣) 경계.
○遂(수)─순(舜)임금의 후손의 봉국(封國). 지금의 산동성 영양현(寧陽縣) 서북쪽에 위치했다. 국성은 규(嬀).
○柯(가)─제나라 지명으로, 지금의 산동성 아현(阿縣) 서쪽 땅.

傳 十三年春,에 會于北杏,하여 以平宋亂,이어늘 遂人不至.라
夏에 齊人滅遂,하여 而戌之.라
冬,에 盟于柯,하여 始及齊平也.라
宋人背北杏之會.라

13년 봄에 북행(北杏)에서 회합을 갖고 송나라의 난리를 가라앉혔는데, 당시에 수나라 사람은 참가하지 않았다.
여름에, 제나라 사람이 수나라를 멸망시키고는, 그 땅을 지켰다.
겨울에, 가(柯)에서 맹서하여 비로소 제나라와 화목하게 되었다.
송나라 사람이 북행에서 맺은 맹서를 배반했다.

주해 ○盟于柯(맹우가)─《공양전》에는 이 맹서를 중요시하고, 제나라 환공(桓公)이 이 맹서에서 모든 제후들의 신의(信義)를 밝혔다고 칭찬하고 있다.

經 ○十有四年春,에 齊人・陳人・曹人伐宋.이라
○夏,에 單伯會伐宋.이라
○秋七月,에 荊入蔡.라

　　　　　동　　선백회제후　　송공　　위후　　정백우견
○冬,에 單伯會齊侯·宋公·衛侯·鄭伯于鄲.이라

14년 봄에, 제나라 사람·진나라 사람·조나라 사람들이 송나라를 쳤다.

　여름에, 선백(單伯)이 송나라를 치는 일에 가담했다.

　가을 7월에, 초나라가 채나라로 쳐들어갔다.

　겨울에, 선백이 제나라 군주인 후작·송나라 군주인 공작·위나라 군주인 후작·정나라 군주인 백작과 견(鄲)에서 회합을 가졌다.

┃주해┃ ○單伯(선백)－장공(莊公) 원년조에 나왔다.
　　　○鄲(견)－위(衛)나라 지명으로, 지금의 산동성 복현(濮縣) 동쪽 땅.

　　　　십사년춘　　　제후벌송　　　　제인청사우주
┃傳┃ 十四年春,에 諸侯伐宋,에 齊人請師于周.라
　　　하　　선백회지　　　취성우송　　　이환
　　夏,에 單伯會之,하여 取成于宋,하며 而還.이라
　　정려공자력침정　　　급대릉　　　획부하　　부하왈　구사아
　　鄭厲公自櫟侵鄭,하고 及大陵,하여 獲傅瑕.라 傅瑕曰, 苟舍我,
　　　　오청납군　　　　여지맹이사지　　유월갑자　　부하살
하시면 吾請納君.하리이다 與之盟而赦之.라 六月甲子,에 傅瑕殺
　정자급기이자　　　이납려공
鄭子及其二子,하여 而納厲公.이라
　　　초　　내사여외사　　　투어정남문지중　　　내사사　　　육
　　初,에 内蛇與外蛇,가 鬪於鄭南門之中,하여 内蛇死,러니 六
　년이려공입　　　공문지　　　문어신수왈　유유요호　　대왈
年而厲公入.이라 公聞之,하고 問於申繻曰, 猶有妖乎.아 對曰,
　인지소기　　기기염이취지　　　　요유인흥야　　인무흔언
人之所忌,는 其氣炎以取之.이오니다 妖由人興也,로 人無釁焉,
　　요부자작　　　인기상　　　즉요흥　　　고　　유요
엔 妖不自作.이오니다 人棄常,이면 則妖興.이오니다 故로 有妖.로
소이다

厲公入,하여 遂殺傅瑕.라 使謂原繁曰, 傅瑕貳.라 周有常刑,
에 旣伏其罪矣.라 納我而無二心者,는 吾皆許之,하고 上大夫之
事,는 吾願與伯父圖之.라 且寡人出,에 伯父無裏言,하고 入,에
又不念寡人,하니 寡人憾焉.이라 對曰, 先君桓公命我先人,하사
典司宗祐.이었나이다 社稷有主,이온데 而外其心,이면 其何貳如
之.리오 苟主社稷,에 國內之民,이 其誰不爲臣.이오니까 臣無二
心,은 天之制也.로소이다 子儀在位十四年矣,어늘 而謀召君者,는
庸非貳乎.인가 莊公之子猶有八人,에 若皆以官爵行賂,하여 勸
貳,하며 而可以濟事,면 君其若之何.인가 臣聞命矣.로소이다 乃縊
而死.라

14년 봄에 제후들이 송나라를 치자, 제나라 사람이 주(周)나라 천자에게 원군을 요청했다.

여름에, 선백이 가담하여, 송나라를 화평(和平)하게 하고는 돌아갔다.

정나라 여공(厲公)이 몸을 의지하고 있던 역(櫟)으로부터 정나라로 침입하고, 대릉(大陵)에 이르러 부하(傅瑕)를 잡았다. 그러자 부하가 말하기를, "잠시 저를 놓아주신다면, 저는 군주를 도읍으로 들어가시도록 모시겠나이다."라고 했다. 여공은 그와 맹서를 맺고, 용서해 주었다. 6월 갑자날에, 부하는 정나라 군주와 그의 두 아들을 죽이고, 여공을 받아들였다.

전에, 정나라 도읍 성안의 뱀과 성밖의 뱀이 남문(南門) 안에서 싸워 성안의 뱀이 죽었는데, 그 일이 있은 지 6년에 여공이 나라 안으

로 들어가게 되었다. 노나라 장공이 이 일을 듣고는 신수(申繻)에게
물어 말하길, "세상에는 역시 그런 요망한 일도 있는 것이오?"라고
했다. 그러자 신수는 대답했다. "사람이 원망하는 바는, 그 기운이 불
타서 요망한 것이 되옵니다. 요망한 일은 사람 자신에게서 일어나는
것으로, 사람에게 아무런 틈이 없다면야, 요망한 일이 자신에서 일어
나지 않사옵니다. 사람이 지켜야 할 상도(常道)를 버리고 지키지 않
는다면, 요망한 일이 일어나옵니다. 그런데 정나라는 상도를 지키지
않았기에 그 요망한 일이 일어난 것입니다."

여공이 국내로 들어가서는, 바로 부하를 죽였다. 그리고 사람을 보
내어 원번(原繁)에게 말했다. "부하는 두 마음을 갖고 있었소. 주(周)
나라 천하에는 정해진 형벌이 있으므로, 그는 이미 그의 죄에 대한
벌을 받았소. 나를 맞이하고 두 마음을 갖지 않는 자라면, 나는 그들
을 다 용서할 것이고, 상대부(上大夫)에 관한 일은, 내 백부(伯父)와
같이 상의할 것을 바라고 있소. 그리고 내가 나라에서 다른 곳으로
갔을 때, 백부는 나에게 마음속으로부터 나오는 정든 말 한마디 없더
니, 이번에 다른 곳에서 돌아옴에도, 역시 나를 위하여 생각하지 않고
있기에 나는 유감스럽게 여기고 있소." 이에 대해서, 원번은 대답했
다. "선대 군주 환공(桓公)께서 저의 선조에게 명하사, 조상의 위패
(位牌)를 모시는 종묘(宗廟)의 석실을 책임지게 하셨나이다. 국가에
군주가 계시는데, 신하로서 마음을 다른 데 둔다면 어느 배반(背反)
하는 마음이 이보다 크오리까? 사직(社稷)을 맡는 분이 있으므로, 온
나라 백성이 그 누구 신하 아님이 있으오리까? 신하가 군주에게 두
마음을 갖지 않는다는 것은, 하늘이 정한 법도이옵니다. 자의(子儀)는
군주 자리에 14년이나 있었는데, 군주를 모시는 일을 도모함은, 어찌
두 마음 가짐이 아니겠사옵니까? 장공(莊公)의 아들이 아직도 여덟
분이나 있는데, 만약에 그분들이 다 관작을 뇌물로 삼아, 두 마음 가
질 것을 권해서 꾸민 일을 성공시킬 수 있다면, 군주께서는 어찌하시

겠사옵니까? 신은 내리신 말씀 잘 들었사옵니다." 이렇게 말한 그는, 곧 목을 매어 죽었다.

주해┃ ㅇ大陵(대릉)-정나라 지명으로, 지금의 하남성 임영현(臨穎縣) 동북쪽 땅.

ㅇ六月甲子(유월갑자)-6월 20일.

ㅇ鄭子(정자)-정나라 군주. 자의(子儀)를 말한다.

ㅇ上大夫(상대부)-집정(執政)하는 경(卿)으로, 원번(原繁)을 지칭한다.

ㅇ伯父(백부)-제후와 동성(同姓)의 대부로서 연장자를 백부라 했는데, 여기서는 원번을 지칭한다.

ㅇ裏言(이언)-마음속에서 우러나온 말.

ㅇ先君桓公(선군환공)-정나라의 시조(始祖)인 환공.

ㅇ宗祏(종석)-종묘의 위패를 모시는 석실(石室).

ㅇ庸(용)-어찌.

ㅇ聞命矣(문명의)-내린 말씀을 들음.

蔡哀侯爲莘役故,로 繩息嬀以語楚子.라 楚子如息,에 以食入享,하고 遂滅息,하여 以息嬀歸.라 生堵敖及成王焉,이로되 未言.이라 楚子問之,하니 對曰, 吾一婦人而事二夫.이오니다 縱弗能死,나 其又奚言.이리오 楚子以蔡侯滅息.이라 遂伐蔡,하여 秋七月,에 楚子入蔡.라 君子曰, 商書所謂惡之易也,는 如火之燎于原,하여 不可嚮邇,어늘 其猶可撲滅者.라 其如蔡哀侯乎.아

冬,에 會于鄄,은 宋服故也.라

채나라의 애공(哀公)이 신(莘)에서의 전쟁에 대한 보복을 위해서,

식규(息嬀)의 아름다움을 찬양하며 초나라 군주인 자작에게 말했다. 그랬더니, 초나라 군주는 식(息)나라로 먹을 것을 갖고 들어가 식나라 군주를 대접하고, 드디어 식나라를 멸망시켜 식규를 데리고 돌아갔다. 식규는 초나라에서 도오(堵敖)와 성왕(成王)을 낳았으나, 말하지 않았다. 초나라 군주가 그 까닭을 물으니 말하기를, "저는 한 여자로서 두 남편을 섬겼사옵니다. 비록 죽을 수는 없을지언정, 또 어찌 말까지 하오리까?"라고 했다. 초나라 군주는 채나라 군주가 식나라를 멸망하게 한 것이라고 여겼다. 그래서 드디어 채나라를 쳐, 가을 7월에 초나라 군주는 채나라로 쳐들어갔다. 군자(君子)는 이 일을 두고 말했다. "《서경(書經)》에 '악이 커짐은 마치 불이 벌판을 태우는 것과 같아 가까이 갈 수가 없는 것이거늘, 어떻게 완전히 없앨 수가 있으랴?'라고 말하고 있음은, 채나라 애공과 같음을 두고 말한 것일까?"

겨울에 견(鄄)에서 회합한 것은, 송나라가 항복했기 때문이다.

주해 ㅇ繩息嬀(승식규)−식규의 미모(美貌)를 칭찬함.
ㅇ商書(상서) 운운−《서경》 반경(盤庚)편에 나온다. 은공 6년조 참고.

經 ㅇ十有五年春(십유오년춘),에 齊侯(제후)·宋公(송공)·陳侯(진후)·衛侯(위후)·鄭伯會于鄄(정백회우견).이라

ㅇ夏(하),에 夫人姜氏如齊(부인강씨여제).이라

ㅇ秋(추),에 宋人(송인)·齊人(제인)·邾人(주인),이 伐郳(벌예).라

ㅇ鄭人侵宋(정인침송).이라

ㅇ冬十月(동시월).이라

15년 봄에, 제나라 군주인 후작·송나라 군주인 공작·진나라 군주

인 후작·위나라 군주인 후작·정나라 군주인 백작이 견(鄄)에서 회
합을 가졌다.

여름에, 부인 강씨(姜氏)가 제나라로 갔다.

가을에, 송나라 사람·제나라 사람·주나라 사람이 예(郳)나라를
쳤다.

정나라 사람이 송나라를 침범했다.

겨울 10월.

▌주해▐ ○郳(예)-송나라에 예속되었던 작은 나라. 지금의 강소성(江蘇省)
풍패현(豊沛縣) 경계에 위치했다. 장공 5년조에 나온 예(郳)와는 다르
다 함.

▌傳▐ 십오년춘   부회언   제시패야
     十五年春,에 復會焉,에 齊始覇也.라
     추   제후위송벌예   정인간지이침송
     秋,에 諸侯爲宋伐郳,하고 鄭人間之而侵宋.이라

15년 봄에 다시 회합을 가졌는데, 제나라가 비로소 패자(覇者)가
되었다.

가을에 제후들이 송나라를 위해서 예나라를 쳤고, 정나라 사람은
이 틈을 타서 송나라를 침범했다.

▌주해▐ ○齊始覇也(제시패야)-제나라가 비로소 패자가 되다. 당시의 제
나라 군주는 환공(桓公)이었다. 패자는 제후의 우두머리를 말한다.
○伐郳(벌예)-예는 송나라에 예속된 나라였는데도, 종주국인 송나라를
배반했다. 그래서 쳤던 것이다.

▌經▐ 십유륙년춘왕정월
     ○十有六年春王正月.이라

○ 夏,에 宋人·齊人·衛人伐鄭.이라

○ 秋,에 荊伐鄭.이라

○ 冬十有二月,에 會齊侯·宋公·陳侯·衛侯·鄭伯·許男·滑
伯·滕子,하여 同盟于幽.라

○ 邾子克卒.이라

16년 봄 천자가 쓰는 역으로 정월.

여름에, 송나라 사람·제나라 사람·위나라 사람이 정나라를 쳤다.

가을에, 초(楚)나라가 정나라를 쳤다.

겨울 12월에, 제나라 군주인 후작·송나라 군주인 공작·진나라 군
주인 후작·위나라 군주인 후작·정나라 군주인 백작·허나라 군주인
남작·활나라 군주인 백작·등나라 군주인 자작이 모여, 유(幽)에서
맹서하였다.

주나라 군주인 자작 극(克)이 세상을 떠났다.

주해 | ○滑(활)−비활(費滑)이라고도 한 나라 이름. 국성은 희(姬)이며,
지금의 하남성 언사현(偃師縣) 남방에 위치했다.

○幽(유)−송나라 지명으로, 지금의 하남성 고성현(考城縣) 경계.

○邾子克(주자극)−주나라 군주인 자작 극(克). 극은 은공 원년조에 나온
의보(儀父)의 이름. 그는 원래 작위가 없었으나, 제나라 환공(桓公)이
천자에게 요청해서 자작(子爵)을 받았다 한다.

傳 | 十六年夏,에 諸侯伐鄭,은 爲宋故也.라

鄭伯自櫟入,하여 緩告于楚.라

秋,에 楚伐鄭,하여 及櫟,은 爲不禮故也.라

鄭伯治與於雍紏之亂者.라 九月,에 殺公子閼,하고 刖强鉏.라

公父定叔出奔衛,러니 三年而復之,하여 曰, 不可使共叔無後於

鄭,이라하고 使以十月入.이라 曰, 良月也.라 就盈數焉.이라 君子

謂,하되 强鉏不能衛其足.이라

冬,에 同盟于幽,는 鄭成也.라

16년 여름에 제후들이 정나라를 친 것은, 송나라를 위했기 때문이다. 정나라 군주인 백작이 역(櫟)에서 들어와, 늦게야 초나라에 알렸다. 가을에 초나라가 정나라를 쳐 역까지 진격한 것은, 정나라가 무례 (無禮)했기 때문이다.

정나라 군주인 백작은 옹규(雍紏)가 일으킨 난리에 참여했던 자들을 처형했다. 9월에 공자 알(閼)을 죽이고, 강서(强鉏)의 발을 잘랐다. 공보정숙(公父定叔)은 위나라로 도망갔는데, 3년 뒤에 그를 불러들여 말하기를, "공숙단(共叔段)의 자손을 정나라 땅에서 끊어지게 해서는 안된다."라 하고는 사람을 보내어 10월에 나라로 들어가게 했다. 그리고 말하기를, "이 달은 좋은 달이다. 10은 꽉 찬 수이기 때문이다."라고 했다. 군자가 이르기를, "강서는 이름의 뜻과는 다르게, 자기의 발도 지키지 못했다."라고 했다.

겨울에 유(幽)에서 맹서한 것은, 정나라가 (제나라와) 화목해서였기 때문이다.

주해 ○雍紏之亂(옹규지란)-환공 15년조 참고.
○公父定叔(공보정숙)-정나라 장공(莊公)의 동생인 공숙단(共叔段)의 손자.

○强鉏不能衞其足(강서불능위기족)-'강서(强鉏)'는 '강한 호미'다. 즉 이 말은 강한 호미라는 뜻의 이름이면서도, 자기 발 하나 보존할 수 없었 다고 풍자한 말이다.

王使^{왕 사}虢公^{곽 공}命^명曲沃伯^{곡 옥 백},하여 以一軍爲晉侯^{이 일 군 위 진 후}.라 初^초,에 晉武公伐夷^{진 무 공 벌 이}, 하여 執夷詭諸^{집 이 궤 제}.라 蔿國請而免之^{위 국 청 이 면 지},에 旣而弗報^{기 이 불 보}.라 故^고로 子國作^{자 국 작} 亂^란.이라 謂晉人^{위 진 인},하되 與我伐夷^{여 아 벌 이},하여 而取其地^{이 취 기 지}.라 遂以晉師伐夷^{수 이 진 사 벌 이}, 하여 殺夷詭諸^{살 이 궤 제}.라 周公忌父出奔虢^{주 공 기 보 출 분 곡},이어늘 惠王立^{혜 왕 립},하여 而復之^{이 복 지}.라

천자께서 곽공(虢公)에게 곡옥의 군주가 일군(一軍)을 차려 진(晉) 의 제후로서 후작(侯爵)이 되게 명하셨다. 전에, 진의 무공(武公)이 이(夷) 땅을 쳐, 이의 궤제(詭諸)를 잡았다. 그런데 위국(蔿國)이 요 청하여 그를 놓아주었다. 그리고 난 뒤 궤제는 위국에게 보답하지 않 았다. 그래서 자국(子國), 즉 위국이 난리를 일으켰다. 그는 진나라 사람에게 이르기를, "나와 같이 이를 쳐, 그 땅을 빼앗읍시다."라고 했다. 그리고는 진나라 군사로 이를 쳐, 이의 궤제를 죽였다. 이 난리 에, 주(周)의 군주인 기보(忌父)가 곽나라로 도망갔는데, 혜왕이 즉위 해서는 그를 불러들였다.

▌주해│ ○一軍(일군)-작은 제후국의 상비(常備) 군력으로, 1군의 군인수 는 1만 2천5백명이다.
○詭諸(궤제)-이(夷) 땅을 영유(領有)했던 주(周)나라 대부.
○蔿國(위국)-주나라 대부.
○子國(자국)-위국(蔿國)을 말한다.
○周公忌父(주공기보)-주공(周公)은 주나라 군주. 여기에서의 주는 천자 의 나라인 주가 아니라, 제후국 주다. 전에 나왔다. 기보는 천자의 나라

주의 경사(卿士)로 있었다.

ㅇ惠王立(혜왕립)—주의 천자 혜왕의 즉위는, 노나라 장공 18년의 일이다.

▌經│ ㅇ十有七年春,에 齊人執鄭詹.이라
　　　　십유칠년춘　　　제인집정첨

　ㅇ夏,에 齊人殲于遂.라
　　　하　　제인섬우수

　ㅇ秋,에 鄭詹自齊逃來.라
　　　추　　정첨자제도래

　ㅇ冬,에 多麋.라
　　　동　　다미

17년 봄에, 제나라 사람이 정나라의 첨(詹)을 잡았다.

여름에, 제나라 사람이 수(遂)에서 다 죽었다.

가을에, 정나라의 첨이 제나라로부터 도망쳐 왔다.

겨울에, 미록(麋鹿)이 많았다.

▌주해│ ㅇ鄭詹(정첨)—정나라의 첨. 첨은 정나라의 집정관(執政官).

　ㅇ殲(섬)—섬멸됨.

　ㅇ麋(미)—사슴의 일종으로 겨울이 되면 뿔이 다 빠지며, 몸빛은 청흑색
　　(靑黑色).

▌傳│ 十七年春,에 齊人執鄭詹,은 鄭不朝也.라
　　　십칠년춘　　제인집정첨　　정부조야

　夏,에 遂因氏·頜氏·工婁氏·須遂氏,가 饗齊戌,하여 醉而
　하　　수인씨　합씨　공루씨　수수씨　　향제수　　취이

　殺之,에 齊人殲焉.이라
　살지　　제인섬언

17년 봄에 제나라의 집정관(執政官)인 첨(詹)을 잡은 것은, 정나라
군주가 친히 제나라 군주를 찾아보지 않아서였다.

여름에, 수(遂)의 인씨·합씨·공루씨·수수씨가 제나라의 수비병
들을 대접하여, 술에 취하여 죽이자 제나라 사람들이 다 죽어갔다.

■經| ○十有八年春王三月,에 日有蝕之.라
　　　　심유팔년춘왕삼월　　　일유식지

○夏,에 公追戎于濟西.라
　하　　　공추융우제서

○秋有蝥.이라
　추유역

○冬十月.이라
　동시월

18년 봄 천자가 쓰는 역으로 3월에, 일식(日蝕)이 있었다.
여름에, 공이 오랑캐를 제수(濟水) 서쪽에서 몰아냈다.
가을에 역충(蝥蟲) 떼가 나타났다.
겨울 10월.

■주해| ○濟西(제서)-제수(濟水) 서쪽. 제는 강 이름.
　　　　○蝥(역)-묘(苗)의 속을 먹는 해충.

■傳| 十八年春,에 虢公·晉侯朝王.이라 王饗醴,하시고 命之宥,하
　　　십팔년춘　　　괵공　진후조왕　　　왕향례　　　　명지유

사 皆賜玉五殼·馬三疋.라 非禮也.라 王命諸侯,에 名位不同,하
　　개사옥오각　마삼필　　비례야　　왕명제후　　　명위부동

니 禮亦異數.라 不以禮假人.이라
　　예역이수　　　불이례가인

虢公·晉侯·鄭伯,이 使原莊公逆王后于陳.이라 陳嬀歸于京
괵공　진후　정백　　　사원장공역왕후우진　　　진규귀우경

師,하니 實惠后.라
사　　　실혜후

夏,에 公追戎于濟西.라 不言其來,는 諱之也.라
하　　공추융우제서　　　불언기래　　　휘지야

추유역   위재야
秋有蜮,은 爲災也.라

18년 봄에, 괵나라 군주인 공작과 진나라 군주인 후작이 천자를 찾아뵈었다. 천자께서는 그들에게 단술을 대접하시고 선물 줄 것을 명하여, 옥(玉) 다섯 쌍, 말 세 필씩을 하사하셨다. 그것은 예에 맞지 않는 일이었다. 천자께서 제후를 삼으심에는, 그 작위 주심이 같지 않으니, 하사하시는 예물의 수량 또한 다른 것이다. 신분에 맞지 않게 예물을 사람에게 하사하는 것이 아니다.

괵나라 군주인 공작·진나라 군주인 후작·정나라 군주인 백작이, 원(原)나라 군주 장공(莊公)에게 왕후를 진(陳)나라에서 모시게 했다. 진규(陳嬀)가 천자 계시는 서울로 시집을 갔으니, 그분이 혜후(惠后)셨다.

여름에, 공이 융(戎) 오랑캐를 제수 서쪽으로 몰아냈다. 오랑캐가 침입해 온 것을 말하지 않은 것은, 오랑캐를 미워해서였다.

가을에 역충 떼가 나타났다고 말한 것은 그것이 재해(災害)를 주었기 때문이다.

▌주해▐ ○蚝(각)-옥(玉)의 쌍을 가리킨다.
　○不以禮假人(불이례가인)-신분에 맞지 않게 함부로 예물을 사람에게 주지 않음.
　○原莊公(원장공)-원씨(原氏)는 주나라 문왕(文王)의 열여섯째 아들 원백(原伯)의 자손으로, 대대로 주의 경사(卿士)가 되었다. 원(原)은 봉지(封地) 이름이었는데, 그 땅 이름을 따서 성으로 삼았다.

　　초　　초무왕극권　　　　사투민윤지　어늘　이반　　　위이살지
初,에 楚武王克權,하여 使鬪緡尹之,어늘 以叛.이라 圍而殺之,
　　　천권어나처　　　　사염오윤지　　　급문왕즉위　여파인벌
하고 遷權於那處,하여 使閻敖尹之.라 及文王卽位,에 與巴人伐

申,하여 而驚其師.라 巴人叛楚,하여 而伐那處取之,하고 遂門于
楚.라 閻敖游涌而逸,에 楚子殺之,하니 其族爲亂,하고 冬,에 巴
人因之以伐楚.라

　전에 초나라 무왕이 권(權)나라에게 이겨서, 투민(鬪緡)에게 그 땅
의 장관(長官)이 되게 했는데, 그가 배반했다. 그러자 그를 포위하여
죽이고, 권 땅 사람들을 나처(那處)로 옮겨서, 염오(閻敖)에게 그곳
장관이 되게 했다. 문왕이 즉위하게 되어, 파(巴) 사람들과 같이 신
(申)나라를 쳤는데, 초나라가 파나라 군사를 놀라게 했다. 그래서 파
사람들은 초나라를 배반하여, 나처를 쳐 점령하고, 드디어는 초나라의
성문으로 육박했다. 그때, 염오가 용수(涌水)를 헤엄쳐 도망하여, 초
나라 군주인 자작은 그를 죽이니, 그의 친척들이 난리를 꾸미고, 겨울
에는 파 사람들이 그 난리를 이용해서 초나라를 쳤다.

▌주해 ▎　○權(권)−나라 이름. 은(殷)나라 무정(武丁)의 자손의 봉국(封國)
　　으로, 지금의 호북성 당양현(當陽縣) 동남방을 차지했다. 국성은 자
　　(子).
　　○尹(윤)−장관(長官).
　　○那處(나처)−초나라 지명으로, 지금의 호북성 형문현(荊門縣) 동남쪽 땅.
　　○門(문)−성문으로 육박함.
　　○涌(용)−강 이름. 용수는 호북성 감리현(監利縣) 남쪽을 흐른다.

▌經▎　○十有九年春王正月.이라

○夏四月.이라

○秋,에 公子結媵陳人之婦于鄄,하고 遂及齊侯 · 宋公盟.이라

  ○ _{부인강씨여거}
  夫人姜氏如莒.라

  ○ _동 _{제인} _{송인} _{진인벌아서비}
  冬,에 齊人·宋人·陳人伐我西鄙.라

19년 봄 천자가 쓰는 역으로 정월.

여름 4월.

가을에 공자 결(結)이, 진나라 사람의 부인으로 시집가는 공녀를 견(鄄)까지 바래다 주고, 곧이어 제나라 군주인 후작·송나라 군주인 공작과 맹서하였다.

부인 강씨가 거나라로 갔다.

겨울에, 제나라 사람·송나라 사람·진나라 사람들이 우리 노나라의 서쪽 변방을 쳤다.

주해 ○媵陳人之婦(잉진인지부)─진나라 사람의 부인을 바래다 줌. 노나라 공녀(公女)가 진나라 대부에게로 시집가는 데 바래다 주었다는 것이다.

傳 _{십구년춘} _{초자어지} _{대패어진} _환 _{육권불납}
十九年春,에 楚子禦之,에 大敗於津.이라 還,에 鬻拳弗納.이

_{수벌황} _{패황사우적릉} _환 _{급추유질} _{하륙}
라 遂伐黃,하여 敗黃師于踖陵,하고 還.이라 及湫有疾,하여 夏六

_{월경신졸} _{육권장저석실} _{역자살야} _{이장어질황}
月庚申卒.이라 鬻拳葬諸夕室,하고 亦自殺也.라 而葬於絰皇.이라

_초 _{육권강간초자} _{초자불종} _{임지이병} _{구이종}
初,에 鬻拳强諫楚子,에 楚子弗從.이라가 臨之以兵,하니 懼而從

_지 _{육권왈} _{오구군이병} _{죄막대언} _{수자월야}
之.라 鬻拳曰, 吾懼君以兵,하였으니 罪莫大焉.이라 遂自刖也.라

_{초인이위대혼} _{위지태백} _{사기후장지}
楚人以爲大閽,하여 謂之大伯,하고 使其後掌之.라

_{군자왈} _{육권가위애군의} _{간이자납어형} _{형유불망납}
君子曰, 鬻拳可謂愛君矣.라 諫以自納於刑,하고 刑猶不忘納

^{군 어 선}
君於善.이라

　19년 봄에, 초나라 군주인 자작이 (巴軍에) 대항하여, 진(津)에서
대패했다. 도성으로 돌아가는데, 육권(鬻拳)이 성안으로 받아들이지
않았다. 그래서 바로 황(黄)나라를 쳐, 황나라 군사를 적릉(踖陵)에서
쳐부수고 돌아갔다. 그가 추(湫)에 이르렀을 때 병이 나, 여름 6월 경
신날에 세상을 떠났다. 육권은 군주를 선대 군주의 묘지인 석실에다
장사 지내고, 그 또한 자살했다. 그래서 그를 군주묘(君主墓)로 드는
문 옆에다 장사 지냈다. 애당초, 육권은 군주에게 강력하게 자기 의견
을 내세웠으나, 초나라 군주는 그의 말을 따르지 않았다가, 육권이 무
기를 들고 대항하니, 군주는 두려워 그의 말을 따랐다. 육권은 말하기
를, "나는 무기를 가지고 군주를 놀라게 했으니, 죄가 그보다 큰 것이
없다."고 했다. 그리고 드디어 자기 발을 잘랐다. 초나라 사람은 그를
성문 지키는 사람의 총책임자 벼슬을 주어 태백(大伯)이라 부르고,
자손으로 하여금 그 직무를 담당하게 했다.
　군자(君子)는 그에 대해서 평했다. "육권은 군주를 사랑한 사람이
라고 이를 수 있도다. 군자에게 충간(忠諫)하였다가 스스로 자기 몸
에 형벌을 가했고, 자기 몸에 형벌을 가하면서도 군주를 착한 데로
올림을 잊지 않았도다."

┃주해┃　o津(진)－초나라 지명으로, 지금의 호북성 지강현(枝江縣) 서쪽 땅.
　o鬻拳(육권)－초나라 군주와 동성(同姓)인 신하로, 선대 군주가 문왕의
　　보좌역으로 임명했다 한다.
　o黄(황)－나라 이름. 국성은 영(嬴)이었고, 지금의 하남성 황천현(潢川
　　縣)에 위치했다.
　o踖陵(적릉)－황나라 지명으로, 지금의 하남성 황천현 서남쪽 땅.
　o湫(추)－초나라 지명. 지금의 호북성 종상현(鍾祥縣) 북쪽 땅.

ㅇ夕室(석실)-초나라 선대 군주의 묘가 있는 곳.

ㅇ経皇(질황)-묘 앞에 세운 문 옆에 높이 쌓아올린 곳.

ㅇ兵(병)-여기에서는 무기.

ㅇ大閽(대혼)-문을 지키는 사람의 총책임자.

ㅇ大伯(태백)-대혼을 높여 부른 별호(別號).

<ruby>初<rt>초</rt></ruby>,에 <ruby>王姚<rt>왕요</rt></ruby><ruby>嬖<rt>폐</rt></ruby><ruby>于莊王<rt>우장왕</rt></ruby>,하여 <ruby>生子頹<rt>생자퇴</rt></ruby>.라 <ruby>子頹有寵<rt>자퇴유총</rt></ruby>,하고 <ruby>蔿國爲之<rt>위국위지</rt></ruby>

<ruby>師<rt>사</rt></ruby>.라 <ruby>及惠王卽位<rt>급혜왕즉위</rt></ruby>,에 <ruby>取蔿國之圃<rt>취위국지포</rt></ruby>,하여 <ruby>以爲囿<rt>이위유</rt></ruby>.라 <ruby>邊伯之宮近於<rt>변백지궁근어</rt></ruby>

<ruby>王宮<rt>왕궁</rt></ruby>,에 <ruby>王取之<rt>왕취지</rt></ruby>,하고 <ruby>王奪子禽<rt>왕탈자금</rt></ruby>·<ruby>祝跪與詹父<rt>축궤여첨보</rt></ruby><ruby>田<rt>전</rt></ruby>,하며 <ruby>而收膳夫之<rt>이수선부지</rt></ruby>

<ruby>秩<rt>질</rt></ruby>.이라 <ruby>故<rt>고</rt></ruby>로 <ruby>蔿國<rt>위국</rt></ruby>·<ruby>邊伯<rt>변백</rt></ruby>·<ruby>石速<rt>석속</rt></ruby>·<ruby>詹父<rt>첨보</rt></ruby>·<ruby>子禽<rt>자금</rt></ruby>·<ruby>祝跪作亂<rt>축궤작란</rt></ruby>,하여

<ruby>因蘇氏<rt>인소씨</rt></ruby>.라

<ruby>秋<rt>추</rt></ruby>,에 <ruby>五大夫奉子頹<rt>오대부봉자퇴</rt></ruby>하여 <ruby>以伐王<rt>이벌왕</rt></ruby>,이나 <ruby>不克<rt>불극</rt></ruby>,하여 <ruby>出奔溫<rt>출분온</rt></ruby>.이라

<ruby>蘇子奉子頹<rt>소자봉자퇴</rt></ruby>,하여 <ruby>以奔衛<rt>이분위</rt></ruby>.라 <ruby>衛師<rt>위사</rt></ruby>·<ruby>燕師伐周<rt>연사벌주</rt></ruby>,하여 <ruby>冬<rt>동</rt></ruby>,에 <ruby>立子<rt>입자</rt></ruby>

<ruby>頹<rt>퇴</rt></ruby>.라

이전에 왕요(王姚)가 천자 장왕(莊王)의 사랑을 받아 왕자 퇴(頹)
를 낳았다. 왕자 퇴는 천자의 총애를 받았고, 위국(蔿國)은 그의 스승
이 되었다. 그런데 혜왕이 즉위하자 위국의 채원(菜園)을 몰수하여
정원으로 삼았다. 그리고 변백(邊伯)의 저택이 왕궁 가까이에 있었는
데 몰수하고, 자금(子禽)·축궤(祝跪)·첨보(詹父)의 전답을 빼앗고,
천자에게 바치는 음식을 관리하는 사람의 관직을 박탈했다. 그러므로,
위국·변백·석속(石速)·첨보·자금·축궤가 난을 꾸며 소씨(蘇氏)
에게 의탁했다.

가을에 다섯 대부는 왕자 퇴(頹)를 받들고는 천자를 공격했으나,

승리하지 못하고 온(溫)으로 도망했다. 그리고 소씨는 왕자 퇴를 받들고 위나라로 달려갔다. 위나라 군사와 연나라 군사가 주나라를 쳐, 겨울에 왕자 퇴를 천자로 세웠다.

주해 | ㅇ膳夫(선부) - 천자의 음식을 관리하는 관직. 당시 석속(石速)이 맡고 있었다.

ㅇ蘇氏(소씨) - 은공 11년조에, 환왕(桓王)이 소분생(蘇忿生)의 땅 열두 고을을 빼앗아 정나라에 주었다는 기사가 나왔다. 소씨는 그때부터 왕실에 대해 원한을 품고 있었다.

ㅇ因蘇氏(인소씨) - 소씨에게 의탁했다는 것은 소씨를 중심 인물로 삼았다는 말이다.

ㅇ五大夫(오대부) - 여섯 사람 중에서 누가 대부가 아니었는지 확실하지 않으나, 위국(蔿國)은 당시 경(卿)이었다고 《사기(史記)》 주본기(周本紀)에 나와 있다.

ㅇ燕(연) - 남연(南燕).

經 | ㅇ廿年春王二月,에 夫人姜氏如莒.라
ㅇ夏,에 齊大災.라
ㅇ秋七月.이라
ㅇ冬,에 齊人伐戎.이라

20년 봄 천자가 쓰는 역으로 2월에, 부인 강씨가 거나라로 갔다.
여름에, 제나라에 큰 재해가 났다.
가을 7월.
겨울에, 제나라 사람이 오랑캐를 쳤다.

傳│ 廿年春,에 鄭伯和王室,이나 不克,하고 執燕仲父.라

夏,에 鄭伯遂以王歸,하고 王處于櫟.이라

秋,에 王及鄭伯入于鄥,하고 遂入成周,하여 取其寶器,하며 而

還.이라

冬,에 王子頹享五大夫,하여 樂及徧舞.라 鄭伯聞之,하고 見虢

叔曰, 寡人聞之,하되 哀樂失時,면 殃咎必至.라 今, 王子頹歌

舞不倦,은 樂禍也.라 夫司寇行戮,엔 君爲之不擧.라 而況敢樂

禍乎.아 奸王之位,는 禍孰大焉.가 臨禍忘憂,하니 憂必及之.로다

盍納王乎.아 虢公曰, 寡人之願也.라

20년 봄에, 정나라 군주인 백작이 왕실을 안정케 하려다가 성공하지 못하고, 연나라의 중보(仲父)를 잡았다.

여름에 정나라 군주는 결국 혜왕(惠王)을 모시고 돌아갔고, 왕은 역(櫟)에서 거처하셨다.

가을에 혜왕과 정나라 군주는 오(鄥)로 들어갔고, 그길로 성주(成周)로 들어가 주나라 왕가(王家)의 보기(寶器)를 취해 가지고 돌아갔다.

겨울에 왕자 퇴는 다섯 대부를 대접하여 주악(奏樂)을 하되, 예부터의 모든 무악(舞樂)을 다 연주하게 했다. 정나라 군주가 그 음악을 듣고는, 괵숙(虢叔)을 보고 말했다. "나는 '슬퍼하고 즐거워함이 제때를 잃으면, 재앙(災殃)이 반드시 온다.'는 말을 들었습니다. 이제 왕자 퇴가 노래와 춤을 멈추게 할 줄 모르는 것은, 오는 화를 즐거워하고 있는 것입니다. 형벌을 담당하는 관리인 사구(司寇)가 처형(處刑)을 행하면, 임금은 좋은 먹을 것을 들지 않는다고 합니다. 그런데 하물며

감히 재화(災火)를 즐거워할 수가 있습니까? 천자 자리를 빼앗는다는 것은, 어느 것이 이보다 더 큰 재화일까요? 화에 다달아 근심을 잊고 있으니, 근심은 반드시 오고야 말 것입니다. 어찌하여 전의 왕을 맞이하지 않는 건가요?" 이에 대하여 괵나라 군주는, "그게 나의 소원입니다."라고 말했다.

■주해┃ ㅇ燕仲父(연중보)―두예는 주(注)에 남연(南燕)의 군주였다고 말했다.
ㅇ鄔(오)―은공 11년에 환왕(桓王)이 정(鄭)나라로부터 몰수한 고을.
ㅇ成周(성주)―주나라 서울 동쪽에 있는 땅 이름.
ㅇ徧舞(편무)―예부터의 모든 무악(舞樂).
ㅇ司寇(사구)―형벌을 장악하는 관리.
ㅇ不擧(불거)―좋은 음식을 들지 않음.

■經┃ ㅇ廿有一年春王正月.이라
　　　　　　입유일년춘왕정월
ㅇ夏五月辛酉,에 鄭伯突卒.이라
　　하오월신유　　정백돌졸
ㅇ秋七月戊戌,에 夫人姜氏薨.이라
　　추칠월무술　　부인강씨훙
ㅇ冬十有二月,에 葬鄭厲公.이라
　　동십유이월　　장정려공

21년 봄 천자가 쓰는 역으로 정월.
여름 5월 신유날에, 정나라 군주인 백작 돌(突)이 세상을 떠났다.
가을 7월 무술날에, 부인 강씨가 돌아가셨다.
겨울 12월에, 정나라 여공을 장사 지냈다.

■주해┃ ㅇ五月辛酉(오월신유)―5월 27일.
ㅇ七月戊戌(칠월무술)―7월 5일.

傳| 二十一年春,에 胥命于弭.라

夏,에 同伐王城,에 鄭伯將王自圉門入,하고 虢叔自北門入,하여 殺王子頹及五大夫.라 鄭伯享王于闕西辟,에 樂備.라 王予之武公之略自虎牢以東.이라 原伯曰, 鄭伯效尤,하니 其亦將有咎,리라하더니 五月,에 鄭厲公卒.이라 王巡狩虢,에 虢公爲王宮于玤,하고 王與之酒泉.이라 鄭伯之享王也,에 王以后之鞶鑑與之.라 虢公請器,하니 王予之爵.이라 鄭伯由是始惡於王.이라

冬,에 王歸自虢.이라

21년 봄에, (정나라와 괵나라가 혜왕을 군주 자리로 복귀시키자고) 미(弭)에서 약속을 굳혔다.

여름에 같이 천자의 성을 공격하여, 정나라 군주인 백작은 혜왕을 모시고 어문(圉門)으로부터 쳐들어가고, 괵숙(虢叔)은 북문(北門)으로부터 쳐들어가, 왕자 퇴와 다섯 대부를 죽였다. 정나라 군주가 천자를 성문 서쪽 대관(臺觀)에 모시고 잔치를 베풀어 대접함에 있어 모든 음악을 다 연주하였다. 그때, 천자께서는 정나라 무공(武公)이 전의 천자 평왕(平王)에게 하사받은 땅의 경계인 호뢰(虎牢) 동쪽 땅을 하사하셨다. 그 일을 본 원(原)나라 군주인 백작이, "정나라 군주인 백작이, 자신이 전에 비난했던 왕자 퇴의 행위를 그대로 본받아 하고 있으니, 그 또한 장차 화를 당하겠구나."라고 말했다. 그랬는데 5월에, 정나라 군주 여공(厲公)은 세상을 떠나고 말았다. 천자께서 괵나라로 순시(巡視)를 나가실 때, 괵나라 군주인 공작은 천자가 머무실 궁을 방(玤)에다 지었고, 천자께서는 그에게 주천(酒泉) 땅을 하사했다. 정

준(尊 : 酒器)

나라 군주가 전에 천자에게 잔치를 베풀었을 때, 천자께서는 왕후께서 쓰시는 거울이 달린 띠를 하사하셨다. 그런데 이번엔 괵나라 군주가 천자에게 어느 기물(器物) 하나를 하사하실 것을 원하니, 천자께서는 옥(玉)으로 장식한 술잔을 주셨다. 이 소식을 들은 정나라 군주[여공의 아들인 문공(文公)]는 천자를 미워하기 시작했다.

겨울에 천자는 괵나라로부터 서울로 돌아가셨다.

주해 o弭(미)—정나라 지명으로, 지금의 하남성 밀현(密縣) 경계 땅.

o圉門(어문)—왕성(王城)의 남문(南門).

o闕西辟(궐서벽)—성문에는 동서에 대관(臺觀)이 있는데, 그 서쪽 대관.

o武公之略(무공지략)—정나라 무공이 주(周) 천자 평왕(平王)을 도왔던 공으로 받았던 영토의 경계.

o虎牢(호뢰)—지금의 하남성 사수현(汜水縣) 서쪽 땅.

o原伯(원백)—원나라 군주 장공(莊公).

o效尤(효우)—전에 왕자 퇴(頹)가 다섯 대부들을 대접하면서 전부터의 모든 무악을 연주했던 일을, 정나라 군주는 잘못이라고 비난했다. 그런데 정나라 군주는 혜왕을 복위시키고, 자신이 그 잘못을 본따 한 것이다.

o玤(방)—괵나라 지명으로, 지금의 하남성 면지현(澠池縣) 경계 땅.

o酒泉(주천)—지금의 섬서성 징성현(澄城縣) 땅이라고도 하고, 하남성 낙녕현(洛寧縣) 서쪽 땅이라고도 한다.

o鞶鑑(반감)—거울을 장식품으로 단 띠.

o爵(작)—옥으로 장식한 술잔.

o鄭伯由是始惡於王(정백유시시오어왕)—정나라 군주(이때의 군주는 여공의 아들인 문공)가, 자기 아버지에게는 거울 달린 띠와 같은 별로 좋지 못한 물건을 주었으면서도, 괵나라 군주에게는 귀중한 옥으로 장식

한 술잔을 주었다고 서운하게 여겨, 이로부터 천자를 미워하기 시작했다는 것이다.

▎經│ ○廿有二年春王正月_{입유이년춘왕정월},에 肆大眚_{사대생}.이라

○癸丑葬我小君文姜_{계축장아소군문강}.이라

○陳人殺其公子御寇_{진인살기공자어구}.라

○夏五月_{하오월}.이라

○秋七月丙申_{추칠월병신},에 及齊高傒盟于防_{급제고혜맹우방}.이라

○冬_동,에 公如齊納幣_{공여제납폐}.라

22년 봄 천자가 쓰는 역으로 정월에, 죄인들에 대한 대사(大赦)를 베풀었다.

계축날에 우리나라 군주의 부인 문강(文姜)을 장사 지냈다.

진나라 사람이 그 나라 공자 어구(御寇)를 죽였다.

여름 5월.

가을 7월 병신날에, 제나라의 고해(高傒)와 방(防)에서 맹서하였다.

겨울에, 공이 제나라로 가 납폐(納幣)했다.

▎주해│ ○肆大眚(사대생)－많은 죄인들에게 사면(赦免)을 베풂.

○癸丑(계축)－정월 23일.

○小君(소군)－제후(諸侯)의 신하가 군주의 부인을 부르는 칭호.

○七月丙申(칠월병신)－7월 9일.

○防(방)－노나라 지명. 은공 9년조에 나왔다.

○納幣(납폐)－결혼 절차의 하나. 노나라 장공이 제나라로부터 부인을 맞이하기 위해서, 어머니의 상중이면서도, 자신이 제나라로 가 납

폐했다.

傳│ 廿二年春_{입이년춘},에 陳人殺其太子御寇_{진인살기태자어구},하니 陳公子完_{진공자완},이 與顓孫奔_{여전손분}
齊_제,하고 顓孫自齊來奔_{전손자제래분}.이라 齊侯使敬仲爲卿_{제후사경중위경}.이라 辭曰_{사왈}, 羈旅之_{기려지}
臣_신,이 幸若獲宥_{행약획유},하사 及於寬政_{급어관정},하고 赦其不閑於教訓_{사기불한어교훈},하사 而免_{이면}
於罪戾_{어죄려},하고 弛於負擔_{이어부담},이오면 君之惠也_{군지혜야}.요 所獲多矣_{소획다의},이옵거늘 敢_감
辱高位以速官謗_{욕고위이속관방}.이오리까 請以死告_{청이사고}.하오니다 詩云_{시운},하되 翹翹車乘_{교교거승}
에 招我以弓_{초아이궁}.이로다 豈不欲往_{기불욕왕},이리오마는 畏我友朋_{외아우붕}.이로다 使偏工_{사위공}
正_정.이라 飮桓公酒_{음환공주},에 樂_낙.이라 公曰_{공왈}, 以火繼之_{이화계지}.라 辭曰_{사왈}, 臣卜其_{신복기}
畫_주,하고 未卜其夜_{미복기야},이오니 不敢_{불감}.이로소이다
　　君子曰_{군자왈}, 酒以成禮_{주이성례},에 不繼以淫_{불계이음},은 義也_{의야},요 以君成禮_{이군성례},에 弗納_{불납}
於淫_{어음},은 仁也_{인야}.로다

22년 봄에, 진나라 사람이 태자 어구(御寇)를 죽이니, 진나라 공자 완(完)이 전손(顓孫)과 같이 제나라로 도망갔으며, 전손은 다시 제나라에서 우리 노나라로 피해 왔다. 제나라 군주인 후작이, 진나라 공자인 완, 즉 경중(敬仲)에게 경(卿)이 되라 했다. 그러나 공자 완은 사양해서 말했다. "나그넷길에 있는 신(臣)이, 요행히도 이 나라에 있도록 용서받을 수가 있어서 관대히 대해 주심을 받고 군주께서 교훈(教訓)하심을 익히지 못함을 용서하셔서, 죄를 면하고 할 일이 가볍게 되어질 것 같으면 그것은 다 군주의 은혜이옵고, 저로서는 혜택 받음이 많게 되옵는데, 감히 높은 자리를 받아, 관리로서 일을 잘못한다는

비난을 자초(自招)하오리까? 저는 죽음으로써 청원(請願)드리옵니다. 전해지는 시(詩)에 이르기를, '깃발이 펄럭이는 수레에 타고 계시어, 나에게 활을 주시며 부르시는도다. 내 어찌 가고 싶지 않을까마는, 나의 친구들 비방함을 두려워하는도다.'라 하였사옵니다." 제나라 군주는 그에게 백공(百工)을 다스리는 관청의 장관(長官)이 되게 했다. 그가 제나라 환공(桓公)에게 술을 대접했는데 공은 즐거워했다. 공은 말하기를, "등불을 켜고 밤까지 술놀이를 계속하자."라고 했다. 그러나 그는 사절해서 말하기를, "신은 낮의 운수가 좋은가 나쁜가를 점쳤을 뿐이고, 밤이 어떠한가를 점치지 않았사오니, 말씀대로 하지 못하겠사옵니다."라고 했다.

군자(君子)는 그를 평해서 말했다. "술자리를 베푸는 예를 행함에 있어, 그 잔치를 저녁까지 계속해서 난잡함에 빠지지 않게 한 것은 의리에 맞았고, 군주를 대접하는 예를 행함에 있어 군주가 난잡한 데에 빠지지 않게 한 것은 어진 일이었다."

┃주해┃ ○敬仲(경중)-공자 완에게 죽은 뒤에 주어진 이름.
○羈旅之臣(기려지신)-자기 나라를 떠나 다른 나라에 의지하고 있는 신하. 즉 나그넷길에 있는 신하.
○閑(한)-익힘. '습(習)'과 같은 뜻이 있다.
○罪戾(죄려)-죄.
○弛於負擔(이어부담)-할 일(부담)을 가벼이 함.
○詩云(시운)-여기에 든 시구는, 《시경》에는 들어 있지 않은 일시(逸詩)이다. 일시는 옛 시를 모아 《시경》을 편찬했을 때에 누락된 시를 말한다.
○工正(공정)-백공(百工)을 관할하는 장관.

┃해설┃ 이 대목에서는 진나라 공자 완(完)이, 본국의 난리를 피해 제나라로 도망가 처신한 것을 말했고, 또 공자 완의 모든 행위가 착하고 어진 데서 나왔다고 칭찬했다.

初^초에, 懿氏卜妻敬仲^{의씨복처경중}에, 其妻占之^{기처점지}라. 曰^왈, 吉^길.이라 是謂鳳皇于^{시위봉황우}

飛^비하고, 和鳴鏘鏘^{화명장장}.라 有嬀之後^{유규지후}하여, 將育于姜^{장육우강}.이라 五世其昌^{오세기창}하,

여 並于正卿^{병우정경}하고, 八世之後^{팔세지후}에, 莫之與京^{막지여경}.이라 陳屬公^{진려공}은, 蔡出也^{채출야}.

라 故로^고 蔡人殺五父^{채인살오보}하여, 而立之^{이립지}에, 生敬仲^{생경중}.이라 其少也^{기소야}에, 周^주

史有以周易見陳侯者^{사유이주역현진후자}.라 陳侯使筮之^{진후사서지}하니, 遇觀≡≡≡之否≡≡≡^{우관 지비}.라

曰^왈, 是謂觀國之光^{시위관국지광},이오 利用賓于王^{이용빈우왕}.이오니다 此其代陳有國乎^{차기대진유국호}.인

저 不在此^{부재차}요, 其在異國乎^{기재이국호}.인저 非此其身^{비차기신},하고 在其子孫^{재기자손}.이오니다

光遠而自他有燿者也^{광원이자타유요자야}.로소이다 坤土也^{곤토야}.요 巽風也^{손풍야},며 乾天也^{건천야}.이오

니다 風爲天^{풍위천},이오 於土上山也^{어토상산야}.로소이다 有山之材^{유산지재},하여 而照之以^{이조지이}

天光^{천광}.이오니다 於是乎居土上^{어시호거토상}.이오니다 故로^고 曰觀國之光^{왈관국지광},이오 利^이

用賓于王^{용빈우왕},이옵고 庭實旅百^{정실여백},하고 奉之以玉帛^{봉지이옥백},하여 天地之美具焉^{천지지미구언}.

이오니다 故로^고 曰利用賓于王^{왈이용빈우왕},이옵고 猶有觀焉^{유유관언}.이오니다 故로^고 曰其^{왈기}

在後乎^{재후호}.인저 風行而著於土^{풍행이착어토}.이오니다 故로^고 曰其在異國乎^{왈기재이국호}.인저 若^약

在異國^{재이국},이면 必姜姓也^{필강성야}.리이다 姜大嶽之後也^{강대악지후야}.이오니다 山嶽則配^{산악즉배}

天^천에, 物莫能兩大^{물막능양대}.로소이다 陳衰^{진쇠}면, 此其昌乎^{차기창호}.인저 及陳之初亡^{급진지초망}

也^야에, 陳桓子始大於齊^{진환자시대어제},하고 其後亡也^{기후망야}에, 成子始得政^{성자시득정}.이라

이에 앞서 진나라의 의씨(懿氏)가 경중(敬仲)에게 딸을 아내로 주려고 점을 칠 때, 그의 아내가 점을 쳤다. 점쟁이는 말했다. "길(吉)

합니다. 이것은 봉황새가 날고, 서로 쟁쟁하게 울어 그 소리 잘도 조화를 이룬다고 말할 괘입니다. 규성(嬀姓)의 후손이 강성(姜姓)의 나라에서 길러질 것입니다. 5세(世)에 이르러 번창해서, 정경(正卿) 즉 상대부(上大夫)와 자리를 나란히 하고, 8세 손에 이르러서는 그와 어깨를 나란히 할 자가 없을 것입니다." 진나라의 여공(厲公)은 채나라 부인이 낳았다. 그러므로 채나라 사람이 공자 오보(五父)를 죽이고 그를 군주로 세우니, 여공은 경중을 낳았다. 경중이 어렸을 때, 주(周)나라 조정의 대사(大史)가 《주역(周易)》으로 점을 쳐주겠다고 진나라 군주를 만났다. 진나라 군주가 그에게 점을 치게 하니, 관괘(觀卦)☲☷가 비괘(否卦)☰☷로 변한다는 점괘가 나왔다. 그 점괘를 풀어 말했다. "이 괘는 나라의 빛남을 볼 것이고, 왕의 빈객(賓客) 되기에 이롭다고 할 것이옵니다. 이분은 진나라 군주를 대신해서 나라를 보존할 것이옵니다. 그런데 그것은 이 나라 안에서가 아니라, 다른 나라에서 그럴 것이옵니다. 그리고 이분 자신이 그러는 것이 아니라, 이분의 자손이 그럴 것이옵니다. 빛이라는 것은 멀리서 다른 곳에서 빛나는 것이옵니다. 이 괘에 나타나는 곤(坤) '☷'은 흙[土]이옵고, 손(巽) '☴'은 바람[風]이오며, 건(乾) '☰'은 하늘[天]이옵니다. 그런데 풍(風)이 천(天)으로 변화해서, 토(土) 위에 산(山)이 있는 격이옵니다. 그리고 산에는 재목(材木)이 있고, 하늘의 빛이 그것을 비치는 것이옵니다. 즉 흙 위에 있어 천광(天光)을 받는 것이옵니다. 그래서 나라의 빛을 볼 수 있고, 왕의 빈객 되기에 이로운 것이옵고, 이 괘는 제후가 천자를 뵈러 가, 뜰 안에 바칠 백물(百物)을 늘어놓고, 옥백(玉帛)을 드리어, 천지간의 아름다움을 다 구비하는 격이옵니다. 그러므로, 왕의 빈객 되기에 이롭다는 것이옵고, 또 나라의 빛을 볼 수 있는 격이옵니다. 그러기에 이분 자신이 아니라 후손 시대에 가서 그렇다는 것이옵니다. 그리고 또, 바람이 불어 흙에 닿는다는 것이옵니다. 그러기에, 이 진나라 안에서 그런다는 것이 아니라

다른 나라에서 그렇다는 것이옵니다. 만일 다른 나라에서라면, 그것
은 필시 강성(姜姓)의 나라에서일 것이옵니다. 강씨는 대악(大嶽)으
로 있었던 분의 후손이옵니다. 산악(山嶽)은 하늘과 비할 것이어서,
세상의 만물 중에서 이 두 가지보다 더 클 수는 없는 것이옵니다. 앞
으로 진나라가 쇠퇴하면, 이분의 자손이 창성할 것이옵니다." 진나라
가 처음 망했을 때에 진환자(陳桓子)가 비로소 제나라에서 강대해졌
고, 그 뒤에 진나라가 다시 망했을 때, 성자(成子)가 비로소 제나라
정권을 얻게 되었다.

▌주해▐ ○鳳凰(봉황)—봉황새. 봉은 숫새고, 황은 암새인데 가상적(假想
的)인 새이다.
○鏘鏘(장장)—쇳소리. 음악 소리. 봉황의 울음소리. 아름다운 소리로 해석됨.
○有嬀(유규)—진(陳)나라를 가리키는 말. 진의 국성이 규(嬀)였기에 이
렇게 말했다. 여기에서 '유(有)'는 뜻이 없다.
○京(경)—여기에서는 '대(大)'와 뜻이 같다.
○五父(오보)—진나라 공자로 이름을 타(佗)라 했다. 노나라 환공 5년에
죽었다.
○周史(주사)—주나라 조정에서 역법(曆法)·점치는 일 등을 장악한 벼슬
로, 보통 대사(大史)라고 일렀다.
○大嶽(대악)—요(堯)임금 때의 관직 이름이었던 사악(四岳 : 사방을 다스
리는 장관)에 대한 존칭.
○陳之初亡(진지초망)—노나라 소공(昭公) 8년에, 진나라가 초(楚)나라에
게 일단 멸망당했던 일을 말한다.
○陳桓子(진환자)—경중의 5세손인 진무우(陳無宇)를 말한다.
○其後亡也(기후망야)—진나라는 일단 초나라한테 멸망당했다가, 뒤에 일
시 부흥했다. 그런데 노나라 애공(哀公) 17년에 다시 초나라한테 멸망
당했다.
○成子(성자)—경중의 8세손 진상(陳常). 진항(陳恒), 또는 전상(田常)이
라고도 한다. 성자는 죽은 뒤에 주어진 이름. 성자는 애공 14년에 그의

군주, 즉 제나라 간공(簡公)을 죽이고, 간공의 아들 평공(平公)을 군주로 세워 실권을 쥐었다. 그래서 제나라는 전제(田齊)라 이르게 되었다.

※《좌씨전》에는 사전(事前)에 미래의 일을 점친 얘기로써 예언한 것이 많다. 이 점이《좌씨전》의 한가지 특색이라고도 말할 수 있다.

經│ ○ _{입 유 삼 년 춘}廿有三年春,에 _{공 지 자 제}公至自齊.라

○ _{제 숙 래 빙}祭叔來聘.이라

○ _하夏,에 _{공 여 제}公如齊,하여 _{관 사}觀社.라

○ _{공 지 자 제}公至自齊.라

○ _{형 인 래 빙}荊人來聘.이라

○ _{공 급 제 후 우 우 곡}公及齊侯遇于穀.이라

○ _{소 숙 조 공}蕭叔朝公.이라

○ _추秋,에 _{단 환 궁 영}丹桓宮楹.이라

○ _동冬,에 _{십 유 일 월}十有一月,에 _{조 백 역 고 졸}曹伯射姑卒.이라

○ _{십 유 이 월 갑 인}十有二月甲寅,에 _{공 회 제 후}公會齊侯,하여 _{맹 우 호}盟于扈.라

23년 봄에, 공이 제나라로부터 이르렀다.

제숙(祭叔)이 예물을 가지고 찾아왔다.

여름에 공이 제나라로 가, 사제(社祭)를 구경했다.

공이 제나라로부터 이르렀다.

초(楚)나라 사람이 예물을 가지고 찾아왔다.

공이 제나라 군주인 후작과 곡(穀)에서 만났다.

소숙(蕭叔)이 공을 뵈었다.

가을에, 환궁(桓宮)의 기둥에 붉은 칠을 하였다.

겨울 11월에, 조나라 군주인 백작 역고(射姑)가 세상을 떠났다.

12월 갑인날에, 공이 제나라 군주인 후작과 만나, 호(扈)에서 맹서
하였다.

주해 ㅇ祭叔(제숙)—제(祭)나라 군주의 동생.

ㅇ觀社(관사)—사(社)는 토지신에게 드리는 제사. 사제의 광경을 구경함.
이때 장공은, 제나라는 사제 때 무기를 진열하고 시위(示威)를 하는 것
이었기에, 그것을 보러 갔다고도 하고, 사제에는 남녀가 서로 만나는 일
이 성행했기에, 여자를 보러 갔다고도 한다.

ㅇ穀(곡)—제나라 지명. 장공 7년조에 나왔다.

ㅇ蕭叔(소숙)—소나라 군주의 동생.

ㅇ丹桓宮楹(단환궁영)—환궁(桓宮)은 노나라 환공(桓公)을 제사 지내는
사당. 원래 사당의 기둥은 검은 칠을 하였다. 그런데 이 해에 붉은 칠
을 한 것은 잘못이었기에 기록한 것이다.

ㅇ甲寅(갑인)—12월 5일.

ㅇ扈(호)—정나라 지명으로, 지금의 하남성 원무현(原武縣) 서북쪽 땅.

傳 廿三年夏,에 公如齊,하여 觀社,는 非禮也.라 曹劌諫曰, 不
可.이오니다 夫禮所以整民也.로소이다 故로 會以訓上下之則,하고
制財用之節,하며 朝以正班爵之義,하고 帥長幼之序,하며 征伐以
討其不然.이오니다 諸侯有王,하고 王有巡狩,하여 以大習之.이오니
다 非是,면 君不擧矣,요 君擧必書,에 書而不法,이면 後嗣何觀.인가
晉桓‧莊之族偪,하니 獻公患之.라 士蔿曰, 去富子,면 則群公
子可謀也已.리이다 公曰, 爾試其事.하며 士蔿與群公子謀,하여

譖富子,하며 而去之.라

秋,에 丹桓宮之楹.이라

23년 여름에 공이 제나라로 가 사제(社祭)를 구경한 것은 예에 어긋나는 일이었다. 그때 조귀(曹劌)는 간(諫)하여 말했다. "가셔서는 아니되옵니다. 예의는 백성들을 바르게 다스리는 것이옵니다. 그러므로 제후(諸侯)들께서 회합하여서 위아래가 각기 지켜야 할 법도를 가르치고, 재물을 쓰는 절도(節度)를 정하며, 제후가 서로 찾아가서는 작위의 높고 낮음에 따라 신분의 높고 낮음의 구별을 바르게 하고, 연장(年長)과 연소(年少)의 질서를 지키게 하며, 정벌(征伐)을 해서는, 명에 따르지 않는 자를 치는 것이옵니다. 제후들의 위에는 천자님이 계셔서 받들 법도가 있으며, 천자에게는 제후들의 나라를 순시(巡視)할 법도가 있어서 그것으로 지켜야 할 예의를 크게 닦는 것이옵니다. 위의 일들이 아니면, 군주는 거동하지 않는 것이옵고, 군주가 거동하면 그 사실을 기록하는 것이온데, 기록해서 그것이 법도에 어긋나는 일이라면, 후손들이 그 기록을 어찌 보오리까?"

진(晉)나라 환숙(桓叔)·장백(莊伯)의 자손들이 왕성해져 군주를 압박하자, 헌공(獻公)이 걱정하였다. 그러자 (대부인) 사위(士蔿)가 말하기를, "저들 중에서 부자(富子)를 제거하옵신다면, 다른 여러 공자들이야 달리 꾀할 수가 있을 따름이옵니다."라고 했다. 그랬더니 헌공은, "그럼 그대가 그 일을 해보게나."라고 말했다. 이에 사위는 여러 공자들과 상의하여, 부자를 없는 죄에 빠뜨려 제거했다.

가을에, 환공에게 제사 지내는 사당의 기둥에 붉은 칠을 하였다.

經| ○廿有四年春王三月,에 刻桓宮楹.이라

○ 葬曹莊公.이라
　장조장공

○ 夏,에 公如齊,하여 逆女.라
　하　공여제　역녀

○ 八月丁丑,에 夫人姜氏入.이라
　팔월정축　부인강씨입

○ 秋,에 公至自齊.라
　추　공지자제

○ 戊寅,에 大夫宗婦覿用幣.라
　무인　대부종부적용폐

○ 大水.라
　대수

○ 冬,에 戎侵曹.라
　동　융침조

○ 曹羈出奔陳.이라
　조기출분진

○ 赤歸于曹.라
　적귀우조

○ 郭公.이라
　곽공

24년 봄 천자가 쓰는 역으로 3월에, 환공(桓公)을 모신 사당의 서까래에 조각(彫刻)했다.

조나라 장공을 제사 지냈다.

여름에 공이 제나라로 가, 제나라 공녀를 맞이했다.

8월 정축날에, 부인 강씨가 나라로 들어왔다.

가을에, 공이 제나라로부터 이르렀다.

무인날에, 군주와 동성(同姓)인 대부들의 부인이 군주의 부인을 뵙는 데 폐백(幣帛)을 드렸다.

큰물이 났다.

겨울에, 오랑캐가 조(曹)나라를 침범했다.

조나라의 (세자인) 기(羈)가 진나라로 피해 갔다.

적(赤)이 조나라로 돌아갔다.

곽(郭)나라 군주.

주해┃ ○八月丁丑(팔월정축) - 8월 2일.

○戊寅(무인) - 8월 3일.

○大夫宗婦(대부종부) - 대부인 종친(宗親)의 아내.

○覿用幣(적용폐) - 군주 부인 강씨를 만나 봄에 예물을 드렸다.

○羈(기) - 조(曹)나라 세자의 이름.

○赤(적) - 조나라의 희공(僖公). 외국으로 도피해 있다가, 오랑캐의 도움
으로 들어온 것 같다.

○郭(곽) - 나라 이름. 그런데, 이 조목(條目)에는 글이 빠졌다. 즉 곽나라
군주가 어찌했다는 말이 없다.

傳┃ 廿四年春,에 刻其桷,은 皆非禮也.라 禦孫諫曰, 臣聞之,하건
대 儉德之恭也,요 侈惡之大也.라 하오니다 先君有恭德,이었거늘
而君納諸大惡,은 無乃不可乎.인가

秋,에 哀姜至.라 公使宗婦覿用幣,는 非禮也.라 禦孫諫曰, 男
贄,는 大者玉帛,이요 小者禽鳥,로 以章物也.이오니다 女贄,는 不
過榛栗棗脩,하여 以告虔也.로소이다 今,에 男女同贄,는 是無別
也.이오니다 男女之別,은 國之大節也.로소이다 而由夫人亂之,는
無乃不可乎.잇가

晉士蒍又與群公子謀,하여 使殺游氏之二子.라 士蒍告晉侯曰,
可矣.이오니다 不過二年,에 君必無患.이리이다

24년 봄에 환공을 모신 사당의 서까래에 조각을 한 것은, 다 예의에 맞지 않는 일이었다. 그때, 어손(禦孫)은 충간(忠諫)해서 말했다. "신(臣)은 들었사옵는데, '검약(儉約)함은 덕(德)의 공손함을 보이는 것이고, 사치함은 악(惡)의 큼이 된다.'라 하옵니다. 선대 군주께서는 공손한 덕을 지니시었는데도 군주께서 큰 악으로 들게 하심은, 즉 안되는 일이 아니옵니까?"

가을에, 공의 부인 애강(哀姜)이 나라에 도착했다. 그때, 공이 종친의 부인들로 하여금 뵙는 데 폐백을 드리게 한 것은 예의에서 벗어난 일이었다. 그때 어손은 충간했다. "남자가 귀한 분을 뵐 때에 드리는 예물로는, 신분이 높은 사람은 옥백(玉帛)을 드리고, 신분이 낮은 사람이면 가축이나 새를 드리어, 신분에 따라 드리는 물건의 차이가 있음을 나타내는 것이옵니다. 그리고 여자가 귀한 분을 찾아 뵐 때에 드리는 예물로는, 작은 밤·보통의 밤·대추·말린 고기 등에 불과한 것을 드리어 그것으로 존경하는 뜻을 표하는 것이옵니다. 그런데 이제, 남녀의 구별이 되지 않게 남자가 드리는 것과 같이 예물을 드린다는 것은 남녀의 분별함이 없는 일이 되옵니다. 남녀를 분명히 분별한다는 것은, 나라가 지켜야 할 큰 예절이옵니다. 그러하온데도 군주의 부인으로 말미암아, 이 큰 예절을 어지럽게 함은, 안되는 일이 아니옵니까?"

진(晉)나라 사위(士蔿)가 또 여러 공자들과 모의하여 유씨(游氏)네 두 아들을 죽였다. 그리고 사위는 진나라 군주인 후작에게 말하기를, "이제 되었사옵니다. 앞으로 2년이 지나지 않아, 군주께서는 반드시 걱정이 없게 되오리다."라고 했다.

주해 ○贄(지)-귀한 사람을 면회(面會)할 때에 드리는 예물.
○大者玉帛(대자옥백)-높은 자리에 있는 사람이 귀한 사람을 만날 때는 옥(玉)과 백(帛)을 바침. 두예는 주(注)에서 말하기를, '제후(諸侯)는

옥으로 지(贄)로 삼고, 제후의 태자·부속국(附屬國)의 군주·주나라 조정의 삼경(三卿) 다음 가는 소사(少師)·소부(少傅)·소보(少保)는 백(帛)을 지로 삼았다.'고 했다.

○小者禽鳥(소자금조)−신분이 낮은 사람은 가축물이나 조류(鳥類)를 지로 함. 두예는 주에서 말하기를, '경(卿)은 양(羊)을, 대부는 기러기[雁]를, 사(士)는 꿩을 각각 지로 삼았다.'고 했다.

○章物(장물)−신분의 높고 낮음에 따라 지로 삼는 물건에 차이가 있음을 나타낸다.

○榛(진)−작은 밤.

○脩(수)−말린 고기.

經 │ ○廿有五年春,에 陳侯使女叔來聘.이라

○夏五月癸丑,에 衛侯朔卒.이라

○六月辛未朔,에 日有食之,에 鼓用牲于社.라

○伯姬歸于杞.라

○秋大水,에 鼓用牲于社于門.이라

○冬,에 公子友如陳.이라

25년 봄에, 진나라 군주인 후작이 여숙(女叔)에게 예물을 가지고 찾아오게 했다.

여름 5월 계축날에, 위나라 군주인 후작 삭(朔)이 세상을 떠났다.

6월 초하루인 신미날에 일식(日蝕)이 있어, 북을 치며 희생물(제물)을 올려 토지신에게 제사를 지냈다.

백희(伯姬)가 기(杞)나라로 시집왔다.

가을에 큰물이 나자, 성문(城門)에 희생물을 차려놓고 북을 치며 토지신에게 제사를 지냈다.

겨울에, 공자 우(友)가 진나라에 갔다.

주해 ｜ ○女叔(여숙)－진(陳)나라의 경(卿). 여(女)는 그의 성이고, 숙(叔)
은 자(字).

○五月癸丑(오월계축)－5월 12일.

○鼓用牲于社(고용생우사)－사(社)는 토지신. 토지신에게 희생물을 드리
어 북을 치며 제사를 지냄. 일식은 음(陰)인 달[月]이, 양(陽)인 해
[日]를 침범하는 것으로 알았다. 그래서 그 현상은 곧 나라에서 신하가
군주를 범하는 일에 비유하여, 그런 일이 없도록 음기(陰氣)를 몰아내
기 위하여 북을 치며 토지신에게 제사를 지낸 것이다.

○門(문)－성문(城門).

傳 ｜ 廿五年春,에 陳女叔來聘,은 始結陳好也.라 嘉之.라 故로
不名.이라

夏六月辛未朔,에 日有食之.라 鼓用牲于社,는 非常也.라 唯
正月之朔,은 慝未作,에 日有食之,면 於是乎用幣于社,하고 伐鼓
于朝.라

秋大水,에 鼓用牲于社于門,은 亦非常也.라 凡天災,는 有幣
無牲,하고 非日月之眚不鼓.라

晉士蔿使群公子盡殺游氏之族,하고 乃城聚而處之.라

冬,에 晉侯圍聚,하여 盡殺群公子.라

25년 봄에 진나라 여숙(女叔)이 예물을 가지고 찾아온 것은, 비로

소 진나라와 우호 관계가 맺어져서였다. 그 일을 좋아했다. 그래서 그
이름을 적지 않았다.

여름 6월 신미날인 초하루에 일식이 있었다. 그런데 토지신에게 희
생물을 바치고 북을 치며 제사를 지낸 것은, 늘 지킨 예식에서 벗어
난 일이었다. 정양(正陽)의 달의 초하루에는 악기(惡氣), 즉 음기(陰
氣)가 일어나지 않는 것인데, 만약 이날에 일식이 있게 되면, 이때엔
폐백(幣帛)을 토지신에게 드리어 제사 지내는데, 조정에서 북을 치는
것이다.

가을에 큰물이 나, 성문에서 토지신에게 희생물을 바치고 북을 쳐
제사 지냈음은, 이 또한 예전에 지킨 예식에서 벗어난 일이었다. 무릇
천재(天災)에는, 제사 지내는 데 폐백을 드리지 희생물을 드리지는
않고, 일식(日蝕)·월식(月蝕)의 재변이 아니고서는 북을 치지 않는다.

진나라의 사위(士蔿)는 여러 공자를 시켜 유씨(游氏)네 무리를 다
죽이게 하고, 취(聚)에다 성을 쌓아, 공자들을 거기서 거처하게 했다.

겨울에는 진나라 군주인 후작이 취를 포위하여, 그 안의 여러 공자
를 다 죽였다.

▌주해▐ ○正月(정월)—정양(正陽)의 달. 정양의 달이란, 양기(陽氣)가 충
만하고, 음기(陰氣)가 나지 않는다는 달로, 하(夏)나라 역(曆)으로는 4
월이고, 주(周)나라 역으로는 6월이다.

▌經▐ ○廿有六年春,에 公伐戎.이라
　　입유륙년춘　　공벌융

　　○夏,에 公至自伐戎.이라
　　하　　공지자벌융

　　○曹殺其大夫.라
　　조살기대부

　　○秋,에 公會宋人·齊人,하여 伐徐.라
　　추　　공회송인　제인　　벌서

○ 冬十有二月癸亥朔,에 日有蝕之.라

○冬十有二月癸亥朔,에 日有蝕之.라

26년 봄에, 공이 오랑캐를 쳤다.

여름에, 공이 오랑캐를 정벌하고 돌아왔다.

조나라가 자기 나라 대부를 죽였다.

가을에, 공이 송나라 사람·제나라 사람들과 만나서, 서나라를 쳤다.

겨울 12월 계해날인 초하루에, 일식이 있었다.

주해┃ ○殺其大夫(살기대부)―그(자기의) 나라 대부를 죽임. 이름을 적지
않은 것은, 죄없는 사람을 죽였기 때문이라고 하나, 혹 탈구(脫句)되었
는지도 모른다.

○徐(서)―나라 이름으로, 지금의 안휘성(安徽省) 사수현(泗水縣) 북쪽에
위치했다. 국성은 영(嬴).

傳┃ 廿六年春,에 晉士蔿爲大司空.이라

夏,에 士蔿城絳,하여 以深其宮.이라

秋,에 虢人侵晉,하고 冬,에 虢人又侵晉.이라

26년 봄에, 진나라 사위(士蔿)가 대사공 벼슬에 올랐다.

여름에, 사위는 강(絳)에 성을 쌓아, 군주의 궁전을 높고 크게 했다.

가을에 괵나라가 진나라를 침범했고, 겨울에 괵나라는 또 진나라를
침범했다.

주해┃ ○大司空(대사공)―원래 사공(司空)인데, 사위의 공이 컸다고 대
(大)자를 더 붙여 말한 것이다. 사공은 제후국의 경(卿)으로, 토지와 국
민에 관한 일을 장악했다.

○絳(강)―진나라 도읍지로, 지금의 산서성(山四省) 익성현(翼城縣) 동남쪽 땅.

○深(심)―높고 크게 했다는 뜻으로 풀이된다.

經|
○입유칠년춘에 公會杞伯姬于洮라

○夏六月,에 公會齊侯·宋公·陳侯·鄭伯,하여 同盟于幽.라

○秋,에 公子友如陳,하여 葬原仲.이라

○冬,에 杞伯姬來.라

○莒慶來逆叔姬.라

○杞伯姬來朝.라

○公會齊侯于城濮.이라

27년 봄에, 공이 기나라 백희(伯姬)와 조(洮)에서 만났다.

여름 6월에, 공이 제나라 군주인 후작·송나라 군주인 공작·진나라 군주인 후작·정나라 군주인 백작과 만나, 유(幽)에서 동맹을 맺었다.

가을에, 공자 우(友)가 진나라로 가, 원중(原仲)을 장사 지냈다.

겨울에, 기나라의 백희가 왔다.

거나라의 경(慶)이 와, 숙희(叔姬)를 맞이했다.

기나라의 백희가 와, 군주을 뵈었다.

공이 제나라 군주인 후작을 성복(城濮)에서 만났다.

주해|
○伯姬(백희)―노나라 장공(莊公)의 딸.

○洮(조)―노나라 지명으로, 지금의 산동성 사수현(泗水縣) 동북쪽 경계.

○幽(유)―송나라 지명. 장공 16년조에 나왔다.

ㅇ原仲(원중)－진(陳)나라 대부. 원(原)은 씨명이고 중은 자.

ㅇ慶(경)－거나라 대부.

ㅇ叔姬(숙희)－노나라 장공의 딸.

ㅇ城濮(성복)－위(衛)나라 지명으로, 지금의 산동성 복현(濮縣) 남쪽 땅.

傳｜ 廿七年春,에 公會杞伯姬于洮,는 非事也.라 天子非展義不巡狩,하고 諸侯非民事不擧,하며 卿非君命不越境.이라

夏,에 同盟于幽,는 陳·鄭服也.라

秋,에 公子友如陳,하여 葬原仲,은 非禮也.라 原仲季友之舊也.라

冬,에 杞伯姬來,는 歸寧也.라 凡諸侯之女, 歸寧曰來,하고 出曰來歸.라 夫人歸寧曰如某,하고 出曰歸于某.라

27년 봄에 공이 조(洮)에서 기나라의 백희(伯姬)를 만난 것은, 옳은 일이 아니다. 천자는 덕의(德義)를 넓히는 일이 아니고서는 제후 나라를 순시하지 않고, 제후는 백성들을 위하는 일이 아니고서는 거동하지 않으며, 경(卿)은 군주의 명령 없이는 국경을 넘어 다른 나라에 가지 않는 것이다.

여름에 동맹을 맺은 것은, 진나라와 정나라가 (제나라에게) 굴복해서였다.

가을에 공자 우(友)가 진나라로 가 원중(原仲)을 장사 지낸 것은, 예에서 벗어난 일이다. 원중은 계우(季友 : 공자 友)의 오랜 친구였다.

겨울에 기나라의 백희가 온 것은, 근친을 온 것이다. 무릇 제후의 딸이 근친 온 데 대해서는 '내(來)'라 하고, 쫓겨온 데 대해서는 '내귀(來歸)'라 한다. 그리고 군주의 부인이 근친 간 것은 '어디로 갔다.'라

하고, 쫓겨감은 '어디로 돌아갔다.'라 한다.

주해│ ○展義(전의)―덕의를 넓힘.
　○不擧(불거)―거동하지 않음.
　○出(출)―이혼당해 내쫓겨짐.

　　晉侯將伐虢.이라 士蔿曰, 不可.이오이다 虢公驕에 若驟得勝
　　於我,면 必棄其民.이리이다 無衆而後伐之,면 欲禦我,에 其誰與.
리오 夫禮樂慈愛,는 戰所蓄也.로소이다 夫民讓事樂和愛親哀喪,
하여 而後可用也.이오이다 虢弗蓄也,에 亟戰,이면 將饑.리이다
　　王使召伯廖賜齊侯命,하고 且請伐衛,하니 以其立子穨也.라

　진나라 군주가 괵나라를 치려 했다. 그러자 사위(士蔿)가 말했다.
"아니되옵니다. 괵나라 군주는 거만을 부리고 있사온데, 만약 여러번
우리나라에게 승리를 하게 된다면, 반드시 자기 나라 백성들을 돌아
보지 않고 버리게 될 것이옵니다. 그에게 따르는 대중(大衆)이 없게
된 연후에 친다면, 그가 우리 군사를 막아내려고 할 때, 그 누가 군주
의 편이 되겠사옵니까? 예를 잘 지키고 즐겁게 하며 예뻐하고 사랑함
은, 곧 싸울 힘을 저축하는 것이 되옵니다. 백성들은 일에 대해서 서
로 사양하고, 평화를 즐거워하며, 육친을 사랑하고, 상을 당해 슬퍼하
도록 안정된 연후라야 부릴 수가 있는 것이옵니다. 그런데 괵나라는
지금 힘을 비축하지 않고 있사온데다가 자주 싸우면, 장차 힘에 굶주
리게 될 것이옵다."
　천자가 소백료(召伯廖)를 시켜, 제나라 환공에게 제후의 우두머리
인 사령(辭令)을 하사하고 위나라를 칠 것을 청하셨는데, 그것은 전

에 왕자 퇴(頹)를 내세웠던 일로써였다.

┃주해┃ ㅇ戰所蓄也(전소축야)－전쟁을 위한 저축이다.

ㅇ愛親(애친)－육친(肉親)을 사랑함.

ㅇ饑(기)－굶주림. 여기에서는 기력·전력의 굶주림을 말한다.

ㅇ以其立子頹也(이기립자퇴야)－왕자 퇴를 세운 일에 대해서는 장공 19
년조에 나왔다.

┃經┃ ㅇ廿有八年春王三月甲寅,에 齊人伐衛.라 衛人及齊人戰,하

여 衛人敗績.이라

ㅇ夏四月丁未,에 邾子瑣卒.이라

ㅇ秋,에 荆伐鄭.이라

ㅇ會齊人·宋人,하여 救鄭.이라

ㅇ冬,에 築郿.라

ㅇ大無麥禾.라

ㅇ臧孫辰告糴于齊.라

28년 봄 천자가 쓰는 역으로 3월 갑인날에, 제나라 사람이 위나라
를 쳤다. 위나라 사람들이 제나라 사람들과 싸워, 위나라 사람들이
패배했다.

여름 4월 정미날에, 주나라 군주인 자작 쇄(瑣)가 세상을 떠났다.

가을에, 초(楚)나라가 정나라를 쳤다.

제나라 사람이 송나라 사람과 회합을 가져, 정나라를 구했다.

겨울에 미(郿)에 성을 쌓았다.

보리싹이 크게 없어졌다.

장손신이 사들일 곡식을 제나라에 알렸다.

주해 ㅇ三月甲寅(삼월갑인)−3월 29일.

ㅇ四月丁未(사월정미)−4월 23일.

ㅇ郿(미)−노나라 지명으로, 지금의 산동성 수장현(壽長縣) 서북쪽 땅.

ㅇ糴(적)−사들이는 곡식.

傳 입팔년춘 제후벌위 전 패위사 수지이왕명
廿八年春,에 齊侯伐衛.라 戰,하여 敗衛師,하고 數之以王命,

취뢰이환
하여 取賂而還.이라

진헌공취우가 무자 증어제강 생진목부인급태자
晉獻公娶于賈,나 無子.라 烝於齊姜,하여 生秦穆夫人及太子

신생 우취이녀어융 대융호희생중이 소융자생이
申生.이라 又娶二女於戎,에 大戎狐姬生重耳,하고 小戎子生夷

오 진벌려융 여융남녀이려희 귀생해제 기제생
吾.라 晉伐驪戎,에 驪戎男女以驪姬,하니 歸生奚齊,하고 其娣生

탁자 여희폐 욕립기자 뇌외폐량오여동관폐오
卓子.라 驪姬嬖,에 欲立其子,하고 賂外嬖梁五與東關嬖五,하여

사언어공왈 곡옥군지종야 포여이굴 군지강야 불가
使言於公曰, 曲沃君之宗也,요 蒲與二屈,은 君之壃也,로 不可

이무주 종읍무주 즉민불위 강역무주 즉계융
以無主.이오니다 宗邑無主,면 則民不威,요 疆場無主,면 則啓戎

심 융지생심 민만기정 국지환야 약사
心.이오니다 戎之生心,이라 民慢其政,은 國之患也.로소이다 若使

태자주곡옥 이중이 이오주포여굴 즉가이위민이구
太子主曲沃,하고 而重耳·夷吾主蒲與屈,이면 則可以威民而懼

융 차정군벌 사구왈 적지광막 어진위도 진
戎,하고 且旌君伐.이리이다 使俱曰, 狄之廣莫,에 於晉爲都,는 晉

지계토 불역의호 진후열지
之啓土,에 不亦宜乎.인가 晉侯說之.라

하 사태자거곡옥 중이거포성 이오거굴 군
夏,에 使太子居曲沃,하고 重耳居蒲城,하며 夷吾居屈,하고 群

公子皆在鄙,로되 唯二姬之子在絳.이라 二五卒與驪姬譖群公子,
하고 立奚齊,하니 晉人謂之二五耦.라

28년 봄에, 제나라 군주인 후작이 위나라를 쳤다. 제나라 군사가
싸워 위나라 군사를 패배시키고 위나라를 책망하니 천자의 명령이라
하여, 재화(財貨)를 취하여 돌아갔다.

진(晉)나라 헌공은 가(賈)나라에서 부인을 맞이했으나, 아들이 없
었다. 헌공은 윗사람인 제강(齊姜)과 간통하여, 뒤에 진(秦)나라 목공
(穆公)의 부인이 된 딸과, 태자 신생(申生)을 낳았다. 그리고 헌공은
융(戎)나라에서 두 여인을 맞이해서 큰딸인 호희(狐姬)는 중이(重
耳 : 나중의 晉 文公)를 낳고, 작은딸은 이오(夷吾)를 낳았다. 진나라
가 여융(驪戎)나라를 치자, 여융나라 군주인 남작은 그의 딸 여희(驪
姬)를 아내로 삼게 하니, 그녀를 데리고 돌아가 해제(奚齊)를 낳았고,
여희의 누이동생은 탁자(卓子)를 낳았다. 여희는 헌공의 총애를 받고
있는 처지여서 자기의 아들을 후계자로 세우려 하여, 군주의 사랑을
받고 있는 신하 양오(梁五)와 동관오(東關五)에게 뇌물을 주어, 헌공
에게 말하게 했다. "곡옥(曲沃)은 선조를 제사 지내는 종묘(宗廟)가
있는 곳이고, 포(蒲)와 두 굴(屈)은 나라의 국경의 변방지(邊方地)로
서, 그곳을 다스리는 주인공이 없을 수 없나이다. 종묘가 있는 고을
에 주인공이 없사오면, 백성들이 군주를 무서워하지 않고, 국경의 변
방지에 주인공이 없사오면, 오랑캐의 야심(野心)이 일어나게 되옵니
다. 오랑캐의 야심 생김과, 백성들이 군주의 정치를 가볍게 여기는
것은, 국가의 근심거리이옵니다. 만약 태자에게 곡옥을 주관케 하고,
중이와 이오에게 포와 굴을 주관케 하신다면, 백성들이 군주를 무섭
게 여기게 하고, 오랑캐가 우리나라를 두렵게 여기도록 할 수가 있삽
고, 또 군주의 공적(功績)을 발휘(發揮)함이 되옵니다." 그녀는 그후

다시 두 사람이 같이, "오랑캐의 땅이 광대한 터에, 우리 진나라가 세 군데를 도성(都城)으로 삼는다는 것은, 영토를 넓힘에 또한 좋은 일이 아니겠사옵니까?"라고 말하게 했다. 그랬더니 진나라 군주는 기꺼워했다.

여름에, 태자에게 곡옥에 거처하게 하고, 중이에게 포 땅의 성에서 거처하게 하며, 이오에게 굴에 거처하게 하고, 여러 다른 공자들을 다 변방에서 지내게 했으나, 두 여융나라 딸의 아들들만은 도읍인 강(絳)에 있게 되었다. 그런데 양오와 동관오, 두 오(五)는 마침내 여희와 같은 편이 되어 여러 공자들에 대해 참언(譖言)하고 결국 해제를 태자로 세우니, 진나라 사람은 이를 두고 이르기를, '이 일은 두 오가 공동경작(共同耕作)한 것이다.'라고 했다.

▌주해▐ ㅇ賈(가)-나라 이름. 환공 9년조에 나왔다.

ㅇ烝(증)-촌수가 높은 여자와 간통한 것.

ㅇ齊姜(제강)-헌공의 아버지였던 무공(武公)의 첩.

ㅇ戎(융)-여기에서는 나라 이름. 융에는 대융(大戎)·소융(小戎)이 있었다. 대융은 국성이 희(姬)였고, 지금의 섬서성 교성현(交城縣) 서북 지방에 위치했다. 그리고 소융은 대융에 인접해 있었다. 그런데 원문(原文)에 대융·소융이라 한 것은, 두 나라를 말하는 것이 아니라, 대융의 딸로서 큰딸, 작은딸을 말한 것이라고 여겨진다. 즉 《사기(史記)》 진세가(晉世家)에 이오(夷吾)의 어머니는 중이(重耳) 어머니의 누이동생이었다고 말하고 있다.

ㅇ驪戎(여융)-나라 이름. 국성은 희(姬)였고, 군주의 작은 남작이었으며, 지금의 섬서성 임동현(臨潼縣) 동부에 위치했다.

ㅇ二屈(이굴)-굴에는 북굴(北屈)과 남굴(南屈)이 있었다. 여기에서 이오(夷吾)가 살러간 굴은 북굴을 말한다. 북굴은 지금의 산서성(山西省) 길현(吉縣) 동북쪽 땅.

ㅇ疆場(강역)-국경의 변방지.

ㅇ伐(벌)-공(功)·공적(功績).

ㅇ二五耦(이오우)-두 오(五)가 공동경작함. 즉 양오와 동관오가 공동으로 만들어 낸 일.

초 령 윤 자 원 욕 고 문 부 인　　　위 관 어 기 궁 측　　　이 진 만 언
楚令尹子元欲蠱文夫人,하고 爲館於其宮側,하여 而振萬焉.이

부 인 문 지　　읍 왈　　선 군 이 시 무 야　　습 융 비 야　　금　영 윤
라 夫人聞之,하고 泣曰, 先君以是舞也,는 習戎備也.라 今, 令尹

불 심 저 구 수　　이 어 미 망 인 지 측　　불 역 이 호　　어 인 이 고 자
不尋諸仇讎,하고 而於未亡人之側,은 不亦異乎.아 御人以告子

원　　자 원 왈　부 인 불 망 습 수　　아 반 망 지
元,하니 子元曰, 婦人不忘襲讎,에 我反忘之.로다

추　　자 원 이 차 륙 백 승 벌 정　　입 우 길 질 지 문　　자 원　투
秋,에 子元以車六百乘伐鄭,하여 入于桔柣之門,에 子元·鬪

어 강　투 오　경 지 불 비 위 패　　투 반　왕 손 유　왕 손 희 전
御彊·鬪梧·耿之不比爲旆,하고 鬪班·王孫游·王孫喜殿.이

중 차 입 자 순 문　　급 규 시　현 문 불 발　　초 언 이 출　　자
라 衆車入自純門,하여 及逵市.라 縣門不發,에 楚言而出.이라 子

원 왈　정 유 인 언　　제 후 구 정　　초 사 야 둔　　정 인 장 분 동
元曰, 鄭有人焉.이라 諸侯救鄭,하니 楚師夜遁.이라 鄭人將奔桐

구　　첩 고 왈　초 막 유 오　　내 지
丘,러니 諜告曰, 楚幕有烏.라 乃止.라

동 기　　장 손 신 고 적 우 제　　예 야
冬饑,라 臧孫辰告糴于齊,는 禮也.라

축 미　　비 도 야　　범 읍　　유 종 묘　선 군 지 주 왈 도　　무 왈
築郿,는 非都也.라 凡邑,에 有宗廟·先君之主曰都,요 無曰

읍　　읍 왈 축　　도 왈 성
邑.이라 邑曰築,하고 都曰城.이라

초나라의 영윤(令尹) 자원(子元)이 문왕(文王)의 부인을 유혹하려, 부인이 거처하는 궁전 옆에 거처를 마련하여, 만무(萬舞)를 추게 했다. 부인이 이 일을 듣고는 울며 말하기를, "선대 군주께서 만무를 추게 하셨던 것은, 군비(軍備)에 대한 일을 습득하기 위해서였다. 그런데 이제 영윤은 원수에 대해서는 마음을 쓰지 않고, 남편

없는 사람 옆에서 그런 짓을 하니, 이
상하지 않은가?"라고 했다. 부인을 모
시고 있던 사람이 이 말을 자원에게
이르니 자원은, "부인으로서 원수를
치는 것을 잊지 않고 있는데도, 내가
도리어 그것을 잊고 있었구나."라고
말했다.

전차(복원 모형)

　가을에 자원은 전차 6백대를 거느리고 정나라를 쳐, 성문인 길질문
(桔柣門)으로 쳐들어갔는데, 자원·투어강(鬪御疆)·투오(鬪梧)·경
지불비(耿之不比)는 선진(先陣)이 되고, 투반(鬪班)·왕손유(王孫
游)·왕손희(王孫喜)는 후군(後軍)이 되었다. 뭇 전차가 순문(純門)
으로부터 들어가, 성곽 안의 큰길 가 시장까지 도달했다. 그런데 내성
(內城)의 현문(縣門)이 닫혀지지 않은 채이고, 그 안으로부터 초나라
말을 사용하며 나오는 사람이 있었다. 그것을 본 자원은, "정나라에는
훌륭한 인물이 있는 게로구나."라고 말했다. (그가 공격을 주춤거리고
있을 때) 제후들이 정나라를 구원하자, 초나라 군사는 저녁을 이용하
여 도망했다. 그때 정나라 사람은 동구(桐丘)로 피해 달려가려고 했
는데, 적의 사정을 탐색한 사람이 말하기를, "초나라 군막(軍幕)에는
까마귀들이 앉아 있습니다."라고 말하였다. 그래서 피해 달아나는 일
을 그만두었다.

　겨울에 양식이 없어 굶주리게 되자, 장손신이 제나라에 곡식 사들
일 것을 신청한 일은, 예에 맞는 일이었다.

　미(郿)에 성을 쌓았다는 것은, 도성(都城)을 쌓았다는 것이 아니다.
무릇 고을은, 제후의 조상을 제사 지내는 종묘가 있든가, 선대 군주의
신주(神主)를 모신 곳이라면 '도(都)'라 하고, 그런 것이 없는 곳은
'읍(邑)'이라 한다. 읍에 성을 쌓는 일은 '축(築)'이라 하고, 도에 성을
쌓는 일은 '성(城)'이라 한다.

주해| ○子元(자원)-초나라 문왕(文王)의 동생. 이름은 선(善).

○蠱(고)-꾀다. 유혹하다.

○文夫人(문부인)-문왕의 부인. 즉 식규(息嬀).

○振萬(진만)-만을 춤. 만은 문무(文舞)·무무(武舞)의 총칭(總稱).

○桔秩門(길질문)-정나라 도읍에서 멀리 떨어진 교외의 성문 이름.

○爲旆(위패)-패는 깃발을 날린다는 뜻이 있다. 위패는 깃발날림이 된다. 즉 선진(先陣)이 됨.

○殿(전)-뒤. 여기에서는 후군(後軍)됨을 의미한다.

○純門(순문)-정나라 외성(外城)의 문 이름.

○逵市(규시)-성곽 안에 큰길 가에 있는 시장.

○縣門(현문)-내성(內城)에 설치해서, 위아래로 움직이며 열었다 닫았다 하는 문.

○桐丘(동구)-정나라 지명으로, 지금의 하남성 부구현(扶溝縣) 서쪽 땅.

○諜(첩)-적의 사정을 살피는 사람. 간첩.

○楚幕有烏(초막유오)-초나라 군막에 까마귀들이 앉아 있다. 이것은 초나라 군사가 도망가, 군막이 텅 비었다는 것을 표현한 말이다.

經| ○廿有九年春,에 新延廄.라
(입유구년춘)   (신연구)

○夏,에 鄭人侵許.라
(하)   (정인침허)

○秋,에 有蜚.라
(추)   (유비)

○冬十有二月,에 紀叔姬卒.이라
(동십유이월)   (기숙희졸)

○城諸及防.이라
(성제급방)

29년 봄에 연구(延廄)라는 마구간을 새로 지었다.

여름에, 정나라 사람이 허(許) 땅을 침범했다.

가을에 벼멸구 떼가 일어났다.

겨울 12월에, 기나라의 숙희(叔姬)가 세상을 떠났다.

제(諸)와 방(防)에 성을 쌓았다.

주해 ○蜚(비)-벼멸구. 이 벌레가 일어났던 것은, 은공 원년조에도 나
왔다.

○諸(제)-노나라 지명으로, 지금의 산동성 제성현(諸城縣) 서남쪽 땅.

○防(방)-노나라 지명으로, 지금의 산동성 비현(費縣) 서북쪽 땅.

傳 입구년춘
廿九年春,에 신작연구
新作延廐,는 서불시야
書不時也.라 범마일중이출
凡馬日中而出,하고
일중이입
日中而入.이라

하
夏,에 정인침허
鄭人侵許.라 범사
凡師,는 유종고왈벌
有鐘鼓曰伐,이요 무왈침
無曰侵,이며 경왈
輕曰
습
襲.이라

추
秋,에 유비
有蜚,는 위재야
爲災也.라 범물불위재
凡物不爲災,면 불서
不書.라

동십이월성제급방
冬十二月城諸及防,은 서시야
書時也.라 범토공
凡土功,은 용현이필무
龍見而畢務,하니
계사야
戒事也,요 화현이치용
火見而致用,하고 수혼정이재
水昏正而栽,하며 일지이필
日至而畢.이라

번피반왕
樊皮叛王.이라

29년 봄에 연구(延廐)라는 마구간을 새로 지었다는 것은, 그 일
을 할 때가 아니었음을 기록하여 말한 것이다. 무릇 말은 춘분(春
分)이 되어 마구간에서 목장으로 나가게 되고, 추분(秋分)이 되면
마구간으로 들어가게 된다. (그러니 마구간 짓는 일은 가을에 해야
한다)

여름에, 정나라 사람이 허(許) 땅을 침범했다. 무릇 군사일은, 종을

치고 북을 치고서 쳐들어가는 것을 '벌(伐)'이라 말하고, 그러한 일 없이 치는 것을 '침(侵)'이라 말하며, 불의(不意)에 공격하는 것을 '습(襲)'이라 말한다.

가을에 벼멸구 떼가 일어났다는 것은, 재해가 되었기에 썼다. 무릇 어느 것이 재해가 되지 않았으면, 기록해서 말하지 않았다.

겨울 12월에 제(諸)와 방(防)에 성을 쌓았다는 것은, 제때에 했다는 것을 써 말한 것이다. 무릇 토목공사는 용성(龍星)이 나타나는 시기에 백성들의 농사일이 마쳐지니, 그때 일의 착수(着手)를 서두르는 것이고, 화성(火星)이 나타나는 시기에 공사에 쓸 물자를 준비해야 하고, 수성(水星)이 초저녁에 중천(中天)에 뜨는 시기에 일을 제대로 해야 하며, 동지(冬至) 때에는 공사를 마쳐야 한다.

번피(樊皮)가 천자에게 반기(叛旗)를 들었다.

주해 ○日中(일중)－중(中)은 밤과 낮의 길이가 같음을 말한다. 앞의 일중(日中)은 춘분(春分)을 말하고, 뒤의 일중은 추분(秋分)을 말한다.
○輕(경)－적이 생각지도 않고 있을 때 공격함.
○龍見(용현)－용성이 나타남. 하나라 역으로 9월에, 주나라 역으로 11월에 나타났다.
○戒事(계사)－일. 착수를 서두르다.
○火見(화현)－화성이 나타남. 하나라 역으로는 10월, 주나라 역으로는 12월에 나타났다 한다.
○致用(치용)－일에 필요한 물자를 준비함.
○水昏正而栽(수혼정이재)－수성이 초저녁의 중천에 나타나는 시기에 일을 제대로 함. 수성이 초저녁의 중천에 뜨는 시기는, 하나라 역으로 10월이고, 주나라 역으로 12월이었다고 한다.
○日至(일지)－해가 남지(南至)하는 것. 즉 동지(冬至) 시기로, 하나라 역으로는 11월이고, 주나라 역으로는 정월.
○樊皮(번피)－주(周)나라 대부.

▌經|　○^{삽 년 춘 왕 정 월}
○卅年春王正月.이라

　○^하夏,에　^{차 우 성}次于成.이라

　○^{추 칠 월}秋七月,에　^{제 인 항 장}齊人降郕.이라

　○^{팔 월 계 해}八月癸亥,에　^{장 기 숙 희}葬紀叔姬.라

　○^{구 월 경 오 삭}九月庚午朔,에　^{일 유 식 지}日有蝕之,하니　^{고 용 생 우 사}鼓用牲于社.라

　○^동冬,에　^{공 급 제 후 우 우 노 제}公及齊侯遇于魯濟.라

　○^{제 인 벌 산 융}齊人伐山戎.이라

30년 봄 천자가 쓰는 역으로 정월.

여름에, 성(成)에서 머물렀다.

가을 7월에, 제나라 사람이 장(郕)나라를 항복케 했다.

8월 계해날에, 기나라 숙희(叔姬)를 장사 지냈다.

9월 경오날인 초하룻날에 일식이 있어, 토지신에게 희생물을 바치고 북을 치며 제사 지냈다.

겨울에, 공이 제나라 군주인 후작과 노제(魯濟)에서 만났다.

제나라 사람이 산융(山戎)을 쳤다.

▌주해|　○成(성)─노나라 지명으로, 지금의 산동성 영양현(寧陽縣) 동북쪽 땅.
　○郕(장)─나라 이름.
　○八月癸亥(팔월계해)─8월 23일.
　○魯濟(노제)─노나라 지명. 제수(濟水)라는 강이 있어, 제나라와 노나라의 국경을 흘렀는데, 노나라 땅을 흐르는 곳을 노제라 했고, 제나라 땅을 흐르는 곳은 제제(濟濟)라 했다 한다.
　○山戎(산융)─북방 오랑캐로, 산중에 살고 있었기에 산융이라 했다.

傳| 卅年春_{삼년춘},에 王命虢公討樊皮_{왕명괵공토번피}.라

夏四月丙辰_{하사월병진},에 虢公入樊_{괵공입번},하여 執樊仲皮_{집번중피},하며 歸于京師_{귀우경사}.라

楚公子元歸自伐鄭_{초공자원귀자벌정},하여 而處王宮_{이처왕궁}.이라 鬪射師諫_{투사사간},하니 則執而_{즉집이}梏之_{곡지}.라

秋_추,에 申公鬪班殺子元_{신공투반살자원},하고 鬪穀於菟爲令尹_{투곡오토위령윤},하여 自毁其家_{자훼기가},하며 以紓楚國之難_{이서초국지난}.이라

冬_동,에 遇于魯濟_{우우노제}는 謀伐山戎也_{모벌산융야},니 以其病燕故也_{이기병연고야}.라

30년 봄에, 천자는 괵나라 군주에게 번피(樊皮)를 칠 것을 명하셨다.

여름 4월 병진날에, 괵나라 군주는 번피의 영유지인 번(樊) 땅으로 쳐들어가 번중피를 잡아, 천자 계시는 서울로 보냈다.

초나라 공자 원(元)은 정나라 치는 일에서 돌아가, 왕궁에 거처했다. 투사사(鬪射師)가 그에게 그러지 말라고 충고하니, 그는 투사사를 잡아 손에 수갑을 채우는 형을 가했다.

가을에 신(申) 고을을 다스리는 투반(鬪班)이 자원을 죽이고, 투곡오토(鬪穀於菟 : 子文)가 영윤(令尹)이 되어, 자기 집 가재(家財)를 내어 초나라의 재정적 곤란을 해소했다.

겨울에, 노나라 군주가 노제(魯濟)에서 제나라 군주를 만난 것은 산융(山戎) 칠 일을 꾀하기 위해서였는데, 그것은 산융이 연나라를 괴롭히고 있었기 때문이다.

주해| ㅇ四月丙辰(사월병진)—4월 14일.
ㅇ樊(번)—번피의 영유지로, 지금의 하남성 제원현(濟源縣) 동남쪽 땅.
ㅇ樊仲皮(번중피)—번피.

ㅇ處王宮(처왕궁)-왕궁에서 거처했다. 자원이 왕궁에 거처한 것은 문공의 부인이었던 식규를 자기 것으로 하려는 욕심에서였다.

ㅇ射師(사사)-관직 이름으로, 활쏘는 법을 가르치는 일을 맡은 사람들의 장(長).

ㅇ梏(곡)-수갑, 수갑을 채움.

ㅇ申公(신공)-신현(申縣)의 장관(長官). 당시 초나라는 군주를 왕이라 사칭(詐稱)하고, 고을 장관을 공(公)이라 참칭(僭稱)했다.

ㅇ毁其家(훼기가)-그의 집 재산을 내어 놓음.

ㅇ紓楚國之難(서초국지난)-초나라의 곤란을 해소했다.

經| ㅇ卅有一年春,에 築臺于郎.이라

ㅇ夏四月,에 薛伯卒.이라

ㅇ築臺于薛.이라

ㅇ六月,에 齊侯來獻戎捷.이라

ㅇ秋,에 築臺于秦.이라

ㅇ冬,에 不雨.라

31년 봄에, 낭(郎)에 대(臺)를 쌓았다.

여름 4월에 설(薛)나라 군주인 백작이 세상을 떠났다.

설(薛)에 대를 쌓았다.

6월에 제나라 군주인 후작이 와, 오랑캐한테 얻은 전리품(戰利品)을 공에게 바쳤다.

가을에 진(秦)에다 대를 쌓았다.

겨울에 비가 오지 않았다.

주해┃ ㅇ臺(대)-높이 쌓아올려 적(敵)의 상황을 살피는 곳.

ㅇ築臺于薛(축대우설)-여기에서 설(薛)은 노나라 지명으로 지금의 산동성 기수현(沂水縣) 서남쪽 땅.

ㅇ戎捷(융첩)-산융(山戎)을 쳐 얻은 전리품.

ㅇ秦(진)-여기에서는 나라 이름이 아니라 노나라 지명으로, 지금의 산동성 범현(范縣) 동남쪽 땅.

傳┃ 삽일년하유월 제후래헌융첩 비례야 범제후유사
卅一年夏六月,에 齊侯來獻戎捷,은 非禮也.라 凡諸侯有四
이지공 즉헌우왕 왕이경우이 중국즉부 제후
夷之功,이면 則獻于王,하여 王以警于夷,하고 中國則否.라 諸侯
불상유부
不相遺俘.라

31년 여름 6월에 제나라 군주인 후작이 와 융(戎)한테 얻은 전리품을 바친 일은, 예의에서 벗어난 것이다. 무릇 제후가 사방의 오랑캐와 싸워 전과(戰果)가 있으면, 그것을 천자에게 바치어 천자는 그것으로 오랑캐에게 경계가 되게 하고, 천자의 명으로 중국 내의 제후국을 쳤을 때에는 그러하지 않는다. 그리고 제후들 간에는 전쟁에서 얻은 것을 보내지 않는 것이다.

주해┃ ㅇ警于夷(경우이)-오랑캐에게 경계되게 함.

ㅇ中國則否(중국즉부)-중국 내에서 천자의 명으로 제후를 쳤을 때는 그리하지 않는다.

經┃ 삽유이년춘 성소곡
ㅇ卅有二年春,에 城小穀.이라

하 송공 제후우우양구
ㅇ夏,에 宋公·齊侯遇于梁丘.라

추칠월계사 공자아졸
ㅇ秋七月癸巳,에 公子牙卒.이라

ㅇ八月癸亥,에 **公薨于路寢.**이라
<small>팔월계해 공홍우로침</small>

ㅇ冬十月己未,에 **子般卒.**이라
<small>동시월기미 자반졸</small>

ㅇ**公子慶父如齊.**라
<small>공자경보여제</small>

ㅇ**狄伐邢.**이라
<small>적벌형</small>

32년 봄, 소곡(小穀)에 성을 쌓았다.

여름에, 송나라 군주인 공작·제나라 군주인 후작이 양구(梁丘)에서 만났다.

가을 7월 계사날에, 공자 아(牙)가 세상을 떠났다.

8월 계해날에, 장공이 정전(正殿)에서 홍거(薨去)했다.

겨울 10월 기미날에, 자반(子般)이 세상을 떠났다.

공자 경보(慶父)가 제나라에 갔다.

오랑캐〔狄〕가 형(邢)나라를 쳤다.

▌주해▌ ㅇ小穀(소곡)-노나라 지명. 지금의 산동성 곡부현(曲阜縣) 서북쪽 땅.

ㅇ梁丘(양구)-제나라와 송나라의 경계. 지금의 산동성 성무현(城武縣) 동북쪽 땅.

ㅇ公子牙(공자아)-노나라 환공(桓公)의 아들. 희숙(僖叔)이라고도 했다.

ㅇ八月癸亥(팔월계해)-8월 5일.

ㅇ路寢(노침)-정침(正寢)이라고도 한다. 천자나 제후가 정무(政務)를 보는 정전(正殿).

ㅇ十月己未(시월기미)-10월 2일.

ㅇ子般(자반)-장공의 태자.

ㅇ公子慶父(공자경보)-환공의 아들로, 공자 아(牙)의 형. 공중(共仲)이라고도 한다.

ㅇ邢(형)—나라 이름으로, 은공 4년조에 나왔다.

傳| 삽이년춘 卅二年春,에 성소곡 城小穀,은 위관중야 爲管仲也.라

제후위초벌정지고 齊侯爲楚伐鄭之故,로 청회우제후 請會于諸侯,에 송공청선현우제후 宋公請先見于齊侯,하여
하 夏,에 우우양구 遇于梁丘.라

32년 봄에 소곡(小穀)에 성을 쌓았음은, 관중(管仲)을 위해서였다. 제나라 군주인 후작이, 초나라가 정나라를 친 일로 제후들에게 회합할 것을 요구하여 송나라 군주인 공작이 먼저 제나라 군주 만나기를 요구했다. 그래서 여름에 양구(梁丘)에서 만났다.

주해| ㅇ爲管仲(위관중)—관중이 노나라에 대하여 공헌한 일에 대해서, 은혜를 갚기 위함이었다.
ㅇ楚伐鄭(초벌정)—장공 28년에, 초나라가 정나라를 친 일을 말한다. 이 때 제나라 군주는 다른 제후들과 협력해서, 정나라를 위하여 초나라에게 보복하기 위해, 회합을 요청했다.

추칠월 秋七月,에 유신강우신 有神降于莘.이라 혜왕문저내사과왈 惠王問諸內史過曰, 시하고야 是何故也.아
대왈 對曰, 국지장흥 國之將興,에 명신강지 明神降之,하여 감기덕야 監其德也,요 장망 將亡,에도 신우 神又
강지 降之,하여 관기악야 觀其惡也.이오니다 고 故로 유득신이흥 有得神以興,하고 역유득신이 亦有得神以
망 亡,이옵거늘 우 하 상 주개유지 虞·夏·商·周皆有之.이었나이다 왕왈 王曰, 약지하 若之何.아
대왈 對曰, 이기물향언 以其物享焉,에 기지지일역기물 其至之日亦其物.이오니다 왕종지 王從之.라 내사 內史
과왕 過往,하여 문괵청명 聞虢請命,하고 반왈 反曰, 괵필망의 虢必亡矣.로다 학이청어신 虐而聽於神.이라

^{신거신유월} ^{괵공사축응} ^{종구} ^{사은향언} ^{신사지토전}
神居莘六月,에 虢公使祝應·宗區·史嚚享焉.이라 神賜之土田.

^{사은왈} ^{괵기망호} ^{오문지} ^{국장흥} ^{청어민}
이라 史嚚曰, 虢其亡乎.인저 吾聞之,하되 國將興,에 聽於民,하고

^{장망} ^{청어신} ^{신총명정직} ^{이일자야} ^{의인이행}
將亡,에 聽於神.이라 神聰明正直,하여 而壹者也.라 依人而行.이

^{괵다량덕} ^{기하토지능득}
라 虢多涼德,에 其何土之能得.가

　가을 7월에, 신(神)이 신(莘) 땅에 내려옴이 있었다. 천자이신 혜왕께서 내사(內史) 과(過)에게 묻기를, "이것은 무엇 때문인가?"라고 하셨다. 과는 대답했다. "나라가 흥하려 함에는 밝은 신이 내려와, 나라 다스리는 임금의 덕을 감찰(監察)하는 것이옵고, 나라가 장차 망하려 함에도 신이 또한 내려와, 그 임금의 악(惡)을 살펴보옵니다. 그러므로 신이 내려옴을 맞아서 흥하옵고, 또 신이 내려옴을 맞아서 망하기도 하옵는데, 우(虞)·하(夏)·상(商)·주(周)의 어느 시대에나 다시 내려옴이 있었나이다." 천자께서, "그럼, 어찌할까?"라고 말씀하시니, 그는 대답하기를, "알맞은 것을 바치어 제사를 드리옵는데, 그 신이 내려온 날 또한 적당한 물건에 해당되오니, 그날과 상관있는 것을 제물(祭物)로 삼으면 좋사옵니다."라고 했다. 천자께서는 그 말을 따랐다. 내사 과가 제사 지내러 가, 괵나라가 그 신에게 제사를 지내고 복(福) 주기를 빌었다는 것을 듣고 돌아가 말하기를, "괵나라는 반드시 망할 것이리라. 포악한 정치를 하고서도 신에게 복을 빌었도다."라고 했다. 그 신은 여섯달 간이나 신 땅에 머물렀는데, 괵나라 군주는 대축(大祝) 응(應), 대종(大宗) 구(區), 대사(大史) 은(嚚)을 시켜 제사를 지냈다. 신은 토지를 준다고 했다. 대사인 은은 말했다. "괵나라는 망할 것이로다. 내 들었거니와, '나라가 흥하려 함에는 군주가 백성들에게 나랏일을 물어 듣고, 나라가 망하려 함에는 신에게 복을 빈다.'고 했다. 신은 총명하고 정직하여, 한 가지 마음만을 갖는 것이

다. 그리하여 인간의 선악(善惡)에 따라 복과 화(禍)를 준다. 괵나라
군주는 악한 짓이 많았는데, 그 무슨 땅을 얻을 수 있겠는가?"

주해 ○莘(신)-괵나라 지명으로, 지금의 하남성 섬현(陝縣) 동남쪽 땅.
○虞(우)-순(舜)임금의 나라.
○虞(우)·夏(하)·商(상)·周皆有之(주개유지)-순임금 때·하나라 때·
상[은]나라 때·주나라 때도 다 신이 내려옴이 있었음.《국어(國語)》
주어(周語) 상(上)편에 이르기를, '하(夏)나라가 일어나게 되자 융(融:
火神)이 숭산(崇山)에 하강했고, 망하게 되자 회록(回祿:火神)이 금수
(聆隧)에 나타났으며, 상(商:殷)나라가 일어나게 되어서는 도항(檮
杌:악한 짐승의 이름)이 비산(丕山)에 나타나 머물렀고, 망하게 되자
이양(夷羊:神獸 이름)이 목(牧)에 나타났으며, 주나라가 흥하게 되자
난봉(鸞鳳)이 기산(岐山)에서 울었고, 쇠약하게 되자 두(杜)나라 군주
가 선왕(宣王)을 호(鄗)에서 활로 쏘았다.'고 했다.
○以其物享焉(이기물향언)-그에게 알맞는 물건으로 제사를 지냄.
○其至之日亦其物(기지지일역기물)-그 신이 내려온 날 또한 그에게 알
맞는 물건. 이 말은 곧 그 신이 내려온 날과 상관이 있는 것도 그 신에
게 알맞는 물건이라는 뜻이다.
○內史(내사)-관직 이름.
○請命(청명)-명을 청함. 즉 복을 준다는 명이 있기를 빈다.
○祝(축)-신관(神官)인 대축(大祝).
○宗(종)-예의·제사에 관한 일을 맡은 대종(大宗).
○史(사)-사관(史官)의 장(長)인 대사(大史).

初,에 公築臺,하여 臨黨氏,에 見孟任從之.라 閟,하여 而以夫人
言,하니 許之.라 割臂盟公,하고 生子般焉.이라 雩,에 講于梁氏,한
대 女公子觀之.라 圉人犖自牆外與之戲,하니 子般怒,하여 使鞭

<ruby>之<rt>지</rt></ruby>.라 <ruby>公曰<rt>공왈</rt></ruby>, <ruby>不如殺之<rt>불여살지</rt></ruby>.라 <ruby>是不可鞭<rt>시불가편</rt></ruby>.이라 <ruby>擧有力焉<rt>거유력언</rt></ruby>,에 <ruby>能投蓋于<rt>능투개우</rt></ruby>
<ruby>稷門<rt>직문</rt></ruby>.이라

<ruby>公疾<rt>공질</rt></ruby>,에 <ruby>問後於叔牙<rt>문후어숙아</rt></ruby>.라 <ruby>對曰<rt>대왈</rt></ruby>, <ruby>慶父材<rt>경보재</rt></ruby>.로소이다 <ruby>問於季友<rt>문어계우</rt></ruby>,하니
<ruby>對曰<rt>대왈</rt></ruby>, <ruby>臣以死奉般<rt>신이사봉반</rt></ruby>.이리이다 <ruby>公曰<rt>공왈</rt></ruby>, <ruby>鄕者牙曰慶父材<rt>향자아왈경보재</rt></ruby>.라 <ruby>成季使以<rt>성계사이</rt></ruby>
<ruby>君命命僖叔待于鍼巫氏<rt>군명명희숙대우겸무씨</rt></ruby>,하고 <ruby>使鍼季酖之<rt>사겸계짐지</rt></ruby>.라 <ruby>曰<rt>왈</rt></ruby>, <ruby>飮此則有後於<rt>음차즉유후어</rt></ruby>
<ruby>魯國<rt>로국</rt></ruby>,이요 <ruby>不然<rt>불연</rt></ruby>,이면 <ruby>死且無後<rt>사차무후</rt></ruby>.리라 <ruby>飮之<rt>음지</rt></ruby>,하고 <ruby>歸及逵泉而卒<rt>귀급규천이졸</rt></ruby>.이라
<ruby>立叔孫氏<rt>입숙손씨</rt></ruby>.라

<ruby>八月癸亥<rt>팔월계해</rt></ruby>,에 <ruby>公薨于路寢<rt>공훙우로침</rt></ruby>.이라 <ruby>子般卽位<rt>자반즉위</rt></ruby>,하고 <ruby>次于黨氏<rt>차우당씨</rt></ruby>.라

<ruby>冬十月己未<rt>동시월기미</rt></ruby>,에 <ruby>共仲使圉人犖賊子般于黨氏<rt>공중사어인락적자반우당씨</rt></ruby>.라 <ruby>成季奔陳<rt>성계분진</rt></ruby>,하고
<ruby>立閔公<rt>입민공</rt></ruby>.이라

전에 장공이 대를 쌓고 대에 올라 당씨(黨氏)네 집을 내려다보고, 맹임(孟任)이라는 그집 딸을 차지하려 했다. 그러자 맹임은 문을 닫고, 군주의 부인으로 데려가 달라고 말하니, 공은 그녀의 요구를 허락했다. 맹임은 팔의 살을 찢어 피를 빨며 공과 맹서하고 난 뒤에, 자반(子般)을 낳았다. 기우제(祈雨祭)를 지낼 때, 양씨(梁氏) 집에서 그 의식을 강습하는데, 공의 딸도 그곳에 있어 구경했다. 그때 말[馬] 치는 일을 맡고 있는 낙(犖)이 담너머로 공녀(公女)를 희롱하니, 자반이 노하여 그에게 매를 때리게 했다. 그런데 장공이 말하기를, "매를 때리는 것은 죽이는 것만 못하느니라. 저 놈은 매질로는 불가하다."라고 했다. 낙은 힘이 있어, 수레 위에 덮는 것을 직문(稷門) 밖으로 던져 위기를 넘길 수가 있었다.

장공이 병으로 눕게 되자, 후계자에 대한 일을 숙아(叔牙)에게 물었다. 그랬더니 숙아는, "경보(慶父 : 환공의 아들. 장공의 이복형제)가 재목감이옵니다."라고 대답했다. 공은 그 일을 계우(季友 : 장공의 동생)에게 물으니, "신은 죽음으로써 자반을 받들겠나이다."라고 대답하였다. 그러자 공은, "앞서 아는 경보가 재목이라고 말하더라."라고 말했다. 이에 성계(成季 : 季友)는 군주의 명이라 하고 희숙(僖叔 : 叔牙)에게 명해서 겸무씨(鍼巫氏) 집에서 군주의 다음 명을 기다리라 하고, 겸계(鍼季 : 겸무씨)에게 독주(毒酒)를 먹이게 했다. 겸무가 숙아에게 말하기를, "이것을 마시면 이 노나라에 후사(後嗣)가 있게 될 것이고, 그렇지 않는다면 죽고, 또한 후사도 없게 될 것입니다."라고 했다. 숙아는 그 독주를 마시고 돌아가다가 규천(逵泉)에 이르러 세상을 떠났다. 그가 죽자, 아들에게 숙손(叔孫)의 성[氏]을 주어 대를 잇게 했다.

8월 계해날에, 장공이 정전에서 홍거했다. 자반이 즉위하고, 당씨 집에서 머물렀다.

겨울 10월 기미날이 되어, 공중(共仲 : 慶父)은 말 치는 일을 맡고 있는 낙을 시켜, 자반을 당씨네 집에서 해치게 했다. 이에, 성계[계우]는 난이 두려워 진(陳)나라로 도망갔고, 경보는 장공의 아들 민공을 세웠다.

주해 ㅇ閟(비)-문을 닫음.
ㅇ以夫人言(이부인언)-부인으로 삼아 달라는 요구로써 말을 듣겠다고 말하다.
ㅇ女公子(여공자)-군주의 딸.
ㅇ稷門(직문)-노나라 도읍 성의 남문(南門) 이름.
ㅇ酖(짐)-독주. 짐은 원래 독을 지닌 새 이름이다. 이 새의 날개에는 무서운 독이 있어, 그것으로 술을 저으면 독주가 된다고 한다.
ㅇ逵泉(규천)-노나라 지명으로, 지금의 산동성 곡부현(曲阜縣) 남쪽 땅.

○立叔孫氏(입숙손씨) - 숙아(叔牙)의 아들에게 숙손의 성[氏]을 주어 그 뒤를 잇게 했다.

○閔公(민공) - 장왕의 서자(庶子)로 이름은 계방(啓方)이고, 어머니는 숙강(叔姜)이다. 8세에 즉위했다.

◑ 장공(莊公) 시대 연표

기원전	周	燕	鄭	曹	蔡	陳	衛	宋	楚	秦	晉	齊	魯	중요 사항
693	莊王4	桓公5	子儀1	莊公9	哀公2	莊公7	黔牟3	莊公18	武王48	武公5	緡公12	襄公5	莊公1	노나라 전 군주의 부인이 제나라로 피해 가다 10월, 진(陳)나라 장공 죽다
692	5	6	2	10	3	宣公1	4	19	49	6	13	6	2	노나라 전 군주의 부인이 제나라 군주와 만나다 12월에 송나라 장공 죽다
691	6	7	3	11	4	2	5	閔公1	50	7	14	7	3	노나라의 공이 활(滑)에서 머물다
690	7	莊公1	4	12	5	3	6	2	51	8	15	8	4	초나라 등만(鄧曼)이 무왕(武王)에 대해서 말하다
689	8	2	5	13	6	4	7	3	文王1	9	16	9	5	위나라를 치다
688	9	3	6	14	7	5	惠公再立12	4	2	10	17	10	6	초나라가 등(鄧)나라를 치다
687	10	4	7	15	8	6	13	5	3	11	18	11	7	문강(文姜)이 제나라 군주와 만나다
686	11	5	8	16	9	7	14	6	4	12	19	12	8	제나라 무지(無知)가 그의 군주를 죽이다
685	12	6	9	17	10	8	15	7	5	13	20	桓公1	9	제나라 사람이 무지를 죽이다 관중(管仲)이 제나라 재상이 되다
684	13	7	10	18	11	9	16	8	6	14	21	2	10	제나라가 담(譚)을 멸망시키다
683	14	8	11	19	12	10	17	9	7	15	22	3	11	송나라가 노나라를 침공하다
682	15	9	12	20	13	11	18	10	8	16	23	4	12	송나라 남궁장만(南宮長萬)이 군주를 죽이다 주 장왕 붕거하다
681	僖王1	10	13	21	14	12	19	桓公1	9	17	24	5	13	제나라 환공(桓公)이 제후들을 거느리고 송나라의 난리를 다스리다 제나라, 수(遂)나라를 멸망시키다

기원전	周	燕	鄭	曹	蔡	陳	衛	宋	楚	秦	晉	齊	魯	중요 사항
680	2	11	14	22	15	13	20	2	10	18	25	6	14	정나라의 부하(傅瑕), 군주를 죽이고 여공(厲公)을 복위(復位)시키다
679	3	12	厲公 1	23	16	14	21	3	11	19	26	7	15	제 환공 패자(覇者)가 되다
678	4	13	2	24	17	15	22	4	12	20	武公 1	8	16	제후들의 연합군이 정나라를 치다 주왕(周王)이 곡옥백(曲沃伯)을 진(晉)나라 군주로 삼다.
677	5	14	3	25	18	16	23	5	13	德公 1	2	9	17	주 희왕 붕거하다
676	惠王 1	15	4	26	19	17	24	6	堵敖 1	2	獻公 1	10	18	파(巴) 사람이 초나라를 치다
675	2	16	5	27	20	18	25	7	2	宣公 1	2	11	19	주 왕자(장왕의 아들) 퇴(頹)가 난을 꾸미다 제·송·진(陳)이 노나라를 치다
674	3	17	6	28	穆公 1	19	26	8	3	2	3	12	20	주 혜왕이 정나라의 역(櫟)에서 지내다
673	4	18	7	29	2	20	27	9	4	3	4	13	21	정나라·괵(虢)나라가 주나라 서울로 쳐들어가 왕자 퇴를 죽이고, 혜왕을 서울로 모시다
672	5	19	文公 1	30	3	21	28	10	5	4	5	14	22	진(陳)나라 사람이 공자 어구(御寇)를 죽이다 초의 웅혼(熊惲:成王), 군주 도오(堵敖)를 죽이다
671	6	20	2	31	4	22	29	11	成王 1	5	6	15	23	진(晉)의 사위(士蔿)가 공실(公室)을 강하게 하다
670	7	21	3	僖公 1	5	23	30	12	2	6	7	16	24	노나라 대부 어손(禦孫), 장공의 비례를 충간(忠諫)하다
669	8	22	4	2	6	24	31	13	3	7	8	17	25	노나라, 진(陳)나라와 우호 관계를 맺다 위나라 혜공 죽다
668	9	23	5	3	7	25	懿公 1	14	4	8	9	18	26	곽나라 사람이 진(晉)나라를 침공하다

기원전	周	燕	鄭	曹	蔡	陳	衛	宋	楚	秦	晉	齊	魯	중요 사항
667	10	24	6	4	8	26	2	15	5	9	10	19	27	제나라 환공, 송·진(陳)·정나라와 유(幽)에서 동맹을 맺다
666	11	25	7	5	9	27	3	16	6	10	11	20	28	제나라가 위나라를 치다 초나라가 정나라를 치다 진(晉)의 여희(驪姬), 여러 공자를 추방하다
665	12	26	8	6	10	28	4	17	7	11	12	21	29	정나라 사람이 허(許)나라를 침공하다
664	13	27	9	7	11	29	5	18	8	12	13	22	30	제나라가 산융(山戎)을 치다 초나라 영윤 자원(子元)이 피살되고, 자문(子文)이 영윤이 되다
663	14	28	10	8	12	30	6	19	9	成公1	14	23	31	제나라, 산융을 치고 얻은 전리품을 주왕에게 바치다
662	15	29	11	9	13	31	7	20	10	2	15	24	32	노나라 장공 죽다. 공자 경보(慶父)가 태자를 죽이고 민공(閔公)을 세우다

제4
· · · · · · · ·

민 공
閔 公

장공(莊公)의 서자(庶子). 재위 기원전 661~660

經│ ○ 元年春王正月.이라
원 년 춘 왕 정 월

○ 齊人救邢.이라
제 인 구 형

○ 夏六月辛酉,에 葬我君莊公.이라
하 유 월 신 유　　　장 아 군 장 공

○ 秋八月,에 公及齊侯盟于落姑.라
추 팔 월　　　공 급 제 후 맹 우 락 고

○ 季子來歸.라
계 자 래 귀

○ 冬,에 齊仲孫來.라
동　　　제 중 손 래

원년 봄 천자가 쓰는 역으로 정월.

제나라 사람이 형나라를 구했다.

여름 6월 신유날에, 우리나라 군주 장공을 장사 지냈다.

가을 8월에, 공이 제나라 군주인 후작과 낙고(落姑)에서 맹세하였다.

계자(季子)가 돌아왔다.

겨울에, 제나라의 중손(仲孫)이 왔다.

주해 | ○落姑(낙고)－제나라 지명으로, 지금의 산동성 평음현(平陰縣) 경계 땅.

○季子(계자)－공자 우(友)의 자(字). 그는 전년(前年)에 진(陳)나라로 갔다.

○仲孫(중손)－제나라 대부. 이름은 추(湫).

傳 | 元^원年^년春^춘,에 不^불書^서卽^즉位^위,는 亂^난故^고也^야.라

狄^적人^인伐^벌邢^형.이라 管^관敬^경仲^중言^언於^어齊^제侯^후曰^왈, 戎^융狄^적豺^시狼^랑,이니 不^불可^가厭^염也^야,

요 諸^제夏^하親^친暱^닐,이니 不^불可^가棄^기也^야,며 宴^연安^안酖^짐毒^독,이니 不^불可^가懷^회也^야.로소이다

詩^시云^운,하되 豈^기不^불懷^회歸^귀,리오마는 畏^외此^차簡^간書^서.로다라 하였나이다 簡^간書^서,는

同^동惡^오相^상恤^휼之^지謂^위也^야.이오니다 請^청救^구邢^형以^이從^종簡^간書^서.하오니다 齊^제人^인救^구邢^형.
이라

夏^하六^유月^월,에 葬^장莊^장公^공,은 亂^난故^고也^야.라 是^시以^이緩^완.이라

秋^추八^팔月^월,에 公^공及^급齊^제侯^후盟^맹于^우落^락姑^고,는 請^청復^복季^계友^우也^야.라 齊^제侯^후許^허之^지,

하여 使^사召^소諸^저陳^진,에 公^공次^차于^우郞^랑,하여 以^이待^대之^지.라 季^계子^자來^래歸^귀,는 嘉^가之^지
也^야.라

원년 봄에 민공이 즉위한 것을 쓰지 않은 것은, 당시에 노나라 안이 어지러웠기 때문이다.

오랑캐 적(狄)이 형나라를 쳤다. 이에 관경중(管敬仲)이 제나라 군주에게 말했다. "융(戎) 오랑캐와 적(狄) 오랑캐들은 승냥이·이리 떼 같은 것이니, 그들의 욕심을 채워줄 수가 없고, 여러 중국 본토의 제후들은 친하게 지내 가까이 할 것이오니, 위급할 때 내버려둘 수가

없사오며, 주색(酒色)에 빠져 안일만을 취한다는 것은, 짐(酖)새의 독(毒)과 같이 무서운 것이니, 그걸 구하자고 생각할 수가 없는 것이옵니다. 시(詩)에서 말하기를, '내 어찌 돌아가 편히 쉴 것을 생각하지 않으리오마는, 이 편지글을 두려워하는도다.'라고 하였나이다. 여기에서 말한 편지글은, 같이 미워하는 것을 서로 함께 걱정하자고 말한 것이옵니다. 형나라를 구하여, 같이 미워하는 것을 함께 걱정하자고 한 편지글을 따르시기를 원하옵니다." 이에, 제나라 사람이 형나라를 구했다.

여름 6월에 장공을 장사 지낸 것은, 나라 안이 어지러웠던 때문이다. 그래서 장례식이 늦어진 것이다.

가을 8월에, 공이 제나라 군주인 후작과 낙고(落姑)에서 맹세한 것은, 계우(季友)가 돌아오게 해달라고 요청하는 일 때문이다. 제나라 군주가 수락하여, 사람을 시켜 진(陳)나라에서 불러오게 하여, 공은 낭(郎)에 머물러 그가 돌아오기를 기다렸다. 계자(季子)가 돌아왔다고 쓴 것은, 그 일을 칭찬해서였다.

주해 ｜ ㅇ諸夏(제하) – 중국 본토 내의 제후.
ㅇ親暱(친닐) – 친하게 하고 가까이 함.
ㅇ酖毒(짐독) – 짐새의 독. 짐새의 독과 같이 무섭다.
ㅇ詩云(시운) – 《시경》 소아(小雅) 출거편(出車篇)의 구절.
ㅇ簡書(간서) – 편지글. 이웃 나라가 위급한 일이 있어 도와 달라고 요구하는 편지글.
ㅇ同惡相恤(동오상휼) – 같이 미워함을 서로 걱정함. 같이 미워하는 상대가 화를 끼치는 마당에 서로 도움.

冬,에 齊仲孫湫來,하여 省難.이라 書曰仲孫,은 亦嘉之也.라 仲孫歸曰, 不去慶父,면 魯難未已.로소이다 公曰, 若之何而去之.아

對曰, 難不已,면 將自斃,이리니 君其待之.하소서 公曰, 魯可取
乎.아 對曰, 不可.이오니다 猶秉周禮.이오니다 周禮所以本也.로소
이다 臣聞之,하되 國將亡,에 本先顚,하고 而後枝葉從之.라하오니
다 魯不棄周禮,하오니 未可動也.이오니다 君其務寧魯難而親之.
하소서 親有禮,하고 因重固.하며 閒攜貳,하고 覆昏亂,은 霸王之
器也.로소이다

겨울에 제나라의 중손추(仲孫湫)가 노나라로 와, 어지러움을 살펴
보았다. 경(經)에 중손이라 쓴 것은, 이 또한 그를 칭찬해서였다. 중
손이 자기 나라인 제나라로 돌아가 말하기를, "경보가 제거되지 않고
는, 노나라는 안정되지 못하옵니다."라고 했다. 그러자 제나라 군주가,
"어떻게 그를 제거할 것인고?"라고 물었다. 중손이 대답해서 말하기
를, "노나라의 시끄러움이 가라앉지 않으면, 장차 그 스스로 넘어질
것이오니, 군주께서는 그때를 기다리소서."라고 하니, 제나라 군주는,
"노나라는 쳐서 빼앗을 수 있는가?"라고 말했다. 이에 대하여 중손은
말했다. "아니되옵니다. 노나라는 아직도 옛날에 제정된 주나라의 예
의를 지키고 있사옵니다. 옛날에 제정된 주나라의 예의는 나라를 보
유(保有)함에 근본이 되는 것이옵니다. 신(臣)은 들었사온데, '나라가
망하려 함에는 그 근본이 무너지고, 그리고 난 뒤에 지엽(枝業)이 그
근본을 따라 무너진다.'고 하옵니다. 노나라가 옛날에 제정된 주나라
의 예의를 버리지 않고 있사오니, 아직은 건드릴 수가 없사옵니다. 그
러하오니, 군주께서는 노나라의 어려운 상황이 가라앉도록 힘쓰시어,
노나라와 친하게 하옵소서. 예의가 있는 나라와 친하고, 국력(國力)이
강하고 기반이 단단한 나라에게 가까이 하여 친하며, 두 마음을 가지

고 있는 나라를 멀리 떼어놓고, 도리에 어둡고 어지러운 나라를 거꾸러뜨림이, 제후의 우두머리가 지닐 도량(度量)이옵니다."

┃주해┃ ㅇ周禮(주례)—옛날 주공(周公)이 제정했다는 주나라 예의.《주례》라는 책이 있는데, 여기에서는 그 책 이름이 아니다.

ㅇ所以本也(소이본야)—나라를 보유함에 있어서 근본인 것.

ㅇ因重固(인중고)—국력이 강하고 국가의 기반이 단단함을 친근하게 함.

ㅇ閒攜貳(간휴이)—두 마음 가짐을 멀리함.

ㅇ覇王(패왕)—패자(覇者)를 왕자(王者)에 비교해 높인 말.

晉侯作二軍.이라 公將上軍,하고 太子申生將下軍,에 趙夙御
戎,하고 畢萬爲右,하여 以滅耿,하고 滅霍,하며 滅魏.라 還爲太子
城曲沃.이라 賜趙夙耿,하고 賜畢萬魏,하여 以爲大夫.라 士蔿曰,
太子不得立矣.로다 分之都城,하여 而位以卿,하여 先爲之極,에
又焉得立.가 不如逃之.라 無使罪至,하여 爲吳大伯,은 不亦可
乎.아 猶有令名,이어늘 與其及也.아 且諺曰, 心苟無瑕,에 何恤
乎無家.리오 天若祚太子,면 其無晉乎.아 卜偃曰, 畢萬之後,는
必大.리라 萬盈數也,요 魏大名也.라 以是始賞,은 天啓之矣.라
天子曰兆民,하고 諸侯曰萬民.이라 今, 名之大,가 以從盈數,하니
其必有衆.하리라

初,에 畢萬筮仕於晉,에 遇屯☲☷之比☵☷.라 辛廖占之.라
曰, 吉.이라 屯固比入.이라 吉孰大焉.고 其必蕃昌.하리라 震爲土,

하고 車從馬_{거종마},하여 足居之_{족거지},하고 兄長之_{형장지},하고 母覆之_{모복지},하며 衆歸之_{중귀지}. 라 六體不易_{육체불역},에 合而能固_{합이능고},하고 安而能殺_{안이능살},하여 公侯之卦也_{공후지패야}.라 公侯之子孫_{후지자손},은 必復其始_{필복기시}.하리라

진나라 군주인 후작이 이군(二軍)을 편성했다. 군주는 상군(上軍)을 거느리고, 태자인 신생(申生)이 하군(下軍)을 이끌고, 조숙(趙夙)이 군주가 탄 전차를 조종하고, 필만(畢萬)은 군주의 오른쪽 전사(戰士)가 되어 나가, 경(耿)나라를 멸망시키고, 곽(霍)나라를 멸망시켰으며, 위(魏)나라를 멸망시켰다. 그리고 자기 나라로 돌아가서는 태자를 위해서 곡옥(曲沃)에 성을 쌓았다. 그후 조숙에게 경나라 땅을 주고, 필만에게는 위나라 땅을 주어 대부로 삼았다. 이에 사위(士蔿)가 말했다. "태자는 군주 자리에 오르지 못할 것이다. 이제 도성(都城)을 나누어 주어 경(卿) 자리에 있게 해서, 미리 최고 자리가 되었는데, 또 어찌 군주 자리에 오를 건가? 이제 차라리 외국으로 도망하는 것만 같지 못할 게다. 자기 몸이 죄짓는 데에 이르지 않게 하여 옛날 오태백(吳大伯)같이 되어짐은, 그 또한 좋지 않을 건가? 그러더라도 높은 이름이 있게 될 것인데, 그것이 화가 미치게 되는 것과 어느 편이 좋을까? 속담에 말하기를, '마음에 진실로 꺼림직함이 없다면야, 어찌 집 없음을 걱정할 손가?'라고 하였다. 하늘이 만일 태자에게 복을 준다면, 진나라를 차지할 날이 없을소냐?" 진나라의 점복(占卜)에 관한 일을 맡은 대부 복언(卜偃)이 말하기를, "필만의 후손은 반드시 크게 번창할 것이다. 만(萬)은 꽉 찬 수(數)이고, 위(魏)는 크다는 뜻을 지닌 말이다. 크다는 뜻을 가진 위(魏)나라 땅으로써 첫대(代) 사람으로 포상받은 것은, 하늘이 운을 터준 것이다. 천자는 백성을 조민(兆民)이라 부르고, 제후는 백성을 만민(萬民)이라 부른다. 이제 땅 이름의

크다는 뜻이, 필만의 만이라는 꽉 찬 수를 따라 어울려졌으니, 그는 반드시 국민 대중을 거느리게 되리라."고 했다.

전에, 필만이 진나라를 섬길 것을 가지고 점을 치니, 둔괘(屯卦)가 비괘(比卦)로 변한다고 하였다. 진나라 대부 신요(辛廖)는 점풀이를 하여 말했다. "길(吉)하다. 둔(屯)은 위치가 단단하고 안태(安泰)한 것을 말하고, 비(比)는 궁중에 들어 군신(君臣)이 결속함을 말한다. 다른 길(吉)함의 그 어느 것이 이보다 더 크게 길할 손가? 그는 반드시 번창하게 될 것이다. 진(震 : ☳. 屯괘의 아래 괘)이 변하여 토(土 : 比괘의 아래 괘, 즉 ☷ : 坤)가 되고, 수레가 말[馬]에 따르고, 발[足]이 땅 위에 안정되며, 형(兄)이 장남으로 존재하고, 어머니가 모든 사람을 싸안고, 만민이 따르게 된다. 둔(屯)이 변해서 비(比)가 되어도, 전체 뜻은 바꾸어지지 않으므로, 만민의 힘이 합쳐져 나라가 단단해지고, 지위는 안태(安泰)하여 만민을 죽일 수 있는 권한을 가져, 제후가 될 점괘다. 제후였던 사람의 자손이 반드시 시조(始祖)의 지위로 복귀할 것이니라."

┃주해┃ ㅇ二軍(이군)―1군은 1만 2천5백명의 군력. 장공 16년조에 진나라는 1군을 갖도록 되었는데, 이때에 2군으로 늘리었다.

ㅇ公(공)―당시 진나라 군주는 헌공(獻公).

ㅇ耿(경)―나라 이름. 국성은 희(姬)였고, 지금의 산서성 하진현(河津縣) 남부를 차지했다.

ㅇ霍(곽)―희성(姬姓)의 나라로, 지금의 산서성 곽현(霍縣) 서부를 차지했다.

ㅇ吳大伯(오태백)―오나라 태백. 그는 원래 주나라 태왕(大王)의 적자(嫡子)였는데, 부왕(父王)이 계력(季歷)을 후계자로 삼으려는 뜻을 알고는, 스스로 양보하고 오나라로 갔다.

ㅇ震(진)―둔괘(屯卦)의 아래 괘(☳)를 말한 것으로, 수레[車]·발[足]·형(兄)의 뜻이 있고, 또 살(殺 : 죽임)의 뜻을 지닌다.

o土(토)－곤괘(坤卦)를 말한다. 곤괘는 안태(安泰)·말[馬]·어머니·중
(衆:대중)의 뜻을 지닌다. 비괘(比卦)는 아래에 이 곤괘가 든 것이다.

o六體不易(육체불역)－육체는 전체이고, 불역은 뜻이 바꾸어지지 않는다
는 것이다. '둔괘(屯卦)에는 제후를 세움에 이롭다.'는 해석이 붙었고,
비괘(比卦)에는 '선왕(先王)이 만국(萬國)을 세우고, 제후(諸侯)들은 친
히 한다.'는 해석이 붙었다.

o合而能固(합이능고)－비괘(比卦)는 합쳐 결속함을 말하고, 둔괘(屯卦)
는 단단함을 말한다는 데서 이렇게 말한 것이다.

o公侯之子孫(공후지자손)－필만은 원래 주(周)나라 필공(畢公) 고(高)의
자손이었기에 이렇게 말한 것이다.

經 o二年春王正月,에 齊人遷陽.이라

o夏五月乙酉,에 吉禘于莊公.이라

o秋八月辛丑,에 公薨.이라

o九月,에 夫人姜氏遜于邾.라

o公子慶父出奔莒.라

o冬,에 齊高子來盟.이라

o十有二月,에 狄入衛.라

o鄭棄其師.라

2년 봄 천자가 쓰는 역으로 정월에, 제나라 사람이 양(陽)나라로
옮겼다.

여름 5월 을유날에, 3년상(喪)을 마치고, 장공을 선조들을 모신 사
당에 모셨다.

가을 8월 신축날에, 민공이 훙거(薨去)했다.

9월에, 부인 강씨가 주나라로 피해 갔다.

공자 경보(慶父)가 거(莒)나라로 도망했다.

겨울에, 제나라의 고자(高子)가 와 맹서하였다.

12월에, 오랑캐 적(狄)이 위나라를 쳐들어갔다.

정나라가 그의 군사를 버렸다.

주해 ㅇ陽(양)－나라 이름으로, 지금의 산동성 익도현(益都縣) 동서편에 위치했다.

ㅇ五月乙酉(오월을유)－5월 7일.

ㅇ吉禘(길체)－3년상을 마치고 제사 드리는 예로써, 신주를 조상을 모신 사당에 모시는 것을 말한다.

ㅇ八月辛丑(팔월신축)－8월 25일.

傳 | 二年春,에 虢公敗犬戎于渭汭.라 舟之僑曰, 無德而祿,은 殃也.라 殃將至矣.리라 遂奔晉.이라

夏吉禘于莊公,은 速也.라

初,에 公傅奪卜齮田,이로되 公不禁.이라

秋八月辛丑,에 共仲使卜齮賊公于武闈.라 成季以僖公適邾,라 가 共仲奔莒,에 乃入立之.라 以賂求共仲于莒,하니 莒人歸之.라 及密,하여 使公子魚請,에 不許.라 哭而往,하니 共仲曰, 奚斯之 聲也.라하고 乃縊.이라

閔公哀姜之娣叔姜之子也.라 故로 齊人立之.라 共仲通於哀

姜,에 哀姜欲立之.라 閔公之死也,에 哀姜與知之.라 故로 遜于
邾.라 齊人取而殺之于夷,하여 以其尸歸.라 僖公請而葬之.라

2년 봄에, 괵나라 군주가 오랑캐 견융(犬戎)을 위수(渭水) 물줄기
가 큰 강[黃河]으로 모이는 곳에서 쳐부수었다. 주지교(舟之僑)는,
"덕 없이도 요행을 누린다는 것은, 결국 재앙을 받는 일이다. 재앙이
장차 이를 것이로다."라고 군주를 비평한 뒤, 진나라로 도망갔다.

여름에 장공을 선조의 사당에 합사(合祀)한 것은, 그 시일이 빠른
것이다.

전에, 민공의 스승이 복의(卜齮)의 토지를 빼앗았으나, 공은 그 일
을 못하게 하지 않았다.

가을 8월 신축날에, 공중(共仲 : 慶父)은 복의를 시켜 공을 궁중의
문인 무위(武闈)에서 죽였다. 그러자 성계(成季)는 희공(僖公)을 데
리고 주(邾)나라로 갔다가, 공중이 거나라로 도망치자, 나라로 들어와
희공을 군주로 세웠다. 그리고 뇌물을 주어 거나라에 공중을 돌려 달
라고 요구하니, 거나라 사람이 공중을 돌려보냈다. 밀(密) 땅에 이르
러, 공중은 공자 어(魚)를 시켜 살려줄 것을 청원했으나, 허락하지 않
았다. 공자 어가 울면서 가니 공중은, "저것은 해사(奚斯 : 魚)의 소리
로구나!"라고 말했다. 그리고는 곧 목을 매어 죽었다.

민공은 애강(哀姜)의 여동생 숙강(叔姜)의 아들이었다. 그러므로
제나라 사람이 군주로 세우게 했다. 공중은 애강과 간통하여, 애강은
공중을 군주로 세울 욕심을 갖고 있었다. 민공이 죽은 일에는 애강도
그 일에 관여하여 미리 알고 있었다. 그러므로 그녀는 주나라로 피해
갔던 것이다. 그런데 제나라 사람이 그녀를 잡아 이(夷)에서 죽여, 시
체를 가지고 제나라로 돌아갔다. 희공은 그 시체를 돌려 달라고 청해
서 장사 지냈다.

주해 ○犬戎(견융)-혼이(混夷) 또는 견이(犬夷)라고도 했다. 오랑캐 족 속으로 경수(涇水)와 위수(渭水) 유역에 살았다.

○渭汭(위예)-위수는 황하(黃河)로 흘러든다. 위예는 위수 강물이 황하로 흘러드는 지점을 말한다.

○舟之僑(주지교)-괵나라 대부.

○吉禘于莊公(길체우장공), 速也(속야)-당시 장공이 세상을 떠난 지 22개월밖에 경과하지 않았다. 선조의 사당에 합사(合祀)하는 일은 3년상을 완전히 마치고 난 뒤에야 하는 일이기에, 그것은 빠른 일이었다고 비난한 것이다.

○武闈(무위)-궁중에 있는 작은 문 이름.

○密(밀)-노나라 지명으로, 지금의 산동성 기현(沂縣) 서남쪽 땅.

○使公子魚請(사공자어청)-공자 어(魚)를 시켜 자기 생명을 온전케 해 달라고 청하다.

○奚斯(해사)-공자 어의 이름.

○夷(이)-두예는 주(注)에 노나라 지명이라 말하고, 《공양전》에는 제나라 땅이었다고 말하고 있다.

成季之將生也,에 桓公使卜楚丘之父卜之.라 曰, 男也,요 其 名曰友.로소이다 在公之右,에 間于兩社,하여 爲公室輔.리이다 季 氏亡,이면 則魯不昌.이리이다 又筮之,에 遇大有≡≡之乾≡≡.이 라 曰, 同復于父,하니 敬如君所.리이다 及生,에 有文在其手,하니 曰友.라 遂以命之.라

성계(成季)가 태어나려 할 때, 아버지인 환공이 점치는 일을 맡고 있는 대부 복초구(卜楚丘)의 아버지에게 점치게 했다. 그랬더니 초구의 아버지는 말했다. "남자이옵고, 그 이름은 우(友)이옵니다. 그분은

군주의 오른쪽에 자리 잡으시어, 집정관서(執政官署)에 계시어, 왕실을 도울 것이옵니다. 그분의 계씨(季氏) 가문이 망하게 되는 날에는 노나라가 번영하지 못하게 될 것이옵니다." 환공이 다시 점을 치니, 대유괘(大有卦)가 건괘(乾卦)로 변하는 점괘가 나왔다. 점을 친 사람이 말하기를, "전과 같이 아버지에게 돌아가는 괘이오니, 군주의 지위에 있는 분과 같이 존경받으오리다."라고 했다. 낳으니 손바닥에 글자 무늬가 있는데, 그것은 우(友)자였다. 그래서 결국 그것으로 이름을 지었다.

주해 ○在公之右(재공지우)─군주의 오른쪽에 있음. 정권을 잡는 대신(大臣)이 된다는 말이다.

○間于兩社(간우양사)─두 사(社) 사이에 있음. 노나라 도읍에는 주사(周社 : 노나라 社壇)와 박사(亳社 : 殷社. 은나라 社壇) 두 사가 있었는데, 그 중간에 집정관서(執政官署)가 있었다. 즉 집정대신이 되어, 그 집정관서에서 일을 본다는 말이다.

○大有(대유)─《주역》의 점괘로, 이(離 : ☲)괘와 건(乾 : ☰)괘가 위아래로 포개진 것.

○同復于父(동복우부)─대유괘 안의 이(離)는 본시 건(乾)에서 나온 것인데, 대유가 건으로 변하면, 이가 근본의 건으로 돌아간다는 것이다. 곧 아버지가 군주인데, 자신이 아버지와 같은 지위로 돌아간다는 뜻이다.

冬十二月,에 狄人伐衛.라 衛懿公好鶴,에 鶴有乘軒者.라 將戰,에 國人受甲者皆曰, 使鶴.이라 鶴實有祿位,이어늘 余焉能戰. 가 公與石祁子玦,하고 予甯莊子矢,하여 使守,하고 曰, 以此贊國,하여 擇利而爲之.하라 與夫人繡衣曰, 聽於二子.하라 渠孔御戎,하고 子伯爲右,하며 黃夷前驅,하고 孔嬰齊殿,하여 及狄人戰于熒

澤.이라 衛師敗績.하고 遂滅衛.라 衛侯不去其旗.라 是以甚敗.라
狄人囚史華龍滑與禮孔.하여 以逐衛人.이라 二人曰, 我太史也,
로 實掌其祭.라 不先.이면 國不可得也.라 乃先之.라 至則告守
曰, 不可待也.라 夜與國人出.이라 狄入衛.하고 遂從之.하여 又
敗諸河.라

겨울 12월에, 오랑캐 적(狄)이 위나라를 쳤다. 위나라 군주 의공 (懿公)은 학(鶴)을 좋아하여, 학 중에는 대부가 타는 수레에 타는 것 도 있었다. 오랑캐와 싸우려 할 때, 나라 사람으로서 무기를 받은 자 들이 다, "학을 싸우게 할 일이다. 학이 실로 대부 자리에 있는 판인 데, 내 어찌 타고 싸울 건가?" 이렇게 말하였다. 의공은 석기자(石祁 子)에게 결(玦)을 주고, 영장자(甯莊子)에게는 화살을 주어 지키게 하고 말하기를, "그대들은 이것을 가지고 나라를 도와, 이로운 것을 택해서 행동하라."라고 했다. 그리고 부인에게 수놓은 옷을 주며 말 하기를, "이 두 사람에게 나랏일을 물으시오."라고 했다. 거공(渠孔) 이 의공이 탄 전차를 조종하고, 자백(子伯)이 그 오른쪽에 타며, 황 이(黃夷)가 선진(先陣)이 되고, 공영(孔嬰)이 후군(後軍)이 되어 나 가, 오랑캐 적 사람들과 형택(熒澤)에서 싸웠다. 위나라 군사가 패배 하고, 오랑캐들은 마침내 위나라를 멸망시켰다. 그 싸움에서 위나라 군주인 후작은 자기 소재를 알리는 군주의 깃발을 감추지 않았기에 위치가 발각되어 공격을 받고, 그 때문에 크게 패했다. 적 오랑캐는 위나라 사관(史官)인 화용활(華龍滑)과 예공(禮孔)을 생포하여, 그들 을 앞세우고 위나라 사람들을 몰았다. 그러자 그 두 사람은, "우리는 위나라의 태사(太史)로, 실로 위나라 제사의 일을 장악하고 있소이다.

화살〔矢〕

우리가 먼저 들어가지 않고서는, 위나라를 쳐 얻을 수가 없는 것이오."라고 했다. 그래서 그들을 먼저 들어가게 했다. 그들은 도읍으로 들어가, 지키고 있는 사람들에게 말하기를, "대적(對敵)할 수가 없다."고 했다. 그리고 저녁에 나라 사람들과 피해 나갔다. 적 오랑캐는 위나라로 쳐들어갔고, 바로 도망한 사람들을 쫓아 다시 황하(黃河) 가에서 쳐부수었다.

주해 ○軒(헌) – 대부가 타는 수레.

○玦(결) – 구멍이 있고, 넓적하며, 한쪽이 잘려진 옥(玉). 이것을 준 뜻은, 결단을 잘 내려야 한다는 것을 비유했다.

○矢(시) – 화살. 화살을 준 뜻은, 활을 잘 쏘아 적을 막아내라는 것을 비유했다.

○繡衣(수의) – 수놓은 옷. 수놓은 옷을 준 뜻은, 수는 옷 밖에서 안으로 바느질하여 무늬를 놓는 것과 같이, 밖의 사람의 충고를 안으로 잘 받아들일 것을 의미한다.

○熒澤(형택) – 지금의 하남성 급현(汲縣)과 기현(淇縣) 서북방 경계의 땅.

○不去其旗(불거기기) – 그의 깃발을 신변(身邊)에서 감추지 않음.

○不先(불선) – 먼저 들어가지 않음. 여기에서는 '먼저 들어가 신에게 고하지 않으면'이란 뜻이다. 이 말로, 귀신을 두려워하는 오랑캐를 속인 것이다.

○河(하) – 황하(黃河). 여기에서는 황하 가.

初에 惠公之卽位也에 少라 齊人使昭伯烝於宣姜이나 不可라 强之에 生齊子·戴公·文公·宋桓夫人·許穆夫人.이라

文公爲衛之多患也,에 先適齊.라 及敗,에 宋桓公逆諸河,하여 宵
濟.라 衛之遺民男女七百有卅人,에 益之以共·滕之民,하여 爲
五千人.이라 立戴公,하여 以廬于曹.라 許穆夫人賦載馳.라 齊侯
使公子无虧帥車三百乘·甲士三千人,하여 以戍曹,하고 歸公乘
馬·祭服五稱·牛羊豕雞狗皆三百與門材,하고 歸夫人魚軒·
重錦卅兩.이라

鄭人惡高克,하여 使帥師次于河上,하여 久而弗召.라 師潰而
歸,에 高克奔陳.이라 鄭人爲之賦淸人.이라

전에, 위나라 혜공이 즉위했는데, 나이가 어렸다. 제나라 사람이 소
백(昭伯)에게 아버지 선공(宣公)의 부인 선강(宣姜)과 증(烝)하게 했
지만 안된다고 거절했다. 그러나 강제로 그렇게 하자, 제나라로 시집
간 딸·대공(戴公)·문공(文公)·송나라 환공(桓公)의 부인·허나라
목공(穆公)의 부인을 낳았다. 문공은 위나라에 환란이 많기 때문에,
전에 제나라로 갔다. 그런데 위나라가 싸움에 패하게 되자, 송나라 환
공은 위나라 사람들을 황하 가로 맞이하러 가, 저녁에 황하를 건넜다.
위나라 사람으로 살아남은 사람은 남녀 7백30명이었고, 공(共)과 등
(滕) 백성들을 합하니, 5천명쯤 되었다. 그는 대공을 위나라 군주로
세우고, 조(曹) 땅에 거처하게 했다. 그때 허나라 목공의 부인은, 재치
(載馳)의 시를 읊었다. 제나라 군주인 후작은 공자 무휴(无虧)에게
전차 3백대에 무장병 3천명을 이끌고 조(曹) 땅을 지키게 하고, 위나
라 군주인 대공에게 타는 말·제복 다섯 벌·소·양·돼지·닭·개를
다 3백마리씩과 문을 만들 재료를 보내주고, 군주 부인에게는 어물피

(魚物皮)로 장식한 부인용 수레와 상등품의 비단 30필을 보내주었다.

정나라 사람이 고극(高克)을 미워해서, 군사를 거느리고 황하 가에 머물게 하여, 오래되었어도 불러들이지 않았다. 군사들이 피로하여 모두 흩어져 돌아가버리니 고극은 진나라로 도망갔다. 정나라 사람은 그를 위해서 청인(淸人)의 시를 지었다.

주해 ㅇ昭伯(소백)－위나라 선공(宣公)의 아들로 혜공의 서형(庶兄). 이름은 완(頑).

ㅇ宣姜(선강)－선공의 부인.

ㅇ烝(증)－아랫사람이 위의 여자와 간통하는 것.

ㅇ戴公(대공)·文公(문공)－소백의 아들로 문공은 대공의 뒤를 이었다.

ㅇ共(공)·滕(등)－위나라에 예속되었던 고을.

ㅇ載馳(재치)－시의 편명(篇名).《시경》용풍(鄘風)에 들어 있다.

ㅇ曹(조)－여기에서는 위나라 고을 이름.

ㅇ五稱(오칭)－다섯 벌.

ㅇ魚軒(어헌)－어류(魚類) 가죽으로 장식한 부인용 수레.

ㅇ重錦(중금)－잘 짠 좋은 비단.

ㅇ高克(고극)－정나라의 대부.

ㅇ淸人(청인)－시의 편명.《시경》정풍(鄭風)에 들어 있다.

晉侯使太子申生伐東山皐落氏.라 里克諫曰, 太子奉家祀社

稷之粢盛,하고 以朝夕視君膳者也.이오니다 故로 曰冢子.로소이다

君行則守,하고 有守則從.이오니다 從曰撫軍,이요 守曰監國,은 古

之制也.로소이다 夫帥師專行謀,하고 誓軍旅,는 君與國政之所圖

也,요 非太子之事也.이오니다 師在制命而已,어늘 稟命則不威,요

專命則不孝.이오니다 故로 君之嗣適,은 不可以帥師.로소이다 君
失其官,하시고 帥師不威,러니 將焉用之.인가 且臣聞,하오니 皐落
氏將戰.이라하오니다 君其舍之.하소서 公曰, 寡人有子,로되 未知
其誰立焉.이라 不對而退.라 見太子,하니 太子曰, 吾其廢乎.인저
對曰, 告之以臨民,하시고 敎之以軍旅.시라 不供是懼.하라 何故
廢乎.아 且子懼不孝,하고 无懼弗得立.하라 脩己而不責人,이면
則免於難.이라

　진나라 군주인 후작이 태자 신생(申生)에게 동산의 고락씨(皐落氏)
를 치게 했다. 그러자 이극(里克)이 충간(忠諫)해서 말했다. "태자는
종묘(宗廟)와 사직(社稷)의 제사에 제물 드리는 일을 하고, 아침저녁
으로 군주가 드시는 음식상을 감독하옵니다. 그러기에 태자를 총자
(冢子)라 하옵니다. 그리고 태자는 군주께서 싸우러 나가시면 도읍에
머물러 지키고, 군주를 대신하여 지킬 사람이 따로 있을 때라면 군주
를 따라가는 것이옵니다. 태자가 군주를 따라 나가면 무군(撫軍)이라
하옵고, 도읍에 남아 나라를 지키게 되면 감국(監國)이라 함은 옛날
에 정해진 법도이옵니다. 군사를 통솔하여 마음대로 모의하고 군사에
게 명령하고 경계하는 일은, 군주와 국정(國政)을 맡은 대신의 할 바
이옵고, 태자가 할 일은 아니옵니다. 군대 일은 거느리는 장수가 명령
을 하는 권리를 쥐고 있어야 할 따름이옵는데, 군사를 거느리고 가
일일이 군주의 명령을 품의드린다면 위엄이 서지 않고, 태자가 자기
마음대로 명령을 내리면 불효가 되옵니다. 그러므로 군주의 후계자는
군대를 거느려서는 아니되옵니다. 군주께서 태자를 보내시는 것은, 군

사 거느릴 장수 쓰는 길을 잃는 일을 하시고, 군사 거느림이 위엄 없는 것이 되옵는데, 어찌 태자를 쓰시겠나이까? 그리고 신이 듣사오니, 고락씨는 우리와 싸우려 한다 하옵니다. 군주께서는 태자 보내심을 그만두옵소서." 군주는 말하기를, "나는 아들들이 있으나, 아직 누구를 후계자로 세울 것인가 모르오."라고 했다. 이에 그는 대답없이 물러 나갔다. 그가 태자를 만나니 태자는, "나는 태자 자리에서 물러나겠지요?"라고 말하였다. 그러자 이극은 대답했다. "백성들에게 군림(君臨)하는 것을 가르치시고, 군대 일을 가르치시는 것입니다. 할 일을 다하지 못하나 하고 두려워하십시오. 무엇 때문에 태자 자리에서 몰아내시겠습니까? 그리고 태자께서는 불효하지 않았나 두려워하시고, 후일 군주가 되지 못할까 두려워하지 마십시오. 자신의 몸을 닦고 다른 이를 책하지 않는다면, 어려운 처지는 면하게 됩니다."

주해 ○東山皐落氏(동산고락씨)─동산 지방에 사는 고락씨. 고락씨는 오랑캐의 일종.

○撫軍(무군)─군주를 도와 군대를 영솔함.

○監國(감국)─군주를 대신하여 국정을 감독함.

○誓軍旅(서군려)─군대에 명령을 내려 경계(警戒)함.

○國政(국정)─나라의 정치. 여기에서는 정권을 행사하는 집정대신(執政大臣).

○師在制命而已(사재제명이이)─군대는 장수가 명령권을 장악해야 할 따름이다.

○失其官(실기관)─사람을 관직에 임명함을 잘못함.

○告之以臨民(고지이림민)─가르침으로써 백성들에게 군림함. 즉 백성들에게 군림하는 법을 가르침.

○敎之以軍旅(교지이군려)─가르침에 군사 거느림으로써 함. 즉 군사 거느림을 가르침.

○不供(불공)─드리지 못함(안함). 그러나 여기에서의 '공(供)'은 '공(恭)'

과 통해서 '자기 할 일에 대해서 근신하지 못함'이다. 즉 할 일을 다하지 못함.

○責人(책인)—남을 책망함.

^{태자솔사} ^{공의지편의} ^{패지금결} ^{호돌어융} ^선
太子帥師.라 公衣之偏依,하고 佩之金玦.이라 狐突御戎,하고 先

^{우위우} ^{양여자양어한이} ^{선단목위우} ^{양설대부위}
友爲右,하며 梁餘子養御罕夷,하고 先丹木爲右,하며 羊舌大夫爲

^위 ^{선우왈} ^{의신지편} ^{악병지요} ^{재차행야} ^{자기면지}
尉.라 先友曰, 衣身之偏,은 握兵之要.라 在此行也,에 子其勉之.

^{편궁무특} ^{병요원재} ^{친이무재} ^{우하환언}
하라 偏躬无慝,하고 兵要遠災,며 親以无災,이리니 又何患焉.고

^{호돌탄왈} ^{시사지징야} ^{의신지장야} ^{패충지기야} ^고
狐突歎曰, 時事之徵也,요 衣身之章也,며 佩衷之旗也.라 故

^{경기사} ^{즉명이시} ^{복기신} ^{즉의지순} ^{용기충}
로 敬其事,면 則命以始,하고 服其身,엔 則衣之純,하며 用其衷,엔

^{즉패지도} ^{금명이시졸} ^{비기사야} ^{의지방복} ^{원기궁}
則佩之度.라 今命以時卒,은 閟其事也,요 衣之尨服,은 遠其躬

^야 ^{패이금결} ^{기기충야} ^{복이원지} ^{시이비지} ^방
也,며 佩以金玦,은 棄其衷也.라 服以遠之,하고 時以閟之.라 尨

^량 ^{동살} ^{금한} ^{결리} ^{호가시야} ^{수욕면지}
涼,하고 冬殺,하며 金寒,하고 玦離.라 胡可恃也.오 雖欲勉之,나

^{적가진호}
狄可盡乎.아

^{양여자양왈} ^{솔사자} ^{수명어묘} ^{수진어사} ^{유상복}
梁餘子養曰, 帥師者,는 受命於廟,하고 受賑於社,하며 有常服

^의 ^{불획이방} ^{명가지야} ^{사이불효} ^{불여도지}
矣,이어늘 不獲而尨,하니 命可知也.라 死而不孝,는 不如逃之.라

^{한이왈} ^{방기무상} ^{금결불복} ^{수복하위} ^{군유심의}
罕夷曰, 尨奇无常,이요 金玦不復.이라 雖復何爲.리오 君有心矣.

^{선단목왈} ^{시복야} ^{광부조지} ^{왈진적이반} ^{적가}
로다 先丹木曰, 是復也,는 狂夫阻之.라 曰盡敵而反,이나 敵可

^{진호} ^{수진적} ^{유유내참} ^{불여위지} ^{호돌욕행}
盡乎.아 雖盡敵,이라도 猶有內讒,이러니 不如違之.라 狐突欲行.

이라 羊舌大夫曰, 不可.라 違命不孝,요 棄事不忠.이라 雖知其
寒,이라도 惡不可取.라 子其死之.하라 太子將戰.이라

狐突諫曰, 不可.라 昔,에 辛伯諗周桓公云,하되 內寵並后,하고
外寵二政,하며 嬖子配嫡,하고 大都耦國,은 亂之本也.라 周公弗
從.이라 故로 及於難.이라 今, 亂本成矣,에 立可必乎.아 孝而安
民,은 子其圖之.하라 與其危身以速罪也.오

태자가 군사를 거느리고 출전하게 되었다. 그때 군주는 그에게 반
쪽을 군주의 옷색깔로 한 잡색(雜色) 옷을 입게 하고, 금으로 만든 결
(玦)을 차게 했다. 호돌(狐突)이 태자의 전차를 조종하고, 선우(先友)
가 그 오른쪽에 타며, 양여자양(梁餘子養)이 한이(罕夷)의 전차를 조
종하고, 선단목(先丹木)이 그 오른쪽에 탔으며, 양설대부(羊舌大夫)
가 군위(君尉)가 되었다.

선우가 말하였다. "반쪽을 군주의 옷과 같이 만든 옷을 입히신 것
은, 군권(軍權)을 완전히 장악하라는 군주의 뜻입니다. 그러니 이번
싸움에 가서는 태자께서는 힘을 쓰십시오. 반쪽을 군주의 옷과 같
이 한 옷을 입히신 것은 아무런 악의(惡意)가 있는 것이 아니고, 군권
을 완전히 장악하게 되어 재앙은 멀어지게 되었으며 군주와 친근하게
되어져 앞으로 아무런 재앙이 없을 것인데, 무엇이 걱정이겠습니까?"

호돌이 탄식하고 말하였다. "시절은 일[事]의 성패(成敗)를 말해
주는 표시가 되는 것이고, 몸에 입는 옷은 신분을 밝히는 것이며, 몸
에 차는 것은 속마음을 나타내는 표시입니다. 그러므로 하는 일에 대
해서 신중을 기한다면, 사시절(四時節)의 처음, 즉 봄철을 택하여 명
령을 내리는 것이고, 일을 담당하는 이에게 옷을 입힘에는 순수한 색

깔의 옷을 입게 하는 것이고, 진심(眞心)을 표시하는 것을 차게 함에는 정해진 정상적인 것인 옥결(玉玦)을 차게 하는 것입니다. 그런데이번 일을 맨끝 시절인 겨울에 명하신 것은 일이 잘못되어 막히게 하는 것이고, 잡색 옷을 입게 하신 것은 군주께서 태자의 몸을 신변에서 멀리하시는 것을 뜻하며, 금으로 만든 결(玦)을 차게 하신 것은 태자를 생각하시는 진심을 버리심을 나타낸 것입니다. 이제 군주께서는옷 입히는 것으로 태자를 멀리하심을 나타내시고, 이 시절을 택해서일이 잘못되게 하고 계십니다. 잡색은 냉정한 마음을 나타내는 것이고, 겨울은 죽인다는 것을 표시하는 것이며, 금(金)은 차다〔寒〕는 것을 나타내고, 결(玦)은 이별을 나타내는 것입니다. 그러니 어찌 군주의 마음을 믿을 수가 있겠습니까? 그리고 아무리 힘쓰려 한다 하더라도, 오랑캐들을 다 없애버릴 수 있겠습니까?"

양여자양이 말하였다. "군사를 통솔하는 이는 그 명령을 종묘(宗廟)에서 받고, 제사 지낸 고기를 사직(社稷)의 사(社)에서 받으며, 장군이 입는 제복이 있는 것입니다. 그런데도 이제 그 예식대로의 대우도 받지 못했는데다가 잡색 옷을 받았으니, 군주께서 명하신 의도는알 수가 있습니다. 싸워 죽으시어 이 예의가 아닌 처사가 세상에 알려지면 오히려 불효가 되니, 그것은 다른 나라로 도망하는 것만 같지못합니다." 한이가, "잡색 옷은 이상하여 떳떳함이 없음을 말하는 것이고, 금으로 만든 결은 원래의 자리로 되돌아오지 못한다는 것을 뜻합니다. 비록 되돌아온다 하더라도 무엇을 할 것입니까? 군주께서는다른 마음을 지니고 계시는 것입니다."라고 말하였고 선단목은, "이옷은 미친 사람도 의심할 옷입니다. 적을 다 처치하고 돌아오라고 말씀하셨지만 적을 다 처치할 수가 있겠습니까? 비록 적을 다 쳐 없앤다 하더라도, 궁중에는 태자에 대해서 헐뜯는 이가 있을 것이니, 군주의 명을 어기는 것만 못합니다."라고 하였다. 호돌이 태자를 데리고도망하려 했다. 그러자 양설대부가 말했다. "아니됩니다. 아버지의 명을 어김은 불효이고, 나랏일을 하지 않고 버림은 불충(不忠)입니다. 군주께서 작정한 것을 안다 하더라도, 악한 이름을 얻을 수 없습니다. 태자께서는 죽으십시오. 싸우셔야 합니다."

호돌이 충고하여 말했다. "아니됩니다. 옛날에 천자의 나라인 주(周)나라 대부 신백(辛伯)이 제후국인 주(周)의 환공(桓公)에게 충고해서 말하기를, '군주의 애첩(愛妾)이 정비(王妃)와 어깨를 나란히 하고, 총애받는 신하가 정권을 행사하는 대신과 같이 정치를 행하며, 사랑받는 서자(庶子)가 적자(嫡子)와 한가지로 날뛰고, 지방의 고을인 큰 도성(都城) 고을이 나라와 같은 체제를 갖추는 것은 나라가 어지러워지는 근본이 된다.'고 했습니다. 그러나 주나라 군주는 그 말을 듣지 않았습니다. 그래서 결국은 국난을 당했습니다. 지금 우리나라는 어지러워질 근본이 조성되어 있는데, 태자께서 후계자가 된다는 것이 반드시 가하겠습니까? 전사(戰死)하지 않고서 아버지께 효도가 되고, 싸움을 하지 않고서 백성들을 편안케 함을 태자께서는 헤아리십시오. 싸워 몸을 위태롭게 하여 죄를 초래하는 것과 어느 편이 좋겠습니까?"

▌주해▐ ○偏衣(편의)-옷 전체를 순색(純色)으로 짓지 않고, 반의 한쪽을 다른 색으로 지은 옷. 여기에서는 한쪽을 보통 옷으로 하고, 한쪽은 군주의 옷과 같이 해서, 잡색(雜色)이 된 옷을 말한다.

○金玦(금결)-결은 둥글고 넓적하고 구멍이 있으며 한쪽이 끊어져 있는데, 옥으로 만드는 게 통상적이었다. 그런데 이때 준 결은 금으로 만든 것이었다.

○尉(위)-장수 밑에서 군사(軍事)를 장악한 벼슬.

○握兵之要(악병지요)-군사를 마음대로 움직이는 권한을 장악함.

○偏躬无慝(편궁무특)-몸에 편의(偏衣)를 입힌 것은 무슨 악의가 있는 게 아님.

○親以无災(친이무재)-(군주와) 친근해지고 재앙이 없음.

○衷之旗也(충지기야)-진심을 나타내는 표시.

○用其衷(용기충)-그 진심을 씀. 여기에서는, '군주가 태자의 진심을 믿고 씀'과 '군주가 진심을 씀' 이렇듯 두 가지로 해석이 가능한데, 역자는 후자를 택했다.

○度(도)-정해진 법도. 옛날에 차는 결은 옥결(玉玦)을 차는 게 법도에 맞는 일이었다.

○尨服(방복)-잡색(雜色) 옷.

○脤(진)-사직의 제사에 드리는 날고기.

○常服(상복)-정해진 떳떳한 옷. 옛날에 군사를 통솔하는 장수가 입는 옷을 말위(韎韋)라 하여, 붉게 물들여진 좋은 가죽으로 만든 군복.

○死而不孝(사이불효)-죽어 불효가 됨. 여기에서는 죽어 군주의 악의(惡意)가 폭로되어 결국 불효자가 된다는 뜻이다.

○有心(유심)-딴 마음이 있음.

○不復(불복)-살아 돌아가지 못함. 금환(金環)은 진심이 영원히 불변하여 떠났다가도 제자리로 돌아가 막혀짐이 없고, 끊겨짐이 없음을 나타낸다고 한다. 그런데 결(玦)이라는 것은 한쪽이 끊어져 있는 것이다. 금결을 준 것을 군주가 생각하는 마음이 끊어져 태자가 갔다가 제자리로 돌아오지 못한다는 것을 표시한 것이라는 말이다.

○阻(조)-의심함, 이상히 여김.

○內讒(내참)-궁중 안의 참언하는 사람.

○其寒(기한)-(군주의) 그 냉정한 마음.

○惡不可取(악불가취)-(불효·불충의 짓을 해서) 악한 이름을 얻을 수가 없음.

○昔(석) 운운-환공 18년조에 나온다.

○內寵(내총)-군주의 애첩.

○外寵(외총)-군주가 총애하는 신하.

○二政(이정)-총애받는 신하가 집정대신(執政大臣)과 같이 정사에 관여해서 어깨를 나란히 함.

○嬖子(폐자)-신분이 천한 군주의 애첩의 아들.

○大都耦國(대도우국)-지방의 큰 도성(都城)이 군주가 있는 도읍의 성

과 맞먹음.

成風聞成季之繇,에 乃事之,하여 而屬僖公焉.이라 故로 成季

立之.라

僖之元年,에 齊桓公遷邢于夷儀.라 二年,에 封衛于楚丘.라 邢

遷如歸,하고 衛國忘亡.이라

衛文公,이 大布之衣,하고 大帛之冠,하며 務材,하고 訓農,하며

通商,하고 惠工,하며 敬敎,하고 勸學,하며 授方,하고 任能.이라 元

年,에 革車卅乘,이러니 季年乃三百乘.이라

성풍(成風)은 성계(成季)를 낳게 되었을 때 점괘(占卦) 설명을 들
었기에, 그에게 잘 봉사(奉仕)하여 희공(僖公)을 부탁했다. 그랬으므
로 성계는 희공을 받들어 세웠다.

희공 원년에 제나라 환공은 형(邢) 사람들을 이의(夷儀)로 옮겼다.
2년에는 위(衛)나라를 초구(楚丘) 땅에 제후국으로 삼아 봉(封)했다.
형 사람들이 옮겨감은 마치 다른 나라에서 자기 나라로 돌아가는 마음과
같았고, 위나라 사람들은 자기 나라가 망했다는 것을 잊고 있었다.

위나라 문공은 거친 베옷을 입고, 거친 명주 관을 쓰며, 재물 불림
에 힘쓰고, 농민을 잘 인도하며, 통상(通商)을 잘 시키고, 공인(工人)
들에게 혜택을 주며, 교육을 존중하고 학문을 권장하며, 생활상의 좋
은 방법을 만들어 주고, 능력 있는 인재를 등용했다. 그래서 그의 원
년에 전차가 30대 있던 것이 말년에는 3백대가 되었다.

▌주해┃ ㅇ成風(성풍)－희공(僖公)의 어머니.

o繇(주)-점괘의 설명 말. 점친 결과를 판단하는 말.

o事之(사지)-성계 그를 섬기다. 그에게 잘 봉사하다.

o夷儀(이의)-형(邢)나라 땅으로 제나라와 위나라의 사이에 위치했다.

o楚丘(초구)-지금의 하남성 활현(滑縣) 동쪽 땅.

o大布之衣(대포지의)-거친 베옷. 여기에서는 '거친 베옷을 입었다'로 풀이된다.

o大帛之冠(대백지관)-거친 비단(명주)의 관. 여기에서는 거친 비단의 관을 썼다로 풀이된다.

o務材(무재)-재용(財用), 즉 재물 늘림에 힘씀.

o通商(통상)-상인의 왕래를 편하게 해서 재화(財貨)를 통하게 함.

o授方(수방)-생활상의 편리한 방법을 줌.

o革車(혁차)-전차(戰車).

o季年(계년)-마지막 해. 위나라 문공의 마지막 해는 노나라 희공(僖公) 25년이다.

◑ 민공(閔公) 시대 연표

기원전	周	燕	鄭	曹	蔡	陳	衛	宋	楚	秦	晉	齊	魯	중요 사항
661	惠王 16	莊公 30	文公 12	昭公 1	穆公 14	宣公 32	懿公 8	桓公 21	成王 11	成公 3	獻公 16	桓公 25	閔公 1	노나라 민공이 제나라 환공과 만나다 진(晉)나라, 이군(二軍)을 두다
660	17	31	13	2	15	33	戴公 1	22	12	4	17	26	2	노나라 공자 경보(慶父)가 민공을 죽이다 적(狄) 오랑캐가 위나라를 쳐서 군주인 의공을 죽게 하다

제5
·········
희공 상
僖公 上

장공(莊公)의 서자. 민공(閔公)의 서형(庶兄). 재위 기원전 659~627

經|　○元^원年^년春^춘王^왕正^정月^월.이라

○齊^제師^사·宋^송師^사·曹^조師^사次^차于^우聶^섭北^북,하여 救^구邢^형.이라

○夏^하六^유月^월,에 邢^형遷^천于^우夷^이儀^의.라

○齊^제師^사·宋^송師^사·曹^조師^사城^성邢^형.이라

○秋^추七^칠月^월戊^무辰^진,에 夫^부人^인姜^강氏^씨薨^훙于^우夷^이,하고 齊^제人^인以^이歸^귀.라

○楚^초人^인伐^벌鄭^정.이라

○八^팔月^월,에 會^회齊^제侯^후·宋^송公^공·鄭^정伯^백·曹^조伯^백·邾^주人^인于^우檉^정.이라

○九^구月^월,에 公^공敗^패邾^주師^사于^우偃^언.이라

○冬^동十^시月^월壬^임午^오,에 公^공子^자友^우帥^솔師^사,하여 敗^패莒^거師^사于^우酈^리,하고 獲^획莒^거拏^여.라

○十^십有^유二^이月^월丁^정巳^사,에 夫^부人^인氏^씨之^지喪^상至^지自^자齊^제.라

원년 봄 천자가 쓰는 역으로 정월.

제나라 군사·송나라 군사·조나라 군사가 섭북(聶北)에 주둔하며 형(邢)나라를 구했다.

여름 6월에 형나라가 이의(夷儀)로 옮겨갔다.

제나라 군사·송나라 군사·조나라 군사가 형나라 땅에다 성을 쌓았다.

가을 7월 무진날에 부인 강씨가 이(夷)에서 훙거하고, 제나라 사람이 시체를 가지고 제나라로 돌아갔다.

초나라 사람이 정나라를 쳤다.

8월에 제나라 군주인 후작·송나라 군주인 공작·정나라 군주인 백작·조나라 군주인 백작·주나라 사람을 정(檉)에서 만났다.

9월에 공이 주나라 군사를 언(偃)에서 쳐부수었다.

겨울 10월 임오날에 공자 우(友)가 군사를 이끌고 거나라 군사를 이(酈)에서 패배시키고 거나라의 여(挐)를 잡았다.

12월 정사날에 부인 강씨의 시체가 제나라로부터 이르렀다.

▌주해▐ ○聶北(섭북)−형(邢)나라 땅으로, 지금의 하북성 청풍현(淸豊縣) 북쪽 땅.

○夷(이)−민공 2년조에 나왔다.

○檉(정)−송나라 지명으로 지금의 하남성 회양현(淮陽縣) 서남쪽 땅.

○偃(언)−주(邾)나라 지명으로 지금의 산동성 남쪽 땅.

○酈(이)−노나라 땅.

○莒挐(거여)−거나라 군주인 자작의 동생.

▌傳▐ 元年春,에 不稱卽位,는 公出故也.라 公出復入,이어늘 不書, 는 諱之也.라 諱國惡,은 禮也.라

제후구형　　　형인궤　　　출분사　　사수축적인　　　구형기
諸侯救邢,이라 邢人潰,에 出奔師.라 師遂逐狄人,하고 具邢器
용　　이천지　　사무사언
用,하여 而遷之,에 師無私焉.이라

하유월　　　형천우이의　　　제후성지　　구환야　　　범후백구
夏六月,에 邢遷于夷儀.라 諸侯城之,는 救患也.라 凡侯伯救
환　　　분재　　토죄　　예야
患,하고 分災,하며 討罪,함은 禮也.라

원년 봄에 공이 즉위했다고 말하지 않은 것은, 공이 외국으로 나가 있었기 때문이다. 공은 외국으로 나가 있다가 다시 나라로 들어왔거니와 경(經)에 그 사실을 쓰지 않은 것은 좋지 못한 사실을 기피(忌避)해서였다. 부끄러운 나라의 나쁜 일을 감추어 기피한 것은 예에 맞는 일이었다.

제후들이 형나라를 구했다. 형나라 사람들이 싸워 군진이 무너지자 제후들의 군사가 있는 곳으로 도망했다. 제후들의 군사는 드디어 적(狄) 오랑캐를 몰아내고, 형나라 사람들이 내버려둔 기물들을 다 모아 운반했는데 제후들의 군사는 누구 하나 사사로이 그 기물을 차지하는 자가 없었다.

여름 6월에 형나라는 이의(夷儀)로 옮겼다. 제후들이 그곳에 성을 쌓은 것은 형나라의 국난을 구함이었다. 무릇 제후의 우두머리가 다른 나라의 환란을 구하고 그 재앙당한 일에 대해서 분담하며, 허물이 있는 자를 치는 것은 예에 맞는 일이다.

▌주해┃　○師(사)-섭북(聶北)에 주둔한 제후들의 군사를 말한다.
　○邢器用(형기용)-형나라의 기물. 즉 적(狄) 오랑캐의 공격을 받고 도망한 형나라 사람들이 놓아둔 기물.
　○侯伯(후백)-패자(覇者). 즉 제후의 우두머리.

추　　초인벌정　　　정즉제고야　　　맹우락　　　모구정야
秋,에 楚人伐鄭,은 鄭卽齊故也.라 盟于犖,는 謀救鄭也.라

九月_{구 월}에 公敗邾師于偃_{공 패 주 사 우 언}.이라 虛丘之戍將歸者也_{허 구 지 수 장 귀 자 야}.라

冬_동,에 莒人來求賂_{거 인 래 구 뢰}에 公子友敗諸酈_{공 자 우 패 제 리}하고 獲莒子之弟拏_{획 거 자 지 제 녀}.라 非_비

卿也_{경 야},나 嘉獲之也_{가 획 지 야}.라 公賜季友汶陽之田及費_{공 사 계 우 문 양 지 전 급 비}.라

夫人之喪至自齊_{부 인 지 상 지 자 제}.라 君子以齊人之殺哀姜也_{군 자 이 제 인 지 살 애 강 야},하되 爲已甚矣_{위 이 심 의}.라

女子從人者也_{여 자 종 인 자 야}.라

가을에 초나라 사람이 정나라를 친 것은 정나라가 제나라에 복종했기 때문이다. 낙(犖)에서 맹세했음은 정나라를 구함을 도모하기 위해서였다.

9월에 공이 주나라 군사를 언(偃)에서 패배시켰다. 주나라 군사란 허구(虛丘)에 진치고 있다가 돌아가려던 자들이다.

겨울에 거나라 사람들이 와 뇌물을 요구하여 공자 우(友)가 그들을 이(酈)에서 쳐부수고, 거나라 군주인 자작의 동생 여(拏)를 생포했다. 여는 주나라의 경(卿)이 아니었으나 그를 잡은 것을 좋아해서였다. 공은 공자 계우(季友)에게 문양(汶陽)의 토지와 비(費) 땅을 주었다.

부인의 시체가 제나라로부터 이르렀다. 군자(君子)는 제나라 사람이 애강(哀姜)을 죽인 일을 이르기를, "너무나 지나친 일이었다. 여자는 시집 식구를 따르는 것이다."라고 했다.

주해 | ㅇ 犖(낙)—정(樫)의 다른 이름.

ㅇ虛丘之戍將歸者也(허구지수장귀자야)—주나라 사람이 주나라로 피해 온 애강(哀姜)을 제나라로 넘겨주었는데, 제나라는 애강을 죽였다. 주나라 사람은 주나라의 허구로 군대를 내어 노나라를 공격하려 했다가 제나라에서 애강의 시체를 노나라로 돌려보내기로 했기에 허구에서 되돌아가려고 했다.

o莒人來求賂(거인래구뇌)—민공 2년조에 나왔듯이 노나라가 거나라로
도망한 경보(慶父 : 共仲)를 돌려 달라고 요구하여 거나라는 그 요청을
받아들여 경보를 돌려보냈다. 그리고 그 일의 사례(謝禮)를 요구했던
것이다.

o汶陽之田(문양지전)—지금의 산동성 태안현(泰安縣) 서남쪽 땅.

o費(비)—지금의 산동성 비현(費縣) 땅.

o女子從人者也(여자종인자야)—여자는 남편을 따르는 것이다. 따라서 여
자에게 죄가 있을 경우에는 남편의 집에서 처벌할 것이지, 친정 쪽에서
는 상관할 일이 아니다.

┃해설┃ 이 글의 끝에서는 군자(君子)의 말에 의탁하여 여자는 시집가
면 모름지기 남편 쪽의 법도에 따라야 한다는 것을 강조했다.

┃經┃ o二年春王正月,에 城楚丘.

o夏五月辛巳,에 葬我小君哀姜.이라

o虞師·晉師滅下陽.이라

o秋九月,에 齊侯·宋公·江人·黃人盟于貫.이라

o冬十月不雨.라

o楚人侵鄭.이라

2년 봄 천자가 쓰는 역으로 정월에 초구(楚丘)에 성을 쌓았다.

여름 5월 신사날에 우리나라 군주의 부인 애강(哀姜)을 장사 지냈다.

우나라 군사와 진나라 군사가 하양(下陽)을 멸망시켰다.

가을 9월에 제나라 군주인 후작·송나라 군주인 공작·강나라 사
람·황나라 사람이 관(貫)에서 맹서하였다.

겨울 10월에 비가 오지 않았다.
초나라 사람이 정나라를 침범했다.

주해 ㅇ城楚丘(성초구)－제후들이 위(衛)나라 고을인 초구에 성을 쌓아 위나라가 부흥하도록 도왔다.
ㅇ下陽(하양)－괵(虢)나라의 고을로, 지금의 산서성 평륙현(平陸縣) 동북쪽 땅. 《공양전》과 《곡량전》에는 '하양(夏陽)'으로 되어 있다.
ㅇ江(강)－국성이 영(嬴)이었던 나라로, 지금의 하남성 식현(息縣) 동부에 위치했다.
ㅇ黃(황)－국성이 영(嬴)이었던 나라로, 지금의 하남성 황천현(潢川縣) 서남방에 위치했다.
ㅇ貫(관)－송나라 지명으로, 지금의 하남성 상구현(商邱縣) 서북쪽 땅.

이년춘 제후성초구 이봉위언 불서소회 후
傳 二年春,에 諸侯城楚丘,하여 而封衛焉,에 不書所會,는 後
야
也.라

진순식청이굴산지승여수극지벽 가도어우이벌괵 공
晉荀息請以屈産之乘與垂棘之壁,으로 假道於虞以伐虢.이라 公
왈 시오보야 대왈 약득도어우 유외부야 공왈
曰, 是吾寶也.라 對曰, 若得道於虞,면 猶外府也.로소이다 公曰,
궁지기존언 대왈 궁지기지위인야 나이불능강간
宮之奇存焉.이라 對曰, 宮之奇之爲人也,는 懦而不能强諫,하옵고
차소장어군 군닐지 수간장불청 내사순식가
且少長於君,에 君暱之,하오니 雖諫將不聽.이리이다 乃使荀息假
도어우왈 기위부도 입자전령 벌명삼문 기지
道於虞曰, 冀爲不道,하여 入自顚軨,하며 伐鄍三門,이어늘 冀之
기병 즉역유군고 금 괵위부도 보어역려 이침
旣病,은 則亦唯君故.라 今, 虢爲不道,하여 保於逆旅,하며 以侵
폐읍지남비 감청 가도이청죄우괵 우공허지
弊邑之南鄙.라 敢請,컨대 假道以請罪于虢.이라 虞公許之,하고
차청선벌괵 궁지기간 불청 수기사
且請先伐虢.이라 宮之奇諫,이나 不聽,하고 遂起師.라

夏,에 晉里克 · 荀息帥師,하고 會虞師,하여 伐虢,하며 滅下陽.
이라 先書虞,는 賄故也.라

2년 봄에 제후들이 초구(楚丘)에 성을 쌓아 위나라를 부흥케 했다. 제후들이 회합한 곳을 쓰지 않은 것은 노나라 군주가 늦게 갔기 때문이다.

진나라의 순식(荀息)이 굴(屈)에서 난 말 네 마리와 수극(垂棘)에서 난 옥(玉)을 우(虞)나라에 주고 통과할 길을 빌려서 괵(虢)나라를 칠 것을 원하고 나섰다. 그러자 진나라 군주는, "그것들은 우리나라의 보물이오."라고 말했다. 그러자 순식이 대답하되, "만약 우나라한테 통과할 길을 빌린다면 그것은 외국에 있는 창고에 두는 것과 같사옵니다."라고 했다. 군주가, "우나라에는 궁지기(宮之奇)가 있소."라고 말하자, 그는 대답했다. "궁지기의 사람됨은 연약해서 강력히 충간(忠諫)할 수가 없고, 또 어려서부터 군주 옆에서 자랐기에 군주와 친밀하니, 그가 비록 충간을 하더라도 군주는 들어주지 않을 것입니다." 이에 순식을 보내어 우나라에게 길을 빌리라고 다음과 같이 말했다. "기(冀)나라가 무도(無道)하여 전령(顚軨)으로부터 명(鄍)의 삼문산(三門山)까지 공격했는데, 기나라가 지금 세력이 약한 것은, 역시 군주 때문입니다. 현재 괵나라가 도리를 지키지 않고, 다른 나라에서 가는 식객(食客)들이 많이 있어 우리나라 남쪽 변방을 침범하고 있습니다. 감히 청하건대, 길을 빌려서 괵나라를 쳐 그 죄를 문책하려는 것입니다." 우나라 군주는 이 요청을 수락하고, 또 자기 편이 선발군(先發軍)이 되어 괵나라를 치겠다고 자청했다. 궁지기가 그러지 말라고 충간했으나 우나라 군주는 듣지 않고, 드디어 군사를 일으켰다.

여름에 진나라의 이극(里克)과 순식은 군사를 거느리고 우나라 군대와 협력하여 괵나라를 쳐서 하양(下陽)을 멸망시켰다. 경(經)에 우나라를 먼저 쓴 것은, 진나라로부터 뇌물을 받았기 때문이다.

주해│ ○屈産之乘(굴산지승)–굴은 진나라 고을 이름으로, 양마(良馬) 생산지로 유명했다. 승(乘)은 네 마리의 말을 가리킨다. 수레 1승, 즉 수레 1대는 네 마리의 말이 끌었기에 이렇게 말했다.

○垂棘(수극)–진나라 고을 이름으로 좋은 옥이 많이 나왔다.

○猶外府(유외부)–외부(外府)는 국외(國外)에 있는 창고. 이 구절의 뜻은 '국외에 있는 창고와 같다'인데, 이 말은 말과 옥을 우나라에 주고, 괵나라로 쳐들어갈 길을 빌리면 괵나라를 친 뒤에 우나라를 쳐 점령할 수가 있으니, 그것은 곧 일시 국외에 있는 창고에 맡겨둠과 같은 결과가 된다는 것이다.

○冀(기)–나라 이름으로 지금의 산서성 하진현(河津縣) 동북부에 위치했다.

○顚軨(전령)–우나라의 고개〔坂〕이름으로, 지금의 산서성 평륙현(平陸縣) 동북쪽에 위치했다.

○郰三門(명삼문)–명(郰)은 진(晉)나라 고을로, 지금의 산서성 평륙현 동북쪽 땅이다. 그 동남쪽에 삼문산(三門山)이 있다.

○保於逆旅(보어역려)–역려는 나그네를 맞이함, 여관이다. 외국에서 온 식객(食客)들을 맞이하여 집에 많이 있음.

○請罪于虢(청죄우괵)–괵나라에 대해서 허물을 문책함.

秋盟于貫,은 服江·黃也.라
齊寺人貂,가 始漏師于多魚.라
虢公敗戎于桑田.이라 晉卜偃曰, 虢必亡矣.라 亡下陽,이어늘
不懼而又有功.이라 是天奪之鑒,하여 而益其疾也.라 必易晉,하여
而不撫其民矣,이리니 不可以五稔.이라

_동 _{초 인 벌 정} _{투 장 수 정 담 백}
冬,에 楚人伐鄭,에 鬪章囚鄭聃伯.이라

가을에 관(貫)에서 맹서한 것은 강나라와 황나라가 (제나라에) 복
종하였기 때문이다.

제나라 군주를 모시는 내시관(內侍官) 초(貂)가 전에 없었던 예를
깨뜨리고 처음으로 군사에 관한 비밀을 다어(多魚)에서 누설시켰다.

괵나라 군주가 오랑캐 융(戎)을 상전(桑田)에서 쳐부수었다. 이에
진(晉)나라 복관(卜官)인 복언(卜偃)이 말했다. "괵나라는 반드시 망
할 것이다. 하양(下陽) 땅이 멸망당했는데도 그 일은 걱정하지 않고
다른 곳에 공을 세우고 있다. 이것은 하늘이 자기반성(自己反省)을
시키는 거울을 빼앗고, 자기 나라를 망하게 할 병폐를 더하게 하는
것이다. 괵나라는 반드시 진(晉)나라를 경멸(輕蔑)하고 자기 나라 백
성들을 사랑하지 않을 것이니, 5년을 지탱할 수가 없을 것이다."

겨울에 초나라 사람이 정나라를 쳐서, 초나라의 투장(鬪章)이 정나
라의 담백(聃伯)을 사로잡았다.

▎주해▏ ㅇ服江黃也(복강황야)-강·황 두 나라는 원래 초(楚)나라에 복종
하고 섬겼다. 그런데 이때에 제나라에 대해서 굴복하고 복종하였다.
ㅇ寺人(시인)-내시관.
ㅇ始漏(시루)-역사상 처음으로 누설시킴.
ㅇ多魚(다어)-지금의 하남성 우성현(虞城縣) 경계를 일렀다 한다.
ㅇ桑田(상전)-괵나라 지명으로, 지금의 하남성 영보현(靈寶縣) 서쪽 땅.
ㅇ奪之鑒(탈지감)-감(鑒 : 鑑)은 자신의 잘하고 잘못했음을 비치는 거울
이라는 뜻으로 썼다. 즉 자기반성을 시키지 않음.
ㅇ益其疾也(익기질야)-그의 벌을 더하게 함. 즉 자기 나라를 망하게 할
병폐(病弊)를 더하게 함.
ㅇ易(이)-경멸함.
ㅇ五稔(오념)-5년.

經| ○三年春王正月,에 不雨.라

○夏四月,에 不雨.라

○徐人取舒.라

○六月雨.라

○秋,에 齊侯·宋公·江人·黃人會于陽穀.이라

○冬,에 公子友如齊,하여 莅盟.이라

○楚人伐鄭.이라

3년 봄 천자가 쓰는 역으로 정월, 비가 내리지 않았다.

여름 4월에, 비가 내리지 않았다.

서(徐)나라 사람이 서(舒)나라를 빼앗았다.

6월에 비가 왔다.

가을에 제나라 군주인 후작·송나라 군주인 공작·강나라 사람·황나라 사람이, 양곡(陽穀)에서 회합을 가졌다.

겨울에 공자 우(友)가 제나라로 가, 맹서함에 참석했다.

초나라 사람이 정나라를 쳤다.

주해| ○徐(서)—나라 이름. 국성은 영(嬴)이었고, 군주의 작은 자작이었
으며, 지금의 안휘성(安徽省) 사현(泗縣) 북방에 위치했다.

○舒(서)—국성이 언(偃)이었던 나라로, 지금의 안휘성 서성현(舒城縣)에
위치했다.

○陽穀(양곡)—제나라 지명으로, 지금의 산동성 동평현(東平縣) 서북쪽 땅.

○莅盟(이맹)—맹서함에 참석함.

傳 三年春不雨,하고 夏六月雨.라 自十月不雨,하여 至于五月.이
라 不曰旱,은 不爲災也.라

秋,에 會于陽穀,은 謀伐楚也.라

齊侯爲陽穀之會來尋盟.이라 冬,에 公子友如齊,하여 涖盟.이라

楚人伐鄭,에 鄭伯欲成,하니 孔叔不可,라하고 曰, 齊方勤我,어
늘 棄德不祥.이라

齊侯與蔡姬乘舟于囿,에 蕩公.이라 公懼變色,하고 禁之,나 不
可.라 公怒歸之,나 未之絶也,어늘 蔡人嫁之.라

3년 봄에 비가 내리지 않고 여름 6월에야 비가 내렸다. 전해 10월
부터 비가 내리지 않아, 5월까지 이르렀다. 그랬는데도 한발이 들었다
고 써 말하지 않은 것은 재해(災害)가 되지 않아서였다.

가을에 양곡(陽穀)에서 회합을 가진 것은, 초나라를 칠 것을 도모
하기 위해서였다.

제나라 군주인 후작이 양곡에서의 회합에 노나라가 불참한 일 때문
에 사람을 보내어 전의 동맹 관계를 계속시키려 했다. 그래서 겨울에
공자 우(友)는 제나라로 가, 맹서함에 참석했다.

초나라 사람이 정나라를 치자, 정나라 군주인 백작이 화목을 하려
하니, 공숙(孔叔)이 안된다며 말하기를, "제나라가 바야흐로 우리나라
를 걱정하고 있는데, 그 은덕(恩德)을 버리고 돌아보지 않는 것은 좋
지 못하옵니다."라고 했다.

제나라 군주인 후작이 채희(蔡姬)와 같이 정원(庭園)의 못에서 배
를 탔는데 채희가 군주를 흔들리게 했다. 군주는 무서워하여 얼굴빛

을 바꾸고, 그러지 말라 했지만 듣지 않았다. 군주는 노해서 채희를 친정의 나라로 돌려보냈으되, 아직 인연을 끊지는 않았는데, 채나라 사람은 그녀를 다른 데로 시집보냈다.

주해 ○戁我(근아)－우리나라를 걱정함.

○棄德不祥(기덕불상)－은덕을 외면하고 버림은 좋지 못함.

○蔡姬(채희)－채나라에서 시집온 부인.

○囿(유)－정원 안의 못.

經 ○四年春王正月,에 公會齊侯·宋公·陳侯·衛侯·鄭伯·許男·曹伯侵蔡.라 蔡潰,에 遂伐楚,하여 次于陘.이라

○夏,에 許男新臣卒.이라

○楚屈完來盟于師,에 盟于召陵.이라

○齊人執陳轅濤塗.라

○秋,에 及江人·黃人伐陳.이라

○八月,에 公至自伐楚.라

○葬許穆公.이라

○冬十有二月,에 公孫玆帥師,하여 會齊人·宋人·衛人·鄭人·許人·曹人,하고 侵陳.이라

4년 봄 천자가 쓰는 역으로 정월에, 공이 제나라 군주인 후작·송나라 군주인 공작·진나라 군주인 후작·위나라 군주인 후작·정나라 군주인 백작·허나라 군주인 남작·조나라 군주인 백작들과 회합하여,

채나라를 침공(侵攻)했다. 채나라가 무너지자, 드디어 초나라를 쳐, 형(陘)에 머물렀다.

여름에 허나라 군주인 남작 신신(新臣)이 세상을 떠났다.

초나라의 굴완(屈完)이 와 제후들의 군사에게 맹서하려 하여, 소릉(召陵)에서 맹서하였다.

제나라 사람이 진(陳)나라의 원도도(轅濤塗)를 잡았다.

가을에 강나라 사람·황나라 사람들과 같이 진(陳)나라를 쳤다.

8월에 공이 초나라 치는 일에서 돌아왔다.

허나라의 목공을 장사 지냈다.

겨울 12월에 공손자(公孫玆)가 군사를 이끌고, 제나라 사람·송나라 사람·위나라 사람·정나라 사람·허나라 사람·조나라 사람들과 만나서, 진나라를 침공했다.

주해 ㅇ陘(형) - 조나라 지명으로, 지금의 하남성 언성현(郾城縣) 서남쪽 땅.
ㅇ召陵(소릉) - 초나라 지명으로, 지금의 하남성 언성현 동쪽 땅.

傳 四年春,에 齊侯以諸侯之師侵蔡,하고 蔡潰,에 遂伐楚.라 楚子使與師言曰, 君處北海,하고 寡人處南海,에 唯是風馬牛不相及也,어늘 不虞君之涉吾地也,하노니 何故.아 管仲對曰, 昔,에 召康公命我先君太公曰, 五侯九伯,을 汝實征之,하여 以俠輔周室.이라 賜我先君履,에 東至于海,하고 西至于河,하며 南至于穆陵,하고 北至于無棣.라 爾貢苞茅不入,에 王祭不供,하고 無以縮酒,에 寡人是徵,하며 昭王南征,하여 而不復,에 寡人是問.이라 對

曰, 貢之不入,은 寡君之罪也.라 敢不供給.가 昭王之不復,은 君
其問諸水濱.하라 師進次于陘.이라

4년 봄에, 제나라 군주인 후작은 제후들의 군사를 거느리어 채나
라를 침공하고, 채나라가 무너지자 드디어 초나라를 쳤다. 그때 초나
라 군주인 자작이 사람을 시켜 제후들의 군사에 대해서 말하기를,
"당신은 북방에 살고, 나는 남방에 살고 있어 말이나 소의 수컷과 암
컷들이 서로 유인하여 통하는 일도 없는데, 당신께서 나의 땅을 밟
음은 뜻밖의 일인데 무엇 때문이오?"라고 했다. 그러자 관중(管仲)
이 대답했다. "옛날에, 소강공(召康公)께서 우리 제나라 시조 태공
(太公)에게 말씀하시기를, '공(公)·후(侯)·백(伯)·자(子)·남(男)'
의 오등(五等)의 작을 가진 제후나, 제후의 우두머리가 잘못하면, 그
대가 그를 정벌하여, 주(周)나라 왕실을 도우라 하셨소. 그리고 우리
나라의 시조에게 영토를 주시어 동쪽은 바다에 닿았고, 서쪽은 황하
(黃河)에 닿았으며, 남쪽은 목릉(穆陵)에 닿았고, 북쪽은 무체(無棣)
에 닿았소. 당신 나라에서 공물(貢物)이 들어오지 않아 천자가 드리
는 제사에 제물이 제대로 바치어지지 못하고, 제사 술을 제대로 올리
지 못하고 있으니, 우리 군주는 이것을 요구하는 것이고, 또 천자 소
왕(昭王)께서 남방으로 순시를 나가셨다 돌아오시지 못했으니 우리
군주께서는 그 사실에 대해서 묻는 것이오." 그러자 초나라에서 말
하기를, "공물을 드리지 않
은 것은 우리 군주의 죄가
되는 일입니다. 어찌 감히
바치지 않겠소이까? 그러나
소왕이 돌아가시지 못한 것
은 강물에 물으십시오."라고

호랑이 모양의 준(尊 : 酒器)

했다. 제후들의 군사는 진격하여 초나라의 형(陘)에 진을 치고 머물렀다.

주해 ○齊侯(제후)-당시 제나라 군주는 환공(桓公).

○楚子(초자)-당시 초나라 군주인 자작은 성왕(成王).

○風馬牛不相及也(풍마우불상급야)-풍(風)은 수컷과 암컷이 서로 유인하여 야단법석치는 것. 이 글의 뜻은 두 나라 말이나 소의 수컷·암컷이 서로 유인하여, 피차 상대방의 영토로 넘어가서 두 나라 사이에 분쟁이 생기는 일이 있을 수 있지만, 제나라와 초나라는 멀리 떨어져 있어, 그러한 분쟁도 일어남이 없다는 것이다.

○召康公(소강공)-소공(召公) 석(奭). 소공은 주 문왕(文王)의 아들이었다고 한다. 그는 주나라가 건국되자, 북연(北燕)에 봉되었고, 성왕(成王) 때에 태보(太保)가 되어, 주공(周公)과 같이 성왕을 도왔다.

○先君太公(선군태공)-선공은 선대 군주. 태공은 제나라 선조인 태공망(太公望), 즉 여상(呂尙).

○五侯九伯(오후구백)-오후는 공·후·백·자·남작의 제후이고, 구백은 구주(九州)의 제후의 우두머리.

○履(이)-밟고 다니는 영유지. 즉 영토.

○穆陵(목릉)-지금의 산동성 임구현(臨朐縣) 남쪽에 있는 대현산(大峴山)에 있는 목릉관(穆陵關).

○無棣(무체)-지금의 하북성 무체현.

○苞茅(포모)-털 가시가 있는 청모(菁茅)를 묶은 것. 이것에다 술을 부어 찌꺼기를 걸렀다 한다.

○縮酒(축주)-술을 거름. 포모불입(苞茅不入)은 제후가 천자에게 공물(貢物)을 바치지 않음을 말한 것이다.

○昭王(소왕)-주 성왕(成王)의 손자.

○南征而不復(남정이불복)-옛날에 주 소왕이 남방으로 순찰 나가 한수(漢水)를 건너다가, 배가 부서져 물에 빠져 죽었다고 한다. 한수는 섬서성 영강현(寧羌縣)을 수원(水源)으로 하여 흘러내려, 호북성(湖北省)의 한구(漢口)에서 양자강(揚子江)으로 합류한다.

ㅇ問諸水濱(문저수빈) - 강물 가에 묻다.

夏,에 楚子使屈完如師,에 師退次于召陵.이라 齊侯陳諸侯之
師,하여 與屈完乘而觀之.라 齊侯曰, 豈不穀是爲.리오 先君之好
是繼.라 與不穀同好如何.오 對曰, 君惠徼福於弊邑之社稷,하사
辱收寡君,하심은 寡君之願也.로소이다 齊侯曰, 以此衆戰,이면 誰
能待之,하고 以此攻城,이면 何城不克.가 對曰, 君若以德綏諸
侯,시면 誰敢不服.이리오 君若以力,이시면 楚國方城以爲城,하옵고
漢水以爲池,이오면 雖衆無所用之.리이다 屈完及諸侯盟.이라

여름에, 초나라 군주인 자작이 굴완(屈完)으로 하여금 제후의 군사
에게로 가게 하니, 제후들의 군사는 뒤로 물러나 소릉(召陵)에 진을
치고 머물렀다. 제나라 군주인 후작이 제후들의 군사를 도열(堵列)시
키고, 굴완과 같이 열병(閱兵)했다. 그러면서 제나라 군주가 말하기를,
"어찌 선(善)하지 못한 나를 위해서 싸우는 것이오? 선대 군주 때에
맺은 우호 관계를 계속시키자는 것이오. 선하지 못한 나와 같이 잘
지내게 되는 것이 어떠하오?"라고 했다. 그러자 굴완이 대답하기를,
"군주께서 저희 나라의 사직(社稷)에 복을 베푸시어, 저희 군주를 용
납하심은 저희 군주의 소원이옵니다."라고 했다. 제나라 군주가 또,
"이 많은 군사로 싸운다면 그 누가 대적할 수가 있고, 이 군사로 성을
공격한다면, 어느 성인들 함락시키지 못하겠소?"라고 말하니, 굴완은
대답하였다. "군주께서 만일 덕으로 제후들을 다스리신다면, 누가 감
히 복종하지 않으리까? 군주께서 만약 힘으로 대하신다면, 초나라
는 방성(方城)을 성으로 삼고, 한수(漢水)를 못〔池〕으로 삼는다면, 비

록 많은 군사라 하더라도, 아무 쓸 데가 없을 것이옵니다." 굴완은 제후들과 맹세하였다.

주해 ○不穀(불곡)―왕후(王侯)가 자기를 겸칭(謙稱)한 말. 곡은 선(善)과 같은 뜻으로 쓰인다. 불곡은 곧 선하지 못함. 선하지 못한 자.
○方城(방성)―초나라 산 이름. 지금의 하남성 섭현(葉縣) 남쪽에 있다.

陳轅濤塗謂鄭申侯曰, 師出於陳·鄭之間,이면 國必甚病.이라 若出於東方,이면 觀兵於東夷,하고 循海而歸,면 其可也.라 申侯曰, 善.이라 濤塗以告齊侯,하니 許之.라 申侯見曰, 師老矣,에 若出於東方而遇敵,이면 懼不可用也.이오니다 若出於陳·鄭之間,하여 供其資糧扉屨,면 其可也.로소이다 齊侯説,하여 與之虎牢,하고 執轅濤塗.라

진나라 원도도(轅濤塗)가 정나라 신후(申侯)에게 말하기를, "제후들의 군사가 진나라와 정나라 사이로 빠져 나간다면, 두 나라는 몹시 괴롭게 됩니다. 군사가 만일에 동방으로 빠져 나가게 된다면, 동방의 오랑캐에게 시위(示威)가 되니, 바다를 끼고 돌아가면 좋소이다."라고 했다. 그랬더니 신후는, "좋은 말이오."라고 했다. 그래서 도도(濤塗)는 그것을 제나라 군주인 후작에게 고하니, 제나라 군주가 그렇게 할 것을 허락했다. 그 뒤에 신후가 제나라 군주를 뵙고 말했다. "군사가 피로해 있어 만약 동방으로 빠져 나갔다가 적을 만나면, 군사가 쓸모 없게 될까 걱정이옵니다. 만약 진나라와 정나라 사이로 빠져 나간다면, 필요한 물자나 식량, 그리고 신발 등을 공급한다면 좋사옵니다."

이 말에 제나라 군주는 기뻐하고 그에게 호뢰(虎牢) 땅을 주고 원도도는 잡아 가두었다.

주해 ○轅濤塗(원도도)-진(陳)나라 대부.

○申侯(신후)-정나라 대부.

○國必甚病(국필심병)-두 나라가 반드시 매우 괴롭다. 군사들에게 식량을 비롯한 모든 것을 공급해야 하기에, 진·정 두 나라가 괴로움을 겪는다는 말이다.

○觀兵於東夷(관병어동이)-동이에게 군병(軍兵)을 보임. 즉 시위함. 동이는 동쪽 오랑캐.

○資糧屝屨(자량비구)-자는 필요한 물품이고, 양(糧)은 양식이며, 비(屝)는 짚신이고, 구(屨)는 삼[麻]으로 만든 신.

秋,에 伐陳,은 討不忠也.라

許穆公卒于師.라 葬之以侯,는 禮也.라 凡諸侯薨于朝會,면 加一等,하고 死王事,면 加二等.이라 於是,에 有以袞斂.이라

冬,에 叔孫戴伯帥師會諸侯之師,하여 侵陳.이라 陳成,에 歸轅濤塗.라

가을에 진(陳)나라를 친 것은, 불충(不忠)의 죄를 응징함이었다.

허나라 목공이 군중(軍中)에서 세상을 떠났다. 그를 후작(侯爵)으로 대우하여 장사 지낸 것은, 예의에 맞은 일이었다. 무릇 제후로서 천자를 찾아뵈러 갔다가 훙거(薨去)하면, 그에게 한 등급의 작을 높이고, 천자를 위하는 일로 죽어가면 두 등급을 높인다. 이 경우에는 천자가 입는 곤룡포를 입혀서 염(斂)을 하는 수도 있다.

겨울에 숙손대백(叔孫戴伯)이 군사를 거느리고 제후들의 군사와
회동(會同)해서, 진나라를 침격(侵擊)했다. 진나라가 화목을 구하였기
에 원도도를 돌려보냈다.

┃주해┃ ○討不忠也(토불충야)―불충함을 침(응징함). 진나라의 불충은, 곧
원도도의 군사가 진나라와 정나라의 사이로 지나가지 않도록 하자고
제안한 일을 두고 말한다.

○葬之以侯(장지이후)―그를 후작의 신분으로 하여 장사를 지냄. 당시에
허나라 목공의 작은 남작(男爵)이었는데, 두 등급을 올려 후작으로 대
우하여 장사 지냈다. 당시의 자작·남작은 같은 등위(等位)로 보았다.

○有以袞斂(유이곤렴)―천자가 입는 곤복(袞服)을 입혀 염하는 일도 있
었다. 즉 공작(公爵)을 한 등급 높이거나, 후작(侯爵)을 두 등급 높여,
이렇게 했다.

○叔孫戴伯(숙손대백)―노나라 대부였던 공손자(公孫玆). 그는 뒤에 숙손
(叔孫)의 족명(族名)을 받았다. 대(戴)는 죽은 뒤에 주어진 이름.

初,에 晉獻公欲以驪姬爲夫人,하여 卜之,하니 不吉,하고 筮之,
하니 吉.이라 公曰, 從筮.라 卜人曰, 筮短龜長,하오니 不如從長.
이오니다 且其繇曰, 專之渝,하고 攘公之羭.라 一薰一蕕,는 十年
尚猶有臭,라하오니 必不可.로소이다 弗聽,하고 立之.라 生奚齊,하
고 其娣生卓子.라 及將立奚齊,에 旣與中大夫成謀.라
姬謂太子曰, 君夢齊姜,이니 速祭之.하라 太子祭于曲沃,하고
歸胙于公.이라 公田,에 姬寘諸宮六日.이라 公至,에 毒而獻之.라
公祭之地,하니 地墳,하고 予犬,하니 犬斃,하며 予小臣,하니 小臣

亦^역縊^폐.라 姬^희泣^읍曰^왈, 賊^적由^유太^태子^자.라 太^태子^자奔^분新^신城^성,하고 公^공殺^살其^기傅^부杜^두原^원

款^관.이라 或^혹謂^위太^태子^자,하되 子^자辭^사.하라 君^군必^필辯^변焉^언.이라

太^태子^자曰^왈, 君^군非^비姬^희氏^씨,면 居^거不^불安^안,하고 食^식不^불飽^포.라 我^아辭^사,면 姬^희必^필有^유

罪^죄.라 君^군老^로矣^의,요 吾^오又^우不^불樂^락.이라 曰^왈, 子^자其^기行^행乎^호.아 太^태子^자曰^왈, 君^군實^실

不^불察^찰其^기罪^죄,에 被^피此^차名^명也^야以^이出^출,이면 人^인誰^수納^납我^아.아 十^십二^이月^월戊^무申^신,에 縊^액

于^우新^신城^성.이라 姬^희遂^수譖^참二^이公^공子^자曰^왈, 皆^개知^지之^지.라 重^중耳^이奔^분蒲^포,하고 夷^이吾^오奔^분

屈^굴.이라

전에, 진(晉)나라 헌공이 여희(驪姬)를 부인으로 삼으려 하여, 거북 등을 구워 점을 치니 길(吉)하지 못한 괘가 나오고, 산가지로 점을 치니 길하다는 점괘가 나왔다. 헌공은 산가지 점이 길하다는 것을 믿겠다고 말했다. 그러자 거북 등을 구워 점을 친 사람이 말했다. "산가지 점은 잘 안맞고, 거북 등을 구워 치는 점은 잘 맞사오니, 잘 맞는 편을 따르심이 좋사옵니다. 그리고 점괘의 풀이에 이르기를, '어느 한 사람을 오로지 사랑하면 난 체하여 마음이 변하고, 또 군주가 기르는 수컷 양(羊)을 도둑질한다. 하나의 향기나는 풀과, 하나의 더러운 냄새가 나는 풀을 같이 놓아두면, 10년이 가도 더러운 냄새만 남게 된다.'고 하였사오니, 절대로 아니되옵니다." 그러나 헌공은 그 말을 듣지 않고, 여희를 부인으로 삼았다. 여희가 해제(奚齊)를 낳고, 그녀의 여동생은 탁자(卓子)를 낳았다. 여희가 해제를 태자로 책립(冊立)하려 궁중의 일을 맡고 있는 대부와 궁리하였다.

여희가 태자에게 말하기를, "군주께서는 꿈에서 그대의 생모(生母)인 제강(齊姜)을 보시었다. 그러니, 그대는 속히 제강에게 제사를 지내게."라고 했다. 이 말을 들은 태자는, 곡옥(曲沃)에서 제사를 지내

고, 제물을 헌공에게 바쳤다. 그때 헌공은 사냥을 나갔으나 여희는 그 제물을 궁 안에 6일 동안 두었다. 헌공이 돌아오자, 여희는 그 제물에 다 독(毒)을 넣어 올렸다. 헌공은 먹기 전에 술을 땅에 부어 고수레를 하니, 땅이 부풀어오르고, 그것을 개에게 먹이니 개가 죽어 넘어지며, 잡일을 하는 자에게 먹이니, 그 역시 죽고 말았다. 여희는 울며 말하기를, "군주를 해치려는 도적이 태자에게 붙어 있사옵니다."라고 했다. 이에 태자는 신성(新城)으로 도망해 피했고, 헌공은 태자의 스승인 두원관(杜原款)을 죽였다. 그때 어느 사람이 태자에게 말하기를, "태자께서는 말씀드리십시오. 그러시면 군주께서는 반드시 분별하게 되실 것입니다."라고 했다.

이에 대하여 태자가, "군주께서는 지금 여희가 없으면 기거(起居)하심에 불안히 여기시고, 진지를 드심에 배가 부르게 드시지 않는다. 내가 말한다면, 여희가 반드시 죄가 있게 된다. 군주께서는 현재 나이가 많으시고, 나 또한 그리하고 싶지 않다."라고 했다. 그 사람은 다시, "그러면 태자께서는 외국으로 가시렵니까?"라고 말하니, 태자는 "군주께서는 실로 그 죄가 누구에게 있는가를 살피지 않고 계시는 마당에, 그 누명을 쓰고 나라를 떠나간다면, 다른 나라 사람 그 누가 나를 받아주겠나?"라 말하고, 12월 무신날 신성에서 목을 매어 죽었다. 여희는 곧이어 다른 두 공자를 헐뜯어 말하기를, "두 공자도 다 그 일을 미리 알고 있었사옵니다."라고 했다. 이에 중이(重耳)는 포(蒲)로 도망하고, 이오(夷吾)는 굴(屈)로 도망했다.

주해 ○初(초)-이 일에 대해서는 장공 28년조에 나왔다.
○繇(주)-점괘의 설명.
○攘公之羭(양공지유)-군주의 검은 수양을 도둑질한다. 이 말에는 여희가 태자 신생(申生)을 해친다는 뜻이 들어 있다.
○一薰一蕕(일훈일유) 운운-훈(薰)은 향기나는 풀이고, 유(蕕)는 악취(惡臭)나는 풀. 향기나는 풀과 악취나는 풀을 같이 놓아두면, 향기는

나지 않고 악취만 나, 10년이 가도 악취만 있게 된다. 이 말은 선인(善人)이 악인(惡人)한테 해를 당하고, 언제까지나 화만 남게 된다는 뜻이 들어 있다.

○中大夫(중대부)－궁중의 일을 맡은 대부.

○曲沃(곡옥)－진나라의 옛 도읍으로, 태자의 생모 제강(齊姜)을 모신 사당이 있었다.

○胙(조)－제사상에 올렸던 술과 고기.

○祭之地(제지지)－술을 마시기 전에 땅에 부어 고수레를 했다.

○小臣(소신)－죄가 있어 거세형(去勢刑)을 받고 궁중에서 잡일을 하는 신하.

○十二月戊申(십이월무신)－12월 27일.

○新城(신성)－곡옥(曲沃)을 신성이라 했다.

○蒲(포)·屈(굴)－진나라 고을 이름.

經┃ ○五年春,에 晉侯殺其世子申生.이라

○杞伯姬來,하여 朝其子.라

○夏,에 公孫茲如牟.라

○公及齊侯·宋公·陳侯·衛侯·鄭伯·許男·曹伯,이 會王世子于首止.라

○秋八月,에 諸侯盟于首止.라

○鄭伯逃歸,하여 不盟.이라

○楚人滅弦,하니 弦子奔黃.이라

○九月戊申朔,에 日有蝕之.라

○冬,에 晉人執虞公.이라

5년 봄에, 진나라 군주인 후작이 그의 세자인 신생(申生)을 죽였다.

기나라의 백희(伯姬)가 와, 그의 아들을 군주께 뵙게 했다.

여름에, 공손자(公孫玆)가 모(牟)로 갔다.

희공과 제나라 군주인 후작·송나라 군주인 공작·진나라 군주인 후작·위나라 군주인 후작·정나라 군주인 백작·허나라 군주인 남작·조나라 군주인 백작이, 천자의 세자(世子)와 수지(首止)에서 회합했다.

가을 8월에, 제후들이 수지에서 맹서하였다.

정나라 군주인 백작이 도망쳐 돌아가, 맹서하지 않았다.

초나라 사람이 현(弦)을 멸망시키니, 현나라 군주인 자작이 황나라로 도망했다.

9월 무신날 초하루에, 일식이 있었다.

겨울에, 진나라 사람이 우(虞)나라 군주를 잡았다.

주해 ○晉侯殺其世子申生(진후살기세자신생)-4년조에 의하면, 진나라 태자 신생은 4년 12월 무신날에 죽었다. 그런데 5년 봄이라 쓴 것은 진나라에서 이때에 알렸기 때문이라고도 하고, 진나라는 하(夏)나라 역(曆)을 쓰고 있었기에 연월(年月)에 차이가 있게 되었다고도 한다.

○杞伯姬來(기백희래), 朝其子(조기자)-백희는 기나라로 시집간 노나라의 공녀(公女). 그녀는 장공 25년에 시집갔다. 그때 아들이 어려서 자신이 데리고 와, 노나라 군주에게 뵙게 했다.

○如牟(여모)-모(牟)로 갔다. 모는 환공 15년조에 나왔다. 공손자는 자기의 아내를 맞이하려고 모로 갔다.

○王世子(왕세자)-주나라 왕, 즉 천자의 태자로 혜왕(惠王)의 태자 정(鄭).

○首止(수지)-위(衛)나라 땅으로, 수대(首戴)라고도 했다.

○弦(현)-나라 이름으로, 지금의 하남성 황천현(潢川縣) 서남방에 위치했다. 일설에는 지금의 호북성 희수현(浠水縣) 서방에 위치했다고도 한다.

傳| 五年春王正月辛亥朔,에 日南至.라 公旣視朔,하여는 遂登觀

臺以望,하여 以書雲物.이라 禮也.라 凡分至啓閉,엔 必書雲物,러

니 爲備故也.라

5년 봄 천자가 쓰는 역으로 정월 신해날 초하루에, 해가 정남(正南)에 이르렀다. 공은 초하루임을 종묘(宗廟)에 고하고, 그달의 역(曆)을 받고서, 바로 문대(門臺)로 올라 하늘을 바라보아 구름이 떠가는 기운을 기록케 했다. 그것은 예에 맞는 일이었다. 무릇 춘분(春分)·추분(秋分)·동지(冬至)·하지(夏至)·입춘(立春)·입하(立夏)·입추(立秋)·입동(立冬)에는 반드시 구름의 기운을 기록하는데, 그것에 대비하기 위해서이다.

주해| ○南至(남지)-정남에 이름. 동지(冬至)를 말한다.

○視朔(시삭)-주(周)나라 시대에는 제후들은 전년(前年) 연말경에 다음 해 1년 동안의 역(曆)을 천자한테 분배받아 종묘에 두고, 정월부터 매월 초하룻날이 되면 종묘에 초하루임을 고하고 그 달의 역을 꺼내어 자기 나라에 사용했다. 이것을 시삭이라 했다.

○觀臺(관대)-성문 옆에 세운 망보는 대로, 대문(臺門) 또는 문대(門臺)라 했다.

○分至啓閉(분지계폐)-분(分)은 춘분과 추분을 말하고, 지(至)는 동지와 하지를 말하며, 계(啓)는 입춘과 입하를 말하고, 폐(閉)는 입추와 입동을 말한다.

晉侯使以殺太子申生之故來告.라

初,에 晉侯使士蔿爲二公子築蒲與屈,이러니 不慎,하여 寘薪焉.

이라 夷吾訴之,하니 公使讓之.라 士蒍稽首而對曰, 臣聞之,하되

無喪而慼,이면 憂必讎焉,이오 無戎而城,이면 讎必保焉.이라하오니

다 寇讎之保,엔 又何慎焉.이오리까 守官廢命不敬,이오 固讎之保

不忠,이옵거늘 失忠與敬,에 何以事君.이리오 詩云,하되 懷德惟寧,

하고 宗子惟城.이라하오니다 君其脩德,하시고 而固宗子,면 何城如

之.리이까 三年將尋師焉,이어늘 焉用慎.이리인가 退而賦曰, 狐裘

尨茸,이어늘 一國三公.이로다 吾誰適從.가

及難,에 公使寺人披伐蒲.라 重耳曰, 君父之命不校.라 乃徇

曰, 校者吾讎也.라 踰垣而走.라 披斬其袪,하고 遂出奔翟.이라

진(晉)나라 군주인 후작이 태자 신생(申生)을 죽인 일을 사자(使者)로 하여금 와서 고하게 했다.

전에, 진나라 군주는 사위(士蒍)를 시켜 두 공자를 위해서 포(蒲)와 굴(屈)에 성을 쌓게 했는데, 그는 그 일에 대하여 신중하지 않아, 흙속에 불 때는 나무를 넣어서 쌓았다. 공자 이오(夷吾)가 이 사실을 군주에게 호소하니, 군주는 사위의 공손하지 못한 태도를 책망했다. 이에 사위는 머리를 땅에 조아리고 말했다. "신은 들었사옵는데, '상(喪)을 당하지 않고서 슬퍼하면 근심·걱정이 반드시 닥쳐오고, 전쟁이 없는데도 성을 쌓으면 원수가 반드시 있게 된다.'라 하옵니다. 원수를 가지게 된다면야, 어찌 그 일을 신중히 할 것이오니까? 벼슬자리를 지키고 있으면서도 군주의 명령을 어김은 불경(不敬)이옵고, 적을 갖게 될 일을 단단히 한다는 것은 불충(不忠)이옵는데, 불경·불충스럽고서야, 어찌 군주를 섬기오리까? 시(詩)에 이르기를, '덕을 생

각하고 있다면 나라가 안녕하고, 적자(嫡子)는 나라를 지키는 성이 되는도다.'라 하였사옵니다. 군주께서 덕을 닦으시고, 그리고 적자의 지위를 단단히 하신다면 어떤 성이 이보다 나으리까? 3년 안에 싸움이 있을 것이어늘, 어찌 정성을 드릴 것이옵니까?" 그는 군주 앞을 물러나와 노래를 읊었다. "여우 가죽 옷은 갈래갈래 찢어졌는데, 한 나라에 세 군주 있구나. 아아, 나는 그 누구를 따라야 한단 말인가!"

진나라에 소동이 일어나게 되어, 군주는 내시 피(披)를 시켜 포(蒲)를 치게 했다. 중이(重耳)는, "군주이신 아버지의 명령에 대항은 못한다." 이렇게 말하고 곧 명령을 돌려 말하기를, "대항하는 자는 나의 원수다."라 했다. 그리고 담을 뛰어넘어 도망했다. 그때 내시 피는 중이를 향하여 칼을 휘둘러 그의 옷소매를 잘랐고, 중이는 마침내 적(翟) 땅으로 도망갔다.

주해 │ ○實薪(치신)—성 쌓는 흙에다 땔나무를 섞음.

○詩云(시운)—《시경》 대아(大雅) 판편(板篇)의 구절.

○宗子惟城(종자유성)—적자(嫡子)가 성이 되어 나라를 굳게 지킨다는 뜻.

○尨茸(방용)—찢어져 나풀거림.

○三公(삼공)—헌공(獻公)과 두 공자 중이(重耳)와 이오(夷吾)를 두고 세 군주라 말한 것이다.

○適從(적종)—몸을 붙여 따름.

○徇(순)—영(令)을 내려 널리 알림.

○校(교)—대항함.

○翟(적)—적(狄)과 같음. 오랑캐 땅을 말한다.

夏_하,에 公孫茲如牟娶焉_{공손자여모취언}.이라

會于首止_{회우수지},는 會王太子鄭_{회왕태자정},하여 謀寧周也_{모령주야}.라

陳轅宣仲_{진원선중},이 怨鄭申侯之反己於召陵也_{원정신후지반기어소릉야}.라 故_고로 勸之城其賜_{권지성기사}

邑曰_{읍왈}, 美城之_{미성지}.하라 大名也_{대명야},이니 子孫不忘_{자손불망}.이리라 吾助子請_{오조자청}.하리라

乃爲之請於諸侯_{내위지청어제후},하여 而城之_{이성지},하니 美_미.라 遂譖諸鄭伯曰_{수참저정백왈}, 美城其_{미성기}

賜邑_{사읍},은 將以叛也_{장이반야}.로소이다 申侯由是得罪_{신후유시득죄}.라

秋_추,에 諸侯盟于首止_{제후맹우수지}.라 王使周公召鄭伯曰_{왕사주공소정백왈}, 吾撫女以從楚_{오무여이종초},하

고 輔之以晉_{보지이진},이리니 可以少安_{가이소안}.이라 鄭伯喜於王命_{정백희어왕명},하고 而懼其不_{이구기부}

朝於齊也_{조어제야}.라 故로 逃歸不盟_{도귀불맹}.이라 孔叔止之曰_{공숙지지왈}, 國君不可以輕_{국군불가이경}.이

오다 輕則失親_{경즉실친},이오 失親_{실친},이면 患必至_{환필지}.로소이다 病而乞盟_{병이걸맹},엔 所喪_{소상}

多矣_{다의},니 君必悔之_{군필회지}.이리다 弗聽_{불청},하고 逃其師而歸_{도기사이귀}.라

여름에, 공손자(公孫玆)가 모(牟)로 가 장가들었다.

수지(首止)에서 회합한 것은, 천자의 태자 정(鄭)과 만나 주나라의 편안을 도모하기 위해서였다.

진나라의 원선중(轅宣仲)이, 정나라의 신후가 소릉(召陵)에서 자기를 배신했던 일을 원망했다. 그래서 신후에게 제나라 환공이 하사한 고을에 성을 쌓으라고 권하여 말하기를, "훌륭하게 성을 쌓으시오. 그 고을은 큰 명예를 지니고 있으니, 자손들이 영원히 잊지 않게 될 것입니다. 나는 당신을 도와 제후들에게 협조를 청하겠소이다."라 했다. 그리고 신후를 위하여 제후에게 협조를 청해서 성을 쌓으니, 훌륭하였다. 원선중은 곧 정나라 군주에게 신후에 대해서 헐뜯기를, "신후가 받은 고을에 훌륭히 성을 쌓은 것은, 장차 반란을 일으키려는 것이옵니다."라고 했다. 신후는 이 때문에 벌을 받게 되었다.

가을에, 제후들이 수지에서 맹서하였다. 그때 주나라 왕, 즉 천자는 주공(周公)을 시켜 정나라 군주인 백작을 불러 말씀하시기를, "내 그

대를 사랑하여 초나라를 따르게 하고, 진(晉)나라로 하여금 돕게 할 것
이니, 앞으로 다소 나라가 편안하게 될 수 있으리라."고 했다. 정나라
군주는 천자의 명에 대하여 좋아하고, 또 그때까지 제나라 군주를 찾
아가지 않았던 것이 마음에 걸렸다. 그러므로 도망쳐 나라로 돌아가,
그 맹서 맺음에 참가하지 않았다. 그때 공숙(孔叔)이 그러지 말라며
말했다. "나라의 군주는 경솔할 수 없는 것이옵니다. 경솔히 행동하면
친한 사람을 잃게 되옵고, 친한 사람을 잃으면 근심이 반드시 오는 것
이옵니다. 처지가 괴롭게 되어 맹서 지음을 애걸(哀乞)함에는 손해보
는 게 많은 것이오니, 군주께서는 반드시 이 일을 후회하실 것이옵니
다." 정나라 군주는 그 말을 듣지 않고, 군대를 버려둔 채 돌아갔다.

주해 ○謀寧周也(모녕주야)—당시에 주나라 왕, 즉 천자인 혜왕(惠王)
은 혜후(惠后)를 총애하여, 태자인 정(鄭)을 폐하고, 그 대신 왕자 대
(帶)를 세우려 했다. 그래서 주 왕실이 어수선했다. 그 사정을 안 제나
라 환공은 제후들과 회동하여 태자 정을 만나, 그의 뒤를 단단히 밀어
주왕실이 동요되지 않게 하려 했다.
○轅宣仲(원선중)—진나라 원도도(轅濤塗).
○賜邑(사읍)—제 환공이 하사한 호뢰(虎牢).
○大名(대명)—큰 명예.
○王使周公召鄭伯(왕사주공소정백) 운운—천자가 정나라 군주를 떼어놓
은 것은, 제나라 군주가 제후들과 같이 태자 정을 옹호했기 때문이다.
○周公(주공)—재공(宰孔).
○不朝於齊(부조어제)—정나라 군주가 제나라 군주를 찾아 뵙지 않은 것
은 노나라 장공 17년 이후 그때까지 22년 간이나 되었다.

楚鬪穀於菟滅弦,에 弦子奔黃.이라 於是,에 江·黃·道·柏
方睦於齊,요 皆弦姻也.라 弦子恃之,하여 而不事楚,하고 又不設

비 고 망
備.라 故로 亡.이라

　초나라의 투곡오도(鬪穀於菟)가 현(弦)나라를 멸망시키자, 현나라 군주인 자작은 황나라로 도망갔다. 그때, 강나라·황나라·도나라·백나라가 한창 제나라와 사이가 좋았다. 이들 나라는 다 현나라와 인척 관계(姻戚關係)가 되었다. 현나라 군주는 이 나라들을 믿고서 초나라를 섬기지 않았고, 또 초나라에 대한 준비도 하지 않았다. 그러므로, 현나라는 망한 것이다.

▌주해▐　○道(도)–나라 이름. 지금의 하남성 확산현(確山縣) 동북방에 위치했다.
　○柏(백)–나라 이름. 지금의 하남성 서평현(西平縣) 서남방에 위치했다.
　○姻(인)–인척(姻戚).

진 후 부 가 도 어 우 이 벌 괵 궁 지 기 간 왈 괵 우 지 표 야
晉侯復假道於虞,하여 以伐虢.이라 宮之奇諫曰, 虢虞之表也.
로소이다 괵 망虢亡,이면 우 필 종 지虞必從之,리니 진 불 가 계晉不可啓,요 구 불 가 완寇不可翫,이오니다
일 지 위 심一之謂甚,이어늘 기 가 재 호其可再乎.인가 언 소 위諺所謂, 보 거 상 의輔車相依,하고 순 망 치脣亡齒
한 자寒者,는 기 우其虞· 괵 지 위 야虢之謂也.로소이다 공 왈公曰, 진 오 종 야晉吾宗也,어늘 기 해 아豈害我
재哉.아

대 왈對曰, 태 백太伯· 우 중虞仲,은 태 왕 지 소 야太王之昭也,로되 태 백 부 종太伯不從,하여 시 이 불是以不
사嗣.이었나이다 괵 중虢仲· 괵 숙虢叔,은 왕 계 지 목 야王季之穆也,로 위 문 왕 경 사爲文王卿士,하여 훈勳
재 왕 실在王室,하며 장 어 맹 부藏於盟府.로소이다 장 괵 시 멸將虢是滅,에 하 애 어 우何愛於虞.리이까 차且
우 능 친 어 환虞能親於桓· 장 호莊乎.인가 기 애 지 야其愛之也,엔 환桓· 장 지 족莊之族,을 하 죄 이 이何罪而以

爲戮.이었나이까 不唯偪乎.인가 親以寵偪,에도 猶尚害之,어늘 況
以國乎.인가

公曰, 吾享祀豊絜,이니 神必據我.리라 對曰, 臣聞之,하되 鬼
神非人實親,하고 惟德是依.라하오니다 故로 周書曰, 皇天無親,하
고 惟德是輔,라하며 又曰, 黍稷非馨,하고 明德惟馨,이라하며 又
曰, 民不易物,하고 惟德繄物.이라했나이다 如是,인 則非德,이면
民不和,하고 神不享矣.이오니다 神所馮依,는 將在德矣.이오니다
若晉取虞,하여 而明德以薦馨香,이면 神其吐之乎.인가 弗聽,하고
許晉使.라 宮之奇以其族行,하고 曰, 虞不臘矣.라 在此行也,요
晉不更擧矣.리라

　　진나라 군주인 후작은 다시 우나라한테 통과할 길을 빌어 괵나라를
쳤다. 그때 궁지기(宮之奇)가 충간(忠諫)하여 말했다. "괵나라는 우리
우나라의 껍데기에 해당됩니다. 괵나라가 망하면 우나라는 반드시 그
뒤를 따라 망하게 될 것이오니, 진나라는 길을 열어 줄 수는 없으며,
도적은 무시할 수가 없는 것이옵니다. 한 번 길을 빌린 것도 너무한
일이었는데, 다시 빌려 줄 수가 있사옵니까? 속담에 이르는 바, '수레
위의 양편에 짐이 떨어지지 않게 세운 나무와 수레의 몸은 서로 의지
하고, 입술이 없어지면 이가 차다.'는 것은 우나라와 괵나라의 관계를
두고 이르는 것이옵니다." 우나라 군주가 말하기를, "진나라는 나외
종실(宗室) 나라인데, 어찌 나를 해치겠는가?"라고 했다.
　　이에 대하여, 궁지기는 말했다. "태백(太伯)과 우중(虞仲)은 태왕

(太王)의 아드님이었으나, 태백께서 부왕(父王)의 명을 따르지 않으시었기에 우중도 천자 자리를 계승하시지 않았나이다. 괵중(虢仲)과 괵숙(虢叔)은 왕계(王季)님의 아들로, 문왕(文王)의 경사(卿士)가 되셔서, 주왕실(周王室)에 대하여 공훈을 세워서, 그 문서가 맹부(盟府)에 간수되어 있나이다. 진나라는 장차 괵나라를 멸망시키려 하는데, 어찌 우리 우나라에 대해서 우애를 할 것이옵니까? 그리고 우리 우나라가 진나라의 환숙(桓叔)·장백(莊伯)의 자손보다 더 친할 수가 있사옵니까? 친족을 사랑한다면, 환숙·장백의 자손을 무슨 죄로 살육했겠습니까? 단지 세력이 있어서 군주 측에 대해서 압박했을 뿐 아니었나이까? 친척으로서 사랑에 의지하여 압박했음에도 그들을 해치고 말았거늘, 하물며 다른 나라야 다시 말할 것이 있사옵니까?"

군주가 말하기를, "내 조상의 제사에 제물을 풍부하고 깨끗하게 올리니, 신은 반드시 나를 도와주실 걸세."라고 하니, 궁지기는 대답했다. "신(臣)은 들었사온데, '귀신은 사람을 친하게 대하는 게 아니고, 덕을 친히 대한다.'고 하옵니다. 그러므로 주서(周書)에 이르기를, '천신(天神)은 특별히 친하게 대하는 사람이 없고, 다만 덕 있는 자를 돕는다.'라고 했고, 또 '신에게 바치는 서직(黍稷)이 향기로운 것이 아니라, 제사 지내는 사람의 덕이야말로 향기로운 것이다.'라고 일렀사오며, 또 '백성들에게는 문물제도(文物制度)를 바꿀 것은 없고, 다스리는 자의 덕이야말로 백성 다스리는 자의 중요한 것이다.'라고 이르고 있나이다. 이와 같사온즉, 덕이 아니오면 백성이 불화(不和)하옵고, 신은 제사를 받지 않사옵니다. 신이 의지하는 바는 제사 지내는 이의 덕이옵니다. 만약 진나라가 우나라를 차지하고, 덕을 밝혀 향기로운 것을 드릴 것 같으면, 신이 그것을 토(吐)할 것이옵니까?" 그러나 군주는 듣지 않고, 진나라의 사자(使者)에게 통과할 길을 빌릴 것을 허락했다. 궁지기는 그의 일족(一族)을 거느리고 다른 나라로 떠나며 말하기를, "우나라는 연말의 엽제(臘祭)를 지내지 못할 것이다. 진나라는 이번에 우나라를 멸망시키고, 다시 군사를 일으키지는 않을 것이다."라고 했다.

주해 | ○表(표)─해 그림자를 재기 위하여 세운 나무. 곽나라를 나무에, 우나라를 해 그림자에 비유했다. 여기에서는 껍데기로 풀이했다.

○翫(완)─스스럼없이 대하여 무시함.

○輔車(보거)─보는 수레 위의 양쪽에 짐이 떨어지지 않게 댄 나무이고, 거는 수레의 몸.

○昭(소)·穆(목)─소와 목은 왕후(王侯)의 사당에 배열하는 순서의 명칭이다. 즉 태조(太祖)의 묘(廟)는 중앙에 있고, 2세(世)의 묘를 소(昭)라 하여 태조묘의 왼쪽 앞에 두고, 3세를 목(穆)이라 하여, 태조묘의 오른쪽에 둔다. 그리고 4세는 다시 소, 5세는 다시 목이라 하여 차례를 둔다. 천자는 칠묘(七廟)라 하여, 태조묘 앞에 삼소(三昭)·삼목(三穆)이 순서대로 두어지고, 8세[소]가 죽으면 2세[소]의 위패(位牌)를 태조묘로 옮기고, 4·6·8세가 삼소가 된다. 9세[목]의 경우는 3세의 묘를 태조묘로 옮기고, 5·7·9세가 삼목이 된다. 제후는 오묘(五廟)를 두어 태조며, 이소(二昭)·이목(二穆)이 있었다. 이 관계를 도시(圖示)하면 다음과 같다.

	태조(太祖) 1	
목(穆) 3		소(昭) 2
목(穆) 5		소(昭) 4
목(穆) 7		소(昭) 6

○太伯(태백)·虞仲(우중)─태백은 태왕(太王)의 큰아들이고, 우중은 태왕의 둘째 아들이다. 태왕이 막내아들 왕계(王季 : 季歷)를 사랑하여 왕위를 계력에게 넘겨주려 하자, 태백은 오(吳)나라로 갔고, 둘째 아들 중옹(仲雍)도 오나라로 갔는데, 중옹은 뒤에 우(虞)나라의 선조가 되었다. 그래서 그를 우중(虞仲)이라 일렀다.

○虢仲(괵중)·虢叔(괵숙)─괵나라 군주들. 태왕의 아들 왕계(王季)의 아

들로, 문왕(文王)의 형제.

○ 盟府(맹부)－맹서한 문서 등을 둔 창고.

○ 桓(환)·莊(장)－환숙(桓叔)·장백(莊伯)의 자손을 말한다. 장공(莊公) 23년조 참고.

○ 周書曰(주서왈)－《상서(尙書)》에 나오는 글로, 황천(皇天) 운운은 채중지명(蔡仲之命)에, 서직(黍稷) 운운은 군진(君陳)에, 민불역물(民不易物) 운운은 여오(旅獒)에 각각 나온다.

○ 不臘(불렵)－엽(臘)은 연말에 조수(鳥獸)를 사냥하여 선조에게 드리는 제사. 불렵은 나라가 망해서 엽의 제사를 지내지 못한다는 말이다.

八月甲午,에 晉侯圍上陽.이라 問於卜偃曰, 吾其濟乎.아 對曰, 克之.이리다 公曰, 何時.인고 對曰, 童謠云,하되 丙子之晨,에 龍尾伏辰.이로다 均服振振,하여 取虢之旂.로다 鶉之賁賁,이라 天策焞焞.이라 火中成軍,에 虢公其奔.이라하오니 其九月十月之交乎.인저 丙子旦,에 日在尾,하고 月在策.이오니다 鶉火中,은 必是時也.이리다

冬十二月丙子朔,에 晉滅虢,에 虢公醜奔京師.라 師還,에 館于虞,하여 遂襲虞,하며 滅之,하고 執虞公及其大夫井伯,하여 以媵秦穆姬.라 而脩虞祀,하고 且歸其職貢於王.이라 故로 書曰, 晉人執虞公,이어니와 罪虞,하고 且言易也.라

8월 갑오날에, 진나라 군주인 후작은 상양(上陽)을 포위했다. 그리고 복관인 복언(卜偃)에게 물어 말하기를, "나는 괵나라 치는 일에서

성공할 수 있을 건가?"라고 했다. 복언이, "싸워 이기실 것이옵니다."
라고 대답하자 군주는, "그 시기는 언제일고?"라고 말했다. 이에 대하
여 복언은 말했다. "불려지고 있는 동요에 이르기를, '병자(丙子)날
새벽에, 용미성(龍尾星)은 간 곳 없이 보이지 않네. 다같이 입은 군복
이 빛나고 아름다운데, 그들은 괵나라 군주의 깃발을 빼앗을 것으로
세. 순화성(鶉火星)은 빛나고 큰데도, 천책성(天策星)은 빛을 잃어가
는구나. 순화성이 남쪽에 빛날 적에 군대 일으키니, 괵나라 군주 도망
하리.'라고 하오니, 9월과 10월이 바뀌는 시기일까 하옵니다. 병자날
아침에는, 해는 용미성의 위치에 솟고, 달은 천책성의 위치에 떠 있습
니다. 순화성이 남쪽에 빛난다 함은, 반드시 이때일 것이옵니다."

　겨울 12월 병자날 초하루에, 진나라는 괵나라를 멸망시키니, 괵나
라 군주 추(醜)는 천자가 계시는 서울로 도망갔다. 진나라 군사는 돌
아가는 길에 우나라에 머물렀고, 드디어는 우나라를 습격하여 멸하고,
우나라 군주와 대부 정백(井伯)을 잡아, 진(秦)나라로 시집가는 목희
(穆姬)를 모시고 가게 했다. 그리고 우나라 군주의 조상에게 지내는
제사를 대신 지내기로 하고, 우나라 군주가 주나라 천자에게 공물(貢
物)을 대신 바쳤다. 그래서 경문(經文)에 써서 말하기를, 진나라 사람
이 우나라 군주를 잡았다고 했거니와, 이는 우나라가 잘못했다는 것
이고, 또 우나라를 멸망시키기가 쉬웠다는 것을 말한 것이다.

▌주해▌　○八月甲午(팔월갑오)-8월 17일.
　○上陽(상양)-괵나라 도읍. 지금의 하남성 섬현(陝縣) 동남쪽 땅.
　○龍尾伏辰(용미복진)-용미성이 햇빛 때문에 보이지 않음. 진(辰)은 해
　　와 달이 멈추는 장소 28수(宿) 중에서, 동방(東方)의 각(角)·항(亢)·
　　저(氐)·방(房)·심(心)·미(尾)의 6수를 총칭해서 용성(龍星)이라 하
　　고, 미수(尾宿)를 용미성이라 한다. 복(伏)은 햇빛 때문에 빛을 잃음.
　　해을 진나라에 비유했고, 용미성을 괵나라에 비유했다.
　○均服振振(균복진진)-군복은 상하가 같으므로 균복이라 했다. 진진은

아름답고 훌륭함.

ㅇ鶉之賁賁(순지분분)－순화성(鶉火星)이 빛나고 큼. 순화성은 진나라를 비유해서 말한 것.

ㅇ火中(화중)－순화성이 정남(正南)에서 빛남.

ㅇ滕(잉)－시집가는 여자에게 딸려 붙임.

ㅇ歸其職貢於王(귀기직공어왕)－우나라 군주가 직분상 주나라 왕에게 드릴 방물(方物)을 헌납(獻納)했다.

經|　ㅇ六年春王正月.이라

ㅇ夏,에 公會齊侯·宋公·陳侯·衛侯·曹伯,하고 伐鄭,하여 圍
新城.이라

ㅇ秋,에 楚人圍許.라

ㅇ諸侯遂救許.라

ㅇ冬,에 公至自伐鄭.이라

6년 봄, 천자가 쓰는 역으로 정월.

여름에, 공이 제나라 군주인 후작·송나라 군주인 공작·진나라 군주인 후작·위나라 군주인 후작·조나라 군주인 백작과 회합을 갖고 정나라를 쳐, 신성(新城)을 포위했다.

가을에, 초나라 사람이 허나라를 포위했다.

제후들이 드디어 허나라를 구했다.

겨울에, 공이 정나라 치는 일에서 돌아왔다.

주해|　ㅇ新城(신성)－정나라 지명으로, 지금의 하남성 밀현(密縣) 동남쪽 땅. 신밀(新密)이라고도 한다.

傳| 六年春,에 晉侯使賈華伐屈,이라 夷吾不能守,하여 盟而行,이
라 將奔狄,에 郤芮曰, 後出同走,는 罪也,니 不如之梁,이라 梁近
秦而幸焉,이라 乃之梁,이라

夏,에 諸侯伐鄭,은 以其逃首止之盟故也,라

圍新密,은 鄭所以不時城也,라

秋,에 楚子圍許以救鄭,이라가 諸侯救許,에 乃還,이라

冬,에 蔡穆侯將許僖公以見楚子於武城,이라 許男面縛銜璧,하
고 大夫衰絰,하며 士輿櫬,이라 楚子問諸逢伯,하니 對曰, 昔, 武
王克殷,에 微子啓如是,였나이다 武王親釋其縛,하시고 受其璧,하
사 而祓之,하시며 焚其櫬,하시고 禮而命之,하사 使復其所,였나이다
楚子從之,라

6년 봄에 진나라 군주인 후작이 가화(賈華)에게 굴(屈)을 치게 했
다. 이오(夷吾)는 굴을 지킬 수가 없어, 가화와 맹서하고 다른 나라로
떠났다. 그가 오랑캐 적(狄)나라로 가려 하자 극예(郤芮)가 말하기를,
"다른 분[重耳]보다 뒤에 나라를 빠져 나가는데, 그분과 같은 곳으로
가시는 것은 죄가 되니, 양(梁)나라로 가시는 것만 못합니다. 양나라
는 진(秦)나라와 가까우면서도 진나라와 사이가 좋습니다."라고 했다.
그래서 양나라로 갔다.

여름에 제후들이 정나라를 친 것은, 정나라 군주가 수지(首止)에서
의 맹서에서 도망친 때문이다.

신밀(新密)을 포위한 것은, 정나라가 성을 쌓을 시기가 아닌데도

성을 쌓았기 때문이다.

가을에, 초나라 군주인 자작이 허나라를 포위해서 정나라를 구하려 하다가 제후들이 허나라를 구하니, 곧 돌아갔다.

겨울에, 채나라 목공(穆公)이 허나라 희공(僖公)을 데리고 초나라 군주인 자작을 무성(武城)에서 만났다. 허나라 군주인 희공이 두 손을 앞으로 묶고, 입에 구슬을 물고, 그리고 대부는 상복(喪服)을 입고, 사(士)가 관(棺)을 등에 지고 있었다. 그 모습을 본 초나라 군주인 자작이, 봉백(逢伯)에게 어찌하면 좋은가를 물으니, 봉백은 대답했다. "옛날 주(周)나라 무왕(武王)께서 은(殷)나라를 쳐 이겼을 때, 미자계(微子啓)가 이같이 했나이다. 그러자 무왕께서는 친히 묶은 것을 풀으시고, 그 입 속에 든 구슬을 받으시사, 부정함을 털어 없애시며, 그 관을 불에 태우시고, 예의로 대하시어 명(命)하사, 그가 있던 곳으로 돌려보내시었나이다." 이에, 초나라 군주는 그 말대로 했다.

▌**주해** ▌ ○賈華(가화)—진나라 대부.
○罪也(죄야)—죄가 됨. 즉 중이(重耳)가 먼저 적(翟 : 狄)으로 도망갔는데, 이제 또 이오(夷吾)가 적으로 간다면, 미리 짜고 그리했다는 죄명을 얻게 된다는 것이다.
○新密(신밀)—신성(新城)의 다른 이름.
○武城(무성)—초나라 지명으로, 지금의 하남성 남양현(南陽縣) 북쪽 땅. 무연성(武延城) 또는 서성(西城)이라고 했다.
○面縛(면박)—두 손을 앞으로 묶음. 두 손을 뒤로 묶는 것은 반박(反縛)이라 한다.
○銜璧(함벽)—구슬을 입에다 물고 죽은 사람인 체함. 옛날 죽은 사람을 염(斂)할 때 입에 구슬을 물게 한 관습에 따라서였다.
○衰絰(최질)—상복.
○輿櫬(여친)—관을 등에 짐.
○祓(불)—부정(不淨)을 털어 없앰.

經| ○七年春,에 齊人伐鄭.이라

○夏,에 小邾子來朝.라

○鄭殺其大夫申侯.라

○秋七月,에 公會齊侯・宋公・陳世子款・鄭世子華盟于甯

母.라

○曹伯班卒.이라

○公子友如齊.라

○冬,에 葬曹昭公.이라

7년 봄에 제나라 사람이 정나라를 쳤다.

여름에 소주(小邾)나라 군주인 자작이 찾아왔다.

정나라가 대부 신후(申侯)를 죽였다.

가을 7월에, 공이 제나라 군주인 후작・송나라 군주인 공작・진나라의 세자 관(款)・정나라 세자 화(華)와 영무(甯毋)에서 맹서하였다.

조나라 군주인 백작 반(班)이 세상을 떠났다.

공자 우(友)가 제나라에 갔다.

겨울에 조나라 소공(昭公)을 장사 지냈다.

주해| ○小邾(소주)―나라 이름. 원래 주(邾)나라에 속한 작은 나라였다가, 뒤에 정식 제후국이 되었다. 지금의 산동성 역현(嶧縣) 안에 위치했다.

○甯母(영무)―노나라 지명으로, 지금의 산동성 어대현(魚臺縣) 동쪽 땅.

傳| 七年春,에 齊人伐鄭.이라 孔叔言於鄭伯曰, 諺有之,하되 曰,

심 즉 불 경　　하 탄 어 병　　　기 불 능 강　　우 불 능 약
心則不競,이면 **何憚於病.**이라하오이다 **旣不能强,**하고 **又不能弱,**

소 이 폐 야　　국 위 의　　청 하 제 이 구 국　　공 왈
은 **所以斃也.**로소이다 **國危矣,**이니 **請下齊以救國.**하소서 **公曰,**

오 지 기 소 유 래 의　　고 소 대 아　　대 왈　조 불 급 석　　하 이
吾知其所由來矣,니 **姑少待我.**하라 **對曰, 朝不及夕,**이온데 **何以**

대 군
待君.이리오

7년 봄에, 제나라 사람이 정나라를 쳤다. 공숙(孔叔)이 정나라 군주인 백작에게 말하기를, "속담이 있사온데 '마음 속에 대항(對抗)하여 다투지 않겠다는 마음이 있다면, 어찌 상대에게 굴복하고 있음을 꺼릴 것인가?'라 하옵니다. 강한 태도를 취할 수가 없고, 또 굴복하는 태도를 취할 수가 없다는 것은, 망하게 되는 원인이 되옵니다. 지금 나라의 형세가 위태로우니, 원하옵건대 제나라에 대해서 굴복하셔서 나라를 구하옵소서."라고 했다. 그랬더니 군주는, "나는 (제나라가) 쳐들어온 까닭을 알고 있으니, 잠시 내가 행동하는 것을 기다려 보게나."라고 말하였다. 그래서 공숙은, "아침에 나라가 망하지 않고 저녁을 제대로 맞이할 수 없는 형편이온데, 어떻게 군주께서 하시는 일을 기다리고 있사오리까?"라고 말했다.

┃주해┃ ○孔叔(공숙)-정나라 대부.
○競(경)-대항해서 다툼.
○病(병)-약한 태도로 굴복함.
○其所由來(기소유래)-그가 온 까닭. 즉 정나라가 쳐들어온 이유.

하　　정 살 신 후　　이 설 우 제　　차 용 진 원 도 도 지 참 야
夏,에 **鄭殺申侯,**하여 **以說于齊,**하고 **且用陳轅濤塗之譖也.**라

초　　신 후 신 출 야　　유 총 어 초 문 왕　　문 왕 장 사　　여 지 벽 사
初,에 **申侯申出也,**로 **有寵於楚文王.**이라 **文王將死,**에 **與之璧使**

行曰, 唯我知汝.라 汝專利,하여 而不厭.이라 予取予求,에 不汝

疵瑕也.라 後之人將求多於汝,에 汝必不免.이리라 我死,면 汝必

速行.하라 無適小國.하라 將不汝容焉.이니라 旣葬,에 出奔鄭.이라

又有寵於厲公.이라 子文聞其死也曰, 古人有言,하되 曰, 知臣莫

若君.이라 弗可改也已.로다

　여름에, 정나라는 신후(申侯)를 죽여 제나라에 대해서 화해할 구실을 만들고, 진(陳)나라의 원도도(轅濤塗)가 헐뜯어 말한 것을 받아들인 결과로 삼았다. 전에 신후는 신(申)나라 군주의 생질로, 초나라 문왕(文王)한테 총애를 받았다. 초나라 문왕이 죽어갈 때 그에게 구슬을 주며 다른 나라로 가게 하고 말하기를, "나만은 너를 잘 알고 있다. 너는 다만 이익만을 생각하여, 그 이익에 대한 욕심내기를 그칠 줄 모르고 있다. 너는 나한테서 얻을 대로 얻었고, 너에게 요구할 대로 다 요구했는데, 나는 너를 나쁘다고 하지 않았다. 그러나 내 뒤의 사람은 장차 너에게 예의에 맞는 일을 하는가 않는가에 대해서 많이 따질 것이니, 너는 반드시 화를 면하지 못하리라. 내가 죽으면, 너는 바로 다른 나라로 가거라. 그런데 작은 나라로는 가지 말라. 작은 나라는 너를 용납하지 않을 것이다."라고 했다. 문왕이 세상을 떠나 장사 지내자, 신후는 정나라로 달려갔다. 그리하여 그는 또한 정나라의 여공(厲公)한테 총애를 받았다. 초나라의 자문(子文)은 그가 죽었다는 것을 듣고 말하기를, "옛사람이 말하기를, '신하의 사람됨을 아는 일은, 군주와 같은 이는 없는 것이다.'라고 했는데, 이 말은 그야말로 불변의 진실한 말이로구나."라고 했다.

주해 ㅇ出(출)—자매(姉妹)의 아들.

ㅇ疵瑕(자하) −흠, 과실, 잘못.

ㅇ後之人(후지인) −내 뒤의 사람. 즉 문왕(文王)의 후계자.

ㅇ求多(구다) −예의에 알맞는가 여하(如何)를 많이 따짐.

ㅇ子文(자문) −초나라 영윤(令尹).

ㅇ弗可改也已(불가개야이) −고칠 수가 없는 것일 따름이다. 즉 불변의 진실한 말이다.

秋盟于甯母^{추맹우녕무}는 謀鄭故也^{모정고야}.라 管仲曰^{관중왈}, 臣聞之^{신문지},하되 招攜以禮^{초휴이례}, 하고 懷遠以德^{회원이덕}.이라 德禮不易^{덕례불역},이면 無人不懷^{무인불회}.라하오니다 齊侯脩^{제후수} 禮於諸侯^{례어제후},하고 諸侯官受方物^{제후관수방물}.이라 鄭伯使太子華聽命於會^{정백사태자화청명어회},에 言^언 於齊侯曰^{어제후왈}, 泄氏·孔氏·子人氏三族^{설씨 공씨 자인씨삼족},이 實違君命^{실위군명}.이오니다 君若^{군약} 去之^{거지},하여 以爲成^{이위성},이면 我以鄭爲內臣^{아이정위내신},이리니 君亦無所不利焉^{군역무소불리언}.이 리다 齊侯將許之^{제후장허지}.라

管仲曰^{관중왈}, 君以禮與信屬諸侯^{군이례여신속제후},하시고 而以姦終之^{이이간종지},면 無乃不可^{무내불가} 乎^호.리이까 父子不干之謂禮^{부자불간지위례},이오 守命供時之謂信^{수명공시지위신}.이오니다 違此^{위차} 二者^{이자},면 姦莫大焉^{간막대언}.이로소이다 公曰^{공왈}, 諸侯有討於鄭^{제후유토어정},이나 未捷^{미첩}.이라 今苟有釁^{금구유흔},이라면 從之不亦可乎^{종지불역가호}.아 對曰^{대왈}, 君若綏之以德^{군약수지이덕},하시고 加之以訓辭^{가지이훈사},하사 而帥諸侯以討鄭^{이솔제후이토정},이시면 鄭將覆亡之不暇^{정장복망지불가},리니 豈敢不懼^{기감불구}.리오 若揔其罪人以臨之^{약총기죄인이림지},하시면 鄭有辭矣^{정유사의},에 何懼^{하구}.리이 까 且夫合諸侯^{차부합제후},는 以崇德也^{이숭덕야}.이오니다 會而列姦^{회이열간},이면 何以示後^{하이시후} 嗣^사.리오 夫諸侯之會^{부제후지회},엔 其德·刑·禮·義^{기덕 형 예 의},를 無國不記^{무국불기}.이오니다

^{기 간 지 위}　　^{군 맹 체 의}　　　　^{작 이 불 기}　　^{비 성 덕 야}　　^{군 기}
記姦之位,면 君盟替矣.리이다 作而不記,는 非盛德也,이니 君其

^{물 허}　　　^{정 필 수 맹}　　　　^{부 자 화 기 위 태 자}　　^{이 구 개 어}
勿許.하소서 鄭必受盟.하리이다 夫子華旣爲太子,하여 而求介於

^{대 국}　　^{이 약 기 국}　　　^{역 필 불 면}　　　^{정 유 숙 첨 도}
大國,하여 以弱其國,하오니 亦必不免.이리이다 鄭有叔詹·堵

^숙　^{사 숙}　　^{삼 량 위 정}　　　^{미 가 간 야}　　　^{제 후 사 언}
叔·師叔,하여 三良爲政,이오니 未可間也.로소이다 齊侯辭焉.이

^{자 화 유 시 득 죄 어 정}
라 子華由是得罪於鄭.이라

^동　　^{정 백 사 청 맹 우 제}
冬,에 鄭伯使請盟于齊.라

^{윤 월}　　^{혜 왕 붕}　　^{양 왕 오 대 숙 대 지 난}　　^{구 불 립}　　^불
閏月,에 惠王崩.이라 襄王惡大叔帶之難,하고 懼不立,하여 不

^{발 상}　　　^{이 고 난 우 제}
發喪,하고 而告難于齊.라

　가을에 영무(甯毋)에서 맹서한 것은, 정나라에 대해서 상의하기 위
한 것이다. 그때 관중(管仲)이 말하기를, "신이 들었사온데, '떨어져
있는 자는 예(禮)로써 오게 하고, 먼 자는 덕으로써 붙게 하느니라.
덕과 예를 지킴을 바꾸지 않으면, 복종하지 않는 자가 없다.'고 하옵
니다."라고 했다. 제나라 군주인 후작은, 제후들에게 예를 갖추어 행
했고, 제후의 관리들은 각기 천자에게 바칠 공물(貢物)에 대한 명(命)
을 받았다. 정나라 군주 백작은 태자 화(華)에게 회합에서 명을 받게
했는데, 태자 화는 제나라 군주에게 말하기를, "저희 나라에서는 설씨
(泄氏)·공씨(孔氏)·자인씨(子人氏)의 세 씨족(氏族)이, 실로 군주
의 명을 어기옵니다. 군주께서 만일 그 사람들을 제거하시어 두 나라
의 화목을 이루게 하신다면, 저는 정나라를 이끌고 군주의 품안의 신
하가 될 것이니, 그리되면 군주께서도 불리할 것은 없을 것이옵니다."
라고 했다. 제나라 군주는 그의 말을 그대로 받아들이려 했다.
　그러자 관중이 말했다. "군주께서 예의와 믿음[信]으로써 제후들을

복속(服屬)케 하시고 정당하지 못한 일로 끝을 맺으신다면, 아니되지 않사옵니까? 부자(父子)가 서로 범하지 않음을 예(禮)라 이르옵고, 군주의 명한 것을 잘 지키어 그때그때 할 일을 다함을 신(信)이라 이르는 것이옵니다. 이 두 가지를 어긴다면, 이보다 더 큰 악(惡)함이 없사옵니다." 이 말에 제나라 군주는 말하기를, "제후들이 정나라를 친 일이 있었으나, 아직껏 이기지를 못했소. 이제 진실로 칠 틈이 있다면, 화(華)의 말을 좇는 것이 좋지 않겠소?"라고 했다. 관중은 이에 대하여 말했다. "군주께서 만일 덕으로써 편안하고, 거기다가 가르치는 말씀으로 교훈(敎訓)하시어, 제후들의 군사를 이끌고 정나라를 치신다면, 정나라는 망하는 것을 면하려고 애를 써 여가가 없게 될 것이오니, 그 어찌 감히 두려워하지 않으리오까? 만약 그 나라의 죄인(罪人)을 이끌고 정나라에 다다르신다면, 정나라로서는 변명할 말이 있게 되니, 어찌 두려워하겠사옵니까? 그리고 제후들을 모이게 하는 것은, 군주의 덕을 높이는 일이옵니다. 그런데 제후들을 모아서 나쁜 사람을 열석(列席)시키신다면 어떻게 자손들에게 좋은 일을 하셨다고 말해 보이시겠나이까? 제후들의 모임에는, 그때의 덕·형벌(刑罰)·예·의리(義理)가 어떠했다는 것을, 어느 나라에서나 다 기록하옵니다. 그러하온데, 나쁜 사람이 자리를 차지했음을 기록하게 된다면, 군주께서 주관하신 맹서는 무의미한 것이 될 것이옵니다. 무슨 일을 하시고도 기록하지 않는 것은, 큰 덕스러움이 아니오니, 군주께서는 그 말을 허락하지 마옵소서. 정나라는 반드시 맹서할 것을 받아들일 것이옵니다. 정나라의 공자 화는 이미 태자가 되었으면서도, 큰 나라에 의지할 것을 구해서 그의 나라를 약하게 하오니, 그 또한 화를 면하지 못할 것이옵니다. 정나라에는 숙첨(叔詹)·도숙(堵叔)·사숙(師叔)이 있어, 그 세 사람의 어진 신하들이 정치를 하고 있사오니, 아직은 틈을 타 칠 수는 없사옵니다." 이에, 제나라 군주는 화의 요구를 거절했다. 정나라 태자 화는 이 일로 말미암아 정나라의 벌을 받게 되었다.

겨울에, 정나라 군주인 백작이 사람을 시켜 제나라에게 맹서하게
해달라고 했다.

윤(閏) 12월에, 천자인 혜왕(惠王)께서 붕어(崩御)하셨다. 양왕은
대숙대(大叔帶)를 좋지 않게 여기고, 또 자신이 천자가 되지 못할 것
을 염려하여, 혜왕의 붕어를 발표하지 않고, 모반이 있다는 것만 제나
라에 알렸다.

┃주해┃ ㅇ受方物(수방물)-제후가 각기 천자에게 헌납(獻納)할 지방산물
  (地方産物)의 할당(割當)에 대한 명령을 제나라 군주한테 받았다는 말.
  ㅇ泄氏(설씨)-은공 4년조에 나온 설가(泄駕), 희공 20년조에 나온 설도
  구(泄堵寇)의 무리를 말한다.
  ㅇ孔氏(공씨)-공숙(孔叔)의 씨족.
  ㅇ子人氏(자인씨)-정나라 여공(厲公)의 동생으로, 환공 14년에 나온 어
  (語 : 자는 자인)의 후손.
  ㅇ內臣(내신)-품안의 신하.
  ㅇ訓辭(훈사)-제후가 단합해서 주나라 왕실을 도와야 한다고 가르치는 말.
  ㅇ覆亡之不暇(복망지불가)-멸망을 구하려고 애를 써 틈이 없음.
  ㅇ有辭(유사)-변명할 말이 있음.
  ㅇ姦之位(간지위)-나쁜 사람의 자리 잡음.
  ㅇ介(개)-의지함.
  ㅇ叔詹(숙첨)-장공 17년조와 희공 23년조에 나왔다.
  ㅇ堵叔(도숙)-희공 20년조에 나오는 도구(堵寇). 그는 이름이 구(寇)이
  고, 자(字)는 유미(俞彌)였다.
  ㅇ師叔(사숙)-불명(不明).
  ㅇ閏月(윤월)-연말에 다만 윤월이라 한 것은 12월의 윤달을 두고 말한
  것이다.

┃經┃ ㅇ八年春王正月,에 公會王人·齊侯·宋公·衛侯·許男·

조백　진세자관　　맹우조
曹伯·陳世子款,하여 **盟于洮.**라

정백걸맹
○**鄭伯乞盟.**이라

하　　적벌진
○**夏,**에 **狄伐晉.**이라

추칠월　　체우태묘　　용치부인
○**秋七月,**에 **禘于太廟,**하고 **用致夫人.**이라

동십유이월정미　　천왕붕
○**冬十有二月丁未,**에 **天王崩.**이라

8년 봄 천자가 쓰는 역으로 정월에, 공이 천자께서 보내신 사람·
제나라 군주인 후작·송나라 군주인 공작·위나라 군주인 후작·허나
라 군주인 남작·조나라 군주인 백작·진나라 세자 관(款)과 회합을
갖고, 조(洮)에서 맹서하였다.

정나라 군주인 백작이 맹서하기를 원했다.

여름에, 오랑캐 적(狄)이 진(晉)나라를 쳤다.

가을 7월에, 태묘(太廟)에 체(禘) 제사를 지내고, 부인을 조상의 사
당에 모셨다.

겨울 12월 정미날에, 천자인 왕이 붕어(崩御)하셨다.

주해 ○洮(조)─조(曹)나라 지명으로, 지금의 산동성 복현(濮縣) 서남쪽 땅.
○禘于太廟(체우태묘)─체(禘)는 제사 이름으로, 3년상을 마치고 지내는
길체(吉禘), 5년만에 지내는 종묘(宗廟)의 대제(大祭), 천자가 남쪽 교
외(郊外)에서 하늘에 대해서 지내는 대제 등이 있었다.
○太廟(태묘)─노나라 선조인 주공(周公)을 모신 사당.
○用致夫人(용치부인)─부인을 조묘(祖廟)에 모심. 부인은 애강(哀姜)을
말한다. 애강은 장공(莊公) 살해 사건에 관계했고, 또 그녀는 자기가
지킬 자리에서 죽지 않았기에, 희공은 체제(禘祭)를 지내고 그의 위패
(位牌)를 조상의 사당에 모실 것인가에 대해서 망설였다가, 이 해에 비
로소 체제를 지냈다. 애강은 희공 원년에 세상을 떠났다.

ㅇ天王(천왕)-천자인 혜왕(惠王). 혜왕이 세상을 떠난 것은, 희공 7년
윤12월이었다고, 7년조 전(傳)에 나왔다. 그런데, 여기에서는 8년 12월
정미날(22일)에 붕어했다고 기록하고 있다. 이것은 이날이라고 뒤늦게
통고 받았음을 말해준다.

傳ㅣ 八年春,에 盟于洮,는 謀王室也.라 鄭伯乞盟,은 請服也.라
襄王定位,하여 而後發喪.이라 晉里克帥師,에 梁由靡御,하고 虢
射爲右,하여 以敗狄于采桑.이라 梁由靡曰, 狄無恥,하니 從之,면
必大克.이라 里克曰, 懼之而已,요 無速衆狄.이라 虢射曰, 昔年
狄必至.하리라 示之弱矣.로다

夏,에 狄伐晉,은 報采桑之役也,니 復昔月.이라

秋,에 禘而致哀姜焉,은 非禮也.라 凡夫人不薨于寢,하고 不殯
于廟,하며 不赴于同,하고 不祔于姑,면 則弗致也.라

冬,에 王人來,하여 告喪,하니 難故也.라 是以緩.이라

8년 봄에, 조(洮)에서 맹서하였음은 주(周)나라 왕실에 대해서 상
의한 것이다. 정나라가 맹서하기를 원한 것은, 제나라 군주[桓公]에
게 복종하겠다고 청하고 나선 때문이다. 천자 양왕(襄王)은 천자 자
리를 굳히고 나서야 상(喪) 당했음을 공표(公表)하셨다. 진(晉)나라의
이극(里克)이 군사를 거느림에, 양유미(梁由靡)가 이극이 탄 전차를
조종하고, 곽석(虢射)이 그 오른쪽에 타고, 오랑캐인 적(狄)의 군을
채상(采桑)에서 쳐부수었다. 그때 양유미가 말하기를, "적 오랑캐는
수치심(羞恥心)이 없으니, 저들을 쫓는다면 반드시 크게 이깁니다."라

고 했다. 그랬더니 이극은 말하기를, "오랑캐를 놀라게만 할 따름이지, 여러 군데의 적 오랑캐들이 몰려옴을 초래하지 마오."라고 했다. 이에 곽석은 말하기를, "1년 내에 적 오랑캐는 반드시 덤벼들 것이다. 우리는 약하다는 걸 보였도다."라고 했다.

여름에, 적 오랑캐가 진나라를 친 것은 채상에서의 싸움에 대한 보복이었는데, 그 일은 진나라 군사가 돌아간 지 한 달만의 일이었다.

가을에, 체제(禘祭)를 지내고 애강(哀姜)을 조상의 사당에 모신 일은, 예의에 어긋나는 일이었다. 무릇 군주의 부인이 거처소인 소침(小寢)에서 세상을 떠나지 않았고, 그 관(棺)을 사당에 안치하지 않았으며, 동맹국들에게 알리지 않았고, 고묘(姑廟)에 합사(合祀)하지 않았으면, 조상의 사당에 모시지 않는 것이다.

겨울에, 천자가 보낸 사람이 와, 왕실이 상을 당했다는 것을 알리었으니, 그것은 왕가(王家)의 소란 때문이다. 그래서 알리는 것이 늦었다.

주해 ○采桑(채상)－지금의 산서성 향녕현(鄕寧縣) 서쪽 땅.
○狄無恥(적무치)－적 오랑캐는 도망해도 수치심을 갖지 않는다.
○衆狄(중적)－여러 군데의 적 오랑캐 종족(種族).
○寢(침)－군주 부인의 처소인 소침(小寢).
○殯(빈)－관을 안치함.
○同(동)－동맹국.

宋公疾,에 太子玆父固請曰, 目夷長且仁,하오니 君其立之.하소서 公命子魚.라 子魚辭曰, 能以國讓,은 仁孰大焉.이리오 臣不及也,요 且又不順.이오니다 遂走而退.라

송나라 군주인 공작이 병을 앓으니, 태자인 자보(玆父)는 간절히

청원(請願)하여 말하기를, "목이(目夷)는 연상이옵고 또 어지오니, 그를 태자로 세우소서."라고 했다. 그래서 군주는 자어(子魚)에게 태자가 되라고 명했다. 그랬더니 자어는 사양해서 말하기를, "나라를 양보할 수 있음은 어짊에 있어, 어느 것이 이보다 더 크오리까? 신(臣)은 지금의 태자에 비하여 미치지 못하옵고, 그리고 또 도리에 맞지도 않사옵니다."라고 했다. 그리고는 드디어 도망하여 태자 되는 데서 물러났다.

▌**주해** │ ○宋公(송공)－당시 송나라 군주는 환공(桓公).
　○目夷(목이)－태자 자보(玆父)의 서형(庶兄) 이름. 자(字)는 자어(子魚).
　○不順(불순)－서자가 적자를 제쳐놓고 태자가 된다는 것은, 도리에 맞지 않는다는 말.

▌**經** │ 　　구년춘왕삼월정축　　송공어열졸
　　○九年春王三月丁丑,에 宋公御説卒.이라
　　하　　　공회재주공　　제후　송자　위후　정백　허남　　조백
　○夏,에　公會宰周公・齊侯・宋子・衛侯・鄭伯・許男・曹伯
　　우규구
　于葵丘.라
　　추칠월을유　　백희졸
　○秋七月乙酉,에　伯姬卒.이라
　　구월무진　　제후맹우규구
　○九月戊辰,에　諸侯盟于葵丘.라
　　갑자　　진후궤제졸
　○甲子,에　晉侯佹諸卒.이라
　　동　　　진리극살기군지자해제
　○冬,에　晉里克殺其君之子奚齊.라

　9년 봄 천자가 쓰는 역으로 3월 정축날에, 송나라 군주인 공작 어열(御説)이 세상을 떠났다.

　여름에, 공이 천자의 조정에서 대재(大宰) 벼슬로 있는 주공(周

公)・제나라 군주인 후작・송나라 군주・위나라 군주인 후작・정나라 군주인 백작・허나라 군주인 남작・조나라 군주인 백작을 규구(葵丘)에서 만났다.

가을 7월 을유날에, 백희(伯姬)가 세상을 떠났다.

9월 무진날에, 제후들이 규구에서 맹서하였다.

갑자날에, 진나라 군주인 후작 궤제(佹諸)가 세상을 떠났다.

겨울에, 진나라 이극(里克)이 그의 군주의 아들 해제(奚齊)를 죽였다.

주해

○三月丁丑(삼월정축)—3월 21일.

○宰周公(재주공)—재(宰)는 주나라 벼슬 대재(大宰)를 말한다. 주공(周公)은 주나라가 동천(東遷：기원전 770년)하기 전에 기주(岐周)라 했던 주(周) 땅을 채읍(采邑)으로 소유했던 재공(宰孔)이다. 자는 기보(忌父).

○宋子(송자)—송나라 군주는 공작이었다. 그런데도 송자라 말한 것은, 당시의 군주 양공(襄公)은 아직 상중(喪中)에 있었기에, 이렇게 말한 것이다. 굳이 확실히 번역하자면, 송나라의 죽은 군주의 아들이다.

○葵丘(규구)—지금의 하남성 고성현(考城縣) 동쪽 땅으로, 장공 8년조에 나온 규구(葵丘)와는 다르다.

○七月乙酉(칠월을유)—두예는 주에다 7월에는 을유날이 들지 않았고, 8월 2일을 말한 것이라고 했다.

○伯姬(백희)—노나라 희공(僖公)의 누이동생.

○戊辰(무진)—9월 15일.

○甲子(갑자)—9월 11일.

傳 九年春,에 宋桓公卒.이라 未葬而襄公會諸侯.라 故로 曰子.라 凡在喪,이면 王曰小童,하고 公侯曰子.라

9년 봄에, 송나라 환공이 세상을 떠났다. 아직 장사를 지내지 않았

는데도, 양공이 제후들과 회합을 가졌다. 그러므로 송자(宋子)라 했
다. 무릇 상중에 있으면, 천자 왕(王)의 경우는 소동(小童)이라 하고,
제후의 경우는 자(子)라 한다.

주해┃ ○在喪(재상)—상중에 있음.

○小童(소동)—어린애라는 뜻이 있다.

○公侯(공후)—공작·후작만 지칭한 것이 아니라, 여기에서는 제후라는
뜻이다.

　　하　　　회우규구　　　심맹차수호　　예야　　왕사재공사제후조
夏,에 會于葵丘,는 尋盟且脩好.라 禮也.라 王使宰孔賜齊侯胙.

　라　왈　천자유사우문　무　　　사공사백구조　　　제후장하배
라 曰, 天子有事于文·武,하고 使孔賜伯舅胙.라 齊侯將下拜.라

　공왈　차유후명　　　천자사공왈　　이백구질로　　　가로사일급
孔曰, 且有後命.이라 天子使孔曰, 以伯舅耋老,로 加勞賜一級,

　　하노니　무하배　　하라　대왈　천위불위안지척　　　이늘　소백여감탐천
하노니 無下拜.하라 對曰, 天威不違顔咫尺,이어늘 小白余敢貪天

　자지명　　하여　무하배　　　공운월우하　　　이유천자수　　　감불하
子之命,하여 無下拜,면 恐隕越于下,하여 以遺天子羞.라 敢不下

　배　　리오　하배　　하고　등수
拜.리오 下拜,하고 登受.라

　　추　　제후맹제후우규구　　　왈　범아동맹지인　　　기맹지후
秋,에 齊侯盟諸侯于葵丘.라 曰, 凡我同盟之人,은 旣盟之後,

　니　언귀우호　　재공선귀　　　우진후　　하고　왈　가무회야　　라　제
니 言歸于好.라 宰孔先歸,라가 遇晉侯,하고 曰, 可無會也.라 齊

　후불무덕　　하고　이근원략　　이라　고　　북벌산융　　하고　남벌초　　하며
侯不務德,하고 而勤遠略.이라 故로 北伐山戎,하고 南伐楚,하며

　서위차회야　　　동략지부지　　　서즉부의　　기재란호　　　군무
西爲此會也.라 東略之不知,요 西則否矣,나 其在亂乎.인저 君務

　정란　　하고　무근어행　　하라　진후내환
靖亂,하고 無勤於行.하라 晉侯乃還.이라

여름에 규구(葵丘)에서 회합을 가진 것은, 동맹 관계를 다시 확고

히 하고 우호 관계를 두텁게 함이었
다. 그것은 예에 맞는 일이었다. 천
자께서 재공(宰孔)으로 하여금 제나
라 군주인 후작에게 제사에 드렸던
고기를 하사하셨다. 그때 천자께서
내린 말씀은 다음과 같았다. "천자인
나는 문왕(文王)·무왕(武王)께 제

궤(簋 : 곡물을 바치는 그릇)

사를 드리고, 사람을 보내어 백구(伯舅)에게 제사상에 올렸던 고기를
하사하오." 제나라 군주인 후작은, 뜰로 내려가 절을 하려 했다. 그러
자 재공이 말하기를, "또 뒤에 내리신 천자의 말씀이 있습니다. 천자
께서는 재공 저로 하여금, 백구는 나이를 먹었으니 우대하여 작(爵)의
한 등급을 올려 주노니, 뜰로 내려와 절하지 말게 하라고 명하셨습니
다."라고 했다. 이 말에 제나라 군주는 말하기를, "천자의 위엄스러운
빛이 내 이마에서 지척(咫尺)간에 있는데도, 소백(小白) 제가 감히
천자의 명을 따라 뜰에 내려와 절하지 않았다가는, 아마도 뜰 아래로
굴러떨어져, 천자에게 수치를 끼치게 될 것입니다. 감히 내려가 절하
지 않을 것입니까?"라며 뜰로 내려가 절하고, 당(堂)으로 올라 하사
품을 받았다.

가을에, 제나라 군주인 후작이 제후들과 규구에서 맹서하였다. 그때
제나라 군주는, "모든 동맹 맺은 제후들은 이미 맹서를 맺은 뒤이니,
이제는 우리의 마음을 서로 사이 좋게 지내는 데로 돌립시다."라고
말했다. 재공은 그 일에 앞서, 돌아가다가 진나라 군주인 후작을 만나
서 말했다. "회합에 가지 않는 게 좋습니다. 제나라 군주는 덕 닦기에
힘쓰지는 않고, 멀리 남의 나라 치는 일에만 힘쓰고 있습니다. 그래서
북으로는 산융(山戎)을 쳤고, 남으로는 초나라를 쳤으며, 서로는 이번
회합을 갖는 것입니다. 동방을 정벌할 것인지 여하는 알 수가 없고,
서방의 정벌은 안할 것이지만, 서방의 나라가 어지러워지면 칠 것입

니다. 그러니 군주께서는 나라가 어지러워짐을 막음에 힘쓰시고, 회합에 가시는 일에 마음 쓰시지 마십시오." 이에, 진나라 군주는 곧 자기 나라로 돌아갔다.

┃주해┃ ○王(왕)―당시 주나라 왕은 양왕(襄王).
○齊侯(제후)―당시 제나라 군주는 환공(桓公).
○有事(유사)―제사를 지냈다.
○伯舅(백구)―천자가 이성(異姓)의 큰 제후국의 군주를 부르는 말. 작은 제후국의 군주에게는 숙구(叔舅)라는 말을 썼다.
○下拜(하배)―당(堂)에서 뜰로 내려가 절함.
○耆老(질로)―기(耆)는 70세 또는 80세를 말한다. 기로는 나이가 많음을 이른다.
○加勞賜一級(가로사일급)―우대해서 한 등급 올려 줌.
○顔(안)―여기에서는 이마.
○咫尺(지척)―지(咫)는 8척(尺). 지척은 곧 매우 가까움을 말한다.
○小白余(소백여)―소백은 환공(桓公)의 이름.
○其在亂乎(기재란호)―나라가 어지러워져 공격이 있을 것이라는 뜻으로 풀이된다.

┃해설┃ 규구(葵丘)에서 제후들이 회합한 일은 유명하다. 《좌씨전》에는 이 일에 대해 간단히 말해 있지만, 《곡량전》에는 보다 구체적으로 말하고 있다. 그리고 《논어(論語)》 헌문편(憲問篇)에도 이때의 일이 언급되어 있고, 《맹자(孟子)》 고자(告子)편 하(下)에는, 그 회합에서 제후들이 서로 언약한 내용이 자세히 말해져 있다.

九月(구월),에 晉獻公卒(진헌공졸).이라 里克(이극)·丕鄭欲納文公(비정욕납문공).이라 故(고)로 以三公子之徒作亂(이삼공자지도작란).이라 初(초),에 獻公使荀息傳奚齊(헌공사순식부해제).라 公疾(공질),에 召之曰(소지왈),

以是藐諸孤,로 辱在大夫,이어늘 其若之何.아 稽首而對曰, 臣竭
其股肱之力,하고 加之以忠貞.이오리다 其濟君之靈也,요 不濟則
以死繼之.이리다 公曰, 何謂忠貞.고 對曰, 公家之利,를 知無不
爲,는 忠也,요 送往事居,하여 耦俱無猜,는 貞也.로소이다

及里克將殺奚齊,에 先告荀息曰, 三怨將作,에 秦·晉輔之.라
子將何如.오 荀息曰, 將死之.라 里克曰, 無益也.라 荀叔曰, 吾
與先君言矣,니 不可以貳.라 能欲復言,하여 而愛身乎.아 雖無益
也,라도 將焉避之.리오 且人之欲善,이 誰不如我.아 我欲無貳,하
고 而能謂人已乎.아

冬十月,에 里克殺奚齊于次.라 書曰, 殺其君之子,는 未葬也.
라 荀息將死之.라 人曰, 不如立卓子而輔之.라 荀息立公子卓,
하여 以葬.이라 十一月,에 里克殺公子卓于朝,하니 荀息死之.라
君子曰, 詩所謂, 白珪之玷,은 尙可摩也,로되 斯言之玷,요 不可
爲也,로다함은 荀息有焉.이라

9월에, 진나라 헌공이 세상을 떠났다. 이극(里克)과 비정(丕鄭)은
다른 나라에 있는 문공(文公 : 重耳)을 군주로 맞아들이려 했다. 그러
므로 세 공자를 따르는 무리들을 거느리고 난동(亂動)을 꾸몄다. 전
에, 헌공이 순식(荀息)에게 해제(奚齊)의 스승이 되게 했다. 헌공은
병이 나자 순식을 불러 말하기를, "이런 유약(幼弱)하고 외로운 자식

을 대부(大夫) 옆에 있게 하였는데, 어찌 하려는 거요?"라고 했다. 그
러자 순식은 머리를 조아리고 대답하기를, "신은 모든 힘을 다하고,
충정(忠貞)의 마음을 다하겠습니다. 앞으로 이분이 군주가 되오면 그
것은 군주의 은혜이옵고, 군주가 못 되오면 저는 죽어가겠나이다."라
고 했다. 이 말을 들은 헌공이, "무엇을 충정이라 하는 거요?"라고 물
으니 대답하기를, "왕실에 이(利)가 될 일을 알고서 하지 않음이 없음
은 충(忠)이옵고, 돌아가신 군주를 편안하게 모셔 장사를 잘 지내고
다음 군주를 잘 섬기어, 양쪽에 의심이 없도록 함은 정(貞)이옵니다."
라고 말했다.

이극이 해제를 죽이려고 했을 때, 그는 우선 순식을 찾아가 말했다.
"세 공자편의 원망을 지닌 사람들이 난동을 일으키려 하고 있는데,
진(秦)나라와 진(晉)나라가 돕습니다. 당신께서는 앞으로 어찌 하시렵
니까?" 순식이 말했다. "나는 죽을 것입니다." 이극이 말하기를, "그
건 무익한 짓입니다."라고 하니 순식이 말했다. "나는 돌아가신 군주
와 언약했으니, 두 마음을 가질 수는 없습니다. 그 언약을 실행하고자
하면서 몸을 아끼겠습니까? 비록 무익한 짓이라 하더라도, 내 장차
어찌 죽음을 피하겠습니까? 그리고 다른 사람의 좋은 일을 하고자 함
이, 누구라 내 마음과 같지 않겠습니까? 자기는 두 마음을 갖지 않으
려 하면서, 다른 사람에게 그러지 말라고 말할 수가 있습니까?"

겨울 10월에, 이극은 해제를 복상소(服喪所)에서 죽였다. 경문(經
文)에 그의 군주의 아들을 죽였다고 써서 말한 것은, 아직 헌공의 장
사를 지내지 않고 있었기 때문이다. 순식이 죽으려 하자, 어느 사람이
말하기를, "죽는 것은, 탁자(卓子)를 군주로 세우고서 보필하는 일만
못합니다."라고 하였다. 그래서 순식은 공자 탁을 군주로 세우고, 헌
공의 장사를 지냈다. 11월에, 이극은 공자 탁을 조정에서 죽이니, 순
식은 탁의 뒤를 따라 순사(殉死)했다. 군자(君子)는 다음과 같이 평
했다. "시(詩)에 이르기를, '흰 옥(玉)의 흠이야 갈아 없앨 수가 있으

나, 사람과 언약한 일의 잘못은 어찌 할 수가 없도다.'라고 한 것은, 순식의 일을 말함이다."

주해 ㅇ三公子(삼공자)—신생(申生)·중이(重耳)·이오(夷吾). 중이는 나중에 문공(文公)이 되었다.

ㅇ送往事居(송왕사거)—돌아가신 분을 편안하게 장사 지내고, 뒤에 살아 계신 분을 섬김. 여기에서 왕(往)은 헌공을 말한 것이고, 거(居)는 해제(奚齊)를 말한다.

ㅇ耦(우)—두 군주편.

ㅇ三怨(삼원)—세 공자의 편이 되어 원망을 품고 있는 사람들.

ㅇ人(인)—순식 자신을 말한다.

ㅇ我(아)—이극을 지칭한 것.

ㅇ次(차)—상(喪) 당한 사람이 복(服)을 입고 있는 곳.

ㅇ詩(시)—《시경》 대아(大雅) 억편(抑篇)의 구절.

齊侯以諸侯之師伐晉,하여 及高梁而還.이라 討晉亂也,러니 令
不及魯.라 故로 不書.라

晉郤芮使夷吾重賂秦以求入.이라 曰, 人實有國,에 我何愛焉.
고 入而能民,이면 土於何有.오 從之.라

齊隰朋帥師,하고 會秦師,하여 納晉惠公.이라 秦伯謂郤芮曰,
公子誰恃.아 對曰, 臣聞,하되 亡人無黨.이라 有黨,이면 必有讐.라
하오니다 夷吾弱不好弄,하여 能鬪不過,하옵고 長亦不改.이오니다
不識其他.로소이다 公謂公孫枝曰, 夷吾其定乎.아 對曰, 臣聞之,
하되 唯則定國.이라하오니다 詩曰, 不識不知,에 順帝之則,이라하온

데 文王之謂也.니이다 又曰, 不僭不賊,이면 鮮不爲則,이라하온데
_{문왕지위야}　_{우왈}　_{불참부적}　_{선불위칙}

無好無惡不忌不克之謂也.니이다 今其言多忌克,하오니 難哉.인
_{무호무오불기불극지위야}　_{금기언다기극}　_{난재}

저 公曰, 忌則多怨,어늘 又焉能克.고 是吾利也.라
_{공왈}　_{기즉다원}　_{우언능극}　_{시오리야}

宋襄公卽位,하여 以公子目夷爲仁,하고 使爲左師以聽政.이라
_{송양공즉위}　_{이공자목이위인}　_{사위좌사이청정}

於是,에 宋治.라 故로 魚氏世爲左師.라
_{어시}　_{송치}　_{어씨세위좌사}

　제나라 제후인 후작이 제후들의 군대를 이끌고 진나라를 쳐, 고량(高梁)에 이르러서는 되돌아갔다. 그것은 진나라 안의 소란(騷亂)을 진압하는 일이었는데, 군대 출동령(出動令)이 노나라에는 오지 않았다. 그래서 경문에는 그 일을 쓰지 않았다.

　진(晉)나라의 극예(郤芮)가 이오(夷吾)에게 진(秦)나라에게 많은 뇌물을 주고 본국으로 들어갈 것을 요구하게 했다. 그는 말하기를, "다른 이가 실로 나라를 차지했는데, 우리가 무엇을 아낍니까? 나라 안으로 들어가서 백성을 다스릴 수 있다면, 토지가 무슨 문제입니까?"라고 했다. 그러자 이오는 그의 말을 따랐다.

　제나라의 습붕(隰朋)이 군대를 거느리고 진나라 군대와 합류해서, 진나라 혜공을 자기 나라로 들어가게 했다. 진(秦)나라 군주인 백작이 극예에게 말하기를, "공자 이오는 누구를 믿고 있소?"라고 했다. 그러자 극예는 대답했다. "신은 들었사온데, '망명(亡命)한 사람은 무리〔黨〕가 없다. 무리가 있으면, 반드시 원수가 있는 것이다.'라 하옵니다. 공자 이오는 어려서 놀기를 좋아하지 않았고, 잘 싸울 수가 있어도 지나치게 하지 않았사옵고, 장성해서도 그 버릇을 고치지 않았나이다. 그밖의 점에 대해서는 알지 못하옵니다." 진나라 군주는 공손지(公孫枝)에게 말하기를, "이오는 군주로서 나라를 안정시킬 수

있을까?"라고 하니, 공손지는 대답했다. "신은 들었사온데, '바른 법도가 있기만 하면, 나라를 다스린다.'라 하옵니다. 시에 이르기를, '부지불식간(不知不識間)에, 천제(天帝)의 법도를 따랐도다.'라 했사온데, 이것은 주(周) 문왕(文王)에 대해서 말한 것이옵니다. 또 '도(道)에 어긋나지 않고, 사람을 해치지 않으면, 그 행위 좋은 법도 되지 않음이 적도다.'라고 일렀사온데, 이것은 특별히 좋아함이 없고, 미워함이 없으며, 싫어함이 없고, 이기려 하지 않는 것을 두고 말한 것이옵니다. 현재 이오의 말에는, 사람을 싫어하고 이겨야겠다는 말이 많사오니, 나라를 잘 다스린다는 것은 어려울 것이옵니다." 이에 진나라 군주는 말하기를, "남을 싫어하면 원수가 많아지는데, 그렇게 하고서도 어찌 이길 수 있을까? 이 점은 우리에게 유리한 것일세."라고 했다.

송나라 양공이 즉위해 공자 목이(目夷)를 어질다고 여겨, 그에게 좌사(左師)가 되어 정사를 보게 했다. 그리하여, 송나라는 잘 다스려졌다. 그러므로 (목이의 자손) 어씨(魚氏)는 대대로 좌사(左師)가 되었다.

주해 ○高梁(고량)−진(晉)나라 지명으로, 지금의 산서성 임분현(臨汾縣) 동북쪽 땅.

○重賄秦(중회진)−많은 뇌물을 진나라에게 줌. 그때 많은 땅을 주라고 권했다. 희공 15년조를 보면, 하외(河外)의 다섯 성(城)을 주었다고 했다.

○土於何有(토어하유)−땅이 무엇에 필요한가? 땅은 아무 문제가 아니고, 나중에 자연히 다시 얻을 수 있다는 뜻이 들어 있다.

○公孫枝(공손지)−진(秦)나라 대부인 자상(子桑).

○詩(시)−먼저 나온 시구는 《시경》 대아(大雅) 황의편(皇矣篇)의 구절이고, 우왈(又曰) 하고 뒤에 든 구절은 《시경》 대아 억편(抑篇)의 구절.

經 ○十年春王正月,에 公如齊.라
십년춘왕정월 공여제

적 멸 온　　온 자 분 위
○狄滅溫,에 溫子奔衛.라

진 리 극 시 기 군 탁　　급 기 대 부 순 식
○晉里克弑其君卓,하고 及其大夫荀息.이라

하　　제 후　허 남 벌 북 융
○夏,에 齊侯·許男伐北戎.이라

진 살 기 대 부 리 극
○晉殺其大夫里克.이라

추 칠 월
○秋七月.이라

동　　대 우 설
○冬,에 大雨雪.이라

10년 봄 천자가 쓰는 역으로 정월에, 공이 제나라로 갔다.

적(狄) 오랑캐가 온(溫)나라를 멸망시키자 온나라 군주인 자작이 위나라로 도망쳤다.

진나라 이극(里克)이 그의 군주 탁(卓)을 죽이고, 그 화는 대부 순식(荀息)에게도 미쳤다.

여름에, 제나라 군주인 후작·허나라 군주인 남작이 북방의 오랑캐를 쳤다.

진나라는 그 나라의 대부 이극을 죽였다.

가을 7월.

겨울에 큰눈이 내렸다.

주해　○里克弑其君卓(이극시기군탁)—이극이 군주 탁을 죽였다는 것은, 전년조(前年條)의 전에 나왔다. 전년 11월에 죽였다고 했는데, 이것은 하(夏)나라 역(曆)을 쓴 진(晉)나라의 경우이고, 노나라가 쓴 주력(周曆)으로는 이해 정월이 된다.

○大雨雪(대우설)—평지에 1척(尺) 이상의 눈이 쌓이면 대설(大雪)이라 했다. 주력(周曆)으로 겨울은 하력(夏曆)으로 8·9·10월이어서, 아직 대설이 내릴 시기가 아니었는데도 대설이 내려 기후의 이변(異變)을

보였기에 썼다.

傳| 十年春,에 狄滅溫,은 蘇子無信也.라 蘇子叛王卽狄,이러니
又不能於狄.이라 狄伐之,에 王不救.라 故로 滅.이라 蘇子奔衛.라
夏四月,에 周公忌父·王子黨會齊隰朋,하여 立晉侯.라 晉侯
殺里克以說.이라 將殺里克,에 公使謂之曰, 微子則不及此.라
雖然,이나 子殺二君與一大夫.라 爲子君者,가 不亦難乎.아 對曰,
不有廢也,면 君何以興.이리오 欲加之罪,엔 其無辭乎.인가 臣聞
命矣.이오니다 伏劍而死.라 於是,에 丕鄭聘于秦,하여 且謝緩賂.
라 故로 不及.이라

　10년 봄에, 적(狄) 오랑캐가 온나라를 멸망한 것은, 소자(蘇子)가
신의(信義)를 지키지 않아서였다. 소자는 천자에게 반기(叛旗)를 들
고 적 오랑캐에 복종했는데, 적 오랑캐와도 화목할 수가 없었다. 적
오랑캐가 온나라를 치니, 천자는 구하지 않으셨다. 그래서 멸망되었
다. 소자는 위나라로 도망쳤다.
　여름 4월에, 주공(周公) 기보(忌父)와 왕자 당(黨)이 제나라의 습
붕(隰朋)과 회합해서는, 진(晉)나라의 새 군주를 세웠다. 진나라 군주
인 후작은 이극(里克)을 죽여 제후들에게 알렸다. 이극을 죽이려 했
을 때, 군주는 사람을 시켜 일렀다. "그대가 없었더라면, 내가 군주가
되는 이런 경우는 없었을 것이오. 그러나 그대는 두 군주와 한 대부
를 죽였소. 그대의 군주 노릇 하기는 어렵지 않겠소이까?" 이극은 군
주의 말에 대해 말하기를, "제가 두 군주를 없애는 일이 없었더라면,

군주께서 어찌 흥(興)했겠사옵니까? 저에게 죄를 붙이시려 한다면, 이유가 닿지 않으오리까? 신은 명을 받겠나이다." 그리고 세운 칼 위에 엎어져 죽었다. 이때, 비정(丕鄭)은 진(秦)나라로 예물을 가지고 찾아가, 뇌물 바치는 일이 늦게 되었음을 사과했다. 그러므로 그는 죽음에 이르지 않았다.

주해 ○蘇子(소자) — 온나라 군주는, 주(周)나라 사구(司寇) 벼슬에 있었던 소공(蘇公)의 자손이기에 소자라 했다.

○周公忌父(주공기보) — 주나라 경사(卿士)로, 대재(大宰)였던 기보. 재주공(宰周公)이라고도 했다.

○王子黨(왕자당) — 주나라 왕자로 대부.

○以說(이설) — 하여 말했다. 즉 두 군주와 한 대부를 죽인 악인(惡人)을 죽였다는 대의명분(大義名分)을 세워, 제후들에게 알렸다는 것.

○不及此(불급차) — 군주가 된 이런 경우에 이르지 못함.

○爲子君者(위자군자), 不亦難乎(불역난호) — 두 군주와 한 대부를 죽인 그대와 같은 사람의 군주가 되는 것은, 언제 그대의 손에 죽을런지 몰라, 군주 노릇 하기가 어렵다는 말이다.

○其無辭乎(기무사호) — 무슨 이유도 붙일 수 없음.

晉侯改葬恭太子.라 秋,에 狐突適下國,하여 遇太子.라 太子使登僕而告之曰, 夷吾無禮.라 余得請於帝矣.라 將以晉畀秦.이라 秦將祀余.리라 對曰, 臣聞之,하되 神不歆非類,하고 民不祀非族. 이라하오니다 君祀無乃殄乎.인가 且民何罪,로 失刑乏祀.리오 君其圖之.하소서 君曰, 諾.이라 吾將復請.하리라 七日新城西偏,에 將有巫者,이리니 而見我焉.하라 許之,에 遂不見.이라 及期而往,

하니 <ruby>告<rt>고</rt></ruby><ruby>之<rt>지</rt></ruby><ruby>曰<rt>왈</rt></ruby>, <ruby>帝<rt>제</rt></ruby><ruby>許<rt>허</rt></ruby><ruby>我<rt>아</rt></ruby><ruby>罰<rt>벌</rt></ruby><ruby>有<rt>유</rt></ruby><ruby>罪<rt>죄</rt></ruby><ruby>矣<rt>의</rt></ruby>,에 <ruby>弊<rt>폐</rt></ruby><ruby>於<rt>어</rt></ruby><ruby>韓<rt>한</rt></ruby>.하리라

진나라 군주인 후작[惠公]은, 공태자(恭太子 : 申生)를 다시 장사 지냈다. 가을에, 호돌(狐突)이 곡옥(曲沃)에 갔다가, 공태자의 혼령을 만났다. 태자는 호돌을 자기 수레에 태워 수레를 조종케 하고서 말하였다. "이오(夷吾)는 무례하다. 나는 천제(天帝)에게 청원(請願)을 드려 허락을 받았다. 나는 앞으로 우리 진(晉)나라를 진(秦)나라에게 주겠다. 진나라는 나에게 제사를 지낼 것이다." 이 말을 들은 호돌은 대답했다. "신(臣)은 들었사온데 '신(神)은 제사 지낼 사람이 아닌 사람의 제사를 받지 않고, 백성은 자기들과 다른 족(族)의 신에게 제사 드리지 않는다.'고 하옵니다. 우리나라를 진나라에게 준다면, 태자님의 제사는 영영 끊어지고 말 것이 아니겠사옵니까? 그리고 우리 백성들이 무슨 죄가 있다고 나라를 잃어 고통을 겪게 하고, 태자님의 제사를 끊게 하실 것이옵니까? 태자님께서는 이 점을 살펴주옵소서." 그러자 공태자의 영혼은, "좋다. 내 다시 천제께 청원을 드리겠다. 오늘부터 7일이 되는 날에, 신성(新城) 서쪽 가에, 한 무당이 있게 될 것이니, 너는 (그를 통해서) 나를 만날 것이다."라고 했다. 호돌이 그리하겠다고 응락하고 나자, 바로 공태자의 모습은 보이지 않았다. 약속한 날이 되어 갔더니, 공태자의 신령은 호돌에게 말하기를, "천제께서는 나에게 죄 있는 자를 벌주는 일을 허락하셨다. 이오는 한(韓) 땅에서 패전(敗戰)하리라."라고 했다.

주해 ○晉侯(진후)─당시 진나라 군주는 이오(夷吾), 즉 혜공(惠公).
○恭太子(공태자)─공(恭)은 태자 신생(申生)이 죽은 뒤에 주어진 이름.
○下國(하국)─국도(國都)에 대해서 지방의 도성(都城)을 말한다. 여기에서는 곡옥(曲沃), 즉 신성(新城)을 말한다.
○夷吾無禮(이오무례)─이오는 무례함. 이오가 태자 신생을 개장한 것이

무례한 짓이라고 말한 것이다.

o非類(비류)-제사를 지내야 할 동족이 아닌 다른 민족.

o非族(비족)-제사를 지내지 않을 다른 민족.

o失刑(실형)-죄 없이 나라를 잃은 백성으로, 고통을 겪음.

o乏祀(핍사)-영영 제사를 지내지 못함. 여기에서는 태자 신생에 대한 제사가 끊어짐을 말한다.

o韓(한)-진(晉)나라 지명으로 지금의 산서성 형하현(滎河縣) 동북쪽, 만천현(萬泉縣) 서쪽 땅.

丕鄭之如秦也,에 言於秦伯曰, 呂甥·郤稱·冀芮實爲不從. 이었나이다 若重問以召之,면 臣出晉君,하리니 君納重耳.하소서 茇不濟矣.리이다

冬,에 秦伯使泠至報問,하고 且召三子.라 郤芮曰, 幣重而言甘, 은 誘我也.라 遂殺丕鄭·祁擧及七輿大夫左行共華·右行賈華·叔堅·騅歂·纍虎·特宮·山祁,하니 皆里·丕之黨也.라 丕豹奔秦,하여 言於秦伯曰, 晉侯背大主,하여 而忌小怨,에 民弗與也,이오니 伐之,면 必出.이리이다 公曰, 失衆,에 焉能殺,하고 違禍,에 誰能出君.고

비정(丕鄭)이 진(秦)나라로 가, 진나라 군주인 백작에게 말했다. "여생(呂甥)·극칭(郤稱)·기예(冀芮) 등이 정말로 (진나라에게 땅 드림을) 찬성하지 않았나이다. 그러하오니, 만일 많은 재화를 보내어 그들을 부르신다면, 신은 진(晉)나라 군주를 쫓아낼 것이니, 군주께서

는 중이(重耳)를 진나라로 들어가게 하소서. 제대로 되지 않는 일이 없을 것이옵니다."

겨울에, 진(秦)나라 군주인 백작은 영지(泠至)에게 보답의 방문을 하게 하고, 세 사람을 초청했다. 그러자 극예(郤芮)가 말하기를, "보내서 온 물건이 많고, 좋은 말로 오라고 하는 것은, 우리를 속여 꾀이는 것이다."라 하고, 바로 비정·기거(祁擧), 그리고 칠여대부(七輿大夫)인 좌행(左行) 공화(共華)·우행(右行) 가화(賈華)·숙견(叔堅)·추천(騅歂)·누호(纍虎)·특궁(特宮)·산기(山祁) 등을 죽였는데, 그들은 다 이극(里克)·비정의 무리였다. 이 일이 있자, 비표(丕豹)는 진(秦)나라로 달려가 진나라 군주인 백작에게 이르기를, "진(晉)나라 군주인 후작은 큰 은혜를 베푸신 군주를 배반하여 작은 원한의 대상들을 싫어하니, 백성들은 그를 따르지 않고 있사옵니다. 이제 그를 치면, 반드시 쫓겨날 것이옵니다."라고 했다. 그러자 진나라 군주는, "국민 대중을 잃고 있다면 어떻게 그 사람들을 죽일 수가 있고, 그대들이 화를 피해 도망나오고 있는데, 누가 진나라 군주를 몰아낼 것인가?"라고 말했다.

주해 ㅇ呂甥(여생)-뒤에 나오는 하려이생(瑕呂飴甥)이다.

ㅇ爲不從(위부종)-따르지 않음을 말한다. 즉 진(晉)나라가 땅을 진(秦) 나라에게 주는 일에 찬성하지 않았다는 말이다.

ㅇ重問(중문)-문(問)은 재화 등을 보내줌. 중문은 곧 많은 재화를 보내줌.

ㅇ報問(보문)-보답의 예로 방문함.

ㅇ七輿大夫(칠여대부)-제후가 출동할 때에는 따르는 수레가 7대 있었고, 그것들을 장악하는 대부를 칠여대부라 했다.

ㅇ左行(좌행)·右行(우행)-진나라 군제(軍制)의 이름. 즉 진나라에서는 군대의 편제(編制)에 좌행·우행·중행(中行)이 있어, 이것을 삼행(三行)이라 했는데, 나중에는 여기에서 좌행씨(左行氏)·중행씨(中行氏)·우행씨(右行氏)의 성이 지어졌다. 여기에서는 좌행을 맡은 공화(共

華)・우행을 맡은 가화(賈華)라고 해석되어진다.

o大主(대주)-큰 주인. 여기에서는 큰 혼례를 베푼 군주로 진(秦)나라 군주를 지칭한다.

o小怨(소원)-작은 원한의 대상. 이극(里克)・비정(丕鄭) 등을 지칭한다.

o丕豹(비표)-비정의 아들.

o違禍(위화)-화를 피함.

經│ o十有一年春,에 晉殺其大夫丕鄭父.라

o夏,에 公及夫人姜氏會齊侯于陽穀.이라

o秋八月大雩.라

o冬,에 楚人伐黃.이라

11년 봄에, 진(晉)나라가 그의 대부 비정(丕鄭)을 죽였다.

여름에, 공이 부인 강씨(姜氏)와 같이 제나라 군주인 후작을 양곡(陽穀)에서 만났다.

가을 8월에 큰 기우제(祈雨祭)를 지냈다.

겨울에, 초나라 사람이 황나라를 쳤다.

주해│ o丕鄭父(비정보)-보(父)는 신분이 높은 사람의 이름 밑에 붙이는 칭호.

o殺其大夫丕鄭父(살기대부비정보)-비정은 희공 10년(전해) 겨울에 죽은 걸로 되어 있다. 그런데도, 11년 봄에 죽었다고 기록한 것은, 진나라가 이때에 알렸다는 설과〔두예 주〕, 진나라는 하력(夏曆)을 썼다는데, 하력으로 10년 겨울은, 주력(周曆)으로 11년 봄에 해당하기에 이렇게 적었다는 설도 있다.

o陽穀(양곡)-제나라 지명. 희공 3년조에 나왔다.

o大雩(대우)-성대한 기우제.

傳| 十一年春,에 晉侯使以丕鄭之亂來告.라 天王使邵武公·內
史過賜晉侯命,이어늘 受玉惰.라 過歸,하여 告王曰, 晉侯其無後
乎.인저 王賜之命,이어늘 而惰於受瑞,였아오니 先自棄也已.이다
其何繼之有.인가 禮國之幹也,요 敬禮之輿也.로소이다 不敬,이면
則禮不行,하옵고 禮不行,이면 則上下昏,이온데 何以長世.이오니까
夏,에 揚·拒·泉·皐·伊·雒之戎,이 同伐京師,하여 入王
城,하여 焚東門,이어늘 王子帶召之也.라 秦·晉伐戎,하여 以救
周.라

秋,에 晉侯平戎于王.이라

黃人不歸楚貢,하니 冬,에 楚人伐黃.이라

11년 봄에, 진나라 군주인 후작이 사람을 보내와 비정(丕鄭)의 난
동을 알렸다. 천자인 주나라 왕이 소(邵 : 召)의 무공(武公)과 내사(內
史) 벼슬에 있는 과(過)를 보내어 진나라 군주에게 제후 되었음을 인
정하는 사령(辭令)을 하사(下賜)하셨는데, 진나라 군주는 천자께서
주신 옥(玉)을 받는 일이 무례(無禮)했다. 내사 과는 돌아가, 천자께
말했다. "진나라 군주인 후작은 후계자가 없을 것이옵니다. 천자께서
사령을 하사하셨는데, 서옥(瑞玉)을 받음에 무례하였사오니, 그것은
그가 미리 스스로의 몸을 내버리는 짓이었나이다. 그러하온데, 그에게
무슨 후계자가 있게 되오리까? 예는 나라를 보유함의 근본이옵고, 공
경스러움은 예를 올려 놓는 수레이옵니다. 공경스럽지 못하오면, 예가
행해지지 못하옵고, 예가 행해지지 못하오면 상하 관계가 혼란하게

되옵는데, 어떻게 먼 자손에까지 이어질 수가 있겠사옵니까?"

여름에, 양(揚)·거(拒)·천(泉)·고(皐)·이(伊)·낙(雒)의 융(戎) 오랑캐들이, 함께 천자의 서울을 쳐, 왕성(王城)으로 들어가 동문(東門)을 불태웠는데, 그것은 왕자 대(帶)가 불러들인 것이다. 진(秦)나라와 진(晉)나라가 융 오랑캐들을 쳐서 주(周) 왕실을 구했다.

가을에, 진(晉)나라 군주인 후작이 융 오랑캐를 천자에게 화목하도록 했다.

황나라 사람이 초나라에게 공물(貢物)을 보내지 않자, 겨울에 초나라 사람이 황나라를 쳤다.

주해ㅣ ○邵武公(소무공)－소(邵)는 소(召)라고도 했다. 소의 목공(穆公)의 자손을 소무공이라 했다.

○命(명)－사령(辭令).

○玉(옥)－천자가 제후에게 사령을 내렸다는 것을 표시하기 위하여 준 서옥(瑞玉).

○禮之輿也(예지여야)－예를 올려 놓는 수레. 예는 공경에 의해서 행해진다는 것.

○揚(양)·拒(거)·泉(천)·皐(고)－융족(戎族)이 산 곳의 이름으로 지금의 하남성 낙양현(洛陽縣) 서남쪽 땅에 있었다.

○伊(이)·雒之戎(낙지융)－이수(伊水)·낙수(雒[洛]水) 가에 산 융족.

經ㅣ ○十有二年春王三月庚午,에 日有蝕之.라
（십유이년춘왕삼월경오） （일유식지）

○夏,에 楚人滅黃.이라
（하） （초인멸황）

○秋七月.이라
（추칠월）

○冬十有二月丁丑,에 陳侯杵臼卒.이라
（동십유이월정축） （진후저구졸）

12년 봄 천자가 쓰는 역으로 3월 경오날에, 일식이 있었다.

여름에, 초나라 사람이 황나라를 멸망시켰다.

가을 7월.

겨울 12월 정축날에, 진(陳)나라 군주인 후작 저구(杵臼)가 세상을
떠났다.

傳│ 十二年春_{십이년춘},에 諸侯城衛楚丘之郭_{제후성위초구지부},하니 懼狄難也_{구적난야}.라

黃人恃諸侯之睦于齊也_{황인시제후지목우제야},에 不供楚職曰_{불공초직왈}, 自郢及我九百里_{자영급아구백리},이

어늘 焉能害我_{언능해아}.아 夏_하,에 楚滅黃_{초멸황}.이라

王以戎難故_{왕이융난고},로 討王子帶_{토왕자대},하니 秋_추,에 王子帶奔齊_{왕자대분제}.라

12년 봄에, 제후들이 위나라 초구(楚丘)의 외곽에 성을 쌓았는데,
그것은 적(狄) 오랑캐가 일으키는 난리를 두려워해서였다.

황나라 사람이, 제후들이 제나라와 화목한 것을 믿어 초나라에 대
한 공물을 바치지 않고서 말하기를, "초나라 도읍인 영(郢)에서 우리
나라까지는 9백리나 되는데, 어떻게 우리나라를 해칠 수 있으랴?"라
고 했다. 그런데 여름에 초나라는 황나라를 멸망시켰다.

천자는 융 오랑캐들의 난리로 왕자 대(帶)를 공격하니, 가을에 왕
자 대는 제나라로 도망했다.

주해│ ○楚丘(초구)-위나라 도읍.

○郭(부)-외곽(外郭), 외성(外城).

○不供楚職(불공초직)-초나라에게 바쳐야 할 공물을 바치지 않음.

○郢(영)-초나라 도읍.

冬_동,에 齊侯使管夷吾平戎于王_{제후사관이오평융우왕},하고 使隰朋平戎于晉_{사습붕평융우진}.이라 王以_{왕이}

上卿之禮饗管仲,하시니 管仲辭曰, 臣賤有司也.이오니다 有天子
之二守國·高在,이온데 若節春秋來承王命,이오면 何以禮焉.이오
니까 陪臣敢辭.로소이다 王曰, 舅氏,여 余嘉乃勳,하고 應乃懿德,
하여 謂督不忘,이니 往踐乃職,하여 無逆朕命.하라 管仲受下卿之
禮而還.이라 君子曰, 管仲之世祀也,는 宜哉.라 讓不忘其上.이라
詩曰, 愷悌君子,여 神所勞矣.로다

　　겨울에, 제나라 군주인 후작은 관이오(管夷吾 : 管仲)를 시켜 융
(戎) 오랑캐가 천자에게 화목하게 하고, 습붕(隰朋)을 시켜서는 융 오
랑캐가 진나라에게 화목하게 했다. 그때 천자께서 상경(上卿)의 예로
써 관중(管仲)을 대접하시니, 관중은 사양하며 말했다. "신(臣)은 미
천한 관리이옵니다. 신의 나라인 제나라에는, 천자께서 임명하셔서 나
라의 정사를 보는 두 상경 국씨(國氏)와 고씨(高氏)가 있사온데, 만
일 춘추절(春秋節)에 그들이 와 천자의 명을 받게 되오면, 천자께서
는 그들을 어떠한 예로 대하시려고 하옵니까? 신은 굳이 사양하옵나
이다." 그러자 천자께서는 다음과 같은 말씀을 내리셨다. "구씨(舅氏)
여, 나는 그대의 훈공(勳功)을 아름답게 여기고, 그대의 아름다운 덕
에 보답하여, 마음 깊이 생각해서 잊지 않으려 여기는 것이니, 돌아가
그대의 직분을 잘 지키어 나의 명에 어긋나지 않게 하라." 관중은 하
경(下卿)에 대한 예우(禮遇)를 받고 돌아갔다. 군자(君子)는 그를 평
하여 말했다. "관중이 세세(世世)에 길이 제사를 받는 것은 마땅한
일이로다. 그는 사양의 마음씀에 윗사람의 존재를 잊지 않았다. 시
(詩)에 이르기를, '화락(和樂)하고 단정한 군자여, 신(神)이 사랑할 사
람이로다.'라고 일렀다.(관중이야말로 이런 사람이다)"

주해 ○天子之二守國(천자지이수국)·高(고)−후작·백작의 제후국에는 삼경(三卿)을 두었다. 그런데 삼경 중에 둘은 상경(上卿)이라 하고, 나머지 하나는 하경(下卿)이라 했는데, 상경은 주왕(周王), 즉 천자가 직접 임명해서, 그 제후국의 국정을 맡아 나라를 지키는 책임을 지게 했다. 상경 두 사람을 가리켜 천자지이수(天子之二守)라 했는데, 당시 제나라 상경으로는 국씨와 고씨가 있었고, 관중은 하경의 위치에 있었다.

○節春秋(절춘추)−시절의 춘추.

○何以禮焉(하이예언)−하경인 저(관중 자신)를 상경으로 대우하신다면, 상경에 대해서는 어떠한 예우를 하시렵니까?.

○舅氏(구씨)−천자가 이성(異姓)의 큰 나라 제후를 부를 때에 백구(伯舅)라는 말을 썼다. 여기에서는 제나라 군주의 사자(使者)이기에 구씨라 불렀다.

○應(응)−보답한다는 뜻으로 쓰였다.

○詩曰(시왈)−《시경》 대아(大雅) 한록편(旱鹿篇)의 구절.

經 ○十有三年春,에 狄侵衛.라
  <small>십유삼년춘   적침위</small>

○夏四月,에 葬陳宣公.이라
  <small>하사월   장진선공</small>

○公會齊侯·宋公·陳侯·衛侯·鄭伯·許男·曹伯于鹹.이라
  <small>공회제후 송공 진후 위후 정백 허남 조백우함</small>

○秋九月,에 大雩.라
  <small>추구월   대우</small>

○冬,에 公子友如齊.라
  <small>동   공자우여제</small>

13년 봄에 적(狄) 오랑캐가 위나라를 쳤다.

여름 4월에, 진(陳)나라 선공을 장사 지냈다.

공이 제나라 군주인 후작·송나라 군주인 공작·진나라 군주인 후작·위나라 군주인 후작·정나라 군주인 백작·허나라 군주인 남작·조나라 군주인 백작과 함(鹹)에서 회합을 가졌다.

가을 9월에 큰 기우제를 지냈다.
겨울에, 공자 우(友)가 제나라에 갔다.

┃주해┃ ㅇ鹹(함)-위(衛)나라 지명으로, 지금의 하북성 복양현(濮陽縣) 동
남쪽 땅.

┃傳┃ 十三年春,에 齊侯使仲孫湫聘于周,하고 且言王子帶.라 事
畢,에도 不與王言.이라 歸復命曰, 未可.이오니다 王怒未怠,이오니
其十年乎.인저 不十年,이면 王不召也.로소이다
夏會于鹹,은 淮夷病杞故,요 且謀王室也.라
秋爲戎難故,로 諸侯戍周,하니 齊仲孫湫致之.라

13년 봄에, 제나라 군주인 후작은 중손추(仲孫湫)를 시켜 주나라
를 찾아가 예물을 바치게 하고, 또 왕자 대(帶)에 관해서 천자께 말
씀드리게 했다. 그런데 중손추는 일을 다 보고 나서도, 천자께 왕자
대에 대해서 말씀드리지 않았다. 그는 제나라로 돌아가 군주에게 복
명(復命)해서 말하기를, "아직은 아니되옵니다. 천자의 노여움이 아
직 사그라지지 않았사오니, 10년쯤 있어야 될 것이옵니다. 10년쯤 뒤
가 아니고서는, 천자께서는 왕자를 부르시지 않을 것이옵니다."라고
했다.
여름에 함(鹹)에서 회합한 것은, 회수(淮水) 가에 사는 이(夷) 오랑
캐가 기(杞)나라를 괴롭힌 때문으로, 또 주나라 왕실에 대해서 상의하
기 위해서였다.
가을에 융(戎) 오랑캐가 난리를 일으켰으므로, 제후들이 주나라를
지키었는바, 제나라의 중손추가 그렇게 하게 했다.

┃주해┃ ○不與王言(불여왕언)—천자와 왕자 대에 대한 말을 하지 않았음.

○淮夷(회이)—동방의 회수(淮水) 가에 사는 이(夷) 오랑캐.

○致之(치지)—이렇게 하게(제후들이 군대를 주나라로 보내어 지키게) 함.

冬,에 晉荐饑,하여 使乞糴于秦.이라 秦伯謂子桑,하되 與諸乎.
아 對曰, 重施而報,면 君將何求.이오니까 重施而不報,면 其民必
攜.이오니다 攜而討焉,엔 無衆必敗.이리이다 謂百里,하되 與諸乎.
아 對曰, 天災流行,하여 國家代有.이오니다 救災恤鄰,은 道也,요
行道,면 有福.이오니다 丕鄭之子豹在秦,에 請伐晉.이라 秦伯曰,
其君是惡,이나 其民何罪.아 秦於是乎輸粟于晉.이라 自雍及絳相
繼,하여 命之曰汎舟之役.이라

겨울에, 진(晉)나라는 전해에 이어 기근(饑饉)이 들어, 사자를 진
(秦)나라로 보내어 양곡 수출을 요청했다. 그때, 진(秦)나라 군주인
백작은 자상(子桑)에게 묻기를, "곡식을 진나라에게 줄 거냐?"라고
했다. 그러자 대답하기를, "많은 은혜를 베푸시고 그 보답이 있게 된
다면, 군주께서는 그 외에 무엇을 구하시겠나이까? 많은 은혜를 베푸
시었는데도 진나라가 보답하지 않으면, 그 백성들은 반드시 군주에게
서 떨어져 나갈 것이옵니다. 백성들이 떨어져 나간 뒤에 그 나라를
치시오면, 싸울 대중이 없어 반드시 패할 것이옵니다."라고 했다. 진
나라 군주는 다시 백리(百里)에게 말하되, "진나라에게 곡식을 줘야
할 건가?"라고 했다. 이에 대해서 백리는, "천재(天災)는 돌고 돌아,
여러 나라에 번갈아 있사옵니다. 재앙을 구하고 이웃 나라를 생각해
서 돕는 일은 도(道)이옵고, 도를 행하면 복이 있게 되옵니다."라고

대답했다. 비정(丕鄭)의 아들 비표(丕豹)가 그때 진(秦)나라에 머물고 있어, 진(晉)나라를 칠 것을 청했다. 그러자 진나라 군주인 백작은, "그 나라 군주야 악하다 할지라도, 백성이야 무슨 죄가 있느냐?"라고 말했다. 진(秦)나라는 이에 조[粟]를 진(晉)나라로 수출했다. 조 나르는 줄이 진(秦)나라 도읍인 옹(雍)에서 진(晉)나라의 도읍인 강(絳)까지 닿아, 말하기를 '범주지역(汎舟之役 : 배를 띄운 역사)'이라고 했다.

주해 ○荐(천)—거듭, 전해에 이어 계속.
○雍(옹)—진(秦)나라의 도읍으로, 지금의 섬서성 봉상현(鳳翔縣) 남쪽 땅.
○絳(강)—진(晉)나라 도읍. 장공 26년조에 나왔다.
○汎舟之役(범주지역)—그 양식을 나르는 데는, 위수(渭水)·분수(汾水)에 많은 배를 띄워 날라야 했기에 이렇게 말했다.

經 ○十有四年春,에 諸侯城緣陵.이라
○夏六月,에 季姬及鄫子遇于防,하고 使鄫子來朝.라
○秋八月辛卯,에 沙鹿崩.이라
○狄侵鄭.이라
○冬,에 蔡侯肸卒.이라

14년 봄에, 제후들이 연릉(緣陵)에 성을 쌓았다.
여름 6월에, 계희(季姬)가 증(鄫)나라 군주인 자작과 방(防)에서 만나고, 증나라 군주인 자작이 찾아오게 했다.
가을 8월 신묘날에 사록(沙鹿)이 무너졌다.
적(狄) 오랑캐가 정나라를 침범했다.
겨울에, 채나라 군주인 후작 힐(肸)이 세상을 떠났다.

┃주해┃ ㅇ緣陵(연릉)-기(杞)나라 지명으로, 지금의 산동성 창락현(昌樂
縣) 동남쪽 땅. 당시 기나라는 회수(淮水) 가에 사는 이(夷) 오랑캐가
괴롭히자 도읍을 연릉으로 옮기기로 했고, 제후들은 기나라를 위하여
성을 쌓아 주었다.

ㅇ季姬(계희)-노나라 희공의 딸로, 증나라 군주에게로 시집갔다.

ㅇ鄫(증)-나라 이름. 군주의 성은 사(姒)였고, 하(夏)나라 우왕(禹王)의
자손이었다고 전한다. 작은 자작. 증나라는 지금의 산동성 임기현(臨沂
縣) 서남방에 위치했다.

ㅇ八月辛卯(팔월신묘)-8월 8일.

ㅇ防(방)-노나라 지명. 은공 9년조에 나왔다.

ㅇ沙鹿(사록)-산 이름. 당시 진(晉)나라 국내에 있었다고 두예는 그의
주에서 말했다. 지금의 하북성 대명현(大名縣) 동쪽에 있음.

┃傳┃ 十四年春,에 諸侯城緣陵,하여 而遷杞焉,에 不書其人,은 有
闕也.라

鄫季姬來寧,에 公怒止之,하니 以鄫子之不朝也.라 夏,에 遇于
防,하여 而使來朝.라

秋八月辛卯,에 沙鹿崩.이라 晉卜偃曰, 朞年將有大咎,하리니
幾亡國.하리라

14년 봄에, 제후들이 연릉(緣陵)에다 성을 쌓아 기나라를 옮겼는데,
그 사람들 이름을 쓰지 않은 것은, 그 일에 결점이 있어서였다.

증나라로 시집간 계희(季姬)가 근친을 왔는데, 공은 노하여 그녀를
돌아가지 못하게 하여 머물러 있게 하였으니, 그것은 증나라 군주인
자작이 찾아오지 않아서였다. 여름에, 계희가 증나라 군주와 방(防)에

서 만나고, 증나라 군주가 찾아오게 했다.

가을 8월 신묘날에, 사록산(沙鹿山)이 무너졌다. 그러자 진나라의 복관(卜官)인 복언이 말하기를, "1년 내에 장차 큰 화가 있을 것이니, 그때는 나라가 거의 망하게 될 것이다."라고 했다.

주해 ○有闕也(유궐야)−제대로 되지 못함이 있음.
　　　 ○止之(지지)−그를 못가게 하고 머물게 하다.

冬,에 秦饑,하여 使乞糴于晉,이나 晉人弗與.라 慶鄭曰, 背施
無親,이요 幸災不仁,이며 貪愛不詳,이고 怒鄰不義.이외다 四德皆
失,이면 何以守國.이리오 虢射曰, 皮之不存,에 毛將安傅.리오 慶
鄭曰, 棄信背鄰,이면 患孰恤之.리오 無信患作,이오 失援必弊,이
어늘 是則然矣.로소이다 虢射曰, 無損於怨,하고 而厚於寇,이오니
不如勿予.로소이다 慶鄭曰, 背施幸災,는 民所棄也.이오니다 近猶
讎之,어늘 況怨敵乎.인가 弗聽.이라 退曰, 君其悔是哉.로다

겨울에, 진(秦)나라에 기근이 들어, 진나라는 사자를 진(晉)나라로 보내어 곡식의 수출을 청했으나, 진나라는 곡식을 팔지 않았다. 그때, 경정(慶鄭)이 말하기를, "전의 은혜에 배반하는 것은 친분을 없애는 것이고, 남의 재앙을 보고 요행스럽다고 좋아하는 것은 어질지 못한 일이며, 남의 은혜만을 탐내는 것은 상서롭지 못하고, 이웃 나라를 성내게 하는 것은 의롭지 못한 일이옵니다. 이 네 가지 덕(德)을 다 잃고서야, 어떻게 나라를 지탱하오리까?"라고 했다. 그러자 괵석(虢射)은, "껍질이 있지 않은데, 털이 어떻게 나 붙겠사옵니까?"라고 말

하였다. 이에 경정이, "신의(信義)를 버리어 이웃 나라를 배반한다면, 우리에게 어려움이 닥치면 그 누가 도와줄 것이옵니까? 신의가 없으면 화가 일어나고, 도움을 잃으면 반드시 망하옵는데, 이번의 우리 처사는 곧 그것과 같습니다."라고 했다. 이에 대해서 곽석이, "원망하고 있는 것을 덜어내지 못할 것이고, 적을 강하게 하는 일이오니 곡식을 주지 않는 것만큼 좋은 일은 없사옵니다."라고 말하였다. 그래서 경정은, "은혜에 배반하고 남의 재앙을 요행스러운 일이라고 좋아하는 것은, 백성들이 군주를 버릴 일이옵니다. 가까이 지낸 처지도 원수로 여길 것이온데, 하물며 원수의 적이야 다시 말할 것이 있사오리까?"라고 말했다. 그러나 군주는 그의 말을 듣지 않았다. 경정은 물러 나와 말하기를, "군주께서는 이 일을 후회하실 것이다."라고 했다.

┃주해┃ ㅇ四德(사덕)—친(親)·인(仁)·상(祥)·의(義)를 이른다.

ㅇ皮之不存(피지부존), 毛將安傅(모장안부)—'가죽이 없는데, 털이 어찌나 붙는가?' 이 말은, 전에 진(秦)에게 토지를 준다고 약속하고 주지 않아, 진나라가 진(晉)나라를 원망하고 있는 처지에, 곡식을 보내준다고 해서, 좋아하지 않는다는 뜻이다. 즉 피(皮)는 약속한 토지에 비유했고, 모(毛)는 곡식에 비유한 것이다.

ㅇ無損於怨(무손어원)—원망함에서 덜어짐이 없다. 즉 진(秦)나라는 약속한 토지를 주지 않은 진(晉)나라를 원망하고 있는데, 곡식을 보내주는 일이 그 원망을 조금이라도 덜게 함이 못된다는 말이다.

ㅇ近(근)—친근(親近)한 자.

┃經┃ ㅇ十有五年春王正月에, 公如齊라.

ㅇ楚人伐徐라.

ㅇ三月에, 公會齊侯·宋公·陳侯·衛侯·鄭伯·許男·曹伯,

하여 盟于牡丘.라

o 遂次于匡.이라

o 公孫敖率師,하여 及諸侯之大夫救徐.라

o 夏五月,에 日有蝕之.라

o 秋七月,에 齊師·曹師伐厲.라

o 八月螽.이라

o 九月,에 公至自會.라

o 季姬歸于鄫.이라

o 己卯晦,에 震夷伯之廟.라

o 冬,에 宋人伐曹.라

o 楚人敗徐于婁林.이라

o 十有一月壬戌,에 晉侯及秦伯戰于韓.이라 獲晉侯.라

15년 봄 천자가 쓰는 정월에, 공이 제나라로 갔다.

초나라 사람이 서나라를 쳤다.

3월에, 공이 제나라 군주인 후작·송나라 군주인 공작·진나라 군주인 후작·위나라 군주인 후작·정나라 군주인 백작·허나라 군주인 남작·조나라 군주인 백작과 회합을 갖고, 모구(牡丘)에서 맹서하였다.

그리고 광(匡)에 머물렀다.

공손오(公孫敖)가 군사를 거느리고, 제후들의 대부들과 서나라를 구했다.

여름 5월에, 일식이 있었다.

가을 7월에, 제나라 군사와 조나라 군사가 여(厲)나라를 쳤다.

8월에 메뚜기 떼가 일어났다.

9월에, 공이 회합의 일로부터 돌아왔다.

계희(季姬)가 증나라로 돌아갔다.

기묘날인 그믐날에, 이백(夷伯)의 사당에 벼락이 떨어졌다.

겨울에, 송나라 사람이 조나라를 쳤다.

초나라 사람이 서나라 군을 누림(婁林)에서 쳐부수었다.

11월 임술날에, 진(晉)나라 군주인 후작이, 진(秦)나라 군주인 백작과 한(韓)에서 싸웠다. 진(晉)나라 군주를 잡았다.

주해 ○牡丘(모구)-제나라 지명으로, 지금의 산동성 요성현(聊城縣) 동북쪽 땅.

○匡(광)-두예는 위(衛)나라 지명이라 했다.

○厲(여)-초(楚)나라 편의 나라로 국성은 강(姜)이고, 군주의 작은 자작. 지금의 하남성 상성현(商城縣) 남부에 위치했다.

○震夷伯之廟(진이백지묘)-이백(夷伯)은 노나라 대부 전씨(展氏)의 조부. 이(夷)는 죽은 뒤에 주어진 이름이고, 백(伯)은 자(字). 진(震)은 벼락쳤다는 말이다.

○婁林(누림)-서(徐)나라 지명으로, 지금의 안휘성 사현(泗縣) 동북쪽 땅.

○韓(한)-희공 10년조에 나왔다.

傳 十五年春,에 楚人伐徐,는 徐卽諸夏故也.라 三月盟于牡丘, 는 尋葵丘之盟,하고 且救徐也.라 孟穆伯帥師,하여 及諸侯之師 救徐.라 諸侯次於匡,하여 以待之.라

夏五月,에 日有蝕之.라 不書朔與日,은 官失之也.라

秋,에 伐厲,하여 以救徐也.라
_{추 벌려   이구서야}

15년 봄에 초나라 사람이 서나라를 친 것은, 서나라가 중국 본토의 제후들의 편이 되었기 때문이다. 3월에 모구(牡丘)에서 맹서한 것은, 전에 규구(葵丘)에서 맺었던 동맹을 굳히고, 또 서나라를 돕기 위해서였다. 맹목백(孟穆伯)이 군사를 거느리고, 제후들의 군사와 함께 서나라를 구했다. 제후들은 광(匡)에서 머물러, 그를 기다렸다.

여름 5월에 일식이 있었다. 경문(經文)에 초하루와 날짜를 밝혀 기록하지 않은 것은, 역(曆)에 관한 일을 맡은 관리가 간지(干支) 분간하는 것을 잊어서였다.

가을에 여나라를 쳐서, 서나라를 구했다.

주해 ○葵丘之盟(규구지맹) - 회공 9년에 규구에서 맺은 동맹.
○孟穆伯(맹목백) - 공손오(公孫敖).

晉侯之入也,에 秦穆姬屬賈君焉,하고 且曰, 盡納群公子.하라
_{진후지입야   진목희촉가군언   차왈   진납군공자}
晉侯烝於賈君,하고 又不納群公子.라 是以로 穆姬怨之.라 晉侯
_{진후증어가군   우불납군공자   시이   목희원지   진후}
許賂中大夫,이었거늘 旣而皆背之.라 賂秦伯以河外列城五,하고
_{허뢰중대부   기이개배지   뇌진백이하외열성오}
東盡虢略,하며 南及華山,하며 内及解梁城,이나 旣而不與.라 晉
_{동진괵략   남급화산   내급해량성   기이불여   진}
饑,에 秦輸之粟,이나 秦饑,에 晉閉之糴.이라 故로 秦伯伐晉.이라
_{기   진수지속   진기   진폐지적   고   진백벌진}
卜徒父筮之,하여 吉.이오니다 涉河,하여 侯車敗.리이다 詰之.라
_{복도보서지   길   섭하   후차패   힐지}
對曰, 乃大吉也.이오니다 三敗必獲晉君.이리이다 其卦遇蠱☰☰
_{대왈   내대길야   삼패필획진군   기괘우고}
이오니다 曰, 千乘三去,하고 三去之餘,에 獲其雄狐,이라하온데 夫
_{왈   천승삼거   삼거지여   획기웅호   부}

狐蠱,이오니 必其君也.리이다 蠱之貞,은 風也,요 其悔,는 山也.로
소이다 歲云秋矣,에 我落其實,하여 而取其材,이오니 所以克也.이
오니다 實落材亡,이오니 不敗何待.리이까

　진(晉)나라 군주인 후작[惠公]이 자기 나라로 들어가니, 진(秦)나
라 목공(穆公)의 부인이 가군(賈君)을 잘 돌봐 달라고 부탁하고, 또
외국에 나가 있는 공자들을 다 국내로 불러들이라고 했다. 그랬는데
도 진나라 군주는 나라 안으로 들어가 가군과 간통하고, 공자들을 불
러들이지 않았다. 그래서 진나라 목공의 부인은 그를 원망했다. 진나
라 혜공은 본국의 대부들에게 자기가 나라 안으로 들어가 군주가 되
면 뇌물을 주겠다고 약속했지만, 들어간 뒤에는 그 약속을 다 어겼다.
그리고 그는 진(秦)나라 군주에게 하남(河南)의 다섯 성(城)과 동으
로는 괵(虢)의 국경까지의 땅 전부, 남으로는 화산(華山)까지, 하북
(河北)으로는 해량성(解梁城)까지의 땅을 뇌물로 주기로 약속했으나,
진(秦)나라의 보호하에 국내로 들어가 군주가 되어서는 주지 않고 약
속을 어겼다. 그리고 또 진(晉)나라에 기근이 들자, 진(秦)나라는 좁
쌀을 수출했으나, 진(秦)나라에 기근이 들어서는 진(晉)나라는 양곡이
나가는 길을 막았다. 그러므로 진(秦)나라 군주는 진(晉)나라를 친 것
이다.

　그때, 진(秦)나라의 복관(卜官)인 복도보(卜徒父)가 산가지 점을
쳐서는, "길(吉)하옵니다. 황하(黃河)를 건너면, 군주의 전차가 부서
지옵니다."라고 말했다. 그러나 진(秦)나라 군주는, 그게 무슨 말이냐
고 추궁했다. 그러자 복도보가 대답했다. "이야말로 대길(大吉)이옵니
다. 적은 세 차례 패전하고, 우리 편은 반드시 진(晉)나라 군주를 잡
을 것이옵니다. 점괘는 고괘(蠱卦)입니다. 이 괘의 해석에는, '전차 천
대를 가진 나라가 세 차례 싸워 퇴각하고, 세 차례 퇴각한 뒤에는, 그

숫여우[雄狐]를 잡게 된다.'라 하였사온데, 여우라는 것은 속이는 것이오니, 잡히는 사람은 반드시 적의 군주일 것이옵니다. 고괘의 아랫부분은 풍(風 : 바람)에 해당되옵고, 그 윗부분은 산(山)에 해당되옵니다. 이 해의 시절은 가을이온데, 우리가 나무에 달린 열매를 떨어뜨리고는 그 나무를 베는 격이오니, 우리가 싸워 이길 것이옵니다. 열매가 떨어지고 나면, 그 나무는 베어 없어지는 것이오니, 진(晉)나라는 패하는 외에 그 무엇을 기다리겠나이까?"

▌주해▌　ㅇ秦穆姬(진목희)-진(秦)나라 목공의 부인. 그녀는 진(晉)나라 태자 신생(申生)의 누나였다.
ㅇ賈君(가군)-진(晉)의 태자였던 신생(申生)의 부인.
ㅇ內(내)-하내(河內), 즉 하북(河北) 땅.
ㅇ蠱之貞(고지정), 風也(풍야)-고괘(蠱卦)의 아랫부분 ☴. 이것은 손괘(巽卦)로 바람에 해당한다.
ㅇ其悔(기회), 山也(산야)-고괘의 윗부분 ☶. 이것은 간괘(艮卦)로 산(山)에 해당된다. 그리고 간괘는 나무 열매도 의미한다.

三敗及韓.이라 晉侯謂慶鄭曰, 寇深矣.라 若之何.오 對曰, 君
實深之,에 可若何.이리오 公曰, 不遜.이로다 卜右,하니 慶鄭吉,이
나 弗使,하고 步揚御戎,하고 家僕徒爲右,하며 乘小駟.라 鄭入也.
라 慶鄭曰, 古者, 大事必乘其産.이었나이다 生其水土,하여 而知
其人心,하고 安其敎訓,하여 而服習其道,이옵기 唯所納之,하여 無
不如志.이오니다 今乘異産,하사 以從戎事,이온데 及懼而變,이면
將與人易,하고 亂氣狡憤,이면 陰血周作,하여 張脉僨興.하리이다

外彊中乾,하여 進退不可,에 周旋不能,이리니 君必悔之.이리다 弗
聽.이라

九月,에 晉侯逆秦師,하고 使韓簡視師.라 復曰, 師少於我,나
鬪士倍我.로소이다 公曰, 何故.아 對曰, 出因其資,하고 入用其
寵,하며 飢食其粟,이로되 三施而無報.였나이다 是以來也,에 今又
擊之,나 我怠秦奮,하니 倍猶未也.로소이다 公曰, 一夫不可狃,어
늘 況國乎.아 遂使請戰曰, 寡人不佞,이나 能合其衆,하여 而不能
離也.라 君若不還,이면 無所逃命.이라 秦伯使公孫枝對曰, 君之
未入,에 寡人懼之,하고 入而未定列,에 猶吾憂也.라 苟列定矣,에
敢不承命.가 韓簡退曰, 吾幸而得囚.라

壬戌戰于韓原,에 晉戎馬還濘而止,하니 公號慶鄭.이라 鄭曰,
愎諫違卜,하여 固敗是求,에 又何逃焉.고 遂去之.라 梁由靡御韓
簡,하고 虢射爲右,하여 輅秦伯,하여 將止之.라 鄭以救公誤之,하
여 遂失秦伯,하고 秦獲晉侯以歸.라 晉大夫反首拔舍從之.라 秦
伯使辭焉曰, 二三子,는 何其慼也.아 寡人之從君而西也,는 亦
晉之妖夢是踐.이라 豈敢以至.랴 晉大夫三拜稽首曰, 君履后土
而戴皇天.이오니다 皇天后土,가 實聞君之言,하고 群臣敢在下風.
이로소이다

청동제 거마구(車馬具)

진(晉)나라는 세 차례의 싸움에 지고는 한(韓)으로 물러났다. 진나라 군주인 후작[惠公]은 경정(慶鄭)에게 말하기를, "적이 깊이 쳐들어와 있다. 어찌할 것인고?"라고 했다. 경정이 대답하기를, "군주께서 실로 적이 깊이 들어오게 하셨는데, 어찌할 수가 있겠사옵니까?"라고 하니, 진나라 군주는 그에게, "불손(不遜)하구나!"라고 말했다. 진나라 군주가 자기가 탄 전차의 오른쪽에 탈 사람으로 누가 좋은가를 점치게 했더니, 경정이 좋다고 나왔지만, 경정을 쓰지 않고, 보양(步揚)이 군주의 전차를 조종하고, 가복도(家僕徒)가 오른쪽 전사(戰士)가 되었으며, 소사(小駟)라는 말이 전차를 끌게 되었다. 소사는 정나라에서 들여온 말이었다. 경정이 군주에게 말하기를, "옛날에는, 국가의 큰일에는 군주가 타는 수레를 반드시 국산마(國産馬)가 끌었나이다. 그 나라에서 나 자라 우리나라 사람의 마음을 알고, 평소 가르친 것에 익숙하여 갈 길에 대해서 익숙하옵기에, 부리는 사람의 말을 잘 들어, 부리는 사람의 뜻같이 행동하지 않는 바가 없사옵니다. 이제 다른 나라에서 나 자란 말이 끄는 전차를 타시고 싸움에 임하시옵는데, 말이 놀라 성질이 변하면 부리는 사람의 뜻과 맞지 않게 되고, 어지러운 기운이 성해지면 혈기(血氣)가 올라와 혈맥이 부풀어 오르게 될 것이옵니다. 저 말은 외관상으로는 강한 것 같지만, 속으로 기력이 쇠퇴하여, 앞으로 나가고 뒤로 물러남을 재빨리 할 수 없고, 좌우로 움직임에 있어 신속히 못할 것이오니, 군주께서는 결국 후회하게 될 것이옵니다."라고 했다. 그러나 군주는 그의 말을 듣지 않았다.

9월에, 진(晉)나라 군주는 진(秦)나라 군사를 맞이하여, 한간(韓簡)을 시켜 그 군세(軍勢)를 살피게 했다. 적세(敵勢)를 살피러 나갔던 한간이 보고하기를, "군사 수는 우리보다 적사오나, 잘 싸울 군대는 우리의 배나 되옵니다."라고 했다. 그러자 진나라 혜공은, "그것은 왜 그런가?"라고 물었다. 이에 대해서 한간은 말했다. "군주께서 다른 나라로 나가 계셨을 때에 진(秦)나라 군주의 원조를 받으셨고, 나라 안으로 들어오심에는 그 은혜를 받으셨으며, 우리나라가 기근이 들었을 때에는 진나라가 수출한 좁쌀을 먹었사오나, 세 차례 은혜를 베푼 것에 대하여 우리나라에서는 아무런 보답이 없었나이다. 그래서 진나라 군사가 쳐들어왔는데, 이제 다시 진나라 군사를 공격하게 되오나, 우리 군사의 사기는 떨어져 있사옵고, 진나라 군사의 사기는 떨치고 있사오니, 싸우는 실력은 배도 더 되올 것이옵니다." 그러자 혜공은, "한 남자를 상대로 함에 있어, 피하여 우쭐하게 할 수가 없는 것인데, 하물며 나라를 상대로 하고 있는 판에 진나라 군을 피하여 우리를 무시하게 할 수가 있겠는가?"라고 말했다. 그리고 바로 진(秦)나라 군주에게 싸움을 청해서 말하기를, "나는 못났으나, 국민 대중을 하나로 결합시킬 수가 있었는데 이제 풀어 흩어지게 할 수가 없소이다. 당신께서 돌아가지 않는다면, 싸우자는 당신의 말씀을 어길 수는 없소이다."라고 했다. 그러자 진(秦)나라 군주인 백작은 공손지(公孫枝)를 시켜 대답하기를, "당신이 당신의 본국으로 들어가지 못하고 있을 때 내가 당신의 신상을 걱정했고, 본국으로 들어가 군주로서 자리가 잡히지 못했을 때에는 내 일과 같이 여겨 근심했었소. 이제 실로 군주의 위치가 안정되어 있는데도, 내 어찌 감히 싸우자는 당신의 말을 들어주지 않겠소이까?"라고 했다. 그때 한간은 군주 앞을 물러나와 말하기를, "나는 운이 좋아야 포로가 되겠구나!"라고 했다.

임술날에 두 나라 군사는 한원(韓原)에서 싸웠는데, 진(晉)나라 군주의 전차를 끄는 말이 진수렁에 빠져 좌왕우왕(左往右往)하며 제자리에 멈춰 있게 되자, 혜공은 큰 소리로 경정을 불렀다. 그러자 경정은, "충고를 듣지 않고 점 친 결과를 따르지 않고, 스스로가 패전을 구해 놓고서, 어떻게 곤경을 빠져 나가려는가?"라 말하고는 피해 갔다. 양유미(梁由靡)가 한간이 탄 전차를 조종하고, 괵석(虢射)이 그 오른쪽에 타는 전사(戰士)가 되어서, 진(秦)나라 군주를 맞아 생포하려던 찰나였다. 그런데 그 순간에, 경정은 우리의 군주를 구해내라는 소리를 쳐, 진나라 군주를 생포하는 일을 그르치게 해서, 진(秦)나라 군주를 놓치고, 진(秦)나라 군이 도리어 진(晉)나라 군주를 잡아 돌아가게 되었다. 그때, 진(晉)나라 대부들은 군주를 위하여 머리를 풀어내리고, 저녁이면 풀 위에 자리잡고 잠을 자며 따라갔다. 그러자 진(秦)나라 군주는 그러지 못하게 하며 말하기를, "따라오고 있는 그대들은 어찌 그리 슬퍼하고 있는 건가? 내가 그대들의 군주를 데리고 서방으로 가는 것은, 진나라의 요망한 꿈 얘기와 같은 얘기를 없애버리자는 것일세. 내 어찌 감히 그대들의 군주를 우리나라로 데리고 가 해칠 것인가?"라고 했다. 그러자 진나라 대부들은 세 번 절하고, 머리를 땅 위에 대고 말하기를, "군주께서는 대지(大地)를 밟으시고, 하늘을 머리 위에 대하고 계시옵니다. 하늘과 땅이 실로 군주께서 이제 하신 말씀을 들었삽고, 신들도 군주의 말씀을 똑똑히 들었사옵니다."라고 했다.

┃주해┃ ○寇深矣(구심의) ─ 적(敵)이 우리 국내에 깊이 들어왔도다.

○鄭入也(정입야) ─ 정나라에서 바쳐 들어온 것이다.

○服習(복습) ─ 잘 익혀져 있음.

○及懼而變(급구이변) ─ 전쟁터에서 놀라 기분이 변함에 이르름.

○將與人易(장여인역) ─ 조종하는 사람과 차질이 있게 될 것임.

○狡憤(교분) ─ 어기는 기운을 떨침.

○陰血周作(음혈주작) ─ 혈기가 왕성해짐.

○張脉僨興(장맥분흥) ─ 혈맥이 부풀어오름.

○中乾(중건) ─ 체내(體內)의 기운이 쇠약함.

○出因其資(출인기자) ─ 나라를 떠나 양(梁)나라에 가 있었던 때에 진(秦)나라의 원조를 받았다.

○入用其寵(입용기총) ─ 본국으로 들어감에 진(秦)나라의 은혜를 입었음.

○飢食其粟(기식기속)－기근이 들어 그 나라의 좁쌀을 먹었음.

○倍猶未也(배유미야)－배(倍)라 해도 부족함. 배보다도 더함.

○不佞(불녕)－자신을 말하는 데 씀. 못난 나.

○無所逃命(무소도명)－싸우자는 영(令)에서 도망할 바가 없음.

○列(열)－나라 군주의 지위.

○壬戌(임술)－두예는 그의 주에 9월 13일이었다고 말했다. 경문(經文)에는 11월 임술로 되어 있는데, 전문(傳文)에는 9월 임술로 되어 있어 다르다. 그것은 진(晉)나라는 하력(夏曆)을 썼기 때문에, 주력(周曆)을 쓴 노나라 기록과는 두 달 차이가 있게 되었다. 즉 하력으로 9월은, 주력으로 11월.

○還濘(환녕)－진수렁에서 이리 돌고 저리 돎.

○反首(반수)－머리를 풀어 내리고.

○拔舍(발사)－풀 위에 자리하고 잠을 자다.

○晉之妖夢是踐(진지요몽시천)－진나라 호돌(狐突)이 곡옥(曲沃)에 가, 태자 신생(申生)의 영혼을 만났을 때, 태자는 천제(天帝)한테 죄 지은 혜공을 벌 줄 권한을 받았다 말하고, 또 진나라는 한(韓) 땅에서 패전을 할 것이라고 한, 꿈에서나 들을 수 있는 괴이한 말을 짓밟아 없애버리겠다는 말.

○豈敢以至(기감이지)－‘어찌 감히 우리나라에 데리고 가 해치겠는가?’의 뜻이 있다.

○在下風(재하풍)－‘밑의 바람부는 데에 있다.’인데, 바람불어 오는 데에 있으면 말소리가 잘 들림으로써 확실히 들었다는 뜻을 나타냈다.

목 희 문 진 후 장 지　　　　이 태 자 앵　　홍 여 녀 간 벽　　　등 대 이 리
穆姬聞晉侯將至,하고 以太子罃·弘與女簡璧,하여 登臺而履

신 언　　사 이 면 복 최 질 역　　　　차 고 왈　　상 천 강 재　　　사 아 양 군
薪焉,에 使以縗服衰絰逆,하고 且告曰, 上天降災,하여 使我兩君

비 이 옥 백 상 견　　　이 이 홍 융　　　약 진 군 조 이 입　　　즉 비
匪以玉帛相見,하고 而以興戎.이오니다 若晉君朝以入,이면 則婢

자 석 이 사　　　석 이 입　　즉 조 이 사　　　유 군 재 지　　　내
子夕以死,하고 夕以入,이면 則朝以死.리이다 唯君裁之.하소서 乃

舍諸靈臺.라 大夫請以入.이라 公曰, 獲晉侯,는 以厚歸也.라 旣

而喪歸,니 焉用之.아 大夫其何有焉,고 且晉人感憂,하여 以重我,

하고 天地以要我.라 不圖晉憂,면 重其怒也,요 我食吾言,은 背天

地也.라 重怒難任,이요 背天不祥,이니 必歸晉君.이라

公子縶曰, 不如殺之.이오니다 無聚慝焉.하소서 子桑曰, 歸之

而質其太子,면 必得大城.이리이다 晉未可滅.이오니다 而殺其君,

이면 祇以成惡.이로소이다 且史佚有言,하되 曰, 無始禍,하고 無怙

亂,하며 無重怒.하라 重怒難任,하고 凌人不祥.이라하오니다 乃許

晉平.이라

晉侯使郤乞告瑕呂飴甥,하고 且召之.라 子金敎之言曰, 朝國

人,하여 而以君命賞,하고 且告之曰, 孤雖歸,나 辱社稷矣,니 其

卜貳圉也.라 衆皆哭.이라

진(秦)나라 목공(穆公)의 부인이 진(晉)나라 군주가 잡혀서 도읍으
로 온다는 소문을 듣고는, 태자 앵(罃)과 그 동생 홍(弘), 그리고 딸
간벽(簡璧 : 簡과 璧, 二女라는 설도 있음)을 데리고, 대(臺)에 올라
땔나무를 쌓아 그 위에 자리를 잡았다. 그리고 상 당했을 때에 쓰는
관(冠)을 쓰고, 상복을 입고 가서, 목공에게 말하게 하기를, "하늘이
재앙을 내리어, 두 나라 군주가 서로 옥백(玉帛)의 선물을 교환하면
서 의의 좋게 만나 보게 하지 않고, 전쟁을 일으키게 했사옵니다. 만
일 진나라 군주가 아침에 도읍으로 들어오게 되면, 저는 저녁에 죽을

것이옵고, 저녁에 들어온다면, 저는 다음날 아침에 죽을 것이옵니다. 그러하오니 군주 재량대로 하옵소서."라고 했다. 이에 진나라 목공은, 진 혜공을 영대(靈臺)에 두게 했다. 그러자 진(秦)나라 대부들은 그를 데리고 도읍으로 들어가기를 원했다. 그러나 목공은 말했다. "진나라 군주를 생포한 것은, 큰 전공(戰功)을 가지고 도읍으로 돌아가자는 의도에서였다. 그런데 그를 도읍으로 데리고 들어간다면 상이 나게 되었으니, 어찌 그런 일이 있게 할 수 있겠는가. 그러면 대부들에게 무슨 이익이 있단 말인가. 그리고 진나라 사람들은 슬퍼하고 걱정하여, 나에게 무거운 짐을 지우고, 천지도 내가 한 말의 실행(實行)을 기다리고 있다. 진나라 사람들의 걱정을 헤아리지 않는다면 그들의 노기가 커지게 하고, 내가 나의 말을 실행하지 않으면 천지를 배신하는 것이 된다. 큰 노기는 견디어 내기 어렵고, 하늘을 배반하는 것은 상서롭지도 못한 짓이니, 진나라 군주는 반드시 돌려보내야 한다."

이 말에, 공자 집(縶)이 말하기를, "죽여 없애는 것만 못하옵니다. 살려서 진나라의 원한이 쌓이게 마옵소서."라고 했고, 자상(子桑)은, "진나라 군주를 돌려보내고 그 태자를 인질(人質)로 삼으면, 우리는 반드시 큰 성(城)을 얻을 것이옵니다. 진나라는 아직 멸망시킬 수는 없사옵니다. 진의 군주를 죽이시오면, 그야말로 미움 사는 것이 되옵니다. 그리고 주(周)의 대사(大史)였던 윤일(尹佚)이 말하기를, '화를 먼저 일으키지 말고, 남의 혼란된 틈에 쳐들어가지 말며, 남의 노기가 커지게 하지 말라. 노기가 커지면 감당하기 어렵고, 타인을 업신여기는 것은 상서롭지 못한 것이다.'라고 했사옵니다."라고 말했다. 이에 진 목공은 진(晉)나라에게 화목함을 허락했다.

진나라 군주 혜공은 극걸(郤乞)을 시켜 하려이생(瑕呂飴甥)에게 알리게 하고, 하려이생을 불러 자기를 데려가도록 하라고 말했다. 자금(子金)은 극걸에게 가르쳐 말하기를, "나랏일을 맡은 사람을 조정에 들게 하여, 군주의 명으로 준다고서 각기에 상을 주고, 그리고 그들에

게 군주의 말이라고 전해 이르기를, '나는 돌아가기는 하나, 국가 사
직을 욕되게 하였으니, 태자인 어(圉)를 내 대신 군주로 삼을 것을 점
쳐 보라.'고 하오."라고 했다. 그래서 극걸이 그대로 했더니, 뭇 사람
들이 다 울었다.

주해┃ ㅇ太子罃(태자영)―후일의 진(秦) 강공(康公).

ㅇ履薪(이신)―땔나무를 밟음. 불을 질러 타죽을 각오임을 나타냈다.

ㅇ婢子(비자)―부인이 자신을 말하는 겸칭(謙稱).

ㅇ靈臺(영대)―주 문왕(文王)의 유원지에 쌓은 대. 그런데 당시에는 대는
　이미 없어지고, 다만 지명만 남았다. 영대는 지금의 섬서성 우현(鄠縣)
　에 있다.

ㅇ重我(중아)―나에게 무거운 짐을 지웠다.

ㅇ天地以要我(천지이요아)―천지가 나의 말을 실행하기를 기다리고 있다.

ㅇ難任(난임)―적대(敵對)할 수 없다. 견디어 낼 수 없다.

ㅇ聚慝(취특)―원한이 쌓이게 함.

ㅇ史佚(사일)―주초(周初)의 대사(大史)였던 윤일(尹佚)을 말한다.

ㅇ子金(자금)―하려이생(瑕呂飴甥)의 자(字).

ㅇ卜貳圉(복이어)―어(圉)는 혜공의 태자로 뒷날의 회공(懷公). 이(貳)
　는 군주 자리를 대신 차지함. 태자 어가 군주 자리를 대신할 것을 점치
　게 함.

晉於是乎作爰田.이라 呂甥曰, 君亡之不恤,하고 而群臣是憂,
하시니 惠之至也.라 將若君何.오 衆曰, 何爲而可.오 對曰, 征繕
以輔孺子也.라 諸侯聞之,엔 喪君有君,하고 群臣輯睦,하며 甲兵
益多,라하여 好我者勸,하고 惡我者懼,리니 庶有益乎.인저 衆說.이
라 晉於是乎作州兵.이라

진(晉)나라는 이에 원전(爰田) 제도를 마련했다. 여생(呂甥)은 말하기를, "우리 군주께서는 외국에 가 계시는 처지를 걱정하시지 않고, 우리들 신하를 걱정하고 계시니, 다시없는 은혜입니다. 우리는 앞으로 군주를 어찌 하면 됩니까?"라고 했다. 그러자 뭇 사람들은, "어찌 하면 됩니까?"라고 말하였다. 그래서 여생은 대답했다. "우리는 조세(租稅)를 징수하여 무기를 수선하여 어린 아드님을 도웁시다. 다른 제후국의 군주들이 그것을 들으면, 군주를 잃어도 뒤를 잇는 군주가 있고, 조정의 모든 신하는 융합(融合)하여 화목하며, 무기도 더욱 많다고 평하여서, 우리를 좋아하는 편은 우호 관계를 더 깊게 하려 노력하고, 우리를 미워하는 편은 우리나라를 두려워할 것이니, 아마도 유익할 것입니다." 이 말에, 뭇 사람들은 좋아했다. 진나라는 이에 주병(州兵) 제도를 제정했다.

주해 ○爰田(원전)─원(爰)은 바꾼다는 뜻이 있다. 나라의 직할지(直轄地)에서 거두는 세금으로, 신하에게 상(賞)으로 주는 땅 대신 상을 주는 제도.
○君亡(군망)─군주가 외국에 가 있어 신세를 지는 것.
○征繕(정선)─조세를 징수하여 무기를 수선함.
○孺子(유자)─어린 아들. 후일의 회공(懷公)을 말함.
○輯睦(집목)─융합하여 화목함.
○勸(권)─우호 관계가 더욱 두터워지게 노력함.
○州兵(주병)─주(州)는 행정구역으로, 2천5백호(戶)가 있는 지역을 말한다. 병(兵)은 무기. 주병은 곧 각 주(州)의 장관에게 명해 일정한 무기를 제조하여 저장하는 제도.

초 진헌공 서가백희어진야 우귀매 지규
初,에 晉獻公,이 筮嫁伯姬於秦也,에 遇歸妹☰☰之暌☰☰.라
사소점지왈 불길 기주왈 사규양역무맹야 여승광
史蘇占之曰, 不吉.이오니다 其繇曰, 士刲羊亦無衁也,요 女承筐

^{역무황야} ^{서린책언} ^{불가상야} ^{귀매지규} ^{유무상야}
亦無貺也,라 西鄰責言,에 不可償也.라 歸妹之睽,는 猶無相也,

^{진지리} ^{역리지진} ^{위뢰위화} ^{위영패희} ^{차탈기}
요 震之離,는 亦離之震,으로 爲雷爲火,요 爲嬴敗姬,며 車説其

^복 ^{화분기기} ^{불리행사} ^{패우종구} ^{귀매규고}
輹,하고 火焚其旗,하며 不利行師,하고 敗于宗丘.라 歸妹睽孤,는

^{구장지호} ^{질기종고} ^{육년기포} ^{도귀기국} ^{이기기}
寇張之弧,니 姪其從姑,하고 六年其逋,에 逃歸其國,하야 而棄其

^가 ^{명년기사어고량지허}
家,하여 明季其死於高粱之虛.라

^{급혜공재진} ^왈 ^{선군약종사소지점} ^{오불급차부} ^한
及惠公在秦,에 曰, 先君若從史蘇之占,엔 吾不及此夫.아 韓

^{간시} ^왈 ^{귀상야} ^{서수야} ^{물생이후상} ^{상이}
簡侍,하여 曰, 龜象也,요 筮數也.로소이다 物生而後象,하고 象而

^{후자} ^{자이후유수} ^{선군지패덕} ^{급가수호} ^사
後滋,하며 滋而後有數.이오니다 先君之敗德,은 及可數乎.인가 史

^{소시점} ^{물종하익} ^{시왈} ^{하민지얼} ^{비강자천} ^준
蘇是占,이 勿從何益.이리오 詩曰, 下民之孽,은 匪降自天.이라 傳

^{답배증} ^{직경유인}
沓背憎,하니 職競由人.이라 하였나이다

전에, 진(晉)나라 헌공(獻公)이 딸 백희(伯姬)를 진(秦)나라로 시집
보낼 때 산가지 점을 치니, 귀매괘(歸妹卦)가 규괘(睽卦)로 변한다는
것이었다. 점치는 일을 장악하고 있는 사소(史蘇)는 점괘의 해설을
말했다. "불길하옵니다. 점괘의 글에는, '남자가 양(羊)을 칼로 찔러
죽여도 피가 나오지 않고, 여자가 대바구니를 손에 들어도 얻을 것이
없도다. 서방(西方)의 이웃 나라(진나라를 말한 것임)가 책망하여 몰
아붙여도 무어라 대답할 수 있는 것이 없다. 귀매괘가 규괘로 변한다
는 것은 도와줄 사람이 없다는 것과 같은 것이고, 진괘(震卦)가 이괘
(離卦)로 변하는 것은, 또한 이괘가 진괘로 변하는 것으로, 우레[雷]
가 되고 불[火]이 되며, 불기운이 성해져서는 영씨(嬴氏:秦의 國姓)
가 희씨(姬氏:晉의 國姓)를 쳐부수고, 수레가 수레바퀴의 테를 떼어

없애고, 불이 군기(軍旗)를 태워버리며, 군사를 거느리고 나아감에는 불리하고, 종구(宗丘)에서 패하게 된다. 귀매괘가 규괘로 변하여 고립되어짐은, 적이 활을 당기어 모는 격이니, 조카가 고모에게 의지하고, 6년 후에 피하여 자기 나라로 도망하여 돌아가, 집을 버리고는 다음 해에 고량(高梁)의 언덕에서 죽을 것이다.'라고 말해 있사옵니다."

혜공(惠公)이 진(秦)나라에 머물러 있게 되자 말하기를, "선대(先代) 군주께서 사소의 점을 좇으시었다면, 내 신세가 이에 이르지 않았을 것이다."라고 했다. 그러자 한간(韓簡)이 옆에서 모시고 있으면서 말했다. "거북점은 모양으로 나타나고, 산가지 점은 수(數)로 나타나옵니다. 만물은 낳아 모양이 생기고, 모양이 생긴 뒤에 크고 많아지며, 크고 많아져서 수가 있게 되옵니다. 선대 군주[獻公]의 나라를 망친 악덕(惡德)은 다 헤아릴 수가 있사옵니까? 사소의 그 점을 그대로 따랐던들 무슨 이익이 있었겠나이까? 시(詩)에 이르기를 '이 세상 사람이 받는 화야 하늘에서 내리는 것이 아니로세. 면전(面前)에선 좋아하고 뒤돌아 미워하니, 주로 싸움이야 인간 때문이로다.'라고 하여 있나이다."

▌주해▐ ㅇ士刲羊亦無衁也(사규양역무맹야)·女承筐亦無貺也(여승광역무황야)―귀매괘(歸妹卦)의 상륙(上六) 효사(爻辭). 귀매의 상괘(上卦)는 진괘(震卦 : ☳)로 장남에 해당되어 사(士)를 나타내고, 또 대[竹]에 해당되어 대바구니를 나타낸다. 그리고 하괘(下卦)는 태괘(兌卦 : ☱)로 소녀에 해당되어 여자를 나타내고 또 양(羊)을 나타낸다. 남자가 양을 칼로 찔러 죽여도 피가 나지 않고, 여자가 대바구니를 손에 들어도 얻을 것이 없다는 것은, 서로 응하는 것이 없으니 불길하다는 것이다.
ㅇ西鄰責言(서린책언)―태괘(兌卦)는 서방(西方)에 해당되고, 구설(口說)에 해당된다. 서방의 진(秦)이 진(晉)나라에 은혜를 베풀었으나, 진이 그 보답을 하지 않았기에, 진(秦)이 공격한다는 뜻이다.
ㅇ無相也(무상야)―규괘(睽卦)는 배반하여 떨어진다는 것을 나타낸다. 여자가 시집가 배반해서 떨어져 나가면, 남편에게는 돕는 사람인 아내가

없게 된다. 규괘는 이괘(離卦 : ☲)와 태괘(兌卦 : ☱)가 합쳐진 것인데,
하괘(下卦)인 태(兌)는 못〔澤〕에 해당하고, 상괘 이(離)는 불〔火〕에 해
당된다. 이것은 불이 타고 있는데, 못의 물이 흘러드는 격이다. 즉 백희
(伯姬)가 진(秦)나라로 시집가도 남편을 돕지 않고, 고립하여 있다는
것을 말한다.

o 爲雷爲火(위뢰위화)―진괘(震卦)는 우레에 해당하고, 이괘(離卦)는 불
에 해당되기에 이렇게 말한 것이다.

o 宗丘(종구)―한원(韓原)의 다른 이름. 한원에는 언덕이 있고, 그 언덕에
는 진(晉)나라의 종묘(宗廟)가 있었기에 종구라 했다.

o 歸妹睽孤(귀매규고)·寇張之弧(구장지호)―귀매괘의 상륙(上六)이 변
해서 규괘의 상구(上九)로 된 것은 배반하여 떨어져 고립하고, 적이 활
을 당기며 공격하는 난리를 만남을 나타낸다는 뜻.

o 姪其從姑(질기종고)―진(晉)나라 태자 어(圉)가 인질이 되어 진(秦)나
라로 가, 고모인 목공의 부인에게 의지한다는 뜻.

o 六年其逋(육년기포)―6년 뒤에 도망함. 진나라 태자 어는, 희공 17년
여름에 인질이 되어 진(秦)나라로 갔다가, 희공 22년 가을에 도망쳐 돌
아왔다.

o 明季(명년)―희공 23년에 진나라 혜공이 죽고, 그 다음해, 즉 희공 24
년 2월에 어(圉 : 懷公)가 중이(重耳 : 文公)한테 고량(高粱)의 언덕에
서 죽은 것을 두고 말한다. 주력(周曆)으로 24년 2월은, 하력(夏曆)으
로는 23년 12월에 해당된다. 여기에서 명년(明年)은 태자 어가 진나라
에서 도망친 다음해, 즉 하력으로 희공 23년 12월을 두고 말한다.

o 高粱(고량)―진(晉)나라 지명으로, 지금의 산서성 임분현(臨汾縣) 동
쪽 땅.

o 詩曰(시왈)―《시경》 소아(小雅) 시월지교편(十月之交篇)의 구절.

震夷伯之廟,는 罪之也.라 於是,에 展氏有隱慝焉.이라
(진이백지묘) (죄지야) (어시) (전씨유은특언)

冬,에 宋人伐曹,는 討舊怨也.라
(동) (송인벌조) (토구원야)

초패서우루림　서시구야
楚敗徐于婁林,은 徐恃救也.라

이백(夷伯)의 사당에 벼락이 친 것은, 하늘이 벌을 내린 것이다. 이
때, 전씨(展氏)에게는 알려지지 않은 죄악이 있었다.

겨울에 송나라 사람이 조나라를 친 것은, 전의 원한을 푼 것이다.

초나라가 서나라를 누림(婁林)에서 쳐부순 것은, 서나라가 (제나라
가) 구해줌을 믿고 있었기 때문이다.

시월　진음이생회진백　맹우왕성　진백왈　진국화
十月,에 晉陰飴甥會秦伯,하여 盟于王城.이라 秦伯曰, 晉國和

호　대왈　불화　소인치실기군　이도상기친
乎.아 對曰, 不和.이오니다 小人恥失其君,하고 而悼喪其親,하여

불탄정선　이립어야　왈 필보수　영사이적
不憚征繕,하여 以立圉也,에 曰, 必報讎.하리라 寧事夷狄,이라하옵

　군자애기군　이지기죄　불탄정선　이대진명
고 君子愛其君,이나 而知其罪,하여 不憚征繕,하여 以待秦命,에

왈 필보덕　유사무이　이차불화
曰, 必報德.일지라 有死無二.하리라하오니다 以此不和.이로소이다

　진백왈, 국위군하　대왈 소인척위지불면　군자
秦伯曰, 國謂君何.아 對曰, 小人慼謂之不免,이라하옵고 君子

서이위필귀　소인왈 아독진　진기귀군　군
恕以爲必歸.이오니다 小人曰, 我毒秦,에 秦豈歸君,이라하옵고 君

자왈 아지죄의　진필귀군　이이집지　복이사지
子曰, 我知罪矣,에 秦必歸君.하리라 貳而執之,하고 服而舍之,는

덕막후언　형막위언　복자회덕　이자외형　차일
德莫厚焉,이오 刑莫威焉.이라 服者懷德,하고 貳者畏刑.이라 此一

역야　진가이패　납이부정　폐이불립　이덕위원
役也,로 秦可以霸.라 納而不定,하고 廢而不立,은 以德爲怨,이어

늘 진불기연　진백왈 시오심야　개관진후
늘 秦不其然.이리라하오니다 秦伯曰, 是吾心也.라 改館晉侯,하여

궤칠뢰언
饋七牢焉.이라

^{아 석 위 경 정 왈} ^{합 행 호} ^{대 왈} ^{함 군 어 패} ^{패 이 불 사}
蛾析謂慶鄭曰, 盍行乎.아 對曰, 陷君於敗,하고 敗而不死.라

^{우 사 실 형} ^{비 인 신 야} ^{신 이 불 신} ^{행 장 언 입} ^{십 일 월}
又使失刑,이면 非人臣也.라 臣而不臣,에 行將焉入.고 十一月,에

^{진 후 귀} ^{정 축 살 경 정 이 후 입} ^{시 세} ^{진 우 기} ^{진 백 우 궤}
晉侯歸.라 丁丑殺慶鄭而後入.이라 是歲,에 晉又飢.라 秦伯又餽

^{지 속 왈} ^{오 원 기 군} ^{이 긍 기 민} ^{차 오 문} ^{당 숙 지 봉 야}
之粟曰, 吾怨其君,이나 而矜其民.이라 且吾聞,하되 唐叔之封也,

^{기 자 왈} ^{기 후 필 대} ^{진 기 용 가 기 호} ^{고 수 덕 언} ^{이 대}
에 箕子曰, 其後必大.라 晉其庸可冀乎.아 姑樹德焉,하여 以待

^{능 자} ^{어 시} ^{진 시 정 진 하 동} ^{치 관 사 언}
能者.하리라 於是,에 秦始征晉河東,하고 置官司焉.이라

　

　10월에, 진(晉)나라 음(陰) 땅의 영주(領主)인 이생(飴甥)이 진(秦)나라 군주인 백작을 만나, 왕성(王城)에서 맹서하였다. 그때 진나라 군주는 이생에게, "진(晉)나라는 화목한가?"라고 물었다. 이에 대하여 이생은 대답했다. "화목하지 않사옵니다. 아랫사람들은 군주를 잃은 것을 부끄러워하옵니다. 그리고 그들의 육친(肉親)을 잃은 것을 슬퍼하여, 세금을 징수하여 병기(兵器) 갖춤에 힘써, 태자 어(圉)를 군주로 세우려 하면서 말하기를 '반드시 원수를 갚으리라. 어찌 오랑캐를 섬길 것인가?'라 하옵고, 윗사람들은 우리의 군주를 사랑하되, 진(秦)나라에 대해서 지은 죄를 알아, 세금을 징수하여 병기를 갖추기에 힘쓰면서 진나라의 하명(下命)을 기다리며 말하기를, '우리는 반드시 진나라의 덕에 보답할 것이니라. 우리는 죽어도 다시는 진나라를 배반하는 마음을 갖지 않으리라.'라고 하옵니다. 그리하여 국내는 화목하지 않사옵니다."

　진(秦)나라 군주가 다시, "나라 사람들은 그대의 군주가 어찌 될 거라고 여기고 있는가?"라고 물으니, 이생은 대답했다. "아랫사람들은 슬퍼하며 군주가 화를 면할 수 없을 거라고 이르옵고, 윗사람들은 군주의 마음을 헤아리어 반드시 돌아올 거라고 여기옵니다. 아랫사람들

은 말하기를, '우리가 진나라를 해롭게 했는데, 진(秦)나라가 어찌 우리 군주를 돌려줄 것인가?'라 하옵고, 윗사람들은 말하기를, '우리가 죄 지었음을 깨닫고 있으니 진나라는 반드시 우리의 군주를 돌려보낼 것이다. 배반해서 붙잡고 굴복하게 되어지자 놓아준다는 것은, 덕이 이보다 더 두터움이 없는 일이고, 형벌을 줌에 있어 이보다 더 위엄 있는 것이 없는 일이다. 굴복하는 자는 덕에 감복하게 되고, 배반하는 자는 내려지는 형벌을 두려워한다. 이번의 싸움으로 진나라는 제후국의 우두머리가 될 수 있게 되었다. 우리의 군주 혜공(惠公)을 나라로 들어가 군주가 되게 했다가, 그 자리에 안정되게 않고, 그 자리를 빼앗았다가 다시 그 자리에 세워주지 않는 것은, 덕을 베풀었다가 원망을 사게 하는 일인데, 진나라는 그리하지는 않을 것이다.'라고 하옵니다." 이 말을 듣고 난 진나라 군주는, "그게 곧 내 마음일세."라고 말했다. 그리고 진나라 군주 혜공의 숙소를 좋은 데로 바꾸고, 훌륭한 식사로 대접하게 했다.

아석(蛾析)이 경정(慶鄭)에게 말하기를, "어찌 다른 나라로 가지 않습니까?"라고 했다. 그러자 경정은 말하기를, "군주를 패(敗)하는 데로 빠뜨렸고, 싸움에 패했으면서도 죽지 않았소이다. 그러고서도 다시 군주가 죄 지은 나에게 벌을 내리지 못하게 도망한다면 신하의 도리가 아니오. 신하로서 신하 노릇을 못하고서, 다른 나라로 간들 어느 나라로 들어갈 수가 있겠소?"라고 하였다. 11월에 진나라 군주인 혜공이 돌아갔다. 그는 정축날에 경정을 죽이고서 도읍으로 들어갔다. 이 해에, 진(晉)나라에는 또 기근이 들었다. 그러자 진(秦)나라 군주는 진(晉)나라에게 좁쌀을 대어 주고 말하기를, "나는 그 군주를 원망하고 있기는 하나, 그 백성들은 불쌍히 여기고 있다. 그리고 나는 들었으되, 당숙(唐叔)이 제후국 군주로 봉을 받았을 때 기자(箕子)가 말하기를, '그의 후손은 반드시 왕성하여 크게 번성하리라.'라고 했다는 것이다. 그러니 진나라를 쉽사리 손에 넣는 것을 바랄 수가 있으라? 내 잠시 덕을 베풀어, 진나라의 훌륭한 군주 나기를 기다리리다."라고 했다. 이때, 진(秦)나라는 비로소 진(晉)나라의 하동(河東) 땅을 차지하여 세금을 매기고, 관리를 두어 다스렸다.

주해 ㅇ陰(음)—지금의 산서성 분현(汾縣) 동북쪽 땅으로, 이생(飴甥)의 영유지.
ㅇ王城(왕성)—진(秦)나라 지명으로 섬서성 조읍현(朝邑縣) 동쪽 땅.
ㅇ夷狄(이적)—진(秦)나라를 낮추어 말한 것.
ㅇ納而不定(납이부정)—진(秦)나라가 전에 진(晉)나라 혜공을 본국으로 들어가 군주가 되게 하고서도, 그 지위를 안정시켜 주지 않음을 말한다.
ㅇ廢而不立(폐이불립)—한원(韓原)의 싸움에서 혜공을 잡아 군주 노릇을 못하게 하고, 다시 군주로 삼지 않음을 말한다.
ㅇ蛾析(아석)—진(晉)나라 대부.
ㅇ丁丑(정축)—11월 29일.
ㅇ饋(궤)—식량을 보내줌.
ㅇ七牢(칠뢰)—소·돼지·양(羊)고기로 만든 요리의 각 한 가지씩을 차린 것을 1뢰(牢)라 했다. 칠뢰는 그 7배. 즉 풍성한 요리(식사)를 말한다.
ㅇ唐叔(당숙)—무왕(武王)의 아들로 진(晉)나라 군주의 시조.
ㅇ箕子(기자)—은(殷)나라 주왕(紂王)의 서형(庶兄)이라 하기도 하고, 주왕의 친척이라고도 한다.
ㅇ能者(능자)—훌륭한 사람(군주).
ㅇ河東(하동)—황하(黃河) 동쪽으로, 지금의 산서성 영제(永濟)·영하(榮河) 사이의 땅을 말한다. 하내(河內)라고도 일렀다.

제6

희공 중
僖公 中

장공(莊公)의 서자. 민공(閔公)의 서형(庶兄). 재위 기원전 659~627

經| ○十有六年春王正月戊申朔,에 隕石于宋五.라
_{십유륙년춘왕정월무신삭} _{운석우송오}

○是月,에 六鶂退飛,하여 過宋都.라
_{시월} _{육역퇴비} _{과송도}

○三月壬申,에 公子季友卒.이라
_{삼월임신} _{공자계우졸}

○夏四月丙申,에 鄫季姬卒.이라
_{하사월병신} _{증계희졸}

○秋七月甲子,에 公孫玆卒.이라
_{추칠월갑자} _{공손자졸}

○冬十有二月,에 公會齊侯·宋公·陳侯·衛侯·鄭伯·許男·
_{동십유이월} _{공회제후 송공 진후 위후 정백 허남}

邢侯·曹伯于淮.라
_{형후 조백우회}

16년 봄 천자가 쓰는 역으로 정월 무신날인 초하루에, 송나라에 운석(隕石) 다섯 개가 떨어졌다.

이 달에 여섯 마리의 역새[鶂]가 바람에 밀리어 뒤로 날아 송나라 도읍을 지나갔다.

3월 임신날에, 공자 계우(季友)가 세상을 떠났다.

여름 4월 병신날에, 증나라 계희(季姬)가 세상을 떠났다.

가을 7월 갑자날에, 공손(公孫) 자(茲)가 세상을 떠났다.

겨울 12월에, 공이 제나라 군주인 후작·송나라 군주인 공작·진(陳)나라 군주인 후작·위나라 군주인 후작·정나라 군주인 백작·허나라 군주인 남작·형(邢)나라 군주인 후작·조나라 군주인 백작들과 회(淮)에서 회합을 가졌다.

주해   ○鷁(역)-새 이름으로, 암컷과 수컷이 서로 보기만 하여 새끼를 배고, 입으로 토해서 새끼를 낳는다는 물새.

○退飛(퇴비)-바람에 밀려 뒤로 나는 것.

○公孫茲(공손자)-숙손대백(叔孫戴伯). 공자 아(牙)의 아들로 숙손씨(叔孫氏)의 시조.

○淮(회)-지금의 안휘성(安徽省) 우치현(盱眙縣)·오하현(五河縣)과 강소성(江蘇省) 회음현(淮陰縣) 부근의 땅.

傳 十六年春,에 隕石于宋五,는 隕星也.라 六鷁退飛,하여 過宋都,는 風也.라 周内史叔興聘于宋,에 宋襄公問焉曰, 是何祥也.오 吉凶焉在.오 對曰, 今茲,에 魯多大喪,하고 明年,에 齊有亂.이리다 君將得諸侯,나 而不終.이리다 退而告人曰, 君失問.이라 是陰陽之事也,요 非吉凶所生也.라 吉凶由人,이어늘 吾不敢逆君故也.라

夏,에 齊伐厲,나 不克,하고 救徐而還.이라

秋,에 狄侵晉,하여 取狐廚·受鐸,하고 涉汾及昆都,하니 因晉

敗也.라 王以戎難告于齊,하시니 齊徵諸侯,하여 而戍周.라

冬十一月乙卯,에 鄭伯殺子華.라 十二月會于淮,는 謀鄫且東

略也.라 城鄫,에 役人病,하고 有夜登丘而呼者,하여 曰, 齊有亂.

이라 不果城而還.이라

16년 봄에 송나라에 별똥별 다섯 개가 떨어졌다는 것은 유성(流星)이었다. 그리고 여섯 마리의 역새〔鷁〕가 바람에 불려 뒤로 날아 송나라 도읍을 지나간 것은, 바람이 세게 불어서였다. 그때 주(周)나라 내사(內史)인 숙흥(叔興)이 송나라를 방문하였는데, 송나라 양공이 그 일들에 대하여 묻기를, "이것은 무슨 일의 징조요? 길흉(吉凶)이 어느 나라에 있는 것이오?"라고 했다. 그러자 숙흥은 대답하기를, "금년에 노나라에는 큰 상(喪)이 여러번 있을 것이고, 명년에 제나라에는 난리가 있을 것이옵니다. 그리고 군주께서는 앞으로 제후들을 거느리실 것이지만 오래가지는 못할 것입니다."라고 했다. 이렇게 대답한 그는 송나라 군주 앞을 물러나와 어느 사람에게 말하기를, "군주께서는 쓸데없는 질문을 하셨소. 운석이 떨어진 것이나 역새가 뒤로 나는 일은 음양(陰陽) 관계에 의한 자연 변화의 일일 뿐, 길하고 흉한 것을 낳는 일이 아닌 것이오. 길흉이라는 것은 사람으로 말미암아 나는 것이지만, 나는 감히 군주의 마음을 거슬리게 할 수가 없었기에 제대로 말하지 않았소."라고 했다.

여름에 제나라가 여나라를 정벌하였으나 이기지 못하고 서나라만 구하고 돌아갔다.

가을에, 적(狄) 오랑캐가 진(晉)나라를 침범해서 호주(狐廚)·수탁(受鐸)을 점령하고, 분수(汾水)를 건너 곤도(昆都)까지 쳐들어갔는데, 그것은 진나라가 싸워 패해서였다. 천자가 융(戎) 오랑캐의 난리를

제나라에 알리니, 제나라는 제후들의 군대를 징발하여 주(周)나라를
지켰다.

　겨울 11월 을묘날에, 정나라 군주인 백작이 아들 화(華)를 죽였다.
12월에 회(淮)에서 회합을 가진 것은, 증나라 일을 상의하고, 또 동방
(東方)을 공략하는 일 때문이었다. 그때 증나라에 성을 쌓았는데, 일
꾼들이 피로했고, 저녁에 언덕에 올라 큰 소리를 치는 자가 있었는데,
그가 소리쳐 말하기를, "제나라에 난리가 났다!"라고 하였다. 그래서
성을 다 쌓지 못한 채 돌아갔다.

주해 | ○祥(상)-징조.
　○大喪(대상)-높은 지위의 사람이 죽은 상.
　○得諸侯(득제후)-제후들의 우두머리가 되어 거느림.
　○不終(부종)-오래가지 못함.
　○乙卯(을묘)-11월 13일.
　○鄭伯殺子華(정백살자화)-화는 당시에 정나라 태자. 희공 9년조에 '자
　　화유시득죄어정(子華由是得罪於鄭 : 태자 화는 이로 말미암아 정나라에
　　서 벌을 받게 되었다)'의 기사와 맥이 통한다.
　○東略(동략)-동방을 경략(經略)함.

經 | ○十有七年春,에 齊人·徐人伐英氏.라
　　　　　　십유칠년춘　　　제인　　서인벌영씨

　○夏,에 滅項.이라
　　　　하　　멸항

　○秋,에 夫人姜氏會齊侯于卞.이라
　　　　추　　부인강씨회제후우변

　○九月,에 公至自會.라
　　　　구월　　공지자회

　○冬十有二月乙亥,에 齊侯小白卒.이라
　　　동십유이월을해　　　제후소백졸

　17년 봄에, 제나라 사람·서나라 사람들이 영(英)나라를 쳤다.

여름에 항(項)나라를 멸망시켰다.

가을에, 부인 강씨가 제나라 군주인 후작과 변(卞)에서 만났다.

9월에, 공이 회합에서 돌아왔다.

겨울 12월 을해날에, 제나라 군주인 후작 소백(小白)이 세상을 떠났다.

주해 | ○英氏(영씨)—다만 영(英)이라고도 했다. 고요(皐陶) 자손의 봉국(封國)으로, 당시 초나라의 속국이었다. 지금의 안휘성 육안현(六安縣) 서남방에 위치했다.

○項(항)—나라 이름으로 지금의 하남성 항성현(項城縣) 동북부에 위치했다.

○卞(변)—노나라 지명으로 지금의 산동성 사수현(泗水縣) 동쪽 땅.

○十有二月乙亥(십유이월을해)—12월 9일. 그런데, 전(傳)에는 '시월을해(十月乙亥)'로 말하고 있다. 그것은 제나라에 내란이 있어 알린 것이 늦어서 착오가 생긴 것이다.

○齊侯小白(제후소백)—제나라 환공(桓公).

傳 | 十七年春,에 齊人爲徐伐英氏,하여 以報婁林之役也.라
십칠년춘 *제인위서벌영씨* *이보루림지역야*

夏,에 晉太子圉爲質於秦.이라 秦歸河東,하고 而妻之.라 惠公
하 *진태자어위질어진* *진귀하동* *이처지* *혜공*

之在梁也,에 梁伯妻之,러니 梁嬴孕過期.라 卜招父與其子卜之.
지재량야 *양백처지* *양영잉과기* *복초보여기자복지*

라 其子曰, 將生一男一女.라 招曰, 然.이라 男爲人臣,하고 女爲
기자왈 *장생일남일녀* *초왈* *연* *남위인신* *여위*

人妾.이라 故로 名男曰圉,하고 女曰妾.이라 及子圉西質秦,에 妾
인첩 *고* *명남왈어* *여왈첩* *급자어서질진* *첩*

爲宦女焉.이라
위환녀언

師滅項.이라 淮之會,에 公有諸侯之事,로 未歸而取項.이라 齊
사멸항 *회지회* *공유제후지사* *미귀이취항* *제*

人以爲討而止公.이라
인이위토이지공

추 성강이공고 회제후우변 구월 공지 서왈
秋,에 聲姜以公故,로 會齊侯于卞,하고 九月,에 公至.라 書曰
지자회 유유제후지사언 차휘지야
至自會,는 猶有諸侯之事焉,하고 且諱之也.라

17년 봄에, 제나라 사람이 서나라를 위하여 영나라를 쳐서, 누림의 싸움에 대한 보복을 했다.

여름에, 진(晉)나라 태자 어(圉)가 진(秦)나라에 인질이 되었다. 진(秦)나라는 하동 땅을 진(晉)나라에 돌려주고, 태자에게 공녀(公女)를 아내로 삼게 하였다. 진나라 혜공이 양(梁)나라로 가 있을 때, 양나라 군주인 백작은 혜공에게 공녀를 부인으로 주었더니, 혜공의 부인인 양나라 공녀 영씨(嬴氏)는 아기를 가져 출산할 기일을 넘겼다. 복관(卜官)인 복초보(卜招父)가 아들과 같이 거북의 등을 구워 점을 쳤다. 아들이 말하기를, "앞으로 한 남자와 한 여자를 낳을 것입니다."라 했다. 그러자 초보가 말하기를, "그렇다. 남자는 다른 사람의 신하가 되고, 여자는 남의 천한 사람이 될 것이다."라고 했다. 그래서 남자 아이는 어(圉)라 이름지어 부르고, 여자 아이는 첩(妾)이라 이름지어 불렀다. 태자 어가 진나라에 인질이 되어 서쪽으로 가니, 첩은 진나라의 여관(女官)이 되어 갔다.

우리 노나라 군사가 항나라를 멸망시켰다. 회(淮)에서의 회합에, 공은 제후들과의 일이 있어 돌아오지 않았다가 항나라를 쳐 빼앗았다. 그러자 제나라 사람은 그것은 도리에 맞는 일이 아니라고 공을 잡아 억류시켰다.

가을에, 부인 성강(聲姜)이 공에 대한 일로 제나라 군주인 후작과 변(卞)에서 만났다. 9월에 공이 돌아왔다. 경문(經文)에 회합에서 돌아왔다고만 써 말한 것은 제후들과의 일이 있어, 그 일을 마치고 돌아왔다는 것같이 한 것이고, 또 한편은 희공이 잡혔던 사실에 대해서 말하기를 꺼렸기 때문이다.

주해 ㅇ圉(어)-본 뜻은 말[馬] 먹이는 사람.

ㅇ妾(첩)-남의 천한 사람. 여기에서는 처첩(妻妾)의 첩이 아니다.

ㅇ爲討(위토)-도리에 맞는 일이 아님.

ㅇ止公(지공)-공을 잡다.

ㅇ聲姜(성강)-제 환공의 딸로 희공의 부인.

제후지부인삼 왕희 서영 채희 개무자 제후호
齊侯之夫人三,이나 **王姬·徐嬴·蔡姬,**는 **皆無子.**라 **齊侯好**

내 다내총 내폐여부인자륙인 장위희생무맹
內,하여 **多內寵.**이라 **內嬖如夫人者六人,**에 **長衛姬生武孟,**하고

소위희생혜공 정희생효공 갈영생소공 밀희생의
少衛姬生惠公,하며 **鄭姬生孝公,**하고 **葛嬴生昭公,**하며 **密姬生懿**

공 송화자생공자옹 공여관중속효공어송양공 이
公,하고 **宋華子生公子雍.**이라 **公與管仲屬孝公於宋襄公,**하여 **以**

위태자 옹무유총어위공희 인시인초이천수어공 역
爲太子.라 **雍巫有寵於衛恭姬,**에 **因寺人貂以薦羞於公,**하니 **亦**

유총 공허지립무맹 관중졸 오공자개구립
有寵.이라 **公許之立武孟.**이라 **管仲卒,**하니 **五公子皆求立.**이라

동시월을해 제환공졸 역아입 여시인초인내총이
冬十月乙亥,에 **齊桓公卒.**이라 **易牙入,**하여 **與寺人貂因內寵以**

살군리 이립공자무휴 효공분송 십이월을해부
殺群吏,하고 **而立公子無虧,**하니 **孝公奔宋.**이라 **十二月乙亥赴,**하

신사야빈
고 **辛巳夜殯.**이라

제나라 군주인 후작[桓公]은 부인이 셋 있었으나, 왕희·서영·채희는 다 아들을 낳지 못했다. 제나라 군주 환공은 여자를 좋아하여, 사랑하는 첩이 많았다. 그래서 애첩(愛妾)으로서 정부인(正夫人)과 같은 대우를 받은 여자가 여섯 있었는데, 그들 중 큰위희(衛姬)는 무맹(武孟)을 낳았고, 작은위희는 혜공을 낳았으며, 정희는 효공(孝公)을 낳았고, 갈영은 소공을 낳았으며, 밀희는 의공을 낳았고, 송나라 화씨(華氏) 딸은 공자 옹을 낳았다. 환공과 관중(管仲)은 효공을 송

나라 양공(襄公)에게 부탁하고 태자로 삼았다. 당시에 궁중의 식사(食事) 일을 맡는 벼슬을 하고 있던 이름을 무(巫)라 하는 자가 공희(恭姬)라고 불리운 큰위희에게 총애를 받고 있는 터에, 내시관 초(貂)를 중개(仲介)로 하여 환공에게 좋은 요리를 올리니, 또한 그를 총애하게 되었다. 그 결과 환공은 무맹을 태자로 세울 것을 허락했다. 관중이 세상을 떠나자, 다섯 공자가 제각기 태자가 되기를 요구했다.

겨울 10월 을해날에, 제나라 환공이 세상을 떠났다. 그러자 역아(易牙)는 궁중으로 들어가, 내시관 초와 같이 환공의 애첩 큰위희의 힘을 입어 반대파의 여러 벼슬아치를 죽이고, 공자 무휴(無虧)를 군주로 세우니, 효공은 송나라로 도망했다. 12월 을해날에 환공의 죽음을 제후들에게 알리고, 신사날에야 입관(入棺)했다.

주해 ○王姬(왕희)−천자의 딸. 장공(莊公) 11년의 경(經)에 '동왕희귀 우제(冬王姬歸于齊)'라는 기록이 있다.

○徐嬴(서영)−성이 영인 서(徐)나라 군주의 딸.

○蔡姬(채희)−성이 희인 채(蔡)나라 군주의 딸.

○長衛姬(장위희)−군주의 성이 희인 위나라의 큰공녀(公女). 동생을 소위희(少衛姬)라 했다.

○惠公(혜공)−공자로 있을 때의 이름은 원(元).

○鄭姬(정희)−군주의 성이 희인 정나라의 공녀.

○孝公(효공)−공자로 있을 때의 이름은 소(昭).

○葛嬴(갈영)−군주의 성이 영인 갈나라의 공녀.

○昭公(소공)−공자로 있을 때의 이름은 반(潘).

○密姬(밀희)−군주의 성이 희인 밀나라의 공녀. 밀나라는 지금의 하남성 밀현(密縣) 동남부에 위치했다.

○懿公(의공)−공자로 있을 때의 이름은 상인(商人).

○宋華子(송화자)−송나라 화씨의 딸.

○雍(옹)−궁중의 식사를 맡아보는 벼슬.

○衛恭姬(위공희)−큰위희를 공희라 불렀는데, 주나라 천자의 딸인 왕희

(王姬)도 공희라 불렀기에 구별하기 위하여, 큰위희를 위공희라 했다.

o 羞(수)-올리는 좋은 요리.

o 易牙(역아)-무(巫)의 자(字).

o 群吏(군리)-무맹(武孟)을 세우는 일을 반대한 대부들.

o 無虧(무휴)-무맹.

o 辛巳(신사)-환공이 죽은 지 67일 되던 날.

o 殯(빈)-입관하는 일.

經| o 十有八年春王正月,에 宋公·曹伯·衛人·邾人伐齊.라

o 夏,에 師救齊.라

o 五月戊寅,에 宋師及齊師戰于甗,하여 齊師敗績.이라

o 狄救齊.라

o 秋八月丁亥,에 葬齊桓公.이라

o 冬,에 邢人·狄人伐衛.라

18년 봄 천자가 쓰는 역으로 정월에, 송나라 군주인 공작·조나라 군주인 백작·위나라 사람·주나라 사람들이 제나라를 쳤다.

여름에, 노나라 군사가 제나라를 구했다.

5월 무인날에, 송나라 군사가 제나라 군사와 언(甗)에서 싸워, 제나라 군사가 패배했다.

적(狄) 오랑캐가 제나라를 구했다.

가을 8월 정해날에, 제나라 환공을 장사 지냈다.

겨울에, 형(邢)나라 사람·적(狄) 오랑캐가 위나라를 쳤다.

주해| o 伐齊(벌제)-전년(前年)에, 제나라에서 무맹이 군주가 되자, 태

자였던 공자 소(昭 : 후의 효공)가 송나라로 도망갔는데, 제나라를 비롯한 제후국은 그를 본국으로 돌아가게 하기 위해서, 제나라를 공격했다.

○師(사)-노나라 군사.

○五月戊寅(오월무인)-5월 15일.

○宋師及齊師戰(송사급제사전)-정월에는 송·조·위·주 등의 나라 사람들이 제나라를 치러 갔는데, 5월에는 송나라 군사만 제나라와 싸운 것은 제나라의 무휴(無虧)가 3월에 죽었기에, 다른 나라 군사는 다 돌아갔고, 다만 송나라 군사만 남아 싸웠던 것이다.

○甗(언)-제나라 지명으로, 지금의 산동성 역성현(歷城縣) 경계.

○八月丁亥(팔월정해)-두예는 8월에는 정해날이 없었으니, 날짜 기록이 잘못되었다고 그의 주에서 말했다.

傳│ 十八年春,에 宋襄公以諸侯伐齊.라 三月,에 齊人殺無虧.라

鄭伯始朝于楚,에 楚子賜之金.이라 旣而悔之,하고 與之盟曰,

無以鑄兵.이라 故로 以鑄三鐘.이라

齊人將立孝公,이라가 不勝四公子之徒,하여 遂與宋人戰.이라

夏五月,에 宋敗齊師于甗,하고 立孝公而還.이라

秋八月,에 葬齊桓公.이라

冬,에 邢人·狄人伐衛,하여 圍菟圃.라 衛侯以國讓父兄子弟

及朝衆曰, 苟能治之,면 燬請從焉,이라한데 衆不可.라 而後師于

訾婁,하니 狄師還.이라

梁伯益其國,하여 而不能實也.라 命之曰新里,러니 秦取之.라

18년 봄에, 송나라 양공이 제후들을 이끌고 제나라를 쳤다. 3월에

제나라 사람이 무휴를 죽였다.

정나라 군주인 백작이 처음으로 초나라 군주를 찾아가 뵈니 초나라 군주인 자작이 동(銅)을 주었다. 그리고 나서 동을 준 것을 후회하고, 정나라 군주와 맹서하며 말하기를, "이 동으로 무기는 만들지 마시오."라고 했다. 정나라 군주는 그 동으로 세 개의 종을 만들었다.

제나라 사람이 효공(孝公)을 군주로 세우려 했다가, 다른 네 공자를 옹호하는 무리를 이기지 못하고, 마침내 송나라 사람과 싸웠다. 여름 5월에, 송나라 군사는 제나라 군사를 언(甗)에서 패배시키고, 효공을 군주로 세우고 돌아갔다.

가을 8월에 제나라 환공을 장사 지냈다.

겨울에, 형(邢)나라 사람과 적(狄) 오랑캐가 위나라를 쳐, 토포(菟圃)를 포위했다. 위나라 군주인 후작이 아버지 항렬이 되고 형뻘이 되는 사람, 자제들, 그리고 조정 군신(群臣)과 군주 자리를 물려줄 일을 가지고 말하기를, "진실로 나라를 잘 다스릴 수 있는 사람이라면, 나는 훼(燬)에게 자리를 물려주고, 그를 따르기를 원하오."라고 했다. 그러나 사람들은 다 그럴 수 없다고 했다. 그리고 난 뒤에 그는 자루(訾婁)에 군사를 내어 군진을 치니, 적 오랑캐가 돌아갔다.

양(梁)나라 군주인 백작은 국경 지대를 넓히고서도 백성을 옮기어 그 땅을 실하게 할 수가 없었다. 그 땅을 신리(新里)라 이름 붙여 불렀는데, 진(秦)나라가 점령하여 차지했다.

▌주해│ ○鄭伯始朝于楚(정백시조우초)―정나라 군주가 비로소 초나라 군주를 찾아가다. 전에 정나라는 패자(覇者)인 제나라 군주를 따랐지만, 제나라 환공이 세상을 떠나자 제나라에서 떨어져나가고, 초나라와 같은 편이 되기 위해서 초나라 군주를 찾아간 것이다.

○金(금)―동(銅)을 말한다.

○四公子(사공자)―원(元 : 惠公)·번(潘 : 昭公)·상인(商人 : 懿公)·옹(雍).

ㅇ菟圃(토포)-위나라 지명.

ㅇ父兄子弟(부형자제)-위나라 문공(文公) 자신의 백부(伯父)·숙부(叔父)·형제·아들 또는 아들뻘 되는 친척.

ㅇ朝衆(조중)-조정의 여러 신하.

ㅇ燬(훼)-위나라 문공의 이름.

ㅇ訾婁(자루)-위나라 지명으로, 지금의 하남성 활현(滑縣) 서남쪽 땅.

ㅇ益其國(익기국)-국경 지대를 넓힘.

ㅇ實(실)-주민(住民)을 이주시켜 채움.

해설┃ 제나라 환공(桓公)이 죽은 뒤 무휴(無虧)가 일시 군주가 되었다고는 하나, 그는 정식 군주로 인정받지 못하고, 환공의 다음 군주로는 효공이었다고 인정했다. 환공의 아들들이 대를 이은 것은 다음과 같다.

환공(桓公)-효공(孝公)-소공(昭公)-의공(懿公)-혜공(惠公)-경공(頃公)

經┃ ㅇ十有九年春王三月,에 宋人執滕子嬰齊.라
〔십유구년춘왕삼월 송인집등자영제〕

ㅇ夏六月,에 宋公·曹人·邾人盟于曹南.이라
〔하유월 송공 조인 주인맹우조남〕

ㅇ鄫子會盟于邾.라
〔증자회맹우주〕

ㅇ己酉,에 邾人執鄫子,하여 用之.라
〔기유 주인집증자 용지〕

ㅇ秋,에 宋人圍曹.라
〔추 송인위조〕

ㅇ衛人伐邢.이라
〔위인벌형〕

ㅇ冬,에 會陳人·蔡人·楚人·鄭人,하여 盟于齊.라
〔동 회진인 채인 초인 정인 맹우제〕

ㅇ梁亡.이라
〔양망〕

19년 봄 천자가 쓰는 역으로 3월, 송나라 사람이 등나라 군주인 자작 영제(嬰齊)를 잡았다.

여름 6월에, 송나라 군주인 공작·조나라 사람·주나라 사람들이 조나라 남방에서 맹서하였다.

증나라 군주인 자작이 주나라와 동맹을 맺었다.

기유날에, 주나라 사람이 증나라 군주인 자작을 잡아, 제사에 제물로 썼다.

가을에, 송나라 사람이 조나라를 포위했다.

위나라 사람이 형나라를 쳤다.

겨울에 진(陳)나라 사람·채나라 사람·초나라 사람·정나라 사람들이 회합을 가져, 제나라에서 맹서하였다.

양나라가 망했다.

▌주해▌ ㅇ己酉(기유)-6월 22일.
　　　ㅇ用之(용지)-사(社)의 제사에 제물로 썼다.

▌해설▌ 경문에 양나라가 망한 것을 간단히 말하고 있다. 그러나 실은 진(秦)나라가 멸망시킨 것이다. 그런데도 경문에는 '양나라 군주가 정치를 잘못하여 자멸한 것이다.'라는 견해로 써 말했다.

▌傳▌ 十九年春,에 遂城而居之.라
（십구년춘　　　수성이거지）

宋人執滕宣公.이라
（송인집등선공）

夏,에　宋公使邾文公用鄫子於次睢之社,하니　欲以屬東夷.라
（하　　송공사주문공용증자어차수지사　　　욕이속동이）

司馬子魚曰,　古者六畜不相爲用,하고　小事不用大牲.이었나이다
（사마자어왈　고자륙축불상위용　　　소사불용대생）

而況敢用人乎.인가 祭祀以爲人也,요 民神之主也.로소이다 用人,
（이황감용인호　　제사이위인야　민신지주야　　　용인）

이면 其誰饗之.이리인가 齊桓公存三亡國,하여 以屬諸侯,로되 義

士猶曰薄德.이오니다 今一會而虐二國之君,하고 又用諸淫昏之

鬼,하시니 將以求霸,는 不亦難乎.인가 得死爲幸.이리다

秋,에 衛人伐邢,하여 以報菟圃之役也.라 於是,에 衛大旱.이라

卜有事於山川,하니 不吉也.라 甯莊子曰, 昔,에 周飢,러니 剋殷

而年豊.이었나이다 今,에 邢方無道,로되 諸侯無伯.이오니다 天其

或者欲使衛討邢乎.인저 從之.라 師興而雨.라

19년 봄에, 진(秦)이 바로 (빼앗은 신리에) 성을 쌓고 군대를 주둔시켰다.

송나라 사람이 등나라 군주 선공을 잡았다.

여름에, 송나라 군주인 공작〔양공〕은 주나라 문공을 시켜, 증나라 군주인 자작을 차수(次睢)의 토지신에게 드리는 제사의 희생(犧牲 : 제물)에 쓰게 하여, 그 일을 가지고 동방(東方) 오랑캐들에게 시위(示威)해서 복종케 하려 했다. 그러자 사마(司馬) 벼슬에 있는 자어(子魚 : 目夷)가 송나라 양공(襄公)에게 말했다. "옛날에는 희생의 제물로 올리는 육축(六畜)도 그 조신(祖神)에게 제사 지낼 때에는 같은 것의 희생을 쓰지 않았고, 작은 제사에 큰 희생을 쓰지 않았나이다. 그런데 하물며 감히 사람을 희생으로 쓸 수 있겠사옵니까? 제사 지내는 것은 사람을 위하는 것이옵고, 백성은 신에게 제사 지내는 주인공이옵니다. 제사에 사람을 희생으로 쓰면, 어느 신이 그 제사를 받아먹겠습니까? 제나라 환공(桓公)은 망한 세 나라를 부흥시켜서나, 다른 제후들을 복종케 했음에도, 의(義)를 지키는 선비들은 제 환공은 덕이 적었다고 이르옵니다. 군주께서는 이제 겨우 제후들과 한 차례의 회합을 갖고서도

두 나라 군주를 무참히 학대하시고 거기다가 옳지 못한 귀신에게 제사 지내는 희생으로 쓰시니, 장차 패자(覇者)되기를 원하심은 어렵지 않사오리까? 군주께서는 편안히 돌아가시면 다행일 것이옵니다.”

가을에 위나라 사람이 형나라를 쳐서, 전에 토포에서의 싸움에 대한 보복을 했다. 이때 위나라는 큰 가뭄이 들었다. 산천에 제사를 드릴 것을 점쳤더니, 불길이라 하였다. 그러자 영장자(甯莊子)가 말하기를, “옛날 주(周)나라가 흉년이 들었는데, 은(殷)나라를 쳐 이기고 나니 풍년이 들었나이다. 지금 형나라가 무도(無道)한데도, 그 나라를 칠 제후국의 패자(覇者)가 없사옵니다. 그러니 하늘이 혹 위나라로 하여금 형나라를 치게 하자는 것이 아니오리까?”라고 했다. 이에 위나라 군주는 그 말을 따랐다. 군사를 출동시키자 비가 내렸다.

주해 ○次睢(차수)-지금의 산동성 임기현(臨沂縣) 동쪽 땅.
○屬東夷(속동이)-동방 오랑캐를 복종시킴.
○六畜不相爲用(육축불상위용)-육축은 말·소·양·돼지·개·닭을 말하는데, 즉 말의 조신(祖神)을 제사 지낼 때에는 희생으로서 말을 쓰지 않는 것같이, 각기 조신에게 제사 지낼 때에는 그 조신과 관계 있는 가축의 희생물을 제물로 쓰지 않는다는 것이다.
○小事(소사)-작은 제사.
○存三亡國(존삼망국)-노(魯)·위(衛)·형(邢)의 세 나라가 망하게 되었을 때에 제나라 환공이 도와 존립하게 했음을 말한다.
○淫昏之鬼(음혼지귀)-정체가 불명한 옳지 못한 신. 여기에서는 원래 동방의 이족(夷族)이 제사 지낸 차수(次睢)의 토지신을 말한다.
○得死爲幸(득사위행)-송나라 양공(襄公)이 편히 죽으면, 그것은 요행한 일이라는 말.
○卜有事於山川(복유사어산천)-산천의 신에게 제사 지내어 비 내리기를 기원할 것을 점침.

해설 이 대목의 글은 주로 송나라 군주인 양공(襄公)이 패자(覇者)

가 되려는 꿈을 안고 있으면서도, 악한 행위를 한 것이 기록되어 있다. 그리고 그의 악덕을 통쾌하게 들어 말한 자어(子魚 : 目夷)의 말 중에 서 '득사위행(得死爲幸)'에는, 양공이 결국 나라를 망치게 될 것이라는 뜻을 나타내고 있다.

宋人圍曹,는 討不服也.라 子魚言於宋公曰, 文王聞崇德亂,하 여 而伐之,에 軍三旬而不降.이었나이다 退而脩敎,하여 而復伐之, 에 因壘而降.이었나이다 詩曰, 刑于寡妻,하고 至于兄弟,하여 以御 于家邦.이오니다 今, 君德無乃猶有所闕.인가 而以伐人,하시니 若 之何.오 盍姑內省德乎.인가 無闕而後動.하소서

陳穆公請脩好於諸侯,하여 以無忘齊桓之德.이라 冬盟于齊,는 脩桓公之好也.라

梁亡.이라 不書其主,는 自取之也.라 初,에 梁伯好土功,하여 亟 城而弗處.라 民罷而弗堪,이어늘 則曰, 某寇將至.라 乃溝公宮,하 고 曰, 秦將襲我.라 民懼而潰,에 秦遂取梁.이라

송나라 사람이 조나라를 포위한 것은, 조나라가 송나라에 복종하지 않음을 응징한 것이다. 자어(子魚)가 송나라 양공(襄公)에게 말했다. "주 문왕(文王)께서는 숭(崇)나라의 군주가 덕(德)이 없이 난잡하다 는 것을 들으시고 그 나라를 쳐, 싸우기를 30일 간이나 계속했으나, 숭나라가 항복하지 않았나이다. 그래서 문왕께서는 퇴군(退軍)을 시 키시고 덕교(德敎)를 닦으시고서, 다시 그 나라를 치니, 전의 군대 그

대로만 동원했음에도 항복하였나이다. 시(詩)에 이르기를, '나의 아내에게 예법을 행하고, 형제에게 미치어, 집을 다스리고 나라에 미치게 하는도다.'라 하였나이다. 지금 군주의 덕은 부족한 바가 있지 않사옵니까? 그런데도 남의 나라를 정벌하시니, 어찌된 일이오니까? 어찌 잠깐 마음으로 덕을 살피시지 않으시나이까? 부족함이 없을 때 군사를 출동시키소서."

진(陳)나라 목공이 제후들에게 우호 관계 맺기를 청하여, 제나라 환공(桓公)의 덕을 잊지 말자고 했다. 겨울에 제나라에서 맹서한 것은 제나라 환공 때의 우호 관계를 그대로 계속시키자는 것이었다.

양(梁)나라가 망했다. 양나라를 멸망시키고 차지한 편을 경문에 쓰지 않은 것은, 양나라 자신이 멸망을 초래했기 때문이다. 전에 양나라 군주인 백작은 토목공사를 좋아하여 자주 성을 쌓았으되, 그 성안에 살지는 않았다. 백성들이 피로해서 견딜 수가 없었는데 말하기를, "어느 적(敵)이 쳐들어오려고 한다."라 하였다. 그리고 궁(宮) 주위에 개천을 파고, "진(秦)나라가 장차 우리를 습격할 것이다."라고 말했다. 그래서 백성들은 무서워하고 도망치니, 진나라가 마침내 쳐 양나라를 차지했다.

┃주해┃ ○崇(숭)-나라 이름. 요(堯)·순(舜)임금 시대에 곤(鯀)이 세운 나라라 한다.

○三旬(삼순)-30일.

○因壘而降(인루이항)-전에 싸웠던 때보다 군대를 증가함 없이, 그 전의 군대 그대로 싸웠는데 적이 항복했다는 것.

○詩曰(시왈)-《시경》 대아 사제편(思齊篇)의 구절.

○刑于寡妻(형우과처)-아내에게 예법을 행해 체득케 함.

○家邦(가방)-국가.

○其主(기주)-쳐서 차지한 편.

┃經┃ ○廿年春에 新作南門이라
입 년 춘   신 작 남 문

○ 夏,에 郜子來朝.라

○ 五月乙巳,에 西宮災.라

○ 鄭人入滑.이라

○ 秋,에 齊人·狄人盟于邢.이라

○ 冬,에 楚人伐隨.라

20년 봄에, 새로 남문(南門)을 지었다.

여름에, 고(郜)나라 군주인 자작이 찾아왔다.

5월 을사날에, 서궁에 재해가 났다.

정나라 사람이 활(滑)로 들어갔다.

가을에, 제나라 사람·적(狄) 오랑캐가 형나라에서 맹서하였다.

겨울에 초나라 사람이 수나라를 쳤다.

주해│ ○南門(남문)-노나라 도읍의 남문. 일명 직문(稷門)이라 했는데,
희공은 높고 크게 새로 지어서 고문(高門)이라 불렀다.

○郜子(고자)-은공 10년조 참고.

○西宮災(서궁재)-희공의 별저(別邸)인 서궁이 벼락을 맞아 탄 것을 말
한다.

○滑(활)-지금의 하남성 수현(睢縣) 서북쪽 땅.

傳│ 廿年春,에 新作南門,은 書不時也.라 凡啓塞從時.라

滑人叛鄭,하여 而服於衛.라 夏,에 鄭公子士泄·堵寇帥師入

滑.이라

秋,에 齊·狄盟于邢,은 爲邢謀衛難也.라 於是,에 衛方病邢.
이라

隨以漢東諸侯叛楚.라 冬,에 楚鬪穀於菟帥師伐隨,하여 取成
而還.이라 君子曰, 隨之見伐,은 不量力也.라 量力而動,이면 其
過鮮矣.라 善敗由己,요 而由人乎.아 詩曰, 豈不夙夜,리오마는
謂行多露.라

宋襄公欲合諸侯.라 臧文仲聞之曰, 以欲從人,이면 則可,로되
以人從欲,이면 鮮濟.라

20년 봄에 남문을 새로 지었다 한 것은, 지을 때가 아니었음을 밝혀 말한 것이다. 무릇 문을 짓고 다리를 놓는 일 등은 제 시기를 따라야 하는 것이다.

활(滑) 사람이 정나라를 배반하고 위나라에 복종했다. 여름에, 정나라 공자 사설(士泄)과 대부인 도구(堵寇)가, 군사를 이끌고 활로 쳐들어갔다.

가을에, 제나라와 적(狄) 오랑캐가 형나라에서 맹서한 것은, 형나라를 위하여 위나라가 공격한 것에 대해서 상의한 것이다. 이때 위나라가 한창 형나라를 괴롭히고 있었다.

수(隨)나라는 한수(漢水) 동방에 있는 제후국의 군주들을 믿고 초나라에 대해서 반기를 들었다. 겨울에, 초나라의 투곡오도(鬪穀於菟)는 군사를 거느리고 수나라를 쳐 화목한다는 약속을 받고 돌아갔다. 군자(君子)는 이 일을 두고 말했다. "수나라가 정벌당함은 자신의 역량을 헤아리지 못해서였다. 누구든지 자신의 역량을 헤아려 행동하면, 과실은 적은 것이다. 일의 성공과 실패는 자신으로 말미암는 것이지

타인(他人)으로 말미암는 것일까? 시(詩)에 이르기를, '내 어찌 아침 일찍 또는 저녁에 가고 싶지 않으리오마는, 길에는 이슬이 많다고 하는구려.'라고 하였다."

송나라 양공이 제후들을 자기 중심으로 합치려 했다. 노(魯)나라의 장문중(臧文仲)은 이 소식을 듣고 말했다. "자기가 하려는 욕심을 가지고 다른 이를 잘 따라 준다면 일이 될 수가 있지만, 다른 사람을 자기 욕심부리는 일에 따르게 하면 일이 잘 되어짐은 적은 것이다."

주해 ○啓塞(계색)−막힌 것을 통하게 하고, 또 열린 것은 폐쇄함. 즉 성문을 짓는다든가, 물 위에 다리를 놓는다든가 하는 일.
○啓塞從時(계색종시)−성문을 짓는다든가 다리를 놓는다든가 하는 토목공사는 농한기(農閑期)를 이용하여 제때에 하는 것을 따름.
○善敗(선패)−성공과 실패.
○詩曰(시왈)−《시경》 풍(風) 소남(召南) 행로편(行露篇)의 구절. 여기에서는 모든 일은 해서 좋은가 또는 좋지 못한가와, 때가 알맞는가 여하를 따져야 한다는 뜻으로 인용했다.
○以欲從人(이욕종인)−자기의 욕심이 다른 사람의 마음을 헤아리어 따라 주면서 성취시킴을 말한다.

해설 이 대목에서는 노나라가 백성들이 바쁠 때에 부리어 남문을 지은 것은 잘못이라는 것과, 수나라가 국력을 돌보지 않고 자만하다가 망했다는 것, 그리고 송나라 양공이 덕이 없이 과한 욕심을 부린 것을 말했다. 그리고 이 글은, 백성을 거느리는 자는 모름지기 백성들의 처지를 잘 헤아리어 부려야 하고, 통치자는 자기 나라의 역량을 잘 헤아리어 나라를 끌고 나가야 하며, 사람은 자기의 욕심을 만족시키기 전에, 다른 사람에게 덕을 베풀어 인심을 얻어야 한다는 것을 말하고 있다.

經 ○廿有一年春,에 狄侵衛.라

ㅇ 宋人·齊人·楚人盟于鹿上.이라

ㅇ 夏,에 大旱.이라

ㅇ 秋,에 宋公·楚子·陳侯·蔡侯·鄭伯·許男·曹伯會于
孟,하고 執宋公,하여 以伐宋.이라

ㅇ 冬,에 公伐邾.라

ㅇ 楚人使宜申來獻捷.이라

ㅇ 十有二月癸丑,에 公會諸侯,하여 盟于薄,하고 釋宋公.이라

21년 봄에, 적(狄) 오랑캐가 위나라를 침범했다.

송나라 사람·제나라 사람·초나라 사람들이, 녹상(鹿上)에서 맹서
하였다.

여름에 큰 가뭄이 들었다.

가을에, 송나라 군주인 공작·초나라 군주인 자작·진(陳)나라 군
주인 후작·채나라 군주인 후작·정나라 군주인 백작·허나라 군주인
남작·조나라 군주인 백작이 우(孟)에서 회합을 갖고, 송나라 군주인
공작을 잡고서, 송나라를 쳤다.

겨울에, 공이 주나라를 쳤다.

초나라 사람이 의신(宜申)으로 하여금 와 전리품(戰利品)을 드리게
했다.

12월 계축날에 공이 제후들과 회합을 가져, 박(薄)에서 맹서하고,
송나라 군주인 공작을 석방했다.

▌주해▐ ㅇ鹿上(녹상)－일명 원록(原鹿)이라 했다. 지금의 안휘성 부양현
(阜陽縣) 서쪽 땅.

○盂(우)-송나라 지명으로, 지금의 하남성 수현(睢縣) 서북쪽 땅.

○執宋公(집송공)-당시, 송나라 양공이 덕을 갖추지 못한 채 패자(覇者)
가 되어 제후를 복종시키려 하자, 제후들이 그를 미워하여 잡았다.

○捷(첩)-초나라가 송나라를 쳐 얻은 전리품을 말한다.

○薄(박)-일명 박(亳)이라고도 했다. 장공 12년조에 나왔다.

傳│ 廿一年春,에 宋人爲鹿上之盟,하여 以求諸侯於楚,하니 楚人
許之.라 公子目夷曰, 小國爭盟,은 禍也.라 宋其亡乎.인저 幸而
後敗.리라

　夏,에 大旱.이라 公欲焚巫尫,하니 臧文仲曰, 非旱備也.로소이
다 脩城郭,하시고 貶食省用,하시며 務穡勸分.하소서 此其務也.이
오니다 巫尫何爲.리오 天欲殺之,면 則如勿生.이리이다 若能爲旱,
이면 焚之滋甚.이리이다 公從之.라 是歲也,에 飢而不害.라

　21년 봄에, 송나라 사람이 녹상(鹿上)에서 맹서하고 나서, 초나라
에게 맹주(盟主)가 되겠다고 청하니, 초나라 사람은 그 청을 받아들
였다. 그러자 공자 목이(目夷)가 말하기를, "작은 나라가 맹주 되기를
다툼은, 화가 되는 것이다. 송나라는 망하지 않을까? 그 나라에 요행
이 있다면, 싸워 패하게 될 것이다."라고 했다.

　여름에 큰 가뭄이 들었다. 희공이 무당으로 걷지 못하는 사람을 불
에 태워 죽이려 하자 장문중(臧文仲)은 말했다. "그렇게 한다고 해서
한발(旱魃)을 예방할 수는 없습니다. 내성(內城)과 외곽 성을 수리하
시고, 풍부한 음식을 들지 마시며, 비용을 절약하시고, 농사짓는 일을
힘쓰게 하시며, 서로 나누어 먹도록 권하옵소서. 이것이 당장 힘쓸 일

이옵니다. 무당인 곱사등이가 무엇을 하겠습니까? 하늘이 그를 죽이려 했다면, 애당초 이 세상에 태어나지 않게 하였을 것이옵니다. 그가 만일 가뭄들게 할 수 있다면, 불에 태워 죽이면 가뭄은 더욱 심하게 될 것이옵니다." 희공은 그의 말을 따랐다. 이해에 흉년이 들기는 했지만, 나라에 해가 되지는 않았다.

주해 ㅇ求諸侯於楚(구제후어초) – 당시 초나라가 유력했으므로 송나라 양공은 초나라에게 자기가 맹주, 즉 패자의 지위를 차지하겠다고 자청했다.

ㅇ巫尪(무왕) – 무당으로서, 태어났을 때부터 다리가 불구여서 걷지 못하는 사람. 그 당시 비 내리기를 빌어도 비가 오지 않는 것은, 하늘이 걷지 못하는 무당을 죽이려 했다는 설이 있는가 하면, 두예는 그 주(注)에서, 무왕은 여자 무당에게 기우(祈雨)의 일을 맡겼다고 말했다.

ㅇ脩城郭(수성곽) – 이 말에는, 내성과 외성곽을 수리하여 그 일에 어려운 사람들이 참여하여 먹을 것을 얻어 지내게끔 한다는 뜻이 포함되어 있다.

ㅇ分(분) – 잘사는 사람이 못사는 사람에게 재물을 나누어 줌을 뜻한다.

해설 송나라 군주 양공이 제후들을 거느릴 덕을 갖추지 못한 처지에, 패자가 되려고 한 과욕을 평하고 있으며, 또 노나라에 큰 가뭄이 들자, 군주 희공이 죄없는 무당을 죽이어 천재를 면하려는 일에 대해, 장문중이 충간한 말이 적혀 있다. 이 글은 사람은 제 분수를 알고 처세해야 한다는 것과, 나라에 재화가 있을 때 나라를 다스리는 통치자는 국민 구제에만 전력을 다해야 된다는 것을 가르치고 있다.

秋,에 諸侯會宋公于盂.라 子魚曰, 禍其在此乎.인저 君欲已甚,에 其何以堪之.랴 於是,에 楚執宋公,하여 以伐宋,이라가 冬會于薄,하여 以釋之.라 子魚曰, 禍猶未也.라 未足以懲君.이라

任^임·宿^숙·須句^{수구}·顓臾^{전유},는 風姓也^{풍성야}.라 實司太皞與有濟之祀^{실사태호여유제지사},하여

以服事諸夏^{이복사제하}.라 邾人滅須句^{주인멸수구},하니 須句子來奔^{수구자래분},하니 因成風也^{인성풍야}.라

成風爲之言於公曰^{성풍위지언어공왈}, 崇明祀^{숭명사},하고 保小寡^{보소과},는 周禮也^{주례야}.요 蠻夷猾^{만이활}

夏^하,는 周禍也^{주화야}.라 若封須句^{약봉수구},면 是崇皞^{시숭호}·濟而脩其祀^{제이수기사},하여 紓禍^{서화}

也^야.라

　　가을에, 제후들은 송나라 군주인 공작을 우(盂)에서 만났다. 자어(子魚)가 말하기를, "군주에게 화가 이번에 있지 않을까? 군주의 욕심이 너무나도 심하니, 제후들이 어찌 참고 견딜 것일까?"라고 했다. 이 회합 때에, 초나라는 송나라 군주를 잡고 송나라를 쳤다가, 겨울에 박(薄)에서 회합을 갖고 석방했다. 그때 자어는 말하기를, "군주의 화는 아직도 남았다. 그것으로는 군주를 응징함에 족하지 못하다."라고 했다.

　　임(任)·숙(宿)·수구(須句)·전유(顓臾)나라는, 다 국성(國姓)이 풍(風)이다. 그 나라들은 실로 조상 복희(伏犧)와 제수(濟水)의 신(神)에 대한 제사를 맡고서, 중국에 대해서 복종해 왔다. 그런데 주(邾)나라가 수구나라를 멸망시키니, 수구의 군주인 자작이 노나라로 도망해 왔으니, 그것은 성풍(成風)을 의지해서였다. 희공의 어머니인 성풍은 수구나라 군주를 위하여 희공에게 말하기를, "신에 대한 제사를 숭상하고, 작은 나라를 도와 안정케 하는 것은, 주(周)나라 예(禮)의 법도이고, 오랑캐가 중국을 어지럽게 하는 것은, 주나라의 화인 것이오. 만약 수구나라를 부흥시킨다면, 그것은 복희와 제수의 신을 숭상하여, 그 제사를 잇게 하여 화를 더는 것이 아니리오."라고 했다.

▌**주해** ┃ ㅇ任(임)−군주의 작이 백작인 나라로, 지금의 산동성 제녕현(濟寧

縣)에 위치했다.

o宿(숙)-은공 8년조 참고.

o須句(수구)-군주의 작이 자작인 나라로, 지금의 산동성 동평현(東平
縣)에 위치했다.

o顓臾(전유)-노나라의 부속국으로, 지금의 산동성 비현(費縣)에 위치했다.

o太皞(태고)-복희(伏犧).

o有濟(유제)-제수(濟水). '유(有)'자는 조자(助字)로 쓰였다. 제수는 하
남성 제원현(濟源縣)의 왕옥산(王屋山)을 근원으로 하여 동남으로 흘
러 황하(黃河)로 들어간다.

o成風(성풍)-수구(須句)나라에서 시집온 노나라 희공(僖公)의 어머니.

o明祀(명사)-신명에 대한 제사. 복희와 제수의 신을 말한다.

o小寡(소과)-작고 백성이 적은 나라.

o蠻夷(만이)-오랑캐. 여기에서는 주(邾)나라를 말한다.

o紓(서)-늦다. 풀다. 덜다.

經│ o廿有二年春,에 公伐邾,하여 取須句.라

o夏,에 宋公·衛侯·許男·滕子伐鄭.이라

o秋八月丁未,에 及邾人戰于升陘.이라

o冬十有一月己巳朔,에 宋公及楚人戰于泓,하여 宋師敗績.이라

22년 봄에, 공이 주나라를 쳐서 수구(須句)를 빼앗았다.

여름에, 송나라 군주인 공작·위나라 군주인 후작·허나라 군주인
남작·등나라 군주인 자작이 정나라를 쳤다.

가을 8월 정미날에, 주나라 사람과 승형(升陘)에서 싸웠다.

겨울 11월 기사날인 초하루에, 송나라 군주인 공작이 초나라 사람
과 홍(泓)에 가서 싸워, 송나라 군사가 패배했다.

▌주해│ ㅇ升陘(승형)-노나라 지명으로, 지금의 산동성 곡부현(曲阜縣) 남
쪽 땅.
ㅇ泓(홍)-강 이름으로, 지금의 하남성 자성현(柘城縣) 북쪽을 흐른다.

▌傳│ 廿二年春,에 伐邾取須句,하여 反其君焉,은 禮也.라

三月,에 鄭伯如楚.라 夏,에 宋公伐鄭.이라 子魚曰, 所謂禍在
此矣.라

初,에 平王之東遷也,에 辛有適伊川,하여 見被髮而祭於野者,
하고 曰, 不及百年,에 此其戎乎.인저 其禮先亡矣.로다 秋,에
秦・晉遷陸渾之戎于伊川.이라

22년 봄에, 공이 주나라를 쳐서 수구나라 땅을 빼앗아, 그 나라 군
주를 돌려보낸 것은 예에 맞는 일이었다.

3월에, 정나라 군주인 백작이 초나라에 갔다. 여름에, 송나라 군주
인 공작이 정나라를 쳤다. 그러자 자어는, "내가 말한 바의 그 화는
이번에 있을 것이다."라고 말했다.

전에, 평왕(平王)이 서울을 동쪽의 낙양(洛陽)으로 옮겼을 때, 주나
라 대부인 신유(辛有)가 이수(伊水)로 갔다가, 머리를 풀고 들판에서
제사 지내는 사람을 보고 말하기를, "앞으로 백년이 못가서 이 땅은
융(戎) 오랑캐가 살게 되겠구나. 그에 앞서 벌써 중국의 예(禮)가 없
어졌구나."라고 했다. 가을에, 진(秦)나라와 진(晉)나라가 육혼(陸渾)
에 사는 융 오랑캐를 이수 가로 옮겼다.

▌주해│ ㅇ伊川(이천)-강 이름. 이수(伊水)를 말한다. 이하(伊河)라고도
하며, 하남성 노씨현(盧氏縣) 동남에 있는 민돈령(閔頓嶺)을 근원으로

하여 동북으로 흘러, 낙양을 지나 낙수(洛水)에 흘러든다.

ㅇ被髮(피발)-두발을 매지 않고 산발함을 말한다. 오랑캐 풍속.

ㅇ陸渾(육혼)-지금의 감숙성(甘肅省) 안서현(安西縣) 서남쪽 땅. 이 땅에 살던 융 오랑캐는 성이 윤(允)이었다.

晉太子圉가, 爲質於秦,하여 將逃歸,에 謂嬴氏曰, 與子歸乎.아
對曰, 子晉太子,나 而辱於秦,하니 子之欲歸,는 不亦宜乎.아 寡
君之使婢子侍執巾櫛,은 以固子也.라 從子而歸,는 棄君命也,이
니 不敢從,이나 亦不敢言.이라 遂逃歸.라

富辰言於王曰, 請召大叔.이오니다 詩曰, 協比其隣,이면 婚姻
孔云.이라하오니다 吾兄弟之不協,에 焉能怨諸侯之不睦.이오리까
王說.하시다 王子帶自齊復歸于京師,하니 王召之也.라

邾人以須句故出師.라 公卑邾,하여 不設備而御之.라 臧文仲
曰, 國無小,하여 不可易也.로소이다 無備,면 雖衆不可恃也.이오니
다 詩曰, 戰戰兢兢,하여 如臨深淵,하고 如履薄冰.이라하옵고 又
曰, 敬之敬之.하라 天惟顯思,에 命不易哉.인저라하오니다 先王之
明德,으로도 猶無不難也,요 無不懼也,어늘 況我小國乎.인가 君
其無謂邾小,하소서 蜂蠆有毒,이어늘 而況國乎.인가 弗聽.이라

八月丁未,에 公及邾師戰于升陘,하여 我師敗績.이라 邾人獲公
冑,하여 縣諸魚門.이라

옥(玉)으로 만든 빗〔櫛〕

진(晉)나라 태자 어(圉)가 진(秦)나라로 인질이 되어 가 있다가 도망해서 돌아가려고, 부인인 영씨(嬴氏)에게 말하기를, "당신도 같이 돌아갈까?"라고 했다. 그러자 부인이 대답하기를, "당신은 진나라의 태자로 이 진(秦)나라에서 모욕을 받고 계시니, 당신이 돌아가고자 하심은 마땅한 일이 아니겠습니까? 아버지인 이 나라 군주께서 저를 당신의 아내로 삼아 모시게 하신 것은, 당신을 여기에 매어 놓자는 뜻에서입니다. 당신을 따라서 진나라로 돌아간다는 것은, 아버지의 명을 저버리는 일이니, 감히 따라갈 수가 없지만, 또한 이 일을 감히 입밖에 낼 수도 없습니다."라고 하였다. 이에, 어는 마침내 도망쳐 자기 나라로 돌아갔다.

주(周)나라의 대부인 부진(富辰)이 천자[襄王]에게 아뢰기를, "대숙(大叔 : 왕자 帶)을 불러들이시기를 원하옵니다. 시(詩)에 이르기를, '동성(同姓)의 친척과 친히 지내면, 타성(他姓)의 사람도 따르는 게다.'라 하였사옵니다. 그런데 친형제 간에 불목(不睦)하시고서야, 어찌 제후들의 불목을 원망할 수 있으오리까?"라고 하니, 천자는 좋아하셨다. 왕자 대(帶)가 제나라로부터 주나라 서울로 돌아온 것은 천자께서 부르셨기 때문이다.

주(邾)나라 사람이 수구나라의 일로 군사를 내어 노나라를 공격했다. 그때 희공은 주나라를 얕보고, 충분한 방비(防備)를 갖추지 않고서 대적(對敵)하였다. 그러자 장문중(臧文仲)이 말했다. "나라에는 작은 나라의 구별이 없어서, 얕잡아 볼 수는 없는 것이옵니다. 방비가 없으면, 많은 군대가 있다고 하더라도 믿을 수가 없나이다. 시에 이르기를, '두려워하여 떨어, 깊은 못에 다다른 것같이 하고, 엷은 얼음을 밟는 것같이 할지니라.'라 했삽고, 또 '공경스러운 태도를 취할지니라.

하늘이 밝은 눈으로 살피는 데 있어, 천명(天命)은 얕보지는 못하는 것이다.'라고 하였사옵니다. 옛날의 어진 임금의 밝은 덕으로도 어렵게 여기지 않음이 없사옵고, 두려워하지 않음이 없사온데, 하물며 우리나라와 같이 작은 나라로서는 다시 말할 것이 있사오리까? 군주께서는 주나라를 작은 나라라고 여기지 마옵소서. 벌이나 전갈 같은 작은 것에도 독(毒)이 있사옵거늘, 하물며 한 나라야 다시 말할 것이 있사옵니까?" 그러나 희공은 그의 충간을 듣지 않았다.

8월 정미날에 공은 주나라 군사와 승형(升陘)에서 싸웠는데, 우리나라 군사가 패배했다. 주나라 사람은 공의 투구를 빼앗아 가지고 가, 자기 나라 도읍 성의 어문에다 걸어두었다.

▌주해┃ ㅇ嬴氏(영씨)—진(秦)나라 목공(穆公)의 딸 회영(懷嬴)으로 진(晉)나라 태자 어의 처.

ㅇ執巾櫛(집건즐)—아내 노릇을 함.

ㅇ固子也(고자야)—당신을 잡아 맴.

ㅇ大叔(대숙)—주 양왕(襄王)의 동생, 즉 왕자 대(帶).

ㅇ詩曰(시왈)—'협비기린(協比其隣)' 운운은 《시경》 소아(小雅) 정월편(正月篇)의 구절이고, '전전긍긍(戰戰兢兢)' 운운은 《시경》 소아 소호편(小旻篇)의 구절이며, '경지경지(敬之敬之)' 운운은 《시경》 송(頌)의 주송(周頌) 경지편(敬之篇)의 구절이다.

ㅇ八月丁未(팔월정미)—8월 8일.

▌해설┃ 진(晉)나라 태자 어가 진(秦)나라로 인질이 되어 가 있다가 도망한 일, 그리고 주나라 천자가 나라를 어지럽히고 도망간 동생을 다시 불러들인 일, 그리고 또 주(邾)나라가 노나라에 대해서 보복전에서 승리한 일을 말하고 있다. 그런데 이 글에서 부진(富辰)의 말과 장문중의 말은, 우리에게 육친끼리 우애를 해야 한다는 것과, 나라건 개인이건 상대에 대해서 근신하는 태도를 취해야 한다는 것을 가르쳐 주고 있다.

楚人伐宋,하여 以救鄭.이라 宋公將戰,에 大司馬固諫曰, 天之
棄商久矣,에 君將興之,나 弗可赦也已.니라 弗聽.이라

冬十一月己巳朔,에 宋公及楚人戰于泓.이라 宋人旣成列,이나
楚人未旣濟.라 司馬曰, 彼衆我寡,하니 及其未旣濟也,에 請擊
之.이오니다 公曰, 不可.라 旣濟而未成列,에 又以告,나 公曰, 未
可.라 旣陳而後擊之,에 宋師敗績,하여 公傷股,하고 門官殲焉.이
라 國人皆咎公.이라 公曰, 君子不重傷,하고 不禽二毛.라 古之爲
軍也,에 不以阻隘也.라 寡人雖亡國之餘,나 不鼓不成列.이라

子魚曰, 君未知戰.이오니다 勍敵之人,이 隘而不成列,은 天贊
我也.로소이다 阻而鼓之,면 不亦可乎.인가 猶有懼焉.이오니다 且今
之勍者,는 皆吾敵也.로소이다 雖及胡耈,라도 獲則取之.이오니다 何有
於二毛.인가 明恥敎戰,은 求殺敵也.이오니다 傷未及死,에 如何勿重.
이오니까 若愛重傷,이면 則如勿傷,이요 愛其二毛,면 則如服焉.이니다
三軍以利用也,요 金鼓以聲氣也.로소이다 利而用之,엔 阻隘可也,요
聲盛致志,에 鼓儳可也.로소이다

초나라 사람이 송나라를 쳐 정나라를 구했다. 송나라 군주인 공작
이 싸우려 하니, 대사마(大司馬)가 굳이 충간(忠諫)하기를, "하늘이
상(商)나라를 버린 지가 오래되옵는데, 군주께서 상나라를 부흥시키
시려 해도, 하늘은 허락하지 않을 것이옵니다."라고 했으나, 송나라

군주 양공(襄公)은 그 말을 듣지 않았다.

겨울 11월 기사날인 초하루에, 송나라 군주 양공은 초나라 사람과 홍수(泓水) 가에서 싸웠다. 그때, 송나라 사람들은 군대 대열을 다 이루고 있었으나, 초나라 사람들은 강물을 다 건너지 못하고 있었다. 그러자 대사마는 말하기를, "저 사람들은 수가 많고 우리편은 수가 적사오니, 저들이 강물을 다 건너지 못한 기회에 공격하시기를 바라옵니다."라고 했다. 그러자 양공은, "안된다."라고 말했다. 초나라 군사가 강물을 다 건넜으나, 아직 대열을 짓지 못하고 있자, 대사마는 또 이틈에 공격하자고 의견을 내었다. 그러나 양공은, "아직 안된다."라고 말했다. 초나라 군사가 대열을 지어 진형(陣形)을 취한 뒤에 공격을 가하니, 송나라 군사가 패배하여 송 양공은 다리에 부상을 당하고, 양공을 좌우에서 호위하던 사람들은 다 전사했다. 그렇게 되자, 송나라 사람들은 다 군주를 비난했다. 양공은 말하기를, "군자(君子)는 일단 부상한 사람에게 다시 다치게 하지 않고, 반백(半白)이 된 나이먹은 사람은 잡지 않는다. 옛날에 싸움을 함에 있어서는, 적의 자리가 좋지 않은 데서 괴롭히지 않는 것이다. 나는 비록 나라를 잃은 분의 후손이기는 하나, 군대 대열을 짓지 못한 적에 대해서 진격 명령의 북을 치지는 않는다."라고 했다.

이에 대해서, 자어(子魚)가 말했다. "군주께서는 전술(戰術)을 알지 못하고 계시옵니다. 강한 적의 사람들이 좋지 못한 입장에 있고 싸울 대열을 짓지 못했다는 것은, 하늘이 우리를 도운 것이었나이다. 적의 입장이 불리할 때 진격 명령의 북을 쳤으면, 좋지 않았겠나이까? 그랬어도 우리에게는 두려운 바가 있었을 것이옵니다. 그리고 지금 현재의 강한 나라는, 다 우리의 적이옵니다. 8, 90세의 늙은이라 하더라도, 잡으면 다 죽여야 하옵니다. 그런데, 이 형국에 반백된 나이 먹은 사람을 어찌 구별할 필요가 있사오리까? 싸움에 겁을 먹어 부끄러운 짓을 하는 자를 벌 주는 군율(軍律)을 명백히 정하고 싸우는 법을 가르침은, 싸움에서 적을 죽일 것을 요구하는 것이옵니다. 부상을 당해서 아직 죽지 않았다고, 어찌 다시 무찌르지 않으리까? 만약 부상한 자를 다시 무찌르기 싫어한다면, 그것은 애당초 부상을 입히지 않음이 좋고, 반백의 나이 먹은 자를 아낀다면, 적에게 항복하는 것이 더 좋사옵니다. 모든 군대로 싸운다는 것은, 나라의 이익 때문이옵고, 징을 치고 북을 치는 것은, 그 소리로 사기가 오르게 하는 것이옵니다. 국가의 이익을 위해서 군사를 쓸 바에는, 적의 입장이 좋지 못할 때에 치는 것이 옳고, 징과 북 소리로 군인들의 사기를 왕성케 할 바에는, 적이 군진을 채 이루지 못했을 때 치는 것이 옳은 일이옵니다."

┃주해┃ ○大司馬(대사마)─관직 이름으로 군대를 장악했다.

○固(고)─두예는 그의 주에서 공손(公孫)인 고(固)라 했고, 일설에는 대사마가 공자 어(魚)였다고 한다. 여기서는 고(固)를 '굳이'로 해석하고, 공자 어가 대사마였다는 설을 따른다.

○門官(문관)─군주가 거처하는 문을 지키는 관리로, 전쟁에 나가서는 군주의 좌우에서 호위했다.

○不重傷(부중상)─이미 부상 입은 자를 다시 무찌름.

○二毛(이모)─백발(白髮)이 섞인 노인.

○不以阻隘也(불이조애야)─적의 입장이 나쁜 데서 괴롭히지 않음.

○亡國之餘(망국지여)─송나라는 은(殷, 商)나라 후예의 나라이다. 그래서 송 양공은 주(周)나라한데 망한 은나라의 후손이라 말한 것이다.

○勍敵(경적)─강한 적.

○有懼(유구)─질까 하는 두려움이 있음.

○胡耇(호구)─8, 90세의 노인.

○明恥敎戰(명치교전)─겁이 많은 군인이 부끄러운 짓을 한 것에 대해서 벌 주는 군율(軍律)을 명백히 정하고, 싸우는 방법을 가르침.

○氣也(기야)─사기를 고무(鼓舞)함.

○儳(참)─흐트러짐.

┃해설┃ 송나라와 초나라 양국이 홍수(泓水) 가에서 싸워 승패가 가려진 것을 말하고 있다. 송나라가 이 싸움에서 이겼으면 양공은 패자가 될 수 있었다. 그러나 부덕한 그는 보좌인의 충고를 듣지 않았기에 패하고 말았다. 송 양공은 다음해 5월에 죽었다. 《좌씨전》에서는 송 양공을 자어의 평을 들어, 못난 사람 취급했다. 그러나 《공양전》에서는 그가 적을 대한 태도는 예의에 맞았다고 칭찬하고 있다.

丙子晨,에 鄭文公夫人羋氏·姜氏,가 勞楚子於柯澤.이라 楚
子使師縉示之俘馘.라 君子曰, 非禮也.라 婦人送迎不出門,하고
見兄弟,라도 不踰閾,하며 戎事不邇女器.라
丁丑,에 楚子入享于鄭,에 九獻,하고 庭實旅百,하며 加籩豆六
品.이라 享畢,하고 夜出,에 文羋送于軍,하고 取鄭二姬以歸.라 叔
詹曰, 楚王其不沒乎.인저 爲禮卒於無別.이라 無別不可謂禮,어
늘 將何以沒.가 諸侯是以知其不遂霸也.라

병자날 새벽에, 정나라 문공의 부인인 미씨(羋氏)와 강씨(姜氏)가 가택(柯澤)에서 초나라 군주인 자작을 위로했다. 그때, 초나라 군주는 악사(樂師)인 진(縉)에게 포로와 적병을 죽이고 자른 귀[耳]를 보이게 했다. 군자(君子)는 그 일을 평하여 말했다. "예에 어긋나는 일이다. 부인은 사람을 보내고 맞이함에 집 문을 나서지 않고, 친형제를 만남에도 문지방을 넘어서지 않으며, 군사 일에는 여자의 기물(器物)이 얼씬도 못하는 것이다."

정축날에, 초나라 군주인 자작이 정나라 도읍으로 들어가 대접을 받으니, 구헌(九獻) 예식을 취하고, 뜰은 백 가지 선사품으로 메꾸어

두(豆)

졌으며, 대접하는 상에는 구헌을 해서 대접할 손님의 상보다도 대로 만든 그릇과 나무로 만든 그릇으로 각각 여섯 가지의 먹을 것을 더 붙여 올렸다. 잔치가 끝나고 저녁에 떠나니, 정나라 군주의 부인 문미(文芈)는 초나라 군주의 군막(軍幕)까지 바래다 주었고, 초나라 군주는 정나라의 두 공녀(公女)를 데리고 갔다. 그 일을 두고 정나라 대부인 숙첨(叔詹)은 말하기를, "초나라 왕은 자기 명대로 죽지 못할 것이다. 대접 받는 예를 남녀를 구별하지 않는 행위로 끝마쳤다. 남녀를 구별함이 없음은 예라 이를 수가 없는데, 장차 어떻게 명대로 살다 죽겠는가?"라고 했다. 그리고 제후들은 이 일을 가지고 그가 패자(覇者)가 되지는 못한다는 것을 알았다.

주해 ㅇ丙子(병자)–11월 8일.

ㅇ芈氏(미씨)–초나라에서 시집온 부인.

ㅇ姜氏(강씨)–제나라에서 시집온 부인.

ㅇ楚子(초자)–초나라 군주인 자작. 당시 초나라 군주는 성왕(成王).

ㅇ柯澤(가택)–정나라 지명으로, 지금의 하남성 신정현(新鄭縣) 동남쪽 땅.

ㅇ俘馘(부괵)–포로와 죽인 적병에게서 베어 얻은 귀. 당시에 적병을 죽인 표를 삼기 위하여, 적을 죽이면 그 왼쪽 귀를 베어 갔다.

ㅇ丁丑(정축)–11월 9일.

ㅇ九獻(구헌)–주빈에게 아홉 번 술을 따라 올리는 예. 이 예식은 주나라의 상공(上公)을 대접할 때 드리는 예였다. 당시 초나라 군주를, 천자 나라의 상공을 대접하는 예로써 대접했음을 말한다.

ㅇ加邊豆六品(가변두육품)–변(邊)은 대[竹]로 만든 먹을 것을 올리는 그릇이고, 두(豆)는 목기(木器)를 말한다. 당시에 초나라 군주에게 주나라 상공 대우를 해서 대접했는데, 상공을 대접하는 상에는 변과 두로 각각 4개에 먹을 것을 차렸다. 그런데, 그보다도 변과 두에 각각 여섯

가지씩을 더 올렸다는 것이다.

○鄭二姬(정이희)-정나라의 두 공녀인데, 누가 낳은 딸인지는 알 수 없다.

經ㅣ ○廿有三年春,에 齊侯伐宋,하여 圍緡.이라

○夏五月庚寅,에 宋公玆父卒.이라

○秋,에 楚人伐陳.이라

○冬十有一月,에 杞子卒.이라

23년 봄에, 제나라 군주인 후작이 송나라를 쳐, 민(緡)을 포위했다.

여름 5월 경인날에, 송나라 군주인 공작 자보(玆父)가 세상을 떠났다.

가을에 초나라 사람이 진(陳)나라를 쳤다.

겨울 11월에, 기(杞)나라 군주인 자작이 세상을 떠났다.

주해ㅣ ○緡(민)-송나라 지명으로, 지금의 산동성 금향현(金鄕縣) 동북쪽 땅.

○五月庚寅(오월경인)-5월 25일.

○杞子(기자)-기나라는 하(夏)나라 자손의 봉국(封國)으로, 본래 군주의 작은 공작이었으나, 도중 후작으로 강등되고 장공 27년에는 백작으로 다시 떨어졌으며, 이 무렵에는 또 강등되어 자작이었다.

傳ㅣ 廿三年春,에 齊侯伐宋,하여 圍緡,은 以討其不與盟于齊也.라

夏五月,에 宋襄公卒,하니 傷於泓故也.라

秋,에 楚成得臣帥師伐陳,하니 討其貳於宋也.라 遂取焦·夷,

하고 城頓而還.이라 子文以爲之功,하여 使爲令尹.이라 叔伯曰,
子若國何.오 對曰, 吾以靖國也.로다 夫有大功而無貴仕,에 其
人能靖者與有幾.오

　23년 봄에, 제나라 군주인 후작이 송나라를 쳐 민(緡)을 포위한 것
은, 송나라가 제나라에서 제후들이 맹서했을 때 불참한 것을 응징한
것이다.
　여름 5월에 송나라 양공이 세상을 떠났는데, 홍수(泓水) 가의 싸움
에서 부상당한 것이 그 원인이다.
　가을에 초나라 성득신(成得臣)이 군사를 거느리고 진(陳)나라를 쳤
는데, 그것은 진나라가 송나라와 통하고 있음을 응징한 것이다. 초나
라는 드디어 초(焦) 땅과 이(夷) 땅을 빼앗고, 돈(頓)에다 성을 쌓고
돌아갔다. 자문(子文)은 성득신의 공이라 여겨 그를 영윤(令尹)이 되
게 했다. 이에 숙백(叔伯)이 말하기를, "당신께서는 나라를 어찌 하시
려는 것입니까?"라고 하였다. 그러자 자문은 대답하였다. "나는 나라
를 평온케 하려고 여기오. 큰 공이 있는데 귀한 자리를 줌이 없으면,
온건한 마음으로 있을 사람이 이 세상에 몇이나 있겠소?"

주해| ○貳於宋(이어송)─송나라와 통하고, 초나라에 대해서 배신하는
　두 마음을 가진 것.
　○焦(초)·夷(이)─둘 다 진(陳)나라 지명으로 지금의 안휘성 박현(亳縣) 땅.
　○頓(돈)─나라 이름. 국성은 희(姬)였고, 군주의 작은 자작. 원래는 지금
　　의 하남성 상수현(商水縣) 동남방에 위치했으나, 뒤에 진(陳)나라의 압
　　박으로 남쪽으로 밀려, 지금의 하남성 항성현(項城縣) 땅에 위치하여
　　남돈(南頓)이라 칭했다.
　○子文(자문)─투곡오도(鬪穀於菟).

o 叔伯(숙백) - 초나라 대부로 원여신(遠呂臣).
o 與有幾(여유기) - 유기여(有幾與)의 도치형(倒置形)으로, '몇이나 있을까?'
  란 뜻.

九月에, 晉惠公卒.이라 懷公立命,하되 無從亡人.하라 期朞而
不至,면 無赦.라 狐突之子毛及偃,이 從重耳在秦,이어늘 弗召.라
冬,에 懷公執狐突曰, 子來則免.이라 對曰, 子之能仕,에 父敎
之忠,은 古之制也,요 策名委質,하고 貳乃辟也.이오니다 今,에 臣
之子名在重耳有年數矣,이옵거늘 若又召之,면 敎之貳也.로소이다
父敎子貳,에 何以事君.인가 刑之不濫,은 君之明也,요 臣之願
也.이오니다 淫刑以逞,이면 誰則無罪.리오 臣聞命矣.이오니다 乃
殺之.라 卜偃稱疾不出曰, 周書有之,하니 乃大明服.이라 己則不
明,하고 而殺人以逞,이면 不亦難乎.아 民不見德,하고 而惟戮是
聞,이리니 其何後之有.아

9월에, 진나라 혜공이 세상을 떠났다. 회공이 군주 자리에 올라 명
하기를, "다른 나라로 망명해 있는 자를 따라서는 안된다. 이제부터
정해진 날까지 돌아오지 않으면 용서하지 않으리라."라고 했다. 당시
에 호돌(狐突)의 아들 모(毛)와 언(偃)이, 공자 중이(重耳)를 따라 진
(秦)나라에 있었는데, 중이를 부르지 않고 있었다.

거울에 회공이 호돌을 잡아놓고 말하기를, "그대의 자식들이 돌아
온다면, 죽음을 면하게 하리다."라고 했다. 그러자 호돌은 대답했다.

"자식이 성장해서 벼슬할 수 있게 되어, 아비가 충성을 바치라고 가르침은 옛날부터 정해진 법도이옵고, 처음으로 군주의 신하가 되어 벼슬하게 될 때, 자신의 이름을 신하의 명부(名簿)에 올리고 군주에게 예물(禮物)을 바치고서 두 마음을 갖는다는 것은 죄가 되옵니다. 지금 신의 자식들은 그들의 이름을 중이에게 붙인 지 여러 해가 되옵는데, 만약에 그들을 다시 불러들인다면, 그들에게 두 마음을 가지라고 가르치는 것이 되니, 부모가 자식에게 두 마음을 가지라고 가르친다면 어떻게 신하로서 군주를 섬기게 되오리까? 형벌을 남용(濫用)하지 않음은 군주의 밝은 정치이옵고, 신의 원하는 바이옵니다. 이치에 닿지 않게 형벌을 가해서 마음대로 한다면, 어느 누가 죄 없는 사람이 되오리까? 신은 이에 군주의 명하심을 잘 들었사옵니다." 이에 회공은 호돌을 죽였다. 그러자 복언(卜偃)은 병이라 핑계 대고 공무(公務)를 보러 나가지 않고는 말했다. "주서(周書)에 '임금이 아주 밝으면, 백성은 따라 복종한다.'라고 하였다. 군주 자신이 밝지 못하고서, 죄 없는 사람을 죽이어 마음대로 한다면, 군주 노릇을 하는 것 또한 어렵지 않을까? 백성들이 군주의 덕을 보지 못하고, 다만 죄 없는 사람을 죽였다는 것만을 들을 것이니, 그 어찌 후손이 번영할 수 있을 것인가?"

▌주해▌ ○亡人(망인)－다른 나라로 망명한 사람. 여기서는 중이(重耳)을 말한다.

○期朞(기기)－기일을 약속함.

○子之能仕(자지능사)－자식이 벼슬할 수 있는 나이가 됨.

○策名委質(책명위지)－처음으로 군주의 신하가 되었을 때, 자기 이름을 신하의 명부(名簿)에 적고, 예물(禮物)을 바치는 일. 옛날에 처음으로 군주의 신하가 되면, 군주를 위해서 죽겠다는 결심을 보이는 표시로 죽은 꿩을 바쳤는데, 그것은 직접 올리는 것이 아니라, 뜰에다 놓아두었다. 위지(委質)의 위(委)는 놓는다는 뜻으로 풀이된다.

○周書有之(주서유지)-《상서(尙書)》강고편(康誥篇)에 있는 구절.

十一月,에 杞成公卒.이라 書曰子,는 杞夷也.라 不書名,은 未
同盟也.라 凡諸侯同盟,에 死則赴以名,이 禮也.라 赴以名,이면
則亦書之,하고 不然則否,니 避不敏也.라

11월에, 기나라 군주 성공이 세상을 떠났다. 경문에 자작(子爵)이
라 쓴 것은, (그가 백작이었지만) 오랑캐 행세를 해서 강등(降等) 당
해서였다. 경문에 기나라 군주의 이름을 적지 않은 것은, 기나라가 노
나라와 동맹(同盟)을 맺지 않고 있었기 때문이다. 무릇 제후가 동맹
을 맺고 있으면, 죽으면 이름을 밝히어 알리는 것이 예다. 그런데 동
맹을 맺고 있지 않더라도, 이름을 밝히어 부고(訃告)를 보내면 역시
그 이름을 적고 그렇지 않으면 적지 않으니, 이것은 부정확(不正確)
함이 있을 것을 피해서인 것이다.

晉公子重耳之及於難也,에 晉人伐諸蒲城.이라 蒲城人欲戰,에
重耳不可,라하고 曰, 保君父之命,하여 而享其生祿.이라 於是乎
得人,이어늘 有人而校,는 罪莫大焉.이라 吾其奔也.로다 遂出奔
狄,에 從者狐偃·趙衰·顚頡·魏武子·司空季子.라
狄人伐廧咎如,하여 獲其二女叔隗·季隗,하여 納諸公子.라 公
子取季隗,하여 生伯儵·叔劉,하고 以叔隗妻趙衰,에 生盾.이라
將適齊,에 謂季隗曰, 待我廿五年矣,에 不來而後嫁.하라 對曰,

我廿五年矣.라 又如是而嫁,면 則就木焉.이라 請待子.라 處狄十
二年而行.이라 過衛,에 衛文公不禮焉.이라 出於五鹿,하여 乞食
於野人,하니 野人與之塊.라 公子怒欲鞭之,하니 子犯曰, 天賜
也.라 稽首受而載之.라

진(晉)나라 공자인 중이가 곤란한 처지에 이르렀을 때, 진나라 사람이 그가 있는 포성(蒲城)으로 쳐들어갔다. 그때 포성 안의 사람들이 상대하여 싸우려 하자, 중이는 안된다고 말하기를, "군주이신 아버님의 명을 받들어 이 성을 보유하여, 살아나갈 녹(祿)을 받고 있는 것이오. 이에, 나는 신하들을 거느리고 있는데, 신하들을 거느리고서 대항한다는 것은, 그 죄가 막대한 것이오. 나는 도망을 하겠소이다."라 했다. 그리고는 드디어 적(狄) 오랑캐 땅으로 도망갔는데, 그때 따라 간 사람은, 호언(狐偃)·조최(趙衰)·전힐(顚頡)·위무자(魏武子)·사공계자(司空季子) 등이었다.

적(狄) 사람이 장구여(廧咎如)라는 오랑캐를 치고, 그 두 딸 숙외(叔隗)와 계외(季隗)를 잡아다가 공자 중이에게 바쳤다. 공자는 계외를 아내로 취해서 백숙(伯儵)과 숙류(叔劉)를 낳았고, 숙외를 조최의 아내로 삼게 하여 돈(盾)을 낳았다. 공자가 제(齊)나라로 가려고, 계외에게 말하기를, "나를 25년 간 기다렸다 돌아오지 않으면, 다른 사람에게로 시집가시오."라고 했다. 그러자 계외가 대답하기를, "저는 지금 스물다섯살입니다. 이후 또 25년 있다가 시집을 간다면, 그때엔 나는 관(棺) 속으로 들어갈 나이입니다. 그러니 제가 언제까지고 당신을 기다리게 해 주십시오."라고 하였다. 그래서 공자는 12년 간 적 땅에서 살다가 떠났다. 그가 위(衛)나라를 통과했는데, 위나라 군주 문공(文公)은 그를 예로써 대우하지 않았다. 그리고 그의 발길이 오록(五鹿)에 닿았을 때 먹을 것을 농부에게 부탁했더니, 농부는 그에게 흙덩이를 주었다. 공자가 화를 내어 그 농부에게 매질을 하려 하자, 자범(子犯)은, "하늘이 주신 것입니다."라 말하고는 머리를 땅 위에 조아리고 그 흙덩이를 받아 수레 위에 얹었다.

주해 ㅇ及於難(급어난)—공자 중이가 곤란한 처지에 빠진 사정은 희공 5년조에 나왔다.

ㅇ生祿(생록)—생활할 봉록(俸祿).

ㅇ校(교)—대항함.

ㅇ司空季子(사공계자)—토지와 백성들에 관한 일을 맡은 벼슬 사공(司空)으로 있었던 사람의 막내아들. 즉 서신(胥臣)을 두고 말한다.

ㅇ廧咎如(장구여)—오랑캐 적적(赤狄)의 한 종족(種族)으로 산서성(山西省) 동북방에 거주했다 한다.

ㅇ伯儵(백숙)—백주(伯儵)로 되어 있는 판본도 있다.

ㅇ就木(취목)—죽어 관 속으로 들어감.

ㅇ五鹿(오록)—위나라 지명으로, 지금의 하북성 대명현(大名縣) 동남쪽 땅.

ㅇ子犯(자범)—호언(狐偃)의 자(字).

ㅇ天賜也(천사야)—흙덩이를 얻는 것은, 곧 나라를 가질 징조라 여기어, 하늘이 준 상서로운 것이라고 말한 것이다.

及齊,에 齊桓公妻之,하고 有馬廿乘.이라 公子安之,에 從者以爲不可.라 將行,하여 謀於桑下.라 蠶妾在其上,하여 以告姜氏,하니 姜氏殺之,하고 而謂公子曰, 子有四方之志.라 其聞之者는 吾殺之矣.라 公子曰, 無之.라 姜曰, 行也.로다 懷與安,은 實敗名.이라 公子不可.라 姜與子犯謀,하여 醉而遣之.라 醒,하여 以戈逐子犯.이라

及曹.라 ^{급조} 曹共公聞其駢脅,하고 ^{조공공문기병협} 欲觀其裸,하여 ^{욕관기라} 浴,에 ^욕 薄而觀之. ^{박이관지}
라 僖負羈妻曰, ^{희부기처왈} 吾觀晉公子之從者,한대 ^{오관진공자지종자} 皆足以相國.이라 ^{개족이상국} 若以 ^{약이}
相夫子,면 ^{상부자} 必反其國.이라 ^{필반기국} 反其國,이면 ^{반기국} 必得志於諸侯.라 ^{필득지어제후} 得志於 ^{득지어}
諸侯,하여 ^{제후} 而誅無禮,엔 ^{이주무례} 曹其首也.라 ^{조기수야} 子盍蚤自貳焉.가 ^{자합조자이언} 乃饋盤 ^{내궤반}
飱,하여 ^손 寘璧焉.이라 ^{치벽언} 公子受飱反璧.이라 ^{공자수손반벽}

제나라에 도착하니, 제나라 군주 환공은 딸을 아내로 삼게 하고, 말 80필을 갖게 했다. 그러자 공자가 제나라에서 주저앉아 편안히 살려고 하니, 그를 따르고 있던 사람들은 안된다 여겼다. 그래서 떠나려고 뽕나무 밑에서 상의했다. 그런데 그때, 공자 아내의 누에치는 일을 맡고 있는 시종이 그 뽕나무 위에 있어 그들이 상의한 말을 듣고는, 그것을 공자의 아내 강씨(姜氏)에게 일러바치니, 강씨는 그녀를 죽이고 공자에게 말하기를, "당신에게는 천하를 지배하려는 뜻이 있습니다. 당신과 따르는 사람들이 말씀한 걸 들은 사람은 제가 죽였습니다."라고 했다. 공자는 말하기를, "그런 마음이 없소이다."라고 했다. 그러자 강씨는, "떠나셔야 합니다. 사랑에 빠지는 것과 생활의 안락에만 만족하는 것은, 실로 공명(功名) 세움을 실패하게 하는 것입니다."라고 했다. 그래도 공자는 안된다고 듣지 않았다. 이에, 강씨는 자범(子犯)과 상의해서, 공자에게 술을 먹여 취하게 해서 떠나보냈다. 술에서 깨어난 공자는 창을 가지고 자범을 뒤쫓았다.

공자는 조(曹)나라로 갔다. 조나라 군주인 공공(共公)은 공자 중이의 갈비뼈가 통뼈로 되어 있다는 것을 듣고, 그가 옷을 벗고 있는 모습을 보려고 목욕을 하고 있을 때 바로 옆으로 다가가 쳐다보았다. 조나라 대부인 희부기(僖負羈)의 아내가 남편에게 말하기를, "내가 진나라 공자의 수행자(隨行者)들을 보니, 다 재상이 될 수 있는 사람들입니다.

만일 그들이 공자를 돕는다면, 공자는 반드시 자기 나라로 돌아갈 것
입니다. 공자가 그의 나라로 가면, 그분은 반드시 제후(諸侯)들을 지배
할 뜻을 이룰 것입니다. 그분이 제후의 패자(覇者)가 되어 전에 무례
한 짓을 한 자를 응징한다면, 우리 조나라가 맨 먼저 당할 것입니다.
그런데 당신은 어째서 자진해 우리 군주가 취하는 무례한 태도와는 다
른 태도를 취하지 않으려는 것입니까?"라고 했다. 그러자 희부기는 그
릇에 저녁밥을 담아 주면서 그 안에 구슬을 넣었다. 공자는 밥만 받고,
구슬은 돌려보냈다.

주해 ㅇ馬廿乘(마입승)－수레 한 대[乘]는 네 마리의 말이 끌었다. 그
러므로 20승의 수레는 곧 80마리의 말이 필요하다.
ㅇ四方之志(사방지지)－천하를 호령하려는 큰 뜻. 즉 제후(諸侯) 간에 패
자(覇者)가 되려는 뜻.
ㅇ騈脅(변협)－통뼈로 된 갈비.
ㅇ貳(이)－딴 마음(태도)을 가짐. 여기에서는 조나라 공공이 중이의 통뼈
로 된 갈비를 보려고, 목욕할 때 옆으로 가 쳐다보는 무례한 짓을 한
데 대해서 공손히 떠받드는 태도를 보이는 것을 말한다.
ㅇ盤飱(반손)－그릇에 담은 저녁밥.

及宋,에 宋襄公贈之以馬廿乘.이라 及鄭,에 鄭文公亦不禮焉.
이라 叔詹諫曰, 臣聞,하되 天之所啓,는 人弗及也.라하오니다 晉公
子有三焉,이온데 天其或者將建諸.이온저 君其禮焉.하소서 男女同
姓,이면 其生不蕃.이라하옵거늘 晉公子姬出也,로되 而至於今,은
一也.이오니다 離外之患,이나 而天不靖晉國,하고 殆將啓之,이오
니 二也.이오니다 有三士,하여 足以上人,하여 而從之,하오니 三也.

로소이다 晉·鄭^진同^정儕^동,이오니 其^기過^과子^자弟^제,라도 固^고將^장禮^례焉^언,이옵거늘 況^황
天^천之^지所^소啓^계乎^호.인가 弗^불聽^청.이라

공자가 송나라에 당도하자, 송나라 군주 양공은 그에게 말 80필을
주었다. 정나라로 가 당도하니, 정나라 군주 문공 또한 예로써 대우하
지 않았다. 그러자 숙첨(叔詹)은 문공에게 충간(忠諫)하여 말했다.
"신(臣)이 들었사온데, 하늘이 도와 앞길을 열어줌에는 인력으로도
방해하지 못한다 하옵니다. 진나라 공자에게는 하늘이 돕는 세 가지
가 있사온데, 하늘이 어쩌면 장차 그를 진나라 군주로 세울는지도 모
르옵니다. 그러하오니, 군주께서는 그를 예우(禮遇)하옵소서. 부부가
같은 성(姓)이면, 그들이 낳은 아들이 번영하지 못한다 하옵거늘, 진
나라 공자 중이는 진나라 군주와 동성인 희씨(姬氏) 소생이지만, 그
가 오늘까지 무사히 살아있음은, 하늘이 돕는 첫째 증거이옵니다. 그
리고 그가 외국으로 떠돌아 고난을 당하고 있사오나, 하늘은 진나라
를 평온하게 해주지 않고, 다분히 장차 그가 군주 자리에 앉게 길을
열어 주려 하니, 그것은 둘째 증거이옵니다. 그리고 또 그에게는 세
선비가 있으니, 그들은 보통 사람보다 뛰어난 사람이온데 그를 따르
고 있사오니, 그것이 곧 셋째 증거이옵니다. 진나라와 정나라는 동족
(同族)이오니, 우리나라를 지나는 그 나라의 자제라도 마땅히 예우해
야 하옵거늘, 하물며 하늘이 길을 터주는 사람에 대해서야 다시 말할
것이 있사옵니까?" 그러나 정나라 문공은 그의 말을 듣지 않았다.

▌주해▐ ㅇ啓(계)-도와 길을 터줌.
　ㅇ人弗及也(인불급야)-사람의 힘으로는 방해할 수가 없음.
　ㅇ姬出也(희출야)-공자 중이는 대융(大戎) 호희(狐姬)가 낳았다. 즉 그
　　의 어머니는 진나라 군주와 동성으로 희씨였다.
　ㅇ三士(삼사)-두예는 주(注)에서 호언(狐偃)·조최(趙衰)·가타(賈佗)를

두고 말한 것이라고 했다.

ㅇ同儕(동제) – 동료(同僚). 즉 같은 제후(諸侯)라는 뜻으로도 풀이되나, 동족 즉 일가로 풀이한다. 정나라는 주 여왕(厲王) 후손의 제후국이고, 진나라는 무왕(武王) 후손의 제후국이었다.

及楚,하니 楚子饗之曰, 公子若反晉國,이면 則何以報不穀.가

對曰, 子女玉帛,은 則君有之,요 羽毛齒革,은 則君地焉生之.이

오니다 其波及晉國者,는 君之餘也,이리니 其何以報君.이리오 曰,

雖然,이나 何以報我.아 對曰, 若以君之靈得反晉國,하여 晉·楚

治兵,하여 遇於中原,이오면 其避君三舍,하옵고 若不獲命,이면 其

左執鞭弭,하고 右屬櫜鞬,하여 以與君周旋.하오리다

子玉請殺之,하니 楚子曰, 晉公子廣而儉,하고 文而有禮,하며

其從者肅而寬,하고 忠而能力.이라 晉侯無親,하고 外內惡之.라

吾聞,하되 姬姓,은 唐叔之後,가 其後衰者也.라 其將由晉公子

乎.아 天將興之,에 誰能廢之.아 違天,이면 必有大咎.라 乃送諸

秦.이라

秦伯納女五人,에 懷嬴與焉.이라 奉匜沃盥,에 旣而揮之.라 怒

曰, 秦·晉匹也,어늘 何以卑我.오 公子懼,하여 降服而囚.라 他

日,에 公享之.라 子犯曰, 吾不如趙衰之文也.라 請使衰從.이라

公子賦河水,하니 公賦六月.이라 趙衰曰, 重耳拜賜.하라 公子降

拜稽首,하니 公降一級而辭焉.이라 衰曰, 君稱所以佐天子者命
重耳,이옵거늘 重耳敢不拜.인가

초나라에 당도하니, 초나라 군주인 자작이 잔치를 베풀어 대접하며 말하기를, "공자가 만약 진나라로 돌아가게 된다면, 나에게 무엇으로 보답하겠소?"라 했다. 이에 대해서 중이가, "아름다운 여자나 옥이나 비단 같은 것은 군주께서 많이 소유하고 계시고, 좋은 새의 깃〔羽〕이나 상아(象牙)나 좋은 모피야, 다 군주의 국토에서 생산되옵니다. 그것들이 저의 진나라에 나돈다면, 그것은 군주께서 쓰고 남은 것일 터인데, 제가 무엇으로 군주께 보답하겠나이까?"라고 대답했다. 그러자 초나라 군주는, "그렇다고 할지라도 무엇으로 내게 보답하시리오?"라고 말하였다. 이에 대해서 중이는 말했다. "제가 만일 군주의 은혜로 진나라로 돌아가, 진나라와 초나라가 군사를 거느리어 중원(中原) 땅에서 만나 싸우게 된다면, 저는 군주를 피해 90리를 물러나고, 그래도 군주께서 싸움을 그만두자는 명을 내리지 않는다면, 그때는 왼쪽에는 매와 활을 들고, 오른쪽에는 화살자루와 칼집을 차고서 군주와 같이 달려 나가겠나이다."

이에 자옥(子玉)이 중이를 죽이자고 요청하니, 초나라 군주인 자작은 말했다. "진나라 공자는 도량이 넓은데다가 검소(儉素)하고, 말을 잘하는 데다가 예의가 있으며, 그를 따르고 있는 자들은 공손하고도 관대하고 충성스러운데다가 힘을 다 하고 있다. 그런데 현재의 진나라 군주는 친근한 사람이 없고, 국내외가 다 그를 미워하고 있다. 나는 들었거니와 희성(姬姓)의 나라는 당숙(唐叔)의 후손 나라가 후세에 남게 된다고 한다. 그것은 앞으로 이 진나라 공

뿔〔角〕장식 활

자로 말미암아서일까 여긴다. 하늘이 장차 흥성케 하려 하는데, 그 누
가 방해해서 그렇게 못하게 할 것인가? 하늘의 뜻을 어기면, 반드시
큰 벌이 있는 것이다." 그리고는, 곧 진(秦)나라로 보내주었다.

진(秦)나라 군주인 백작이 공자 중이에게 공녀(公女) 다섯을 주었
는데, 그 안에는 회영(懷嬴)이 끼어 있었다. 하루는 회영이 손대야로
손 씻는 물을 부어 주었는데, 중이가 손을 씻고 나서 손을 털어 물을
뿌렸다. 그러자 회영이 노해서 말하기를, "우리 진나라와 당신네 진나
라는 동등한 나라인데, 당신은 어째서 나를 업신여기는 것입니까?"라
고 하였다. 이 말에 공자 중이는 두려워, 윗옷을 벗고 그 앞에 꿇어앉
아 죄인인 양 빌었다. 그 뒤 어느 날, 진나라 군주가 공자에게 잔치를
베풀게 되었다. 그때 자범이 말하기를, "저는 조최처럼 말을 잘하지
못합니다. 그러니 조최로 하여금 따라가게 해주십시오."라고 했다. 그
잔칫자리에서, 공자가 하수(河水)의 시(詩)를 노래 부르니, 진나라 군
주는 유월(六月)의 시를 노래 불렀다. 그러자 조최가 말하기를, "중이
님은 절을 하고 군주의 뜻을 받으십시오."라고 했다. 이 말을 들은 공
자가 곧 뜰로 내려가 땅 위에 머리를 조아리고 절하니, 진나라 군주
는 당상(堂上)에서 한 계단 내려가 사양했다. 그러자 조최는, "군주께
서 천자님을 도울 자로 중이님을 지명하셨는데 중이님이 감히 절하지
않으리까?"라고 말했다.

주해 ○楚子(초자)－초나라 군주인 자작. 당시 초나라 군주는 성왕(成王).
　　○不穀(불곡)－나라의 군주가 자신을 겸칭(謙稱)한 말.
　　○波及(파급)－나돌다.
　　○三舍(삼사)－90리(里)를 말한다. 옛날에는 군대가 하루에 30리를 행군
　　　(行軍)하고 밤을 지냈다. 군대가 사흘을 자고 행군하는 거리는 곧 90리
　　　였다.
　　○不獲命(불획명)－전쟁을 그만두자는 명을 받지 못함.
　　○子玉(자옥)－성득신(成得臣).

○晉侯(진후)—진나라 군주인 후작. 당시의 진나라 군주는 혜공(惠公).

○唐叔之後(당숙지후)—당숙의 자손. 진(晉)나라를 두고 말한다. 진나라
　의 시조는 주(周) 무왕(武王)의 아들 당숙우(唐叔虞)였다.

○其後衰者也(기후쇠자야)—그 후손이 최후까지 남음.

○秦伯(진백)—진나라 군주인 백작. 당시의 진나라 군주는 목공(穆公).

○懷嬴(회영)—후일 진(晉)나라 회공(懷公)이 된 공자 어(圉)의 부인.

○匜(이)—손대야.

○沃盥(옥관)—손을 씻는데 물을 부어줌.

○文(문)—말을 잘함.

○河水(하수)—시편(詩篇) 이름. 두예는 일시(逸詩 : 전해지지 않은 시)의
　편명으로, 그 시는 강물이 바다로 흘러듦을 말한 것이었는데, 진(晉)이
　진(秦)나라를 따라 섬기겠다는 뜻으로 그 시를 노래 불렀다고 주에서 말
　했다.

○六月(유월)—《시경》 소아(小雅)의 시편 이름. 이 시는 주나라 윤길보
　(尹吉甫)가 선왕(宣王)을 도와 오랑캐를 정벌한 것을 찬양한 것이라
　한다. 진나라 목공이 이 시를 노래 부른 것은 중이에게 본국으로 돌아
　가거든 주나라 천자를 도우라는 뜻이었다고 풀이된다.

經|　○廿有四年春王正月.이라
<small>입 유 사 년 춘 왕 정 월</small>

　○夏,에 狄伐鄭.이라
<small>하　　적 벌 정</small>

　○秋七月.이라
<small>추 칠 월</small>

　○冬,에 天王出居于鄭.이라
<small>동　　천 왕 출 거 우 정</small>

　○晉侯夷吾卒.이라
<small>진 후 이 오 졸</small>

24년 봄 천자가 쓰는 역으로 정월.

여름에, 적(狄) 오랑캐가 정나라를 쳤다.

가을 7월.

겨울에 천자께서 나라를 떠나 정나라에서 지내시게 되었다.

진(晉)나라 군주인 후작 이오(夷吾)가 세상을 떠났다.

주해ㅣ ○天王出居于鄭(천왕출거우정) ─ 이 기사는 주나라 양왕(襄王)이 동생인 대(帶)의 일파한테 몰려, 서울에서 도망하여 정나라에서 거처하게 된 것을 말한다. 천자에 대해서는 '출(出 : 나라를 나갔다)'이라는 말을 쓰지 않지만, 형제간에 분쟁이 생겨, 천자의 대임(大任)을 잊고 서울을 나간 것은 잘못이라는 뜻으로 쓴 것이다.

○晉侯夷吾卒(진후이오졸) ─ 이오는 혜공(惠公). 희공 23년조에 '9월, 진혜공졸(九月, 晉惠公卒)'이라 나왔는데, 이 해 겨울에야 죽은 것으로 기록한 것은 진의 회공(懷公 : 공자 圉)이 중이(重耳 : 文公)가 돌아들어감을 막기 위해서, 상(喪) 당한 것을 숨겼다가, 중이가 들어가 회공을 죽이고 군주가 되어서 새삼스럽게 알리었기에, 착오가 있게 되었다.

傳ㅣ 廿四年春王正月,에 秦伯納之.라 不書,는 不告入也.라 及河,
하여 子犯以璧授公子曰, 臣負羈紲,하여 從君巡於天下,에 臣之
罪甚多矣.이오니다 臣猶知之,어늘 而況君乎.인가 請由此逃.로소
이다 公子曰, 所不與舅氏同心者,면 有如白水.이리다 投其璧于
河.라 濟河,하여 圍令狐,하고 入桑泉,하며 取臼衰.라
二月甲午,에 晉師軍于廬柳.라 秦伯使公子縶如晉師,에 師退
軍于郇.이라 辛丑,에 狐偃及秦・晉之大夫盟于郇.이라 壬寅,에
公子入于晉師,하고 丙午,에 入于曲沃,하며 丁未,에 朝于武宮,하
고 戊申,에 使殺懷公于高梁.이라 不書,는 亦不告也.라

24년 봄 천자가 쓰는 역으로 정월, 진(秦)나라 군주인 백작이 공자 중이를 진(晉)나라로 들여보냈다. 경문(經文)에 이 일을 쓰지 않은 것은 중이가 자기 나라로 들어갔다는 것을 노나라에 알리지 않아서였다. 그의 일행이 황하(黃河)에 이르렀을 때, 자범은 지니고 있던 구슬을 공자에게 내주며 말하기를, "신은 군주의 말고삐 끈을 잡고서 군주를 따라 천하를 돌아다니면서, 저지른 죄가 매우 많사옵니다. 그것을 신도 알고 있사옵거늘, 하물며 군주께서 모르시겠나이까? 그러하온즉, 제가 여기서 도망치게 해주시기를 바라옵니다."라고 했다. 그러자 공자가 말하기를, "이제부터 내 아저씨와 마음을 같게 갖지 않는다는 것을 저 흰 물을 두고 맹세합니다."라고 했다. 그리고는 그 구슬을 황하에 던져 버렸다. 그들은 황하를 건너 영호(令狐)를 포위했고, 상천(桑泉)을 쳐들어갔으며, 구쇠(臼衰)를 점령했다.

2월 갑오날에는 진(晉)나라 군대가 여류(廬柳)에 진을 쳤다. 진(秦)나라 군주인 백작이 공자 집(縶)을 진나라 군진(軍陣)으로 보내어 교섭하여 진나라 군대는 순(郇)으로 물러났다. 신축날에, 호언과 진(秦)나라·진(晉)나라 대부들이 순에서 맹서하였다. 그리고 임인날에 공자는 진나라 군진으로 들어가 군대를 장악하고, 병오날에는 곡옥(曲沃)으로 들어갔고, 정미날에는 무궁(武宮)에 참배하고, 무신날에는 회공(懷公)을 고량(高粱)에서 죽이게 했다. 그 일을 경문에 쓰지 않은 것은 또한 노나라에 알리지 않아서였다.

┃주해┃ ○所不與舅氏同心者(소불여구씨동심자)−공자 중이의 어머니는 자범(子犯)과 형제간이었기에, 아저씨라 말한 것이다.
○有如白水(유여백수)−맹서의 말. 글자대로 풀이하면, '흰 물 같은 것이 있다.'지만, 이것은 '저 흰 물을 두고 맹서한다.'로 의역된다.
○令狐(영호)−진(晉)나라 지명으로 지금의 산서성 의씨현(猗氏縣) 서쪽 땅.
○桑泉(상천)−진나라 지명으로 지금의 산서성 임진현(臨晉縣) 동쪽 땅.
○臼衰(구쇠)−진나라 지명으로 지금의 산서성 해현(解縣) 서북쪽 땅.

○二月甲午(이월갑오)-2월 4일.

○廬柳(여류)-진나라 지명으로 지금의 산서성 의씨현 서북쪽 땅.

○郇(순)-희성(姬姓)의 작은 나라로, 지금의 산서성 임진현 동북방에 위치했다.

○辛丑(신축)-갑오날에서 8일 후의 날.

○壬寅(임인)-신축날 다음날.

○丙午(병오)-임인날에서 5일 뒤의 날.

○丁未(정미)-병오날 다음날.

○武宮(무궁)-진나라 무공(武公)의 사당. 진나라 도읍인 강(絳)에 있었다. 무공은 중이의 할아버지.

○戊申(무신)-정미날 다음날.

○高梁(고량)-진나라 지명.

呂·郤畏偪,하여 將焚公宮而弑晉侯.라 寺人披請見,하니 公使讓之,하고 且辭焉曰, 蒲城之役,에 君命一宿,이러니 汝卽至.라 其後余從狄君,하여 以田渭濱,에 女爲惠公來求殺余.라 命女三宿,이어늘 女中宿至.라 雖有君命,이나 何其速也.아 夫袪猶在.로다 女其行乎.아

對曰, 臣謂,컨대 君之入也,에 其知之矣.이니다 若猶未也,면 又將及難.이리다 君命無二,는 古之制也.이오니다 除君之惡,엔 唯力是視.이오니다 蒲人·狄人,이 余何有焉.이었으리오 今, 君卽位,나 其無蒲·狄乎.인가 齊桓公置射鉤,하여 而使管仲相.이었나이다 君若易之,면 何辱命焉.이리오 行者甚衆.이리다 豈唯刑臣.이

리오 公見之,에 以難告.라

三月,에 晉侯潛會秦伯于王城.이라 己丑晦,에 公宮火.라 瑕

甥·郤芮不獲公,하고 乃如河上,이러니 秦伯誘而殺之.라 晉侯逆

夫人嬴氏以歸,에 秦伯送衛於晉,이 三千人,이니 實紀綱之僕.

이라

　여생(呂甥)과 극예(郤芮) 등이 새 군주인 문공(文公 : 중이)한테 핍박받을 것을 두려워하여 군주의 궁전을 불태우고 진나라 군주 중이를 죽이려 했다. 그것을 안 내시 피(披)가 군주를 만나 볼 것을 요청하니, 문공은 그를 꾸짖게 하고, 또 면회를 사절하며 말했다. "포성(蒲城)의 싸움 때에 군주의 명령이 하루 저녁을 지내고 공격하라는 것이 있었는데도 너는 그날로 공격했다. 그리고 그후에 내가 적(狄) 오랑캐 군주를 따라 위수(渭水) 가에서 사냥했을 때, 너는 혜공(惠公)을 위하여 나를 찾아와 죽이려 했다. 그때 군주는 너보고 사흘 저녁을 자면서 가라고 명했는데도, 너는 사흘만에 당도했다. 그 일들은 비록 군주의 명령이 있었다고는 하나, 어찌 그리 빨리 나를 죽이려 했더냐? 그때 잘린 옷소매가 지금도 있다. 너는 어디론가 가겠지?"

　이에 대해서 피는 말했다. "신은 생각하기를, 군주께서 본국으로 들어오심에는 군주의 도(道)를 다 알고 계시는 걸로 알았사옵니다. 만일 아직도 모르고 계신다면, 또 앞으로 어려운 입장을 만나게 될 것이옵니다. 군주의 명령에 대해서 두 마음이 없어야 한다는 것은 옛날부터의 법도이옵니다. 군주를 해치는 자를 제거함에는 신하로서는 오직 있는 힘을 다해야 할 뿐이옵니다. 그런데 포(蒲) 땅 사람과 적(狄) 오랑캐 땅에 있는 사람이 저의 안목(眼目)에 어찌 있사오리까? 이제, 군주께서 즉위하셨지만 포 땅과 적 오랑캐 땅에서 있었던 고난이 없

을 거라고 할 수 있사오리까? 제나라 환공(桓公)은 자기 띠의 고리를
쏘아 맞춘 일을 불문에 붙이고 관중(管仲)으로 하여금 재상이 되게
했사옵니다. 군주께서 제나라 환공과 다르시다면, 어찌 떠나라는 명을
받을 것까지 있사오리까? 떠날 사람이 아주 많을 것이옵니다. 어찌
형을 받은 일이 있는 신뿐이겠나이까?" 이 말에 문공은 그를 만났고,
피는 여생들이 일으킬 난리에 대해서 고했다.

　3월에, 진나라 군주인 후작이 조용히 진(秦)나라 군주인 백작과 왕
성(王城)에서 만났다. 기축날인 그믐날에 군주의 궁전에 불이 났다.
하생(瑕甥 : 여생)과 극예 등은 문공을 잡지 못하자, 하상(河上)으로
도망하였는데, 진(秦)나라 군주는 그들을 유인하여 죽였다. 진나라 군
주인 후작이 부인 영씨(嬴氏)를 맞이하여 나라로 돌아갔는데, 진나라
군주인 백작이 진(晉)나라로 호위하여 보냄이 3천군이었으며, 그들은
실로 기강이 잡힌 용사(勇士)들이었다.

▌주해┃　ㅇ一宿(일숙)-하루 저녁을 지냄.
　ㅇ中宿(중숙)-가운데 날 저녁을 지냄. 즉 사흘만임.
　ㅇ其知之矣(기지지의)-군주의 도를 앎.
　ㅇ君命無二(군명무이)-신하는 군주의 명령에 대해서 두 마음을 갖지 않음.
　ㅇ唯力是視(유력시시)-다만 힘을 다함.
　ㅇ蒲人(포인)·狄人(적인)-포 땅에 있는 분·적(狄) 오랑캐 땅에 있는
　　분. 과거의 중이를 이른 말이다.
　ㅇ其無蒲(기무포)·狄乎(적호)-포성과 적 오랑캐 땅에서 당했던 곤란을
　　또 당함이 없겠습니까?
　ㅇ易之(역지)-사람 취급하는 방법을 달리 바꿈.
　ㅇ何辱命焉(하욕명언)-어찌 떠나라는 명을 받을 것인가? 명을 받기 전
　　에 떠난다는 말.
　ㅇ刑臣(형신)-피(披)는 전에 죄인으로서 형을 받고 내시가 되었기에 이
　　렇게 말한 것이다.

o王城(왕성)—진(秦)나라 지명으로, 하상(河上) 부근 땅.

o河上(하상)—진(秦)나라 지명으로, 지금의 섬서성 조읍현(朝邑縣) 동쪽 땅.

o紀綱之僕(기강지복)—기강이 잡힌 용사. 복(僕)은 종이라 해석할 것이 아니라, 여기에서는 병사·용사로 풀이된다.

初,에 晉侯之竪頭須,는 守藏者也.라 其出也,에 竊藏以逃,하여 盡用以求納之.라 及入,에 求見,하니 公辭焉以沐.이라 謂僕人曰, 沐則心覆,하고 心覆則圖反,하니 宜吾不得見也.로다 居者爲社稷之守,하고 行者爲羈紲之僕,이니 其亦可也,어늘 何必罪居者.아 國君而讎匹夫,면 懼者其衆矣.라 僕人以告,하니 公遽見之.라 狄人歸季隗于晉,하여 以請其二子.라 文公妻趙衰,에 生原同·屛括·樓嬰.이라 趙姬請逆盾與其母,하니 子餘辭.라 姬曰, 得寵而忘舊,엔 何以使人.이리오 必逆之,라하고 固請,에 許之,하여 來.라 以盾爲才,하고 固請于公,하여 以爲嫡子,하며 而使其三子下之,하고 以叔隗爲內子,하여 而己下之.라

전에, 진나라 군주인 후작 밑에서 잔일을 하는 신하 두수(頭須)라는 자는 창고지기였다. 공자[重耳]가 외국으로 나가 있을 때 그는 창고의 재물을 훔쳐 도망해서 그것을 다 탕진하며 중이가 나라로 들어가도록 운동했다. 중이가 나라로 들어가자, 그는 중이(당시의 文公)와 만나기를 요구했다. 그러자 문공(文公)은 머리를 감고 있다면서 면회

를 사절했다. 두수는 문공의 곁에서 심부름을 하는 종복에게 말했다. "머리를 감노라면 심장(心臟)이 거꾸로 되고, 심장이 거꾸로 되면 생각하는 것이 잘못되게 되는 것이니, 내가 만나 뵐 수가 없는 것은 당연한 일일세. 그런데 나라 안에 있었던 사람들은 국가를 지켰고, 군주를 따라 외국으로 나간 사람들은 말고삐를 잡고 종복 노릇을 한 사람들이니, 다 훌륭한 사람들인데 어찌하여 국내에 있었던 사람들만 처벌할 것일꼬? 나라의 군주이면서 나같이 못난 사람을 원수로 여기신다면, 두려워할 사람이 많을 것일세." 종복이 이 말을 문공에게 고하니, 문공은 깨닫고 곧 그를 만나보았다.

적(狄) 오랑캐가 계외(季隗)를 진나라로 보내고, 그가 낳은 두 아들(백숙과 숙류)은 남겨둘 것을 요청했다. 문공은 딸을 조최(趙衰)의 아내로 삼아, 원동(原同)·병괄(屏括)·누영(樓嬰)을 낳았다. 조최의 아내인 조희(趙姬)가 적(狄)에 살 때 낳은 아들 돈(盾)과 그의 어머니[叔隗]를 맞이하자고 청하니, 자여(子餘), 즉 조최는 거절했다. 그러자 조희가 말하기를, "사랑하는 사람을 얻었다고 해서 옛사람을 잊는다면, 어떻게 윗자리에서 다른 사람들을 부린단 말입니까? 반드시 그들을 맞이해야 합니다."라고 굳이 요청하니, 조최가 허락해서 그들이 도착했다. 그러자 조희는 돈이 재능있다 하여, 문공에게 굳이 청하여 적자(嫡子)로 삼아, 자기가 낳은 세 아들을 돈의 밑에 따르게 하고, 숙외(叔隗)를 정처(正妻)로 삼고, 자신은 그녀의 아랫사람이 되었다.

┃주해┃ ○晉侯之豎頭須(진후지수두수)—여기에서의 진후(晉侯)는 중이(重耳)가 공자였을 때의 군주를 말한다. 수(豎)는 잔일을 하는 하급 신하.
○圖反(도반)—생각하는 것이 잘못됨.
○居者(거자)—국내에 있는 사람.
○內子(내자)—원래 경(卿)의 아내를 내자라 했고, 대부의 아내는 명부(命婦)라 했다.

해설│ 두수(頭須)가 숨은 공을 세웠다는 것을 말하고, 또 진(晉) 문공과 조최(趙衰)가 적(狄) 땅에 있었을 때에 얻은 부인과 그녀들이 낳은 자식들을 맞이한 경과를 말하고 있다. 그런데 이 글이 감명을 주는 것은 문공의 딸로 조최의 처가 된 조희(趙姬)가 취한 의(義)로운 행위이다. 그녀야말로 동양의 전통적인 여덕(女德)을 지닌 사람이라 할 수 있겠다.

晉侯賞從亡者.라 介之推不言祿,하고 祿亦弗及也.라 推曰, 獻公之子九人,이나 唯君在矣.라 惠·懷無親,하고 外內棄之.라 天未絶晉,에 必將有主,러니 主晉祀者,는 非君而誰.아 天實置之,나 而二三子以爲己力,하니 不亦誣乎.아 竊人之財,도 猶謂之盜,어늘 況貪天之功,하여 以爲己力乎.아 下義其罪,하고 上賞其姦,하여 上下相蒙,하니 難與處矣.라

其母曰, 盍亦求之.아 以死誰懟.인고 對曰, 尤而效之,면 罪又甚焉,이오 且出怨言.이라 不食其食.이라 其母曰, 亦使知之若何.아 對曰, 言身之文也.라 身將隱,이어늘 焉用文之.리오 是求顯也.라 其母曰, 能如是乎.아 與汝偕隱.하리라 遂隱而死.라 晉侯求之不獲,하여 以綿上爲之田曰, 以志吾過,하고 且旌善人.이라

진나라 군주인 후작[문공]이, 외국으로 망명했을 때 따랐던 사람들을 포상했다. 그때, 개지추(介之推)는 상 줄 것을 요구하지 않았고, 군주의 상 또한 내려지지 않았다. 개지추는 말했다. "헌공(獻公)의 아

드님은 아홉 분이 계시었지만 현재는 군주만이 남아 계신다. 혜공(惠公)·회공(懷公)에게는 친한 사람이 없고, 국내외가 다 그분들을 돌보지 않았다. 그런데도 하늘이 진나라를 끊어지지 않게 한 것은, 반드시 진나라의 주인공이 있을 것으로 되었는데, 진나라의 제사 지냄을 주관할 분이 현재의 군주가 아니고 또 누가 있단 말인가? 하늘이 실로 군주가 계시게 했지만, 두세 사람들은 자기들 힘으로써 그렇게 되었다고 여기고 있으니, 또한 사기(詐欺)가 아니란 말인가? 타인의 재물을 훔치는 것을 도적이라 하는데, 하물며 하늘의 공(功)을 탐내어 차지하여 자기의 공으로 삼음에 있어서야 다시 말할 것이 있으랴. 신하된 사람은 그의 죄를 의(義)라 하고, 군주는 그 간사한 사람들을 포상하여 상하가 서로 사기를 쳤으니, 그들과 같이 살아나가기는 어렵도다."

이에 그의 어머니가 개지추에게 말했다. "너는 어째서 상을 요구하지 않느냐? 이대로 죽는다면 그 누구를 원망하겠느냐?" 개지추가 대답하기를, "남을 잘못이라고 책하고 제가 그 사람들 본을 딴다면 죄가 더 크고, 그리고 저는 원망의 말을 했습니다. 저는 군주의 녹(祿)을 받아먹지 않겠습니다." 어머니가 말했다. "군주께 알리는 것이 어떠하냐?" 개지추가 대답했다. "말이라는 것은 몸을 꾸미는 것입니다. 몸을 장차 숨기려고 하는 마당에, 어찌 제 몸을 꾸미겠습니까? 군주께 제 뜻을 알리는 것은 출세하기를 구하는 것이 됩니다." 어머니가 말했다. "그렇게 되는 거냐? 그럼, 나도 너와 같이 숨어살겠다." 그는 마침내 숨어살다 죽었다. 진나라 군주는 그를 찾다가 발견하지 못하여, 면상(綿上)의 땅을 그를 위하는(제사 드리는) 땅으로 하고 말하기를, "이로써 나의 잘못을 밝히고, 훌륭했던 사람을 표창하는 것이다." 라고 했다.

주해 ㅇ介之推(개지추) — 지(之)는 허사(虛辭). 개자추(介子推)라고도 불렀는데, 여기에서 자(子) 또한 허사다. 그의 본 성명은 개추(介推)다.

○蒙(몽)—여기에서는 기(欺)자와 같은 뜻으로 쓰였다.

○綿上(면상)—지금의 산서성 개휴현(介休縣) 남쪽에 있는 개산(介山) 일대의 땅.

해설│ 개지추(介之推)는 진나라 문공이 망명자로서 사방의 외국을 전전했을 때, 같이 따라 다녔다. 나라로 돌아가 문공이 외국길을 같이 다녔던 신하들에게 포상했다. 그때 다른 사람들은 다 자기의 공을 앞세웠지만 그는 한마디도 말하지 않고, 그리고 아무런 상도 받지 못했다. 그는 문공이 군주가 된 것은 천도(天道)에 따라서인데, 어째서 따라 다녔던 자들에게 상을 줄 것인가? 상을 준 군주나, 자기의 공을 내세워 상 받은 사람들은 다 하늘을 속이는 짓을 했다고 말했다. 그리고는 그런 비인도적(非人道的)인 사람들과 같이 지낼 수는 없다 하고 숨어살다가 죽었다. 작은 공을 가지고 과장을 해서 돌아오는 큰 이익을 바라는 사람의 마음은 예나 지금이나 같다는 것을 느끼게 한다.

鄭之入滑也에, 滑人聽命,이러니 師還에, 又卽衛.라 鄭公子士泄·堵兪彌가 帥師伐滑,하니 王使伯服·游孫伯如鄭請滑.이라 鄭伯怨惠王之入而不與厲公爵也,하고 又怨襄王之與衛·滑也. 라 故로 不聽王命,하여 而執二子.라

王怒,하여 將以狄伐鄭,에 富辰諫曰, 不可.로소이다 臣聞之,하되 太上以德撫民,하고 其次親親以相及也.라하오니다 昔,에 周公弔二叔之不咸.이었나이다 故로 封建親戚,하여 以蕃屏周室,이옵거늘 管·蔡·郕·霍·魯·衛·毛·聃·郜·雍·曹·滕·畢·

原·酆·郇,은 文之昭也,옵고 邘·晉·應·韓,은 武之穆也,이오며 凡·蔣·邢·茅·胙·祭,는 周公之胤也.이오니다 召穆公 思周德之不類.이었나이다 故로 糾合宗族于成周,하여 而作詩曰, 常棣之華,에 鄂不韡韡.로다 凡今之人,은 莫如兄弟.로다라하였삽고 其四章曰, 兄弟鬩于牆,이나 外禦其侮.로다라하였나이다 如是則, 兄弟雖有小忿,이라도 不廢懿親.이오니다 今,에 天子不忍小忿,하사 以棄鄭親,이오면 其若之何.인가 庸勳·親親·暱近·尊賢,은 德之大者也,요 卽聾·從昧·與頑·用嚚,은 姦之大者也,이오며 棄德·崇姦,은 禍之大者也.이오니다 鄭有平惠之勳,하고 又有属宣之親,하오며 棄嬖寵而用三良,하고 於諸姬爲近,에 四德具矣.이오니다 耳不聽五聲之和爲聾,하고 目不別五色之章爲昧,하오며 心不測德義之經爲頑,하고 口不導忠信之言爲嚚,이옵거늘 狄皆則之,하여 四姦具矣.이오니다 周之有懿德也,에도 猶曰莫如兄弟.라하였나이다 故로 封建之.였나이다 其懷柔天下也,에 猶懼有外侮.이었나이다 扞禦侮者,엔 莫如親親.이오니다 故로 以親屛周,하였삽고 召穆公亦云.이오니다 今, 周德旣衰,이온데 於是乎又渝周召,하여 以從諸姦,이오면 無乃不可乎.인가 民未忘禍,에 王又興之,이오면 其若文武何.인가 王弗聽,하고 使頹叔·桃子出狄

師.라

작(爵 : 술잔)

정나라가 활(滑)나라로 쳐들어가니 활나라 사람이 순종하여, 정나라 군사가 돌아가니 활나라는 또다시 위나라에 복종하였다. 그러자 정나라 공자 사설(士泄)과 대부인 도유미(堵兪彌)가 군사를 거느리고 활나라를 치니, 주나라 천자께서는 대부인 백복(伯服)과 유손백(游孫伯)에게 정나라로 가 활나라를 용서할 것을 요청케 했다. 정나라 군주인 백작〔문공〕은 혜왕(惠王)이 전에 여공(厲公)의 도움으로 서울로 들어가, 여공에게 술잔을 선사품으로 주지 않았던 일을 원망하고, 또 양왕(襄王)이 정나라의 적국인 위나라와 활나라 편이 되어 있는 것을 원망하고 있었던 터였다. 그러므로 천자의 명령을 듣지 않고, 그 두 사람을 잡았다.

그러자 천자께서는 노하시어 적(狄) 오랑캐 군사로 정나라를 치려고 하니, 대부인 부진(富辰)이 충간(忠諫)하였다. "아니되옵니다. 신은 들었사온데 '최상의 유덕자(有德者)는 덕으로 두루 백성들을 거느리고, 그 다음의 유덕자는 먼저 친척을 친하게 하고 차차 먼 사람들과 서로 친하게 되게끔 한다.'라 하옵니다. 옛날에, 주공(周公)께서는 관숙(管叔)과 채숙(蔡叔)의 이숙(二叔)이 왕실과 불화했다가 망한 것을 슬퍼하시었나이다. 그래서 친척을 제후로 봉(封)하여, 주나라 왕실을 도와 둘러싸는 나라로 삼았사온데, 관(管)·채(蔡)·성(郕)·곽(霍)·노(魯)·위(衛)·모(毛)·담(聃)·고(郜)·옹(雍)·조(曹)·등(滕)·필(畢)·원(原)·풍(酆)·순(郇) 등의 나라는 문왕(文王)의 아들을 봉한 나라이옵고, 우(邘)·진(晉)·응(應)·한(韓) 등은 무왕(武王)의 아드님을 봉한 나라이오며, 범(凡)·장(蔣)·형(邢)·모(茅)·조(胙)·제(祭) 등은 주공(周公)의 자손을 봉한 나라이옵니다.

소(召)의 목공(穆公)께서는 주왕실의 덕이 쇠퇴하여 친분이 좋지 못함을 걱정했나이다. 그래서 왕실과 일가가 되는 종족(宗族)을 성주(成周 : 낙양)에 모아놓고서 시를 지어 말하기를, '아가위꽃이여, 꽃송이 울긋불긋하구나. 무릇 이 세상의 사람에는 형제보다 더 좋은 것 없을세라.'라고 하였삽고, 그 시의 제4장에는 '형제가 담 안에서야 싸우나, 밖으로는 다른 이의 창피 줌을 힘 합해 막아내네.'라고 말했나이다. 이와 같사온즉, 형제 간에는 비록 사소한 분한 일이 있다 하더라도 좋은 친분을 잃는 것이 아니옵니다. 이제 천자께서 조그마한 화를 참지 않으시어 정나라와의 친분을 버리신다면 어찌하겠사옵니까? 공훈(功勳)이 있는 이를 등용하고, 친척을 친하게 하며, 가까이 있는 이를 친하게 하고, 어진 이를 존중함은 큰 덕이옵고, 소리를 제대로 듣지 못하는 자를 가까이하고, 눈이 어두운 자를 따르며, 도리를 이해하지 못하는 완고한 자와 한편이 되고, 옳은 말을 않는 자를 쓰는 것은 큰 사악(邪惡)이오며, 덕을 버리고 간사한 것을 존중함은 큰 화(禍)가 되옵니다. 정나라는 평왕(平王)이 서울을 낙읍(洛邑)으로 옮겼을 때와, 혜왕(惠王)께서 서울을 떠나셨다가 다시 들어오셨을 때에 공훈을 세움이 있었삽고, 또 시조(始祖)가 여왕(厲王)의 아드님이자 선왕(宣王)의 친동생이었다는 친척 관계가 있사오며, 군주는 측근에서 총애받아 세력을 폈던 신하들을 물리치고 숙첨(叔詹)·도숙(堵叔)·사숙(師叔)의 세 훌륭한 신하를 쓰고 있삽고, 희성(姬姓)의 제후 중에서도 가까운 분이옵는데, 그는 네 가지 덕을 갖추고 있사옵니다. 귀로 다섯 가지 소리를 분간하여 듣지 못함을 농(聾)이라 하옵고, 눈으로 다섯 가지 색(色)의 아름다움을 분별하지 못함을 매(昧)라 하오며, 마음으로 덕(德)과 의(義)의 근본을 따져 헤아리지 못함을 완(頑)이라 하옵고, 입으로 충(忠)과 신(信)의 말을 하지 못함을 은(嚚)이라 하옵는데, 적(狄) 오랑캐는 다 이것들을 따라서, 이것들 네 가지의 사악(邪惡)을 갖추고 있사옵니다. 우리 주나라의 아름다운 덕이

있음에도 역시 형제보다 더 좋은 것이 없다고 말하였사옵니다. 그래
서 친척을 제후로 봉했나이다. 그것은 천하를 다스려 따르게 했음에
도, 또한 밖으로 해침이 있을 것을 두려워해서 그랬던 것이옵니다.
덤벼 해치는 자를 막아냄에는, 친척을 친하게 하는 것보다 더 좋은
수는 없사옵니다. 그러기에, 친척 나라로 주왕실을 둘러싸게 했삽고,
소(召)의 목공도 또한 친척끼리 친해야 한다는 것을 말씀했사옵니다.
오늘날, 주왕실의 덕이 쇠퇴하여 있사온데, 이에 다시 주공(周公)·
소목공의 길을 바꾸어 많은 간사한 점을 지니고 있는 것들을 따르
시오면 아니되지 않사오리까? 백성들은 아직도 전에 있었던 화(禍)
를 잊지 못하고 있사온데, 거기다가 천자께서 화를 일으키시오면 문
왕·무왕께서 쌓으신 공은 어찌 되오리까?" 천자는 그 말을 듣지
않고, 퇴숙(頹叔)과 도자(桃子)로 하여금 적(狄)의 군사를 내게 하
였다.

▌주해▐ ○不與厲公爵也(불여여공작야)─장공(莊公) 21년조 참고.
　○二叔(이숙)─주 무왕의 동생이었던 관숙(管叔)과 채숙(蔡叔).
　○管(관)─지금의 하남성 정현(鄭縣)에 위치했다.
　○毛(모)─지금의 하남성 의양현(宜陽縣)에 위치했다.
　○耼(담)─정(鄭)나라 부근에 있던 나라.
　○雍(옹)─지금의 하남성 박애현(博愛縣) 동남방에 위치했다.
　○畢(필)─지금의 섬서성 함양현(咸陽縣) 북방에 위치했다.
　○酆(풍)─지금의 섬서성 우현(鄠縣)에 위치했다.
　○文之昭也(문지소야)─주 문왕의 아들의 봉국(封國)이라는 말. 묘제(廟
　　制)의 소목(昭穆)으로 말하면, 문왕은 목(穆)에 해당되고, 그 아들은 소
　　(昭)에 해당되기에 이렇게 말한 것이다.
　○邘(우)─우(盂)와 같다. 지금의 하남성 심양현(沁陽縣) 서북방에 위치
　　했다.
　○應(응)─지금의 하남성 노산현(魯山縣) 동방에 위치했다.

○韓(한)-지금의 섬서성 한성현(韓城縣) 남방에 위치했다.

○武之穆也(무지목야)-주 무왕(武王)의 아들의 봉국이라는 말. 묘제의
소목으로 말하면, 무왕은 소에 해당되고, 그 아들은 목에 해당되기에
이렇게 말했다.

○蔣(장)-지금의 하남성 고시현(固始縣) 서북방에 위치했다.

○茅(모)-지금의 산동성 금향현(金鄕縣) 서북방에 위치했다.

○胙(조)-지금의 하남성 연진현(延津縣) 북방에 위치했다.

○祭(제)-지금의 하북성 장원현(長垣縣)에 위치했다.

○類(유)-친해서 화목함.

○成周(성주)-동주(東周)시대의 서울인 낙읍(洛邑:洛陽)을 성주라고도
했다.

○作詩(작시) 운운-《시경》소아(小雅) 상체편(常棣篇)의 시. 주공(周公)
이 지었다고도 한다.

○平惠之勳(평혜지훈)-주나라가 평왕(平王) 때(기원전 770년) 서울을
호(鎬)에서 낙읍(洛邑)으로 옮기니 정(鄭)나라가 그 일을 도왔고, 혜왕
(惠王)이 도망갔을 때 진나라가 도와 다시 서울로 들어가게 했던 훈공
을 말한다.

○厲宣之親(여선지친)-정나라 시조인 환공(桓公)이 주나라 여왕(厲王)
의 아들이고, 선왕(宣王)의 동모제(同母弟)인 왕실과의 육친 관계를 말
한다.

○三良(삼량)-숙첨(叔詹)·도숙(堵叔)·사숙(師叔). 희공 7년조 참고.

○五聲(오성)-궁(宮)·상(商)·각(角)·치(徵)·우(羽)의 오음(五音).

○五色(오색)-청(靑)·황(黃)·적(赤)·백(白)·흑(黑).

○扞禦(한어)-지키어 막아냄.

○禍(화)-전에 왕자 퇴(頹)가 반란을 일으켰던 일을 말한다.

夏,에 狄伐鄭,하여 取櫟.이라 王德狄人,하여 將以其女爲后,에
富辰諫曰, 不可.로소이다 臣聞之,하옵건대 曰, 報者倦矣,에 施者

未饜.이라하오니다 狄固貪惏,이어늘 王又啓之.니다 女德無極,이오
婦怨無終.이오니다 狄必爲患.이리이다 王又弗聽.이라

初,에 甘昭公有寵於惠后.라 惠后將立之,라가 未及而卒.이라

昭公奔齊,에 王復之,러니 又通於隗氏,하니 王替隗氏.라 頹叔·
桃子曰, 我實使狄,이었거늘 狄其怨我.이리라 遂奉大叔,하여 以狄
師攻王.이라 王御士將禦之,하니 王曰, 先后其謂我何.아 寧使諸
侯圖之.리라 王遂出,하여 及坎欿,에 國人納之.라

秋,에 頹叔·桃子奉大叔,하여 以狄師伐周,하며 大敗周師,하고
獲周公忌父·原伯·毛伯·富辰.이라 王出適鄭,하여 處于氾,하
고 大叔以隗氏居于溫.이라

여름에, 적(狄) 오랑캐가 정나라를 쳐서 역(櫟) 땅을 빼앗았다. 이
에, 천자인 양왕(襄王)이 적 오랑캐 사람에게 덕을 베풀어 그의 딸을
왕후로 삼으려 하니, 부진(富辰)이 충간하였다. "아니되옵니다. 신이
들었사온데 '은혜를 갚는 자는 싫증이 나는데도, 보답받는 자는 언제
나 만족하지 않는다.'라 하옵니다. 적 오랑캐는 진실로 욕심이 많사온
데 그렇게 하심은 천자께서 그 욕심 부리는 마음을 열어 주는 것이옵
니다. 그리고 여자의 마음은 요구함이 끝이 없사옵고, 나중에 총애를
잃고 나면 원망함이 한이 없는 것이옵니다. 적 오랑캐는 반드시 걱정
거리가 될 것이옵니다." 왕은 또한 그 말을 듣지 않았다.

전에, 감(甘)나라 소공(昭公 : 왕자 帶)이 어머니인 혜후(惠后)한테
총애를 받았다. 혜후는 그를 천자로 삼으려 했지만 그렇게 하지 못하

고 세상을 떠났다. 그러자 소공이 제나라로 도망쳐, 왕[양왕]이 불러
들였더니, 그는 이번에는 외씨(隗氏)와 정을 통하여, 왕은 외씨를 왕
후 자리에서 내쫓고 그 자리를 바꾸었다. 이에 퇴숙(穨叔)과 도자(桃
子)는 말하기를, "우리가 실로 전에 적(狄)을 부리어 행동하게 했는
데, 적은 앞으로 우리를 원망할 것이다."라고 했다. 그리고 드디어 대
숙(大叔 : 왕자 帶)을 받들어서, 적 군사를 거느리고 왕을 공격했다.
그때 왕을 가까이 모시고 있던 신하들이 대항해서 막아내려 하니, 왕
이 말씀하시기를, "돌아가신 전의 왕후께서 나를 어떻게 생각하시겠
느냐? 차라리 제후들로 하여금 이 일을 도모케 하리라."라고 했다.
왕께서는 바로 도망쳐서 감감(坎欿)에 도착하니, 주나라 사람들이 왕
을 다시 서울로 돌아가게 했다.

　가을에, 퇴숙·도자가 대숙을 받들어 적 군사를 거느리고 주나라를
쳐, 주나라 군사를 대파하고, 주공(周公)인 기보(忌父)·원(原)나라
군주인 백작·모(毛)나라 군주인 백작, 그리고 부진을 잡았다. 왕께서
는 도망쳐 정나라로 가 범(氾) 땅에 계시고, 대숙은 외씨를 데리고 온
(溫) 땅에 머물러 있었다.

▌주해▎　o施者未饜(시자미염)─베풂을 받는 자는 만족하지 않음.
　o貪惏(탐림)─탐욕(貪欲).
　o女德無極(여덕무극)─여자의 마음은 구함에 끝이 없음. 여기에서 덕
　　(德)은 성정(性情)을 말한다.
　o甘昭公(감소공)─감(甘)은 왕자 대(帶)의 봉국(封國)으로, 지금의 하남
　　성 낙양현(洛陽縣) 서방에 위치했다. 소공은 곧 왕자 대.
　o昭公奔齊(소공분제)─감나라 소공, 즉 왕자 대가 제나라로 도망간 것은
　　희공 12년의 일이다.
　o隗氏(외씨)─적(狄) 오랑캐 군주의 딸로 양왕(襄王)의 왕후였던 여자.
　o御士(어사)─시어사(侍御士)로 왕을 가까이 모시는 신하. 당시에 시어
　　사는 주나라 조정의 공(公)과 경(卿)들의 자제가 되었다.

o先后其謂我何(선후기위아하)－대항해서 막는 싸움을 하다가 대숙(大叔), 즉 왕자 대를 죽게 한다면 돌아가신 '전대 왕의 왕후께서 나에게 무어라 하시겠느냐?'라는 말이다. 선후는 혜후(惠后)를 말한다.

o坎欿(감감)－주왕실 직할지(直轄地)의 지명으로, 지금의 하남성 공현(鞏縣) 동쪽 땅.

o氾(범)－정나라 지명으로, 지금의 하남성 양성현(襄城縣) 남쪽 땅.

o溫(온)－주왕실 직할지의 지명. 은공 3년조에 나왔다.

鄭子華之弟子臧,이 出奔宋,하여 好聚鷸冠.이라 鄭伯聞而惡之,하고 使盜誘之,하여 八月,에 盜殺之于陳宋之間.이라 君子曰, 服之弗衷,은 身之災也.라 詩曰, 彼己之子,여 不稱其服.이로다 子臧之服不稱也夫.아 詩曰, 自詒伊慼,라하니 其子臧之謂矣. 라 夏書曰, 地平天成,은 稱也.라

宋及楚平.이라 宋成公如楚,하여 還入於鄭.이라 鄭伯將享之,에 問禮於皇武子.라 對曰, 宋先代之後也,로 於周爲客.이오니다 天子有事,엔 膰焉,이요 有喪拜焉,이오니 豊厚可也.로소이다 鄭伯從之,하여 饗宋公有加.라 禮也.라

정나라 자화(子華)의 동생 자장(子臧)이 송나라로 도망가 있었는데 황새 털을 모아 만든 관(冠)을 좋아하였다. 정나라 군주인 백작이 그 소문을 듣고 그를 미워하여, 악한 자로 하여금 그를 유인하여, 8월에 진(陳)나라와 송나라의 경계에서 그를 죽였다. 군자(君子)는 말했다. "몸에 붙이는 복장이 적당하지 않음은 재화(災禍)가 되는 것이다. 시

에 이르기를, '저 못난 사람이여, 입은 옷이 어울리지 않는구나.'라고
하였다. 자장의 복장이야말로 어울리지 않는 것이었도다. 시에 이르기
를, '자신이 스스로 걱정거리를 끼치었다.'라 하였는데, 그것은 자장을
두고 말한 것이다. 하서(夏書)에 이르기를, '대지(大地)는 평평하여
흙과 물이 바르게 있게 하고, 하늘은 만물의 화육(化育)을 잘도 행한
다.'라 했음은 천지(天地)가 잘 어울림을 말한 것이다."

송나라와 초나라가 화목하게 되었다. 송나라 군주 성공(成公)이 초
나라에 갔다가 돌아가는 길에 정나라에 들렀다. 정나라 군주인 백작
이 송나라 군주를 대접하려 함에 있어, 어떤 예로써 대접해야 할 것
인가를 황무자(皇武子)에게 물었다. 황무자는 대답했다. "송나라는 주
(周)나라의 전대(前代) 나라인 은(殷)나라 임금의 후손으로 우리 주
나라에 대해서 손님이 되옵니다. 그래서 천자께서 제사를 지내심에는
제사상에 올렸던 고기를 나누어 보내시고, 상을 당하여 조문을 가면
천자께서 절을 하오니, 풍부하게 후대(厚待)하시옵이 옳사옵니다." 정
나라 군주는 그 말에 따라 송나라 군주에게 잔치를 베풂에 음식의 가
짓수를 더 많이 올렸다. 그것은 예의에 맞는 일이었다.

주해 ○彼己之子(피기지자) 운운─《시경》 풍(風) 조풍(曹風)의 후인편
(候人篇) 구절. 그런데 지금 전해지는 《시경》에는 '피기지자(彼其之子)'
로 되어 있다. 기(己)나 기(其)는 조사(助詞)로 쓰여 아무 뜻도 나타내
지 않는다.
○自詒伊慼(자이이척)─《시경》 소아 소명편(小明篇) 구절.
○夏書(하서)─《상서(尚書)》 대우모(大禹謨)편을 말한다.
○於周爲客(어주위객)─주나라는 건국 후에, 바로 앞나라인 은(殷)나라
왕의 후손을 송나라에 봉하고, 은나라의 앞나라인 하(夏)나라 왕의 자
손을 기(杞)나라에 봉하고는, 다른 제후보다는 특별대우를 하여 두 나
라의 제후를 마치 손님과 같이 대했다.
○有事(유사)─종묘에 제사를 지냄.

ㅇ膰(번)―원래 제사상에 올린 고기를 말하지만, 여기에서는 제사 지낸 고기를 나누어 준다로 풀이된다.

冬,에 王使來告難曰, 不穀不德,하여 得罪于母弟之寵子帶,하고 鄙在鄭地氾,하여 敢告叔父.라 臧文仲對曰, 天子蒙塵于外,어늘 敢不奔問官守.오리이까 王使簡師父告于晉,하고 使左鄏父告于秦.이라 天子無出,이어늘 書曰天王出居于鄭,은 避母弟之難也.라 天子凶服降名,은 禮也.라

鄭伯與孔將鉏・石甲父・侯宣多,와 省視官具于氾,하고 而後聽其私政,하니 禮也.라

衛人將伐邢,에 禮至曰, 不得其守,면 國不可得也,이오니 我請昆弟仕焉.이오니다 乃往得仕.라

겨울에, 천자께서는 사람을 시켜 난리가 있었음을 알려 말씀하시기를, "나는 덕이 없어서 어머니가 총애하셨던 아들인 동생 대(帶)한테 벌을 받아, 지금 정나라 땅 범(氾)에서 시골 살림을 하며, 이에 감히 종친의 숙부(叔父)께 알립니다."라고 하셨다. 그러자 장문중(臧文仲)이 대답말을 올리기를, "천자께서 서울 밖의 땅으로 난리를 피하고 계시옵는데, 어찌 감히 달려가 천자를 좌우에서 모시는 신하를 찾아 어찌할까를 묻지 않으오리까?"라고 했다. 천자께서는 대부인 간사보(簡師父)에게 진(晉)나라에 난리를 알리게 하시고, 대부인 좌언보(左鄏父)에게 진(秦)나라에 알리게 하셨다. 천자로서는 천하가 집안과 같기에, 나라 밖으로 도망갔다라는 말은 있을 수 없지만, 경문에 천자

인 왕이 나라 밖으로 도망해서 정나라에서 지내셨다고 쓴 것은, 동생을 잘 다스리지 못하시고, 그가 일으킨 난리를 피하셨기 때문이다. 천자께서 흰 상복(喪服)을 입으시고 자신을 낮추어 말씀하신 것은 예에 맞는 것이다.

정나라 군주인 백작[문공]이, 공장서(孔將鉏)·석갑보(石甲父)·후선다(侯宣多)와 같이 범으로 가, 천자를 모시고 있는 관리들의 일용품을 살펴어 준비하고, 그리고 난 뒤에야 자기 나라 정사를 보았는데, 그것은 예에 맞았다.

위나라 사람이 형(邢)나라를 치려고 하니, 대부인 예지(禮至)가 말했다. "형나라의 정권을 쥐어 지키는 사람을 잡지 못한다면, 그 나라는 얻을 수가 없사오니, 제가 형제와 같이 가 그 나라에서 벼슬하게 허락하시옵기를 바라옵니다." 그리고는 가, 그 나라의 관리가 될 수 있었다.

▌주해▐　ㅇ得罪于母弟之寵子帶(득죄우모제지총자대)−이 구절에서 '제(弟)' 자는 없는 것이 좋다. 이대로라면 '모제인 사랑받던 아들 대한테 벌을 받아'로 해석되는데, 그러면 글은 껄끄럽다. '제'가 없으면, '어머니의 총애하셨던 아들 대한테 벌을 받아'가 된다. 만일 '제'를 두기로 한다면 '득죄우모지총자제대(得罪于母之寵子弟帶 : 어머니가 총애하셨던 아들인 동생 대한테 벌을 받아)'가 되는 것이 이치에 맞는다.

ㅇ鄙在(비재)−시골 살림을 하고 있음.

ㅇ叔父(숙부)−천자가 동성(同姓)의 제후를 부를 때 사용하는 호칭.

ㅇ蒙塵(몽진)−왕이 난리를 피해서 서울 밖으로 나감.

ㅇ凶服(흉복)−상을 당해서 입는 상복(喪服 : 素服).

ㅇ降名(강명)−자칭(自稱)함에 있어 낮은 말을 씀. 여기에서는 천자가 '불곡(不穀)'이라 한 것을 두고 말한다.

ㅇ省視官具(성시관구)−천자를 모시는 관원(官員)들의 일용품을 살펴어 준비함.

○其守(기수)-그 나라의 정권을 쥐고 나라를 지키는 사람.

經| ○廿有五年春王正月丙午,에 衛侯燬滅邢.이라
입유오년춘왕정월병오   위후훼멸형

○夏四月癸酉,에 衛侯燬卒.이라
하사월계유   위후훼졸

○宋蕩伯姬來逆婦.라
송탕백희래역부

○宋殺其大夫.라
송살기대부

○秋,에 楚人圍陳,하여 納頓子于頓.이라
추   초인위진   납돈자우돈

○葬衛文公.이라
장위문공

○冬十有二月癸亥,에 公會衛子·莒慶,하여 盟于洮.라
동십유이월계해   공회위자 거경   맹우조

25년 봄 천자가 쓰는 역으로 정월 병오날에, 위나라 군주인 후작 훼(燬)가 형(邢)나라를 멸망시켰다.

여름 4월 계유날에, 위나라 군주인 후작 훼가 세상을 떠났다.

송나라 탕백희(蕩伯姬)가 노나라로 와 며느리를 맞이했다.

송나라가 그의 대부를 죽였다.

가을에 초나라 사람이 진나라를 포위하고, 돈(頓)나라 군주인 자작을 돈나라로 들여보냈다.

위나라 문공을 장사 지냈다.

겨울 12월 계해날에, 공이 위나라 사람·거나라의 경(慶)과 회합을 가져, 조(洮)에서 맹서하였다.

주해| ○蕩伯姬(탕백희)-백희(伯姬)는 노나라의 공녀(公女). 탕백희는 송나라 대부인 탕씨(蕩氏)에게로 시집간 백희.

○婦(부)-여기에서는 며느리.

傳| 廿五年春,에 衛人伐邢.이라 二禮從國子巡城,이라가 掚以赴
外,하여 殺之.라 正月丙午,에 衛侯燬滅邢.이라 同姓也.라 故로
名.이라 禮至自以爲銘曰, 余掚殺國子,에 莫余敢止.라

　秦伯師于河上,하여 將納王.이라 狐偃言於晉侯曰, 求諸侯,엔
莫如勤王.이오니다 諸侯信之,하고 且大義也.로소이다 繼文之業,
하여 而信宣於諸侯,는 今爲可矣.이오니다 使卜偃卜之,하니 曰,
吉.이오니다 遇黃帝戰于阪泉之兆.이오니다 公曰, 吾不堪也.라 對
曰, 周禮未改,에 今之王,은 古之帝也.로소이다 公曰, 筮之.하라
筮之,에 遇大有═══之睽═══.라 曰, 吉.이오니다 遇公用享于天
子之卦.이오니다 戰克而王饗之,하오리니 吉孰大焉.인가 且是卦
也,는 天爲澤以當日,로 天子降心以逆公,이오니 不亦可乎.인가
大有去睽而復.이라도 亦其所也.이오니다 晉侯辭秦師而下.라 三
月甲辰,에 次于陽樊,하여 右師圍溫,하고 左師逆王.이라

　夏四月丁巳,에 王入于王城,하여 取大叔于溫,하며 殺之于隰
城.이라 戊午,에 晉侯朝王,하니 王享醴,하고 命之宥.라 請隧,에
弗許,하고 曰, 王章也.라 未有代德,하여 而有二王,은 亦叔父之
所惡也.라 與之陽樊·溫·原·欑茅之田.이라 晉侯於是乎始啓
南陽.이라 陽樊不服,에 圍之.라 蒼葛呼曰, 德以柔中國,하고 刑

^{이 위 사 이} ^{의 오 불 감 복 야} ^{차 수 비 왕 지 친 인} ^{기 부 지}
以威四夷,하니 宜吾不敢服也.로다 此誰非王之親姻.가 其俘之

^야 ^{내 출 기 민}
也.아 乃出其民.이라

25년 봄에, 위나라 사람이 형나라를 쳤다. 예지(禮至) 형제가 형나라의 집권자인 국자(國子)를 따라 성을 순시하다가, 좌우에서 국자를 끼어 성벽 밖 밑으로 던져 죽였다. 그래서 정월 병오날에, 위나라 군주인 후작 훼(燬)가 형나라를 멸망시켰다. 위나라 군주와 형나라 군주는 성이 같았다. 그러므로 동성끼리 치고 멸망시킨 것을 미워하여 군주의 이름을 쓴 것이다. 예지는 스스로를 자랑하는 명(銘)을 지었는데, 그는 그 명 글 중에 "내가 국자를 끼어 던져 죽일 때, 감히 그렇게 하지 못하게 하는 자가 없었다."라고 했다.

진(秦)나라 군주인 백작〔목공〕이 하상(河上)에 군사를 출동시켜, 천자를 서울로 들여보내려 했다. 그때, 호언(狐偃)이 진(晉)나라 군주〔문공〕에게 말했다. "제후들이 따르기를 바람에는 천자를 위하는 일보다 더 좋은 일이 없사옵니다. 천자를 위하면 제후들이 신뢰하고, 그리고 그것은 큰 의리이옵니다. 문후(文侯)의 큰 공업(功業)을 계승하여, 제후들에게 신의를 선양(宣揚)시킴에는 지금이 좋은 때이옵니다." 이 말에, 진나라 군주가 복언(卜偃)에게 거북 등을 구워 점을 치게 하니 복언이 말하기를, "길(吉)이옵니다. 옛날 황제(黃帝)가 판천(阪泉)에서 싸웠을 때에 쳤던 점괘와 같은 징조가 나타났사옵니다."라고 했다. 그러자 진나라 군주는, "황제가 당한 일과 같은 것은, 내게야 당치 않은 일이다."라고 말했다. 이에 대해서 복언이, "주나라의 법도가 바꾸어지지 않고 있사오니, 오늘날의 왕은 옛날의 황제에 해당되옵니다."라고 말하니, 진나라 군주는 "그럼, 산가지 점을 쳐라."고 했다. 산가지 점을 치니, 대유괘(大有卦)가 규괘(睽卦)로 변한다는 점괘가 나왔다. 그래서 복언도 점괘 풀이로 말했다. "길이옵니다. 제후

가 천자한테 대접을 받을 운수의 점괘이옵니다. 싸움에 이기고 천자
한테 대접을 받을 것이오니, 길함이 이보다 더 큰 것이 어느 것이오
리까? 그리고 이 점괘는 대유괘의 아랫부분 건(乾 : ☰), 즉 천(天)이
변해서 태(兌 : ☱), 즉 못[澤]이 되옵고, 이(離 : ☲), 즉 해[日]에 대
하고 있사옵니다. 이것은 천자가 마음씀을 낮추어 군주를 맞이함을
뜻하는 것이오며, 이 또한 좋지 않사옵니까? 대유괘와 규괘 관계를
떠나서 그것 자체만으로도, 역시 같은 것이옵니다." 이에 진나라 군주
는 진(秦)나라 군사가 가는 것을 중지하라 하고, 군사를 이끌고 천자
가 계시는 땅으로 내려갔다. 3월 갑진날에 양번(陽樊) 땅에 군진을
쳐 머물러서, 우군(右軍)은 온(溫) 땅을 에워싸고 좌군(左軍)은 천자
를 맞이했다.

여름 4월 정사날에 천자는 서울로 입성하시어, 온에서 대숙(大叔)
을 잡아다가 습성(隰城)에서 죽였다. 무오날에 진나라 군주가 천자를
찾아뵈니, 천자께서는 단술을 대접하고, 진나라 군주에게 사례의 물품
을 내렸다. 그때 진나라 군주가 무덤길 파는 걸 허락하시라고 청하자,
천자께서는 허락하시지 않고 말씀하시기를, "그것은 천자만 쓰는 법
도요. 아직 주나라를 대신하여 천하를 차지할 덕 있는 이가 나오지
않고 있는데도, 천하에 두 천자가 있다는 것은, 또한 숙부(叔父)도 미
워할 바요."라고 했다. 당시에 천자께서는 진나라 군주에게 양번·
온·원(原)·찬모의 토지를 주었다. 그래서 진나라 군주는 비로소 남
양(南陽) 지방으로 영토를 넓힐 수가 있게 되었다. 그런데 양번 사람
들이 진나라에 복종하지 않자, 그곳을 포위했다. 그러자 창갈(蒼葛)이
소리쳐 말하였다. "덕으로는 중국의 사람들을 다스리는 것이고, 병력
으로는 사방의 오랑캐를 위협하는 것이니, 병력으로 우리를 위협해도,
우리가 감히 복종하지 않는 것은 마땅한 일이오. 이곳에 사는 사람이
그 누가 천자의 친척이나 인척(姻戚)이 아니란 말이오? 그런데 우리
를 포로로 잡을 것이오?" 이에, 성안의 사람들을 다른 곳으로 나가게

하고 땅만 차지했다.

주해 ○二禮(이례)－예지(禮至) 형제를 말한다.

○正月丙午(정월병오)－1월 21일.

○銘(명)－기물(器物)에 파 넣는 글.

○文之業(문지업)－전에 진나라 군주 문후(文侯)가 평왕(平王)을 도왔던 공을 두고 말한다.

○遇黃帝戰于阪泉之兆(우황제전우판천지조)－황제가 판천(阪泉)에서 싸웠을 때, 황제가 점을 쳐 얻었던 것과 똑같은 징조가 나타났다는 말이다. 판천은 지금의 산서성 양곡현(陽曲縣) 동북쪽에 있는 판천산(阪泉山)을 말한 것이라 통칭함.

○吾不堪也(오불감야)－황제는 천자였고, 진나라 군주 자신은 제후이므로, 황제 때와 같은 점의 징조가 나타났더라도 그것은 자신에게는 당치 않다는 말.

○下(하)－내려갔다. 천자가 있는 곳으로 갔으니, 상(上：올라갔다)으로 해야 하지만, 여기에서는 지형상 높은 서방인 진나라에서 낮은 동방의 천자가 있는 곳으로 갔다는 뜻으로 말한 것이다.

○四月丁巳(사월정사)－4월 4일.

○戊午(무오)－4월 5일.

○隧(수)－관(棺)을 운반하기 위해서 평지에서 비스듬히 묘(墓)의 안으로 통하게 파는 길.

○王章(왕장)－왕이 쓰는 법도.

○南陽(남양)－태행산(太行山) 이남, 황하(黃河) 이북의 땅을 남양이라 했다.

○出其民(출기민)－성안의 백성들을 다른 곳으로 나가게 하고, 그 토지만 차지했다는 뜻으로 썼다.

秋(추)에 秦(진)·晉伐鄀(진벌약)이라 楚鬪克(초투극)·屈禦寇以申(굴어구이신)·息之師戍商密(식지사수상밀).이라 秦人過析(진인과석),에 隈入而係輿人(외입이계여인),하여 以圍商密(이위상밀),하고 昏以傅焉(혼이부언).이

라 宵坎血加書,하여 僞與子儀・子邊盟者.라 商密人懼曰, 秦取

析矣.라 戍人反矣.로다 乃降秦師.라 秦師囚申公子儀・息公子

邊以歸.라 楚令尹子玉追秦師,나 弗及,하고 遂圍陳,하여 納頓子

于頓.이라

冬,에 晉侯圍原,에 命三日之糧.이라 原不降,하니 命去之.라 諜

出曰, 原將降矣.라 軍吏曰, 請待之.하소서 公曰, 信國之寶也,요

民之所庇也.라 得原失信,이면 何以庇之.아 所亡滋多.리라 退一

舍而原降.이라 遷原伯貫于冀,하고 趙衰爲原大夫,하며 狐溱爲溫

大夫.라

衛人平莒于我.라 十二月盟于洮,는 脩衛文公之好,요 且及莒

平也.라

晉侯問原守於寺人勃鞮,하니 對曰, 昔,에 趙衰以壺飧從,하여

徑,에 餒而弗食.이었나이다 故,로 使處原.이라

가을에, 진(秦)나라와 진(晉)나라가 약(鄀)나라를 쳤다. 그때, 초나
라의 투극(鬪克)과 굴어구(屈禦寇)가, 신(申)과 식(息)의 군대로 약나
라의 도읍인 상밀(商密)을 지켰다. 진나라 사람들은 초나라의 석(析)
땅을 통과했는데, 사람 눈에 띄지 않게 지나가서 진(秦)나라 군중(軍
中)의 잡부들을 묶어 석 땅의 포로로 보이게 하여 상밀을 포위하고,
날이 저물자 성 밑에 도착했다. 그리고는 저녁에 구덩이를 파 소의
피를 부어 놓고, 그 위에다 맹서하였음을 표시하는 문서를 놓아 두어,

자의(子儀 : 鬪克)·자변(子邊 : 屈禦寇)과 화목의 맹서를 하였음을
위장했다. 그것을 본 상밀 사람들은 두려워하면서 말하기를, "진나라
가 석 땅을 빼앗았다. 이것은 상밀을 지키고 있는 이들이 배반한 까
닭이다!"라 하고, 곧 진나라 군사에게 항복했다. 이에, 진나라 군사
는 신공(申公) 자의와 식공(息公) 자변을 잡아 데리고 돌아갔다. 그
리고 난 뒤, 초나라의 영윤(令尹)인 자옥(子玉)이 진나라 군사를 뒤
쫓았으나 따르지 못하고, 그길로 바로 진(陳)나라를 포위하여, 그 나
라로 망명했던 둔(頓)나라 군주인 자작을 둔나라로 보냈다.

　겨울에, 진(晉)나라 군주인 후작[문공]이 원(原) 땅을 포위하여, 군
사들에게 사흘간의 양식만 가지고 가라고 명령했다. 그런데 원 사람
이 사흘이 되어도 항복하지 않으므로 진나라 군주는 퇴거(退去) 명령
을 내렸다. 그때, 원으로 들어가 있던 첩보원이 달려나와 말하기를,
"원 사람들이 항복하려 하고 있사옵니다."라고 했다. 군사일을 맡고
있는 관리가 말하기를, "더 기다리시기를 원하옵니다."라고 하니 군주
는 말하였다. "신의(信義)는 나라를 다스리는 데 있어서의 보배이고,
신의로 백성들의 생명도 지켜지는 것이다. 원 땅을 차지하는 대신 신
의를 잃는다면, 어떻게 백성들의 생명을 지켜나가겠느냐? 손해보는
것이 아주 많을 것이다." 그리하여 진나라 군사가 30리를 물러났는데,
그때 원 사람들은 항복했다. 이에, 원 땅을 다스리던 백작 관(貫)을
기(冀) 땅으로 옮겨 가게 하고, 조최(趙衰)를 원 땅을 지키는 대부로
삼았으며, 호진(狐溱)을 온(溫) 땅을 지키는 대부로 삼았다.

　위나라 사람이 거(莒)나라와 우리 노나라가 화목하게 했다. 12월에
조(洮)에서 맹서한 것은, 위나라 문공(文公) 때에 맺었던 우호 관계를
계속시킴을 재확인하고 또 거나라와 화친을 하기 위해서이다.

　진(晉)나라 군주인 후작이 원(原) 땅을 지킬 사람을 내시(內侍) 발
제(勃鞮 : 披)에게 물으니 대답했다. "지난날, 조최는 항아리에 담은
밥을 가지고 군주를 따라가다가 뒤에 떨어져 따르려고 지름길로 가다,

배가 고파도 그것을 먹지 않았사옵니다." 그래서 군주는 조최를 원에
거처케 했다.

주해 ○郡(약)-진(秦)나라와 초나라 사이에 있었던 작은 나라. 지금의
하남성 내향현(內鄕縣) 서남방에 위치했고, 군주의 성은 윤(允)이었으
며, 작은 자작.

○商密(상밀)-약나라 도읍.

○析(석)-초나라의 읍(邑) 이름으로 일명 백우(白羽)라 했다. 지금의 하
남성 내향현 서북쪽에 위치했다.

○隈入(외입)-모퉁이로 돌아 들어감.

○係輿人(계여인)-잡부(雜夫)들을 묶다.

○戍人(수인)-상밀(商密)을 지키던 자의(子儀)·자변(子邊)을 가리킨다.

○晉侯(진후)-당시 진나라 군주는 문공(文公).

○冀(기)-지금의 산서성 하진현(河津縣) 동북쪽 땅.

○勃鞮(발제)-관직 이름으로 늘 군주의 신변에 붙어 있으면서, 군주에게
시중드는 임무를 맡았다. 당시의 발제는 앞에서 나온 피(披)였다.

○壺飧(호손)-항아리에 넣은 밥.

○徑(경)-원래는 작은 길, 지름길. 여기에서는 뒤따르려고 지름길을 가다
고생했다는 뜻으로 풀이된다.

해설 진(秦)나라 군대가 약나라의 도읍 상밀을 묘계(妙計)를 써 점
령한 일, 진(晉)나라의 문공(文公)이 주(周)나라 양왕한테 얻은 원(原)
이 복종하지 않자 쳐서 항복받은 일, 노나라와 위나라, 그리고 거나라
가 우호 관계를 맺은 일 등을 말했다. 그런데 이 글 중에서 진나라 문
공이 백성에 대해서 신의를 존중하고, 조최가 군주에 대해서 충성을
바친 마음, 그리고 진 문공이 신하의 충성을 제대로 인정해 준 것 등
은 후세 사람에게 교훈이 된다고 여겨진다.

經 ○廿有六年春王正月己未,에 公會莒子·衛甯速,하여 盟于

상
○ 向.이라

제인침아서비　공추제사지휴　불급
○ 齊人侵我西鄙,에 公追齊師至酅,나 弗及.이라

하　　제인벌아북비
○ 夏,에 齊人伐我北鄙.라

위인벌제
○ 衛人伐齊.라

공자수여초　　걸사
○ 公子遂如楚,하여 乞師.라

추　　초인멸기　　이기자귀
○ 秋,에 楚人滅夔,하여 以夔子歸.라

동　　초인벌송　　위민
○ 冬,에 楚人伐宋,하여 圍緡.이라

공이초사벌제　　취곡
○ 公以楚師伐齊,하여 取穀.이라

공지자벌제
○ 公至自伐齊.라

26년 봄 천자가 쓰는 역으로 정월 기미날에, 공이 거나라 군주인 자작·위나라의 영속(甯速)과 회합을 갖고, 상(向)에서 맹서하였다.

제나라 사람이 우리 노나라의 서쪽 변방을 침범하여, 공이 제나라 군사를 쫓아 휴(酅)까지 갔으나, 미치지 못했다.

여름에 제나라 사람이 우리 노나라의 북쪽 변방을 쳐들어왔다.

위나라 사람이 제나라를 쳤다.

공자 수(遂)가 초나라로 가, 군대를 내어줄 것을 요청했다.

가을에, 초나라 사람이 기(夔)나라를 멸망시키고, 기나라 군주인 자작을 데리고 돌아갔다.

겨울에, 초나라 사람이 송나라를 쳐 민(緡)을 포위했다.

공이 초나라 군사를 거느리고 제나라를 쳐 곡(穀)을 빼앗았다.

공이 제나라 치는 일에서 돌아왔다.

주해 | ㅇ向(상)-노나라 지명으로, 지금의 산동성 임기현(臨沂縣) 서남
쪽 땅.

ㅇ鄑(휴)-제나라 지명으로, 지금의 산동성 동아현(東阿縣) 서남쪽 땅.

ㅇ夔(기)-초나라 군주와 동성(同姓)의 나라로, 지금의 호북성 자귀현(秭
歸縣) 서남쪽 땅.

ㅇ緡(민)-송나라의 읍(邑) 이름.

ㅇ穀(곡)-제나라의 읍 이름으로, 지금의 산동성 동아현에 위치함.

傳 | 입륙년춘왕정월 공회거자비공 영장자 맹우상
廿六年春王正月,에 公會莒茲丕公·甯莊子,하여 盟于向,은

심조지맹야
尋洮之盟也.라

제사침아서비 토시이맹야
齊師侵我西鄙,는 討是二盟也.라

하 제효공벌아북비 위인벌제 조지맹고야 공사전
夏,에 齊孝公伐我北鄙,에 衛人伐齊,는 洮之盟故也.라 公使展

회호사 사수명우전금 제후미입경 전희종지왈 과군
喜犒師,에 使受命于展禽.이라 齊侯未入竟,에 展喜從之曰, 寡君

문군친거옥지장욕우폐읍 사하신호집사 제후왈
聞君親擧玉趾將辱于敝邑,하사 使下臣犒執事.이오니다 齊侯曰,

노인공호 대왈 소인공의 군자즉부 제후왈 실
魯人恐乎.아 對曰, 小人恐矣,로되 君子則否.이오니다 齊侯曰, 室

여현경 야무청초 하시이불공 대왈 시선왕지명
如縣罄,하고 野無靑草,이어늘 何恃而不恐.가 對曰, 恃先王之命.

석 주공 태공고굉주실 협보성왕 성
이오니다 昔,에 周公·大公股肱周室,하여 夾輔成王.이었나이다 成

왕로지이사지명왈 세세자손 무상해야 재재맹부
王勞之而賜之命曰, 世世子孫,이 無相害也.로다 載在盟府,이오

태사직지 환공시이규합제후 이모기불협
大師職之.이었나이다 桓公是以紀合諸侯,하사 而謀其不協,하시고

미봉기궐 이광구기재 소구직야 급군즉위
彌縫其闕,하시며 而匡救其災,하사 昭舊職也.였나이다 及君卽位,

제후지망왈 기솔환공지공 아폐읍용시불감보취
에 諸侯之望曰, 其率桓公之功.이리라 我敝邑用是不敢保聚,하고

^왈 ^{기 기 사 세 구 년}   ^{이 기 명 폐 직}   ^{기 약 선 군 하}   ^{군 필 불}
曰, 豈其嗣世九年,에 而棄命廢職.이라 其若先君何.랴 君必不

^연   ^{시 차 이 불 공}   ^{제 후 내 환}
然.이리라 恃此以不恐.이오니다 齊侯乃還.이라

    26년 봄 천자가 쓰는 역으로 정월, 공이 거나라 군주 자비공(玆조
公)·영장자(甯莊子 : 甯速)와 회합을 가져 상(向)에서 맹서한 것은,
조(洮)에서의 맹서를 더 긴밀하게 한 것이다.

    제나라 군사가 우리 노나라의 서쪽 변방을 침범한 것은, 거나라·
위나라의 두 나라와 두 번 맹서한 것을 추궁한 것이다.

    여름에, 제나라 효공(孝公)이 우리 노나라의 북쪽 변방을 치니, 위
나라 사람이 제나라를 친 것은, 조에서 맺은 맹서 때문이다. 공이 전
희(展喜)로 하여금 가 제나라 군사를 위로케 하니, 가서 할 말을 전금
(展禽)한테서 지시받게 했다. 그런데 제나라 군사가 아직 노나라 땅
에 들어오지 않았을 때 그는 가서 시킨대로 말하였는데, 그와 제나라
군주 사이에는 다음과 같은 말이 오고갔다.

    전희 : 저희 나라 군주께서는 군주께서 친히 옥보(玉步)를 걸으시
어, 저희 나라로 납시려고 하신다는 것을 들으시고는 소신(小臣)으로
하여금 군주를 모시고 있는 벼슬아치들을 위로케 했사옵니다.

    제나라 군주 : 노나라 사람들은 지금 두려워하고 있는가?

    전희 : 소인배들이야 두려워하고 있사오나, 윗사람들은 그렇지 않사
옵니다.

    제나라 군주 : 집집마다 다 마치 경쇠〔磬〕를 걸
어놓은 형상으로, 속이 텅 비어 있고, 들판에는
푸른 풀 하나 없는데도, 무엇을 믿고 두려워하지
않는단 말인가?

    전희 : 옛날의 어진 천자님의 명령을 믿사옵니
다. 옛날에 노나라의 시조이신 주공(周公)과 제나

경쇠, 편경〔磬〕

라의 시조이신 태공(大公)께서는 주(周)나라 왕실의 손과 다리가 되는 중신(重臣)이 되시어, 성왕(成王)을 같이 도우셨사옵니다. 그때, 성왕께서는 그분들을 위로하시고, 명(命)을 내리시어 말씀하시옵기를, '세세로 두 나라 자손은 서로 해치지 말지어다.'라고 했사옵니다. 그 말씀을 기록한 문서는 지금 맹부(盟府)에 있사옵고, 태공께서 태사(大師) 관직을 맡으시어 관리했나이다. 제나라 환공(桓公)께서는, 그것을 근본 삼으셔서 제후들을 규합하자, 제후끼리 불화함에 대하여 상의하시고 제후들에게 잘못된 점이 있으면 원만하게 하셨으며, 제후국에 재화(災禍)가 있으면 구하셔서, 선조의 직분을 이어 밝게 하셨나이다. 군주께서 즉위하시니, 천하의 제후들은 바라고 말하기를, '환공이 쌓아올린 공을 계승할 것이다.'라고 했사옵니다. 저희 나라는 그래서 군병(軍兵)을 모아 성을 키지지 않았삽고, 사람들이 이르기를 '새 군주가 군주 자리를 이어받은 지 9년밖에 안되는데, 어찌 옛날의 천자께서 내리신 명을 버리고, 선조의 직분을 망치겠는가? 그렇다면, 전의 제나라 군주의 꼴이 어찌 된단 말인가? 그 군주는 그러지 않으실 것이다.'라고 하옵니다. 저희 나라에서는 이 점을 믿어 두려워하지 않사옵니다.

이 말을 들은 제나라 군주는 곧 되돌아갔다.

▌주해▐ ○二盟(이맹)─노(魯)·거(莒)·위(衛)의 세 나라가 조(洮)·상(向)에서 맺은 두 차례의 맹서.

○犒師(호사)─군사를 위로함.

○展禽(전금)─금은 자(字)이고, 이름은 획(獲). 시호(諡號)는 혜(惠). 그는 유하(柳下) 땅을 영유했으므로 유하혜(柳下惠)라고 불렸다.

○小人(소인)─하위관(下位官).

○君子(군자)─여기에서의 군자는 상위관(上位官), 즉 큰 벼슬의 사람을 두고 말한다.

○室如縣磬(실여현경)─경은 악기 이름으로, 중앙 부분이 높고, 양쪽에

긴 다리가 달렸으며, 그 사이는 텅 비었다. 민간의 집이 경의 가운데 같이 텅 비어 집채만 서 있다는 것을 말한다.

ㅇ野無靑草(야무청초)―한밭(旱魃)이 들어 풀이 없다는 것인데 들에 풀이 없으니, 말에게 먹일 것조차 없다는 뜻이 들어 있다.

ㅇ大公(태공)―제나라 군주의 선조인 여상(呂尙).

ㅇ載在盟府(재재맹부)―재(載)는 재서(載書)로 맹서했던 내용을 담은 문서.

ㅇ盟府(맹부)―맹약(盟約)의 문서를 넣어두는 창고.

ㅇ大師(대사)―관직 이름.

ㅇ大師職之(태사직지)―태공이 태사가 되어 맹약하는 일과 그 문서를 보관함을 장악했다는 말이다.

ㅇ望(망)―기대(期待). 바람.

ㅇ保聚(보취)―군병을 모아 성을 지킴.

東門襄仲·臧文仲如楚,하여 乞師라 臧孫見子玉,하여 而導
之伐齊·宋,에 以其不臣也.라
夔子不祀祝融與鬻熊.이라 楚人讓之,하니 對曰, 我先王熊摯
有疾,에 鬼神弗赦,하여 而自竄于夔.라 吾是以失楚,어늘 又何祀
焉.가 秋,에 楚成得臣·鬪宜申帥師滅夔,하고 以夔子歸.라
宋以其善於晉侯也,로 叛楚卽晉.이라 冬,에 楚令尹子玉·司
馬子西帥師伐宋,하여 圍緡.이라 公以楚師伐齊,하여 取穀.이라
凡師能左右之曰以.라 寘桓公子雍於穀,하여 易牙奉之以爲魯
援,하고 楚申公叔侯戍之.라 桓公之子七人,이 爲七大夫於楚.라

동문양중〔공자 수〕과 장문중이 초나라로 가 군사 내기를 요청했다.

그때 장손(臧孫 : 문중)은 초나라 영윤(令尹)인 자옥(子玉)을 만나, 그를 권유하여 제나라와 송나라를 쳤는데, 그것은 제나라·송나라가 초나라를 섬기지 않았기 때문이다.

기나라 군주인 자작이, 그의 선조이자 초나라 군주의 먼 조상인 축융(祝融)과 육웅(鬻熊)에 대한 제사를 지내지 않았다. 초나라 사람이 그것을 추궁하자, 기나라 군주는 대답하기를, "내 선조 왕인 웅지(熊摯)께서 병이 나, 선조의 신에게 병이 낫게 해달라고 빌었지만 들어주지 않자, 스스로 이 기(夔) 땅으로 피하셨다. 우리는 이 때문에 초나라를 잃고 말았는데, 지금 다시 어찌하여 제사를 지낼 것인가?"라고 했다. 가을이 되자, 초나라의 성득신(成得臣 : 영윤 자옥)과 투의신(鬪宜申 : 司馬子西)은 군사를 거느리고 기나라를 멸망시키고, 기나라의 군주인 자작을 데리고 돌아갔다.

송나라는 진(晉)나라 군주[문공]와 사이가 좋으므로, 초나라를 배반하고 진나라 편이 되었다. 겨울에, 초나라 영윤인 자옥(子玉 : 성득신)과 사마(司馬)인 자서(子西 : 투의신)는 군사를 이끌고 송나라를 쳐 민(緡)을 포위했다. 그리고 공은 초나라 군사를 이끌고 제나라를 쳐서 곡(穀) 땅을 빼앗았다. 무릇 군사가 자유자재로 명령할 수 있는 것을 '이(以 : 이끈다·거느린다)'라 표현한다. 제나라 환공(桓公)의 아들 옹(雍)을 곡 땅에 두고, 역아(易牙)가 그를 떠받들어 노나라를 돕도록 하고, 초나라의 신공(申公) 숙후(叔侯)가 그곳을 수비했다. 이에 제나라 환공의 아들 일곱이 초나라의 대부가 되었다.

▌주해▐ ㅇ東門襄仲(동문양중)-노나라 공자 수(遂). 그는 노나라 도읍의 동문(東門) 가에 살고 있었기에, 성을 동문이라 했다.

ㅇ祝融(축융)-기나라 군주의 조상이자 초나라 군주의 먼 조상.

ㅇ鬻熊(육웅)-축융의 후손.

ㅇ熊摯(웅지)-초나라 군주 웅거(熊渠)의 아들이었는데, 나쁜 병이 들어, 그 때문에 초나라 군주가 되지 못하고 기 땅으로 도망가, 기나라를 세

위 그 시조가 되었다.

○ 鬼神弗赦(귀신불사) - 선조의 신에게 병을 낫게 해 달라고 빌었어도, 낫게 해주지 않았음.

○ 失楚(실초) - 초나라를 잃음. 웅지가 병으로 초나라 군주가 못되고 기 땅으로 갔던 일을 말한다.

○ 左右之(좌우지) - 마음대로 함.

○ 寘桓公子雍於穀(치환공자옹어곡) - 공자 옹은 전에 군주 자리를 놓고 제나라 효공(孝公)과 다투었다. 그래서 사이가 좋지 못했다. 때문에 노나라에서는 그것을 이용하여 빼앗은 곡 땅에다 옹을 영주(領主)로 삼았다.

제7

희공 하
僖公 下

장공(莊公)의 서자. 민공(閔公)의 서형(庶兄). 재위 기원전 659~627

經| ○ 廿有七年春^{입유칠년춘},에 杞子來朝^{기자래조}.라

○ 夏六月庚寅^{하유월경인},에 齊侯昭卒^{제후소졸}.이라

○ 秋八月乙未^{추팔월을미},에 葬齊孝公^{장제효공}.이라

○ 乙巳^{을사},에 公子遂帥師入杞^{공자수솔사입기}.라

○ 冬^동,에 楚人^{초인}·陳侯^{진후}·蔡侯^{채후}·鄭伯^{정백}·許男圍宋^{허남위송}.이라

○ 十有二月甲戌^{십유이월갑술},에 公會諸侯^{공회제후},하여 盟于宋^{맹우송}.이라

27년 봄에, 기(杞)나라의 군주인 자작이 찾아왔다.
여름 6월 경인날에, 제나라 군주인 후작 소(昭)가 세상을 떠났다.
가을 8월 을미날에, 제나라 효공을 장사 지냈다.
을사날에, 공자 수(遂)가 군사를 거느리고 기나라로 쳐들어갔다.
겨울에, 초나라 사람·진(陳)나라 군주인 후작·채나라 군주인 후작·정나라 군주인 백작·허나라 군주인 남작이 송나라를 포위했다.

12월 갑술날에, 공이 제후들과 회합을 갖고, 송나라에서 맹서하였다.

■**주해**│ ○乙巳(을사)－두예는 그의 주에서, 8월에는 을사날이 들지 않았고 9월 6일이었다고 말했다.

○楚人(초인)－초나라 군주인 자작은 영윤(슈尹)에게 송나라를 공격케 했기에, 이렇게 말한 것이다. 그리고 초인(楚人)을 맨 앞에 쓴 것은, 당시 초나라가 제후들의 군사를 통솔했기에, 제후들보다 앞에 내세웠다.

■**傳**│ ^{입 칠 년 춘}廿七年春,에 ^{기 환 공 래 조}杞桓公來朝,하여 ^{용 이 례}用夷禮.라 ^고故로 ^{왈 자}曰子.라 ^{공 비}公卑

^기杞,는 ^{기 불 공 야}杞不恭也.라

^하夏,에 ^{제 효 공 졸}齊孝公卒.이라 ^{유 제 원}有齊怨,이나 ^{불 폐 상 기}不廢喪紀,는 ^{예 야}禮也.라

^추秋,에 ^{입 기}入杞,는 ^{책 무 례 야}責無禮也.라

27년 봄에, 기(杞)나라 군주 환공(桓公)이 찾아와 이(夷) 오랑캐 예법(禮法)을 행했다. 그러므로 자작이라 낮추어 말했다. 공이 기나라 군주를 낮추어 본 것은, 기나라 군주가 공손하지 않아서였다.

여름에, 제나라 효공이 세상을 떠났다. 노나라는 제나라에 대한 원한이 있었지만, 상을 당한 데 대한 지킬 예의를 무시하지 않고 지킨 것은, 예에 맞는 일이었다.

가을에 기나라로 쳐들어간 것은, 그 무례했음을 응징한 것이다.

^{초 자 장 위 송}楚子將圍宋,하여 ^{사 자 문 치 병 어 규}使子文治兵於睽,에 ^{종 조 이 필}終朝而畢,하여 ^{불 륙 일}不戮一

^인人.이라 ^{자 옥 부 치 병 어 위}子玉復治兵於蒍,에 ^{종 일 이 필}終日而畢,하여 ^{편 칠 인}鞭七人,하고 ^{관 삼 인}貫三人

耳.라 國老皆賀子文,하니 子文飲之酒.라 蔿賈尚幼,로 後至,하여

不賀.라 子文問之,하니 對曰, 不知所賀.라 子之傳政於子玉,에

曰以靖國也.라 靖諸內而敗諸外,면 所獲其何.오 子玉之敗,는

子之擧也.라 擧以敗國,이면 將何賀焉.가 子玉剛而無禮,하여 不

可以治民.이라 過三百乘,이면 其不能以入矣.라 苟入而賀,라도

何後之有.아

초나라 군주인 자작[성왕]이 송나라를 포위하려고, 자문(子文 : 투곡오도)으로 하여금 규(睽)에서 군대를 훈련시키니, 그는 아침 전에 마치어, 한 사람도 잘못했다고 벌주지 않았다. 그때, 자옥(子玉 : 성득신) 또한 위(蔿)에서 군대 훈련을 시켰는데, 그는 해가 질 때까지 하고서야 마쳤으며, 일곱 사람에게 매를 때리고, 세 사람에게 화살로 귀를 꿰는 벌을 주었다. 나라의 원로(元老)들이 다 자문에게 축하하니, 자문은 그들에게 술을 대접했다. 위가(蔿賈)는 나이가 적으나, 나중에 왔는데도 축하의 말을 하지 않았다. 자문이 그 까닭을 물으니, 위가가 대답하였다. "무엇을 축하해야 하는지 모르겠습니다. 나리께서 정사 보는 일을 자옥에게 넘겨주시면서, '나라를 평온하게 하기 위해서다.'라고 말씀하셨습니다. 그런데 나라 안에서 평온하게 하고서도 국외로 나가 실패한다면, 얻는 것이 그 얼마나 되겠습니까? 자옥의 실패가 있다면, 그것은 나리의 천거 때문입니다. 천거해서 나라를 망치게 한다면, 어찌 축하할 수 있겠습니까? 자옥은 기(氣)가 강하고 예의가 없어, 백성을 다스릴 수 없습니다. 그가 전차 3백대 이상을 거느리고 싸움을 한다면, 그는 무사히 나라로 들어올 수가 없을 것입니다. 그가 무사히 돌아와서 축하를 한들, 어찌 늦다고 하겠습니까?"

주해 | ○楚子(초자)－당시 초나라 군주는 성왕(成王).

○子文(자문)－투곡오도(鬪穀於菟).

○終朝(종조)－새벽에서 아침 때까지를 말한다.

○貫耳(관이)－군인에게 가하는 형벌 이름으로, 허물이 있는 자의 귀를 화살로 꿰는 것.

○國老(국로)－나라의 원로(元老). 경(卿)과 대부(大夫)로서 나이 먹어 퇴직한 후에도, 대부로서 대우받는 사람.

○國老皆賀子文(국로개하자문)－자옥(子玉)이 군사훈련을 잘 시켰다는 것을, 자옥을 추천한 자문(子文)에게 축하드렸다는 것이다.

○蔿賈(위가)－숙손오(叔孫敖)의 아버지.

○傳政於子玉(전정어자옥)－정사보는 일을 자옥에게 전함. 희공 23년조에 나왔다.

○三百乘(삼백승)－전차 3백대를 보유하는 군대의 총수는 2만 2천5백 명.

冬,에 楚子及諸侯圍宋.이라 宋公孫固如晉告急.이라 先軫曰,

報施救患,하여 取威定霸,는 於是乎在矣.로소이다 狐偃曰, 楚始

得曹,하고 而新婚於衛.이오니다 若伐曹·衛,면 楚必救之,이리니

則齊·宋免矣.이오니다 於是乎, 蒐于被廬,하여 作三軍,하고 謀

元帥.라

趙衰曰, 郤縠可.이오니다 臣亟聞其言矣,이옵건대 說禮樂,하고

而敦詩書.이오니다 詩書義之府也,요 禮樂德之則也,며 德義利之

本也.로소이다 夏書曰, 賦納以言,하고 明試以功,하여 車服以庸.

이라하오니다 君其試之.하소서 乃使郤縠將中軍,하고 郤溱佐之.라

使狐偃將上軍,하니 讓於狐毛而佐之.라 命趙衰爲卿,하니 讓於樂枝·先軫.이라 使樂枝將下軍,하고 先軫佐之.라 荀林父御戎,하고 魏犨爲右.라

晉侯始入,하여 而敎其民二年,하며 欲用之,하니 子犯曰, 民未知義,하고 未安其居.이오니다 於是乎, 出定襄王,하고 入務利民,하니 民懷生矣.라 將用之,하니 子犯曰, 民未知信,하여 未宣其用.이오니다 於是乎, 伐原以示之信,하니 民易資者,가 不求豐焉,하여 明徵其辭.라 公曰, 可矣乎.아 子犯曰, 民未知禮,하여 未生其恭.이오니다 於是乎, 大蒐以示之禮,하고 作執秩以正其官.이라 民聽不惑,하여 而後用之,하며 出穀戍,하고 釋宋圍,하며 一戰而霸,하니 文之敎也.라

겨울에, 초나라 군주인 자작[성왕]이 제후들과 송나라를 포위했다. 송나라의 공손고(公孫固)가 진(晉)나라로 가, 나라가 위급하게 되었음을 알렸다. 그러자 선진(先軫 : 原軫)이 말하기를, "전에 베풀어 준 송나라 군주의 은혜를 갚고, 그 나라의 환난을 구하여, 국위(國威)를 제후들에게 보이어 패자(覇者)의 위치를 굳힐 운수가 지금이옵니다." 라고 했다. 그리고 호언(狐偃)은 말하기를, "초나라는 이제 비로소 조(曹)나라를 자기편으로 삼았고, 위나라와 혼인을 치른 지 얼마 되지 않사옵니다. 만약, 우리가 조나라와 위나라를 친다면, 초나라는 반드시 두 나라를 구원하러 나설 것이온데, 그러면 제나라·송나라는 전화(戰禍)를 면할 것이옵니다."라고 했다. 이에, 진나라 군주는 군대

를 피려(被廬)에 집결시켜 사냥하며 삼군(三軍)을 편성하고, 원수(元帥)를 누구로 정할 것인가를 의논했다.

조최(趙衰)가 말했다. "극곡(郤縠)이 좋사옵니다. 신은 자주 그가 하는 말을 들었사온데, 그는 예(禮)와 악(樂)을 좋아하옵고, 시(詩)와 서(書)에 능통하옵니다. 시와 서는 의리의 말을 담은 창고가 되옵고, 예와 악은 덕(德)의 규범이 되오며, 덕과 의리는 국가를 이롭게 하는 근본이옵니다. 하서(夏書)에 이르기를, '정치상의 의견을 올리게 하고, 그 좋은 것을 실행하게 하여, 그 결과를 조사하고 생각하여서, 공적이 있는 자에게 거마(車馬) 또는 의복을 주어 표창하는도다.'라 하였사옵니다. 그러하오니, 군주께서는 그를 시험삼아 쓰소서." 이에, 진나라 군주는 극곡에게 중군(中軍)을 통솔케 하고, 극진(郤溱)에게 부장(副將)이 되게 했다. 그리고 호언에게 상군(上軍)을 거느리게 했는데, 그는 그 자리를 호모(狐毛)에게 양보하고, 자신은 부장이 되었다. 그리고 또, 조최에게 경(卿)이 되라 명하니, 그는 난지(欒枝)와 선진(先軫)에게 양보하였다. 그래서 난지로 하여금 하군(下軍)을 거느리게 하고, 선진을 그 부장으로 삼았다. 그때, 순임보(荀林父)는 군주가 탄 전차를 조종하고, 위주(魏犨)는 오른쪽에 타는 전사가 되었다.

진(晉)나라 군주인 후작[문공]이 나라로 들어가 군주가 되어, 그 백성들을 2년 간 가르쳐 전쟁에 이용하려 하니, 자범(子犯)이 말하기를, "백성들이 아직 의리를 모르고, 또 생활이 안정되어 있지 않사옵니다."라고 했다. 그러자 군주는 국외로는 주나라 천자 양왕(襄王)의 입장을 안정케 하고, 국내에서는 백성들을 이롭게 함에 힘쓰니, 백성들이 살아가기에 편하게 되었다. 이에, 백성을 거느리고 싸움을 하려 하자 자범이 말하기를, "백성들이 아직 신의(信義) 지킴을 모르고 있어서, 신용하여 쓸 수는 없사옵니다."라고 했다. 이에, 군주는 원(原)을 쳐 신의에 대한 모범을 보이니, 백성 중에 물물(物物)을 교역(交易)하는 자들이, 터무니없이 많은 이익을 구하지 않고 약속한 말을 그대로 지켰다. 그러자 군주는 말하기를, "이제는 되겠지?"라고 했다.
자범은, "백성들이 아직 예의를 알지 못해서, 공경심이 있지 않사옵니
다."라고 했다. 그러자 군주는 대대적인 사냥을 하여 예의와 모범을
보이고, 관작(官爵)의 질서를 바로잡는 관리를 두어, 관원의 상하 신
분을 바르게 했다. 그리하여 백성들이 위의 명령을 들어 의혹됨이 없
게 되어진 연후에 부리어, 곡(穀) 땅을 지키고 있던 초나라 군대를 몰
아내고, 송나라를 에워싸고 있는 초나라 군사를 쫓으며, 초나라와 일
전(一戰)하여 패자가 되었으니, 그것은 진나라 문공(文公)이 백성들
을 잘 가르쳐서였다.

주해 ○報施(보시)－베푼 은혜에 대한 갚음. 문공(文公)이 망명(亡命)
중 송나라에 들렀을 때, 송 양공이 말 80필을 준 은혜에 대해서 보답하
자는 것. 희공 23년조 참고.
○取威(취위)－국위를 제후들에게 보임.
○三軍(삼군)－진나라는 민공(閔公) 원년에 2군을 두었는데, 이해에 비로
소 3군을 편성해서, 상군·중군·하군으로 나누었다.
○元帥(원수)－장수의 장(長)으로 총사령관격. 중군을 거느리는 장수를
원수라 했다.
○夏書(하서)－《상서(尙書)》의 편 이름.
○出定襄王(출정양왕)－밖으로 나가 주나라 양왕의 위치를 안정케 함. 희
공 25년에 진나라 문공이 양왕을 서울로 들어가 다시 천자 노릇을 하
게 해서, 제후로서 천자를 받드는 의리를 보인 일을 말한다.
○伐原以示之信(벌원이시지신)－진나라가 원을 정벌한 일은 희공 25년조
참고.
○不求豊焉(불구풍언)－속임수를 쓴다든가 해서 터무니없이 많은 이익을
구함.
○明徵其辭(명징기사)－장사를 함에 있어, 약속을 어기는 일 없이 신용을
지킴.
○民聽不惑(민청불혹)－백성들이 위의 명령을 듣고 의혹하지 않음.

經ㅣ ○廿有八年春입유팔년춘,에 晉侯侵曹진후침조,하고 晉侯伐衛진후벌위.라

○公子買戍衛공자매수위.라 不卒戍부졸수,에 刺之자지.라

○楚人救衛초인구위.라

○三月丙午삼월병오,에 晉侯入曹진후입조,하여 執曹伯집조백,하며 畀宋人비송인.이라

○夏四月己巳하사월기사,에 晉侯진후·齊師제사·宋師송사·秦師及楚人진사급초인,이 戰于城전우성濮복,하여 楚師敗績초사패적.이라

○楚殺其大夫得臣초살기대부득신.이라

○衛侯出奔楚위후출분초.라

○五月癸丑오월계축,에 公會晉侯공회진후·齊侯제후·宋公송공·蔡侯채후·鄭伯정백·衛子위자·莒子거자,가 盟于踐土맹우천토.라

○陳侯如會진후여회.라

○公朝于王所공조우왕소.라

○六月유월,에 衛侯鄭自楚復歸于衛위후정자초복귀우위.라

○衛元咺出奔晉위원훤출분진.이라

○陳侯款卒진후관졸.이라

○秋추,에 杞伯姬來기백희래.라

○公子遂如齊공자수여제.라

○冬동,에 公會晉侯공회진후·齊侯제후·宋公송공·蔡侯채후·鄭伯정백·陳子진자·莒子거자·

邾子·秦人于溫.이라

o天王狩于河陽.이라

o壬申,에 公朝于王所.라

o晉人執衛侯,하여 歸之于京師.라

o衛元咺自晉復歸于衛.라

o諸侯遂圍許.라

o曹伯襄復歸于曹.라

o遂會諸侯圍許.라

28년 봄에, 진(晉)나라 군주인 후작이 조나라를 침범하고, 진나라 군주가 위나라를 쳤다.

공자 매(買)가 위나라를 지켰다. 그런데 위나라 지키는 일을 다 하지 않았는데도, 그를 죽였다.

초나라 사람이 위나라를 구했다.

3월 병오날에, 진나라 군주인 후작이 조나라로 들어가, 조나라 군주인 백작을 잡아, 송나라 사람에게 넘겨주었다.

여름 4월 기사날에 진(晉)나라 군주인 후작·제나라 군사·송나라 군사·진(秦)나라 군사가 초나라 사람과 성복(城濮)에서 싸워, 초나라 군사가 패배했다.

초나라가 그의 대부 득신(得臣)을 죽였다.

위나라 군주인 후작이 초나라로 달아났다.

5월 계축날에, 공이 진(晉)나라 군주인 후작·제나라 군주인 후작·송나라 군주인 공작·채나라 군주인 후작·정나라 군주인 백작·

위자(衛子)·거나라 군주인 자작과 만나 천토(踐土)에서 맹세하였다.

진나라 후작과 회합에 갔다.

공이 천자가 계신 곳에 가서 조회했다.

6월에 위나라 군주인 후작 정(鄭)이 초나라로부터 위나라로 돌아 갔다.

위나라 원훤(元喧)이 진(晉)나라로 도망갔다.

진(陳)나라 군주인 후작 관(款)이 세상을 떠났다.

가을에 기나라 백희(伯姬)가 왔다.

공자 수(遂)가 제나라로 갔다.

겨울에 공이 진(晉)나라 군주인 후작·제나라 군주인 후작·송나라 군주인 공작·채나라 군주인 후작·정나라 군주인 백작·진자(陳子)·거나라 군주인 자작·주나라 군주인 자작·진(秦)나라 사람과 온(溫)에서 회합을 가졌다.

천자께서 하양(河陽)에서 사냥을 하셨다.

임신날에 공이 천자 계시는 곳으로 찾아가 뵈었다.

진(晉)나라 사람이 위나라 군주인 후작을 잡아서 서울로 보냈다.

위나라 원훤이 진(晉)나라로부터 위나라로 돌아갔다.

제후들이 마침내 허나라를 포위했다.

조나라 군주인 백작 양(襄)이 조나라로 돌아갔다.

마침내 제후들이 허나라를 포위하는 데 참가하여 합류했다.

주해 ○公子買(공자매)-노나라 대부로 이름은 매이며, 자(字)는 총(叢).

○不卒戍(부졸수)-수비(守備)의 임무를 다하지 않았음.

○刺(자)-여기에서는 '살(殺 : 죽임)'과 같다.《춘추》에서는 노(魯)나라가 자기측 대부를 죽인 일에 한하여 '자(刺)'라 했다.

○城濮(성복)-위나라 지명으로, 지금의 산동성 복현(濮縣) 동남쪽 땅.

○得臣(득신)-자옥(子玉).

○衛子(위자)-위나라 군주인 후작의 동생 숙무(叔武). 형인 군주가 초나

라로 도망하자, 나라 사람들이 숙무를 군주로 삼으려 했으나, 그는 사양했다. 그래서 위후(衛侯)라 하지 못하고, 공자라고만 할 수가 없어서 위자라 쓴 것이다.

ㅇ踐土(천토)—정나라 지명으로, 지금의 하남성 광무현(廣武縣)에 위치했다.

ㅇ王所(왕소)—천자가 계시는 곳.

ㅇ元咺(원훤)—위나라의 대부.

ㅇ杞伯姬(기백희)—노나라 장공의 딸로, 기나라 군주 환공(桓公)의 부인.

ㅇ陳子(진자)—진나라 군주인 후작 관(款)이 세상을 떠나고, 여름에 공공(共公)이 즉위했으나, 아직 그 해를 지나지 않았기에, 진후(陳侯)라 하지 않고 진자라 했다.

ㅇ河陽(하양)—진(晉)나라 지명으로, 지금의 하남성 하양현(河陽縣) 일대를 일렀다. '수우하양(狩于河陽)'이라 쓴 것은, 당시 진(晉)나라 문공(文公)이 천자를 하양으로 불렀는데, 그대로 쓰는 것을 기피하고, 천자 스스로가 사냥했다고 말한 것이다.

ㅇ壬申(임신)—10월 10일.

ㅇ諸侯(제후)—온(溫)에서 회합한 제후들을 말한다.

傳| 廿八年春,에 晉侯將伐曹,하여 假道于衛,하니 衛人弗許.라 還自河南濟,하여 侵曹,하고 伐衛,하며 正月戊申,에 取五鹿.이라 二月,에 晉郤縠卒,하니 原軫將中軍,하고 胥臣佐下軍,하니 上德也.라 晉侯·齊侯盟于斂盂,에 衛侯請盟,이나 晉人弗許.라 衛侯欲與楚,나 國人不欲.이라 故로 出其君,하여 以說于晉.이라 衛侯出居于襄牛.라

公子買戍衛,에 楚人救衛,하여 不克.이라 公懼於晉,하여 殺子叢以說焉,하고 謂楚人不卒戍也.라

28년 봄에, 진(晉)나라 군주인 후작[문공]이 조나라를 치려 하여, 위나라에 대해서 통과하도록 길 빌릴 것을 요청하니, 위나라 사람이 허락하지 않았다. 그래서 진나라 군사는 돌아 하남(河南)에서 황하(黃河)를 건너 조나라를 침략하고 위나라를 쳐, 정월 무신날에 오록(五鹿)을 뺏었다. 2월에, 진나라 군의 원수(元帥)인 극곡(郤穀)이 세상을 떠나자, 원진(原軫 : 先軫)이 그 중군(中軍)을 거느리고, 서신(胥臣)이 하군(下軍)을 거느리는 장수의 부장이 되었는데, 원진이 하군의 부장에서 원수가 된 것은, 그의 덕을 높이 보아서였다. 진(晉)나라 군주인 후작과 제나라 군주인 후작이 염우(斂盂)에서 맹서하니, 위나라 군주인 후작이 그 맹서에 참가시켜 줄 것을 청했지만, 진나라 사람이 허락하지 않았다. 그래서 위나라 군주는 초나라에 가담하고자 했으나, 초나라 사람이 원하지 않았다. 그러므로, 위나라에서는 군주를 내쫓아 진나라에 대해서 설득했다. 위나라 군주인 후작은 도읍에서 나가 양우(襄牛)에서 지냈다.

노나라 공자 매(買)가 위나라를 수비하고 있으므로, 초나라 사람이 위나라를 구원하여 싸워서 이기지 못했다. 그러자 노나라 희공은 진나라에 대해서 두려워하여, 자총(子叢 : 공자 買)을 죽여 변명하고, 초나라 사람에게 말하기는 수비의 임무를 다하지 못했다고 했다.

주해 ｜ ○還(환)－길을 돌음.
○河南(하남)－지금의 하남성 급현(汲縣) 남쪽.
○正月戊申(정월무신)－정월 11일.
○五鹿(오록)－위나라 지명.
○斂盂(염우)－위나라 지명으로, 지금의 하북성 복양현(濮陽縣) 동남쪽 땅.
○襄牛(양우)－위나라 지명으로, 지금의 산동성 복현(濮縣) 동남쪽 땅.

晉侯圍曹,하여 門焉.이라 多死,에 曹人尸諸城上,하니 晉侯患

之.라 聽輿人之誦,하니 稱舍於墓,에 師遷焉.이라 曹人兇兇懼,고
爲其所得者,하여 棺而出之.라 因其兇也而攻之,하여 三月丙午
入曹,하며 數之以其不用僖負羈,하고 而乘軒者三百人也.라 且
曰, 獻狀.이라 令無入僖負羈之宮,하여 而免其族,하니 報施也.라
魏犨·顚頡怒曰, 勞之不圖,하고 報於何有,라하며 爇僖負羈氏.
라 魏犨傷於胸.이라 公欲殺之,나 而愛其材.라 使問且視之,하니
病將殺之.라 魏犨束胸見使者曰, 以君之靈不有寧也.라하고 距
躍三百,하며 曲踊三百.이라 乃舍之,하고 殺顚頡以徇于師.라 立
舟之僑,하여 以爲戎右.라

진나라 군주인 후작이 조나라를 포위하여, 도읍 성문(城門)에 도착했다. 전사자가 많았는데, 조나라 사람은 그 전사자들의 시체를 성벽 위에 늘어놓았기에, 진나라 군주는 그 상황이 마음 아팠다. 그런데, 잡부들이 말하는 걸 들으니, 조나라 사람의 묘지에 군진(軍陣)을 치라는 것이기에, 군사의 진을 묘지로 옮겼다. 그랬더니, 조나라 사람이 떨어 어찌할 줄 모르고 두려워해서는, 그들이 입수한 시체를 위하여 관에 넣어 성밖으로 내보냈다. 진나라 군사는 조나라 사람이 떨고 있는 기회를 이용하여 공격해, 3월 병오날에는 조나라 도읍 안으로 들어가, 희부기(僖負羈)는 등용하지 않고, 무능한 자들이 자리에 앉아 대부가 타는 수레를 타고 다니는 자가 3백 명이나 되는 것을 문책했다. 그리고 진나라 군주는 말하기를, "내 가슴을 헤쳐 보여 드리리다." 라고 했다. 그리고 진나라 군주는 희부기 집에는 침입하지 말라고 영을 내리어, 그의 가족에게 화를 면하게 했으니, 그것은 전의 은혜에

대한 보답이었다. 그런데 위주(魏犨)와 전힐(顚頡)이 화내며 말하기를, "우리 군대를 위로할 것은 생각하시지 않고, 은혜 갚는다는 게 어디 있는가?"라 했다. 그리고는 희부기의 집을 태워 버렸다. 그때, 위주는 가슴 부위에 상처를 입었다. 진 문공은 그를 죽이려 했지만, 재능이 아까워 사람을 시켜 위문하고 몸을 살피게 했는데, 아파 누워 있으면 죽이려 했다. 위주는 가슴을 싸매고 군주가 보낸 사람을 만나 말하기를, "군주의 은혜를 받고 있는데, 편안히 있을 수가 있겠소?"라 했다. 그리고는, 앞으로 뛰며 손뼉을 세 번 치고, 위로 뛰면서 손뼉을 세 번 쳤다. 그래서 그는 죽이지 않고 내버려두고, 전힐은 죽여서 전군(全軍)에게 돌려 보였다. 그리고 난 뒤, 위주 대신 주지교(舟之僑)를 군주가 타는 전차의 오른쪽 전사로 삼았다.

│주해│ ○興人之誦(여인지송)－잡부들이 하는 말.
○三月丙午(삼월병오)－3월 10일.
○乘軒者(승헌자)－대부의 수레를 타는 사람.
○獻狀(헌상)－진나라 문공이 망명중에 조나라에 들리자, 조나라 군주가 문공의 갈비뼈가 통뼈로 되어 있다는 걸 듣고는, 몸을 씻고 있을 때 다가가 보았던 일이 있었다. 여기에서는 문공이 조나라 군주에게 자기 옷을 벗고 확실히 보아 알도록 보여 주겠다고 말한 것이다.
○不有寧也(불유영야)－마음 편안히 있을 수가 있는가?
○距躍三百(거약삼백), 曲踊三百(곡용삼백)－앞으로 뛰며 세 번 손뼉 치고, 위로 뛰며 세 번 손뼉 침. 이것은 그가 무사하다는 것을 보이기 위해서 취한 행동이다. 백(百)은 '박(拍)'과 같은 뜻으로 쓰였다.
○徇(순)－조리돌림.

宋人使門尹般如晉師告急.이라 公曰, 宋人告急.이라 舍之則絶,이오 告楚不許.리라 我欲戰矣,로되 齊·秦未可,하리니 若之

何.아 先軫曰, 使宋舍我而賂齊·秦,하여 藉之告楚,하시고 我執
曹君,하여 而分曹·衛之田以賜宋人.하소서 楚愛曹·衛,하니 必
不許也,이리오니 喜賂怒頑,에 能無戰乎,인가 公說,하여 執曹伯,하
고 分曹·衛之田,하여 以畀宋人.이라

송나라 사람이 문윤반(門尹般)을 진(晉)나라 군사에게 보내어 위급한 사정을 알렸다. 그러자 진나라 군주[문공]가 말하기를, "송나라 사람이 위급함을 알려 왔다. 송나라를 내버려두면 우리와 떨어져 나갈 것이고, 초나라에게 화목을 요구한들, 초나라는 허락하지 않을 것이다. 나는 초나라와 싸우고자 하나, 제나라·진(秦)나라가 들어 주지 않을 것인데, 이 일을 어찌할꼬?"라고 했다. 그러자 선진(先軫)이 말했다. "송나라로 하여금 우리나라를 모르는 척하고, 제나라·진나라에 뇌물을 보내어, 그 두 나라에게 의뢰해서 초나라에 대해 화목할 것을 요청케 하시고, 우리는 조나라 군주를 잡아, 조나라·위나라의 토지를 분할하여 송나라 사람에게 주소서. 그리하시오면, 초나라는 조나라와 위나라를 좋아하고 있으므로 반드시 그 요청을 받아주지 않을 것이오니, 제·진이 뇌물을 좋아하고 초나라의 완고한 태도에 대해서 화를 낼 것이니, 싸우지 않을 수가 있겠사옵니까?" 이 말에 진나라 문공은 기꺼워하여, 곧 조나라 군주인 백작을 잡고, 조나라·위나라의 토지를 나누어서, 송나라 사람에게 넘겨주었다.

▌주해▌ ㅇ告急(고급)－초나라 군사가 송나라를 포위하고 있어, 국운(國運)이 위급하게 된 것을 알리다.
ㅇ告楚(고초)－송나라가 초나라에게 화목할 것을 요청함.
ㅇ藉之告楚(자지고초)－제나라·진(秦)나라에게 의뢰하여 초나라에 대해서 화목할 것을 요청함.

楚子入居于申,하여 使申叔去穀,하고 使子玉去宋曰, 無從晉
師.하라 晉侯在外十九年矣,하여 而果得晉國.이라 險阻艱難,을
備嘗之矣,에 民之情僞,를 盡知之矣.라 天假之年,하여 而除其害.
라 天之所置,를 其可廢乎.아 軍志曰, 允當則歸.라 又曰, 知難而
退.라 又曰, 有德不可敵.이라 此三志者,는 晉之謂矣.라 子玉使
伯棼請戰曰, 非敢必有功也,요 願以間執讒慝之口.이오니다 王
怒,하여 少與之師,하니 唯西廣·東宮與若敖之六卒實從之.라

子玉使宛春告於晉師曰, 請復衛侯而封曹.이오니다 臣亦釋宋
之圍.하리이다 子犯曰, 子玉無禮哉.라 君取一,이어늘 臣取二,하니
不可失矣.라 先軫曰, 子與之.하라 定人之謂禮.라 楚一言而定
三國,하고 我一言而亡之,면 我則無禮,이니 何以戰乎.아 不許楚
言,은 是棄宋也.라 救而棄之,하면 謂諸侯何.오 楚有三施,하고
我有三怨.이라 怨讎已多,에 將何以戰.가 不如私許復曹·衛以
攜之,하고 執宛春以怒楚,하여 旣戰而後圖之.라

公說,하고 乃拘宛春於衛,하며 且私許復曹·衛,에 曹·衛告
絶於楚.라 子玉怒,하여 從晉師,하니 晉師退.라 軍吏曰, 以君避
臣,은 辱也.라 且楚師老矣,어늘 何故退.오 子犯曰, 師直爲壯,하
고 曲爲老.라 豈在久乎.아 微楚之惠,면 不及此.라 退三舍避之,

는 所以報也.라 背惠食言,하여 以亢其讎,면 我曲楚直,이오 其衆
素飽,니 不可謂老.라 我退而楚還,이면 我將何求.아 若其不還,
이면 君退臣犯,이니 曲在彼矣.라 退三舍.라 楚衆欲止,나 子玉不
可.라

초나라 군주인 자작[성왕]은 초나라 땅으로 들어가 신(申)에 있으면서, 신숙(申叔)으로 하여금 곡(穀)에서 퇴각케 하고, 자옥(子玉)에게 송나라에서 퇴각케 하며 말하기를, "진(晉)나라 군사를 따르지 말라. 진나라 군주인 후작은 외국에서 19년을 지내고서, 결국은 진나라를 차지했다. 그는 어려운 처지에서 곤란을 두루 다 맛보았으므로, 백성들의 마음의 진정과 허위(虛僞)를 다 알고 있다. 하늘이 그에게 장수(長壽)할 운을 주어, 그를 해치는 자를 제거했다. 하늘이 군주로 삼은 사람을, 인간이 없앨 수가 있겠는가? 병서(兵書)에 이르되, '적(敵)의 수가 자기편과 맞먹으면 싸우지 말고 돌아간다.'라 했고, 또 이르기를, '대적해서 이기기 어렵다고 생각되면 퇴군한다.'라 했으며, 또 이르기를, '덕이 있는 자는 대적할 수가 없다.'고 했다. 이 세 가지는 진나라를 두고 한 말이다."라고 했다. 그러자 자옥은 백분(伯棻)에게 싸울 것을 요청케 해서 말하기를, "구태여 반드시 공을 세우자는 것이 아니옵고, 저를 헐뜯어 말하는 자의 입을 막아 주려고 원하옵니다."라고 했다. 초나라 성왕(成王)은 화를 내고, 약간의 군대를 그에게 내주었다. 그때 다만 서광(西廣)의 군, 동궁(東宮)의 군과 약오씨(若敖氏)의 군 6백 명만이 실제로 그를 따랐다.

자옥이 완춘(宛春)에게 진(晉)나라 군부에 말하기를, "위나라 군주를 위나라로 돌려보내시고, 조나라를 다시 존속(存續)시켜 주시기를 청하옵니다. 그러면, 저도 송나라 포위를 풀겠나이다."라고 했다. 그러자 진나라의 자범(子犯)이 말하기를, "자옥은 무례하다. 우리 군주께서는 송나라 포위를 풀 것 한 가지만을 요구하시는데, 초나라의 신하인 그는 두 가지를 요구하고 있으니, 그를 놓쳐서는 아니되겠다."라고 했다. 그러자 선진이 말했다. "공자께서는 그의 말을 용서하십시오. 남의 나라를 안정케 하는 일은, 예에 맞는 일이라 합니다. 초나라는 한 번의 말로 세 나라를 안정케 하려 하고, 우리는 한 번의 말로 세 나라를 망치게 하려 한다면, 그것은 결국 우리가 무례한 것이 되오니, 어떻게 싸우겠습니까? 이제 우리가 초나라의 말을 들어주지 않는 것은, 송나라를 버리는 것이 됩니다. 구한다고 버리면 제후들에게 뭐라 변명할 것입니까? 초나라 군사로서는 세 나라에 대해서 혜택을 주는 것이 되고, 우리는 세 나라의 원망만이 있게 됩니다. 원수가 많아지면 장차 어떻게 싸우겠습니까? 이 마당에는, 비밀리에 조나라·위나라 군주를 돌려보내어 다시 나라를 차지함을 허락하여 조나라와 손을 끊게 하고, 완춘을 잡아서 초나라를 화나게 하여 결판을 내는 싸움을 하고 난 뒤에 결정을 내리는 것 이상의 더 좋은 일은 없습니다."

진나라 군주는 이 말을 듣고는 좋아하여, 곧 완춘을 위나라에서 잡고 조나라·위나라 군주를 돌려보내어 다시 나라를 차지할 것을 비밀리에 허락하니, 조나라·위나라는 초나라에게 인연을 끊겠다고 통고했다. 이에 자옥은 노하여 진나라 군사를 추격하니, 진나라 군사는 퇴각했다. 그러자, 진나라 군사에 관한 일을 맡고 있는 관리가 말하기를, "우리 군주께서 통솔하시는 군사가, 적의 신하가 이끄는 군사를 피한다는 것은 수치입니다. 그리고 초나라 군사는 피로해 있는데, 어찌하여 퇴각하는 것입니까?"라고 했다. 그러자 자범은 말했다. "군사가 정당한 길을 밟고 있는 것이 씩씩함이 되고, 삐뚤어진 길을 밟고 있는 것이 피로한 군대가 되는 거요. 어찌 싸움터에서 싸웠다 해서 피로했다고 할 것이오? 초나라 군주의 혜택이 없었더라면, 우리 군주께서 오늘날 군주로 계시지 못했을 것이오. 우리 군사가 90리를

후퇴해서 초나라 군사를 피하는 것은, 옛날에 베푼 은혜를 갚는 것이
되오. 은혜를 배반하고, 한 말을 그대로 실천하지 않고서 적과 겨룬
다면, 우리가 삐뚤어진 것이 되고, 초나라는 옳은 것이 되오. 그리고
초나라 군사는 원래 배부르게 먹고 있으니, 그들이 피로하다고 말할
수는 없소. 우리가 후퇴하고 초나라 군사가 돌아간다면야, 그 이상
무엇을 바랄 것이오? 만약 우리가 후퇴했는데도 돌아가지 않는다면,
그것은 군주가 통솔하는 군사가 후퇴했는데, 군주를 모시는 신하인
자가 신분을 불고하고 공격의 잘못을 범하게 되는 것이니, 그때는 삐
뚤어짐은 초나라에게 있게 되는 것이오." 진나라 군사는 결국 90리
를 후퇴했다. 그때, 초나라 사람들은 싸움을 그만두려 했지만, 자옥은
안된다고 했다.

┃주해┃ ○申(신)-초나라 방성(方城) 내의 땅.
  ○情僞(정위)-진정(眞情)과 허위.
  ○除其害(제기해)-진 문공(文公)의 적이었던 혜공(惠公)·회공(懷公)·
    여극(呂郤) 등을 제거했음을 말한다.
  ○軍志(군지)-병서(兵書).
  ○允當(윤당)-세력이 서로 필적(匹敵)함.
  ○伯棼(백분)-공자 월초(越椒)를 말한다.
  ○間執讒慝之口(간집참특지구)-전에, 자옥은 3백승(乘)의 군대를 이끌고
    전쟁에 나갔다가는, 무사히 돌아오지 못할 것이라고 말한 위가(蔿賈)의
    입을 다시는 그런 말을 못하도록 막겠다는 것이다.
  ○西廣(서광)-초나라는 좌우 이광(二廣)의 군대가 편성되어 있었는데,
    그 우광(右廣)을 서광이라 했다.
  ○東宮(동궁)-태자인데, 여기에서는 태자 직속의 군대라는 뜻이 있다.
  ○若敖之六卒(약오지육졸)-약오는 자옥의 할아버지. 그래서 자옥의 일족
    을 약오씨(若敖氏)라 했다. 육졸(六卒)은 6백 명의 군대를 육졸이라 했
    다. 즉 약오씨가 소유한 6백 명의 군대라는 말이다.
  ○三施(삼시)-송(宋)·조(曹)·위(衛)의 세 나라에게 은혜를 베풀다.

夏四月戊辰,에 晉侯·宋公·齊國歸父·崔夭·秦小子憖次
于城濮,하고 楚師背鄙而舍.라 晉侯患之,에 聽輿人之誦,하니 曰,
原田每每,하니 舍其舊而新是謀.하라 公疑焉.이라 子犯曰, 戰也.
니이다 戰而捷,하오면 必得諸侯.이리다 若其不捷,이라도 表裏山
河,에 必無害也.로소이다 公曰, 若楚惠何.아 欒貞子曰, 漢陽諸
姬,는 楚實盡之.이오니다 思小惠,하여 而忘大恥.인가 不如戰也.
니이다 晉侯夢,에 與楚子搏,하여 楚子伏己,하며 而鹽其腦.라 是
以懼.라 子犯曰, 吉.이오니다 我得天,하고 楚伏其罪,하며 吾且柔
之矣.리이다

子玉使鬪勃請戰曰, 請與君之士戲,하오니 君馮軾而觀之.하소
서 得臣與寓目焉.이리다 晉侯使欒枝對曰, 寡君聞命矣.라 楚君
之惠,는 未之敢忘.이라 是以,로 在此.라 爲大夫退,하였거늘 其敢
當君乎.아 旣不獲命矣,에 敢煩大夫,하노니 謂二三子.하라 戒爾
車乘,하고 敬爾君事.하라 詰朝將相見.하리라 晉車七百乘,에 韅
靷鞅靽.이라 晉侯登有莘之墟,하여 以觀師曰, 少長有禮,하니 其
可用也.로다 遂伐其木,하여 以益其兵.이라

여름 4월 무진날에, 진나라 군주인 후작[문공]·송나라 군주인 공
작[성공]·제나라의 대부 국귀보(國歸父)와 최요(崔夭)·진(秦)나라

작은공자 은(憖 : 목공의 아들)이 성복(城濮)에 진지(陣地)를 잡고, 초나라 군사는 휴(酅) 땅을 등지고 군진을 쳤다. 진(晉)나라 군주는 결과가 어찌 될까 하고 걱정하고 있는데, 잡부들이 하는 말을 들으니, "들판 전토(田土)에 풀이 수북하니, 그 묵은 것의 뿌리를 캐어내고, 새 씨앗을 뿌릴지어다."라는 것이었다. 그래서 진나라 군주는 의심스럽게 여겼다. 그러자 자범이 말하기를, "싸워야 하옵니다. 싸워 이기면 반드시 제후들을 복종시킬 것이옵니다. 만일 이기지 못한다 하더라도, 밖과 안으로 산과 황하(黃河)가 막고 있사오니, 반드시 해됨이 없을 것이옵니다."라고 했다. 이에 군주는 말하기를, "초나라에게서 받은 은혜를 어찌할 것인고?"라고 하니, 난정자(欒貞子 : 欒枝)가 말하기를, "한수(漢水) 북쪽에 있던 희성(姬姓)의 나라는, 초나라가 실로 다 멸망시켰사옵니다. 지난날의 작은 은혜만을 생각하시고, 큰 수치를 잊으실 것이옵니까? 싸우는 것보다 더 좋은 수는 없사옵니다."라고 했다. 진나라 군주는 꿈에, 초나라 군주인 자작과 서로 치고박다가, 초나라 군주가 자기를 쓰러뜨려 몸 위에 타고 엎드려, 그의 뇌(腦)의 골을 빠는 것이었다. 그래서 두려워하였다. 자범이 말하기를, "그 꿈은 길하옵니다. 우리는 하늘의 도움을 얻고, 초나라는 복죄(伏罪)하며, 우리는 초나라 군주의 마음을 부드럽게 할 징조이옵니다."라고 했다.

초나라 자옥은 대부인 투발(鬪勃)을 보내어 싸우기를 요청해서 말하기를 "군주의 병사들과 놀이를 하려고 청하오니, 군주께서는 수레 앞 가로막이 나무에 올라서서서 구경하옵소서. 득신(得臣 : 자옥)도 같이 구경하겠사옵니다."라고 했다. 진나라 군주는 난지(欒枝)로 하여금 대답하게 했다. "우리 군주께서는 하신 말을 잘 들으시었소. 초나라 군주의 은혜는 아직도 감히 잊지 못하고 계시오. 그래서 여기로 와 있는 거요. 초나라의 대부를 위해서도 싸우지 않고 후퇴하셨는데, 어찌 감히 초나라 군주께서 친히 이끄시는 군사와 마주 싸우시겠소?

이제 싸움을 그만두자는 말을 받지 못하고 있는 마당에, 감히 대부인 당신을 괴롭히건대, 가서 윗사람인 두세 사람에게 이르리오. 그대들의 전차를 잘 정비하고, 그대 군주께서 명하신 일을 잘 살필지어다. 내일 일은 아침에 서로 만나리라라고 말이오." 진(晉)나라 전차는 7백 대였고, 모두 단단히 정비되었다. 진나라 군주는 옛 유신(有莘)나라 도읍지였던 곳으로 올라가 군사를 내려다보고 말하기를, "젊은이·늙은이가 질서를 지키어 예법이 갖추어져 있으니 다들 잘 쓸 수가 있구나."라고 했다. 그리고는 바로 산의 나무를 베어서 싸움에 쓰는 기구를 만들어 보태었다.

│주해│ ○四月戊辰(사월무진)－4월 3일.

○晉侯(진후)－문공(文公).

○宋公(송공)－성공(成公).

○秦小子憖(진소자은)－목공(穆公)의 작은아들.

○原田每每(원전매매)－원전(原田)은 들판의 전토(田土)이고, 매매(每每)는 풀이 무성함을 말한다.

○舍其舊而新是謀(사기구이신시모)－낡은 것을 뽑아 없애고, 새로운 것을 꾀하라(새 씨를 뿌려라.) 즉 옛날에 초나라에서 받은 은혜는 잊어버리고, 새로운 공업(功業) 이루기를 꾀하라는 뜻이 들어 있다.

○我得天(아득천)－꿈에 하늘을 보고 쓰러졌음을 가지고, 하늘을 대하고 있으니 하늘의 도움을 받을 징조라는 것임.

○楚伏其罪(초복기죄)－초나라 군주가 진나라 군주를 깔고 앉은 모양은, 죄를 짓고 벌을 받는 시늉이라 하여, 복죄할 징조라는 것이다.

○柔之矣(유지의)－뇌의 골은 물건을 부드럽게 하는 것이라 여기어, 문공이 초나라 군주에게 뇌의 골을 빨린 것을 가지고, 초나라 군주의 마음을 회유(懷柔)시킬 징조라고 말한 것이다.

○戲(희)－가지고 놀음. 진나라 군을 무시하고 한 말이다.

○寓目(우목)－우(寓)는 '기(寄)'의 뜻. 구경함.

○二三子(이삼자)－자옥(子玉)·자서(子西) 등을 지칭한다.

○ 詰朝(힐조)-이른 아침.

○ 鞙靷鞅絆(현인앙반)-현은 수레 끄는 말의 등에 매는 가죽끈이고, 인은 말의 가슴에 매는 가죽끈이며, 앙은 말의 배에 채우는 가죽끈이고, 반은 말의 뒤에 매는 가죽끈이다. 여기에서는 여러 가죽끈을 단단히 매었다는 말로 풀이된다.

○ 有莘之墟(유신지허)-유신은 옛날의 나라 이름. 유신나라의 옛 도읍터. 지금의 산동성 조현(曹縣) 북쪽 땅에 위치했다.

○ 少長有禮(소장유례)-젊은이가 앞에 서고, 늙은이가 뒤에 서 군기(軍紀)상의 예법이 잘 지켜져 있음.

　　　　　　기　사　　　　　진 사 진 우 신 북　　　　　서 신 이 하 군 지 좌 당 진　채　　자
己巳,에 晉師陳于莘北,하고 胥臣以下軍之佐當陳·蔡.라 子

옥 이 약 오 지 륙 졸 장 중 군　　　왈　금 일 필 무 진 의　　　자 서 장 좌
玉以若敖之六卒將中軍,하고 曰, 今日必無晉矣.라 子西將左,하

고　자 상 장 우　　서 신 몽 마 이 호 피　　　　선 범 진　채,하니　진　채
고 子上將右.라 胥臣蒙馬以虎皮,하여 先犯陳·蔡,하니 陳·蔡

분,　　　초 우 사 궤　　호 모 설 이 패 이 퇴 지,하고　난 지 사 여 예 시 이 위
奔,하여 楚右師潰.라 狐毛設二旆而退之,하고 欒枝使輿曳柴而僞

둔,　　하니　초 사 치 지　　원 진　극 진 이 중 군 공 족 횡 격 지,하고　　호
遁,하니 楚師馳之.라 原軫·郤溱以中軍公族橫擊之,하고 狐

모　호 언 이 상 군 협 공 자 서,하니　초 좌 사 궤,　　초 사 패 적.이라　자
毛·狐偃以上軍夾攻子西,하니 楚左師潰,하여 楚師敗績.이라 子

옥 수 기 졸 지.라　　고　불 패.라　진 사 삼 일 관 곡,하고　급 계 유 이 환.이
玉收其卒止.라 故로 不敗.라 晉師三日館穀,하고 及癸酉而還.이

라　갑 오 지 우 형 옹,하여　작 왕 궁 우 천 토.라
라 甲午至于衡雍,하여 作王宮于踐土.라

　　향 역 지 삼 월,에　정 백 여 초 치 기 사,러니　위 초 사 기 패 이 구,하여　사
嚮役之三月,에 鄭伯如楚致其師,러니 爲楚師旣敗而懼,하여 使

자 인 구 행 성 우 진.이라　진 란 지 입 맹 정 백,하고　오 월 병 오,에　진 후 급
子人九行成于晉.이라 晉欒枝入盟鄭伯,하고 五月丙午,에 晉侯及

정 백 맹 우 형 옹.이라　정 미 헌 초 부 우 왕,에　사 개 백 승 도 병 천.이라
鄭伯盟于衡雍.이라 丁未獻楚俘于王,에 駟介百乘徒兵千.이라

정 백 부 왕,하니　용 평 례 야.라　기 유,에　왕 향 례,하고　명 진 후 유.라　왕
鄭伯傅王,하니 用平禮也.라 己酉,에 王享醴,하고 命晉侯宥.라 王

命尹氏及王子虎·內史叔興父,하여 策命晉侯爲侯伯,하고 賜之
大輅之服·戎輅之服·彤弓一·彤矢百·旅弓十·旅矢千·秬
鬯一卣·虎賁三百人,하여 曰, 王謂叔父,하노니 敬服王命,하여
以綏四國,하고 糺逖王慝.하라 晉侯三辭從命,하고 曰, 重耳敢再
拜稽首,하여 奉揚天子之丕顯休命.하리이다 受策以出.이라 出入
三覲.이라

기사날에, 진(晉)나라 군사는 신(莘) 북쪽에 군진을 치고, 서신(胥臣)은 하군(下軍)의 부장(副將)으로 진(陳)나라·채나라 군대와 대항했다. 초나라 자옥은 약오씨(若敖氏) 군대 6백 명을 거느리어 중군(中軍)의 대장이 되어 말하기를, "오늘은 기필코 진나라 군사를 다 없앨 것이다."라고 했다. 초나라 자서(子西：鬪宜申)는 좌군(左軍)의 대장이 되고, 자상(子上：鬪勃)은 우군(右軍)의 대장이 되었다. 진나라의 서신은 탄 말에 호랑이 가죽을 씌우고, 먼저 진나라 군대와 채나라 군대를 습격하니, 진·채의 군대가 도망쳐, 초나라의 우군이 무너졌다. 호모(狐毛)는 대장과 부장의 군기(軍旗) 두 개를 마련하여 들고 퇴각하는 체 보이고, 난지(欒枝)는 잡부들로 하여금 땔나무를 끌고 먼지를 내어 군대가 도망하는 것처럼 달리게 하니, 초나라 군사는 달려 추격하였다. 그러자 원진(原軫：先軫)과 극진(郤溱)이 중군(中軍)에 속해 있는 군주 직속 부대를 거느리고 옆으로 공격하고, 호모와 호언(狐偃)이 상군(上軍)으로 초나라 자서의 군을 협공하니, 초나라의 좌군이 무너져 초나라 군은 대패했다. 자옥은 그때 군대를 수습하여 움직이지 않았다. 그래서 그의 군대는 패하지 않았다. 진나라 군사는 사흘 간 초나라 군사 진영을 점거하여 묵고, 계유날이 되자

귀환했다. 갑오날에, 진나라 군사는 형옹(衡雍)에 도착하여, 진나라 군사를 위로하기 위해서 오신 천자의 머무실 집을 천토(踐土)에 지었다.

초나라와 싸우기 전인 3월에, 정나라 군주인 백작[문공]이 초나라로 가 군대를 초나라에 내주었는데, 초나라 군사가 패하였기 때문에 두려워서, 자인구(子人九)에게 진나라에 화목할 것을 청하게 했다. 그래서 진나라 난지는 정나라로 들어가 정나라 군주와 맹서하고 5월 병오날에는, 진나라 군주와 정나라 군주가 형옹에서 맹서하였다. 정미날에, 진나라 군주가 초나라 포로를 천자에게 바쳤는데, 무장한 말 4백 필과 보병(步兵) 천 명을 바쳤다. 그때 정나라 군주가 천자의 시중을 들었는데, 그것은 전에 있었던 예(例)의 예식을 따라서였다. 기유날에는, 천자께서 진나라 군주에게 단술을 내리시어 대접하시고, 진나라 문공(文公)에게 기념 물품을 하사하셨다. 그리고 천자께서는 윤씨(尹氏)·왕자 호(虎)·내사(內史)인 숙흥보(叔興父)에게 명하사, 진나라 군주를 제후들을 거느리는 패자(霸者)로 임명하게 하시고, 대로(大輅)와 그것을 부리는 사람이 입는 옷 등과, 전차와 그것을 부리는 사람이 입는 옷 등, 그리고 붉은 칠을 한 활 하나·붉은 칠을 한 화살 백·검은 칠을 한 활 열·검은 칠을 한 화살 천·검은 기장으로 만든 향기 좋은 술 한 통·날쌘 용사 3백 명을 하사하시고 말씀하시기를, "천자인 내가 숙부(叔父)에게 말하거니와, 앞으로 천자의 명을 공경스럽게 잘 받들어 복종하여, 사방의 나라들을 편안하게 다스리고, 천자에게 잘못하는 자를 바로 잡아주시오."라고 하셨다. 그러자 진나라 군주는 세 차례 사양의 뜻을 표하고 난 뒤, 그 명을 받고 말 올리기를, "중이(重耳)는 감히 재배(再拜)하고 머리를 조아리고서, 천자님의 고명(高明)한 명을

유(卣 : 술통)

천하에 받들어 선양(宣揚)하겠나이다."라고 했다. 진나라 군주는 패자의 임명을 받고 물러났다. 그는 세 차례에 걸쳐 천자를 배알(拜謁)했다.

주해 ㅇ己巳(기사)-4월 4일.
ㅇ子西(자서)-투의신(鬪宜申).
ㅇ子上(자상)-투발(鬪勃).
ㅇ設二旆而退之(설이패이퇴지)-패는 장수의 기(旗). 즉 대장과 부장(副將)의 기 두 개를 마련하여, 두 장수가 후퇴하는 것처럼 보이면서 물러났다는 말이다.
ㅇ曳柴(예시)-땔나무 다발을 끌고 달려서 먼지가 나게 하여, 많은 군대가 달아나는 것처럼 보이게 했다는 말이다.
ㅇ公族(공족)-군주 직속의 군대.
ㅇ踐土(천토)-정나라의 지명.
ㅇ嚮役之三月(향역지삼월)-싸움을 하기 전의 3월. 성복(城濮)에서의 싸움은 4월에 있었다.
ㅇ子人九(자인구)-자인은 성이고, 구는 이름.
ㅇ駟介百乘(사개백승)-사개(駟介)는 무장한 말. 백 대의 전차를 끄는 무장한 말. 즉 4백 마리의 무장한 말.
ㅇ用平禮也(용평례야)-전에 진(晉)나라 문후(文侯)가 융(戎) 오랑캐한테 빼앗은 전리품(戰利品)을 평왕(平王)에게 드림에 있어, 정나라의 군주 무공(武公)이 천자의 시중을 들었다. 그래서 전의 예의 예식을 따랐다고 말한 것이다.
ㅇ策命(책명)-사령(辭令)을 간책(簡策)에 써 임명함.
ㅇ侯伯(후백)-제후의 우두머리. 즉 패자(覇者).
ㅇ大輅之服(대로지복)-대로는 금로(金輅)라고도 했다. 금으로 장식한 큰 수레로, 천자가 동성(同姓)의 제후와 왕족에게 타게 주었다. 이성(異姓)의 제후가 타는 수레는 상로(象輅)라 했다. 대로지복은 대로와 그 수레를 부리는 사람이 입는 옷 등, 그것에 필요한 물건을 모두 말한다.
ㅇ戎輅(융로)-전차(戰車).

○秬鬯(거창)-검은 기장으로 만든 향기 좋은 술.
○虎賁(호분)-호랑이와 같이 잘 달리는 사람.

위후문초사패　　구출분초　　수적진　　사원훤봉숙무
衛侯聞楚師敗,에 **懼出奔楚**,하고 **遂適陳**,하여 **使元咺奉叔武**
이수맹　　계해　　왕자호맹제후우왕정　　요언왈　개장왕
以受盟.이라 **癸亥**,에 **王子虎盟諸侯于王庭**,하여 **要言曰, 皆奬王**
실　　무상해야　　유투차맹　　명신극지　　비추기사
室,하여 **無相害也**.라 **有渝此盟**,이면 **明神殛之**,하고 **俾墜其師**,하
무극조국　　급이현손　　무유로유　　군자위　　시맹
며 **無克祚國**,하고 **及而玄孫**,에 **無有老幼**.리라 **君子謂**,하되 **是盟**
야신　　위진　　어시역야　　능이덕공
也信.이라하고 **謂晉**,하되 **於是役也**,에 **能以德攻**.이라

위나라 군주인 후작[성공]이 초나라 군사가 패했다는 것을 듣고는 겁이 나 초나라로 도망가고, 곧이어 진(陳)나라로 가서, 대부 원훤(元咺)을 보내어 동생 숙무(叔武)를 받들고 맹서를 받아들이게 했다. 계해날에, 왕자 호(虎)는 제후들과 천토(踐土)의 천자가 머물러 계신 왕궁에서 맹서하여 약속의 말을 했다. "제후들은 다 왕실을 도와, 서로 해치지 마시오. 이번의 맹서를 어기면, 모든 것에 밝은 신(神)이 그를 죽이고, 그의 군사를 약하게 하며, 나라에 요행이 있지 않게 하고, 당신들의 먼 자손에 이르도록 늙은이나 어린것 할 것 없이 다 벌을 받을 것이오." 군자는 이르기를, "이 맹서는 신의적(信義的)인 것이었다."라 하고, 진(晉)나라에 대해서 이르기를, "이번의 싸움에서는, 덕으로 잘 공격했다."라 했다.

주해 ○叔武(숙무)-위나라 문공(文公)의 동생으로, 당시 군주 노릇을 대행하였다.
○癸亥(계해)-5월 28일. 경문(經文)에는 계축(癸丑:5월 18일)이라 하였다.
○要言(요언)-약속함.

ㅇ玄孫(현손)－증손(曾孫)의 아들이나, 여기에서는 먼 자손이라고 풀이된다.

初,에 楚子玉自爲瓊弁玉纓,하여 未之服也.라 先戰夢,에 河神謂己曰, 畀余.하라 余賜女孟諸之麋.하리라 弗致也.라 大心與子西,가 使榮黃諫,이나 弗聽.이라 榮季曰, 死而國利,면 猶或爲之,하거늘 況瓊玉乎.아 是糞土也.라 而可以濟師,라면 將何愛焉.가 弗聽.이라 出告二子曰, 非神敗令尹,이오 令尹其不勤民,하니 實自敗也.라 旣敗,에 王使謂之曰, 大夫若入,이면 其若申・息之老何.아 子西・孫伯曰, 得臣將死,어늘 二臣止之曰, 君其將以爲戮也.라하였나이다 及連穀而死.라 晉侯聞之,하고 而後喜可知也.라 曰, 莫余毒也已.라 蔿呂臣實爲令尹,이로되 奉己而已,요 不在民矣.라

전에, 초나라 자옥은 말 앞머리 털 앞에다 씌울 붉은 구슬의 관(冠)과, 가슴에 채울 구슬끈을 만들었으나, 쓰지 않고 있었다. 그런데 싸움 전날의 꿈에, 황하(黃河)의 신(神)이 나와, '그것을 내게 넘겨라. 나는 너에게 맹제(孟諸)의 택지(澤地)를 주리라.'라고 했다. 그러나 그는 그것을 신에게 주지 않았다. 아들인 대심(大心)과 자서(子西)가 영황(榮黃)을 시켜 충고했지만 듣지 않았다. 영계(榮季：榮黃)가 말하기를, "죽어서 국가에 이익이 된다면 혹 죽기도 하는데, 하물며 붉은 구슬로 만든 것쯤이야 버리지 못하겠습니까? 이것은 썩은 흙과 같은 것입니다. 그런데 이것으로 군사 일이 잘 된다면, 어찌 아까워하겠

습니까?"라고 했다. 그래도 그는 듣지 않았다. 영황은 나와서 두 사람
에게 말하기를, "신(神)이 우리 영윤(令尹)을 패배하게 하는 것이 아
니라, 영윤께서 백성에게 충실하지 않으니, 실로 스스로 패하게 하는
것입니다."라고 했다. 싸움에 지고 나자, 초나라 왕은 사람을 보내
어 자옥에게 이르기를, "대부인 당신이 만약 나라로 돌아온다면,
신(申)·식(息) 땅의 노인들에게 어찌 대하려는 거요?"라고 했다. 이
에, 자서와 손백(孫伯 : 大心)이 "득신(得臣 : 자옥)은 죽으려 했는데
도, 저희들 두 사람이 죽지 못하게 하고 이르기를, '군주께서 죽여주
실 것입니다.'라고 했사옵니다."라고 말을 올렸다. 자옥은 초나라 연곡
(連穀)에 이르러 자살했다. 진나라 군주는 자옥이 죽었다는 것을 듣
고 난 뒤에, 기뻐한 것은 불문가지(不問可知)다. 진나라 군주는 말하
기를, "나를 해칠 자가 없어졌구나. 앞으로 위여신(蔿呂臣)이 초나라
의 영윤이 될 것인데, 그는 자기만을 위하고, 백성들에 대해서는 마음
을 두지 않는다."라고 했다.

주해 ㅇ孟諸之麋(맹제지미)−맹제는 송나라의 택지(澤地). 지금의 하남
　　성 우성현(虞城縣) 서북쪽 땅. 미(麋)는 수초(水草)가 우거진 물가의
　　땅을 말한다.
　　ㅇ申(신)·息之老(신지로)−신·식 두 고을의 노인들. 자옥이 신·식 두
　　고을의 사람들을 많이 거느리고 갔었기에, 그 두 고을의 늙은이들에게
　　어찌 하겠느냐고 말한 것이다.
　　ㅇ連穀(연곡)−초나라 지명으로, 지금의 하남성 방성현(方城縣) 동쪽 땅.

　　　　혹소원훤어위후왈　　　입숙무의　　　　　　기자각종공　　　공사
　　　或訴元咺於衛侯曰, 立叔武矣.로소이다 其子角從公.이라 公使

　　　살지　　훤불폐명　　　봉이숙이입수　　유월　　진인복위후
　　　殺之,나 咺不廢命,하고 奉夷叔以入守.라 六月,에 晉人復衛侯.라

　영무자여위인맹우완복　　　왈　천화위국　　　군신불협
　甯武子與衛人盟于宛濮,하여 曰, 天禍衛國,하여 君臣不協,하며

以及此憂也.라 今, 天誘其衷,하여 使皆降心以相從也.라 不有

居者,면 誰守社稷,하고 不有行者,면 誰扞牧圉.아 不協之故,로

用昭乞盟于爾大神以誘天衷.이라 自今日以往,은 旣盟之後,이니

行者無保其力,하고 居者無懼其罪.일지라 其有渝此盟,하여 以相

及也,엔 明神先君,이 是糾是殛.하리라 國人聞此盟也,하고 而後

不貳.라

衛侯先期入,에 甯子先.이라 長牂守門,이라가 以爲使也,라하고

與之乘而入.이라 公子歂犬·華仲前驅.라 叔武將沐,에 聞君至,

하고 喜,하여 捉髮走出,러니 前驅射殺之.라 公知其無罪也,하고

枕之股而哭之.라 歂犬走出,하니 公使殺之.라 元咺出奔晉.이라

어느 사람이 위나라 군주인 후작[성공]에게 원훤(元咺)에 대해서
말하기를, "원훤이 숙무(叔武)를 군주로 내세웠사옵니다."라고 했다.
원훤의 아들 각(角)이 군주를 따르고 있었다. 군주가 그를 죽이게 했
으나, 원훤은 군주의 명을 어기지 않고, 이숙(夷叔 : 叔武)을 받들어
도읍으로 들어가 나라를 지켰다. 6월에, 진(晉)나라 사람이 위나라 군
주를 돌려보냈다. 영무자(甯武子 : 甯兪)가 위나라 안에 있는 사람과
완복(宛濮)에서 맹서하여 이르기를, "하늘이 위나라에 화를 내리어,
군주와 신하들이 하나가 되지 못해서, 이런 곤란을 당하게 되었다. 이
제, 하늘이 사람들의 성심(誠心)을 갖게 하여, 모든 사람이 다 겸손하
여 서로 의의 좋게끔 하게 했다. 나라에 남아있는 사람들이 없다면,
그 누가 국가를 지키어 왔고, 군주를 따라 외국으로 간 사람들이 없

더라면, 그 누가 군주가 타고 다니신 말을 돌보았을 건가? 서로들 협심(協心)하지 않았던 까닭으로, 이 나라의 큰 신에게 서로 맹서하고, 성심을 갖도록 해 달라며 빌었던 것이다. 오늘부터 이후로는, 이미 맹서를 한 후이니, 국외로 갔던 사람들은 뽐내지 말고, 나라 안에 있던 사람들은 벌 받을 것을 두려워하지 말아야 한다. 이 맹서를 어김이 있어서, 서로 반목함에는 도리에 밝은 신과 이 나라 선대 군주의 영혼이, 그것을 규탄하고 죽일 것이다."라고 했다. 나라 사람들은 이 맹서한 것을 듣고 난 뒤로는, 이럴까 저럴까 하는 두 마음을 갖지 않게 되었다.

위나라 군주는 예정한 날짜보다 전에 나라로 들어갔는데, 그때 영무자가 먼저 들어갔다. 당시에 대부 장장(長牂)이 성문을 지키고 있다가, 군주가 보낸 사자(使者)일 것이라고 여겨, 그와 같이 수레를 타고 성안으로 들어갔다. 공자 천견(歂犬)과 화중(華仲)은 군주의 앞잡이가 되어 들어갔다. 숙무는 머리를 감으려다가 군주가 도착했다는 말을 듣고 좋아서, 산발한 머리를 움켜잡고 달려나갔는데, 군주 앞을 달려오던 자가 활을 쏘아 죽였다. 군주는 동생 숙무에게 죄가 없음을 알고는 그의 머리를 무릎 위에 올려놓고 소리내어 울었다. 그 광경을 본 천견이 달려나가니, 군주는 사람을 시켜 그를 죽이게 했다. 원훤은 진나라로 도망갔다.

주해 ○宛濮(완복)―위나라 지명으로, 지금의 하북성 장원현(長垣縣) 서남쪽 땅.

○誘其衷(유기충)―성심(誠心)을 갖도록 함.

○天衷(천충)―하늘이 준 마음. 성심.

○無保其力(무보기력)―군주를 따라다니며 고생을 했다고 뽐내지 말라.

○以相及也(이상급야)―뜻이 불분명하다. 서로 반목함으로 풀이해 둔다.

○不貳(불이)―두 마음을 갖지 않음.

○前驅(전구)―앞잡이로 달림.

城濮之戰,에 晉中軍風于澤,하여 亡大旆之左旃.이라 祁瞞奸
命,에 司馬殺之,하여 以狥于諸侯,하고 使茅茷代之.라 師還,에 壬
午濟河.라 舟之僑先歸,에 士會攝右.라 秋七月丙申,에 振旅,하고
凱以入于晉,하여, 獻俘授馘,하고 飮至大賞.이라 徵會討貳,하고
殺舟之僑,하여 以狥于國,하니 民於是大服.이라 君子謂,하되 文公
其能刑矣.라 三罪而民服.이라 詩云,하되 惠此中國,하여 以綏四
方,이라하니 不失賞刑之謂也.라

冬會于溫,은 討不服也.라 衛侯與元咺訟.이라 甯武子爲輔,하
고 鍼莊子爲坐,하며 士榮爲大士.라 衛侯不勝,에 殺士榮,하고 刖
鍼莊子,나 謂甯兪忠而免之.라 執衛侯,하여 歸之于京師,하며 寘
諸深室,에 甯子職納橐饘焉.이라 元咺歸于衛,하여 立公子瑕.라

是會也,에 晉侯召王,하여 以諸侯見,하고 且使王狩.라 仲尼曰,
以臣召君,은 不可以訓.이라 故로 書曰, 天王狩于河陽,하니 言非
其地也,요 且明德也.라 壬申,에 公朝于王所.라

성복(城濮)의 싸움에서, 진(晉)나라 중군(中軍)이 택지(澤地) 중에
서 큰바람을 만나, 원수기(元帥旗)와 그 좌익군(左翼軍)의 군기를 잃
었다. 기만(祁瞞)이 군령을 어기니, 사마(司馬)가 그를 죽여 제후들에
게 돌려 보이고, 모발(茅茷)에게 기만의 직무를 맡게 했다. 군사가 돌
아가니, 임오날에 황하(黃河)를 건넜다. 진나라 군주가 탄 전차의 오

른쪽에 탄 주지교(舟之僑)가 제멋대로 먼저 나라로 돌아가니 사회
(士會 : 隨武子)가 군주가 탄 전차의 오른쪽 전사(戰士) 노릇을 대행
했다. 가을 7월 병신날에 군사의 대열을 정돈하고, 개선(凱旋)의 군악
을 울리며 진나라 도읍으로 들어가, 포로와 전리품을 종묘(宗廟)에
바치고, 군대들이 가지고 간 적병을 죽여 자른 귀[耳]의 수를 헤아렸
으며, 종묘 뜰에서 잔치를 베풀어 군공이 있는 자들에게 큰 상을 내
렸다. 그리고 제후들을 불러모아서는 두 마음을 가지고 있는 자를 토
벌하기로 하고, 주지교를 죽여 나라 사람들에게 조리돌리니, 백성들이
이에 복종하게 되었다. 군자(君子)는 이르기를, "진나라 문공은 형벌
을 잘도 행했다. 세 사람을 처형하여 백성들이 복종하게 되었도다. 시
(詩)에 이르기를, '이 중국(中國)에 은혜 베풀어, 사방의 나라를 평온
케 하는도다.'라 하였으니, 이는 곧 상 줌과 형벌 행함이 옳음을 칭찬
하여 말한 것이다."라고 하였다.

겨울에 온(溫)에서 회합을 가진 것은, 진(晉)나라에 대해서 복종하
지 않는 나라를 치기 위해서였다. 위나라 군주와 원훤(元咺)이 (숙무
를 죽인 일로) 진나라 군주에게 소송(訴訟)을 제기했다. 그때 영무자
(甯武子)는 군주 대리인의 보좌역이 되고, 겸장자(鍼莊子)가 위나라
군주의 대리인이 되었으며, 사영(士榮)은 변호인이 되었다. 위나라 군
주가 그 재판에서 이기지 못하니 사영을 죽이고, 겸장자에게는 발목
을 자르는 형을 가했지만, 영유(甯兪 : 영무자)는 충성스럽다 하여 죄
를 면해 주었다. 그리고 위나라 군주를 잡아서는, 천자가 계시는 서울
로 보내어 밀실에다 가두니, 영무자는 따라가 먹을 죽을 넣어 주는
일을 맡았다. 원훤은 위나라로 돌아가, 공자 하(瑕)를 군주로 세웠다.

온(溫)에서의 이 회합에, 진나라 군주[문공]는 천자를 초청하여 모
시고는, 제후들을 거느리고 배알하고, 그리고 천자에게 사냥을 하시게
했다. 공자(孔子)께서 말씀하시기를, "신하의 신분으로 임금을 오시라
고 부른 것은, 후세 사람에게 교훈이 될 수는 없는 일이다."라고 했다.

그래서 경문(經文)에 써서 말하기를, 천자께서 하양(河陽)에서 사냥
을 하셨다고 했는데, 이것은 천자께서 사냥할 땅이 아니었다는 것을
말한 것이고, 한편으로는, 진나라 군주가 천자를 부른 것이 예의가 아
님을 감추고서, 그가 천자를 정성껏 위한 공덕(功德)을 밝히고자 한
것이다. 임신날에, 노나라 군주 희공이 천자를 천자가 머무신 곳으로
찾아뵈었다.

주해 ㅇ大旆之左旃(대패지좌전)—대장의 기와 그 군사의 좌익군의 기.
여기에서 '지(之)'는 '여(與) ……과'와 같다.

ㅇ壬午(임오)—6월 18일.

ㅇ秋七月丙申(추칠월병신)—7월 2일.

ㅇ凱(개)—개선의 군악을 울림.

ㅇ三罪(삼죄)—전힐(顚頡)·기만(祁瞞)·주지교(舟之僑) 세 사람을 처형
한 것을 지칭한다.

ㅇ詩云(시운)—《시경》 대아 민로편(民勞篇)의 구절.

ㅇ輔(보)—보좌역. 여기에서는 위나라 군주를 대리해서 재판에 나간 겸장
자의 보좌역이다. 군주의 대리인보다 먼저 말한 것은, 당시 영무자가
대리인인 겸장자보다 지위가 높았기 때문이다.

ㅇ坐(좌)—재판에서의 대리인.

ㅇ大士(대사)—변호인.

ㅇ深室(심실)—밀실.

ㅇ槖饘(탁전)—탁은 식기(食器)이고, 전은 죽이다. 여기에서는 죽을 들여
준다로 풀이된다.

ㅇ壬申(임신)—10월 10일.

정축　　제후위허　　진후유질　　조백지수후유　　화서사사
丁丑,에 諸侯圍許.라 晉侯有疾,에 曹伯之竪侯獳,가 貨筮史使
왈　이조위해　　제환공위회　　이봉이성　　　금　군
曰, 以曹爲解.이오니다 齊桓公爲會,하여 而封異姓,이어늘 今, 君

爲會,하사 而滅同姓.이오니다 曹叔振鐸,은 文之昭也,요 先君唐

叔,은 武之穆也.로소이다 且合諸侯.하여 而滅兄弟,는 非禮也.이

오니다 與衛偕命,하시고 而不與偕復,은 非信也,요 同罪異罰,은

非刑也.로소이다 禮以行義,이옵고 信以守禮,이오며 刑以正邪.이오

니다 舍此三者,하시고 君將若之何.인가 公說,하여 復曹伯,하니 遂

會諸侯于許.라

晉侯作三行,하여 以禦狄,에 荀林父將中行,하고 屠擊將右行,하

며 先蔑將左行.이라

정축날에 제후들이 허나라를 에워쌌다. 진나라 군주가 병이 나자,
조나라 군주인 백작을 모시는 지체 낮은 신하인 후유(侯獳)가, 진나
라의 점치는 일을 맡고 있는 관원(官員)을 매수해서, 진나라 군주에
게 말하게 했다. "군주의 병환은 조나라를 멸망시킨 일로 동티가 난
걸로 풀이되옵니다. 제나라 환공(桓公)은 제후들을 모아 회합을 가져,
이성(異姓)의 나라를 재흥(再興)시켰사온데, 현재 군주께서는 제후들
을 모아 회합을 가지시어, 동성(同姓)의 나라를 멸망시키고 계시옵니
다. 조나라의 시조 숙진탁(叔振鐸)은, 주(周)나라 문왕(文王)의 아드
님이시었고, 우리나라 시조이신 당숙(唐叔)은 무왕(武王)의 아드님이
시었나이다. 그리고 제후들의 힘을 모아서, 형제의 나라를 망치는 것
은 예의가 아니옵니다. 전에 위나라와 함께 복구시킨다는 명을 내리
시고 위나라를 복구시키고서도, 조나라를 같이 복구시키지 않은 것은
신의적이 못되옵고, 같은 죄인인데도 벌줌을 달리하시옴은 올바른 형
벌이 못되옵니다. 예로써 의리를 행하는 것이옵고, 신의로써 예를 지

키오며, 형벌로써 그릇된 것을 올바르게 하는 것이옵니다. 이 세 가지를 불고하시고, 군주께서는 장차 어찌 하시려 하옵니까?" 이 말을 들은 진나라의 문공은 좋아하여, 조나라 군주를 다시 복귀시키니, 조나라 군주는 바로 제후들이 허나라를 치는 일에 참가했다.

진나라 군주는 삼행(三行)의 보병 부대를 편성하여 적(狄) 오랑캐를 막으니, 순임보(荀林父)가 중행(中行)의 대장이 되고, 도격(屠擊)은 우행(右行)의 대장이 되었으며, 선멸(先蔑)이 좌행의 대장이 되었다.

주해 ○丁丑(정축)−10월 15일.

○筮史(서사)−진나라의 복서(卜筮)를 맡은 관(官).

○以曹爲解(이조위해)−조나라를 멸망시키어 동티가 났다고 풀이된다의 뜻.

○三行(삼행)−그 당시, 진나라에는 전차 부대를 중심으로 하는 상·중·하의 삼군(三軍)이 있었는데, 문공은 적(狄) 오랑캐를 막아내기 위하여 따로 상·중·하 삼행의 보병 부대를 창설했다.

經 ○廿有九年春,에 介葛盧來.라
(입유구년춘) (개갈로래)

○公至自圍許.라
(공지자위허)

○夏六月,에 會王人·晉人·宋人·齊人·陳人·蔡人·秦人,
(하유월) (회왕인·진인·송인·제인·진인·채인·진인)

하여 盟于翟泉.이라
(맹우적천)

○秋,에 大雨雹.이라
(추) (대우박)

○冬,에 介葛盧來.라
(동) (개갈로래)

29년 봄에, 개(介)나라 군주 갈로(葛盧)가 찾아왔다.

공이 허나라를 포위한 일에서 돌아왔다.

여름 6월에, 공이 천자께서 보내신 사람·진(晉)나라 사람·송나라 사람·제나라 사람·진(陳)나라 사람·채나라 사람·진(秦)나라 사람들과 회합을 갖고, 적천(翟泉)에서 맹서하였다.

가을에 우박이 많이 내렸다.

겨울에, 개나라 갈로가 찾아왔다.

주해 ○介(개)-동방의 이(夷) 오랑캐 나라로, 지금의 산동성 교현(膠縣) 서방에 위치했다.

○翟泉(적천)-낙양(洛陽) 성밖의 땅.

傳 廿九年春,에 介葛盧來朝,하여 舍于昌衍之上.이라 公在會,에 饋之芻米,하니 禮也.라

夏,에 公會王子虎·晉狐偃·宋公孫固·齊國歸父·陳轅濤塗·秦小子憖,하여 盟于翟泉,은 尋踐土之盟,하고 且謀伐鄭也.라 卿不書,는 罪之也.라 在禮,는 卿不會公侯,하고 會伯子男,은 可也.라

秋,에 大雨雹,은 爲災也.라

冬,에 介葛盧來,하니 以未見公故,로 復來朝.라 禮之加燕好.라 介葛盧聞牛鳴曰, 是生三犧,하여 皆用之矣.라 其音云.이로다 問之而信.이라

29년 봄에 개나라 갈로(葛盧)가 찾아와, 창연(昌衍) 가에 머물렀다.

공이 제후들의 회합에 가 있었는데, 노나라에서 가축과 식량을 대준 것은 예의에 맞는 일이었다.

여름에 공이 왕자 호(虎)·진(晉)나라의 호언(狐偃)·송나라의 공손고(公孫固)·제나라의 국귀보(國歸父)·진(陳)나라의 원도도(轅濤塗)·진(秦)나라 군주의 작은아들 은(憖)과 회합을 가져 적천(翟泉)에서 맹서를 맺은 것은, 전에 천토(踐土)에서 맹서했던 일을 확고히 하기 위해서였고, 또 정나라 칠 것을 상의하기 위해서였다. 경문(經文)에 그 회합에 참석한 각국 경(卿)들의 이름을 적지 않은 것은 회합에 경을 보낸 것을 죄로 인정해서였다. 예의상으로는, 제후국의 경은 공작(公爵)과 후작(侯爵)과는 회합을 갖지 못하고, 백작·자작·남작이라면 같이 회합을 갖는 것은 괜찮다.

가을에 우박이 많이 내렸다고 한 것은, 그것이 재해가 되었기 때문이다.

겨울에, 개나라 군주인 갈로가 찾아왔으니, 그가 전에 와 공을 만나지 못했던 까닭으로, 다시 찾아온 것이다. 그를 예의로써 대하고, 잔치를 베풀고, 또 선물도 주었다. 그때 개나라의 군주 갈로가 소 우는 소리를 듣고 말하기를, "저 소는 세 마리의 새끼를 낳았는데, 그것들이 다 제사에 드리는 희생(犧牲)이 되었군요. 그 소리가 그것을 말해 주고 있는 걸요."라고 하였다. 그래서 알아보니, 정말로 그랬다.

┃주해┃ ○昌衍(창연)-두예는 주에다 지금의 산동성 곡부현(曲阜縣) 동남쪽에 있던 창평성(昌平城)을 이른 것이라고 했다. 물[川] 이름을 말한 것일는지도 모른다.

○芻(추)-가축.

○燕好(연호)-잔치를 베풀고, 선물을 줌.

○其音云(기음운)-그 소리가 말해 줌.

○問之而信(문지이신)-알아보니 정말이었다. 여기에서 '이(而)'는 '즉(則)……하니 즉'과 같다.

經ㅣ ○卅年春王正月.이라

○夏,에 狄侵齊.라

○秋,에 衛殺其大夫元咺及公子瑕.라

○衛侯鄭歸于衛.라

○晉人·秦人圍鄭.이라

○介人侵蕭.라

○冬,에 天王使宰周公來聘.이라

○公子遂如京師,하고 遂如晉.이라

30년 봄 천자가 쓰는 역으로 정월.

여름에 적(狄) 오랑캐가 제나라를 침범했다.

가을에, 위나라는 그 나라의 대부 원훤(元咺)과 공자 하(瑕)를 죽였다.

위나라 군주인 후작 정(鄭)이 위나라로 돌아갔다.

진(晉)나라 사람과 진(秦)나라 사람이 정나라를 포위했다.

개나라 사람이 소(蕭)나라를 침범했다.

겨울에, 천자께서 재(宰) 벼슬에 있는 주공(周公)으로 하여금 예물을 가지고 찾아오게 하셨다.

공자 수(遂)가 천자 계시는 서울에 갔으며, 곧이어 진(晉)나라에도 갔다.

傳ㅣ 卅年春,에 晉人侵鄭,하여 以觀其可攻與否.라 狄間晉之有鄭

虞也,러니 夏,에 狄侵齊.라

晉侯使醫衍酖衛侯.라 甯兪貨醫,하여 使薄其酖,에 不死.라 公
爲之請,하여 納玉於王與晉侯,하니 皆十瑴.이라 王許之,하고 秋乃
釋衛侯.라 衛侯使賂周歂·冶廑曰, 苟能納我,면 吾使爾爲卿.이
라 周·冶殺元咺及子適·子儀.라 公入,하여 祀先君.이라 周·
冶旣服,하고 將命.이라 周歂先入,하여 及門,에 遇疾而死,하니 冶
廑辭卿.이라

30년 봄에, 진(晉)나라 사람이 정나라로 침입하여, 정나라를 공격할
수 있는가 없는가를 시험해 보았다. 그때 적(狄) 오랑캐가 진나라가
정나라에 대해서 걱정하고 있는 것을 엿보고 있다가 여름에 제나라를
침범했다.

진나라 군주인 후작[문공]은 의사 연(衍)을 시켜 위나라 군주에게
독술을 먹여 죽이려 했다. 그러자 영유(甯兪)는 의사를 매수하여, 독
을 약하게 타게 하여, 위나라 군주는 죽지 않았다. 노나라 군주 희공
은 위나라 군주를 위하여 용서할 것을 요청하여, 천자와 진나라 군주
에게 옥(玉)을 바치었으니, 양쪽에다 옥 열 쌍씩을 드렸다. 천자께서
는 그 요청을 허락하시고, 가을에는 위나라 군주를 석방하였다. 위나
라 군주는 사람을 시켜 주천(周歂)과 야근(冶廑)에게 뇌물을 주고 말
하기를, "그대들이 만일 나를 군주로 받아들여 주기만 한다면, 나는
그대들로 하여금 경(卿)이 되게 하리라."라고 했다. 주천과 야근은 원
훤(元咺)과 자적(子適 : 공자 瑕)과 그 동생 자의(子儀)를 죽였다. 위
나라 군주는 나라 안으로 들어가 선대 군주에게 제사를 드렸다. 그때
주천과 야근은, 미리 경 복장을 하고 종묘에서 임명장 받기를 기다리

고 있었다. 주천이 먼저 종묘로 들어가 종묘 문에 이르자, 병이 나 죽었다. 그러자 야근은 경 되기를 사양했다.

주해 ○將命(장명)－종묘에서 임명장 받기를 기다림.
○遇疾(우질)－병이 남.

구월갑오　　진후　진백위정　　　이기무례어진　　차이어
九月甲午,에 晉侯・秦伯圍鄭,하니 以其無禮於晉,하고 且貳於

초야　　진군함릉　　　진군범남　　질지호언어정백왈　국위
楚也.라 晉軍函陵,하고 秦軍氾南.이라 佚之狐言於鄭伯曰, 國危

의　　　약사촉지무견진군　　　사필퇴　　　공종지　　사
矣.로소이다 若使燭之武見秦君,이면 師必退.리이다 公從之.라 辭

왈　신지장야　　　유불여인　　　금로의　　무능위야이
曰, 臣之壯也,에도 猶不如人,이었거늘 今老矣,에 無能爲也已.니

　　　공왈　오불능조용자　　　금급이구자　　시과인지과야
이다 公曰, 吾不能早用子,하고 今急而求子,하니 是寡人之過也.

　연　　정망　　자역유불리언　　허지
라 然이나 鄭亡,이면 子亦有不利焉.이라 許之.라

야추이출　　　견진백왈　진　진위정　　정기지망의
夜縋而出,하여 見秦伯曰, 秦・晉圍鄭,에 鄭旣知亡矣.이오니다

약망정이유익어군　　　감이번집사　　　월국이비원
若亡鄭而有益於君,이오면 敢以煩執事.리이다 越國以鄙遠,은

군지기난야　　　언용망정이배린　　　인지후　　군지박
君知其難也.리이다 焉用亡鄭以陪鄰.이오인가 鄰之厚,는 君之薄

야　　　약사정이위동도주　　행리지왕래　　공기핍곤
也.라소이다 若舍鄭以爲東道主,하사 行李之往來,에 供其乏困,이

　　군역무소해　　　차군상위진군사의　　허군초　하
면 君亦無所害.리이다 且君嘗爲晉君賜矣,에 許君焦・瑕,하곤

조제이석설판언　　군지소지야　　　부진하염지유　　기동
朝濟而夕設版焉,은 君之所知也.리이다 夫晉何厭之有.리오 旣東

봉정　　　우욕사기서봉　　　불궐진　　장언취지　　궐진
封鄭,이면 又欲肆其西封,에 不闕秦,하고 將焉取之.리인가 闕秦

이리진　　　유군도지　　진백열　　여정인맹　　사기
以利晉,은 唯君圖之.하소서 秦伯說,하고 與鄭人盟,하여 使杞

子・逢孫・揚孫戍之,하고 乃還.이라 子犯請擊之,하니 公曰, 不
<small>자 봉손 양손수지 내환 자범청격지 공왈 불</small>

可.라 微夫人之力,이면 不及此.라 因人之力而弊之,는 不仁,이오
<small>가 미부인지력 불급차 인인지력이폐지 불인</small>

失其所與,는 不知,이며 以亂易整,은 不武.라 吾其還也.로다 乃
<small>실기소여 부지 이란역정 불무 오기환야 내</small>

亦去之.라
<small>역거지</small>

9월 갑오날에, 진(晉)나라 군주인 후작과 진(秦)나라 군주인 백작이 정나라를 포위했으니, 그것은 정나라 군주가 진(晉)나라 군주에게 무례했고, 또 초나라에 복종하여 두 마음을 가지고 있었기 때문이다. 그때 진(晉)나라 군사는 함릉(函陵)에 군진을 치고, 진(秦)나라 군사는 범남(氾南)에 군진을 치고 있었다. 정나라 대부인 질지호(佚之狐)가 정나라 군주인 백작에게 말하기를, "나라가 위태롭사옵니다. 만약 촉지무(燭之武)를 보내시어 진(秦)나라 군주를 만나게 하신다면, 진나라 군사는 되돌아갈 것이옵니다."라고 했다. 이 말에, 정나라 군주는 그러기로 했다. 그런데 촉지무가 사양하고 말하기를, "신은 젊었을 때에도 남과 같이 일을 못했사온데, 지금은 늙기까지 했으므로, 그런 일을 할 수가 없을 따름이옵니다."라고 하였다. 이에, 정나라 군주가 말하기를, "내 일찍이 당신을 등용하지 못하고, 이제 다급하게 되어서야 당신의 활약을 요구하고 있으니, 나의 잘못이오. 그러나 정나라가 망하면 그대에게도 불리할 뿐이오."라고 했다. 그러자 촉지무는 응낙했다.

그는 밤에 밧줄을 타고 성을 빠져나가, 진(秦)나라 군주를 뵙고는 말했다. "진(秦)나라 군사와 진(晉)나라 군사가 저희 정나라를 포위하고 있으므로 정나라 사람들은 정나라가 이미 망했다고 알고 있사옵니다. 만일 정나라가 망해서 군주에게 이익됨이 있다면, 저희들은 감히 군주의 신하들에게 수고할 것을 원하겠사옵니다. 그런데 다른 나

라[晉]를 사이에 두고 먼 정나라 땅을 영토로 삼는다는 것은, 군주께
서 그 어려움을 알고 계시올 것이옵니다. 어찌하여 정나라를 망쳐 이
웃 나라[晉]의 영토를 불리게 하시려 하옵니까? 이웃 나라의 땅이
늘어남은, 군주의 땅이 작아짐이 되옵니다. 만약 정나라를 그대로 두
셔서 동방(東方)으로 진출하시기에 길 안내역으로 삼으시고, 사자(使
者)의 왕래에 부족한 물자를 공급케 하신다면, 군주께도 손해됨이 없
을 것이옵니다. 그리고 군주께서는 전에 진(晉)나라 군주에게 혜택을
베푸시었음에 대하여, 진(晉)에서는 초(焦)와 하(瑕) 두 고을을 드리
기로 해놓고서도, 아침에 황하(黃河)를 건너 본국으로 돌아가서는, 저
녁때에는 성을 쌓아 군주의 나라에 대해서 방비(防備)를 한 것은 군
주께서도 알고 있는 바입니다. 저 진(晉)나라는 욕심부림을 언제라고
그만두겠사옵니까? 동방의 정나라를 차지하고 나면, 다시 서방으로
땅을 넓히려고 할 것이온데, 진(秦)나라 땅을 깎아내지 않고는, 어느
나라 땅을 뺏을 것이옵니까? 진(秦)나라 땅을 깎아내어 진(晉)나라를
이롭게 해주는 것에 대해서는, 군주께서 살피소서." 이 말을 들은 진
(秦)나라 군주[목공]는 좋아하여, 정나라 사람에게 맹서를 시켜, 대부
인 기자(杞子)·봉손(逢孫)·양손(揚孫)에게 정나라를 지키게 하고
곧 돌아갔다. 진(晉)나라 자범(子犯)이 추격하기를 요청하니 진(晉)나
라 문공은 말했다. "안된다. 저 사람이 아니었더라면, 내가 이렇게 되
지를 못했다. 남의 힘에 의지했다가 그 사람을 쳐부순다는 것은 어질
지 못하고, 자기편을 잃음은 사리를 모름이 되며, 화목하여 평온한 사
이를 싸워 어지러운 사이로 바꾸어 놓는다는 것은 무도(武道)가 아니
다. 나는 돌아가겠다." 그리고, 곧 그도 그곳을 떠났다.

▌주해▐ ㅇ九月甲午(구월갑오)-9월 13일.

　ㅇ函陵(함릉)-정나라 지명으로, 지금의 하남성 신정현(新鄭縣) 북쪽 땅.

　ㅇ氾南(범남)-정나라 지명으로, 동범(東氾)이라고도 했다. 지금의 하남성

중모현(中牟縣) 남쪽 땅.

○縋而出(추이출)-밧줄을 타고 성벽을 내려가 빠져나감.

○東道主(동도주)-동방으로 감에 있어서의 길 안내역.

○行李(행리)-사자(使者)를 말한다.

○爲晉君賜矣(위진군사의)-진(秦)나라 목공(穆公)이, 진(晉)나라 문공
(文公)이 망명중 진(秦)나라에 갔을 때 원조했던 일을 두고 말한다.

○焦(초)·瑕(하)-진(晉)나라 지명.

初,에 鄭公子蘭出奔晉.이라 從於晉侯伐鄭,하여 請無與圍鄭,
하니 許之,하여 使命待于東.이라 鄭石甲父·侯宣多逆以爲太子,
하여 以求成于晉,하니 晉人許之.라

冬,에 王使周公閱來聘.이라 饗有昌歜·白黑·形鹽.이라 辭
曰, 國君文足昭也,하고 武可畏也,인 則有備物之饗,하여 以象其
德,으로 薦五味,하고 羞嘉穀,하여 鹽虎形,하며 以獻其功.이라 吾
何以堪之.리오

東門襄仲,이 將聘于周,하여 遂初聘于晉.이라

전에, 정나라의 공자 난(蘭)이 진(晉)나라로 도망가 있었다. 그는
진나라 군주인 후작이 정나라를 정벌(征伐)하는 데 따라가서, 정나라
도읍을 포위하는 일에는 참가하지 않을 것을 요청하니 허락해서, 동
쪽 땅에서 명 내리기를 기다리고 있었다. 정나라의 대부 석갑보(石甲
父)와 후선다(侯宣多)가 공자 난을 맞이하여 태자로 삼고, 진나라에
대해서 화목할 것을 요청하니, 진나라 사람은 들어주었다.

겨울에 천자께서 주(周) 땅을 차지하고 있는 공작 열(閱:宰周公)

로 하여금 예물을 가지고 노나라로 찾아오게 하셨다. 노나라에서 그를 대접하는 잔치에, 상에 창포(菖蒲)로 담은 김치·찐 흰쌀·찐 검은 기장·호랑이 모양으로 구운 소금을 올려놓았다. 그랬더니, 공작은 사양해서 말했다. "나라의 군주가 문덕(文德)이 많아 빛날 수가 있고, 지닌 무덕(武德)이 사람들을 두렵게 여기게 할 수 있어야 여러 가지 것을 갖추어서, 그 덕 있음을 나타내는 것으로, 모든 맛있는 것들을 잔칫상에 올리고, 좋은 곡식으로 만든 것을 올리며, 호랑이 모양으로 구운 소금을 올려서, 그의 공적(功績)을 나타내는 것입니다. 그런데 저 같은 사람이 어떻게 이런 것을 받을 수가 있습니까?"

(宰周公의 방문의 답례로) 동문양중(東門襄仲 : 公子 遂)이 주나라로 가려는데, (도중 다시 명을 받고) 주나라로부터, 곧이어 진(晉)나라를 처음으로 예방(禮訪)했다.

▌주해│ ○東(동)−진(晉)나라의 동쪽 국경.
○五味(오미)−달고·시고·맵고·짜고·쓴 다섯 가지 맛. 여러 가지 맛의 것.
○初聘(초빙)−처음으로 예방함. 여기에서는 진(晉)나라 문공(文公)이 즉위한 후 처음으로 찾아갔음을 말한 것이다.

▌經│ ○卅有一年春,에 取濟西田.이라
　　　　삽 유 일 년 춘　　　취 제 서 전

○公子遂如晉.이라
　공 자 수 여 진

○夏四月四卜郊,로되 不從,하여 乃免牲,이나 猶三望.이라
　하 사 월 사 복 교　　　부 종　　　내 면 생　　　유 삼 망

○秋七月.이라
　추 칠 월

○冬,에 杞伯姬來求婦.라
　동　　기 백 희 래 구 부

○狄圍衛.라
　적 위 위

십 유 이 월
o 十有二月,에 衛遷于帝丘.라
위 천 우 제 구

31년 봄에, 제수(濟水)에서 서방의 토지를 얻었다.

공자 수(遂)가 진(晉)나라에 갔다.

여름 4월에, 교제(郊祭) 지낼 날짜를 잡으려 네 번 거북 등을 구워 점을 쳤으되, 다 불길하기에 희생(犧牲) 제물로 정해진 것을 놓아주어 제사 지냄을 그만두었거니와, 삼망제(三望祭)만은 그대로 지냈다.

가을 7월.

겨울에, 기(杞)나라 백희(伯姬)가 와 자부(子婦)감을 구했다.

적(狄) 오랑캐가 위나라를 에워쌌다.

12월에, 위나라가 도읍을 제구(帝丘)로 옮겼다.

주해 ㅇ取濟西田(취제서전)—노나라가 조(曹)나라 땅이었던 제수에서 서방의 토지를 진(晉)나라가 빼앗아서 나누어줌을 받았음을 말한다.

ㅇ卜郊(복교)—교제(郊祭) 지낼 날짜를 거북 등을 구워 점침. 교제는 농사가 풍작(豊作)이 되도록 하늘에 비는 제사이다. 교제는 신(辛)의 일진(日辰)에 지내는 것이어서, 그 달의 첫째 신날[初辛]을 점쳐 불길하면, 다음의 신날[中辛]을 점치고, 그래도 불길이면 셋째 신날[下辛]을 택하여 점을 쳤다. 세번째도 불길이면, 교제날을 택하는 점은 치지 않았다. 그런데, 이 해에는 네 번이나 점을 쳤어도, 끝내 불길이었기에 경문에 썼다.

ㅇ不從(부종)—불길(不吉).

ㅇ免牲(면생)—희생됨을 면하게 했다. 즉 제사를 지내지 않았다는 말이다.

ㅇ三望(삼망)—그 나라의 하늘에 나타나는 별·나라 안의 큰 산·나라 안의 큰 강에게 지내는 제사를 망제(望祭)라 했다. 즉 별에 대한 망제·산에 대한 망제·강에 대한 망제를 말한다.

ㅇ帝丘(제구)—상구(商丘)라고도 했다. 지금의 하북성 복양현(濮陽縣) 서남쪽 땅.

傳| 卅一年春,에 取濟西田,은 分曹地也.라 使臧文仲往,에 宿於
重館.이라 重館人告曰, 晉新得諸侯,에 必親其共.이라 不速行,이
면 將無及也.라 從之.라 分曹地,에 自洮以南東傅于濟盡曹地
也.라 襄仲如晉,은 拜曹田也.라

夏四月,에 四卜郊,로되 不從,하여 乃免牲,은 非禮也,요 猶三
望亦非禮也.라 禮不卜常祀,하여 而卜其牲日.이라 牛卜日曰牲.
이라 牲成而卜郊,는 上怠慢也.라 望郊之細也.라 不郊,면 亦無望
可也.라

31년 봄에 제수(濟水)에서 서방의 토지를 얻은 것은, 조(曹)나라
땅을 나누어 받은 것이다. 장문중(臧文仲)에게 땅을 받으러 가게 하
여, 그는 중관(重舘)에서 머물렀다. 그때, 중관의 사람이 그에게 말하
기를, "진(晉)나라는 처음으로 제후들을 복종케 하여 패자(覇者)가 되
었으니, 반드시 공손한 태도를 취하는 나라를 친하게 대할 것입니다.
그러니 빨리 가시지 않는다면, 땅의 분배를 받지 못할 것입니다."라고
했다. 그래서 장문중은 그 말에 따라 빨리 갔다. 조나라의 땅을 분배
받는 데 있어, 노나라는 조(洮) 남쪽에서 동으로 제수에 이르기까지의
조나라 땅을 다 받았다. 동문양중(東門襄仲 : 公子 遂)이 진나라에 간
것은, 조나라 땅을 분배해 준 일에 대한 사례(謝禮)를 올리기 위해서
였다.

여름 4월에 교제 지낼 날짜를 네 번 점쳤으되 다 불길하여, 희생의
제물로 정해진 것을 방면하여 제사를 지내지 않았다는 것은, 예에 어
긋나는 일이고, 삼망제(三望祭)만은 그대로 지낸 것 또한 예에 어긋

나는 일이다. 예의 법도로는 매년 지내는 일정한 제사는 지낼 것인가 안지낼 것인가를 점치는 게 아니라, 그 제사에 희생물로 쓸 것과 그 제삿날과의 길흉을 점치는 것이다. 제사에 제물로 바칠 소〔牛〕가 그 제삿날에 합당한가를 점쳐 합당하면, 그 소는 생(牲)이라 하는 것이다. 생이 정해지고 난 뒤에 교제 지낼 날짜를 점친다는 것은, 윗사람의 태만을 말하는 것이다. 망제(望祭)는 교제에 따라 지내는 작은 제사다. 그러기에 교제를 지내지 않는다면 망제를 지냄이 없어도 좋은 것이다.

주해│ ○重館(중관)─노나라 지명으로, 지금의 산동성 어대현(魚臺縣) 서북쪽 땅.

○親其共(친기공)─공손한 태도를 취하는 편을 친하게 여김.

○洮(조)─조(曹)나라 지명으로, 지금의 산동성 복현(濮縣) 남쪽 땅.

○常祀(상사)─틀림없이 지내는 일정한 제사.

○細(세)─부속된 작은 것.

秋,에 晉蒐于清原,하여 作五軍,하며 以禦狄,하고 趙衰爲卿.이라 冬,에 狄圍衛,하니 衛遷于帝丘.라 卜曰, 三百年.이라 衛成公 夢,에 康叔曰, 相奪予享.이라 公命祀相,하니 甯武子不可曰, 鬼 神非其族類,면 不歆其祀.이오니다 杞·鄫何事.리오 相之不享於 此久矣,이옵거늘 非衛之罪也.로소이다 不可以閒成王·周公之命 祀,이오니 請改祀命.이오니다 鄭洩駕惡公子瑕,하고 鄭伯亦惡之, 라 故로 公子瑕出奔楚.라

가을에, 진(晉)나라는 청원(淸原)에 군대를 집결시켜 연습을 한 뒤

오군(五軍)을 편성하여 적(狄) 오랑캐를 방어하고, 조최(趙衰)는 새 군대의 대장이 되었다.

겨울에, 적 오랑캐가 위나라를 포위하니, 위나라는 도읍을 제구(帝丘)로 옮겼다. 그리고 국운(國運)을 거북 등을 구워 점치니, 3백년은 계속될 것이라고 하였다. 위나라 성공(成公)이 꿈을 꾸니, 위나라 시조(始祖)인 강숙(康叔)이 나타나서, '하(夏)나라 왕손이었던 상(相)이 나의 제사를 빼앗아 받아먹으려 한다.'고 말하는 것이었다. 그래서 성공은 상(相)에 대한 제사를 지내라고 명하니, 영무자(甯武子)가 그것은 안된다며 말했다. "귀신은 그의 자손들이 지내는 제사가 아니면, 그 제사를 받아먹지 않사옵니다. 기(杞)나라・증(鄫)나라는 대체 누구를 제사 지낼 것이옵니까? 상(相)의 이곳에서의 제사 드림을 받지 못한 것은 오래되었사온데, 그것은 우리 위나라의 죄가 아니옵니다. 우리는 옛날 주(周)나라 성왕(成王)과 주공(周公)께서 제후들에게 제각기 누구를 제사 지내라고 정해 주셨던 것인데, 남의 제사를 우리가 대신 지낼 수는 없사오니, 상에게 제사 지내라는 명을 거두어 주시기 바라옵니다." 정나라의 대부 설가(泄駕)가 공자 하(瑕)를 미워하고, 정나라 군주인 백작[문공] 또한 그를 미워했다. 그러므로 공자 하는 초나라로 도망갔다.

주해 ○蒐(수)-가을에 행하는 사냥. 이 사냥은 곧 추계군사연습(秋季軍事演習)으로 행해졌다.

○淸原(청원)-진(晉)나라 지명으로, 지금의 산서성 직산현(稷山縣) 동남쪽 땅.

○五軍(오군)-종전에 진나라는 삼군을 두었는데, 다시 신상군(新上軍)・신하군(新下軍)을 두어 5군으로 편성하고, 조최를 신상군의 대장으로 삼았다.

○康叔(강숙)-위나라의 시조.

○相(상)-하(夏)나라 왕이었던 계(啓)의 왕자 중강(仲康)의 아들로, 제구

(帝丘)를 도읍으로 삼은 일이 있었다 한다.

○杞(기)・鄫(증)─두 나라 다 하(夏)나라 임금의 후손의 나라로, 기는 지금의 하남성 기현(杞縣)에 위치했고, 증(鄫)은 지금의 산동성 역현(嶧縣) 동방에 위치했다.

○成王(성왕)・周公之命祀(주공지명사)─주나라 성왕과 주공이 제후들에게 각기 지낼 제사를 정한 명령.

經│ ○卅有二年春王正月.이라
삽유이년춘왕정월

○夏四月己丑,에 鄭伯捷卒.이라
하사월기축 정백첩졸

○衛人侵狄.이라
위인침적

○秋,에 衛人及狄盟.이라
추 위인급적맹

○冬十有二月己卯,에 晉侯重耳卒.이라
동십유이월기묘 진후중이졸

32년 봄 천자가 쓰는 역으로 정월.

여름 4월 기축날에, 정나라 군주인 첩(捷)이 세상을 떠났다.

위나라 사람이 적(狄) 오랑캐를 침범했다.

가을에, 위나라 사람과 적 오랑캐가 맹세하였다.

겨울 12월 기묘날에, 진(晉)나라 군주인 후작 중이(重耳)가 세상을 떠났다.

傳│ 卅二年春,에 楚鬪章請平于晉,하니 晉陽處父報之,하여 晉・
삽이년춘 초투장청평우진 진양처보보지 진

楚始通也.라
초시통야

夏,에 狄有亂.이라 衛人侵狄,에 狄請平焉.이라 秋,에 衛人及
하 적유란 위인침적 적청평언 추 위인급

^{적 맹}
狄盟.이라

^동 ^{진문공졸} ^{경진장빈우곡옥} ^{출강} ^{구유성여}
冬,에 晉文公卒.이라 庚辰將殯于曲沃,하여 出絳,에 柩有聲如

^우 ^{복언사대부배왈} ^{군명대사} ^{장유서사과질아} ^격
牛.라 卜偃使大夫拜曰, 君命大事.라 將有西師過軼我,이리니 擊

^지 ^{필대첩언}
之,면 必大捷焉.이라

^{기 자 자 정 사 고 우 진 왈} ^{정 인 사 아 장 기 북 문 지 관} ^{약 잠}
杞子自鄭使告于秦曰, 鄭人使我掌其北門之管.이오니다 若潛

^{사 이 래} ^{국 가 득 야} ^{목 공 방 저 건 숙} ^{건 숙 왈} ^{노 사}
師以來,면 國可得也.로소이다 穆公訪諸蹇叔.이라 蹇叔曰, 勞師

^{이 습 원} ^{비 소 문 야} ^{사 로 력 갈} ^{원 주 비 지} ^{무 내}
以襲遠,은 非所聞也.로소이다 師勞力竭,하고 遠主備之,면 無乃

^{불 가 호} ^{사 지 소 위} ^{정 필 지 지} ^{근 이 무 소} ^{필 유 패}
不可乎.인가 師之所爲,는 鄭必知之.리이다 勤而無所,면 必有悖

^심 ^{차 행 천 리} ^{기 수 부 지} ^{공 사 언} ^{소 맹 명} ^서
心.이오니다 且行千里,에 其誰不知.인가 公辭焉.이라 召孟明·西

^걸 ^{백 을} ^{사 출 사 어 동 문 지 외} ^{건 숙 곡 지 왈} ^{맹 자} ^{오 견}
乞·白乙,하여 使出師於東門之外.라 蹇叔哭之曰, 孟子,여 吾見

^{사 지 출} ^{이 불 견 기 입 야} ^{공 사 위 지 왈} ^{이 하 지} ^{중 수}
師之出,이나 而不見其入也.로다 公使謂之曰, 爾何知.아 中壽,면

^{이 묘 지 목 공 의} ^{건 숙 지 자 여 사} ^{곡 이 송 지 왈} ^{진 인 어 사}
爾墓之木拱矣.리라 蹇叔之子與師.라 哭而送之曰, 晉人禦師,에

^{필 어 효} ^{효 유 이 릉 언} ^{기 남 릉} ^{하 후 고 지 묘 야} ^{기 북}
必於殽.리라 殽有二陵焉,에 其南陵,은 夏后皐之墓也,요 其北

^릉 ^{문 왕 지 소 피 풍 우 야} ^{필 사 시 간} ^{여 수 이 골 언}
陵,은 文王之所避風雨也.라 必死是間,이리니 余收爾骨焉.이리라

^{진 사 수 동}
秦師遂東.이라

32년 봄에, 초나라 투장(鬪章)이 진(晉)나라에 대해서 화목할 것을 청하니, 진나라의 양처보(陽處父)가 응답하여, 진·초 두 나라는 비로소 우호적으로 통하게 되었다.

여름에, 적(狄) 오랑캐 나라에 난리가 있었다. 위나라 사람이 적 오

랑캐 땅을 침범하니, 적 오랑캐가 화목할 것을 청했다. 가을에, 위나라 사람과 적 오랑캐가 맹서했다.

겨울에, 진(晉)나라 문공이 세상을 떠났다. 경진날에 옛 도읍인 곡옥(曲沃)에서 입관식(入棺式)을 거행하려고 강(絳)에서 내어가니, 영구에서 소 우는 소리 같은 소리가 들렸다. 그러자 복언(卜偃)이 대부들에게 배례(拜禮)하게 하고 말하기를, "돌아가신 군주께서 큰 일을 명하고 계십니다. 장차 서방의 군사[秦軍]가 우리나라를 통과할 것인데, 그 군사를 치면 반드시 대승할 것입니다."라고 했다.

정나라에 수비를 하고 있던 기자(杞子)가, 정나라에서 사람을 보내어 진(秦)나라에게 보고하기를, "정나라 사람이 저로 하여금 북문(北門)의 열쇠를 맡게 하고 있사옵니다. 그러하오니 만약에 모르게 군사를 거느리고 오시면, 이 나라를 얻을 수가 있사옵니다."라고 했다. 진나라 목공은 그 일을 건숙(蹇叔)에게 물으니 그가 말했다. "군사가 피로하여 힘이 빠지게 하여서 먼 나라를 습격한다는 것은, 들은 일이 없사옵니다. 군사가 피로해서 힘이 빠지고, 먼 데 있는 나라의 군사가 대비를 하고 있다면, 일이 잘 안되지 않겠사옵니까? 우리 군사가 취하는 행동은, 정나라가 반드시 알 것이옵니다. 힘을 쓰고도 좋은 결과가 없사오면, 반드시 배반하는 마음이 있게 되옵니다. 그리고 갈 길이 천리나 되니, 그 누가 보아 알지 못하겠사옵니까?" 그러나 목공은 그의 말을 물리쳤다. 그리고 맹명(孟明)·서걸(西乞)·백을(白乙)을 불러, 군사를 동문 밖으로 내게 했다. 그러자 건숙은 소리내어 울며 말하기를, "맹씨(孟氏)여, 나는 우리 군사가 출동하는 것은 보겠지만, 귀환하여 우리나라로 들어오는 것은 보지 못하겠구려."라고 했다. 그러자 목공은 사람을 시켜 그에게 말하기를, "그대가 무엇을 안단 말인가? 중수를 하여 일찍이 죽었더라면, 그대의 묘 앞에 심은 나무가 한아름이나 되었을 것일세."라고 했다. 건숙의 아들이 그 군사에 끼어 있었다. 그는 소리내어 울며 아들을 보내며 말했다. "진(晉)나라 사람이 우리 군사의 길을 막아 싸우는 일은, 반드시 효산(殽山)에서일 것이다. 효산에는 두 언덕이 있는데, 남쪽 언덕은 하(夏)나라 걸왕(桀王)의 조부였던 고(皐)의 묘지인 언덕이고, 북쪽 언덕은 주(周)나라 문왕(文王)이 비바람을 피하셨던 곳이다. 너는 반드시 그 중간에서 죽을 것이다. 내가 너의 뼈를 거두어 주리라." 진(秦)나라 군사는 곧 동방을 향해 출발했다.

▌주해▌ ㅇ報之(보지)－가서 승낙의 응답을 함.

ㅇ過軼(과질)－통과함.

ㅇ杞子(기자)－희공 30년조에 나왔다. 진나라 대부로 정나라에 남아 지켰던 것이다.

ㅇ管(관)－열쇠.

ㅇ無所(무소)－좋은 결과가 없음.

ㅇ悖心(패심)－어기는 마음.

ㅇ中壽(중수) 운운－중수는 상·중·하의 삼수(三壽)로 나누어, 그 중간 수. 대개 70세쯤을 말한다. 그대가 중수만 했더라면 벌써 죽었을 것이다. 다 늙은 것이 무슨 잔말이냐는 뜻으로 말한 것이다.

ㅇ殽(효)－산 이름. 지금의 하남성 낙녕현(洛寧縣) 북쪽에서 면지현(澠池縣) 서남쪽, 그리고 섬현(陝縣) 남쪽에 뻗어 있는 산. 두 산봉우리가 있어 동효산(東殽山)과 남효산(南殽山)으로 나뉘어진다. 그런데 동효산에 남북의 능(陵)이 있다.

▌經▌ ㅇ 삼유삼년춘왕이월
卅有三年春王二月,에 진인입활 **秦人入滑.**이라

ㅇ 제후사국귀보래빙
齊侯使國歸父來聘.이라

ㅇ 하사월신사
夏四月辛巳,에 진인급강융패진사우효 **晉人及姜戎敗秦師于殽.**라

ㅇ 계사장진문공
癸巳葬晉文公.이라

○ 狄侵齊.라
^{적 침 제}

○ 公伐邾,하여 取訾婁.라
^{공 벌 주} ^{취 자 루}

○ 秋,에 公子遂帥師,하여 伐邾.라
^추 ^{공자수솔사} ^{벌 주}

○ 晉人敗狄于箕.라
^{진 인 패 적 우 기}

○ 冬十月,에 公如齊.라
^{동 시 월} ^{공 여 제}

○ 十有二月,에 公至自齊.라
^{십 유 이 월} ^{공 지 자 제}

○ 乙巳,에 公薨于小寢.이라
^{을 사} ^{공 훙 우 소 침}

○ 隕霜不殺草,하고 李梅實.이라
^{운 상 불 살 초} ^{이 매 실}

○ 晉人·陳人·鄭人伐許.라
^{진 인} ^{진 인} ^{정 인 벌 허}

33년 봄 천자가 쓰는 역으로 2월에, 진(秦)나라 사람이 활(滑)로 쳐들어갔다.

제나라 군주인 후작이 국귀보(國歸父)로 하여금 와서 예방케 했다.

여름 4월 신사날에, 진(晉)나라 사람과 강성(姜姓)의 융(戎) 오랑캐가 진(秦)나라 군사를 효(殽)에서 패배시켰다.

계사날에 진나라 문공을 장사 지냈다.

적(狄) 오랑캐가 제나라를 침범했다.

공이 주(邾)나라를 쳐, 자루(訾婁)를 빼앗았다.

가을에, 공자 수(遂)가 군사를 거느리고 주나라를 쳤다.

진(晉)나라 사람이 적 오랑캐를 기(箕)에서 쳐부수었다.

겨울 10월에, 공이 제나라에 갔다.

12월에, 공이 제나라에서 돌아왔다.

을사날에, 공이 소침(小寢)에서 훙거(薨去)했다.

서리가 내려도 풀이 시들지 않았고, 오얏[李]과 매(梅)가 열매를
맺었다.

진(晉)나라 사람·진(陳)나라 사람·정나라 사람들이 허나라를 쳤다.

주해| ○滑(활)—정나라의 지명. 장공 3년조에 나왔다.

○四月辛巳(사월신사)—4월 15일.

○姜戎(강융)—진(晉)나라 남방의 모퉁이 땅에 살고 있어, 성을 강(姜)이
라 한 융 오랑캐.

○癸巳(계사)—4월 27일.

○訾婁(자루)—주나라의 도읍으로, 지금의 산동성 제녕현(濟寧縣) 경계.

○箕(기)—지금의 산서성 포현(蒲縣) 동북쪽 땅.

○乙巳(을사)—두예는 그의 주에서 11월 12일이었고, 경에 12월에 넣어
말한 것은 잘못이라 했다.

○小寢(소침)—천자·제후가 기거하는 곳을 침(寢)이라 했는데, 중앙의
정전(正殿)을 노침(路寢)이라 했고, 동·서 양쪽에 있는 편전(便殿)은
소침이라 했다.

○隕霜(운상)—서리가 내림.

傳| 卅三年春,에 秦師過周北門.이라 左右免冑而下,라가 超乘者
三百乘.이라 王孫滿尚幼.라 觀之言於王曰, 秦師輕而無禮,이오
니 必敗.하리이다 輕則寡謀,하고 無禮則脫.이오니다 入險而脫,하
고 又弗能謀,면 能無敗乎.인가 及滑.이라 鄭商人弦高將市於周,
에 遇之,하여 以乘韋先,하고 牛十二犒師,하며 曰, 寡君聞吾子將
步師出於敝邑,하여 敢犒從者.라 不腆敝邑,은 爲從者之淹,하여
居則具一日之積,하고 行則備一夕之衛.하리다 且使遽告于鄭.이라

鄭穆公使視客館,인 則束載,하여 屬兵秣馬矣.라 使皇武子辭

焉曰, 吾子淹久於敝邑,에 唯是脯資餼牽竭矣,하여 爲吾子之將

行也.라 鄭之有原圃,는 猶秦之有具囿也.라 吾子取其麋鹿,하여

以閒敝邑若何.오 杞子奔齊,하고 逢孫·揚孫奔宋.이라 孟明曰,

鄭有備矣,니 不可冀也.라 攻之不克,하고 圍之無繼.라 吾其還

也,라하고 滅滑而還.이라

33년 봄에, 진(秦)나라 군사가 주(周)나라 서울의 북문을 지나갔다. 당시 전차의 좌우에 탔던 전사들이 투구를 벗고 전차에서 내려 천자에게 경의를 표하고 뛰어 타는데, 그 전차의 수는 3백대가 되었다. 왕손만(王孫滿)은 나이가 아직 어렸다. 그런데 그 광경을 보고 천자에게 말씀드리기를, "진나라 군사는 경솔하고도 무례하오니, 반드시 패할 것이옵니다. 경솔해서는 꾀가 적사옵고, 무례하면 행위가 거칠게 되옵니다. 험한 싸움터에 들어가 행동이 거칠고, 또 꾀를 부릴 수 없사오면, 패하지 않을 수가 있사오리까?"라고 했다. 진나라 군사가 활(滑)에 당도했다. 그때 정나라의 상인(商人) 현고(弦高)라는 자가 주나라에 가서 장사하려던 차에 진나라 군사를 만나, 네 마리의 가죽을 먼저 헌납하고, 이어 소 열두 마리로 군사를 위로하고 말하기를, "저희 나라 군주께서는 여러분들이 군사를 거느리고 저희 나라로 오신다는 것을 듣고는, 따라오신 분들을 위로케 했습니다. 가난한 저희 나라는, 따라오신 분들이 오래 걸리시었음을 위하여 머무실 동안에는 하루 분의 양식과 나무를 대고, 떠나실 때에는 하룻밤의 호위를 책임지겠습니다."라고 했다. 그리고는 역(驛)의 빠른 말로 달려가, 정나라에 보고케 했다.

　정나라 목공은 사람을 시켜 진나라 대부들이 머물고 있는 집을 살펴보게 했더니, 그들은 수레에 실을 짐을 묶어놓고, 무기를 손질하고 말에게 먹이를 먹이고 있었다. 그래서 목공은 황무자(皇武子)를 시켜 말하게 하되, "당신들은 오랫동안 이곳에 머물러 있었는데, 이제 양식이며 고기 가축 등이 떨어져 부족하게 되어 당신들이 떠나려 하는 데에 이르게 했습니다. 그러나 이 정나라가 가지고 있는 원포(原圃)는 진나라가 가지고 있는 구유(具囿)와도 같습니다. 그러니 당신들은 원포의 사슴 등을 잡아먹으면서, 우리나라에 더 머물러 있는 것이 어떠하오."라고 했다. 이에 기자(杞子)는 제나라로 도망가고, 봉손(逢孫)과 양손(揚孫)은 송나라로 도망갔다. 맹명(孟明)은 말하기를, "정나라는 방비 갖춤이 있으니, 우리는 정나라 땅을 바랄 수 없다. 공격하여 이기지 못하고, 포위한들 오래 계속하지 못할 것이다. 나는 돌아가겠다."라 하고는 활나라를 멸망시키고는 돌아갔다.

┃주해┃　○脫(탈)－거칠음.
　○入險(입험)－험악한 전쟁터로 들어감.
　○不腆(부전)－풍부하지 못함. 가난함.
　○一日之積(일일지적)－하루의 양식과 나무.
　○遽(거)－역(驛)의 빠른 말.
　○客館(객관)－손님이 묵는 집. 정나라를 지키고 있던 진나라의 기자·봉손·양손이 머문 집.
　○束載(속재)－수레에 실을 물건을 싸 묶음.
　○脯資餼牽(포자희견)－포는 말린 고기이고, 자는 쌀떡이며, 희는 날고기이고, 견은 가축.
　○原圃(원포)－지명으로 짐승을 놓아먹였다. 지금의 하남성 중모현(中牟縣) 서북쪽 땅.
　○具囿(구유)－새와 짐승을 기르는 동산 이름으로, 지금의 섬서성 농현(隴縣) 서쪽 경계에 있었다.

齊國莊子來聘,에 自郊勞至于贈賄禮成,하고 而加之以敏.이라
臧文仲言於公曰, 國子爲政,하여 齊猶有禮.이오니다 君其朝焉.하
소서 臣聞之,하되 服於有禮,는 社稷之衛也.라하오니다

晉原軫曰, 秦違蹇叔,하여 而以貪勤民.이라 天奉我也.라 奉不
可失,이오 敵不可縱.이라 縱敵,이면 患生,하고 違天不祥,이니 必
伐秦師.라 欒枝曰, 未報秦施,고 而伐其師,는 其爲死君乎.아 先
軫曰, 秦不哀吾喪,하여 而伐吾同姓.이라 秦則無禮,에 何施之
爲.오 吾聞之,하되 一日縱敵,은 數世之患也.라 謀及子孫,이어늘
可謂死君乎.아 遂發命,하여 遽興姜戎.이라 子墨衰絰,하고 梁弘
御戎,하며 萊駒爲右.라

제나라의 국장자(國莊子 : 國歸父)가 예방하여 왔는데, 그는 교외
(郊外)에서 마중을 받는 행동에서부터 돌아갈 때에 증정하는 물건을
받는 행동에 이르기까지 다 예법에 맞고, 행동이 빨랐다. 그래서 장문
중이 희공에게 말하기를, "국장자가 정치를 하여, 제나라에는 아직도
예의가 있사옵니다. 그러하오니 군주께서 제나라를 찾아가옵소서. 신
은 들었사옵건대, '예의가 있는 자를 따름은, 나라를 지키는도다.'라
하옵니다."라고 했다.

진(晉)나라 원진(原軫 : 先軫)이 말하기를, "진(秦)나라는 건숙(蹇
叔)의 말을 어기고서, 탐욕으로 백성들을 괴롭히고 있다. 이것은 하늘
이 우리에게 준 은혜이다. 하늘이 내린 은혜는 잃을 수 없고, 적(敵)
은 용서할 수 없는 것이다. 적을 용서하면 화가 생기고, 하늘을 어기

면 불행하게 되니, 반드시 진나라 군사를 쳐야 한다."라고 했다. 그러자 난지(欒枝)가 말하기를, "진나라가 베푼 은혜를 아직 갚지 않고 그 나라의 군사를 친다는 것은, 은혜를 받았던 군주께서 돌아가셨기 때문인가?"라고 했다. 이 말에 대해서 선진(先軫)은 말했다. "진나라는 우리나라가 상을 당하고 있는 것에 대하여 슬퍼하지 않고, 우리나라 군주와 동성(同姓)의 나라를 쳤다. 진나라가 무례한데, 전의 은혜를 어찌 생각할 것인가? 내 들었거니와, '하루 적을 용서함은, 수대(數代)의 화가 된다.'고 하였다. 진(秦)나라를 정벌하려는 것은 자손세대(子孫世代)를 내다보고 하는 것인데, 군주께서 돌아가셨다고 치자는 것이라고 말할 수 있겠는가?" 이에 바로 명령을 내려, 빠른 말로 달려 강융(姜戎)이 군대를 내게 하고, 군주[襄公]는 입은 상복을 검게 하고 흰 띠를 둘렀으며, 양홍(梁弘)은 군주가 타는 전차를 조종하고, 내구(萊駒)는 그 오른쪽 전사가 되었다.

▌주해▐ ○郊勞(교로)─외국의 빈객이 왔을 때, 군주가 경(卿)을 시켜 교외로 나가 맞이하고 위로함을 말한다.

○贈賄(증뢰)─외국의 빈객이 돌아갈 때, 군주가 경을 시켜 비단·말 등을 증정하는 것을 말한다.

○敏(민)─민첩(敏捷).

○奉(봉)─은혜를 줌.

○伐吾同姓(벌오동성)─우리나라 군주와 동성의 나라를 쳤다. 진나라가 활(滑)나라를 친 것을 말한다.

○子(자)─세자(世子), 즉 양공. 복상중(服喪中)인 군주를 '자(子)'라 한다는 것은 앞에서 나왔다.

○墨衰絰(묵최질)─흰 상복을 검게 물들여 입고, 흰 띠를 둘렀다는 것을 말한다.

하 사 월 신 사　　패 진 사 우 효　　획 백 리 맹 명 시 · 서 걸 술 · 백
夏四月辛巳,에 敗秦師于殽,하며 獲百里孟明視·西乞術·白

乙丙,하여 以歸.라 遂墨以葬文公.이라 晉於是始墨.이라 文嬴請

三帥曰, 彼實構吾二君,이니 寡君若得而食之,라도 不厭.이리라

君何辱討焉,가 使歸就戮于秦,하여 以逞寡君之志若何.오 公許

之.라 先軫朝問秦囚,하니 公曰, 夫人請之,에 吾舍之矣.라 先軫

怒曰, 武夫力而拘諸原,이어늘 婦人暫而免諸國.이오니까 墮軍實

而長寇讐,하니 亡无日矣.리이다 不顧而唾.라

公使陽處父追之,하여 及諸河,하니 則在舟中矣.라 釋左驂,하여

以公命贈孟明.이라 孟明稽首曰, 君之惠,는 不以纍臣釁鼓,하시

고 使歸就戮于秦.이라 寡君之以爲戮,이면 死且不朽.라 若從君

惠而免之,면 三年將拜君賜.하리라 秦伯素服郊次,하여 鄕師而哭

曰, 孤違蹇叔以辱二三子,하니 孤之罪也.라 不替孟明,하고 曰,

孤之過也.라 大夫何罪.아 且吾不以一眚掩大德.이라

여름 4월 신사날에, 진(秦)나라 군사를 효(殽)에서 패배시키고 백리맹명시(百里孟明視)·서걸술(西乞術)·백을병(白乙丙)을 잡아 데리고 돌아갔다. 그리고 진(晉)나라 양공(襄公)은 곧이어 검은 상복을 입고 문공(文公)의 장사를 지냈다. 이에, 진나라에서는 상을 당하면 검은 상복을 입는 풍속이 시작되었다. 진(晉)나라 문공의 부인이었던 문영(文嬴)이 양공에게 진(秦)나라의 세 장수를 놓아줄 것을 요청하면서 말하기를, "그 사람은 실로 진(晉)·진(秦)의 두 나라 군주가 싸우도록 일을 꾸민 사람들이니, 아버님이신 진(秦)나라 군주께서 그 사

람들을 생포해서 생으로 먹어도 한이 풀리지 않으실 것이오. 그런데
군주께서 어찌 그 사람을 죽일 것이 있겠소? 그들을 진나라로 돌려보
내어 진(秦)나라에서 죽게 하여, 아버님이신 진나라 군주의 마음을 풀
게 하는 것이 어떻겠소?"라고 하니, 양공은 그 요청을 들어 주었다.
그때 선진(先軫)이 군주를 찾아뵙고 진(秦)나라 포로에 대해서 물으
니 양공이 말하기를, "선대 군주의 부인께서 그들을 용서하라고 요청
하시기에, 내 그들을 석방했소."라고 했다. 그러자 선진은 화를 내고
말하기를, "군인이 전쟁터에서 잡았는데, 일개 부인이 잠깐 사이에 도
읍에서 놓아주었다는 말씀이옵니까? 잡은 포로를 놓쳐 적을 강하게
했사오니, 나라가 망할 날이 얼마 남지 않았습니다."라 하고는 몸을
돌리지도 않은 채 침을 뱉는 것이었다.

그래서 양공은 양처보(陽處父)를 시켜 그들을 쫓게 하여, 그가 황
하(黃河) 가에 이르고 보니, 그들은 벌써 배를 타고 있었다. 양처보는
수레를 끈 왼쪽 말을 풀어, 군주 양공이 맹명(孟明)에게 주라고 했
다고 말하며, 그를 잡으려 했다. 맹명은 배에서 머리를 조아리고 말
하기를, "진(晉)나라 군주께서 내리신 은혜는 포로가 된 나를 죽이어
북[鼓]을 피로 물들이게 하시지 않고, 진(秦)나라로 돌아가 진나라에
서 죽게 하셨소. 우리나라 군주께서 죽이신다면, 내 이름은 죽어도 길
이 남게 될 것이오. 만일 진(晉)나라 군주께서 놓아주신 은혜대로 우
리의 죽음을 면하게 하여 주신다면, 3년 뒤에 진(晉)나라 군주께서
주시는 그 말을 받으리다."라고 하였다. 진(秦)나라 군주 목공(穆公)
은 소복(素服)을 입고 교외로 나가 머물러 있다가 돌아온 군사를 맞
이하면서 울고 말하기를, "내 건숙(蹇叔)의 말을 어기고 그대들을 욕
보게 하였으니, 그것은 나의 죄요."라 하고 맹명을 관직에서 바꾸지
않고 이르기를, "나의 잘못이었소. 대부가 무슨 죄요? 그리고 나는
한 가지 잘못한 일로 이제까지의 큰 공덕을 몰라보는 짓은 하지 않
소."라고 했다.

주해 ㅇ軍實(군실)-포로.

ㅇ不顧(불고)-뒤돌아보지 않음. 몸을 돌리지 않고 정면으로 쳐다보고.

ㅇ左驂(좌참)-수레를 끄는 왼쪽 말.

ㅇ儽臣(누신)-포로가 된 신하. 포로인 나.

ㅇ一眚(일생)-한 번의 잘못.

^{적 침 제}　^{인 진 상 야}
狄侵齊,는 因晉喪也.라

^{공 벌 주}　　^{취 자 루}　　^{이 보 승 형 지 역}　　^{주 인 불 설 비}
公伐邾,하여 取訾婁,하며 以報升陘之役.이라 邾人不設備.라

^추　^{양 중 부 벌 주}
秋,에 襄仲復伐邾.라

^{적 벌 진}　　^{급 기}　^{팔 월 무 자}　^{진 후 패 적 우 기}　^{극 결 획}
狄伐晉,하여 及箕.라 八月戊子,에 晉侯敗狄于箕,하고 郤缺獲

^{백 적 자}　^{선 진 왈}　^{필 부 령 지 어 군}　^{이 무 토}　^{감 부 자 토 호}
白狄子.라 先軫曰, 匹夫逞志於君,이나 而無討.라 敢不自討乎.아

^{면 주 입 적 사 사 언}　^{적 인 귀 기 원}　^{면 여 생}
免胄入狄師死焉.이라 狄人歸其元,에 面如生.이라

^초　^{구 계 사 과 기}　^{견 기 결 누}　^{기 처 엽 지}　^{경 상 대 여}
初,에 臼季使過冀,라가 見冀缺耨,하고 其妻饁之.라 敬相待如

^빈　^{여 지 귀}　^{언 저 문 공 왈}　^{경 덕 지 취 야}　^{능 경 필 유 덕}
賓,하니 與之歸,하여 言諸文公曰, 敬德之聚也,로 能敬必有德,하

^{덕 이 치 민}　^{군 청 용 지}　^{신 문 지}　^{출 문 여 빈}
옵고 德以治民,이오니 君請用之.이오니다 臣聞之,하되 出門如賓,

^{승 사 여 제}　^{인 지 칙 야}　^{공 왈}　^{기 부 유 죄}　^가
하고 承事如祭,는 仁之則也.라하오니다 公曰, 其父有罪,어늘 可

^호　^{대 왈}　^{순 지 죄 야}　^{극 곤}　^{기 거 야}　^{흥 우}　^관
乎.아 對曰, 舜之罪也,에 殛鯀,하고 其擧也,에 興禹.이었나이다 管

^{경 중 환 공 지 적 야}　^{실 상 이 제}　^{강 고 왈}　^{부 부 자}
敬仲桓公之賊也,이었거늘 實相以濟.였나이다 康誥曰, 父不慈,하

^{자 부 지}　^{형 불 우}　^{제 불 공}　^{불 상 급 야}　^시
고 子不祗,하며 兄不友,하고 弟不共,이라도 不相及也.라하옵고 詩

^왈　^{채 봉 채 미}　^{무 이 하 체}　^{군 취 절 언 가 야}
曰, 采葑采菲,에 無以下體,하라하였나이다 君取節焉可也.이오니다

문공이위하군대부
文公以爲下軍大夫.라

반자기   양공이삼명명선저거장중군   이재명명
反自箕,하여 襄公以三命命先且居將中軍,하고 以再命命,하여

선모지현   상서신왈   거극결   자지공야   이일명명극
先茅之縣,으로 賞胥臣曰, 擧郤缺,은 子之功也.라 以一命命郤

결위경   부여지기   역미유군행
缺爲卿,하고 復與之冀,나 亦未有軍行.이라

적(狄) 오랑캐가 제나라를 친 것은, 진(晉)나라가 상(喪)을 당하고 있음을 틈타서였다.

노나라 희공은 주나라를 쳐 자루(訾婁) 땅을 빼앗아, 승형(升陘)에서의 싸움에 대해서 보복을 했다. 주나라 사람은 그래도 아무런 방비를 하지 않고 있었다. 그래서 가을에 동문양중(東門襄仲 : 공자 遂)이 다시 주나라를 쳤다.

적 오랑캐가 진(晉)나라를 쳐, 기(箕)에 쳐들어갔다. 8월 무자날에, 진나라 군주인 후작[양공]은 적 오랑캐를 기에서 쳐부수고, 극결(郤缺)은 적(狄)의 일종인 백적(白狄)의 군주를 사로잡았다. 그때 선진(先軫)은 말하기를, "못난 나는 군주에 대해서 내멋대로 행동을 취했지만, 군주께서는 나를 벌주시지 않으셨다. 이제 나 스스로가 자신을 벌주는 짓을 하지 않을손가?"라고 하고는, 투구를 벗어던지고 적 오랑캐 군사를 향해 들어가 전사했다. 적 오랑캐가 선진의 머리를 돌려보냈는데, 그의 얼굴은 마치 산 사람의 얼굴과도 같았다.

전에, 구계(臼季 : 胥臣)가 사자(使者)가 되어 기(冀) 땅을 지나다가 극결(郤缺)이 전토(田土)의 잡초를 매고, 그의 아내가 밥을 내어다 먹이는 것을 보았다. 그 내외가 서로 공경하는 태도가 마치 손님을 대하는 것같이 하니, 그는 극결을 데리고 돌아가, 군주인 문공(文公)에게 말하기를, "공경은 여러 가지 덕이 합쳐져서 나타나는 것으로, 공경할 수 있는 사람은 반드시 덕이 있사옵고, 덕으로써 백성을

다스리는 것이오니, 군주께서 이 사람을 등용하시기를 원하옵니다. 신은 들었사온데, '집의 문을 나가 사람을 보면 손님같이 여기고, 할 일을 받아서는 제사를 지내는 태도로 함은 인(仁 : 어짊)의 법칙이다.'라 하옵니다."라고 했다. 문공은, "그의 아비가 죄를 지었는데, 그래도 좋을까?"라고 말하였다. 그러자 구계는 말했다. "순(舜)임금이 벌을 줌에 곤(鯀)을 죽이고, 인재를 등용함에 있어 곤의 아들인 우(禹)임금을 썼었나이다. 그리고 관경중(管敬仲 : 管仲)은 제나라 환공(桓公)을 죽이려고 한 적이 있었는데도 그를 등용하니, 실로 환공을 도와 패자가 되는 데 성공시켰었나이다. 강고(康誥)에 이르기를, '아비가 자식을 예뻐하지 않고 자식이 어버이를 공경하지 않으며, 형이 동생과 우애하지 않고 동생이 형을 받들지 않는다 하더라도, 벌을 부자·형제에까지 주지는 않는다.'라고 하였사옵고, 시(詩)에 이르기를, '무를 캐고 비(菲)나물을 캐니, 뿌리를 보고 캐지 말지어다.'라고 하였나이다. 군주께서는 본인의 절조(節操)만을 취하면 되옵니다." 이 말에, 문공은 극결을 하군(下軍)의 대부(大夫)로 삼았다.

기(箕)의 싸움에서 돌아가, 진나라 양공은 삼명(三命)으로써 선저거(先且居)를 중군(中軍)의 대장으로 임명하고, 재명(再命)으로써 구계(臼季)를 경(卿)으로 임명하여, 전에 모융(茅戎)이라는 오랑캐가 살던 땅으로 서신(胥臣 : 구계)을 포상하며 말하기를, "극결을 추천한 것은 그대의 공이었도다."라고 했다. 그리고 일명(一命)으로 극결을 경(卿)으로 임명하고, 기(冀) 땅을 다시 소유케 했으나, 역시 그가 지휘할 군대만은 차지하지 못했다.

주해 ○升陘之役(승형지역)－회공 22년에 있었던 승형에서의 싸움.

○八月戊子(팔월무자)－8월 22일.

○白狄子(백적자)－백적의 군주. 백적은 지금의 섬서성 연안현(延安縣) 부근에 산 적(狄)의 일종.

○匹夫逞志於君(필부령지어군)－선진(先軫)이 양공(襄公) 앞에서 진(秦)

나라의 세 장수를 돌려보낸 일에 대해, 화를 내고 침을 뱉는 무례한 짓을 한 것을 후회한 말이다.

o 出門如賓(출문여빈) - 집 문을 나가 다른 사람을 보면 손님과 같이 여김.

o 其父有罪(기부유죄) - 극결의 부친인 예(芮)가 기(冀) 땅을 차지하고 있으면서, 희공 24년에 진 문공을 죽이려 했다. 여기에서는 그 일을 말한다.

o 殛(극) - 죽임.

o 康誥(강고) - 《상서(尙書)》 주서(周書)의 편(篇) 이름.

o 詩曰(시왈) - 《시경》 풍(風) 패풍(邶風) 곡풍편(谷風篇) 구절. 무나 비(菲)나물을 캘 때에, 뿌리가 좋지 않다고 잎을 버리지 말라는 뜻이다.

o 三命(삼명) - 주(周)나라 때의 관원(官員)을 임용하는 단계의 하나. 천자는 구명법(九命法)을 썼다. 큰 나라에서 삼명으로 임용한 것은 경(卿)과 원수(중군 대장)를 임명하는 것이었다.

o 再命(재명) - 천자의 경우는 중사(中士)를, 큰 나라의 경우는 하경(下卿)을 임명함을 말한다.

o 先茅之縣(선모지현) - 전에 모융(茅戎)이라는 오랑캐가 살던 고을. 지금의 산서성 평륙현(平陸縣) 경계 땅.

o 一命(일명) - 처음 관등을 주어 정식 관원으로 임명하는 단계로, 작은 나라의 경, 또는 하대부(下大夫)로 임명함을 말한다.

o 軍行(군행) - 군대의 편대(編隊).

冬,에 公如齊,하여 朝,하고 且弔有狄師也.라 反薨于小寢,하니 卽安也.라

晉·陳·鄭伐許,는 討其貳於楚也.라 楚令尹子上侵陳·蔡,에 陳·蔡成.이라 遂伐鄭,하여 將納公子瑕,하여 門于桔柣之門.이라 瑕覆于周氏之汪,에 外僕髡屯禽之以獻,하고 文夫人斂,하여 而葬之鄶城之下.라

晉陽處父侵蔡,하니 楚子上救之,하여 與晉師夾泜而軍.이라 陽
子患之,하여 使謂子上曰, 吾聞之,하되 文不犯順,하고 武不違敵.
이라 子若欲戰,이면 則吾退舍,하리니 子濟而陳.하라 遲速唯命.이
라 不然,이면 紓我.하라 老師費材,는 亦无益也.라 乃駕以待.라
子上欲涉,하니 大孫伯曰, 不可.라 晉人無信,에 半涉而薄我,면
悔敗何及.가 不如紓之.라 乃退舍.라 陽子宣言曰, 楚師遁矣,라
하고 遂歸,하니 楚師亦歸.라 太子商臣譖子上曰, 受晉賂而避之,
하니 楚之恥也.로소이다 罪莫大焉.이오니다 王殺子上.이라

葬僖公緩.이라 作主非禮也.라 凡君薨,에 卒哭而祔,하고 祔而
作主,하여 特祀於主,하고 烝·嘗·禘於廟.라

겨울에, 공이 제나라로 가 제나라 군주를 찾아보고, 적 오랑캐 군사
한테 침범 당했음을 위로했다. 공이 나라로 돌아와 소침에서 훙거(薨
去)했으니, 그곳은 즉 평소 편히 쉬는 옆방이어서 군주가 죽어갈 곳
은 못되었다.

　진(晉)나라·진(陳)나라·정나라가 허나라를 친 것은, 허나라가 초
나라에 복종하여 두 마음을 가진 데 대한 응징이었다. 초나라 영윤
(令尹)인 자상(子上:鬪勃)이 진(陳)나라와 채나라에 침입하니, 진·
채나라가 화친했다. 그러자 그는 드디어 정나라를 쳐, 정나라 공자 하
(瑕)를 본국으로 들여보내려 하여, 길질(桔柣)의 성문까지 공격해 갔
다. 그런데 공자 하가 탄 전차가 그곳의 주씨(周氏)네 못〔池〕에 전복
되어 그 집 밖에서 일하는 종 곤둔(髡屯)이 잡아다 정나라에 바치고,

어머니인 정나라 문공(文公)의 부인이 그의 시체를 관에 넣어 증성 (鄫城) 밖에 묻었다.

진(晉)나라 양처보(陽處父)가 채나라를 침공하니, 초나라의 영윤인 자상이 채나라를 구원하여, 진나라 군사와 지수(泜水)를 끼고 대진 (對陣)했다. 양처보는 형세를 걱정하여, 사람을 보내어 자상에게 말하 기를, "내 들었거니와, '문덕(文德)이 있는 자는 올바른 사람을 해치 지 않고, 무력을 쥐고 있는 자는 적을 피하지 않는다.' 하오. 당신이 만약 싸우려거든, 내가 물러나 군진을 칠 것이니, 당신은 물을 건너가 진을 치시오. 늦게 하건 빠르게 하건 그것은 당신 뜻대로 하시오. 그 렇지 않으면 내가 물을 건널 여유를 주시오. 이대로 군사를 피로하게 하고 물자를 낭비하는 것은 무익한 일이오."라고 했다. 그리고 전차 에 타고 있은 채 회답을 기다렸다. 양처보의 말을 전해 들은 자상이 물을 건너가려 하자, 대손백(大孫伯:成大心)이 말하기를, "아니됩니 다. 진나라 사람은 신의가 없는데, 우리가 반가량 건넜을 때에 저들이 우리를 공격한다면, 그 패배를 후회한들 아무 소용이 없습니다. 그러 니 저들이 물을 건너도록 여유를 주는 것이 좋습니다."라고 했다. 그 래서 초나라 군사가 물러나 진을 쳤다. 그러자 양처보는 선언하기를, "초나라 군사는 도망쳤다."라 하고는 바로 돌아가니, 초나라 군사 또 한 귀환했다. 초나라의 태자 상신(商臣)이 자상을 헐뜯어 군주에게 말하기를, "그는 진나라한테 뇌물을 받고 진나라 군사를 피했으니, 그 것은 초나라의 수치이옵니다. 그의 죄는 막대한 것이옵니다."라고 했 다. 이에 초나라 왕은 자상을 죽였다.

희공을 장사 지냄이 늦었다. 그리고 신주 마련은 예의적이 아니었 다. 무릇 군주가 세상을 떠나게 되면, 졸곡(卒哭) 뒤에 선조의 사당에 합사(合祀)하고, 조상의 사당에 합사하고 나서 신주를 마련하여 특별 히 제사를 지내고, 그 다음에는 사당에서 증(烝)·상(嘗)·체(禘)의 제사를 지내는 것이다.

주해 ○公子瑕(공자하)-그는 희공 31년에 초나라로 도망가 있었다.

○鄪城(증성)-지금의 하남성 밀현(密縣) 동북쪽 땅.

○泜(지)-강 이름으로, 하남성 노산현(魯山縣) 남쪽에 있는 요산(堯山)을 근원으로 하여, 동방으로 흘러 여수(汝水)와 합쳐진다.

○紓我(서아)-우리에게 여유를 주라. 즉 진나라 군사가 들을 건너 진을 치도록 여유를 달라고 말한 것이다.

○葬僖公緩(장희공완)-이 구절부터 끝까지는, 다음의 문공(文公) 원년조(元年條)의 '하사월정사(夏四月丁巳), 장아군희공(葬我君僖公)'에 대응(對應)되어질 글로, 여기에 넣어져 있을 것이 못된다.

○祔(부)-조묘에 합사(合祀)하는 것으로, 졸곡(卒哭) 다음날에 행했다.

○特祀於主(특사어주)-합사하고 신주를 마련하여서는, 그 영혼에 대해서만 침(寢)에서, 소상(小祥)·대상(大祥)·담제(禫祭)를 지냄을 말한다.

○烝(증)·嘗(상)·禘(체)-3년상을 지내고 종묘에서 지내는 제사로, 증은 동제(冬祭)·상은 추제(秋祭)·체는 하제(夏祭)라고도 했다. 그런데 《예기(禮記)》 왕제(王制)에는, 천자 제후가 종묘에서 지내는 제사로는 약(祠:春祭)·체(禘:夏祭)·상(嘗:秋祭)·증(烝:冬祭)이 있다고 말하고 있다. 여기에서 세 가지만 들어 말한 이유는 알 수 없다.

● 희공(僖公) 시대 연표

기원전	周	燕	鄭	曹	蔡	陳	衛	宋	楚	秦	晉	齊	魯	중요 사항
659	惠王 18	莊公 32	文公 14	昭公 3	穆公 16	宣公 34	文公 1	桓公 23	成王 13	穆公 1	獻公 18	桓公 27	僖公 1	적(狄)이 형(邢)나라를 침공하다 / 노군이 주(邾)나라 군사를 패배시키다
658	19	33	15	4	17	35	2	24	14	2	19	28	2	제후들이 위나라를 위하여 초구(楚丘)에 성을 쌓다 / 초나라가 정나라를 침공하다
657	20	襄公 1	16	5	18	36	3	25	15	3	20	29	3	초나라가 정나라를 치다 / 제후들이 양곡(陽穀)에서 회합하다
656	21	2	17	6	19	37	4	26	16	4	21	30	4	제나라 환공이 제후들의 군사를 이끌고 채나라를 침공하고, 초나라를 치다
655	22	3	18	7	20	38	5	27	17	5	22	31	5	진(晉)나라 군주가 태자 신생(申生)을 죽이다 / 진(晉)나라가 곽(虢)나라를 멸망시키다
654	23	4	19	8	21	39	6	28	18	6	23	32	6	제후들이 정나라를 치다 / 초나라가 허(許)나라를 치다
653	24	5	20	9	22	40	7	29	19	7	24	33	7	제나라가 정나라를 치다 / 윤12월에, 주 혜왕 붕거하다
652	25	6	21	共公 1	23	41	8	30	20	8	25	34	8	진(晉)의 이극(里克)이 적(狄)을 치다 / 송나라 공자 어(魚)가 군주 자리를 양보하다
651	襄王 1	7	22	2	24	42	9	31	21	9	26	35	9	제 환공, 규구(葵丘)에 제후들을 모아 회합을 가지다
650	2	8	23	3	25	43	10	襄公 1	22	10	惠公 1	36	10	진(晉) 혜공, 대부 이극(里克)을 죽이다 / 적(狄)이 온(溫)을 멸망시키다
649	3	9	24	4	26	44	11	2	23	11	2	37	11	주(周) 왕자 대(帶)가 융(戎) 오랑캐를 불러들이다
648	4	10	25	5	27	45	12	3	24	12	3	38	12	초나라가 황(黃)을 멸망시키다 / 왕자 대, 제나라로 도망하다
647	5	11	26	6	28	穆公 1	13	4	25	13	4	39	13	진(秦)나라가 진(晉)나라의 기근을 구하다

기원전	周	燕	鄭	曹	蔡	陳	衛	宋	楚	秦	晉	齊	魯	중요 사항
646	6	12	27	7	29	2	14	5	26	14	5	40	14	진(秦)나라에 흉년이 들어 진(晉)나라에게 구원을 청했으나 응하지 않다
645	7	13	28	8	莊公 1	3	15	6	27	15	6	41	15	초나라가 서(徐)나라를 치다 11월, 진(秦)나라가 진(晉)나라를 쳐 진(晉)나라 군주를 잡다 제나라 관중(管仲) 죽다
644	8	14	29	9	2	4	16	7	28	16	7	42	16	제후들이 회합을 가지다
643	9	15	30	10	3	5	17	8	29	17	8	43	17	제나라 환공이 죽자 공자들이 군주 자리를 다투다 진(晉)나라 태자가 인질이 되어 진(秦)나라로 가다
642	10	16	31	11	4	6	18	9	30	18	9	孝公 1	18	정나라 군주가 초나라 군주를 찾아가다 송·조·위·주(邾)나라가 제나라를 치다
641	11	17	32	12	5	7	19	10	31	19	10	2	19	송나라가 조나라를 치다 진(秦)나라가 양(梁)나라를 멸망시키다
640	12	18	33	13	6	8	20	11	32	20	11	3	20	왕자 대가 주나라 서울로 돌아가다 초나라가 수(隨)나라를 치다
639	13	19	34	14	7	9	21	12	33	21	12	4	21	초나라 사람이 송나라 군주를 잡았다가 놓아주다
638	14	20	35	15	8	10	22	13	34	22	13	5	22	진(晉)나라가 육혼(陸渾)의 융족(戎族)을 이천(伊川) 땅으로 옮기다 노나라가 주(邾)나라를 치다
637	15	21	36	16	9	11	23	14	35	23	14	6	23	주왕이 적(狄)으로 하여금 정나라를 치게 하고 적의 딸을 왕후로 삼다 진(晉)나라 희공, 군주가 되어 호돌(狐突)을 죽이다
636	16	22	37	17	10	12	24	成公 1	36	24	懷公 1	7	24	진(晉)나라 개자추(介子推) 도망가다 주 양왕 정나라로 도망가다
635	17	23	38	18	11	13	25	2	37	25	文公 1	8	25	위나라가 형(邢)나라를 멸망시

기원전	周	燕	鄭	曹	蔡	陳	衛	宋	楚	秦	晉	齊	魯	중요 사항
														키다 진(晉)나라 군주가 왕자 대를 죽이고 양왕을 서울로 모시다
634	18	24	39	19	12	14	成公 1	3	38	26	2	9	26	초나라가 기(夔)나라를 멸망시키다
633	19	25	40	20	13	15	2	4	39	27	3	10	27	진(晉)나라 문공이 패자가 되다
632	20	26	41	21	14	16	3	5	40	28	4	昭公 1	28	진(晉)·초나라가 성복(城濮)에서 싸워, 초군 대패하다
631	21	27	42	22	15	共公 1	4	6	41	29	5	2	29	제후들이 적천(翟泉)에 모여 맹약하다
630	22	28	43	23	16	2	5	7	42	30	6	3	30	위나라 군주가 죽을 일에서 무사히 풀려나다
629	23	29	44	24	17	3	6	8	43	31	7	4	31	조나라가 국토를 분배하다
628	24	30	45	25	18	4	7	9	44	32	8	5	32	진(晉)나라와 초나라가 처음으로 통하게 되다
627	25	31	穆公 1	26	19	5	8	10	45	33	襄公 1	6	33	진(晉)·진(秦)나라가 효(殽)에서 싸워, 진(秦)나라가 대패하다

제8

·········

문공 상
文公 上

희공(僖公)의 아들. 어머니는 성강(聲姜).
이름은 흥(興). 재위 기원전 626~609

經 ○元年春王正月,에 公卽位.라
_{원년춘왕정월　　　공즉위}

○二月癸亥,에 日有蝕之.라
_{이월계해　　　일유식지}

○天王使叔服來會葬.이라
_{천왕사숙복래회장}

○夏四月丁巳,에 葬我君僖公.이라
_{하사월정사　　　장아군희공}

○天王使毛伯來錫公命.이라
_{천왕사모백래석공명}

○晉侯伐衛.라
_{진후벌위}

○叔孫得臣如京師.라
_{숙손득신여경사}

○衛人伐晉.이라
_{위인벌진}

○秋,에 公孫敖會晉侯于戚.이라
_{추　　　공손오회진후우척}

○冬十月丁未,에 楚世子商臣弑其君頵.이라
_{동시월정미　　　초세자상신시기군군}

○公孫敖如齊.라
_{공손오여제}

원년 봄 천자가 쓰는 역으로 정월에, 문공(文公)이 즉위했다.

2월 계해날에, 일식(日蝕)이 있었다.

천자인 왕께서 숙복(叔服)으로 하여금 와 장례식에 참가케 하셨다.

여름 4월 정사날에, 우리나라 군주 희공을 장사 지냈다.

천자인 왕께서 모(毛)나라 군주인 백작으로 하여금 와 문공에게 제후의 명규(命圭)를 주게 하였다.

진(晉)나라 군주인 후작이 위나라를 쳤다.

숙손득신(叔孫得臣)이 천자가 계시는 서울에 갔다.

위나라 사람이 진(晉)나라를 쳤다.

가을에, 공손오(公孫敖)가 진나라 군주인 후작을 척(戚)에서 만났다.

겨울 10월 정미날에, 초나라 세자 상신(商臣)이 그의 군주 군(頵)을 살해했다.

공손오가 제나라에 갔다.

주해 ㅇ二月癸亥(이월계해)-2월 초하루. 원식(原式)으로는 '이월계해삭(二月癸亥朔)'이라 적었어야 한다. 그런데 역법(曆法)을 맡은 관리가 삭일(朔日)임을 잊어서 제대로 적지 못했다.

ㅇ天王(천왕)-당시 천자는 양왕(襄王).

ㅇ叔服(숙복)-숙은 성이고, 복은 자(字)였다 한다.

ㅇ四月丁巳(사월정사)-4월 27일.

ㅇ毛伯(모백)-모나라의 군주인 백작.

ㅇ命(명)-명규(命圭). 주나라 때에 제후가 즉위하면, 천자는 작위(爵位)를 나타내는 패를 주었는데, 그것을 명규라 했다.

ㅇ叔孫得臣(숙손득신)-노나라 환공(桓公)의 공자 아(牙:僖叔)의 손자였던 장숙(莊叔). 선공(宣公) 5년에 죽었다.

ㅇ戚(척)-위나라 지명으로 지금의 하북성 복양현(濮陽縣) 북쪽 땅.

ㅇ十月丁未(시월정미)-10월 20일.

傳| 元年春,에 王使内史叔服來會葬.이라 公孫敖聞其能相人也,에 見其二子焉.이라 叔服曰, 穀也食子,하고 難也收子.하리라 穀也豐下,하니 必有後於魯國.이리라

於是,에 閏三月,하니 非禮也.라 先王之正時也,에 履端於始,하고 擧正於中,하며 歸餘於終.이라 履端於始,면 序則不愆,하고 擧正於中,이면 民則不惑,하며 歸餘於終,이면 事則不悖.라

夏四月丁巳,에 葬僖公.이라

王使毛伯衛來錫公命,에 叔孫得臣如周拜.라

원년 봄에, 천자께서는 내사(內史) 벼슬에 있는 숙복(叔服)에게 와 장례식에 참석하게 하셨다. 공손오(公孫敖)는 숙복이 사람의 상(相)을 잘 본다는 것을 듣고는, 그의 두 아들을 보였다. 숙복이 말하기를, "큰아들인 곡(穀)은 당신을 먹여 줄 것이고, 작은아들인 난(難)은 당신의 죽은 시체를 거두어 장사 지내어 줄 것입니다. 곡은 얼굴의 아랫부분이 풍만하니, 반드시 그의 자손이 이 노나라에서 번영할 것입니다."라고 했다.

이해에, 노나라에서는 윤삼월(閏三月)을 두었는데, 그것은 예의에 맞지 않았다. 옛날 어진 임금께서 때를 바로잡음에 있어 1년의 처음 날을 올바르게 정하고, 매월(每月)에 드는 중기(中氣)를 알맞게 끼어 넣었으며, 계산하고 남는 날을 맨 나중에 모아 윤달로 했다. 1년의 처음날을 올바르게 정하게 되면 사시절(四時節)의 순서에 어긋남이 없고, 매월에 드는 중기를 알맞게 끼어 넣으면 백성들은 계절이 바뀌어짐에 대해서 어리둥절하게 되는 일이 없으며, 매월의 일수(日數)를

따지고 남는 일수를 끝으로 따져 모아 윤달을 두면 사시절에 행하는 모든 일에 차질이 있지 않게 되는 것이다.

여름 4월 정사날에 희공의 장사를 지냈다.

천자께서 모나라 군주인 백작 위(衛)에게 와 문공에게 명규를 주게 한 것에 대해, 숙손득신(叔孫得臣)이 천자의 나라인 주나라로 가 감사의 예를 올렸다.

▎주해┃ ○豊下(풍하)─얼굴의 아랫부분이 불룩 나온 것을 말한다.

○履端於始(이단어시)─한 해의 처음 날을 올바르게 정함.

○擧正於中(거정어중)─매월에 드는 바른 계절, 즉 중기(中氣)를 매월 중에 알맞게 끼어 넣음. 중기는 한 해를 12등분하는 분점(分點)으로, 우수(雨水)·춘분(春分)·곡우(穀雨)·소만(小滿)·하지(夏至)·대서(大暑)·처서(處暑)·추분(秋分)·상강(霜降)·소설(小雪)·동지(冬至)·대한(大寒)의 12절기(節氣)를 말한다.

○歸餘於終(귀여어종)─한 해를 열두 달로 나누고, 남는 일수를 모아, 그것이 한 달의 일수가 되면 윤달을 두는 것을 말한다.《좌씨전》에서 말한 윤달은 19년 칠윤법(七閏法)을 썼는데, 윤달을 반드시 12월의 뒤에 두는 것은 아니었다.

晉文公之季年,에 諸侯朝晉,이어늘 衛成公不朝,하고 使孔達侵鄭,하여 伐綿訾及匡.이라 晉襄公旣祥,에 使告于諸侯而伐衛,하여 及南陽.이라 先且居曰, 效尤,는 禍也,이오니 請君朝王.이오니다 臣從師.하리이다 晉侯朝王于溫.이라 先且居·胥臣伐衛,하여 五月辛酉朔,에 晉師圍戚,하고 六月戊戌,에 取之,하여 獲孫昭子.라 衛人使告于陳,하니 陳共公曰, 更伐之.하라 我辭之.하리라 衛孔

達^달帥^솔師^사伐^벌晉^진.이라 君^군子^자以^이爲^위古^고,하고 古^고者^자越^월國^국而^이謀^모.라하다

秋^추,에 晉^진侯^후疆^강戚^척田^전.이라 故^고로 公^공孫^손敖^오會^회之^지.라

初^초에 楚^초子^자將^장以^이商^상臣^신爲^위太^태子^자,하여 訪^방諸^제令^령尹^윤子^자上^상.이라 子^자上^상曰^왈,

君^군之^지齒^치未^미也^야,요 而^이又^우多^다愛^애,에 黜^출乃^내亂^란也^야.리이다 楚^초國^국之^지擧^거,는 恒^항在^재

少^소者^자.였나이다 且^차是^시人^인也^야,는 蠭^봉目^목而^이豺^시聲^성,하고 忍^인人^인也^야.이오니 不^불可^가

立^립也^야.이오니다 弗^불聽^청.이라 旣^기又^우欲^욕立^립王^왕子^자職^직而^이黜^출太^태子^자商^상臣^신.이라 商^상

臣^신聞^문之^지而^이未^미察^찰,에 告^고其^기師^사潘^반崇^숭曰^왈, 若^약之^지何^하而^이察^찰之^지.오 潘^반崇^숭曰^왈, 享^향

江^강羋^미,하여 而^이勿^물敬^경也^야.라 從^종之^지.라 江^강羋^미怒^노曰^왈, 呼^호.라 役^역夫^부.아 宜^의君^군王^왕

之^지欲^욕殺^살汝^여而^이立^립職^직也^야.로다 告^고潘^반崇^숭曰^왈, 信^신矣^의.라 潘^반崇^숭曰^왈, 能^능事^사諸^저乎^호.

아 曰^왈, 不^불能^능.이라 能^능行^행乎^호.아 曰^왈, 不^불能^능.이라 能^능行^행大^대事^사乎^호.아 曰^왈,

能^능.이라

冬^동十^시月^월,에 以^이宮^궁甲^갑圍^위成^성王^왕.이라 王^왕請^청食^식熊^웅蹯^번而^이死^사,나 弗^불聽^청.이라

丁^정未^미,에 王^왕縊^액.이라 諡^시之^지曰^왈靈^령,에 不^불瞑^명,하고 曰^왈成^성,에 乃^내瞑^명.이라 穆^목

王^왕立^립,하여 以^이其^기爲^위太^태子^자之^지室^실與^여潘^반崇^숭,하고 使^사爲^위太^태師^사,하며 且^차掌^장環^환列^열

之^지尹^윤.이라

진나라 문공의 말년에 제후들이 진나라 군주를 찾아뵈었지만, 위나라의 성공은 찾아뵙지 않고 공달(孔達)을 시켜 정나라를 침범케 하여 면자(綿訾)와 광(匡) 땅을 쳤다. 진나라 양공은 1년의 소상(小祥)을 치르고 나서, 제후들에게 사자(使者)를 보내어 알리고 위나라를

쳐 남양(南陽)까지 쳐들어갔다. 그때 선저거(先且居)가 말하기를, "군주께서 못되었다고 하시는 그 사람 본을 보이시는 것은 화를 당할 일이오니, 군주께서 천자를 찾아뵙기를 원하옵니다. 신이 군사를 따라가겠나이다."라고 했다. 이에 진나라 군주인 후작은 천자를 온(溫) 땅으로 찾아뵈었다. 선저거와 서신(胥臣)은 위나라를 쳐, 5월 신유날인 초하루에, 진나라 군사는 척(戚) 땅을 포위하고, 6월 무술날에는 그 땅을 점령하여 빼앗고는 손소자(孫昭子)를 잡았다. 그때 위나라 사람이 사람을 시켜 진(陳)나라에 사정을 알리니, 진나라 군주인 공공(共公)은 말하기를, "위나라가 다시 진(晉)나라로 쳐들어가시오. 그러면 내가 중간에서 화해하라는 말을 하겠소."라고 했다. 이에 위나라에서는 공달이 군사를 이끌고 진나라를 쳤다. 이 일을 두고 군자(君子)는, "옛날 식(式)이 되었다. 옛날에는 멀리 떨어진 나라와도 같이 도모했다."고 했다.

가을에 진(晉)나라 군주가 척(戚) 땅 경계를 정확히 정하는 일을 했다. 그래서 노나라에서는 공손오(公孫敖)가 그 일에 입회했다.

전에 초나라 군주인 자작[성왕]이 상신(商臣)을 태자로 정하려고 영윤(令尹)인 자상(子上)에게 그 가부를 물었다. 그랬더니 자상은 말했다. "군주의 연치(年齒)는 아직 많지 않사옵고, 또 사랑하시는 아드님들이 많사온데, 정하시었다가 뒤에 자리에서 몰아내신다면 난리가 나옵니다. 우리 초나라의 태자 정함에는 언제나 나이 어린 분을 세웠었나이다. 그리고 상신은 벌눈인데다가 늑대 소리를 내옵고, 잔인한 분이오니, 그분은 태자로 세울 수는 없사옵니다." 그러나 이 말을 듣지 않았다. 상신을 태자로 세우고 난 뒤에, 초나라 군주는 다시 왕자 직(職)을 세우고, 상신을 그 자리에서 몰아내려고 했다. 상신은 그 소문을 듣고도 확인할 수가 없어, 그의 스승인 반숭(潘崇)에게 말하기를, "이 일을 어떻게 해서 확인할까요?"라고 했다. 그랬더니 반숭은, "강미(江羋)를 대접함에 있어 공손히 대하지 마십시오."라고 했다. 상신은 반숭의 말대로 했다. 그랬더니 강미가 화를 내어 말하기를, "아이고, 이 천한 놈아! 군왕(君王)께서 너를 죽이고 직을 태자로 삼으시려는 것은 옳은 일이로구나."라고 했다. 이 말을 들은 상신은 반숭에게 말하기를, "그게 사실입니다."라고 했다. 이에 반숭과 상신 간에 다음과 같은 말이 오고갔다.

반숭 : 앞으로 직(職)을 섬길 수 있습니까?

상신 : 그럴 수 없습니다.

반숭 : 외국으로 갈 수 있습니까?

상신 : 그럴 수 없습니다.

반숭 : (아버지를 죽이는) 큰 일을 해낼 수가 있습니까?

상신 : 할 수 있습니다.

겨울 10월에, 상신은 태자궁(太子宮)에 배치된 군병으로 성왕(成王)을 포위했다. 성왕이 곰[熊] 발바닥 고기를 삶아 먹고서 죽게 해달라고 청했지만, 상신은 그 요청을 들어주지 않았다. 그러자 정미날에 왕은 목을 매어 죽었다. 죽은 뒤에, 죽은 사람에게 붙이는 이름을 영(靈)이라 했는데, 성왕의 시체는 눈을 감지 않았다. 그래서 성(成)이라 했더니, 그때서야 눈을 감았다. 상신은 목왕이라 하여 군주 자리에 앉아서는, 그가 태자 때에 가졌던 가재(家財)를 다 반숭에게 주고, 그로 하여금 태사(太師)가 되게 하였으며, 또 근위병(近衛兵)을 다스리는 장관 일을 맡게 했다.

┃주해┃ ㅇ綿訾(면자)-정나라의 지명.

ㅇ匡(광)-정나라의 지명으로, 지금의 하남성 유천현(洧川縣) 동북쪽 땅.

ㅇ南陽(남양)-위나라 지명으로, 지금의 하남성 수무현(修武縣) 북쪽 땅.

ㅇ效尤(효우)-못된 사람이라고 나무라는 대상자가 취하는 짓을 본땀. 여기에서는 진나라 군주가 위나라 군주를 찾아보지 않음을 책망하면서, 주나라 천자를 찾아뵙지 않은 것은 그 일을 본따는 일이라고 말한 것임.

ㅇ孫昭子(손소자)-위나라 무공(武公)의 4세손으로 위나라 대부였고, 척

(戚) 땅을 소유했다.

o江芈(강미)-초나라 성왕의 누이동생으로 강(江)나라 군주에게로 시집 갔다.

o役夫(역부)-천한 사나이라는 뜻으로 말했다.

o食熊蹯而死(식웅번이사)-곰 발바닥을 먹고 죽다. 곰 발바닥 고기는 맛이 있다고 한다. 그리고 그것은 두꺼워 삶으려면 많은 시간을 요하기에, 그 시간을 이용하여 죽음을 면하려고 요청한 것이다.

o室(실)-가재(家財).

穆伯如齊,하여 始聘焉.이라 禮也.라 凡君卽位,엔 卿出並聘,하여 踐脩舊好,하고 要結外援,하며 好事鄰國,하여 以衛社稷,이니 忠信卑讓之道也.라 忠德之正也,요 信德之固也,며 卑讓德之基也.라

殽之役,에 晉人旣歸秦帥.라 秦大夫及左右,가 皆言於秦伯曰, 是敗也,는 孟明之罪也,니 必殺之.리이다 秦伯曰, 是孤之罪也. 라 周芮良夫之詩曰, 大風有隧,하고 貪人敗類.로다 聽言則對,로되 誦言如醉.로다 匪用其良,하고 覆俾我悖.로다 是貪故也,로 孤之謂矣.로다 孤實貪以禍夫子.라 夫子何罪.아 復使爲政.이라

목백(穆伯 : 공손오)이 제나라로 가, 문공 즉위 후 처음으로 방문했다. 그것은 예에 맞는 일이었다. 무릇 군주가 즉위하면, 그 나라의 경(卿)이 외국으로 나가 두루 방문해서, 전부터의 우호 관계를 두텁게 하고, 서로 후원할 것을 약속하며, 이웃 나라와의 사이를 좋게 하여

국가를 편안히 지키게 하는 것이다. 이것이 충(忠)·신(信)·비양(卑讓)의 도(道)인 것이다. 충은 덕의 올바름이 되고, 신은 덕의 단단함을 보이는 것이며, 자신을 낮추어 겸양(謙讓)하는 비양은 덕의 근본이 된다.

효(殽)의 싸움에서, 진(晋)나라 사람은 잡았던 진(秦)나라 장수를 돌려보냈다. 진(秦)나라 대부들과 좌우 신하들이 모두 다 진나라 군주인 백작에게 말하기를, "이번의 패배는 맹명(孟明)의 죄이오니, 반드시 그를 죽여야 하옵니다."라고 했다. 그러자 진나라 군주는 말했다. "이번 일은 나의 죄요. 주나라 예양부(芮良夫)의 시에 이르기를, '큰바람 길에 불어 모든 것 쓰러뜨림과 같이, 욕심 많은 사람 모든 것 망치네. 쓸데없는 말 들으면 응답말 하면서도, 좋은 말 하면 술 취한 듯하는도다. 좋은 사람 말 들어주지 않고 거꾸로 나를 그르다 하네.'라 했는데, 이 시는 탐욕을 부림을 두고 읊은 것이오. 이것은 곧 나를 두고 말한 것 같소. 내가 실로 탐욕을 부리어 그분에게 화를 당하게 한 것이오. 그분에게 무슨 죄가 있소?" 이렇게 말하고는 다시 국정(國政)을 보게 했다.

▌주해▐ ○穆伯(목백)―공손오(公孫敖).
  ○秦帥(진수)―진나라 장수 맹명(孟明)·서걸술(西乞術)·백을병(白乙丙) 세 사람을 말한다. 희공 33년조 참고.
  ○周芮良夫之詩(주예양부지시)―주나라 경사(卿士)였던 예양부가 여왕(厲王)을 비난한 시라 하는데,《시경》대아(大雅) 상유편(桑柔篇)의 구절.
  ○夫子(부자)―맹명을 존경해서 한 말.

▌해설▐ 노나라의 문공(文公)이 즉위하고 난 뒤에 공손오를 외국으로 파견한 일은 예의에 맞는 일이었다는 것과, 진(秦)나라 군주가 포로가 되었다가 돌아온 장수를 좋게 받아들인 아량을 말하고 있다. 특히 진나라의 군주가 전쟁에서 진 것이 자기 죄이고, 자기가 지나친 욕심을

부려 국가에 손해가 있게 했고, 또 국민들을 곤란한 지경에 빠지게 했다고 후회한 것은 후세의 사람들에게 좋은 교훈이 될 만하다.

經 ○ 二年春王二月甲子, 晉侯及秦師戰于彭衙, 하여 秦師敗績. 이라

○ 丁丑作僖公主. 라

○ 三月乙巳, 에 及晉處父盟. 이라

○ 夏六月, 에 公孫敖會宋公 · 陳侯 · 鄭伯 · 晉士穀, 하여 盟于垂隴. 이라

○ 自十有二月不雨, 하여 至于秋七月. 이라

○ 八月丁卯, 에 大事于大廟, 하여 躋僖公. 이라

○ 冬, 에 晉人 · 宋人 · 陳人 · 鄭人伐秦. 이라

○ 公子遂如齊納幣. 라

2년 봄 천자가 쓰는 역으로 2월 갑자날에, 진(晉)나라 군주인 후작과 진(秦)나라 군사가 팽아(彭衙)에서 싸워, 진(秦)나라 군사가 패배했다.

정축날에 희공(僖公)의 신주(神主)를 마련했다.

3월 을사날에, 진(晉)나라 처보(處父)와 맹서하였다.

여름 6월에, 공손오(公孫敖)가 송나라 군주인 공작 · 진(陳)나라 군주인 후작 · 정나라 군주인 백작 · 진(晉)나라의 사곡(士穀)과 회합을 가져, 수롱(垂隴)에서 맹서하였다.

지난해 12월부터 비가 오지 않아, 그 가뭄은 가을 7월까지 계속되
었다.

8월 정묘날에, 태묘(大廟)에 큰 제사를 지내어, 희공을 앞 군주보다
높여 합사(合祀)했다.

겨울에, 진(晉)나라 사람·송나라 사람·진(陳)나라 사람·정나라
사람들이 진(秦)나라를 쳤다.

공자 수(遂)가 제나라로 가 납폐했다.

주해│ ○二月甲子(이월갑자)-2월 9일.

○彭衙(팽아)-지금의 섬서성 백수현(白水縣) 동북쪽 땅.

○丁丑(정축)-2월 22일.

○三月乙巳(삼월을사)-3월 20일.

○垂隴(수롱)-정나라 지명으로, 지금의 하남성 광무현(廣武縣) 동북쪽 땅.

○八月丁卯(팔월정묘)-8월 15일.

○大事于大廟(대사우태묘)-대사는 길제(吉禘)의 제사를 말한다. 3년상을
지내고, 태조묘(太祖廟)에서 합사(合祀)하는 계사. 태묘는 노나라의 태
조묘로 주공(周公)을 모신 사당.

○納幣(납폐)-결혼의 육례(六禮)의 한 가지로, 결혼이 성립되어짐을 표
시하는 의미로, 남자쪽에서 여자쪽으로 물품을 보내는 절차.

傳│ 二年春,에 秦孟明視帥師伐晉,하여 以報殽之役.이라 二月,에
晉侯禦之,에 先且居將中軍,하고 趙衰佐之.라 王官無地御戎,하
고 狐鞫居爲右.라 甲子及秦師戰于彭衙,하여 秦師敗績,에 晉人
謂秦拜賜之師.라

戰於殽也,에 晉梁弘御戎,하고 萊駒爲右.라 戰之明日,에 晉襄

公縛秦囚,하여 使萊駒以戈斬之.라 囚呼,에 萊駒失戈.라 狼瞫取
戈以斬囚,하고 禽之以從公乘.이라 遂以爲右.라 箕之役,에 先軫
黜之,하여 而立續簡伯,하니 狼瞫怒.라 其友曰, 盍死之.아 瞫曰,
吾未獲死所.라 其友曰, 吾與女爲難.가 瞫曰, 周志有之,하되 勇
則害上,은 不登於明堂.이라 死而不義,는 非勇也.요 共用之謂
勇.이라 吾以勇求右,이어늘 無勇而黜,은 亦其所也.라 謂上不我
知,나 黜而宜,는 乃知我矣.로다 子姑待之.하라

及彭衙旣陳,에 以其屬馳秦師死焉.이라 晉師從之,하여 大敗
秦師.라 君子謂,하되 狼瞫於是乎君子.라 詩曰, 君子如怒,에 亂
庶遄沮.로다 又曰, 王赫斯怒,하여 爰整其旅.로다 怒不作亂,하여
而以從師,하니 可謂君子矣.라

2년 봄에, 진(秦)나라 맹명시(孟明視)가 군사를 거느리고 진(晉)나
라를 쳐, 효(殽)의 싸움에 대해서 보복하려 했다. 2월에, 진(晉)나라
군주인 후작[양공]이 진나라 군을 막을 때, 선저거(先且居)가 중군을
지휘하고, 조최(趙衰)가 그의 부장(副將)이 되었다. 왕관무지(王官無
地)가 군주의 전차를 조종하고, 호국거(狐鞫居)가 그 오른쪽 전사가
되었다. 갑자날에 진(秦)나라 군사와 팽아에서 싸워 진(秦)나라 군사
가 패배하자, 진(晉)나라 사람이 진(秦)나라 군대를, 진(晉)나라에서
말을 준 데 대해 절하는 군대라고 놀려 일렀다.

효(殽) 땅의 싸움에서, 진(晉)나라 양홍(梁弘)이 군주의 전차를 조
종하고, 내구(萊駒)가 그 오른쪽 전사가 되었다. 싸움을 하고 난 다음

모(矛 : 창)   과(戈 : 창)

날에 진(晉)나라 양공(襄公)이 진(秦)나라의 포로를 묶어 놓고, 내구에게 창으로 죽이게 했다. 그때 포로가 소리를 지르자, 내구가 놀라 들고 있던 창을 놓쳤다. 그것을 본 낭심(狼瞫)이 그 창을 들어 포로를 죽이고는, 내구를 잡아 군주의 전차 뒤에 매어 따르게 했다. 그래서 낭심은 바로 군주의 전차 오른쪽에 타는 전사가 되었다.

그런데 기(箕)의 싸움에서, 선진(先軫)이 그를 물리치고는, 속간백(續簡伯)으 로 그 자리를 담당케 하니, 낭심이 화를 냈다. 그러자 그의 친구가 와 말을 걸기에, 그들간에는 다음과 같은 말이 오고갔다.

친구 : 자네는 어째서 선진과 겨루어 죽지 않는가?

낭심 : 나는 아직 내가 죽을 곳을 얻지 못하고 있는 걸세.

친구 : 나와 자네가 반란을 일으킬까?

낭심 : 주서(周書)에 말하고 있기를, '용기가 있다고 해서 윗사람을 해친 자는 임금이 정치를 하는 집, 즉 명당(明堂)에 오르지 못하게 한다.'고 했네. 죽어서 불의의 이름을 얻는다면 그것은 용맹이 아니고, 죽어 나라를 위함이 되는 것을 용맹이라 하는 걸세. 나는 용맹으로써 오른쪽 전사됨을 바랐지만, 이제 선진과 맞서 개죽음을 당하는 일이 있어서, 용맹이 없어 쫓겨났다고 되면, 그야말로 당연한 조치가 되고 마네. 혹은 윗분이 나를 알아주지 않는다고 말할지라도, 내가 선진과 맞서서 용맹 없는 자라고 일러져, 내가 쫓겨난 것은 마땅한 일이었다고 말하게 되는 것은, 곧 윗분이 나를 잘 알았다는 결과가 되어지는 것일세. 자네는 잠깐 기다려 보게나.

그뒤, 팽아(彭衙)에서 군진(軍陣)의 정비가 다 끝나자, 낭심은 자기에게 소속된 군대를 이끌고 진(秦)나라 군사에게 돌격하여 죽었다. 그러자 진(晉)나라 군사가 그의 뒤를 따라 진격해서, 진(秦)나라 군사

를 대파했다. 이 일을 두고 군자(君子)는 말했다. "낭심은 이런 태도
를 취했으니, 군자였도다. 시(詩)에 이르기를, '군자가 화를 내면, 난
리는 빨리도 막아지는도다.'라 하고, 또 '왕이 매우 노해서, 군사를 정
비하여 치도다.'라 했다. 그는 화를 냈으면서도 난동을 일으키지 않
고서, 용맹하게도 군사일에 종사했으니, 그야말로 군자라 이를 수 있
도다."

주해 ㅇ拜賜之師(배사지사)—전에 맹명(孟明) 등의 세 장수가 진(晉)나
라의 포로가 되었다가 석방되어 황하(黃河) 가에 이르렀을 때, 그들을
쫓아간 진나라 양처보(陽處父)가 수레를 끄는 왼쪽 말을 풀어 맹명에
게 주고 그를 다시 잡으려 하자, 맹명은 "3년 뒤에 내가 당신에게 당신
이 준 일에 대해서 절을 하리다."라고 했다. 여기에서는 그 일을 두고
조롱해서 말한 것이다.

ㅇ爲難(위난)—난동을 일으킴. 난동을 일으키어 선진(先軫)을 죽이자는
것을 말한다.

ㅇ周志(주지)—여기에 든 구절은 《일주서(逸周書)》 대광해(大匡解)의 문
구다.

ㅇ明堂(명당)—천자가 정사(政事)를 보는 전(殿).

ㅇ謂上不我知(위상불아지)—선진이 낭심을 물리쳤을 때, 상(윗사람 : 선진)
이 나(낭심)를 몰라준다고 세상의 혹자(或者)는 말하지만의 뜻.

ㅇ黜而宜(출이의), 乃知我矣(내지아의)—군주의 전차 오른쪽에 타는 전사
자리에서 쫓겨나, 화가 난다고 선진과 맞서 일어난다면, 낭심은 정말로
용맹한 자가 아니었다. 그러니 그런 자를 물리친 일은 당연한 일이었다
고 말하게 되어진다면, 선진은 나를 잘 알고 있었다는 결과가 되어진다
는 뜻.

ㅇ詩曰(시왈)—'군자여노(君子如怒)'의 구절은 《시경》 소아(小雅) 교언편
(巧言篇) 구절이고, '왕혁사노(王赫斯怒)'의 구절은 《시경》 대아(大雅)
황의편(皇矣篇)의 구절이다.

ㅇ王赫斯怒(왕혁사노)—여기에서 왕은 주나라 문왕(文王)을 일렀다 한다.

○旅(여)-군대.

해설│ 진(秦)나라의 맹명(孟明)이, 전의 팽아(彭衙)에서 대패한 사실을 말하고, 진(晉)나라 낭심(狼瞫)의 의로운 행위를 찬양하고 있다. 여기에서 낭심이 취한 태도는 후세인에게 큰 감명을 주는 것이라고 말할 수 있다.

진백유용맹명
秦伯猶用孟明,하니 맹명증수국정孟明增脩國政,하여 중시어민重施於民.이라 조성자趙成子

언시어제대부왈言施於諸大夫曰, 진사우지秦師又至,이리니 장필벽지將必辟之.라 구이증덕懼而增德,하니

불가당야不可當也.라 시왈詩曰, 무념이조毋念爾祖,리오만 율수궐덕聿脩厥德.하라 맹명념지의孟明念之矣,

에 염덕불태念德不怠.라 기가적호其可敵乎아

정축작희공주丁丑作僖公主,는 서불시야書不時也.라

진인이공부조래토晉人以公不朝來討,에 공여진公如晉.이라 하사월기사夏四月己巳,에 진인사양晉人使陽

처보맹공處父盟公,하여 이치지以恥之.라 서왈급진처보맹書曰及晉處父盟,은 이염지야以厭之也,요 적진適晉

불서不書,는 휘지야諱之也.라 공자진미지公自晉未至,어늘 유월六月,에 목백회제후급진사穆伯會諸侯及晉司

공사곡空士穀,하여 맹우수롱盟于垂隴,은 진토위고야晉討衛故也.라 서왈진사곡書曰晉士穀,은 감기사堪其事

야也.라

진후위위청성우진陳侯爲衛請成于晉,에 집공달이설執孔達以説.이라

진(秦)나라 군주인 백작은, 싸움에 졌어도 역시 맹명을 그대로 쓰니, 맹명은 더욱 나라의 정치에 힘써, 백성들에게 많은 덕을 베풀었다. 그러자 진(晉)나라의 조성자(趙成子:조최)는 여러 대부들에게 말했

다. "진(秦)나라 군사가 또 싸움을 걸어 올 것인데, 그때엔 반드시 그 군사를 피해야 할 것입니다. 맹명은 싸움에 지고 두려워하는 태도를 취하여서는 덕을 쌓고 있으니, 그를 당해낼 수가 없습니다. 시(詩)에 이르기를, '그대의 조상 생각지 않으랴마는 이에 덕을 닦을지어다.'라고 했습니다. 맹명은 이것을 염두에 두어 생각하여, 덕 닦을 것을 생각해서 게을리하지 않고 있습니다. 그러니 그를 적으로 삼아 대적할 수가 있습니까?"

정축날에 희공이 신주를 마련했다는 것은, 제때가 아니었음을 써 말한 것이다.

진(晉)나라 사람이 우리 노나라 군주 문공이 진나라 군주를 찾아가 뵙지 않았다고 와 책망하자, 문공은 진나라로 갔다. 여름 4월 기사날에, 진나라 사람은 대부인 양처보(陽處父)에게 문공과 맹서하게 하여, 문공을 부끄럽게 했다. 경문에다(공이 진나라의 처보와 맹서하였다고 쓰지 않고) 진나라의 처보와 맹서하였다고만 쓴 것은, 그 일을 좋지 못하게 여겨서였고, 문공이 진나라에 간 일을 쓰지 않은 것은, 그 일을 꺼려서였다. 문공이 진나라로부터 아직 돌아오지 않았는데도, 6월에 목백(穆伯 : 공손오)이 제후들 및 진나라 사공이었던 사곡(士穀)과 회합을 갖고, 수롱(垂隴)에서 맹서한 것은, 진나라가 위나라를 치는 일로써였다. 그리고 경문에 진나라 사곡이라고 이름을 밝히어 쓴 것은, 그가 그 일을 잘 해내었기 때문이다.

진(陳)나라 군주인 후작이, 위나라를 위하여 진(晉)나라에 대해서 화해하기를 청함에 있어, 공달(孔達)을 잡아서 말하게 하였다.

▌주해▐　○重施於民(중시어민)－백성들에게 많은 덕을 베풂.

　○詩曰(시왈)－《시경》 대아 문왕편(文王篇)의 구절.

　○書不時也(서불시야)－신주는 졸곡(卒哭) 뒤에 하는 것이다. 그런데 문공 원년에 희공의 장례식을 치르고 이미 열달이 지났는데, 그때서야 신

주를 마련한 것은, 너무나 늦은 일이었다. 그래서 제때가 아니었다고 써 말한 것이다.

o 夏四月己巳(하사월기사) — 경문에는 '삼월을사(三月乙巳)'로 되어, 서로 맞지 않다. 어느 쪽이 잘못된 것이다.

秋八月丁卯(추팔월정묘)에, 大事于大廟(대사우태묘)하여 躋僖公(제희공)하니 逆祀也(역사야)라 於是(어시)에 夏父弗忌爲宗伯(하보불기위종백)이라 尊僖公(존희공)하고 且明見曰(차명현왈), 吾見新鬼大(오견신귀대)하고 故鬼小(고귀소)라 先大後小(선대후소)는 順也(순야)요 躋聖賢(제성현)은 明也(명야)이며 明·順禮也(명·순예야)라 君子以爲失禮(군자이위실례)라하고 禮無不順(예무불순)이요 祀國之大事也(사국지대사야)라 而逆之(이역지)를 可謂禮乎(가위례호)아 子雖齊聖(자수제성)이라도 不先父食久矣(불선부식구의)라 故(고)로 禹不先鯀(우불선곤)하고 湯不先契(탕불선설)하며 文·武不先不窋(문·무불선부줄)이라 宋祖帝乙(송조제을)하고 鄭祖厲王(정조려왕)에 猶上祖也(유상조야)라 是以魯頌曰(시이로송왈), 春秋匪解(춘추비해)하고 享祀不忒(향사불특)이라 皇皇后帝(황황후제)요 皇祖后稷(황조후직)이라 君子曰禮(군자왈례)라하니 謂其后稷親而先帝也(위기후직친이선제야)라 詩曰(시왈), 問我諸姑(문아제고)하고 遂及伯姉(수급백자)하리라 君子曰禮(군자왈례)라하니 謂其姉親而先姑也(위기자친이선고야)라 仲尼曰(중니왈), 臧文仲(장문중)은 其不仁者三(기불인자삼)하고 不知者三(부지자삼)이라 下展禽(하전금), 廢六關(폐륙관), 妾織蒲(첩직포)는 三不仁也(삼불인야)요 作虛器(작허기), 縱逆祀(종역사), 祀爰居(사원거)는 三不知也(삼부지야)라

冬(동)에 晉先且居·宋公子成·陳轅選·鄭公子歸生(진선저거·송공자성·진원선·정공자귀생)이, 伐秦(벌진)하여 取汪(취왕)하고 及彭衙而還(급팽아이환)하여 以報彭衙之役(이보팽아지역)이라 卿不書(경불서)는 爲穆公故尊秦也(위목공고존진야)라 謂之崇德(위지숭덕)이라

양 중 여 제 납 폐　예 야　범 군 즉 위　호 구 생　수 혼 인
襄仲如齊納幣,는 禮也.라 凡君卽位,에 好舅甥,하고 脩婚姻,하

취 원 비　이 봉 자 성　효 야　효 례 지 시 야
여 娶元妃,하여 以奉粢盛,은 孝也.라 孝禮之始也.라

　가을 8월 정묘날에, 태묘에 길체(吉禘)의 큰 제사를 지내어, 희공을
앞 군주보다 높여 합사(合祀)했는데, 그것은 순서를 어긴 제사였다.
이때 하보불기(夏父弗忌)가 종묘(宗廟)를 장악하는 벼슬의 장(長)이
었다. 문공은 희공을 높이고, 그리고 귀신을 확실히 보았다고서 말하
기를, "나는 새 신(희공의 신)이 나이가 많고, 전에 돌아가신 분의 신
이 나이가 적은 것을 보았다. 나이가 많은 분을 앞세우고, 나이 적은
분을 뒤에 세움은 일의 순서이고, 어진 분을 위로 높임은 도리를 밝
힘이며, 도리를 밝히고 순서를 차림은 예에 맞는 일이다."라고 했다.
군자(君子)는 이 일에 대해서, 예를 어긴 것이라 여겨서는 다음과 같
이 말했다. "예에는 순서를 따르지 않음이 없고, 제사는 나라의 큰 일
이다. 그런데 그 순서를 어김을 예라 할 수 있을 건가? 아들이 비록
어질다 하더라도, 아버지보다 먼저 제사를 받지 않는다는 법도는 쓰
인 지가 오래다. 그래서 우(禹)임금은 아버지인 곤(鯀)보다 먼저 제사
를 받지 않았고, 은(殷)나라 탕왕(湯王)은 그의 조상인 설(契)보다 먼
저 제사를 받지 않았으며, 주(周)나라 문왕(文王)·무왕(武王)은 선조
인 부줄(不窋)보다 먼저 제사를 받지 않았다. 송(宋)나라는 제을(帝
乙)을 조상으로 삼고, 정나라는 주(周)의 여왕(厲王)을 조상으로 삼는
데도, 역시 조상으로 떠받든다. 그러므로 노송(魯頌)에 이르기를, '춘
추의 제사 지냄을 게을리하지 않고, 제사의 예법에 어긋남이 없게 하
는도다. 아름답고 위대한 하늘에 제사 지내고, 위대한 우리의 조상 후
직에게 제사 지내는도다.'라 했다. 이를 두고 군자는 예의에 부합된다
고 말했으니, 그것은 후직은 친(親)조상이지만 천제(天帝), 즉 하늘을
먼저 제사 지냈음을 칭찬하여 말한 것이다. 그리고 시(詩)에 이르기

를, '내 고모님을 찾고, 그 다음에는 큰누님을 찾으리라.'라고 했다. 이
것을 두고 군자는 예의에 부합된 것이라 말했으니, 그것은 누님은 친
형제간이지만, 촌수가 위인 고모를 먼저 찾는 것을 칭찬해서 말한 것
이다. 공자(孔子)께서 말씀하시기를, '장문중은 어질지 못함이 세 가
지 있고, 예의에 대해서 알지 못한 것이 세 가지 있었다. 전금(展禽)
이 어진 사람인데도 그의 지위를 떨어뜨리고, 여섯 관문(關門)을 폐
지하며, 안집의 여자들에게 자리를 짜게 한 것은, 그의 세 가지 어질
지 못한 점이고, 신분에 어울리지 않는 쓸데없는 것을 만들고, 거꾸로
순서를 어기어 제사 지냄을 허락했으며, 원거(爰居)라는 바다의 새에
게 제사를 지낸 것은 그가 예의를 모른 세 가지 점이다.'라고 했다."

겨울에, 진(晉)나라의 선저거(先且居)·송나라 공자 성(成)·진(陳)
나라 원선(轅選)·정나라 공자 귀생(歸生) 등이 진(秦)나라를 쳐, 왕
(汪) 땅을 빼앗고, 팽아(彭衙)까지 쳐들어갔다가 돌아와, 전의 팽아
싸움의 분풀이를 했다. 경문(經文)에 각국의 경(卿)들 이름을 쓰지 않
은 것은, 진(秦)나라 군주인 목공(穆公)을 위하는 이유로써 진(秦)나
라를 높여서였다. 이 방법을 덕(德)을 존숭(尊崇)하는 식이라 이른다.

노나라 양중(襄仲)이 제나라로 가 납폐를 한 것은 예에 맞는 일이
었다. 무릇 군주가 즉위하여서는, 아저씨가 되고 조카가 되는 나라와
사이 좋게 하고, 서로 혼인을 맺어 정부인(正夫人)을 맞이하여, 제물
(祭物)의 곡식을 담아 받들어 올려 제사 지냄은, 곧 효도(孝道)이다.
효(孝)는 예(禮)의 근본이다.

주해 ㅇ宗伯(종백)–종묘의 제사 일을 장악하는 벼슬의 장(長).
ㅇ契(설)–은(殷) 탕왕(湯王)의 13세조라 한다.
ㅇ不窋(부줄)–주(周) 왕가(王家)의 선조였다 한다.
ㅇ魯頌(노송)–《시경》송(頌)의 삼송(三頌)의 하나로, 노(魯)나라 궁중에
서 제사 지낼 때 부른 시를 노송이라 한다. 여기에 든 구절은, 노송 비
궁편(閟宮篇)의 구절이다.

○詩曰(시왈)-《시경》 풍시(風詩 : 민요시)의 패풍(邶風 : 패나라 민요) 천수편(泉水篇)의 구절.

○展禽(전금)-유하혜(柳下惠).

○廢六關(폐육관)-여섯 관문을 철폐해서, 나쁜 사람들이 자유로이 출입할 수 있게 했음을 말한다.

○妾織蒲(첩직포)-집안의 여자들에게 자리를 짜게 하여, 서민들과 이익을 다투었음을 말한다.

○作虛器(작허기)-허기(虛器)는 신분에 알맞지 않은 쓸데없는 기물을 말한다. 큰 거북을 조상 사당에 감추었고, 방안의 기둥에다 산(山) 모양을 조각하고, 또 대들보 위에 세운 기둥에 물풀[水藻] 모양의 그림을 그리는 등의 짓을 함을 말한다.

○逆祀(역사)-문공이 희공을 그 전의 군주 민공(閔公)보다 윗대로 올려 제사 지냈음을 말한다.

○爰居(원거)-해조(海鳥) 이름. 당시에 이 새가 노나라 도읍의 동문(東門) 밖에 날아와 사흘을 머무르자, 장문중은 사람을 시켜 그 새에게 제사를 지냈다.

○汪(왕)-진(秦)나라 지명으로, 지금의 섬서성 백수현(白水縣) 경계.

○爲穆公故尊秦也(위목공고존진야)-진나라 목공은 덕 있는 군주인데, 그 덕 있는 군주를 친 것은 잘못이기에, 진나라를 높이었다는 것이다.

○卿不書(경불서)-경문에 각국 사람을 밝히지 않고, 다만 '진인송인진인정인(晉人宋人陳人鄭人)'이라 적은 것을 말한다.

○粢盛(자성)-신에게 올리기 위하여 그릇에 담은 곡물(穀物).

經┃ ○三年春王正月,에 叔孫得臣會晉人·宋人·陳人·衛人·鄭人,하여 伐沈,에 沈潰.라

삼년춘왕정월 숙손득신회진인 송인 진인 위인 정인 벌침 침궤

○夏五月,에 王子虎卒.이라

하오월 왕자호졸

○秦人伐晉.이라

진인벌진

○ 秋^추,에 楚人圍江^{초인위강}.이라

○ 雨螽于宋^{우종우송}.이라

○ 冬^동,에 公如晉^{공여진}.이라

○ 十有二月己巳^{십유이월기사},에 公及晉侯盟^{공급진후맹}.이라

○ 晉陽處父帥師^{진양처보솔사},하여 伐楚^{벌초},하여 以救江^{이구강}.이라

3년 봄 천자가 쓰는 역으로 정월에, 숙손득신(叔孫得臣)이 진(晉)나라 사람·송나라 사람·진(陳)나라 사람·위나라 사람·정나라 사람들과 회합을 갖고, 침(沈)나라를 쳐서, 침나라가 궤멸(潰滅)되었다.

여름 5월에 왕자 호(虎)가 세상을 떠났다.

진(秦)나라 사람이 진(晉)나라를 쳤다.

가을에, 초나라 사람이 강(江)나라를 포위했다.

송나라에 메뚜기가 비오듯 떨어져 죽었다.

겨울에, 문공이 진(晉)나라에 갔다.

12월 기사날에, 문공과 진나라 군주인 후작이 맹서하였다.

진(晉)나라의 양처보(陽處父)가 군사를 거느리고 초나라를 쳐서, 강나라를 구했다.

│주해│ ○沈(침)-국성(國姓)이 희(姬)였고, 군주의 작은 자작이었다. 지금의 하남성 여남현(汝南縣) 동남방에 위치했다고도 하고, 또 안휘성 부양현(阜陽縣) 서북방에 위치했다고도 한다.

○王子虎(왕자호)-주나라 장왕(莊王)의 아들로, 희왕(僖王)의 동생.

○十有二月己巳(십유이월기사)-12월 24일.

│傳│ 三年春^{삼년춘},에 莊叔會諸侯之師^{장숙회제후지사},하여 伐沈^{벌침},은 以其服於楚也^{이기복어초야}.라

沈潰.라 凡民逃其上曰潰,요 在上曰逃.라

衛侯如陳,하여 拜晉成也.라

夏四月乙亥,에 王叔文公卒.이라 來赴,에 弔如同盟,은 禮也.라

秦伯伐晉,에 濟河焚舟,하고 取王官及郊,나 晉人不出,하니 遂

自茅津濟,하여 封殽尸而還.이라 遂霸西戎,하니 用孟明也.라 君

子是以知秦穆之爲君也.라 擧人之周也,에 與人之壹也.라 孟明

之臣也,는 其不解也,에 能懼思也.라 子桑之忠也,는 其知人也,

에 能擧善也.라 詩曰, 于以采蘩,하오니 于沼于沚.로다 于以用

之,에 公侯之事.로다 秦穆有焉.이라 夙夜匪解,하여 以事一人.이

라 孟明有焉.이라 詒厥孫謀,하여 以燕翼子.라 子桑有焉.이라

秋,에 雨螽于宋,은 隊而死.라

楚師圍江,하니 晉先僕伐楚,하여 以救江.이라 冬,에 晉以江故

告于周.라 王叔桓公·晉陽處父,가 伐楚,하여 以救江,에 門于方

城,이라가 遇息公子朱而還.이라

晉人懼其無禮於公也,에 請改盟.이라 公如晉,하여 及晉侯盟.이

라 晉侯饗公,에 賦菁菁者莪.라 莊叔以公降拜曰, 小國受命於大

國,에 敢不愼儀.리오 君貺之以大禮,에 何樂如之.리이까 抑小國

之樂,은 大國之惠也.이오니다 晉侯降辭,하고 登成拜.라 公賦嘉

락
樂.이라

3년 봄에, 장숙(莊叔 : 叔孫得臣)이 제후들과 회합을 가져 침나라를 친 것은 침나라가 초나라에 복종해서였다. 그리하여 침나라가 궤멸되었다. 무릇 백성들이 그들의 군주에게서 떨어져 도망하는 것을 궤(潰)라 하고, 나라의 군주가 백성을 뒤에 두고 떠난 데 대해서는 도(逃)라고 이른다.

위나라 군주인 후작이 진(陳)나라로 가서 진(晉)나라와 화목하게 된 일에 대해서 감사드렸다.

여름 4월 을해날에, 왕숙문공(王叔文公)이 세상을 떠났다. 부고가 오니, 노나라가 동맹국(同盟國)의 군주에 대해서 취하는 태도로 조문을 한 것은 예의에 맞았다.

진(秦)나라의 군주인 백작이 진(晉)나라를 치니, 황하(黃河)를 건너서 타고 간 배를 불에 태우고, 왕관(王官) 땅을 쳐 빼앗고, 진나라 도읍의 교외(郊外)까지 육박했다. 그러나 진(晉)나라 사람이 싸우러 나오지 않아, 결국은 모진(茅津)에서 황하를 건너, 전에 효(殽) 싸움에서 죽은 사람들의 시체를 거두어 무덤을 쌓고 돌아갔다. 그리고는 서방(西方) 오랑캐들의 지배자가 되었는데, 그것은 맹명(孟明)을 등용하여 정치를 하였기 때문이다. 군자(君子)는 이로써 진나라 목공은 군주 노릇 하는 도를 잘 알았다고 다음과 같이 말했다. "사람을 등용함이 용의주도하여, 쓴 사람을 신뢰하면 끝내 변하지 않았다. 맹명은 신하 노릇을 함에 있어, 자기의 할 일에 게을리하지 않았고, 언제나 일에 대해서 아주 근신하고 깊이 생각하였다. 그리고 자상(子桑)은 충성스러워 사람을 잘 알아보아, 좋은 사람을 천거했다. 시에 이르기를, '번(蘩)나물을 캐니, 못에서 캐고 물가에서 캐는도다. 이것을 캐어 공후(公侯)의 제사에 올리는도다.'라 했는

쑥[蘩]

데 정성들여 나물을 캐는 사람과 같은 이로는, 맹명을 등용한 목공이 있다. 그리고 '아침 일찍부터 저녁까지 일을 게을리하지 않고, 단지 한 사람만을 섬기는도다.'라고 하였는데, 그런 사람의 예로는 맹명이 있다. 그리고 또, '그의 자손을 위하여 계책(計策)을 꾸며, 자손이 편안토록 지키는도다.'라 하였는데, 그 사람과 같은 예로는 자상이 있도다."

가을에 송나라에 메뚜기가 비같이 내렸다는 것은 메뚜기 떼가 떨어져 죽었다는 것이다.

초나라 군사가 강나라를 에워싸니, 진(晉)나라의 선복(先僕)이 초나라를 쳐서, 강나라를 구했다. 겨울에 진나라가 강나라의 일을 주(周)나라에 고해 올렸다. 왕숙환공(王叔桓公)과 진나라의 양처보(陽處父)가 초나라를 쳐서 강나라를 구하러, 방성(方城)의 성문에 다다랐다가, 초나라의 식공자 주(朱)의 군대를 만나게 되어서 돌아갔다.

진(晉)나라 사람이, 전에 노나라 문공에게 무례한 짓 했음을 두려워하여, 다시 맹서하기를 청했다. 그래서 문공이 진나라로 가서 진나라 군주인 후작과 맹서하였다. 진나라 군주가 문공을 대접하는 잔치를 베풀고, 청청자아(菁菁者莪) 시를 읊었다. 그러자 장숙(莊叔)은 문공을 모시고 뜰 아래로 내려가 절하며 말하기를, "작은 나라가 큰 나라한테 명(命)을 받음에 있어, 감히 근신하는 거동을 취하지 않으오리까? 군주께서 저희들에게 대접해 주심에 큰 예로써 하시오니, 어떠한 즐거움이 이같으오리까? 대저 작은 나라의 저희들이 즐거워함은 이 큰 나라의 은혜이옵니다."라고 했다. 그러자 진나라 군주는 뜰로 내려가 사양하고, 같이 올라가 서로 배례(拜禮)했다. 그때 문공은 가락(嘉樂)의 시를 읊었다.

주해 ○四月乙亥(사월을해)-4월 15일. 경문에는 5월로 되어 있다. 그것은 부고를 받은 날을 적었기에, 착오가 생긴 것 같다.
○王叔文公(왕숙문공)-왕자 호(虎).

o 焚舟(분주)-결사(決死)의 각오였기에 타고 간 배를 태웠다.

o 王官(왕관)-진(晉)나라 지명으로, 지금의 산서성 임진현(臨晉縣) 동남
쪽 땅.

o 茅津(모진)-남북의 두 하안(河岸)에 있어, 지금의 산서성 평륙현(平陸
縣) 서남쪽에 있는 모진은 북안(北岸)에 있는 모진이고, 하남성 섬현
(陝縣) 서북쪽의 모진은 남안(南岸)의 모진으로 여기에서는 남안의 모
진을 말한다.

o 擧人之周也(거인지주야)-사람을 등용함이 용의주도함.

o 于以采蘩(우이채번)-《시경》 풍(風) 소남(召南)의 채번편(采蘩篇) 구절.

o 夙夜匪解(숙야비해)-《시경》 대아(大雅) 증민편(蒸民篇)의 구절. 이 구절
을 인용한 것은, 맹명이 목공에게 충성을 다 바쳤음을 칭찬하기 위해서였다.

o 詒厥孫謀(이궐손모)-《시경》 대아 문왕유성편(文王有聲篇)의 구절. 이
시구를 인용한 것은, 자상(子桑)이 맹명을 천거해서, 진(秦)나라를 번영
케 했다는 것을 말하기 위해서였다.

o 菁菁者莪(청청자아)-《시경》 소아(小雅)의 시편(詩篇) 이름. 이 시는
덕 있는 군자(君子)를 만났음을 즐거워한 내용으로 되어 있다. 진나라
군주는 이 시를 읊어 노나라의 문공을 시에 말한 군자에 비유하고, 덕
있는 분을 만나 즐겁다는 뜻을 나타낸 것이다.

o 嘉樂(가락)-《시경》 대아 가락편(嘉樂篇)의 시를 말한다. 이 시는 아름
다운 군자가 훌륭한 덕을 지녀, 백성들이나 관리들한테 존경받고, 하늘
한테 복과 도움을 받는다고 찬양한 것이다. 노나라 문공이 이 시를 노
래 부른 것은, 진나라 군주가 덕이 있다고 찬양하기 위해서였다.

經 | o四年春,에 公至自晉.이라

o夏,에 逆婦姜于齊.라

o狄侵齊.라

o秋,에 楚人滅江.이라

진후벌진
○晉侯伐秦.이라

위후사녕유래빙
○衛侯使甯兪來聘.이라

동십유일월임인   부인풍씨훙
○冬十有一月壬寅,에 夫人風氏薨.이라

4년 봄에, 공이 진(晉)나라로부터 돌아왔다.

여름에 제나라로부터 부강(婦姜)을 맞이했다.

적(狄) 오랑캐가 제나라를 침범했다.

가을에, 초나라 사람이 강나라를 멸망시켰다.

진(晉)나라 군주인 후작이 진(秦)나라를 쳤다.

위나라 군주인 후작이 영유(甯兪)로 하여금 예물을 가지고 찾아오
게 했다.

겨울 11월 임인날에, 부인 풍씨(風氏)가 훙거(薨去)했다.

주해 | ○婦姜(부강)─문공(文公)의 부인.

○十有一月壬寅(십유일월임인)─월일(月日)에 착오가 있는 듯하다. 어느
날이었는지 불명(不明).

○夫人風氏(부인풍씨)─장공(莊公)의 부인[첩]으로, 희공(僖公)의 어머니
인 성풍(成風).

사년춘   진인귀공달우위   이위위지량야   고   면
傳 | 四年春,에 晉人歸孔達于衛,하니 以爲衛之良也.라 故로 免

지   하   위후여진배   조백여진   회정
之.라 夏,에 衛侯如晉拜.라 曹伯如晉,하여 會正.이라

역부강우제   경불행   비례야   군자시이지출강지불
逆婦姜于齊,에 卿不行.이라 非禮也.라 君子是以知出姜之不

윤어로야   왈   귀빙이천역지   군이비지   입이폐지
允於魯也.라 曰, 貴聘而賤逆之,는 君而卑之,하고 立而廢之.라

기신이괴기주   재국필란   재가필망   불윤의재
棄信而壞其主,하니 在國必亂,하고 在家必亡.이라 不允宜哉.로다

詩曰, 畏天之威,하여 于時保之.라하니 敬主之謂也.라

秋,에 晉侯伐秦,하여 圍邧新城,하여 以報王官之役.이라

楚人滅江,에 秦伯爲之降服,하고 出次,하여 不擧,하고 過數.라

大夫諫,하니 公曰, 同盟滅,에 雖不能救,나 敢不矜乎.아 吾自懼

也.로다 君子曰, 詩云,하되 惟彼二國,이 其政不獲.이라 惟此四

國,이 爰究爰度.이라하니 其秦穆之謂乎.아

4년 봄에, 진(晉)나라 사람이 공달(孔達)을 위나라로 돌려보내 주었으니, 그것은 공달이 위나라의 선량한 신하라고 여겨서였다. 그랬기에 그를 용서했다. 여름에 위나라의 군주인 후작이 진나라로 가서 사례했다. 조(曹)나라 군주인 백작이 진나라로 가서 천자에게 바칠 것을 정하는 회합에 참가했다.

(문공의 부인) 부강(婦姜)을 제나라에서 맞이함에, 경(卿)이 가지 않았다. 그것은 예가 아니었다. 군자(君子)는 이 일로 출강(出姜 : 婦姜)이 노나라에서 존경받지 못할 것이라 여겼다. 그래서 말했다. "귀한 이[공자 수]가 납폐했는데도 지위가 낮은 사람이 가 맞이한 것은, 소군(小君 : 부인)인데도 얕잡아보고, 군주의 부인으로 책립(冊立)했다가 폐위한 것이 된다. 신의를 버리고 군주의 부인을 상처 입게 했으니, 이런 일을 하면 나라에 있어서는 반드시 어지러워지고, 집안에 있어서는 반드시 망하게 된다. 그러니 부강이 나라 사람들한테 존경받지 못한다는 것은 마땅한 일이다. 시에 이르기를, '하늘을 무서워하여 이에 그를 중히 여기는도다.'라 했으니, 이는 부인을 존경한다는 것을 말한 것이다."

가을에, 진(晉)나라 군주가 진(秦)나라를 쳐서 원(邧)과 신성(新城)

을 포위해서, 왕관(王官)에서 싸웠던 일에 대해 보복했다.

초나라 사람이 강(江)나라를 멸망시키자, 진(秦)나라 군주인 백작은 강나라를 위하여, 군주의 화려한 옷 대신에 흉한 일을 당했을 때 입는 소복을 입고, 궁전에서 나가 머무르며 좋은 음식을 들지 않고서, 예의에 맞게 지켜야 할 일수(日數)보다 더 많은 날을 두고 슬퍼했다. 그러자 대부가 그러지 말라고 충간하니 군주는 말하기를, "동맹국이 멸망되었는데, 비록 구할 수는 없을 망정 어찌 슬퍼하지 않을 것이오? 나는 지금 내 자신 그런 꼴을 당할까 하고 두려워하는 거요."라고 했다. 군자는 말하기를, "시에 이르기를, '저 두 나라가 그 정사(政事)가 옳지 못해 망했도다. 그러니, 사방의 나라는 자기 나라 생각하고 장래를 헤아리네.'라고 했는데, 그것은 진나라 목공(穆公) 같은 이를 두고 이른 것인가?"라고 했다.

주해 ○孔達(공달)─문공 2년조에 나왔다.

○會正(회정)─천자에게 바칠 공부(貢賦)를 정하는 회합에 출석함.

○出姜(출강)─제나라에서 시집간 노나라 문공의 부인이, 국민들의 존경을 받지 못하고, 문공이 죽은 뒤에 제나라로 돌려보내졌기에 출강이라 말했다.

○貴聘(귀빙)─문공 2년 겨울에, 노나라 경(卿)인 공자 수(遂)가 제나라에 가 납폐했던 일을 말한다.

○其主(기주)─주(主)는 내주(內主 : 안주인), 즉 부인을 말한다.

○詩曰(시왈)─《시경》송(頌) 주송(周頌) 아장편(我將篇).

○降服(강복)─화려한 옷을 벗고, 상을 당하여 입는 소복(素服)을 입는 것을 말한다.

○出次(출차)─군주가 거처하는 정침(正寢)을 떠나 다른 곳에서 지냄.

○不擧(불거)─좋은 음식을 먹지 않음.

○過數(과수)─이웃 나라의 군주가 죽었을 때는 3일 간의 애도(哀悼)하는 예를 취하는 것이 예법으로 되어 있었다. 그런데 그보다 더 했다는 것이다.

○詩云(시운)-《시경》대아 황의편(皇矣篇)의 구절.

衛甯武子來聘,에 公與之宴,하여 爲賦湛露及彤弓,이나 不辭,하고 又不答賦.라 公使行人私焉,하니 對曰, 臣以爲肄業及之也.였나이다 昔,에 諸侯朝正於王,에 王宴樂之,하고 於是乎賦湛露,하였사오니 則天子當陽,하고 諸侯用命也.이오니다 諸侯敵王所愾,하여 而獻其功,에 王於是乎賜之彤弓一·彤矢百·玈弓十·玈矢千,하여 以覺報宴.이었나이다 今, 陪臣來繼舊好,에 君辱貺之,나 其敢干大禮,하여 以自取戾.이오리까

冬,에 成風薨.이라

위나라의 영무자(甯武子)가 예물을 가지고 찾아오자, 공이 그와 잔치를 벌여 잠로시(湛露詩)와 동궁시(彤弓詩)를 노래 불렀으나, 영무자는 감사하다는 말을 하지 않고, 또 응답하는 노래도 부르지 않았다. 공이 외국의 사자(使者)를 접대하는 일을 맡고 있는 관원에게 가만히 그 이유를 묻게 했더니, 영무자는 대답하였다. "신(臣)은 다만 누가 노래 부름을 연습하여 부르는 걸로 여기었나이다. 옛날에, 제후들이 정월에 천자를 찾아 뵈는 데 있어, 제후들에게 잔치를 베풀어 즐기시고, 그 자리에서 잠로시를 노래 부르시었는데, 그 시의 뜻은 천자는 초목을 적신 이슬을 마르게 하는 태양에 해당하고, 제후는 천자의 명을 받아 시행한다는 것이옵니다. 그리고 제후들이 천자께 분개하시는 상대를 정벌하여 그 공을 드리니, 천자께서는 그 마당에 제후들에게 붉은 칠을 한 활 하나·붉은 칠을 한 화살 백·검은 칠을 한 활 열·

검은 칠을 한 화살 천 개씩을 하사하셔서, 공에 보답하는 잔치임을 명시(明示)했던 것이옵니다. 이제 군주를 모시고 있는 신이 옛날부터의 우호 관계를 지속케 하여, 군주께서 황공스럽게도 노래 불러 주셨사오나, 신이 감히 큰 예(禮)를 범해서, 스스로 죄 받을 일을 하오리까?"

겨울에, 성풍(成風)이 홍거(薨去)했다.

주해 │ ㅇ 湛露(잠로)—《시경》 소아의 시편(詩篇). 《시경》의 소서(小序)에는 천자가 제후들을 대접하여 잔치를 하는 것을 읊은 시라 했다.
ㅇ 彤弓(동궁)—《시경》 소아의 시편. 《시경》 소서에는 이것 또한 천자가 제후들을 대접하여 잔치를 하는 것을 읊은 시라 했다.
ㅇ 私(사)—가만히 물어봄.
ㅇ 臣以爲肄業及之也(신이위이업급지야)—노나라의 누군가가 《시경》의 시를 노래 부름을 연습하여 그 시를 노래 부른 것으로 여기었다고 시치미를 뗀 말이다.
ㅇ 朝正(조정)—정월에 제후가 천자를 찾아 뵈는 것.
ㅇ 覺(각)—명시(明示)함.

經 │ ㅇ 오년춘왕정월
五年春王正月,에 왕사영숙귀함차봉
王使榮叔歸唅且賵.하시다
ㅇ 삼월신해
三月辛亥,에 장아소군성풍
葬我小君成風.이라
ㅇ 왕사소백래회장
王使召伯來會葬.하시다
ㅇ 하
夏,에 공손오여진
公孫敖如晉.이라
ㅇ 진인입약
秦人入鄀.이라
ㅇ 추
秋,에 초인멸륙
楚人滅六.이라
ㅇ 동시월갑신
冬十月甲申,에 허남업졸
許男業卒.이라

5년 봄 천자가 쓰는 정월에, 천자께서 영숙(榮叔)을 시켜 돌아가신 분의 입에 넣는 쌀과 재물, 그리고 죽은 분을 위해 수레와 말을 보내 주셨다.

3월 신해날에, 우리나라의 군주 부인인 성풍(成風)을 장사 지냈다. 천자께서 소(召) 땅의 군주인 백작에게 와 장례식에 참석케 하였다.

여름에, 공손오(公孫敖)가 진(晉)나라에 갔다.

진(秦)나라 사람이 약(鄀)나라로 쳐들어갔다.

가을에, 초나라 사람이 육(六)나라를 멸망시켰다.

겨울 10월 갑신날에, 허나라의 군주인 남작 업(業)이 세상을 떠났다.

주해 | ○哈(함)—죽은 사람의 입에 물리는 구슬.

○賵(봉)—죽은 이를 위하여 보내는 수레와 말 같은 것.

○三月辛亥(삼월신해)—3월 13일.

○小君成風(소군성풍)—소군은 군주의 부인. 성풍은 희공의 생모로, 성(成)은 죽은 뒤에 내린 이름.

○召伯(소백)—소(召) 땅을 차지하고 있던 소공(昭公)으로, 당시에 주나라 경사(卿士)로 있었다.

○鄀(약)—나라 이름. 희공 25년조에 나왔다.

○六(육)—나라 이름. 지금의 안휘성 육안현(六安縣) 북방에 위치했다. 고요(皐陶)의 자손의 나라라 했고, 군주의 성은 언(偃).

○十月甲申(시월갑신)—10월 20일.

傳 | 五年春王正月,에 使榮叔來歸唅且賵,하시고 召昭公來會葬, 하심은 禮也.라

初,에 鄀叛楚卽秦,이라가 又貳於楚,하니 夏,에 秦人入鄀.이라

六人叛楚卽東夷,하니 秋,에 楚成大心·仲歸帥師滅六.이라

冬,에 楚公子燮滅蓼.라 臧文仲聞六與蓼滅曰, 皋陶·庭堅,이
不祀忽諸.라 德之不建,에 民之無援,은 哀哉.라
晉陽處父聘于衛,하여 反過甯.이라 甯嬴從之,라가 及溫而還.이
라 其妻問之,하니 嬴曰, 以剛.이라 商書曰, 沈漸剛克,하고 高明
柔克.이라 夫子壹之,하니 其不沒乎.인저 天爲剛德,이나 猶不干
時,어늘 況在人乎.아 且華而不實,하여 怨之所聚也.라 犯而聚怨,
하니 不可以定身.이라 余懼不獲其利而離其難.이라 是以去之.라
晉趙成子·欒貞子·霍伯·白季皆卒.이라

5년 봄 천자가 쓰는 역으로 정월에, 천자께서 영숙(榮叔)을 시켜 구슬과 수레와 말을 보내시고, 소나라 소공(昭公)으로 하여금 장례식에 참석케 하신 것은, 예에 맞는 일이었다.

전에, 약(鄀)나라가 초나라를 배반하고 진(秦)나라에 복종했다가, 다시 초나라에 대해서도 호감을 보이어 두 마음을 가지니, 여름에 초나라 사람이 약나라로 쳐들어갔다.

육(六)나라 사람이 초나라를 배반하고 동방(東方)에 있는 이(夷) 오랑캐에 복종하니, 가을에 초나라의 성대심(成大心)과 중귀(仲歸)가 군사를 거느리어 육나라를 멸망시켰다.

겨울에 초나라 공자 섭(燮)이 요(蓼)나라를 멸망시켰다. 노나라의 장문중(臧文仲)이 육나라와 요나라가 멸망되었다는 것을 듣고 말하기를, "육나라의 선조인 고요(皋陶)와 요나라의 조상인 정견(庭堅)은 제사를 받아먹지 못하게 나라가 홀연히도 멸망했구나. 두 나라의 군주가 덕을 밝히지 못하여, 백성들이 돕지 않았음은 슬픈 일이로다!"라

고 했다.

진(晉)나라의 양처보가 위나라를 찾아가다가 영(甯) 땅을 지났다. 영 땅의 영(嬴)이라는 자가 양처보를 따라갔다가, 온(溫) 땅에 이르러서는 되돌아갔다. 그의 아내가 그 까닭을 물었더니, 영은 말했다. "그분의 성질이 사납고 강해서였소. 상서(商書)에 이르기를, '성질이 소극적이면 사납고 강한 성질로써 고치고, 성질이 적극적이고 강하면 부드럽고 약한 성질로써 교정한다.'고 했소. 그런데 그 어른은 다만 사납고 강한 성질로만 버티니, 그분은 옳은 죽음을 못할 것 같소. 하늘은 사납고 강한 덕을 지니고 있으면서도, 사시절(四時節)의 순서를 어긋나게 하지 않는데, 하물며 인간에게 있어서야 다시 말할 것이 있겠소? 그리고 그분은 겉으로야 그럴듯하지만 속으로는 덕이 없어서, 다른 사람들의 원망을 집중시키고 있소. 그 어른은 사납고 강한 성질로 다른 사람들을 범(犯)해서 원망을 모으고 있으니, 몸을 안전하게 보존할 수가 없는 거요. 나는 아무런 이익도 얻지 못하고 그분의 재난에 걸려들 것을 두려워했소. 그래서 나는 그분의 옆을 떠나 돌아온 것이오." 진(晉)나라의 조성자(趙成子 : 조최)·난정자(欒貞子 : 난지)·곽백(霍伯 : 선저거)·구계(臼季 : 서신)가 다 세상을 떠났다.

▌주해┃ ○蓼(요)-지금의 안휘성 고시현(固始縣) 동북방에 위치한 나라로, 군주의 성은 언(偃).

　○忽諸(홀저)-홀연히 망했다는 뜻을 지녔다. 여기에서 '저(諸)'는 뜻이 없는 조사다.

　○德之不建(덕지불건)-군주로서 밝은 덕을 닦지 않음.

　○甯(영)-진(晉)나라 지명으로 지금의 하남성 획가현(獲嘉縣) 땅.

　○嬴(영)-양처보가 쉬었던 집 주인의 이름.

　○商書(상서)-《상서(尚書)》의 홍범(洪範)을 지칭한다.

　○沈漸剛克(침점강극)-침점은 성질이 소극적이어서 활발하지 못함을 말한다. 강극은 강한 기운으로 고침.

o 高明柔克(고명유극)-고명은 성질이 적극적이고 강한 것을 말함이고, 유극은 부드럽고 약한 기질로 고침.

o 夫子壹之(부자일지)-부자는 양처보를 존칭한 말로, 그 어른이고, 일지 는 강한 성질 부림이 '한결같음'.

o 其不沒乎(기불몰호)-'그분은 좋게 죽지 못할 것이다'라는 말.

o 華而不實(화이불실)-외면적으로 화려하여 그럴듯하나, 속으로는 충 (忠)과 신의(信義)의 덕이 없음.

o 離(이)-이(罹)와 같은 글자로 '걸리다·당하다'.

經| o 六年春葬許僖公.이라
　　　　육 년 춘 장 허 희 공

o 夏,에 季孫行父如陳.이라
　　하　　계 손 행 보 여 진

o 秋,에 季孫行父如晉.이라
　　추　　계 손 행 보 여 진

o 八月乙亥,에 晉侯驩卒.이라
　팔 월 을 해　　진 후 환 졸

o 冬十月,에 公子遂如晉,하여 葬晉襄公.이라
　동 시 월　　공 자 수 여 진　　장 진 양 공

o 晉殺其大夫陽處父.라
　진 살 기 대 부 양 처 보

o 晉狐射姑出奔狄.이라
　진 호 역 고 출 분 적

o 閏月,에 不告月,하고 猶朝于廟.라
　윤 월　　불 고 월　　유 조 우 묘

6년 봄에 허나라 희공을 장사 지냈다.

여름에, 계손행보(季孫行父)가 진(陳)나라에 갔다.

가을에, 계손행보가 진(晉)나라에 갔다.

8월 을해날에, 진(晉)나라 군주인 후작 환(驩)이 세상을 떠났다.

겨울 10월에, 공자 수(遂)가 진(晉)나라에 가서 진나라 양공을 장 사 지냈다.

진(晉)나라가 그 나라의 대부인 양처보를 죽였다.

진나라의 호역고(狐射姑)가 적(狄) 오랑캐 나라로 도망쳤다.

윤달(閏月)에 고월(告月)을 하지 않고서도, 그래도 종묘(宗廟) 참배는 했다.

주해┃ ㅇ季孫行父(계손행보)-환공(桓公)의 아들 공자 우(友)의 손자.

ㅇ八月乙亥(팔월을해)-8월 15일.

ㅇ葬晉襄公(장진양공)-양공의 장사는 죽은 지 3개월 뒤에 지냈다. 제후는 사후(死後) 5개월에 장사 지내는 제도였는데 그에 비하면 빨랐다. 진나라에서는 그후 군주의 장사를 사후 3개월에 지냄이 관례가 되었다.

ㅇ狐射姑(호역고)-호언(狐偃)의 아들로, 가계(賈季)라고도 불렀다.

ㅇ告月(고월)-제후는 매월 초하룻날에 종묘에 참배하여, 살아 있는 양(羊)을 제물로 바치고, 그 달의 역(曆)을 그 일의 담당관을 시켜 읽어 일반인에게 알렸는데, 이 일을 고월이라 했다. 문공은 윤달이 보통의 달과 다르다고 하여 고월 예식을 행하지 않았으면서도, 하지 않아도 좋은 종묘 참배만은 했음을 말하고 있다.

傳┃ 六年春,에 晉蒐于夷,하여 舍二軍.이라 使狐射姑將中軍,하고 趙盾佐之.라 陽處父至自溫,하여 改蒐于董,하고 易中軍.이라 陽子成季之屬也.라 故로 黨於趙氏,하고 且謂趙盾能曰, 使能,은 國之利也.라 是以上之.라 宣子於是乎始爲國政,하여 制事典,하고 正法罪,하며 辟獄刑,하고 董逋逃,하며 由質要,하고 治舊洿,하며 本秩禮,하고 續常職,하며 出滯淹.이라 旣成,하여 以授太傅陽子與太師賈佗,하여 使行諸晉國,하여 以爲常法.이라

臧文仲以陳·衛之睦也,로 欲求好於陳.이라 夏,에 季文子聘

于陳,하고 且娶焉.이라

秦伯任好卒,에 以子車氏之三子奄息·仲行·鍼虎爲殉,하였거늘

皆秦之良也.라 國人哀之,하여 爲之賦黃鳥.라 君子曰, 秦穆之

不爲盟主也,는 宜哉.로다 死而棄民.이라 先王違世,에 猶詒之法.

이라 而況奪之善人乎.아 詩曰, 人之云亡,에 邦國殄瘁.라하니 無

善人之謂.라 若之何奪之.아 古之王者,는 知命之不長,이면 是以

並建聖哲,하고 樹之風聲,하며 分之采物,하고 著之話言,하며 爲之

律度,하고 陳之藝極,하며 引之表儀,하고 予之法制,하며 告之訓

典,하고 敎之防利,하며 委之常秩,하고 導之以禮則,하며 使毋失

其土宜,하고 衆隷賴之,하여 而後卽命.이라 聖王同之.라 今縱無

法以遺後嗣,라도 而又收其良以死.아 難以在上矣.라 君子是以

知秦之不復東征也.라

6년 봄에, 진(晉)나라는 이(夷)에서 군사를 집결시켜 대대적인 훈
련을 하여, 2군 제도를 폐지했다. 그리고 호역고(狐射姑)에게 중군(中
軍)을 거느리게 하고, 조돈(趙盾)이 그를 돕는 부장(副將)이 되었다.
양처보(陽處父)가 온(溫)으로부터 돌아와서 다시 동(董)에서 군사 연
습을 하고 중군의 대장과 부장을 맞바꾸었다. 양처보는 성계(成季:
趙衰)의 부하였기에, 그는 조씨를 두둔하는 편이 되고, 조돈이 능력
있다고 말하기를, "능력 있는 사람을 등용해서 씀은, 국가의 이익이다.

그래서 조돈을 윗자리로 삼은 것이다."라고 하였다. 선자(宣子 : 趙盾)는 이에 비로소 나라의 정치를 하여, 모든 제도를 정하고, 형법을 바르게 하며, 형벌을 옳게 가리고, 조세의 체납이나 탈세를 엄히 단속하며, 대차관계(貸借關係)에는 증서를 쓰게 하고, 과거의 악정(惡政)을 고치며, 귀천상하(貴賤上下)의 질서를 중히 하고, 통상적으로 있어야 할 관직으로 폐지된 것을 다시 두며, 묻혀 있는 인재를 찾아내어 등용하기로 했다. 이러한 정치의 쇄신을 꾸며서는, 태부(太傅)인 양처보와 태사(太師)인 가타(賈佗)에게 맡기어 전국에 두루 시행케 해서, 그것을 일정한 법도로 삼았다.

　노나라의 장문중(臧文仲)은 진(陳)나라와 위나라가 화목하게 된 것을 가지고, 노나라도 진나라와 잘 지내도록 해야겠다고 생각했다. 그래서 여름에 계문자(季文子)는 예물을 가지고 진나라를 찾아가고, 또 진나라에서 아내를 맞이했다.

　진(秦)나라 군주인 백작 임호(任好 : 穆公)가 세상을 떠나자, 대부 자거씨(子車氏)의 세 아들 엄식(奄息)·중행(仲行)·겸호(鍼虎)를 순사(殉死)시켰는데, 그 사람들은 다 훌륭한 신하였다. 그러자 진나라 사람이 그들의 죽음을 슬퍼하여, 그들을 위하여 황조편(黃鳥篇)을 읊었다. 군자(君子)는 이 일을 두고 말했다. "진(秦)나라 목공(穆公)이 제후들 간에 맹주(盟主)가 되지 못했던 것은, 마땅한 일이었다. 그는 죽으면서까지 백성을 버렸다. 옛날 어진 천자는 세상을 떠나시면서도, 백성들에게 좋은 법도를 끼치셨다. 그런데도 더구나 좋은 사람들의 생명을 빼앗았단 말인가? 시(詩)에 이르기를 '좋은 사람이 죽으면, 나라는 피폐(疲弊)해지는 것이로다.'라 했는데, 이것은 좋은 사람이 없어짐을 아까워한 것이다. 그런데 어찌하여 좋은 사람들의 목숨을 빼앗았단 말인가? 옛날의 왕은 자신이 더 오래 살지 못한다는 것을 알게 되면, 어진 사람을 많이 등용하고, 백성들을 가르쳐 좋은 데로 인도할 법도를 수립하며, 의복 또는 모든 것은 신분에 따라 분별되게 정하고, 후세에 남길 훌륭한 말씀을 기록하며, 음률(音律)과 모든 물건의 길이와 양(量)을 재는 법을 정하고, 모든 일의 법도를 명시하며, 백성들이 위엄 있는 거동을 바르게 취하도록 영도하고, 백성들이 지킬 법도를 남겨 주며, 전의 어진 왕의 법도의 글을 전해 주며, 이익을 탐냄이 해(害)가 됨을 가르치고, 관리들에게 봉록(俸祿)을 잘 주어 맡은 일에 힘쓰게 하며, 예법으로 백성들을 영도해서, 그 지방의 좋은 풍속을 잃지 않게 하고, 만민(萬民)이 다 그 정치와 법령에 잘 따르게 하고서야 세상을 떠나시는 것이다. 고래(古來)로 어진 왕은 모두 이렇게 하였던 것이다. 그런데 이제 진나라 목공은, 후손에게 끼칠 훌륭한 법도야 없었을망정 좋은 신하들을 데리고 죽어갔단 말인가? 이러고서야 많은 사람을 다스리는 윗자리에 있기는 어려운 것이다." 군자는 이 일로 진나라가 다시는 동방(東方)의 여러 제후국을 쳐 패자가 되지 못한다는 것을 알았다.

주해 ○夷(이)-진(晉)나라 지명.
○舍二軍(사이군)-종전의 상·하군제를 폐지하고, 새로 편성한 상·중·하군의 삼군제를 상비군으로 두었다는 말이다.
○董(동)-진나라 지명으로 동택(董澤)이라고도 했다. 지금의 산서성 문희현(聞喜縣) 동북쪽 땅.
○宣子(선자)-조돈의 죽은 뒤의 이름.
○事典(사전)-모든 일의 법도.
○逋逃(포도)-조세의 체납과 탈세.
○質要(질요)-증서(證書).
○舊洿(구오)-예전부터 내려오던 폐단.
○秩禮(질례)-귀천상하의 지켜야 할 질서.
○出滯淹(출체엄)-야(野)에 묻혀 있는 어진 사람을 찾아내어 등용함.
○子車氏(자거씨)-진나라 대부의 성[氏].
○黃鳥(황조)-《시경》 풍(風) 진풍(秦風)의 시편(詩篇).

○詩曰(시왈)―《시경》 대아 첨공편(瞻卬篇) 구절.

○樹之風聲(수지풍성)―백성들을 선도(善導)할 풍속과 교화(敎化)를 수립함.

○分之采物(분지채물)―의복이나 깃발 등의 것을 신분의 상하에 의해서 구별을 명백히 함.

○話言(화언)―좋은 말.

○律度(율도)―음률(音律)과 도량형(度量衡).

○藝極(예극)―표준삼을 모든 일의 법도.

○引之表儀(인지표의)―인(引)은 영도함이고, 표의는 위엄 있는 거동.

○訓典(훈전)―옛 어진 왕의 경전(經典).

○防利(방리)―이익을 탐내는 탐욕(貪欲).

○常秩(상질)―관리의 일정한 봉록.

○禮則(예칙)―예법.

○土宜(토의)―땅의 좋은 풍속.

○衆隷(중례)―만민(萬民).

○賴之(뇌지)―이 정치와 법에 따름.

○卽命(즉명)―세상을 떠남.

秋,에 季文子將聘於晉,하여 使求遭喪之禮以行.이라 其人曰, 將焉用之.오 文子曰, 備豫不虞,는 古之善敎也.라 求而無之,면 實難.이라 過求何害.아

八月乙亥,에 晉襄公卒,하고 靈公少.라 晉人以難故,로 欲立長君.이라 趙孟曰, 立公子雍.하라 好善而長,하고 先君愛之.라 且近於秦,하고 秦舊好也.라 置善則固,하고 事長則順,하며 立愛則孝,요 結舊則安.이라 爲難故,로 故欲立長君,에 有此四德者,하면

難必抒矣.라 賈季曰, 不如立公子樂.이라 辰嬴嬖於二君,이니 立
其子,면 民必安之.리라

趙孟曰, 辰嬴賤.이라 班在九人,에 其子何震之有.아 且爲二
君嬖,는 淫也.라 爲先君子,하여 不能求大,하고 而出在小國,은 辟
也.라 母淫子辟,엔 无威.라 陳小而遠,하여 無援,이거늘 將何安
焉.고 杜祁以君故,로 讓偪姞而上之,하고 以狄故讓季隗,하여 而
己次之.라 故로 班在四.라 先君是以愛其子,하여 而仕諸秦,에 爲
亞卿焉.이라 秦大而近,하여 足以爲援.이라 母義子愛之,하여 足
以威民,이니 立之不亦可乎.라하고 使先蔑·士會如秦逆公子雍.
이라 賈季亦使召公子樂于陳.이라 趙孟使殺諸郫.라

賈季怨陽子之易其班也,러니 而知其無援於晉也.라 九月,에
賈季使續鞫居殺陽處父.라 書曰晉殺其大夫,는 侵官也.라

가을에, 계문자(季文子 : 季孫行父)가 진(晉)나라로 예방을 떠나려
하여, 사람을 시켜 상(喪) 당하고 있는 경우에 취할 예법을 알게 하고
떠났다. 그 사람이, "그 예법은 어디에서 쓰시려는 것입니까?"라고 말
하였다. 계문자는 대답했다. "불의(不意)의 일에 대해서 미리 준비한
다는 것은, 옛날의 좋은 가르침이다. 일에 당해서, 그 일에 대한 조치
를 하려다가 그 수를 얻지 못한다면, 정말로 곤란한 것이다. 별도로
준비하는 것이 무슨 해가 되겠느냐?"

8월 을해날에, 진(晉)나라 양공(襄公)이 세상을 떠나고, 영공(靈公)

은 어렸다. 그래서 진나라 사람들은 나라의 어려운 사정 때문으로 나이 많은 군주를 내세우려 했다. 조맹(趙孟 : 趙盾)은 말했다. "공자 옹(雍)을 군주로 삼으시오. 그분은 선(善)을 좋아하는데다가 나이가 많고, 선대 군주께서 사랑하셨소. 그리고 진(秦)나라와 친근하고, 진나라는 우리나라와 예로부터 사이가 좋소이다. 선한 분을 군주로 세우면 그 지위가 굳건하고, 연장자를 군주로 모시고 섬기는 것은 이치에 맞으며, 선대 군주가 사랑하신 분을 군주로 세우는 것은 선대 군주에 대해서 효도가 되고, 예로부터 사이 좋은 나라와 인연을 맺으면 나라가 편안하게 되오. 나라의 어려운 사정을 위하여 연장자 군주를 세우려 함에 있어, 이 네 가지 덕을 지니고 있는 분이 된다면 나라의 어려움은 반드시 풀려질 것이오." 이에 대하여 가계(賈季 : 狐射姑)는 말하기를, "공자 낙(樂)을 군주로 세우는 일보다 더 좋은 일은 없습니다. 그분의 어머니인 진영(辰嬴 : 懷嬴)은 두 군주한테 사랑을 받았으니, 그분의 아드님을 군주로 세우면, 백성들이 반드시 안심할 것입니다." 라고 했다.

조맹이 말했다. "진영은 지위가 천(賤)하오. 그분의 서열은 아홉째였는데, 그분의 아드님이 무슨 위력을 가지고 있겠소? 그리고 한 몸으로 두 군주의 애첩이 되었다는 것은, 음란한 일이오. 선대 군주의 아드님이 되어, 큰 나라에서 일할 것을 구할 수는 없고, 작은 나라로 나가 있는 것은 견식(見識)이 없는 것이오. 어머니가 음란하고, 아들이 견식이 없어서야 위신이 없소. 그리고 진(陳)나라는 작고도 먼 데 있어, 우리를 도움이 없을 것이어늘, 장차 무엇이 편안할 것이란 말이오? 공자 옹의 생모 두기(杜祁)는 핍길(偪姞)의 아드님이 군주[襄公]가 되셨기에 자리를 양보하고, 선대 군주께서 적(狄) 땅에 계셨을 때 뒷바라지했다는 이유로 계외(季隗)에게 자리를 양보하여 자신은 다음 차례가 되었소. 그래서 그분은 서열상 넷째였소. 선대 군주께서는 이런 관계로 그분의 아드님을 사랑하셔서, 공자 옹을 진(秦)나라에

서 벼슬하게 하시어, 아경(亞卿)이 된 것이오. 진(秦)나라는 크고도
우리나라와 가까워, 일이 있을 때에는 원조할 수가 있는 것이오. 어머
니는 의롭고 아드님은 사랑을 받아서, 백성들에게 위신을 세울 수가
있으니, 그분을 군주로 세움이 역시 좋지 않겠소이까?" 이렇게 말하
고는, 선멸(先蔑)과 사회(士會)에게 진나라로 가 공자 옹을 맞이하게
했다. 그리고 가계 또한 사람을 시켜 공자 낙을 진(陳)나라에서 불러오
게 했다. 그랬는데 조맹은 사람을 시켜 공자 낙을 비(郫)에서 죽였다.

　가계(賈季)는 양처보의 대장과 부장 자리를 바꾼 일에 대해서 원한
을 품고 있었는데, 양처보가 진(晉)나라에서 도와줄 사람이 없게 된
것을 알게 되었다. 그래서 9월에 가계는 속국거(續鞫居)를 시켜 양처
보를 죽였다. 경문(經文)에 진나라가 그 나라의 대부를 죽였다고 써,
가계가 죽였다고 말하지 않고 나라에서 죽인 것처럼 말한 것은, 양처
보가 대장 자리 바꾸는 일에 대하여 월권행위(越權行爲)를 했기 때문
이다.

주해 ○其人(기인)－따르고 있는 사람.
　○不虞(불우)－의외의 일.
　○過求(과구)－만일을 위해 별도로 준비함.
　○抒(서)－늦춤, 덜음.
　○賈季(가계)－진나라 대부 호언(狐偃)의 아들 역고(射姑). 그의 영유지
　　는 가(賈)였고, 자(字)를 계타(季它)라 했다.
　○辰嬴(진영)－진(秦)나라 공녀로, 진(晉)나라 회공(懷公)의 부인. 회공의
　　죽은 뒤의 이름 회(懷)를 따 회영이라고도 했다. '진영(辰嬴)'은 '진영
　　(秦嬴)'의 잘못이라는 설도 있고, '진(辰)'은 그가 죽은 뒤에 주어진 이
　　름이라고도 한다.
　○震(진)－위력(威力).
　○辟(벽)－견식이 없음.
　○亞卿(아경)－경(卿) 다음의 지위.

ㅇ郫(비)-진(晉)나라 지명으로, 지금의 하남성 제원현(濟源縣) 서쪽 땅.

冬十月,에 襄仲如晉,하여 葬襄公.이라

十一月丙寅,에 晉殺續簡伯,하니 賈季奔狄.이라 宣子使臾駢送

其帑.라 夷之蒐,에 賈季戮臾駢.이라 臾駢之人,이 欲盡殺賈氏以

報焉.이라 臾駢曰, 不可.라 吾聞,하되 前志有之,하니 曰, 敵惠敵

怨,은 不在後嗣,가 忠之道也.라 夫子禮於賈季.라 我以其寵報

私怨,은 无乃不可乎.아 介人之寵,은 非勇也,요 損怨益仇,는 非

知也,며 以私害公,은 非忠也.라 釋此三者,하고 何以事夫子.아

盡具其帑與器用財賄,하여 親帥扞之,하여 送致諸境.이라

閏月不告朔,은 非禮也.라 閏以正時,하고 時以作事,하며 事以

厚生.이라 生民之道,는 於是乎在矣,어늘 不告閏朔,은 棄時政

也.라 何以爲民.가

겨울 10월에, 동문양중(東門襄仲 : 공자 遂)이 진(晉)나라로 가서, 양공(襄公)의 장례식에 참석했다.

11월 병인날에, 진(晉)나라가 양처보를 죽인 속간백(續簡伯 : 續鞫居)을 죽이니, 가계(賈季)는 적(狄) 오랑캐 나라로 도망쳤다. 그러자 선자(宣子 : 趙盾)는 유변(臾駢)을 시켜 가계의 처자(妻子)를 그가 간 곳으로 보내주게 했다. 이(夷)에서의 군사 연습에서 가계는 유변을 처벌했다. 그 일로, 유변의 사람들은 가계의 집 사람들을 죽여 그 보복을 하려 했다. 그러자 유변이 말하였다. "안된다. 나는 전의 책에

이르기를, '은혜를 베푼 사람에게 직접 은혜 갚고, 원수인 자에게 직접 원수 갚지, 그의 후사(後嗣)에게 하지 않는 것은 충(忠)의 도(道)이다.'라고 말하고 있는 것을 들었다. 그 어른[趙盾]은 가계에게 예의를 베풀고 계신다. 그런데 내가 그 어른의 총애를 받고 있음을 이용하여 사사로운 원한을 갚는다는 것은 안되지 않겠는가? 다른 분의 총애에 의지하는 것은 참다운 용기가 아니고, 원한을 갚는 짓을 하여 오히려 원수를 더 산다는 것은 지혜롭지 못하며, 사사로운 일로 공적(公的)인 일을 그르게 한다는 것은 충성스러움이 아닌 것이다. 이 세 가지를 나 몰라라 하고 버리고서는, 어떻게 그 어른을 모실 건가?" 이렇게 말한 그는, 가계의 처자를 데리고 그의 재물을 다 정리하여 실어, 자신이 호위하여 국경선까지 보내주었다.

윤월(閏月) 초하루에 고삭례(告朔禮)를 행하지 않았음은 예에 어긋나는 일이었다. 윤달을 두어서 시절이 어긋나게 되어짐을 바로잡고, 바른 시절에 따라 농사에 힘쓰며, 농사에 힘씀으로써 백성들의 생활을 풍부하게 하는 것이다. 백성들이 잘살게 하는 도가 역(曆)을 잘 쓰는 데 있는데, 윤달의 초하루에 고삭례를 행하지 않은 것은, 시절을 잘 분별하는 정치를 버린 것이다. 그러고서야 무엇으로 백성을 위한단 말인가?

┃주해┃ ○十一月丙寅(십일월병인)―11월에는 병인날이 없었고, 12월 8일이 병인날이었다고 두예는 말했다.

○戮(육)―처벌하다.

○前志(전지)―옛 책.

○夫子(부자)―그 어른. 조돈(趙盾 : 宣子)을 존경해서 말한 것이다.

○損怨益仇(손원익구)―원한을 없애는 일을 하여, 오히려 원수를 더 삼.

○閏以正時(윤이정시)―윤달을 두어 사시절에 뒤틀려짐을 바르게 함.

○時以作事(시이작사)―시절에 따라 농사에 힘씀.

○時政(시정)―시절을 잘 분간하여 쓰는 일에 관한 정치.

┃해설┃ 이 글에 나타난 유변(臾駢)의 행위는 훌륭하다. 가계(賈季)와 유변 사이의 일 같은 것은, 오늘날에도 얼마든지 있다. 우리는 유변의 정신을 본받아야 할 것으로 생각한다.

┃經┃ ○ 七年春,에 公伐邾.라

○ 三月甲戌,에 取須句,하고 遂城郚.라

○ 夏四月,에 宋公王臣卒.이라

○ 宋人殺其大夫.라

○ 戊子,에 晉人及秦人戰于令狐.라

○ 晉先蔑奔秦.이라

○ 狄侵我西鄙.라

○ 秋八月,에 公會諸侯·晉大夫,하여 盟于扈.라

○ 冬,에 徐伐莒.라

○ 公孫敖如莒涖盟.이라

7년 봄에, 공이 주나라를 쳤다.

3월 갑술날에 수구(須句)를 빼앗고, 곧이어 오(郚)에 성을 쌓았다.

여름 4월에, 송나라 군주인 공작 왕신(王臣)이 세상을 떠났다.

송나라 사람이 그의 대부를 죽였다.

무자날에, 진(晉)나라 사람과 진(秦)나라 사람이 영호(令狐)에서 싸웠다.

진(晉)나라의 선멸(先蔑)이 진(秦)나라로 도망갔다.

적(狄) 오랑캐가 우리 노나라의 서쪽 변방을 침범했다.

가을 8월에, 공이 제후들 및 진(晉)나라 대부와 회합을 갖고, 호(扈)에서 맹서하였다.

겨울에, 서나라가 거나라를 쳤다.

공손오(公孫敖)가 거나라로 가 맹서하는 모임에 입회했다.

주해 ○三月甲戌(삼월갑술)-3월 18일.

○須句(수구)-노나라의 속국. 희공 22년조에 나왔다.

○郚(오)-노나라 지명으로, 지금의 산동성 사수현(泗水縣) 동남쪽 땅.

○宋公王臣(송공왕신)-《곡량전》에는 '왕신(王臣)'을 '임신(壬臣)'으로 하고 있다.

○戊子(무자)-4월 2일.

○令狐(영호)-진(晉)나라 지명으로, 희공 24년조에 나왔다.

○扈(호)-정나라 지명으로, 지금의 하남성 원무현(原武縣) 서북쪽 땅.

傳 七年春(칠년춘),에 公伐邾(공벌주),는 間晉難也(간진난야).라

三月甲戌(삼월갑술),에 取須句(취수구),하여 寘文公子焉(치문공자언).이라 非禮也(비례야).라

夏四月(하사월),에 宋成公卒(송성공졸).이라 於是(어시),에 公子成爲右師(공자성위우사),하고 公孫友(공손우) 爲左師(위좌사),하며 樂豫爲司馬(악예위사마),하고 鱗矔爲司徒(인관위사도),하고 公子蕩爲司城(공자탕위사성),하며 華御事爲司寇(화어사위사구).라 昭公將去群公子(소공장거군공자),하니 樂豫曰(악예왈), 不可(불가).로소이다 公族公室之枝葉也(공족공실지지엽야).이오니다 若去之(약거지),면 則本根无所庇陰矣(즉본근무소비음의).이오니다 葛藟猶能庇其本根(갈류유능비기본근).이오니다 故(고)로 君子以爲比(군자이위비),어늘 況國(황국) 君乎(군호).인가 此諺所謂庇而縱尋斧焉者也(차언소위비이종심부언자야).로소이다 必不可(필불가),이오니

군 기 도 지
君其圖之.하소서　친 지 이 덕
親之以德,이면　개 고 굉 야
皆股肱也.니이다　수 감 휴 이
誰敢攜貳.인가

약 지 하 거 지
若之何去之.이리오

불 청
不聽.이라　목 양 지 족
穆·襄之族,이　솔 국 인 이 공 공
率國人以攻公,하여　살 공 손 고　공
殺公孫固·公

손 정 우 공 궁
孫鄭于公宮.이라　육 경 화 공 실
六卿和公室,하고　악 예 사 사 마
樂豫舍司馬,하여　이 양 공 자 앙
以讓公子卬,

하고 소 공 즉 위 이 장
昭公卽位而葬.이라　서 왈
書曰,　송 인 살 기 대 부
宋人殺其大夫,하고　불 칭 명
不稱名,은　중
衆

야
也,요　차 언 비 기 죄 야
且言非其罪也.라

7년 봄에 노나라 문공이 주나라를 친 것은, 진(晉)나라의 내란(內亂)을 틈타서였다.

3월 갑술날에 수구(須句)를 빼앗아, 주나라 군주 문공의 아들을 통치자로 둔 일은, 예의에 맞지 않는 일이었다.

여름 4월에, 송나라 군주인 성공(成公)이 세상을 떠났다. 이때 송나라에서는 공자 성(成 : 莊公의 아들)이 우사(右師)였고, 공손우(公孫友 : 目夷의 아들)가 좌사(左師)였으며, 악예(樂豫 : 戴公의 현손)가 사마(司馬)로 있었고, 인관(鱗瓘 : 桓公의 손자)이 사도(司徒)였으며, 공자 탕(蕩 : 환공의 아들)이 사성(司城)이었고, 화어사(華御事 : 華督의 손자)가 사구(司寇)였다. 뒤를 이은 소공(昭公)이 다른 여러 공자(公子 : 穆公·襄公의 일족)를 제거하려고 하니, 악예가 말했다. "그것은 안되옵니다. 공족(公族)은 공실(公室)의 가지이고 잎이옵니다. 만약 여러 공자들을 제거하시오면, 근본의 뿌리를 보호하는 것이 없게 되옵니다. 칡덩굴도 또한 그 근본 뿌리를 보호하고 있사옵니다. 그러기에 군자(君子)는 그것을 일족(一族) 형제에 비유했사온데, 하물며 나라의 군주에 있어서야 다시 말할 것이 있사옵니까? 공족을 제거함은, 속담에 이르는 '비호(庇護)받고 있으면서, 도끼를 제멋대로 쳐

끊는다.'라는 말과 같은 격이 되옵니다. 그래서는 절
대 아니되오니, 군주께서는 살피소서. 그들을 친히 함
에 덕으로 하시면, 그들은 다 군주의 팔다리가 되옵니
다. 그 누가 두 마음을 품겠사옵니까? 그런데 어찌
그들을 제거할 것이옵니까?"

도끼

　그러나 소공은 듣지 않았다. 이에 목공(穆公)·양
공(襄公)의 일족들은 각기 나라 사람들을 거느리고 소공을 공격해서,
공손고(公孫固)와 공손정(公孫鄭)을 군주의 궁전에서 죽였다. 그러자
육경(六卿)이 공실의 사람들과 화해하게 하고, 악예는 사마 벼슬을
내놓아 공자 앙(卬 : 昭公의 동생)에게 양보하고, 소공은 군주 자리에
올라 장례식을 치렀다. 경문(經文)에 송나라 사람이 그 나라의 대부
를 죽였다고만 말하고 그 이름을 쓰지 않은 것은, 죽인 사람들 수
가 많아서였고, 또 죽은 사람은 그의 죄가 아니었음을 말해 주는 것
이다.

▌주해▐　◦文公子(문공자)－주(邾)나라 문공(文公)의 아들. 그는 본국에서
　　반란을 일으키고 노나라에 망명하고 있었다.
　◦右師(우사), 左師(좌사)－우정승(右政丞)·좌정승(左政丞)격의 벼슬.
　◦司徒(사도)－일반 국민을 다스리는 장관.
　◦司城(사성)－원래 사공(司空)이라 했던 것인데, 무공(武公)의 이름이
　　사공이었기에, 그 이름자를 피하여 사성이라 했다. 토목(土木)에 관한
　　일을 장악한 장관.
　◦司寇(사구)－사법장관(司法長官).
　◦群公子(군공자)－여기에서 말한 여러 공자는, 목공(穆公)·양공(襄公)
　　의 일족을 말한다.
　◦攜貳(휴이)－두 마음을 가짐. 떨어져 나가 배반함.

진 강 공 송 공 자 옹 우 진　　　 왈　 문 공 지 입 야　　　 무 위　　 고
秦康公送公子雍于晉,하며 **曰, 文公之入也,**에 **无衛.**라 **故**로

有呂郤之難.이라 乃多與之徒衛.라 穆嬴日抱太子,하여 以啼于

朝日, 先君何罪,하고 其嗣亦何罪,하여 舍嫡嗣不立,하고 而外

求君,하니 將焉寘此.아 出朝,하여 則抱以適趙氏,하며 頓首於宣

子曰, 先君奉此子也.라 而屬諸子曰, 此子也才,면 吾受子之賜,

요 不才,면 吾唯子之怨.이라 今, 君雖終,이나 言猶在耳.라 而棄

之若何.아

宣子與諸大夫皆患穆嬴,하고 且畏偪.이라 乃背先蔑而立靈公,

하여 以禦秦師.라 箕鄭居守,하고 趙盾將中軍,하여 先克佐之.하고

荀林父佐上軍,하고 先蔑將下軍,하며 先都佐之.라 步招御戎,하고

戎津爲右.라 及菫陰,에 宣子曰, 我若受秦,이면 秦則賓也,요 不

受,엔 寇也,어늘 旣不受矣.라 而復緩師,면 秦將生心.이라 先人有

奪人之心,이 軍之善謀也,요 逐寇如追逃,는 軍之善政也.라 訓

卒利兵,하고 秣馬蓐食,하여 潛師夜起.라 戊子敗秦師于令狐,하고

至于刳首.라 己丑,에 先蔑奔秦,하고 士會從之.라

先蔑之使也,에 荀林父止之曰, 夫人·太子猶在,어늘 而外求

君.이라 此必不行,이리니 子以疾辭,면 若何.오 不然,이면 將及,이

리니 攝卿以往,이 可也.라 何必子.아 同官爲寮,에 吾嘗同寮.라

敢不盡心乎.아 弗聽.이라 爲賦板之三章,이라도 又弗聽.이라 及

亡에 ^순苟伯^백盡^진送^송其^기帑^노及^급其^기器^기用^용財^재賄^회於^어秦^진曰^왈, ^위爲^동同^료寮^고故^야也.라

士會^{사회}在^재秦^진三年^{삼년}에 ^불不^견見^사士^백伯하니 其^기人^인曰^왈, 能^능亡^망人^인於^어國^국하여 不^불

能^능見^견於^어此^차는 ^언焉^용用^지之.오 士季^{사계}曰^왈, 吾^오與^여之^지同^동罪^죄요 ^비非^의義^지之^야也어늘

^장將^하何^견見^언焉고 及^급歸^귀라도 ^수遂^불不^견見.이라

진(秦)나라 강공(康公)이 진(晉)나라 공자 옹(雍)을 본국인 진나라로 보내며 말하기를, "진(晉)나라 문공(文公)이 우리나라에 있다가 본국으로 들어갔을 때, 호위하는 군대가 없었다. 그래서 여씨(呂氏)와 극씨(郤氏)의 괴로움을 겪었다."라 하고는, 그에게 많은 호위병을 딸려 주었다. 그런데 양공(襄公)의 부인인 목영(穆嬴)이 날마다 태자(太子 : 靈公)를 안고 조정에서 울며 말하기를, "돌아가신 군주께서 무슨 죄가 있었고, 그분의 아들에게 또 무슨 죄가 있어서, 적자(嫡子)를 버리고 외국에서 군주를 맞이하려 하니, 장차 이 아들을 어디에 놓아두려는 것일꼬?"라고 했다. 그리고 조정을 나서서는 태자를 안고 조씨(趙氏 : 조돈)에게로 가, 선자(宣子 : 조돈)에게 머리를 조아리고 말하기를, "돌아가신 군주께서는 이 아들을 중히 여기시었습니다. 그리고 이 아들을 당신에게 부탁하시고 말씀하시기를, '이 아들이 군주감이 된다면, 나는 그대의 은혜를 받게 되는 것이고, 이 아들이 군주감이 못 되면, 나는 오직 그대를 원망하겠소.'라고 하셨습니다. 이제 군주는 세상을 마치셨지만, 그때 하신 말씀은 아직도 생생하게 남아 있습니다. 그런데도 그 말씀을 버리시면 어찌합니까?"라고 했다.

선자(宣子)와 여러 대부들은 목영의 신상을 걱정하고, 또 백성들이 동정해서 난리를 일으킬까 두려워했다. 이에 선멸(先蔑)이 공자 옹을 맞이하러 갔던 일을 전복시켜 어기고는 영공(靈公)을 군주로 세웠다.

그리고 공자 옹을 호위하고 오는 진(秦)나라 군사를 막아내기로 했다. 그때 기정(箕鄭)은 도읍에 남아 지키고, 조돈이 중군의 대장이 되고, 선극(先克)이 그 부장(副將)이 되고, 순임보(荀林父)는 상군(上軍)의 부장이 되고, (상군의 대장은 기정이었으므로 대신함) 선멸이 하군의 대장이 되며, 선도(先都)는 그의 부장이 되었다. 그리고 보초(步招)는 군주의 전차를 조종하고, 융진(戎津)이 오른쪽에 타는 전사가 되었다. 근음(菫陰) 땅에 이르러 선자는 말하기를, "우리가 진(秦)나라가 보내는 공자를 받아들인다면 진나라 사람들은 우리의 손님이고, 받아들이지 않는다면 진나라 사람들은 우리의 적인데, 우리는 이미 받아들이지 않기로 했다. 그런데 군사 행동을 느리게 취하면, 진나라 군대가 우리를 무시하여 침공(侵攻)하려는 마음을 가질 것이다. 상대편보다 기선(機先)을 취하여 상대편의 담력을 빼놓는 것이 군사에서의 좋은 꾀가 되고, 적을 모는 데는 도망가는 사람을 쫓듯이 몰아치는 것이 군사상의 좋은 방법이다."라고 했다. 그리고 군졸들에게 명령을 내려 병기(兵器) 손질을 잘하게 하고, 말에게 먹이를 먹이고, 군사들을 배불리 먹여서 군사 행동을 비밀히 하여 밤에 출동했다. 무자날에 진(秦)나라 군대를 영호(令狐)에서 쳐부수고 고수(刳首)까지 추격했다. 기축날에, 선멸은 진나라로 도망쳐 가고, 사회(士會)도 그의 뒤를 따라 진나라로 도망갔다.

전에 선멸이 진나라로 공자 옹을 맞이하는 일로 갔을 때, 순임보가 말리며 말했다. "돌아가신 군주의 부인 목영과 태자가 엄연히 계시는데, 밖에서 군주를 구하고 있소. 이번 일은 반드시 잘 되지 않을 것이니, 당신은 병이 났다 하고 가는 것을 사양하는 게 어떠하오? 그렇지 않으면 장차 화가 미칠 것이니, 다른 이를 경(卿)인 당신의 대리(代理)로 삼아 가게 하는 것이 좋소이다. 어째서 꼭 당신이 가야만 된단 말이오? 같은 벼슬에 있으면 동료라 하니, 나는 전에 당신과 동료였소. 그런데 내 당신에게 마음 쓰기를 다하지 않을 수 있겠소?" 그러나 선멸은 그의 말을 듣지 않았다. 그래서 순임보는 《시경》 대아(大雅) 판편(板篇)의 시 제3장을 노래 불렀다. 그래도 그는 역시 듣지 않았다. 그가 진(秦)나라로 망명하자 순백(荀伯 : 순임보)은 선멸의 처자와 가재도구를 다 진나라로 보내주고 말하기를, "동료였던 사람을 위하는 때문이다."라고 했다.

사회(士會)는 진나라로 가 있은 지 3년이 되어도, 그가 사백(士伯 : 先蔑)을 만나지 않으니, 그를 따르고 있는 사람이 말하기를, "이 나라에 같이 망명하고 있으면서 서로 만나지 않는 것은 어째서입니까?"라고 했다. 그러자 사계(士季 : 사회)는 말하기를, "나는 그분과 같은 죄를 짓고 있지, 그분을 의로운 분으로 알고 있지는 않는다. 그런데 어찌 만나볼 것인가?"라고 하였다. 그리고 진(晉)나라로 돌아갈 때까지 결국 만나지 않았다.

주해 ㅇ畏偪(외핍)－백성들이 목영을 동정하여, 난리를 일으켜 협박할 것을 두려워했다는 말이다.

ㅇ居守(거수)－도읍에 남아 있어 지킴. 당시에 기정(箕鄭)은 상군(上軍)의 대장으로 있었다.

ㅇ董陰(근음)－진(晉)나라 지명으로, 지금의 산서성 형하현(榮河縣) 경계.

ㅇ蓐食(욕식)－배불리 먹음. 일어나지 않고 잠자리에서 식사한다는 뜻도 있으나, 여기에서는 전자를 취한다.

ㅇ戊子(무자)－4월 2일.

ㅇ刳首(고수)－진(晉)나라 지명으로, 지금의 섬서성 의씨현(猗氏縣) 서쪽 땅.

ㅇ己丑(기축)－4월 3일.

ㅇ板之三章(판지삼장)－《시경》 대아 판편 시의 제3장. 이 시는 나무꾼과 같은 천한 사람의 말이라도 소홀히 해서는 안된다는 뜻이 들어 있다. 순임보가 이 시를 노래 부른 것은, 나무꾼과 같은 천한 사람의 말도 소홀히 할 수가 없는 것인데, 하물며 동료의 말을 소홀히 해서야 되겠느냐는 뜻으로 노래 부른 것이다.

狄侵我西鄙,하니 公使告于晉.이라 趙宣子使因賈季問酆舒,하
고 且讓之.라 酆舒問於賈季曰, 趙衰·趙盾孰賢.가 對曰, 趙衰
冬日之日也,요 趙盾夏日之日也.라

秋八月,에 齊侯·宋公·衛侯·陳侯·鄭伯·許男·曹伯會
晉趙盾,하여 盟于扈,는 晉侯立故也.라 公後至.라 故로 不書所
會.라 凡會諸侯,에 不書所會,는 後也.라 後至,면 不書其國,하니
避不敏也.라

穆伯娶于莒,하니 曰戴己.라 生文伯,하고 其娣聲己生惠叔.이라
戴己卒,하여 又聘于莒,에 莒人以聲己辭,하니 則爲襄仲聘焉.이라
冬,에 徐伐莒,하고 莒人來請盟.이라 穆伯如莒涖盟,하고 且爲
仲逆.이라 及鄢陵,하여 登城見之,에 美,하니 自爲娶之.라 仲請攻
之,하니 公將許之.라 叔仲惠伯諫曰, 臣聞之,하되 兵作於內爲
亂,이오 於外爲寇.라 하오니다 寇猶及人,하고 亂自及也.로소이다
今, 臣作亂,이어늘 而君不禁,하여 以啓寇讎,면 若之何.인가 公止
之,하고 惠伯成之,하여 使仲舍之,하고 公孫敖反之,하여 復爲兄
弟如初,하니 從之.라

晉郤缺言於趙宣子曰, 日衛不睦.이라 故로 取其地.라 今已睦
矣,니 可以歸之.라 叛而不討,에 何以示威,하고 服而不柔,에 何

以^이示^시懷^회,하며 非^비威^위非^비懷^회,에 何^하以^이示^시德^덕,하고 無^무德^덕,에 何^하以^이主^주盟^맹.가
子^자爲^위正^정卿^경,하여 以^이主^주諸^제侯^후,어니와 而^이不^불務^무德^덕,하곤 將^장若^약之^지何^하.오 夏^하
書^서曰^왈, 戒^계之^지用^용休^휴,하고 董^동之^지用^용威^위,하며 勸^권之^지以^이九^구歌^가,하여 勿^물使^사壞^괴.하
라 九^구功^공之^지德^덕,은 皆^개可^가歌^가也^야,하여 謂^위之^지九^구歌^가.라 六^육府^부三^삼事^사,는 謂^위之^지九^구
功^공,으로 水^수火^화金^금木^목土^토穀^곡,은 謂^위之^지六^륙府^부,요 正^정德^덕利^이用^용厚^후生^생,은 謂^위之^지三^삼
事^사.라 義^의而^이行^행之^지,면 謂^위德^덕禮^례.라 無^무禮^례,면 不^불樂^락,하고 所^소由^유叛^반也^야.라 若^약
吾^오子^자之^지德^덕,은 莫^막可^가歌^가也^야,어늘 其^기誰^수來^래之^지.리오 盍^합使^사睦^목者^자歌^가吾^오子^자乎^호.
아 宣^선子^자説^열之^지.라

적(狄) 오랑캐가 우리 노나라의 서쪽 변방을 침범하니, 공은 사람을 보내어 진(晉)나라에 알렸다. 진나라의 조선자(趙宣子 : 조돈)는 적 나라로 도망가 있는 가계(賈季)에게 의뢰하여, 적의 재상인 풍서(酆舒)를 방문하고 또 우리 노나라를 침범한 일을 문책케 했다. 그때, 적의 풍서는 가계에게 말하기를, "진나라의 조최와 그의 아들 조돈은 누가 더 어진 사람이오?"라고 했다. 그러자 가계가 대답하기를, "조최는 겨울날의 태양이고, 조돈은 여름날의 태양이오."라고 했다.

가을 8월에, 제나라 군주인 후작·송나라 군주인 공작·위나라 군주인 후작·진(陳)나라 군주인 후작·정나라 군주인 백작·허나라 군주인 남작·조나라 군주인 백작이, 진(晉)의 조돈과 회합하여, 호(扈)에서 맹서하였던 것은, 진나라 군주인 후작이 새로 즉위하니, 그가 패자(覇者)임을 확인하기 위해서였다. 그때 노나라의 문공은 늦게 도착했다. 그래서 회합에 참가한 이들을 쓰지 않았다. 무릇 제후들이 회합했는데, 그 회합에 참가한 이들을 경문에 쓰지 않은 것은, 늦게 갔기

때문이다. 늦게 가면, 그 회합에 참가한 나라 이름을 쓰지 않는 것인데, 그것은 잘못됨이 있을 것을 피해서였다.

노나라 목백(穆伯 : 공손오)은 거(莒)나라에서 부인을 맞이하여 그부인을 대기(戴己)라 했다. 그녀는 문백(文伯)을 낳고, 시집갈 때 따라간 여동생 성기(聲己)는 혜숙(惠叔)을 낳았다. 대기가 세상을 떠나자 공손오는 다시 거나라에 후처(後妻)를 구하니, 거나라 사람은 성기가 있음을 이유로 사절하니, 그는 동문양중(東門襄仲 : 공자 遂)의처로 삼겠다고 거나라 딸을 맞이하기로 했다.

겨울에, 서나라가 거나라를 치고, 거나라 사람이 노나라로 와 동맹을 청했다. 그래서 목백은 거나라로 가서 맹서하는 데 입회하고, 양중(襄仲)을 위하여 거나라의 딸을 맞이했다. 언릉(鄢陵)에 이르러 성(城)에 올라 그 여자를 보니 아름다워 그는 그 여자를 아내로 삼았다. 그러자 양중이 공손오를 치겠으니 허락해 달라고 군주에게 청원하니, 문공은 그의 청원을 들어주려고 했다. 그러자 숙중혜백(叔仲惠伯 : 환공의 아들 叔牙의 손자)이 충간하였다. "신은 들었사온데, '군대 싸움이 국내에서 일어나는 것을 난(亂)이라 하고, 국외에서 일어나는 것을 구(寇)라고 한다.'고 하옵니다. 구는 그 해를 다른 나라 사람에게까지미치고, 난은 자기 나라 사람에게 화를 미치옵니다. 이제, 신하가 난을 일으키려 하온데, 군주께서 금하시지 아니하여 적국(敵國)의 공격을 초래하기나 한다면 어찌하시겠사옵니까?" 이 말에 문공은 못하게했고, 혜백(惠伯)은 양편을 화해시키어 양중으로 하여금 그 여자를포기하게 하고, 공손오에게 그 여자를 본국으로 돌려보내게 하여, 형제 간의 우의가 전과 같이 회복되게 하니, 양쪽이 다 그의 중개(仲介)를 따랐다.

진(晉)나라의 극결(郤缺)이 조선자(趙宣子 : 조돈)에게 말하였다. "전날에는 위나라와 화목하지 못했습니다. 그러므로 우리나라는 그나라를 쳐 땅을 빼앗았습니다. 그러나 오늘날에는 이미 화목하고 있으니, 그 땅을 돌려줄 수 있습니다. 배반하는 자를 응징하지 않고서야, 어떻게 위엄을 보이고, 복종하는 자를 부드럽게 대하지 않고서야 어떻게 회유(懷柔)하고 있음을 보이며, 위엄스럽지 못하고, 회유하는 태도가 아니고서야 어떻게 덕을 보이고, 덕이 없고서야 어떻게 제후들을 이끄는 패자 노릇을 하겠습니까? 어른께서는 정경(正卿)이 되어 계시어, 제후들을 이끌고 계시지만, 덕 닦음을 힘쓰지 않으시고는, 장차 어찌하시렵니까? 하서(夏書)에 이르기를, '선행(善行)이 있는 자에게는 은혜로운 상을 주어 격려하고, 잘못된 자를 바르게 함에는 형벌을 가하며, 구가(九歌)를 부르게 하여 권장하여, 그의 공을 무너뜨리지 않게 할지니라.'라고 했습니다. 구공(九功)의 덕은, 사람들이 다 노래 부를 수 있는 것입니다. 그 구공의 덕을 노래 부르는 그것을 구가(九歌)라 이르는 것입니다. 육부(六府)와 삼사(三事)를 구공(九功)이라 이르는 것으로, 수(水)·화(火)·금(金)·목(木)·토(土)·곡(穀)의 여섯 가지가 나오는 것을 육부라 하고, 백성의 덕을 빠르게 하는 정덕(正德)과, 백성들이 쓰고 하는 데 편리하게 하는 이용과, 백성들의 생활을 풍부하게 하는 후생(厚生), 이것을 삼사라 이르는 것입니다. 이 구공, 즉 육부삼사가 제대로 되어 잘 행해지면 그것을 덕례(德禮)라 이릅니다. 윗사람에게 예가 없으면, 백성들이 즐거워하지 않고, 그것이 곧 백성들이 배반하는 근원이 되는 것입니다. 어른께서 지금 지니고 있는 덕 같은 것은, 백성들이 노래로 불러 칭찬할 것이 못되는데, 그 누가 어른을 따라올 것입니까? 어른은 어째서 친하게 대하는 무리로 하여금 어른의 덕을 노래 부르게 하지 않으시는 것입니까?" 이 말에 조선자는 기뻐했다.

주해 ○避不敏也(피불민야)-기록에 잘못됨이 있을 것을 피함.
○鄢陵(언릉)-거나라 지명으로, 지금의 산동성 거현(莒縣) 경계.
○寇讎(구수)-적국(敵國)의 공격.

○成之(성지)-그들을 화해시킴.

○正卿(정경)-재상(宰相). 당시에 조돈은 중군대장(中軍大將)으로 재상
  이었다.

○夏書(하서)-《고문상서(古文尙書)》대우모편(大禹謨篇).

○戒之用休(계지용휴)-선행(善行)이 있는 자에게 은상을 주어 격려함.

○董之用威(동지용위)-못된 자를 바르게 함에 형벌을 가함.

○六府(육부)-수(水)·화(火)·금(金)·목(木)·토(土)·곡물(穀物)의 여
  섯 가지가 나오는 창고.

○三事(삼사)-사람의 일로 당연히 해야 할 세 가지 일.

○義而行之(의이행지)-잘 갖추어져서 행해짐.

○睦者(목자)-친하게 하는 편(나라).

經 | ○八年春王正月.이라
      팔 년 춘 왕 정 월

○夏四月.이라
  하 사 월

○秋八月戊申,에 天王崩.이라
  추 팔 월 무 신   천 왕 붕

○冬十月壬午,에 公子遂會晉趙盾,하여 盟于衡雍.이라
  동 시 월 임 오   공 자 수 회 진 조 돈   맹 우 형 옹

○乙酉,에 公子遂會伊雒之戎,하여 盟于暴.라
  을 유   공 자 수 회 이 락 지 융   맹 우 포

○公孫敖如京師,에 不至而復,하고 丙戌奔莒.라
  공 손 오 여 경 사   부 지 이 복   병 술 분 거

○螽.이라
  종

○宋人殺其大夫司馬.라 宋司城來奔.이라
  송 인 살 기 대 부 사 마   송 사 성 래 분

8년 봄 천자가 쓰는 역으로 정월.

여름 4월.

가을 8월 무신날에, 천자이신 왕께서 붕(崩)하셨다.

겨울 10월 임오날에, 공자 수(遂)가 진(晉)나라의 조돈(趙盾)과 만나, 형옹(衡雍)에서 맹서하였다.

을유날에, 공자 수가 이수(伊水)와 낙수(雒水) 사이에 사는 융(戎) 오랑캐와 만나 포(暴)에서 맹서하였다.

공손오(公孫敖)가 천자께서 계시는 서울에 갔는데, 서울에 닿지 않았는데 되돌아오고, 병술날에는 거나라로 도망쳤다.

메뚜기 떼가 일어났다.

송나라 사람이 그 나라의 대부 사마(司馬)를 죽였다. 송나라의 사성(司城)이 도망쳐 왔다.

주해 ○八月戊申(팔월무신)-8월 30일.
○天王(천왕)-주나라 양왕(襄王).
○十月壬午(시월임오)-10월 5일.
○衡雍(형옹)-정나라 지명으로, 희공 28년조에 나왔다.
○乙酉(을유)-10월 8일.
○暴(포)-정나라 지명.
○丙戌(병술)-10월 19일.
○奔莒(분거)-거나라로 도망함. '출분(出奔)'이라 하지 않고, 다만 '분(奔)'이라고만 한 것은, 군주의 명으로 나라를 나갔다가, 그길로 도망갔기 때문이다.

傳 八年春,에 晉侯使解揚歸匡·戚之田于衛,하고 且復致公壻池之封自申至于虎牢之境.이라

夏,에 秦人伐晉,하여 取武城,하여 以報令狐之役.이라

秋,에 襄王崩.이라

晉人以扈之盟來討.라

冬,에 襄仲會晉趙孟,하여 盟于衡雍,은 報扈之盟也.라 遂會

伊雒之戎.이라 書曰公子遂,는 珍之也.라

穆伯如周弔喪,에 不至,하고 以幣奔莒,하여 從己氏焉.이라

宋襄夫人,은 襄王之姊也.라 昭公不禮焉,에 夫人因戴氏之族,

하여 以殺襄公之孫孔叔·公孫鍾離及大司馬公子卬,하니 皆昭

公之黨也.라 司馬握節以死.라 故로 書以官.이라 司城蕩意諸來

奔,에 效節於府人而出.이라 公以其官逆之,하고 皆復之.라 亦書

以官,은 皆貴之也.라

夷之蒐,에 晉侯將登箕鄭父·先都,하여 而使士縠·梁益耳將

中軍.이라 先克曰, 狐·趙之勳,은 不可廢也.라하니 從之.라 先

克奪蒯得田于菫陰.이라 故로 箕鄭父·先都·士縠·梁益耳·

蒯得作亂.이라

8년 봄에 진(晉)나라 군주인 후작은, 해양(解揚)에게 광(匡)·척(戚)의 땅을 위나라에 돌려주도록 하고, 군주의 사위 지(池)에게 봉(封)했던 신(申)에서 호뢰(虎牢)의 경계에 이르기까지의 땅을 정나라에 돌려주었다.

여름에, 진(秦)나라 사람이 진(晉)나라를 쳐 무성(武城)을 빼앗아, 영호(令狐)에서의 싸움에 대한 보복을 했다.

가을에 주(周)나라 천자 양왕(襄王)께서 돌아가셨다.

진(晉)나라 사람이 호(扈)에서의 맹서에 노나라 군주가 늦게 간 일

을 추궁했다.

겨울에, 동문양중(東門襄仲)이 진나라 조맹(趙孟 : 조돈)과 만나, 형옹에서 맹서하였던 것은, 호에서의 맹서에 노나라 군주가 늦게 도착했던 일에 대해서 사과한 것이었다. 그는 곧 이수(伊水)와 낙수(雒水) 사이에 사는 융 오랑캐와 만났다. 경문(經文)에 공자 수(遂)라고 쓴 것은, 그를 존대해서였다.

목백(穆伯 : 공손오)이 주나라로 조상(弔喪)을 갔는데, 서울에 닿기 전에 가지고 간 예물을 가지고 거나라로 도망가, 기씨(己氏)에게 의지했다.

송나라 양공의 부인은 주나라 양왕의 누나였다. 그런데 소공은 예로 대우하지 않자, 부인은 대씨(戴氏) 일족에게 의지하여 양공의 손자인 공숙(孔叔)·공손종리(公孫鍾離) 및 대사마(大司馬)인 공자 앙(卬)을 죽였는데, 그들은 모두 소공의 무리였다. 사마인 공자 앙은 손에 부절(符節)을 쥐고 죽었다. 그래서 경문에는 그의 관직 이름을 적었다. 사성(司城) 탕의제(蕩意諸)가 노나라로 도망쳐 오니, 그는 부절을 관청의 창고지기에게 주고 나라를 떠나왔다. 노나라의 문공은 그를 사성의 신분대로 대우하여 맞이하고, 그를 따른 사람들을 복직시켰다. 경문에 그에 대해서도 관직 이름을 쓴 것은, 모두 예의에 맞는 행위를 했음을 귀히 여겨서였다.

이(夷)에서의 군사 연습에서, 진(晉)나라의 군주인 후작은, 기정보(箕鄭父)와 선도(先都)의 벼슬을 높여 주려 하여, 사곡(士穀)과 양익이(梁益耳)로 하여금 중군을 거느리게 하려 했다. 그러자 선극(先克)이, "호언(狐偃)과 조최(趙衰)의 훈공(勳功)은 잊을 수 없사옵니다." 라고 하니, 군주는 그의 말을 따랐다. 그래서 호역고(狐射姑 : 호언의 아들)를 중군 대장으로 하고, 조돈(趙盾 : 조최의 아들)을 중군 부장으로 삼았다. 그리고 선극이 괴득(蒯得)의 땅을 근음(堇陰)에서 빼앗았다. 그래서 기정보·선도·사곡·양익이·괴득 등은 내란을 일으켰다.

주해 ○公壻池(공서지)-공서는 군주의 사위. 지(池)는 이름.

○自申至于虎牢之境(자신지우호뢰지경)-신(申)과 호뢰(虎牢)는 원래 정나라의 땅. 신은 지금의 하남성 범수현(氾水縣) 경계 땅. 호뢰는 장공 21년조에 나왔다.

○武城(무성)-진(晉)나라 지명으로, 지금의 섬서성 화현(華縣) 동북쪽 땅.

○珍(진)-귀히 여김.

○節(절)-부절(符節).

○府人(부인)-관청 창고지기.

○公以其官逆之(공이기관역지)-다른 나라 사람이 도망왔을 때는, 그의 관등에서 한 계급을 낮추어 대우하였으나, 도망 나올 때에 부절을 당당히 반환한 행위를 귀히 여겨 본래 관직대로 예우했다는 말이다.

○皆復之(개복지)-사성을 따라온 다른 사람들은, 모두 송나라에 알선해서 복직하게 했다는 것이다.

○夷之蒐(이지수)-여기에서의 군사 연습에 대해서는 문공 6년조 참고.

○先克奪蒯得田于董陰(선극탈괴득전우근음)-선극이 중군의 부장이 되어, 근음에서 진군(秦軍)을 막아냈을 때(문공 7년), 괴득이 소유하고 있는 근음의 땅을 탈취한 일이 있었음을 말한다.

經 ○九年春,에 毛伯來,하여 求金.이라
<small>구 년 춘　　모 백 래　　구 금</small>

○夫人姜氏如齊.라
<small>부 인 강 씨 여 제</small>

○二月,에 叔孫得臣如京師,하여 辛丑,에 葬襄王.이라
<small>이 월　　숙 손 득 신 여 경 사　　신 축　　장 양 왕</small>

○晉人殺其大夫先都.라
<small>진 인 살 기 대 부 선 도</small>

○三月,에 夫人姜氏至自齊.라
<small>삼 월　　부 인 강 씨 지 자 제</small>

○晉人殺其大夫士縠及箕鄭父.라
<small>진 인 살 기 대 부 사 곡 급 기 정 보</small>

○楚人伐鄭.이라
<small>초 인 벌 정</small>

○公子遂會晉人·宋人·衛人·許人,하여 救鄭.이라

○夏,에 狄侵齊.라

○秋八月,에 曹伯襄卒.이라

○九月癸酉,에 地震.이라

○冬,에 楚子使椒來聘.이라

○秦人來歸僖公·成風之襚.라

○葬曹共公.이라

9년 봄에 모백(毛伯)이 와서 금을 요구했다.

부인 강씨(姜氏)가 제나라에 갔다.

2월에, 숙손득신(叔孫得臣)이 천자께서 계시는 서울로 가, 신축날에 양왕을 장사 지냈다.

진(晉)나라 사람이 그 나라의 대부 선도(先都)를 죽였다.

3월에, 부인 강씨가 제나라로부터 돌아왔다.

진(晉)나라 사람이 그 나라의 대부 사곡(士穀)과 기정보(箕鄭父)를 죽였다.

초나라 사람이 정나라를 쳤다.

공자 수(遂)가 진(晉)나라 사람·송나라 사람·위나라 사람·허나라 사람과 회합을 갖고, 정나라를 구했다.

여름에, 적(狄) 오랑캐가 제나라를 침범했다.

가을 8월에, 조나라 군주인 백작 양(襄)이 세상을 떠났다.

9월 계유날에, 지진이 있었다.

겨울에, 초나라 군주인 자작이 초(椒)로 하여금 예물을 가지고 우리나라를 방문케 했다.

진(秦)나라 사람이 와 희공(僖公)과 성풍(成風)에게 드리는 수의(襚衣)를 바쳤다.

조나라 공공(共公)을 장사 지냈다.

주해 | ○毛伯來求金(모백래구금)−주나라 양왕(襄王)이 전년 8월에 세상을 떠나자, 노나라에서는 공손으로 하여금 예물을 가지고 조상케 했다. 그런데 공손오가 도중 거나라로 도망해서, 결국 노나라는 결례(缺禮)가 되었다. 그러자 주나라 조정에서는 대부 모백을 보내어, 장사에 쓸 금(金)을 내라고 요구했다.

○辛丑(신축)−2월 26일.

○九月癸酉(구월계유)−9월 1일.

○襚(수)−죽은 사람에게 염할 때에 입히는 옷.

傳 | 九年春王正月己酉에, 使賊殺先克하고, 乙丑에, 晉人殺先都·梁益耳라.

毛伯衛來求金은, 非禮也라. 不書王命은, 未葬也라.

二月에, 莊叔如周하여, 葬襄王이라.

三月甲戌에, 晉人殺箕鄭父·士穀·蒯得이라.

范山言於楚子曰, 晉君少에, 不在諸侯이오니, 北方可圖也로소이다 楚子師于狼淵하여, 以伐鄭하고, 囚公子堅·公子尨及樂耳라 鄭及楚平이라.

公子遂會晉趙盾·宋華耦·衛孔達·許大夫하여, 救鄭이나 不及楚師라. 卿不書는, 緩也라. 以懲不恪이라.

夏,에 楚侵陳,하여 克壺丘,하니 以其服於晉也.라

秋,에 楚公子朱自東夷伐陳,에 陳人敗之,하여 獲公子茷,로되

陳懼,하여 乃及楚平.이라

冬,에 楚子越椒來聘,에 執幣傲.라 叔仲惠伯曰, 是必滅若敖

氏之宗.하리라 傲其先君,하니 神弗福也.라

秦人來歸僖公·成風之襚,는 禮也.라 諸侯相弔賀也,에 雖不

當事,라도 苟有禮焉,이면 書也.라 以無忘舊好也.라

9년 봄 천자가 쓰는 역으로 정월 기유날에, (내란을 일으킨 진나라 기정보 등은) 자객을 시켜 선극(先克)을 죽이고, 을축날에 진(晉)나라 사람은 선도(先都)와 양익이(梁益耳)를 죽였다.

주(周)나라 대부 모백위(毛伯衛)가 와서 금(金)을 요구한 것은 예의에 어긋난 일이었다. 경문(經文)에 천자의 명으로 왔다고 쓰지 않은 것은, 돌아가신 천자의 장례식을 치르지 않아서였다.

2월에 장숙(莊叔 : 叔孫得臣)이 주나라로 가서, 양왕의 장례식을 지냈다.

3월 갑술날에, 진(晉)나라 사람이 기정보·사곡·괴득을 죽였다.

초나라 대부 범산(范山)이 군주인 자작[목왕]에게 말하기를, "진(晉)나라 군주는 나이가 어려, 제후들에게 마음을 두지 않고 있사오니, 북방에 있는 나라들을 칠 수 있사옵니다."라고 했다. 초나라 군주는 낭연(狼淵)에 군사를 내어 정나라를 치고, 정나라의 공자 견(堅)·공자 방(尨) 및 악이(樂耳)를 잡았다. 그래서 정나라는 초나라와 화친했다.

공자 수(遂)가 진(晉)나라의 조돈(趙盾)·송나라의 화우(華耦)·위
나라의 공달(孔達)·허나라의 대부들과 회합을 가져, 정나라를 구원
했으나, 초나라 군사와 만나 싸우지는 못했다. 경문에 제후국의 경
(卿) 이름을 쓰지 않은 것은, 그들이 회합에 늦게 참석했기 때문이었
다. 그래서 그들이 각자의 군주 명령을 정성껏 행하지 않았음을 징계
(懲戒)한 것이다.

여름에 초나라가 진(陳)나라를 침략하여, 호구(壺丘)에서 싸워 이
겼으니, 그것은 진나라가 초나라를 배반하고 진(晉)나라에게 복종하
고 있었기 때문이다.

가을에, 초나라 공자 주(朱 : 息公)가 동이(東夷)로부터 들어가 진
(陳)나라를 치니, 진나라 사람이 싸워 초나라 군사를 패배시키어, 초
나라 공자 패(茷)를 잡았다. 그러나 진나라는 초나라를 두려워해서,
곧 초나라와 화목했다.

겨울에, 초나라 자월초(子越椒)가 노나라로 와 예방했는데, 그가 예
물을 드리는 태도가 오만했다. 그 태도를 본 노나라의 숙중혜백(叔仲
惠伯)은 말하기를, "이 사람은 분명 약오씨(若敖氏)의 종문(宗門)을
망칠 것이다. 선대 군주부터의 우호 관계를 위해서 와 저런 무례한
짓을 함은, 결국 자기 나라의 선대 군주에게 오만한 것이 되니, 신
(神)은 그에게 복을 주지 않을 것이다."라고 했다.

진(秦)나라 사람이 노나라로 와, 희공과 성풍의 수의를 바친 일은,
예에 맞은 일이었다. 제후가 서로 조상(弔喪)하고 축하를 함에, 비록
그 일의 때에 바로 하지 못했다 하더라도, 실로 예의가 갖추어져 있
으면 기록을 해 둔다. 그리하여 지난날의 우호 관계를 잊지 않게 하
는 것이다.

▌주해▏ ○正月己酉(정월기유)-정월 3일.
　○乙丑(을축)-정월 19일.

○三月甲戌(삼월갑술)−3월 29일.

○不在諸侯(부재제후)−제후들이 복종하고 있는가, 또는 이탈하고 있는가 에 대해서 마음을 두지 않음.

○狼淵(낭연)−정나라의 지명으로, 지금의 하남성 임영현(臨潁縣) 서북쪽 땅.

○不恪(불각)−성실하게 행하지 않음. 공손하지 못함.

○壺丘(호구)−진(陳)나라의 지명으로, 지금의 하남성 신채현(新蔡縣) 동 남쪽 땅.

○東夷(동이)−원래 진(陳)나라의 읍이었는데, 희공(僖公) 23년에 초나라 가 차지했다. 희공 23년조에는 다만 이(夷)로만 나왔다. 본시 이(夷)라 고만 했던 것인데, 그 땅이 진나라와 초나라의 동방에 있으므로, 동(東) 을 붙여 동이라 한 것이다. 초나라는 진나라로부터 빼앗아 그 이름을 성보(城父)라 고쳤다.

○子越椒(자월초)−투초(鬪椒). '자월(子越)'은 그의 자(字). 자를 백분(伯 棻)이라고도 했다. 초나라 약오(若敖)는 아들 투백비(鬪伯比)를 두었는 데, 백비는 영윤(令尹)이었던 자문(子文)과 사마(司馬)였던 자량(子良) 을 낳았고, 자량은 초(椒)를 낳았다 한다.

經│ ○十年春王三月辛卯,에 臧孫辰卒.이라

○夏,에 秦伐晉.이라

○楚殺其大夫宜申.이라

○自正月不雨,하여 至于秋七月.이라

○及蘇子盟于女栗.이라

○冬,에 狄侵宋.이라

○楚子·蔡侯次于厥貉.이라

10년 봄 천자가 쓰는 역으로 3월 신묘날에, 장손신(臧孫辰)이 세상을 떠났다.

여름에, 진(秦)나라가 진(晉)나라를 쳤다.

초나라가 대부 의신(宜申)을 죽였다.

정월부터 비가 내리지 않았는데, 가을 7월까지 계속되었다.

소씨(蘇氏)와 여율(女栗)에서 맹서하였다.

겨울에, 적 오랑캐가 송나라를 침범했다.

초나라 군주인 자작과 채나라 군주인 후작이, 궐맥(厥貉)에서 군사를 거느리고 머물렀다.

┃주해┃ ○蘇子(소자)―여기에서 '자(子)'는 자작을 말한 것이 아니라, 존칭으로 붙인 것이다. 즉 소씨의 사람이다. 분명하지 않으나 두예는 그의 주에, 당시 주나라 경사(卿士)였다고 말했다.
　　○女栗(여율)―불명(不明).
　　○厥貉(궐맥)―이곳도 불명.

┃傳┃ 十年春,에 晉人伐秦,하여 取少梁,하고 夏,에 秦伯伐晉,하여 取北徵.이라

初,에 楚范巫矞似謂成王與子玉·子西曰, 三君皆將强死.하리이다 城濮之役,에 王思之.라 故로 使止子玉曰, 毋死.라 不及.이라 止子西,에 子西縊而縣絶.이라 王使適至,하여 遂止之.라 使爲商公,이러니 沿漢泝江,하여 將入郢.이라 王在渚宮,하여 下見之.라 懼而辭曰, 臣免於死,어니와 又有讒言,하여 謂臣將逃.이오니다 臣歸死於司敗也.하오리다 王使爲工尹,이러니 又與子家謀殺

穆王_{목왕}.이라 穆王聞之_{목왕문지},하고 五月殺鬪宜申及仲歸_{오월살투의신급중귀}.라

秋七月_{추칠월},에 及蘇子盟于女栗_{급소자맹우여율},은 頃王立故也_{경왕립고야}.라

陳侯·鄭伯會楚子于息_{진후 정백회초자우식}.이라 冬遂及蔡侯次于厥貉_{동수급채후차우궐맥},하여 將以_{장이}

伐宋_{벌송}.이라 宋華御事曰_{송화어사왈}, 楚欲弱我也_{초욕약아야},에 先爲之弱乎_{선위지약호}.인저 何必使_{하필사}

誘我_{유아}.이리오 我實不能_{아실불능}.이오니다 民何罪_{민하죄}.인가 乃逆楚子_{내역초자},하여 勞且_{노차}

聽命_{청명}.이라 遂導以田孟諸_{수도이전맹제},에 宋公爲右盂_{송공위우우},하고 鄭伯爲左盂_{정백위좌우},하며

期思公復遂爲右司馬_{기사공복수위우사마},하고 子朱及文之無畏爲左司馬_{자주급문지무외위좌사마}.라 令尹駕_{영숙가}

載燧_{재수},이어늘 宋公違命_{송공위명}.이라 無畏抶其僕以徇_{무외질기복이순},하니 或謂子舟曰_{혹위자주왈},

國君不可戮也_{국군불가륙야}.라 子舟曰_{자주왈}, 當官而行_{당관이행},에 何彊之有_{하강지유}.아 詩曰_{시왈}, 剛亦_{강역}

不吐_{불토},하고 柔亦不茹_{유역불여}.라 無縱詭隨_{무종궤수},하여 以謹罔極_{이근망극}.이라 是亦非避_{시역비피}

彊也_{강야}.라 敢愛死以亂官乎_{감애사이란관호}.아

厥貉之會_{궐맥지회},에 麇子逃歸_{균자도귀}.라

10년 봄에 진(晉)나라 사람이 진(秦)나라를 쳐서 소량(少梁) 땅을 빼앗고, 여름에 진나라 군주인 백작이 진(晉)나라를 쳐 북징(北徵) 땅을 빼앗았다.

전에, 초나라 범(范)에 사는 무당 율사(矞似)가 성왕(成王)·자옥(子玉)·자서(子西)에게 말하기를, "세 어른께서는 억지 죽음을 하실 것이옵니다."라고 했다. 성복(城濮)에서의 싸움에서, 왕은 그 무당의 말이 생각났다. 그래서 자옥이 죽지 못하게 하라고 사람을 시켰다. 그러나 미치지 못하여, 자옥은 죽어갔다. 왕은 자서를 못 죽게 하니, 그

때 자서는 목을 매었는데, 목을 맨 끈이 끊어졌다. 그 순간에 왕이 보낸 사람이 마침 도착하여, 결국 못 죽게 했다. 그리고 왕은 자서를 상밀(商密) 고을을 다스리는 벼슬로 보냈더니, 자서는 한수(漢水)를 타고 내려가, 양자강(揚子江)을 거슬러 올라가서, 초나라 도읍인 영(郢)으로 쳐들어가려 하였다. 그때 왕이 저궁(渚宮)에 있으면서, 그를 내려다보았다. 그러자 자서는 두려워하여 꾸며 말하기를, "신은 죽음에서 사면(赦免)되었사옵거니와, 지금도 또 신에 대해서 참언(讒言)하는 자가 있어, 신이 다른 나라로 도망하려 한다고 말한다는 것이옵니다. 그래서 신은 사패(司敗)의 판결을 받고 죽으려 하옵니다."라고 했다. 그리하여 왕은 그를 백공(百工)을 장악하는 부서의 장(長)인 공윤(工尹)으로 삼았더니, 그는 다시 자가(子家)와 성왕의 뒤를 이은 목왕(穆王)을 죽일 것을 공모했다. 목왕은 이 소식을 듣자, 5월에 투의신(鬪宜申 : 子西)과 중귀(仲歸 : 子家)를 죽였다.

가을 7월에, 소씨(蘇氏)와 여율(女栗)에서 맹서했던 것은, 주나라의 새 천자 경왕(頃王)이 즉위했기 때문이다.

진(陳)나라 군주인 후작과 정나라 군주인 백작이, 초나라 군주인 자작[목왕]과 식(息)에서 회합을 가졌다. 겨울에는 결국 채나라 군주인 후작과 궐맥(厥貉)에서 군사를 거느리고 머물러, 송나라를 치려고 했다. 그때, 송나라의 화어사(華御事)가 말하기를, "초나라는 우리나라를 약하게 하려는 속셈이오니, 우리가 미리 약한 체 할 것이옵니다. 어찌 꼭 저들이 우리에게 싸움을 걸게 할 것이 있사오리까? 우리는 실로 싸울 수가 없사옵니다. 백성들이 무슨 죄가 있어 싸워야 하옵니까?"라고 했다. 이에, 곧 초나라 군주를 맞이하여 위로하고 또 초나라의 명령을 따르기로 했다. 그리고 초나라 군주를 안내하여 맹제(孟諸)에서 사냥하니, 송나라 군주인 공작은 사냥하는 우익(右翼)이 되고, 정나라 군주인 백작은 그 좌익(左翼)이 되며, 초나라 기사(期思) 고을을 다스리는 복수(復遂)가 우사마(右司馬)가 되고, 자주(子朱) 및

문지무외(文之無畏)는 좌사마(左司馬)가 되었다. 목왕은 이른 아침에 수레를 타고 나가게 하고, 수레에 불을 싣도록 명하였는데, 송나라 군주가 그 영을 어기었다. 그러자 무외(無畏)가 송나라 군주를 모시는 사람을 매로 쳐 조리돌리니, 어느 사람이 자주(子舟 : 無畏)에게, "그렇게 해서 나라의 군주를 수치스럽게 할 수는 없습니다."라고 말했다. 그러자 자주는 말했다. "관직을 맡고, 맡은 직무를 행함에, 무슨 세력 강한 분을 생각할 것이 있는가? 시(詩)에 이르기를, '단단한 것도 또한 뱉지 말고, 부드럽다고 훌쩍 먹지 않는도다. 진심으로가 아니라 겉으로 복종하는 자는 용서하지 않고서, 바르지 못함을 경계하는도다.'라고 하였다. 이 말 또한 세력이 강한 사람을 피함이 아니라는 것을 말한 것이다. 내 어찌 죽는 것을 생각하여 관기(官紀)를 어지럽힐 것인가?"

궐맥에서 회합을 가졌을 때, 균(麇)나라의 군주인 자작은 초나라가 싫어서 도망하여 돌아갔다.

주해 ○少梁(소량)―진(秦)나라 지명으로, 지금의 섬서성 한성현(韓城縣) 남쪽 땅.

○北徵(북징)―진(晉)나라의 읍(邑)으로 지금의 섬서성 징성현(澄城縣) 서남쪽에 있음.

○强死(강사)―제 명이 아닌 죽음.

○城濮之役(성복지역)―희공(僖公) 20년에 있었다.

○縣絶(현절)―맨 끈이 끊어짐.

○商公(상공)―상밀(商密)을 다스리는 지방 장관.

○渚宮(저궁)―궁전 이름. 초나라 성왕(成王)이 지은 궁전으로, 도읍 영(郢)의 남쪽, 지금의 호북성(湖北省) 강릉(江陵)의 서북쪽 물가에 세웠다 한다.

○司敗(사패)―사법관(司法官)의 장인 사구(司寇)를 초나라와 진(陳)나라에서는 사패(司敗)라 했다.

○期思公復遂(기사공복수)—기사공은 초나라 기사(期思) 고을을 다스리는 장관이고, 복수는 이름.

○文之無畏(문지무외)—여기에서 '지(之)'자는 그냥 넣어 말한 것이다. 문무외는 자주(子舟).

제9
·········
문공 하
文公 下

희공(僖公)의 아들. 어머니는 성강(聲姜).
이름은 흥(興). 재위 기원전 626~609

經| ○^{십유일년춘}十有一年春,에 ^{초자벌균}楚子伐麇.이라

○^하夏,에 ^{숙중팽생회진극결우승광}叔仲彭生會晉郤缺于承匡.이라

○^추秋,에 ^{조백래조}曹伯來朝.라

○^{공자수여송}公子遂如宋.이라

○^{적침제}狄侵齊.라

○^{동시월갑오}冬十月甲午,에 ^{숙손득신패적우함}叔孫得臣敗狄于鹹.이라

11년 봄에, 초나라 군주인 자작이 균나라를 쳤다.

여름에, 숙중팽생(叔仲彭生)이 진(晉)나라의 극결(郤缺)과 승광(承匡)에서 만났다.

가을에, 조나라 군주인 백작이 찾아왔다.

공자 수(遂)가 송나라에 갔다.

적(狄) 오랑캐가 제나라를 침범했다.

겨울 10월 갑오날에, 숙손득신(叔孫得臣)이 적 오랑캐를 함(鹹)에
서 쳐부수었다.

주해 │ ○叔仲彭生(숙중팽생)—숙중혜백(叔仲惠伯).

　　○承匡(승광)—송나라 지명으로, 지금의 하남성 수현(睢縣) 서남쪽 땅.

　　○十月甲午(시월갑오)—10월 4일.

　　○鹹(함)—노나라 지명으로, 지금의 산동성 거야현(鉅野縣) 남쪽 땅.

傳 │ 十一年春,에 楚子伐麇,에 成大心敗麇師於防渚,하고 潘崇復
伐麇,하여 至于錫穴.이라

　　夏,에 叔仲惠伯會晉郤缺于承匡,은 謀諸侯之從於楚者也.라

　　秋,에 曹文公來朝,는 卽位而來見也.라

　　襄仲聘于宋,하고 且言司城蕩意諸,하여 而復之,하고 因賀楚師
之不害也.라

　　鄭瞗侵齊,하고 遂伐我.라 公卜使叔孫得臣追之,에 吉.이라 侯
叔夏御莊叔,하고 綿房甥爲右,하며 富父終甥駟乘.이라

　　冬十月甲午,에 敗狄于鹹,하여 獲長狄喬如.라 富父終甥,이 舂
其喉以戈,하여 殺之.라 埋其首於子駒之北門,하여 以命宣伯.이라

　　初,에 宋武公之世,에 鄭瞗伐宋,하니 司徒皇父帥師,하여 禦之,
에 耏班御皇父充石,하고 公子穀甥爲右,하며 司寇牛父駟乘,하여
以敗狄于長丘,하고 獲長狄緣斯,나 皇父之二子死焉.이라 宋公於

시 이 문 상 이 반　　　　사 식 기 정　　　위 지 이 문
是以門賞彤班,하고 使食其征,하니 謂之彤門.이라

진 지 멸 로 야　　　　획 교 여 지 제 분 여　　　제 양 공 지 이 년　　　수 만 벌
晉之滅潞也,에 獲喬如之弟焚如.라 齊襄公之二年,에 鄋瞞伐

제　　　제 왕 자 성 보 획 기 제 영 여　　　매 기 수 어 주 수 지 북 문　　　위
齊.라 齊王子成父獲其弟榮如,하여 埋其首於周首之北門.이라 衛

인 획 기 계 제 간 여　　　수 만 유 시 수 망
人獲其季弟簡如,하니 鄋瞞由是遂亡.이라

성 태 자 주 유 자 안 어 부 종　　　국 인 불 순
郕太子朱儒自安於夫鍾,이나 國人弗徇.이라

11년 봄에, 초나라 군주인 자작이 균나라를 치니, 성대심(成大心 : 子玉의 아들 大孫伯)이 균나라 군사를 방저(防渚)에서 쳐부수고, 반숭(潘崇)이 다시 균나라를 쳐 석혈(錫穴)까지 쳐들어갔다.

여름에 숙중혜백(叔仲惠伯)이 진(晉)나라 극결(郤缺)과 승광(承匡)에서 만난 것은, 제후들이 초나라를 따름에 대해서 상의한 것이었다.

가을에 조나라 문공이 찾아온 것은, 군주 자리에 오르고서 우리 노나라 군주를 만남이었다.

동문양중(東門襄仲)이 송나라를 예방하고, 노나라로 도망하여 와 있던 송나라의 사성(司城) 탕의제(蕩意諸)에 대해서 잘 말하여 돌아가 복직(復職)케 하고, 초나라 군사의 해를 받지 않았음을 축하드렸다.

적(狄) 오랑캐 나라인 수만(鄋瞞)이 제나라를 침범하고, 이어 우리 노나라에 쳐들어왔다. 공은 숙손득신(叔孫得臣)에게 적을 몰아낼 것을 점치니 길(吉)이었다. 그래서 후숙하(侯叔夏)가 장숙(莊叔 : 叔孫得臣)의 전차를 조종하고, 면방생(綿房甥)이 그 오른쪽 전사가 되었으며 부보종생(富父終甥)이 더 타, 결국 네 사람이 탔다.

겨울 10월 갑오날에 적 오랑캐를 함(鹹)에서 쳐부수어, 장적(長狄 : 鄋瞞)의 군주인 교여(喬如)를 사로잡았다. 부보종생이 그의 목을 창으로 찔러 죽였다. 그리하여, 그의 머리를 자구문(子駒門) 가에 묻

고, 아들 선백(宣伯)을 교여(喬如)라는 이름으로 불렀다.

전에 송나라 무공(武公) 때, 수만나라가 송나라를 치니 사도(司徒) 황보(皇父)가 군사를 거느리고 방어하니, 이반(耏班)이 황보충석(皇父充石)의 전차를 조종하고, 공자 곡생(穀生)이 그 오른쪽 전사가 되며, 사구(司寇) 우보(牛父)가 더 타 결국 네 사람이 타서는, 적 오랑캐군을 장구(長丘)에서 쳐부수고, 장적(長狄)의 군주 연사(緣斯)를 사로잡았으나, 황보의 두 아들이 죽었다. 송나라 군주 무공은 그때 이반에게 성문(城門)을 상으로 주고, 그 성문에서 걷는 세금을 받아 차지하게 하니, 그 성문을 이문(耏門)이라 불렀다.

진(晉)나라가 적(狄) 오랑캐의 일종인 노(潞)를 멸망시켰을 때 교여(喬如)의 동생인 분여(焚如)를 잡았다. 그리고 제나라 양공(襄公) 2년에, 수만나라가 제나라를 쳤다. 그때 제나라 왕자인 성보(成父)가, 분여의 동생 영여(榮如)를 잡아, 그 머리를 주수(周首)의 북문 가에 묻었다. 그리고 또 위나라 사람이 그의 막내동생 간여(簡如)를 잡아죽이니, 수만나라는 결국 망하고 말았다.

성(鄋)나라 태자 주유(朱儒)가 부종(夫鍾)에서 편안한 생활을 하고 있었으나, 그 나라 사람들은 그를 따르지 않았다.

주해 ○防渚(방저)―방릉(房陵)이라고도 하고, 지금의 호북성 방현(房縣) 땅.

○錫穴(석혈)―지금의 호북성 운현(鄖縣) 땅.

○諸侯之從於楚者(제후지종어초자)―전해에 진(陳)·정(鄭)의 두 나라가 초나라와 화목하고, 송(宋)나라가 초나라에 복종하게 된 일을 두고 말한다.

○鄋瞞(수만)―적(狄) 오랑캐의 나라 이름으로, 장적(長狄)이라고도 했다. 지금의 산동성 역성현(歷城縣) 북방에 위치했고, 군주의 성은 칠(漆)이었다.

○駟乘(사승)―전차는 중앙에 조종하는 사람, 왼쪽에 장(長), 오른쪽에 전사, 이렇게 세 사람이 타는 것인데, 오른쪽에 전사의 부수(副手)로 또

한 사람이 타, 결국 네 사람이 타서 사승이라 말했다.

o 長狄(장적)-수만(鄋瞞)의 다른 이름.

o 子駒之北門(자구지북문)-'자구(子駒)'는 노나라 공족인데, 그 이름으로 성문의 이름을 삼았다. 원래 노나라 도읍의 외곽성(外郭城)의 북쪽에 세 문이 있었는데, 그 삼문(三門) 중에서 서쪽 문을 자구문이라 했다. 자구지북문은 즉 자구라는 북쪽 문이다.

o 皇父(황보)-송나라 대공(戴公)의 아들.

o 皇父充石(황보충석)-황보는 자(字)이고, 충석은 그의 이름.

o 穀甥(곡생)·牛父(우보)-황보의 두 아들.

o 長丘(장구)-송나라 지명으로, 지금의 하남성 봉구현(封丘縣) 남쪽 땅.

o 皇父之二子(황보지이자)-'지(之)'는 '여(與) ……과, 와'와 같아, '황보와 그의 두 아들'이라 풀이된다.

o 以門賞(이문상) 운운-어느 관문(關門)을 상으로 주어, 그 관문을 통과하는 사람들이 내는 세금을 녹(祿)으로 삼았다는 것이다.

o 晉之滅潞(진지멸로)-노(潞)는 지금의 산서성 노성현(潞城縣) 동북방에 살고 있었던 적(狄) 오랑캐의 일종. 진나라가 노를 멸망시킨 것은, 노나라 문공 다음 군주인 선공(宣公) 15년, 진(晉) 경공(景公) 6년의 일이었다.

o 齊襄公二年(제양공이년)-제나라 양공 2년은, 노나라 환공(桓公) 16년에 해당되는데, 이 해라면 말이 되지 않는다. 《사기(史記)》 노세가(魯世家)·제세가(齊世家)·십이제후연표(十二諸侯年表) 서(序)에 의하면 제나라 혜공(惠公) 2년이고 노나라 선공(宣公) 2년이었다.

o 周首(주수)-제나라 지명으로, 지금의 산동성 동아현(東阿縣) 동북쪽 땅.

o 夫鍾(부종)-성(郕)나라 지명으로, 지금의 산동성 영양현(寧陽縣) 서북쪽 땅.

經┃ o 十有二年春王正月,에 郕伯來奔.이라
십유이년춘왕정월   성백래분

o 杞伯來朝.라
기백래조

ㅇ 二月庚子,에 子叔姬卒.이라

ㅇ 夏,에 楚人圍巢.라

ㅇ 秋,에 滕子來朝.라

ㅇ 秦伯使術來聘.이라

ㅇ 冬十有二月戊午,에 晉人·秦人戰于河曲.이라

ㅇ 季孫行父帥師,하여 城諸及鄆.이라

12년 봄 천자가 쓰는 역으로 정월에, 성나라 군주인 백작이 도망쳐 왔다.

기나라 군주인 백작이 찾아왔다.

2월 경자날에, 공녀 숙희(叔姬)가 세상을 떠났다.

여름에, 초나라 사람이 소(巢)나라를 포위했다.

가을에, 등나라 군주인 자작이 찾아왔다.

진(秦)나라 군주인 백작이 술(術)로 하여금 와 예방(禮訪)케 했다.

겨울 12월 무오날에, 진(晉)나라 사람과 진(秦)나라 사람이 하곡 (河曲)에서 싸웠다.

계손행보(季孫行父)가 군사를 거느리고, 제(諸)와 운(鄆)에 성을 쌓았다.

주해ㅣ ㅇ叔姬(숙희)-노나라 공녀로, 기(杞)나라 환공(桓公)에게 시집갔 었다.

ㅇ巢(소)-지금의 안휘성 소현(巢縣) 동북방에 위치했던 작은 나라.

ㅇ河曲(하곡)-황하(黃河)가 구부러져 동으로 흐르는 곳으로, 지금의 산 서성 영제현(永濟縣) 남쪽.

ㅇ諸(제)-계손성(季孫城)이라고도 했다. 지금의 산동성 제성현(諸城縣)

서남쪽 땅.

○ 鄆(운)―동운(東鄆)이라고도 했고, 지금의 산동성 기수현(沂水縣) 동북
쪽 땅.

傳ㅣ 十二年春,에 郕伯卒.이라 郕人立君,에 太子以夫鍾與郕邦來
奔,하니 公以諸侯逆之,나 非禮也.라 故로 書曰郕伯來奔.라 不書
地,는 尊諸侯也.라

杞桓公來朝,하니 始朝公也.라 且請絶叔姬而無絶婚,에 公許
之.라 二月,에 叔姬卒.이라 不言杞,는 絶也,요 書叔姬,는 言非女
也.라

楚令尹大孫伯卒,하고 成嘉爲令尹.이라 群舒叛楚,하니 夏,에
子孔執舒子平及宗子,하고 遂圍巢.라

秋,에 滕昭公來朝,하니 亦始朝公也.라

秦伯使西乞術來聘,하고 且言將伐晉.이라 襄仲辭玉曰, 君不
忘先君之好,하여 照臨魯國,하여 鎭撫其社稷,하고 重之以大器,어
니와 寡君敢辭玉.이라 對曰, 不腆敝器,는 不足辭也.라 主人三
辭,에 賓答曰, 寡君願徼福于周公·魯公以事君,하여 不腆先君
之敝器,를 使下臣致諸執事以爲瑞節,하여 要結好命.이라 所以藉
寡君之命,하여 結二國之好.라 是以,로 敢致之.라 襄仲曰, 不有
君子,면 其能國乎.아 國無陋矣.라 厚賄之.라

12년 봄에, 성나라 군주인 백작이 세상을 떠났다. 성나라 사람이 다른 사람을 군주로 세우니, 태자였던 주유(朱儒)가 부종(夫鍾) 땅과 성규(郕邦) 땅을 가지고 노나라로 도망쳐 오니, 공은 그를 제후의 신분으로 맞이했으나, 그것은 예의에 어긋나는 일이었다. 그러므로 경문에 써 말하기를, '성나라 군주인 백작이 도망쳐 왔다.'고 했다. 그리고 경문에 그가 가지고 온 땅의 이름을 쓰지 않은 것은, 그를 제후로서 존대해서였다.

기나라의 환공이 찾아왔는데, 노나라의 문공이 즉위한 뒤 처음 일이었다. 그는 온김에 부인 숙희(叔姬)와 이혼하고 다른 공녀(公女)를 부인으로 맞이하여 인척 관계가 끊어지지 않게 해 줄 것을 원하니, 공은 그의 소원을 들어주었다. 2월에, 숙희가 세상을 떠났다. 경문에 기나라 부인이라고 말하지 않은 것은 인연을 끊어서였고, 숙희라고 쓴 것은 시집가지 않은 처녀가 아니어서였다.

초나라 영윤(令尹) 대손백(大孫伯 : 성대심)이 죽고, 성가(成嘉)가 영윤이 되었다. 그때, 여러 서(舒)라고 하는 나라들이 초나라에 대해서 적대시하니, 여름에 자공(子孔 : 성가)은 서(舒)나라 군주 평(平)과 종(宗)나라 군주를 잡고, 마침내는 소(巢)나라를 포위했다.

가을에, 등(滕)나라 군주 소공(昭公)이 찾아왔는데, 그 또한 문공이 즉위한 뒤 처음으로 온 것이었다.

진(秦)나라 군주인 백작이 서걸술(西乞術)에게 와 예방케 하고, 장차 진(晉)나라를 치려 한다는 것을 말했다. 그때 노나라의 동문양중(東門襄仲)은 진나라에서 보내온 옥(玉)만은 받기를 사양하여 말하기를, "진나라 군주께서는 우리나라의 선대 군주와 우호 관계를 잊지 않으시고는 이 노나라에 사자를 보내시사, 노나라의 안녕을 도모하시고, 훌륭한 것까지 보내주셨지만, 저희 군주께서는 감히 옥만은 사양하십니다."라고 했다. 그러자 진나라 사자는 이 말에 대하여, "자그마한 이 좋지 않은 것은 사양하실 것이 못됩니다."라고 하였다. 주인 측인 동문양중이 세 번이나 사양하자, 손님인 진나라 사자는 말하였다.

"저희 군주께서는 노나라 선조이신 주공(周公)과 노공(魯公)의 도움을 입어서 노나라 군주와 사이 좋게 지낼 것을 원하셔서, 자그마한 선대 군주께서 지니셨던 이 좋지 못한 물건을, 저를 시키시어 이 나라의 국사를 보시는 관리에게 드리어, 그 진심을 나타내는 표로 삼게 하시어, 우호 관계 맺기를 요망하십니다. 그래서 저는 저희 군주의 명에 따라 두 나라 간의 우호 관계를 맺으려는 것입니다. 그러므로 이것을 감히 드리는 것입니다." 이에 양중(襄仲)은 (그 옥을 받고) 말하기를, "(저이 같은) 군자(君子)가 없으면, 어떻게 나라를 보존할 수가 있으랴? (진나라는 서쪽에 있기는 하지만) 나라가 천(賤)하지 않구나."라 하고, 그 사자에게 후한 선물을 주었다.

주해 ㅇ無絶婚(무절혼)―인척 관계를 끊지 않음.

ㅇ成嘉(성가)―성대심(成大心)의 동생. 자는 자공(子孔).

ㅇ群舒(군서)―여러 서라는 나라. 서용(舒庸)·서구(舒鳩) 등의 언성(偃姓)의 작은 나라를 말한다.

ㅇ大器(대기)―훌륭한 물건.

ㅇ不腆(부전)―두텁지 못함. 크지 못함.

ㅇ魯公(노공)―백금(伯禽).

ㅇ瑞節(서절)―진심을 나타내는 표.

秦爲令狐之役故,하여 冬,에 秦伯伐晉,하여 取羈馬.라 晉人禦之,에 趙盾將中軍,하고 荀林父佐之,하며 郤缺將上軍,하고 臾騈佐之,하며 欒盾將下軍,하고 胥甲佐之,하며 范無恤御戎.이라 以從秦師于河曲.이라 臾騈曰, 秦不能久,하니 請深壘固軍而待之.라 從之.라 秦人欲戰,에 秦伯謂士會曰, 若何而戰.고 對曰, 趙氏

新出其屬,하오니 曰臾騈.이오니다 必實爲此謀,이온데 將以老我師
也.니이다 趙有側室,하여 曰穿,으로 晉君之壻也.라소이다 有寵而
弱,하여 不在軍事,이어니와 好勇而狂,이오 且惡臾騈之佐上軍也.
리이다 若使輕者肆焉,이면 其可.이오니다

秦伯以璧祈戰于河.라 十二月戊午,에 秦軍掩晉上軍,하니 趙
穿追之,에 不及.이라 反怒曰, 裹糧坐甲,은 固敵是求,어늘 敵至
不擊,하고 將何俟焉.가 軍吏曰, 將有待也.라 穿曰, 我不知謀.라
將獨出.하리라 乃以其屬出.이라 宣子曰, 秦獲穿也,면 獲一卿矣.
라 秦以勝歸,면 我何以報.아 乃皆出戰,하여 交綏.라 秦行人,이
夜戒晉師曰, 兩君之士,가 皆未憖也,이니 明日請相見也.라 臾
騈曰, 使者目動而言肆,하니 懼我也.라 將遁矣.라 薄諸河,면 必
敗之.라 胥甲·趙穿當軍門呼曰, 死傷未收而棄之,는 不惠也,요
不待期而薄人於險,은 無勇也.라 乃止.라 秦師夜遁.이라 復侵
晉,하여 入瑕.라

城諸及鄆,은 書時也.라

진(秦)나라는 영호(令狐)에서 싸웠던 일의 보복을 위해서, 겨울에
진나라 군주는 진(晉)나라를 쳐, 기마(羈馬)를 빼앗았다. 진(晉)나라
사람이 진(秦)나라 군사를 막으니, 조돈(趙盾)이 중군의 대장이 되어,
순임보(荀林父)가 부장(副將)이 되고, 극결(郤缺)이 상군의 대장이

되어, 유변(臾駢)이 부장이 되며, 난돈(欒盾)이 하군의 대장이 되어, 서갑(胥甲)이 부장이 되고, 범무휼(范無恤)이 군주의 전차를 조종했다. 그리하여 진나라 군사를 맞아 하곡(河曲)에서 싸웠다. 그때 유변이 말하기를, "진나라는 지구전(持久戰)을 할 수가 없으니, 보루(保壘)를 쌓아 깊이 있어 우리 군대의 대비를 단단히 해서 기다리자."라고 했다. 그래서 그의 의견을 따랐다. 진(秦)나라 사람은 얼른 싸우려하니, 진(秦)나라 군주가 진(晉)나라에서 도망간 사회(士會)에게 말하기를, "어떻게 싸우면 될 것인가?"라고 했다. 이에 대해서 사회는 말했다. "진(晉)나라의 조돈은 새로운 인물을 그의 부하로 내세웠사오니, 그는 유변이라 하옵니다. 그가 반드시 실로 이 싸움에서 계략을 꾸미고 있사올 것인데, 그는 우리 군사를 피로케 하는 것이옵니다. 조돈에게는 서족(庶族)이 있어, 그 이름은 천(穿)으로 진(晉)나라 군주의 사위이옵니다. 그는 군주의 총애를 받고 있으나 나이가 적어, 군사일은 염두에 두지 않고, 용맹만을 좋아하여 미친 듯이 날뛰옵고, 유변이 상군의 부장이 된 것을 미워하고 있사옵니다. 그러하오니, 만약에 날쌘 군대를 시켜 그의 군진으로 달려들게 하오면, 그를 끌어낼 수가 있을 것이옵니다."

이에 진(秦)나라 군주는 구슬을 황하(黃河)에 넣고 전승(戰勝)을 빌었다. 12월 무오날에, 진(秦)나라 군대가 진(晉)나라의 상군을 엄습하니, 조천(趙穿)이 군대를 추격했는데, 따르지 못하였다. 조천은 군진으로 돌아가 성을 내고 말하기를, "양식을 싸 가지고 갑옷을 입고 투구를 쓰고 있는 것은, 실로 적을 대하자는 것인데, 적이 목전에 왔는데도 치지 않고서, 무엇을 기다린단 말인가?"라고 했다. 이에 대해서 군사일을 맡고 있는 관리가, "적을 칠 기회를 기다리고 있습니다."라고 하니 조천은, "나는 그 꾀를 알 수 없도다. 나 혼자서 싸우러 나가리라."라 말하고는, 부대를 거느리고 출동했다. 그러자 선자(宣子 : 조돈)가 말하기를, "진(秦)나라 군사가 천(穿)을 잡는다면, 우

무인입상(武人立像)

리나라의 한 경(卿)을 잡는 것이 된다. 진나라 군사가 우리의 경을 잡았으나 싸움에 이겼다고 돌아가 버린다면, 내 군주께 무어라 보고드리겠는가?"하고 곧 전군(全軍)이 나가 싸워, 서로 이기지 못하고, 각기 후퇴했다. 그런데 진(秦)나라의 사자(使者)가 저녁에 와서 진(晉)나라 군사에게 통고하기를, "두 나라 군사가 다 사상의 피해를 받지 않고 있으니, 내일 싸움터에서 만나기를 원합니다."라고 하였다. 그때 유변은 말하기를, "진나라 사자의 눈망울이 이리저리 움직이고, 말하는 것이 침착하지 못하니, 그것은 우리를 두려워하고 있는 것이다. 진나라 군사는 결국 도망하려는 속셈이다. 적을 황하(黃河) 가까지 몰아붙인다면, 반드시 쳐부술 수가 있다."라고 했다. 서갑과 조천이 군막(軍幕)의 문에서 소리쳐 말하기를, "사상자(死傷者)를 거두어들이지 않는 것은 무자비(無慈悲)한 짓이고, 상대가 기약한 시간을 기다리지 않고, 그 전에 상대를 험악한 곳으로 공격한다는 것은 용기 없는 자의 짓이오."라고 하였다. 그래서 그날 밤에 공격하기를 중지했다. 진나라 군사는 그날 밤에 도망쳐 갔다. 그뒤 진(秦)나라는 다시 진(晉)나라를 침범하여, 하(瑕)로 쳐들어갔다.

제(諸)와 운(鄆)에 성을 쌓았다는 것은, 제때에 쌓았다는 것을 써 말한 것이다.

▎주해┃ ㅇ令狐之役(영호지역) - 문공 7년에 이 싸움이 있었다.
ㅇ羈馬(기마) - 진(晉)나라 지명으로, 지금의 산서성 영제현(永濟縣) 남쪽 땅.
ㅇ御戎(어융) - 군주의 전차를 조종함. 당시 진(晉)나라 영공(靈公)은 나

이가 어려 출진(出陣)하지 않고, 다만 그의 전차만 나갔다. 그래서 그의 오른쪽 전사는 타지 않았다.

○側室(측실)-첩·서자. 여기에서는 서자인 조천(趙穿)을 말한다. 조천은 조숙(趙夙)의 서손(庶孫)으로, 조돈(趙盾)과 사촌형제 간이었다.

○肆(사)-쳐들어감.

○十二月戊午(십이월무오)-12월 5일.

○掩(엄)-엄습.

○裹糧坐甲(과량좌갑)-양식을 싸고, 갑옷을 입고, 투구를 쓰고 기다리고 있음.

○一卿(일경)-한 경. 당시에 조천은, 진나라 경의 지위에 있었다.

○交綏(교수)-서로 물러감.

○慭(은)-사상(死傷).

○瑕(하)-지금의 하남성 관향현(關鄉縣) 서쪽 땅.

▌經│ ○十有三年春王正月.이라
　　　십 유 삼 년 춘 왕 정 월

○夏五月壬午,에 陳侯朔卒.이라
　　하 오 월 임 오　　　진 후 삭 졸

○邾子蘧蒢卒.이라
　주 자 거 제 졸

○自正月不雨,하여 至秋七月.이라
　자 정 월 불 우　　　지 추 칠 월

○太室屋壞.라
　태 실 옥 괴

○冬,에 公如晉.이라 衛侯會公于沓.이라
　동　　공 여 진　　　위 후 회 공 우 답

○狄侵衛.라
　적 침 위

○十有二月己丑,에 公及晉侯盟.이라
　십 유 이 월 기 축　　　공 급 진 후 맹

○公還自晉.이라 鄭伯會公于棐.라
　공 환 자 진　　　정 백 회 공 우 비

13년 봄 천자가 쓰는 역으로 정월.

여름 5월 임오날에 진(陳)나라 군주인 삭(朔)이 세상을 떠났다.

주(邾)나라 군주인 자작 거제(蘧除)가 세상을 떠났다.

정월부터 비가 내리지 않고, 가을 7월까지도 내리지 않았다.

태실(太室)의 지붕이 무너졌다.

겨울에, 공이 진(晉)나라에 갔다. 위나라 군주인 후작이 공과 답(沓)에서 만났다.

가을에, 적(狄) 오랑캐가 위나라를 침범했다.

12월 기축날에, 공이 진(晉)나라 군주인 후작과 맹서하였다.

공이 진(晉)나라로부터 돌아왔다. 정나라 군주인 백작이 문공을 비(棐)에서 만났다.

주해 ○五月壬午(오월임오)-5월 1일.

○太室(태실)-노나라 시조인 주공(周公)의 사당.

○沓(답)-위나라 지명.

○十有二月己丑(십유이월기축)-불명. 두예는 그의 주(注)에서 11월 11일로 추정했다.

○棐(비)-정나라의 지명으로 지금의 하남성 신정현(新鄭縣) 동쪽 땅.

傳 十三年春,에 晉侯使詹嘉處瑕,하여 以守桃林之塞.라 晉人患秦之用士會也,에 夏,에 六卿相見於諸浮.라 趙宣子曰, 隨會在秦,하고 賈季在狄,에 難日至矣,니 若之何.아 中行桓子曰, 請復賈季.라 能外事,하고 且由舊勳.이라 郤成子曰, 賈季亂,하고 且罪大,하니 不如隨會.라 能賤而有恥,하고 柔而不犯.이라 其知足使也,요 且無罪.라

乃使魏壽餘僞以魏叛者,하여 以誘士會,하고 執其帑於晉,하여
使夜逸,하여 請自歸于秦.이라 秦伯許之.라 履士會之足於朝.라
秦伯師于河西,에 魏人在東.이라 壽余曰, 請東人之能與夫二三
有司言者,하여 吾與之先.이니이다 使士會,어늘 士會辭曰, 晉人虎
狼也.이오니다 若背其言,이면 臣死,하고 妻子爲戮,하며 無益於君,
이리니 不可悔也.니이다 秦伯曰, 若背其言,이라도 所不歸爾帑者,
면 有如河.라 乃行.이라 繞朝贈之以策曰, 子無謂秦無人.하라 吾
謀適不用也.라 旣濟,에 魏人謀而還.이라 秦人歸其帑,어늘 其處
者爲劉氏.라

13년 봄에, 진(晉)나라 군주인 후작은 첨가(詹嘉)에게 하(瑕)에 살고 있으면서 도림(桃林)의 요새지(要塞地)를 지키게 했다. 진(晉)나라 사람은 진(秦)나라의 사회(士會)를 이용함을 걱정하여 여름에, 진나라의 육경(六卿)이 제부(諸浮)에서 회합을 가졌다. 그때 조선자(趙宣子 : 조돈)가 말하기를, "수회(隨會 : 사회)가 진나라에 있고, 가계(賈季)가 적(狄) 오랑캐 나라에 있어, 어려운 일이 날로 다가오니 이 일을 어찌 하면 좋소?"라고 하자, 중행환자(中行桓子 : 순임보)가 말하기를, "가계를 돌아오게 합시다. 그는 외국 일에 능통하고, 또 옛날 큰 공훈을 세운 분[狐偃]의 아들이오."라고 했다. 그러자 극성자(郤成子 : 극결)는 말하기를, "가계는 어지러운 일을 꾸몄고, 또 지은 죄도 크니, 수회를 돌아오게 하는 게 좋습니다. 수회는 천한 신분이면서도 부끄러워할 줄 알고 있고, 유순하여 다른 사람을 해치지 않습니다. 그의 지식은 좋게 써먹을 수가 있고, 또 그에게는 원래 아무런 죄

가 없습니다."라고 했다.

그래서 위수여(魏壽餘)로 하여금 위(魏)에서 진(晉)나라에 대해서
거짓으로 배반하여, 사회를 유인(誘引)케 하고, 그의 처자를 진(晉)나
라에서 잡아서 그를 저녁에 빠져나가, 진(秦)나라로 가 자기의 소유지
를 바치고 복종하게 했다. 진(秦)나라 군주는 그의 소원을 받아들였
다. 수여는 진(秦)나라 조정에서 사회의 발을 밟아, 그가 진나라로 간
것은 계획적임을 알리는 신호를 했다. 진(秦)나라 군주는 위의 땅을
입수하려고 하서(河西)에 군대를 내었는데, 그때 위 땅의 사람이 황
하 건너인 동쪽에 진을 치고 있었다. 수여는 말하기를, "진(秦)나라에
와 있는 진(晉)나라 사람으로 저편의 두세 명 관리와 담판할 수 있는
이를 내어 주시기를 청해서, 제가 그와 같이 먼저 갈까 하옵니다."라
고 했다. 사회를 보내려고 하자 사회가 사양하며 말하기를, "진(晉)나
라 사람은 호랑이와 승냥이 같사옵니다. 만일에 그가 언약을 어기면,
신(臣)은 진(晉)나라에서 죽으며, 저의 처자는 진(秦)나라에서 죽사오
며, 군주께서는 아무런 이익이 없을 것이오니, 후회하여도 소용없을
것입니다."라고 했다. 그러자 진나라 군주는, "그가 만일 어기더라도,
그대의 처자를 진(晉)나라로 돌려보내지 않는다면, 저 황하(黃河)한
테 벌을 받을 것이다."라고 하니, 사회는 곧 수여와 같이 갔다. 그때
진(秦)나라의 요조(繞朝)가 사회에게 말[馬]을 때리는 매를 선사하면
서 말하기를, "당신은 우리 진(秦)나라에 인물이 없다고 말하지 마오.
나는 당신네 나라 계책을 알고 있지만, 나의 계책이 지금 쓰여지지
못하고 있을 따름이오."라고 했다. 사회가 황하를 건너가자, 위 땅의
사람들은 환성을 올리고 돌아갔다. 진(秦)나라 사람은 사회의 처자를
돌려보냈는데, 그때 돌아가지 않고 남아 산 사람이 있었으며, 그는 유
씨(劉氏)라 했다.

■주해┃ ㅇ桃林之塞(도림지새)―동관(潼關)에서 함곡관(函谷關)까지의 땅

을 말한다. 즉 지금의 섬서성 화음현(華陰縣)에서 동쪽으로부터, 하남
성 영보현(靈寶縣)에서 서쪽 땅을 말하는데, 이곳은 진(秦)나라가 동방
으로 진출할 경우 반드시 거치는 땅으로, 진나라를 막는 데 중요한 요
새지였다.

o 中行桓子(중행환자)－순임보(荀林父). 그는 희공 28년에 새로 편성된
보병 부대의 하나인 중행(中行)의 대장이 되었는데, 이것이 곧 그의 성
이 되었다.

o 舊勳(구훈)－가계(賈季)는 문공에게 많은 공을 세운 호언(狐偃)의 아들
이었기에 이렇게 말한 것이다.

o 賈季亂(가계란), 且罪大(차죄대)－난(亂)은 그가 공자 낙(樂)을 진(陳)
에서 맞이하여 군주로 삼으려 했던 일을 두고 말한 것이고, 죄(罪)는 그
가 문공 6년에 양처보(陽處父)를 죽인 일을 두고 말한 것이다.

o 魏壽餘(위수여)－필만(畢萬)의 자손. 민공 원년에, 진(晉)나라 군주는
필만에게 위(魏) 땅을 주었다.

o 履士會之足於朝(이사회지족어조)－수여가 사회를 데리러 와 일이 잘
되어지고 있다는 것을, 조정에서 사회의 발을 밟아 신호 삼아 알리었다
는 말이다.

o 河西(하서)－황하(黃河) 서쪽 땅으로, 지금의 섬서성 조읍현(朝邑縣)
동쪽 땅.

o 東人(동인)－진(秦)나라의 동쪽 나라인 진(晉)나라 사람으로, 진(秦)나
라에 가 있던 사람인데, 사회를 두고 말한다.

o 有如河(유여하)－글자대로 해석하면, '황하 같음이 있다'지만, 여기에서
는 '황하의 신(神)한테 벌을 받는다'로 풀이된다.

o 其處者爲劉氏(기처자위유씨)－이 구절은, 한대(漢代)에서 한나라 시조
의 줄거리를 대기 위해서 고의로 삽입했다고 일러지고 있다.

<small>주문공복천우역</small>
邾文公卜遷于繹,하니 <small>사왈 이어민</small> **史曰, 利於民,**이나 <small>이불리어군</small> **而不利於君.**이오니다
<small>주자왈 구리어민</small>
邾子曰, 苟利於民,이면 <small>고지리야</small> **孤之利也.**라 <small>천생민이수지군 이리</small> **天生民而樹之君,**은 **以利**

之也.라 民旣利矣,면 孤必與焉.이라 左右曰, 命可長也,어늘 君
何弗爲.인가 邾子曰, 命在養民,이오 死生之短長,은 時也.라 民
苟利矣,면 遷也.라 吉莫如之.라 遂遷于繹.이라 五月,에 邾文公
卒.이라 君子曰, 知命.이라

秋七月,에 太室之屋壞,는 書不恭也.라

冬,에 公如晉,은 朝且尋盟.이라 衛侯會公于沓,은 請平于晉.이
라 公還,에 鄭伯會公于棐,는 亦請平于晉.이라 公皆成之.라 鄭
伯與公宴于棐,에 子家賦鴻雁.이라 季文子曰, 寡君未免於此.라
하고 文子賦四月.이라 子家賦載馳之四章,에 文子賦采薇之四章,
하니 鄭伯拜,하고 公答拜.라

주(邾)나라 군주 문공이 역(繹)으로 도읍을 옮기는 일에 대해 거북의 등을 구워 점을 치니, 복관(卜官)이 말하기를, "백성에게는 이로우나, 군주께는 불리하옵니다."라고 했다. 주나라 문공은 말하기를, "진실로 백성에게 이롭다면, 그것은 곧 나의 이로움이다. 하늘이 백성을 낳고 군주를 세움은, 백성에게 이롭게 하라는 것이다. 백성에게 이로움이 있으면, 나는 반드시 그 이익을 받게 된다."라고 했다. 좌우의 신하들이, "도읍을 옮기지 않으면, 군주의 수명이 길 것이온데, 어찌하여 그걸 원하시지 않사옵니까?라고 말하니, 주나라 문공은, "하늘이 나에게 명한 것은 백성을 잘 기르라는 것이고, 죽고 사는 것은 때가 있는 것이다. 백성들이 실로 이롭다면, 옮기리라. 길(吉)함이 그보다 더함이 없는 것이다."라고 말했다. 그리고 곧 역으로 도읍을 옮겼다.

5월에 주나라 문공이 세상을 떠났다. 군자(君子)는 말하기를, "천명 (天命)을 알았다."라고 했다.

가을 7월에 태실(太室)의 지붕이 무너졌다는 것은, 노나라의 신하 가 종묘(宗廟)에 대해서 공손하지 못했음을 말해 쓴 것이다.

겨울에 문공이 진(晉)나라에 간 것은, 진나라 군주를 찾아보고, 또 두 나라의 동맹 관계를 두텁게 하기 위해서였다. 위나라의 군주인 후 작이 공과 답(咨)에서 만난 것은 진(晉)나라와 화목하도록 중개(仲 介)가 되어 주기를 원함이었다. 공이 돌아올 때, 정나라의 군주인 백 작과 비(棐)에서 만난 것은, 그 또한 진나라와 화목하도록 중개를 원 함이었다. 공은 두 나라가 다 화목하도록 해주었다. 정나라 군주가 비 에서 공과 연회를 할 때, 정나라의 자가(子家 : 공자 歸生)가 홍안(鴻 雁)의 시를 노래 불러, 큰 나라인 노나라는 작은 나라인 정나라를 불 쌍히 여겨 진(晉)나라와 화목하게 해 달라는 뜻을 나타내니, 노나라의 계문자(季文子)는, "저희 나라 군주께서도 귀국(貴國)과 같은 근심을 면하지 못하고 계십니다."라 하고, 계문자는 사월(四月) 시를 노래 불 러, 오랫동안 외국에 나와 있었으니, 곧 귀국해야 한다는 뜻을 나타냈 다. 그러자 자가가 재치(載馳) 시 제4장을 노래 불러, 큰 나라에게 작 은 나라의 위기를 구해 달라고 부탁하는 소원을 들어 달라는 뜻을 나 타내니, 계문자는 채미(采薇) 시 제4장을 노래 불러, 다른 나라의 위 급을 듣고도 가만히 있을 수는 없으니, 진나라로 다시 가서 중개 역 할을 하겠다는 뜻을 나타내니, 정나라 군주가 일어나 절하고, 이에 대 해서 문공이 일어나 답례했다.

┃주해┃ ○繹(역)─주나라 읍 이름으로, 지금의 산동성 추현(鄒縣) 동남쪽 에 있는 역산(繹山) 부근.

○命可長也(명가장야)─군주의 수명이 길 수 있음.

○命在養民(명재양민)─천명이 백성을 기르는 것에 있음.

○鴻雁(홍안)─《시경》 소아(小雅)의 시편(詩篇) 이름. 강자(強者)가 약자

(弱者)를 돕는다는 뜻이 있다고 여겨, 큰 나라인 노나라는 작은 나라인 정나라를 도와 달라는 뜻을 담아 노래 부른 것이다.

○ 四月(사월)─《시경》 소아의 시편 이름으로, 어려운 일로 유랑(遊浪)하여 조상의 제사를 지내지 못한다는 내용의 시인데, 이것으로 오랫동안 나라를 떠나 있으니, 곧 나라로 돌아가야 한다는 뜻을 나타낸 것이다.

○ 載馳(재치)─《시경》 풍(風) 용풍(鄘風)의 시편 이름. 이 시의 제4장은 곤란한 처지를 큰 나라에게 구해 달라고 원해야겠다는 심정을 읊은 것인데, 이로써 작은 나라인 정나라가, 큰 나라인 노나라에 대해서 위기를 구해 달라고 원한다는 뜻을 나타낸 것이다

○ 采薇(채미)─《시경》 소아의 시편 이름. 이 시의 제4장은 싸움에 나가 편안히 앉아 있을 수가 있겠느냐는 뜻을 말하고 있는데, 이것으로써 곤란한 사정을 듣고 편안히 있을 수가 있겠는가? 진나라로 가서 중개 역할을 하겠다는 뜻을 나타낸 것이다.

經｜ ○十有四年春王正月,에 公至自晉.이라
　　　　십유사년춘왕정월　　　　공지자진

○邾人伐我南鄙.라 叔彭生帥師,하여 伐邾.라
　주인벌아남비　　　숙팽생솔사　　　　벌주

○夏五月乙亥,에 齊侯潘卒.이라
　하오월을해　　　제후반졸

○六月,에 公會宋公·陳侯·衛侯·鄭伯·許男·曹伯·晉趙
　유월　　　공회송공　진후　위후　정백　허남　조백　진조
盾,하고 癸酉同盟于新城.이라
돈　　　계유동맹우신성

○秋七月,에 有星孛入于北斗.라
　추칠월　　　유성패입우북두

○公至自會.라
　공지자회

○晉人納捷菑于邾,나 弗克納.이라
　진인납첩치우주　　　불극납

○九月甲申,에 公孫敖卒于齊.라
　구월갑신　　　공손오졸우제

제공자상인시기군사
○齊公子商人弑其君舍.라

송자애래분
○宋子哀來奔.이라

동   선백여제
○冬,에 單伯如齊.라

제인집선백
○齊人執單伯.이라

제인집자숙희
○齊人執子叔姬.라

14년 봄 천자가 쓰는 역으로 정월에, 공이 진(晉)나라로부터 돌아왔다.

주나라 사람이 우리 노나라의 남쪽 변방을 쳤다. 숙팽생(叔彭生)이 군사를 거느리고 주나라를 쳤다.

여름 5월 을해날에, 제나라 군주인 후작 반(潘)이 세상을 떠났다.

6월에, 공이 송나라 군주인 공작·진(陳)나라 군주인 후작·위나라 군주인 후작·정나라 군주인 백작·허나라 군주인 남작·조나라 군주인 백작·진(晉)나라의 조돈(趙盾) 등과 회합을 갖고, 계유날에 신성(新城)에서 동맹을 맺었다.

가을 7월에, 어느 별이 비[篲] 모양으로 반짝이며 북두칠성의 영역으로 들어갔다.

공이 회합으로부터 돌아왔다.

진(晉)나라 사람이 첩치(捷菑)를 주나라로 들여보내려 했으나, 들여보내지 못했다.

9월 갑신날에, 공손오(公孫敖)가 제나라에서 세상을 떠났다.

제나라 공자 상인(商人)이 그의 군주 사(舍)를 죽였다.

송나라 자애(子哀)가 노나라로 도망쳐 왔다.

겨울에, 선백(單伯)이 제나라에 갔다.

제나라 사람이 선백을 잡았다.

제나라 사람이 자숙희(子叔姬)를 잡았다.

주해 | ㅇ五月乙亥(오월을해) - 두예는 주에서 4월 29일이었다고 했다.

ㅇ癸酉(계유) - 6월 28일.

ㅇ新城(신성) - 송나라 지명으로, 지금의 하남성 상구현(商丘縣) 서남쪽 땅.

ㅇ孛(패) - 비[箒] 모양으로 반짝임.

ㅇ九月甲申(구월갑신) - 9월 10일.

ㅇ單伯(선백) - 주나라 경사(卿士).

傳 | 十四年春,에 頃王崩,에 周公閱與王孫蘇爭政.이라 故로 不
赴.라 凡崩薨不赴,이면 則不書,하고 禍福不告,면 亦不書,하여 懲
不敬也.라

邾文公之卒也,에 公使弔焉,이어늘 不敬.이라 邾人來討,하여
伐我南鄙.라 故로 惠伯伐邾.라

子叔姬妃齊昭公,하여 生舍.라 叔姬無寵,에 舍無威.라 公子商
人驟施於國,하여 而多聚士,하고 盡其家貲,하여 貸於公有司,하며
以繼之.라 夏五月,에 昭公卒,하고 舍卽位.라

邾文公元妃齊姜,이 生定公,하고 二妃晉姬,는 生捷菑.라 文公
卒,에 邾人立定公,하니 捷菑奔晉.이라

六月,에 同盟于新城,은 從於楚者服,하고 且謀邾也.라

秋七月乙卯夜,에 齊商人弑舍而讓元.이라 元曰, 爾求之久矣,

요 我能事爾.라 爾不可使多蓄憾.이라 將免我乎.아 爾爲之.하라

有星孛入于北斗,하니 周內史叔服曰, 不出七年,에 宋·齊·

晉之君,이 皆將死亂.하리라

晉趙盾以諸侯之師八百乘,으로 納捷菑于邾,에 邾人辭曰, 齊

出貜且長.이라 宣子曰, 辭順而弗從,은 不祥.이라 乃還.이라

14년 봄에, 주(周)나라 경왕(頃王)이 붕(崩)하여, 주공열(周公閱)과 왕손소(王孫蘇)가 정권 다툼을 했다. 그래서 천자가 붕하신 것을 제후들에게 알리지 않았다. 무릇 천자가 붕하시고 제후가 세상을 떠났는데도 알리지 않으면 기록하지 않고, 화(禍)나 복된 일도 알리지 않으면 역시 기록하지 않는, 공경스럽지 못함을 경계하는 것이다.

주나라 문공이 세상을 떠나니, 공은 사자(使者)를 보내어 조상하게 했는데, 공경스러운 태도를 취하지 않았다. 주나라 사람이 그 일을 추궁하여 우리나라의 남쪽 변방을 쳤다. 그러므로 혜백(惠伯 : 叔彭生)이 주나라를 쳤다.

노나라의 자숙희(子叔姬)가 제나라 소공의 부인이 되어 사(舍)를 낳았다. 숙희가 군주의 총애를 받지 못하여, 아들 사도 위력이 없었다. 제나라 공자 상인(商人)은 자주 나라 사람들에게 은혜를 베풀어, 자기 무리를 모으고, 그의 가산(家産)은 탕진되었으나, 공실(公室)의 재물을 담당하는 관리한테 꾸어서, 계속 은혜를 베풀었다. 여름 5월에, 소공이 세상을 떠나자 사가 즉위했다.

주나라 문공의 원부인 제강(齊姜)이 정공(定公)을 낳았고, 둘째 부인인 진희(晉姬)는 첩치(捷菑)를 낳았다. 문공이 세상을 떠나자, 주나라 사람이 정공을 군주로 세우니, 첩치는 진(晉)나라로 도망갔다.

6월에 신성에서 동맹을 맺은 것은, 초나라를 추종했던 제후들이 진

(晉)나라에게 복종해서였고, 주나라 일에 대해서 상의하기 위해서였다.

　가을 7월 을묘날 저녁에, 제나라 상인(商人)이 사(舍)를 죽이고, 군주 자리를 형인 원(元 : 혜공)에게 양보했다. 그러자 원이 말하기를, "너는 군주가 되려고 애쓴 지 오래이고, 나는 너를 위해서 섬길 수가 있다. 그러니, 너는 많은 사람들의 유감이 쌓이게 해서는 안된다. 너는 앞으로 내가 죽는 것을 면하게 하려느냐? 그렇다면 네가 군주가 되어라."라고 했다.

　어느 별[彗星]이 비 모양으로 반짝이며 북두칠성의 영역으로 들어가니, 주나라의 내사(內史) 벼슬에 있는 숙복(叔服)이 말했다. "7년이 지나지 않는 사이에 송나라·제나라·진(晉)나라의 군주가, 난리로 인하여 죽을 것이다."

　진(晉)나라의 조돈이 제후들의 군사 전차 8백대로, 첩치를 주나라로 들여보내려 했으나, 주나라 사람이 그의 뜻을 사절하여 말하기를, "제나라 군주의 생질인 확저(貜且 : 정공)가 연상(年上)이시오."라고 했다. 그러자 조선자(趙宣子 : 조돈)는, "하는 말이 도리에 맞는데, 따르지 않는 것은 좋지 못하다."라 말했다. 그리고는 곧 돌아갔다.

주해 ｜　○公有司(공유사)－공실(公室)의 재산을 맡은 관리.
　○二妃(이비)－두 번째 부인.
　○將免我乎(장면아호)－나를 죽음에서 면하게 하려는가?
　○齊出(제출)－제후의 자매(姉妹)의 아들.
　○不祥(불상)－불길함.

주공장여왕손소송우진
周公將與王孫蘇訟于晉,하니　왕반왕손소
王叛王孫蘇,하여　이사윤씨여담
而使尹氏與聃
계
啓,하여　송주공우진
訟周公于晉.이라　조선자평왕실이복지
趙宣子平王室而復之.라

초장왕립
楚莊王立.이라　자공
子孔·반숭장습군서
潘崇將襲群舒,하여　사공자섭여자의수
使公子燮與子儀守,

하여 ^{이벌서 요}而伐舒·蓼.라 ^{이자작란}二子作亂,하고 ^{성영}城郢,하여 ^{이사적살자공}而使賊殺子孔,이나

^{불극이환}不克而還.이라 ^{팔월}八月,에 ^{이자이초자출}二子以楚子出,하여 ^{장여상밀}將如商密,에 ^{여즙리}盧戢梨

^{급숙균유지}及叔麇誘之,하여 ^{수살투극급공자섭}遂殺鬪克及公子燮.이라 ^초初,에 ^{투극수우진}鬪克囚于秦.이라

^{진유효지패}秦有殽之敗,하여 ^{이사귀구성}而使歸求成,에 ^{성이부득지}成而不得志,하고 ^{공자섭구령}公子燮求令

^윤尹,이나 ^{이부득}而不得.이라 ^고故로 ^{이자작란}二子作亂.이라

　^{목백지종기씨야}穆伯之從己氏也,에 ^{노인립문백}魯人立文伯.이라 ^{목백생이자어거}穆伯生二子於莒,하여 ^이而

^{구복}求復.이라 ^{문백이위청}文伯以爲請,하니 ^{양중사무조청명}襄仲使無朝聽命.이라 ^{복이불출}復而不出,이러

니 ^{삼년이진실이부적거}三年而盡室以復適莒.라 ^{문백질이청왈 곡지자약}文伯疾而請曰, 穀之子弱,하오니 ^청請

^{립난야}立難也.라소이다 ^{허지}許之.라 ^{문백졸}文伯卒,에 ^{입혜숙}立惠叔.이라 ^{목백청중뢰이}穆伯請重賂以

^{구복}求復,에 ^{혜숙이위청}惠叔以爲請,하니 ^{허지}許之.라 ^{장래}將來,에 ^{구월졸우제}九月卒于齊.라 ^{고상}告喪,

하고 ^{청장}請葬,이나 ^{불허}弗許.라

　^{송고애위소봉인}宋高哀爲蕭封人,하여 ^{이위경}以爲卿.이라 ^{불의송공이출}不義宋公而出,하여 ^{수래분}遂來奔.

이라 ^{서왈송자애래분}書曰宋子哀來奔,은 ^{귀지야}貴之也.라

　^{제인정의공}齊人定懿公,하고 ^{사래고난}使來告難.이라 ^{고서이구월}故書以九月.이라 ^{제공자원불}齊公子元不

^{순의공지위정야}順懿公之爲政也,에 ^{종불왈공}終不曰公, ^{왈부기씨}曰夫己氏.라

　^{양중사고우왕}襄仲使告于王,하고 ^{청이왕총구소희우제왈}請以王寵求昭姬于齊曰, ^{살기자}殺其子,하니 ^언焉

^{용기모}用其母.리오 ^{청수이죄지}請受而罪之.이오니다 ^동冬,에 ^{선백여제}單伯如齊,하여 ^{청자숙}請子叔

^희姬,하니 ^{제인집지}齊人執之,하고 ^{우집자숙희}又執子叔姬.라

주공(周公)은 왕손소(王孫蘇)를 상대로 진(晉)나라에 대해서 양자 간의 시비(是非)를 재판해 줄 것을 요청하려 하자, 천자께서는 왕손 소를 두둔했던 태도를 바꾸시어, 경사(卿士)인 윤씨(尹氏)와 대부인 담계(聃啓)를 보내시어, 주공의 무죄임을 판결해 줄 것을 진나라에 요구하셨다. 이에 진나라의 조선자(趙宣子)는 왕실을 화목케 하고, 양 쪽이 전의 지위를 지키게 했다.

초나라의 장왕이 군주가 되었다. 자공(子孔)과 반숭(潘崇)이 여러 서(舒)나라를 치려고, 공자 섭(爕)과 자의(子儀)에게 도읍을 지키게 하고, 서나라·요(蓼)나라를 쳤다. 그러자 두 사람이 내란을 일으키고, 도읍인 영(郢)에 싸울 성벽(城壁)을 구축하여, 자객(刺客)을 시켜 자 공을 죽이게 했지만, 성공하지 못하고 돌아갔다. 8월에 섭과 자의 두 사람은 초나라 군주인 자작[장왕]을 데리고 도읍을 나가 상밀(商密) 로 가려다가, 여(廬) 땅을 다스리는 대부 즙리(戢梨)와 숙균(叔麇)이 꾀어서, 마침내 투극(鬪克 : 자의)과 섭을 죽였다. 전에, 투극은 진(秦) 나라에 잡혀 있었다. 그런데, 진(秦)나라가 효(殽)에서의 싸움에서 진 (晉)나라한테 패하자, 진(秦)나라는 그를 초나라로 돌려보내어, 진·초 의 화목을 이루게 하여, 화목의 중개를 성공시켰으나, 그는 자기의 마 음먹은 대로 되어지지 않았고, 공자 섭은 영윤(令尹)이 되고자 했으나, 뜻을 이루지 못했다. 그래서 그들 두 사람은 내란을 일으킨 것이었다.

노나라 목백(穆伯 : 공손오)은 거(莒)나라로 가서 기씨(己氏)에게 의지하고 있었는데, 노나라 사람은 그의 아들 문백(文伯)을 자기 가 문(家門)의 후계자로 삼았다. 목백은 거나라에서 다른 두 아들을 낳 고 난 뒤 본국으로 돌아가겠다고 청했다. 문백이 그를 위하여 군주에 게 돌아오게 해달라고 청원하니, 동문양중(東門襄仲)은 조정에 나와 국사(國事)에 참여하는 일 없이 다만 집에서 군주의 명을 따르는 조 건으로 허가했다. 그리하여 그는 본국으로 돌아와 두문불출(杜門不 出)하더니, 3년이 지나고 나자 가산을 다 털어 다시 거나라로 갔다.

문백은 병이 나자 군주에게 청하여 말하기를, "곡(穀 : 文伯의 이름)은 어리오니, 동생인 난(難)을 저희 가문의 후계자로 삼기를 원하옵니다."라고 했다. 군주는 그의 청원을 들어, 문백이 죽으니 혜숙(惠叔 : 難)을 후계자로 삼았다. 그리고 난 뒤, 목백은 많은 뇌물을 써 본국으로 돌아가도록 해달라는 것을 청하여, 혜숙이 그를 위하여 청원을 드리니, 군주는 허락했다. 목백이 본국으로 들어가려는 참에, 9월에 제나라에서 세상을 떠났다. 그러자 (혜숙은) 목백이 죽어 상을 당했다는 것을 고하고, 전의 신분에 알맞는 장례식을 치르겠다고 청원을 드렸지만 허락되지 않았다.

송나라 고애(高哀)는 소(蕭) 땅의 국경을 지키는 관원 노릇을 했다가, 송나라의 경(卿)이 되었다. 그런데 그는 송나라의 군주인 공작[昭公]의 하는 일이 의롭지 못하다고 나라를 떠나, 결국은 노나라로 도망해 왔었다. 경문(經文)에 송나라 자애(子哀)가 도망해 왔다고 쓴 것은, 그의 행위를 귀히 여겨서였다.

제나라 사람이 의공(懿公 : 공자 商人)을 군주로 정하고 나서, 사람을 시켜 노나라에 와 변란을 일으켰다는 것을 알렸다. 그래서, 경문에 9월의 기사로 취급했다. 제나라의 공자 원(元)은, 의공이 군주로서 나라의 정치를 함은 도리에 맞지 않는 일이라 하여, 끝내 군주인 공(公)이라 부르지 않고, 의공을 그 사람이라고만 일렀다.

동문양중은 천자께 고하고, 천자의 총애로써 소공(昭公)의 부인을 제나라에 돌려보내 주도록 할 것을 원해서 말하기를, "그가 낳은 아들을 죽였사오니, 그 어미를 무엇하오리까? 노나라에서 받아들이고 벌을 줄까 하옵니다."라고 했다. 그래서 겨울에 주나라의 경사(卿士)인 선백(單伯)이 제나라로 자숙희를 돌려보낼 것을 요청하니, 제나라 사람은 선백을 잡고, 또 자숙희를 잡아 가두었다.

주해 ㅇ訟周公于晉(송주공우진) − 당시의 천자는 광왕(匡王)이었는데, 광왕은 주공이 무죄인 것을 밝히게 하도록 진나라에게 재판하게 함.

o 復之(복지)—주공과 왕손소가 각기 전의 지위로 돌아가게 함.

o 殽之敗(효지패)—효의 싸움에서의 패배. 효에서 진(秦)나라와 진(晉)나라가 싸운 것은, 희공 33년의 일이었다.

o 高哀(고애)—송나라 목공(穆公)의 증손(曾孫)이었다 한다.

o 蕭(소)—송나라에 부속된 작은 나라였다. 장공 12년에, 송나라는 소(蕭)를 다스리는 대부 숙대심(叔大心)이 송나라의 내란을 평정하자, 그 공으로 소를 독립시켜 숙대심을 그 부속국의 통치자로 봉(封)했었다.

o 夫己氏(부기씨)—기(己)는 조사(助詞)이고, 부씨(夫氏)는 그 사람이라는 말이다.

經┃ o 十有五年春,에 季孫行父如晉.이라
<small>십유오년춘   계손행보여진</small>

o 三月,에 宋司馬華孫來盟.이라
<small>삼월   송사마화손래맹</small>

o 夏,에 曹伯來朝.라
<small>하   조백래조</small>

o 齊人歸公孫敖之喪.이라
<small>제인귀공손오지상</small>

o 六月辛丑朔,에 日有蝕之,하니 鼓用牲于社.라
<small>유월신축삭   일유식지   고용생우사</small>

o 單伯至自齊.라
<small>선백지자제</small>

o 晉郤缺帥師,하여 伐蔡,하고 戊申入蔡.라
<small>진극결솔사   벌채   무신입채</small>

o 秋,에 齊人侵我西鄙.라
<small>추   제인침아서비</small>

o 季孫行父如晉.이라
<small>계손행보여진</small>

o 冬十有一月,에 諸侯盟于扈.라
<small>동십유일월   제후맹우호</small>

o 十有二月,에 齊人來歸子叔姬.라
<small>십유이월   제인래귀자숙희</small>

　　　제후침아서비　　　　수벌조　　　입기부
○齊侯侵我西鄙,하고 遂伐曹,하여 入其郭.라

15년 봄에, 계손행보(季孫行父)가 진(晉)나라에 갔다.

3월에, 송나라 사마(司馬) 화손(華孫)이 와서 맹서하였다.

여름에, 조나라 군주인 백작이 찾아왔다.

제나라 사람이 공손오(公孫敖)의 시체를 보냈다.

6월 신축날인 초하루에 일식(日蝕)이 있자, 희생(犧牲)의 제물을 올리고 북을 치며 사제(社祭)를 지냈다.

선백(單伯)이 제나라로부터 왔다.

진(晉)나라 극결(郤缺)이 군사를 거느리어 채나라를 치고, 무신날에는 채나라로 들어갔다.

가을에, 제나라 사람이 우리 노나라 서쪽 변경을 침범했다.

계손행보가 진(晉)나라에 갔다.

겨울 11월에, 제후들이 호(扈)에서 맹서하였다.

12월에, 제나라 사람이 와 자숙희(子叔姬)를 돌려주었다.

제나라 군주인 후작이 우리 노나라의 서쪽 변방을 침범하고, 곧이어 조나라를 쳐, 그 도읍의 외성(外城)으로 들어왔다.

▌주해▐　○戊申(무신)－6월 8일.

　　　　○郭(부)－외성(外城), 성곽(城郭).

　　　　십오년춘　　　계문자여진　　　위선백여자숙희고야　　삼월
▌傳▐　十五年春,에 季文子如晉,은 爲單伯與子叔姬故也.라 三月,
　　송화우래맹　　　　기관개종지　　서왈송사마화손　　　귀지
에 宋華耦來盟,이어늘 其官皆從之.라 書曰宋司馬華孫,은 貴之
　야　　공여지연　　사왈　군지선신독　　득죄어송상공　　명
也.라 公與之宴,에 辭曰, 君之先臣督,은 得罪於宋殤公,하여 名
　재제후지책　　　신승기사　어늘　기감욕군　　　청승명어
在諸侯之策.이오니다 臣承其祀,어늘 其敢辱君.이리오 請承命於

亞旅.이오니다 魯人以爲敏.이라

夏,에 曹伯來朝,는 禮也.라 諸侯五年再相朝,하여 以脩王命,이
古之制也.라

齊人或爲孟氏謀曰, 魯爾親也.라 飾棺寘諸堂阜,면 魯必取之.
리라 從之.라 下人以告,하니 惠叔猶毁以爲請,하여 立於朝以待
命,하니 許之.라 取而殯之.라 齊人送之.라 書曰齊人歸公孫敖之
喪,은 爲孟氏且國故也.라 葬視共仲.이라 聲己不視,하고 帷堂而
哭.이라 襄仲欲勿哭,이어늘 惠伯曰, 喪親之終也.라 雖不能始,나
善終可也.라 史佚有言,하되 曰, 兄弟致美.라 救乏,하고 賀善,하
며 弔災,하고 祭敬,하며 喪哀.라 情雖不同,이로되 無絶其愛,는 親
之道也.라 子無失道,면 何怨於人.가 襄仲説,하고 帥兄弟以哭
之.라 他年,에 其二子來.라 孟獻子愛之,하여 聞於國.이라 或譖
之曰, 將殺子.라 獻子以告季文子.라 二子曰, 夫子以愛我聞,하
고 我以將殺子聞,하니 不亦遠於禮乎.아 遠禮不如死.라 一人門
于句鼆,하고 一人門于戾丘,하여 皆死焉.이라

15년 봄에, 계문자(季文子 : 계손행보)가 진(晉)나라에 간 것은, 선
백(單伯)과 자숙회의 일에 대하여 중개(仲介)를 부탁하기 위한 때문
이었다. 3월에, 송나라 화우(華耦 : 화손)가 와 맹서하였는데, 그의 부
하가 정해진 대로 따라와 위엄을 보였다. 경문에 송나라 사마 화손

(華孫)이라고 쓴 것은, 그의 행위를 귀하게 여겨서였다. 문공(文公)이 그와 잔치를 벌이려 하자, 사절하며 말했다. "군주의 전(前) 신하였던 독(督)은, 저희 송나라 상공(殤公)에게 죄를 지어, 그의 이름이 제후국의 역사 기록에 실려 있사옵니다. 신은 지금 그에 대한 제사를 이어 지내고 있사온데, (죄인의 후손으로서) 어찌 감히 군주와 자리를 같이하여 군주의 명예를 더럽힐 것이옵니까? 대부들이 베푸는 잔치에 참석케 명해 주소서." 이 말을 들은 노나라 사람들은, 그가 영특한 사람이라고 여겼다.

여름에, 조나라 군주인 백작이 찾아온 것은, 예에 맞는 일이었다. 제후는 5년에 두 번씩은 서로 찾아보아, 천자의 명을 잘 지키도록 함이 옛날에 제정된 법도인 것이다.

제나라의 어느 사람이 맹씨(孟氏 : 공손오의 집안)에게 계책을 말하기를, "노나라 군주는 그대의 친척이시다. 목백(穆伯 : 공손오)의 관(棺)을 잘 꾸며서 당부(堂阜)에 놓아둔다면, 노나라에서는 반드시 받아들일 것이다."라고 했다. 그래서 그 말대로 했다. 그랬더니, 변(卞)의 사람이 그것을 발견하여 알리니, 혜숙(惠叔 : 목백의 아들)은 상복을 입고 야위어서 시체를 받아들이어 장례식을 치르게 해달라고 청원을 드려 조정(朝廷)에 서서 군주의 명 내리기를 기다리고 있으니, 군주는 허락했다. 때문에 그는 당부에서 시체를 받아 장례식을 치르게 되었다. 그래서 제나라 사람이 시체를 보내주었다. 경문에 제나라 사람이 공손오의 시체를 보냈다고 쓴 것은, 공손오는 맹씨의 시조가 되고, 노나라 군주와 일족(一族)인 때문에서였다. 그의 장례식은 공중(共仲)의 예에 따랐다. 그의 처인 성기(聲己)는 (그가 생전에 자기를 버리고 거나라로 갔던 일이 원한이 되어) 관 옆으로 가 보지 않고 곡(哭)할 때엔 휘장 뒤에서 울 따름이었다. 동문양중은 (그가 자기의 처로 결정된 여자를 뺏었던 일이 한이 되어) 그의 관 앞에 가 곡하지 않으려 했는데, 혜백이 그에게 말했다. "상례(喪禮)를 지킴은 친척으로서 마지막 일입니다. 전에 좋지 못했다 할지라도, 마지막 일을 잘 지킴이 좋습니다. 주(周)나라 사일(史佚)이 말하기를, '형제 간은 정성껏 아름다운 우애를 아는 것이다.'라고 했습니다. 형제 간은 빈궁(貧窮)함을 구해주고, 좋은 일을 축하해 주며, 재난 당했음을 위로하고, 제사 지냄에 공경스럽게 하며, 상을 당하면 슬퍼하는 것입니다. 전에 감정상의 어긋남이 있었다 하더라도 애정을 끊지 않는 것이 친척 간의 도리입니다. 그대가 그 도리를 잃지 않는다면 어찌 남을 원망할 필요가 있겠습니까?" 이 말에 양중은 기뻐하고, 형제들을 거느리고 가, 그의 관 앞에서 곡을 올렸다. 그 뒤 다른 해에, 그가 거나라에서 낳은 두 아들이 노나라로 왔다. 그러자 혜숙의 아들인 맹헌자(孟獻子)가 그들을 사랑하여, 그 소문이 나라 안에 퍼졌다. 어느 사람이 그들을 모함해서 말하기를, "그들이 장차 당신을 죽일 것이오."라고 했다. 맹헌자는 그 말을 계문자에게 고했다. 그 말을 들은 두 아들은 말하기를, "그분께서는 우리를 사랑하신다고 나라 안에 알려졌고, 우리는 그분을 죽일 것이라고 소문이 나 있으니, 그렇다면 예에서 먼 것이 아닌가? 예에서 먼 인간들이라면 차라리 죽는 게 좋다."라고 했다. 그 한 사람은 뒤에 구맹(句鼆)의 성문에서 적을 막다가 죽고, 한 사람은 여구(戾丘)의 성문에서 적을 막다가 죽어, 둘 다 죽었다.

주해 ○其官皆從之(기관개종지)-정해진 수행원이 다 따라 위엄을 보였다는 것을 말한다. 예의상 공작(公爵)의 제후국 대표의 수행원은 7인이었다.

○督(독)-화우(華耦)의 증조부 이름. 독은 송나라 상공을 죽인 죄인이었다.

○亞旅(아려)-경(卿)의 다음 지위인 대부들.

○孟氏(맹씨)-공손오의 가문의 성.

○堂阜(당부)-제나라와 노나라의 국경 지명으로, 지금의 산동성 몽음현(蒙陰縣) 경계 땅.

○卞(변)-노나라의 읍(邑) 이름으로, 당부 부근에 있음.

제9 문공(文公) 하(下) 15년 … 679

o 共仲(공중)—공손오의 아버지로, 장공(莊公)을 죽였다. 그래서 죽어 장
 사 지냄에는 그의 지위를 낮추어 지냈다.
o 他年(타년)—그 뒤의 해.
o 門(문)—적이 쳐들어올 때 성문을 지킴.
o 句瞜(구맹)—노나라 읍 이름.
o 戾丘(여구)—노나라 읍 이름.

六月辛丑朔,에 日有蝕之,에 鼓用牲于社,는 非禮也.라 日有蝕
之,면 天子不擧,하고 伐鼓于社,하며 諸侯用幣于社,하고 伐鼓于
朝,하여 以昭事神,하고 訓民事君,하여 示有等威,는 古之道也.라

齊人許單伯請而赦之,하고 使來致命.이라 書曰單伯至自齊,는
貴之也.라

新城之盟,에 蔡人不與.라 晉郤缺以上軍・下軍伐蔡.라 曰, 君
弱,이니 不可以怠.라 戊申入蔡,하여 以城下之成而還.이라 凡勝
國曰滅之,하고 獲大城焉曰入之.라

秋,에 齊人侵我西鄙.라 故로 季文子告于晉.이라

冬十一月,에 晉侯・宋公・衛侯・蔡侯・陳侯・鄭伯・許男・
曹伯盟于扈,는 尋新城之盟,하고 且謀伐齊也.라 齊人賂晉侯.라
故로 不克而還.이라 於是有齊難.이라 是以,로 公不會.라 書曰諸
侯盟于扈,는 無能爲故也.라 凡諸侯會,에 公不與不書,하니 諱君
惡也,요 與而不書,는 後也.라

제 인 래 귀 자 숙 회　　왕 고 야
齊人來歸子叔姬,는 王故也.라

제 후 침 아 서 비　　위 제 후 불 능 야　　수 벌 조 입 기 부　　토 기 래
齊侯侵我西鄙,는 謂諸侯不能也,요 遂伐曹入其郛,는 討其來

조 야　　계 문 자 왈　　제 후 기 불 면 호　　기 즉 무 례　　이 토 어 유
朝也.라 季文子曰, 齊侯其不免乎,인저 己則無禮,하여 而討於有

례 자 왈　　여 하 고 행 례　　예 이 순 천　　천 지 도 야　　기 즉 반 천
禮者曰, 汝何故行禮.라 禮以順天,은 天之道也.라 己則反天,하

고　　이 우 이 토 인　　난 이 면 의　　시 왈　　호 불 상 외　　불 외 우
고 而又以討人,하니 難以免矣.라 詩曰, 胡不相畏,하고 不畏于

천　　군 자 지 불 학 유 천　　외 우 천 야　　재 주 송 왈　　외 천 지 위
天.가 君子之不虐幼賤,은 畏于天也.라 在周頌曰, 畏天之威,하

여　　우 시 보 지　　불 외 우 천　　장 하 능 보　　이 란 취 국　　봉 례
여 于時保之.라 不畏于天,하고 將何能保.아 以亂取國,이면 奉禮

이 수　　유 구 부 종　　다 행 무 례　　불 능 재 의
以守,라도 猶懼不終.이라 多行無禮,엔 弗能在矣.라

6월 신축날인 초하루에 일식이 있자, 희생의 제물을 바치고 북을 치며 사제(社祭)를 지낸 것은 예에 어긋난 일이었다. 일식이 있으면 천자는 음식을 성대하게 차려 드시지 않고, 토지신에게 북을 치고, 제후는 토지신에게 폐백(幣帛)을 바치고서 조정에서 북을 쳐, 이로써 신(神)을 공손히 모시는 진심을 밝히고, 백성들에게 군주를 섬기는 길을 가르쳐, 천자와 제후 간의 신분 차이가 있어 두려워함을 보임은, 옛날에 마련한 법도인 것이다.

제나라 사람이 선백(單伯)의 청을 들어 석방하고, 그로 하여금 노나라와 (자숙희를 노나라로 돌려보낸다는) 제나라 군주의 명을 전하게 했다. 경문에 제나라로부터 왔다고 쓴 것은 선백을 귀하게 취급해서였다.

신성(新城)에서 맹서하였을 때, 채나라 사람이 참여하지 않았다. 그래서 진(晉)나라의 극결이 상군과 하군으로 채나라를 쳤다. 그때 극결은 말하기를, "군주께서 어리시니, 우리가 싸움에 게을리해서는 안

된다."라고 했다. 무신날에 채나라로 쳐들어가, 성 밑에서 맹약을 받아 화목하고 돌아갔다. 무릇 상대국을 휩쓸어 이기면 '멸(滅 : 멸망시키다)'이라 말하고, 큰 성(城)을 점령했으면 '입(入 : 쳐들어갔다)'이라고 이른다.

가을에, 제나라 사람이 우리 노나라의 서쪽 변방 땅에 침입했다. 그래서 계문자(季文子)는 진(晉)나라에게 알렸다.

겨울 11월에, 진(晉)나라 군주인 후작·송나라 군주인 공작·위나라 군주인 후작·채나라 군주인 공작·진(陳)나라 군주인 후작·정나라 군주인 백작·허나라 군주인 남작·조나라 군주인 백작이, 호(扈)에서 맹서했던 것은, 신성(新城)에서 지은 맹서를 굳히고, 또 제나라 칠 것을 상의해서였다. 그런데, 제나라 사람이 진(晉)나라 군주인 후작에게 뇌물을 바쳤다. 그래서 제후들은 제나라와 싸우지 않고, 하는 수 없이 되돌아갔다. 이때 노나라는 제나라가 침입하는 국난(國難)을 당하고 있었다. 그러므로, 노나라 문공은 그 회합에 참가하지 못했다. 경문에 다만 제후들이 호에서 맹서했다고만 쓴 것은, (진나라 군주가 뇌물을 받아) 어찌 할 수가 없었던 때문이었다. 무릇 제후들이 회합을 갖는 데에 노나라 군주가 참여하지 않았으면 경문에 그 일을 기록하지 않았는데, 그것은 참가하지 않은 노나라 군주의 잘못을 나타내기를 피하여서였고, 참여했는데도 기록하지 않았음은, 그 회합에 참가함이 늦어서였다.

제나라 사람이 와 자숙희를 돌려주었다는 것은, 천자께서 선백(單伯)을 보내시어 명하신 일을 존중해서였다.

제나라 군주가 우리 노나라의 서쪽 변방을 침범한 것은, 제후들이 어찌할 능력이 없다고 보아서였고, 그 뒤 바로 조나라를 쳐 외성(外城)으로 돌입한 것은, 조나라 군주가 노나라를 찾아왔던 일을 응징함이었다. 그 일을 두고 계문자(季文子)는 말했다. "제나라 군주는 화를 면하지 못할 것이다. 자기가 무례하면서, 예의를 지키고 있는 이에게 추궁해서 말하기를, '네 어찌 예된 일을 하는가?'라 하고 있다. 예를 행해서 하늘의 뜻에 순종함은, 하늘의 도(道)다. 자신이 하늘의 뜻을 배반하고, 또 다른 사람을 치니, 화를 면하기는 어려울 것이다. 시(詩)에 이르기를, '어찌 서로 두려워하지 않고, 하늘에 대해서 두려워하지 않을손가?'라고 했다. 군자(君子)가 어린이와 천한 자를 학대하지 않는 것은, 하늘에 대해서 두려워해서인 것이다. 주송(周頌)의 시에 이르기를, '하늘의 위력을 두려워하여, 이에 그 복을 간직하는도다.'라고 하였다. 하늘에 대해서 두려워하지 않고서야, 장차 어떻게 복을 보유할 것이랴? 난리를 일으키어 나라를 뺏은 자라면, 예를 받들어 지킨다 해도 좋은 끝을 맺지 못함이 두려워진다. 그런데 무례한 짓을 많이 저지르면, 무사히 살아있을 수는 없는 것이다."

▌주해▌ ㅇ等威(등위)-신분의 차이가 있음을 두려워하여 근신함.

ㅇ新城之盟(신성지맹)-문공 14년에 있은 맹서.

ㅇ戊申(무신)-6월 8일.

ㅇ不克而還(불극이환)-제후들이 어찌할 수 없이 돌아갔다.

ㅇ詩曰(시왈)-《시경》 소아(小雅) 우무정편(雨無正篇) 제3장 구절.

ㅇ周頌曰(주송왈)-《시경》 송(頌) 주송(周頌) 아장편(我將篇) 구절.

▌經▌ ㅇ十有六年春,에 ^{계손행보회제후우양곡} 季孫行父會齊侯于陽穀,이나 ^{제후불급맹} 齊侯弗及盟.이라
십유륙년춘

ㅇ^{하오월} 夏五月,에 ^{공사불시삭} 公四不視朔.이라

ㅇ^{유월무진} 六月戊辰,에 ^{공자수급제후맹우처구} 公子遂及齊侯盟于郪丘.라

ㅇ^{추팔월신미} 秋八月辛未,에 ^{부인강씨훙} 夫人姜氏薨.이라

ㅇ^{훼천대} 毀泉臺.라

○楚人^{초인}·秦人^{진인}·巴人滅庸^{파인멸용}.이라

○冬十有一月^{동십유일월},에 宋人弑其君杵臼^{송인시기군저구}.라

16년 봄에, 계손행보(季孫行父)가 제나라 군주인 후작을 양곡(陽穀)에서 만났으나, 제나라 군주인 후작은 같이 맹서하지 않았다.

여름 5월에, 공이 네번째나 고삭(告朔)의 예(禮)를 행하지 않았다.

6월 무진날에, 공자 수(遂)와 제나라 군주인 후작이 처구(郪丘)에서 맹서하였다.

가을 8월 신미날에, 부인 강씨가 훙거(薨去)했다.

천대(泉臺), 즉 천궁(泉宮)을 헐었다.

초나라 사람·진(秦)나라 사람·파나라 사람들이 용(庸)나라를 멸망시켰다.

겨울 11월에, 송나라 사람이 그의 군주인 저구(杵臼)를 죽였다.

❙주해❙ ○陽穀(양곡)-제나라 지명. 희공 3년조에 나왔다.
○公四不視朔(공사불시삭)-문공이 2·3·4·5월 네 달 동안 초하루에 행하는 고삭례(告朔禮)를 행하지 않음.
○六月戊辰(유월무진)-6월 5일.
○郪丘(처구)-제나라 지명으로 제나라의 도읍이었던 임치(臨淄) 부근 땅이었다. 지금의 산동성 임치현 땅.
○八月辛未(팔월신미)-8월 9일.
○夫人姜氏(부인강씨)-희공의 부인으로, 문공의 어머니인 성강(聲姜).
○庸(용)-초나라의 속국으로, 지금의 호북성 죽산현(竹山縣) 동쪽에 위치했다.

❙傳❙ 十六年春王正月^{십륙년춘왕정월},에 及齊平^{급제평}.이라 公有疾^{공유질},에 使季文子會齊侯^{사계문자회제후}

于陽穀,하여 請盟,이나 齊侯不肯曰, 請俟君閒.이라

夏五月,에 公四不視朔,은 疾也.라 公使襄仲納賂于齊侯.라 故로 盟于郪丘.라

有蛇自泉宮出,하여 入于國,이어늘 如先君之數.라 秋八月辛未,에 聲姜薨,하니 毁泉臺.라

楚大饑.라 戎伐其西南,하여 至于阜山,하고 師于大林.이라 又伐其東南,하여 至于陽丘,하여 以侵訾枝.라 庸人帥群蠻以叛楚,하고 麇人率百濮聚於選,하여 將伐楚.라 於是,에 申·息之北門不啓.라 楚人謀徙於阪高,에 蔿賈曰, 不可.라 我能往,이면 寇亦能往,하니 不如伐庸.이라 夫麇與百濮,은 謂我饑不能師.라 故로 伐我也.라 若我出師,면 必懼而歸.하리라 百濮離居,에 將各走其邑,에 誰暇謀人.가 乃出師,하니 旬有五日,에 百濮乃罷.라

自廬以往,은 振廩同食,하여 次于句澨,하고 使廬戢梨侵庸,하여 及庸方城.이라 庸人逐之,하여 囚子揚窓,에 三宿而逸曰, 庸師衆,이어늘 群蠻聚焉.이라 不如復大師,하고 且起王卒,하여 合而後進.이라 師叔曰, 不可.라 姑又與之遇以驕之.라 彼驕我怒而後可克,이니 先君蚡冒所以服陘隰也.라 又與之遇,하여 七遇皆北,하니 唯裨·鯈·魚人實逐之.라 庸人曰, 楚不足與戰矣.라 遂不

設備^{설비}라 楚子乘駬^{초자승일}하여 會師于臨品^{회사우임품}하여 分爲二隊^{분위이대}라 子越自石^{자월자석}

溪^계하고 子貝自仞^{자패자인}하여 以伐庸^{이벌용}에 秦人^{진인}·巴人從楚師^{파인종초사}라 群蠻從^{군만종}

楚子盟^{초자맹}하고 遂滅庸^{수멸용}이라

16년 봄 천자가 쓰는 역으로 정월에, 제나라와 화평(和平)이 이루어졌다. 공이 병이 나서, 계문자에게 제나라 군주인 후작을 양곡(陽穀)에서 만나게 해서 맹서하기를 청했으나, 제나라 군주인 후작이 응하지 않고 말하기를, "노나라 군주가 쾌유하기를 기다리겠소."라고 했다.

여름 5월에, 공이 네 번째로 고삭(告朔)의 예를 행하지 않은 것은 병 때문이었다. 공이 양중(襄仲)으로 하여금 제나라 군주에게 뇌물을 바치게 했다. 그래서 처구(郪丘)에서 맹서하게 되었다.

뱀이 도성(都城) 밖에 있는 천궁(泉宮)으로부터 나와 도읍 안으로 들어왔는데, 그 뱀의 수는 노나라 선대 군주의 수와 같았다. 가을 8월 신미날에, 군주의 어머니인 성강(聲姜)이 홍거하니, (뱀의 소동 때문이라고) 천궁을 헐어버렸다.

초나라에 큰 기근(饑饉)이 들었다. 융(戎) 오랑캐가 초나라 서남방을 침략하여, 부산(阜山)까지 진격하고, 대림(大林)에 진을 쳤다. 그리고 초나라 동남방을 쳐 양구(陽丘)까지 진격하여 자지(訾枝)를 침략했다. 한편 용(庸)나라 사람이 여러 만(蠻) 오랑캐를 이끌고 초나라를 배반하고, 균(麇) 사람은 백복(百濮)의 오랑캐를 거느리어 선(選)에 집결하여 초나라를 치려 했다. 이때 초나라는 신(申)과 식(息)의 성 북문(北門)만은 꼭 닫아 열지 않고 있었다. 초나라 사람이 도읍을 판고(阪高)로 옮길 것을 꾀하니, 위가(蔿賈)가 말하기를, "안되오. 우리가 갈 수 있다면 적도 갈 수가 있으니, 우리로서는 용나라를 치는 것이 제일 좋은 일이오. 균(麇)과 백복은, 우리가 굶주리고 있어서 싸

울 수가 없다고 여기고 있소. 그래서 우리를 치려는 것이오. 우리가
만약 군사를 출동시키면, 그들은 반드시 두려워 돌아갈 것이오. 백복
의 오랑캐들은 서로 여기저기 흩어져 살고 있으므로, 각기 그들이 사
는 마을로 도망하려는 데는, 어느 누가 상대를 대할 것을 꾀부릴 것
이오?"라고 했다. 이에 초나라가 군사를 내니, 15일에 백복의 오랑캐
들은 퇴각하였다.

초나라 군사는 여(廬)에서부터는 도중에 있는 창고의 양식을 털어
상하의 구별 없이 같이 먹으며 가, 구서(句澨)에 주둔하고, 여(廬) 땅
을 소유하고 있는 즙리(戢梨)로 하여금 용나라를 침략케 하여, 용나
라의 방성(方城)에까지 이르렀다. 그런데, 용나라 사람이 그 군대를
몰아 즙리의 아들 양창(揚窓)을 잡았는데, 양창은 사흘 밤을 지낸 뒤
빠져나와 말하기를, "용나라의 군사는 많은데, 여러 만(蠻) 오랑캐가
모였습니다. 그러니 본군(本軍)이 있는 데로 돌아가고, 왕이 거느리는
군대가 출동하게 하여, 우리가 그 본군과 합류해서 진격하는 것이 좋
습니다."라고 했다. 그러자 대부인 사숙(師叔)이 말하기를, "안되오.
잠깐 또 적과 대적하여 저들을 교만하게 만듭시다. 저들이 교만해지
고, 우리 군대가 화를 내게 된 연후에는 이길 수가 있으니, 이것은 선
대 군주인 분모(蚡冒 : 무왕의 아버지)께서 형습(陘隰)을 정복하셨던
방법이오."라고 했다. 그래서 다시 적과 대전하여, 일곱 번 싸워 번번
이 도망하니, 용나라는 다만 비(裨)·주(儵)·어(魚) 사람들만이 뒤쫓
았다. 용나라 사람은, "초나라 군대는 상대해서 싸울 것이 못된다."라
말하고, 결국 방비를 하지 않았다. 그때 초나라 군주인 자작이 빠른
말을 타고 달려 임품(臨品)에서 초나라 군사를 만나, 군대를 두 부대
로 나누었다. 그리하여 자월(子越 : 투초)은 석계(石溪)로부터 진격하
고, 자패(子貝)는 인(仞)으로부터 진격하여 용나라를 치니, 진(秦)나
라 사람과 파나라 사람이 초나라 군사를 따라 도왔다. 그 틈에, 여러
만 오랑캐들은 초나라 군주에게 항복하여 맹서하고, 곧이어 용나라를

멸망시켰다.

▌주해▐ ○泉宮(천궁)-천대(泉臺)라고도 불렀다. 어디에 있었는지는 알 수
없으나, 본문에서 추정컨대 도읍 밖에 있었다고 여겨진다.

○先君之數(선군지수)-문공 전의 노나라 군주의 수. 노나라의 처음 군주
백금(伯禽)에서 희공(僖公)까지 18대였다.

○八月辛未(팔월신미)-8월 9일.

○阜山(부산)-지금의 호북성 북방현(北房縣) 남쪽 땅.

○大林(대림)·陽丘(양구)·訾枝(자지)-모두 초나라 지명.

○百濮(백복)-복(濮)은 초나라 서북방 변경의 땅. 복 땅에는 많은 만족
(蠻族)이 작은 부락을 지어 살고 있었다. 그래서 백(百)이나 되는 많은
부락의 만 오랑캐란 뜻으로 백복이라 불렀다.

○選(선)-초나라 지명으로, 지금의 호북성 지강현(枝江縣) 남쪽 경계 땅.

○阪高(판고)-초나라 지명으로, 지금의 호북성 양양현(襄陽縣) 서쪽 경
계 땅.

○振廩(진름)-도중에 있는 창고를 텀.

○同食(동식)-장병(將兵)이 계급에 상관없이 같은 것을 먹음.

○句澨(구서)-초나라 서방 경계로서, 지금의 호북성 균현(均縣) 서쪽 땅.

○方城(방성)-용나라 지명으로, 지금의 호북성 죽산현(竹山縣) 동남방에
있는 방성산(方城山)의 남쪽 땅.

○大師(대사)-본군(本軍), 본대(本隊).

○陘隰(형습)-어느 곳인지 불명.

○裨(비)·鯈(주)·魚(어)-용나라 읍(邑) 이름.

○馹(일)-빠른 말.

○臨品(임품)-초나라 지명으로, 지금의 호북성 균현(均縣)의 경계 땅.

<small>송 공 자 포 례 어 국 인</small>　　　<small>송 기</small>　<small>갈 기 속 이 대 지</small>　　　<small>연 자 칠</small>
宋公子鮑禮於國人.이라 宋飢,에 竭其粟而貸之,하고 年自七

<small>십 이 상</small>　　<small>무 불 궤 이 야</small>　　<small>시 가 수 진 이</small>　　<small>무 일 불 삭 어 육 경 지 문</small>
十以上,은 無不饋詒也,요 時加羞珍異.라 無日不數於六卿之門,

하고 國之材人,은 無不事也,하며 親自桓以下,는 無不恤也.라 公
子飽美而艶,에 襄夫人欲通之,나 而不可.라하니 乃助之施.라
昭公無道,에 國人奉公子飽以因夫人.이라 於是,에 華元爲右
師,하고 公孫友爲左師,하며 華耦爲司馬,하고 鱗矔爲司徒,하며 蕩
意諸爲司城,하고 公子朝爲司寇.라 初,에 司城蕩卒,하니 公孫壽
辭司城,하고 請使意諸爲之.라 旣而告人曰, 君無道,에 吾官近,
이면 懼及焉.이라 棄官,이면 則族無所庇.라 子身之貳也,에 姑紓
死焉.이라 雖亡子,라도 猶不亡族.이라

　　旣夫人葬使公田孟諸而殺之.라 公知之,하고 盡以寶行.이라
蕩意諸曰, 盡適諸侯.인가 公曰, 不能其大夫,하고 至于君祖母
하여 以及國人,이어늘 諸侯誰納我.아 且旣爲人君,이어늘 而又爲
人臣,은 不如死.라 盡以其寶賜左右而使行.이라 夫人使謂司城
去公,하니 對曰, 臣之而逃其難,이면 若後君何.인가

　　冬十一月甲寅,에 宋昭公將田孟諸,하여 未至,어늘 夫人王姬使
帥甸攻而殺之.라 蕩意諸死之.라 書曰, 宋人弑其君杵臼,는 君
無道也.라 文公卽位,하여 使母弟須爲司城,하고 華耦卒,하여 而
使蕩虺爲司馬.라

송나라 공자 포(鮑)는 나라 사람들에게 예의를 잘 지켰다. 송나라

에 흉년이 들어 기근이 나자, 그는 집안의 좁쌀을 다 내어 사람들에게 꾸어 주고, 70세 이상의 사람들은 그에게서 먹을 것을 받지 않은 자가 없었고, 때로는 진미(珍味)의 음식까지 먹여주었다. 그리고는 거르는 날 없이 육경(六卿)의 집을 자주 방문하고, 나라의 인재 될 사람은 다 잘 위하며, 친척으로서 환공(桓公) 이하의 일가는 도와주지 않음이 없었다. 공자 포는 용모가 아름답고도 고와, 양공(襄公)의 부인까지 가서 그와 정을 통하려 했지만, 그는 안된다고 사절하니, 양공의 부인은 그가 은혜 베푸는 일을 도왔다.

송나라 소공이 무도하여, 나라 사람들은 공자 포를 받들고 양공 부인의 세력에 의지하였다. 그때 화원(華元)이 우사(右師)였고, 공손우(公孫友)가 좌사(左師)였으며, 화우(華耦)는 사마(司馬)였고, 인관(鱗瓘)이 사도(司徒)였으며, 탕의제(蕩意諸)는 사성(司城)이었고, 공자 조(朝)는 사구(司寇)였다. 전에, 사성인 탕(蕩)이 세상을 떠나자, 아들인 공손수(公孫壽)는 사성의 관(官)을 이어받기를 사절하고, 군주에게 청원하여 아들 의제(意諸)에게 그 관직을 맡게 했다. 아들이 사성이 되고 나자, 그는 다른 사람에게 말했다. "군주가 무도한 마당에, 내 벼슬하여 가까이 있으면, 화가 미칠까 두려워한 것이네. 관직을 영영 내던진다면 일족(一族)이 의지할 바가 없어지네. 자식은 내 몸의 대신이 되는 것이므로, 그를 관직에 나가게 해서, 내 죽음을 잠시라도 늦게 한 것일세. 비록 자식을 죽이게 된다 하더라도, 여전히 일족은 망하지 않으니 말일세."

양공의 부인이 소공으로 하여금 맹제(孟諸)에서 사냥을 하도록 하고, 그 기회에 죽이려고 마음을 먹었다. 소공은 그 속셈을 알아차리고, 모든 보물을 다 가지고 사냥을 갔다. 탕의제가, "어찌하여 다른 제후국으로 가시지 않사옵니까?"라고 말하자 소공은 말하기를, "대부들을 친하게 할 수가 없었고, 심지어는 할머니까지 미워하여, 그 미워함은 온 나라의 사람들에게 미치고 있는데, 제후로서 그 누가 나를 받아줄 것인가? 그리고 이미 나라의 군주로 있었는데, 다시금 다른 이의 신하가 된다는 것은, 차라리 죽는 것만 못하네."라고 했다. 그리고 가지고 갔던 보물을 다 좌우의 신하들에게 나누어 주고는 떠나게 했다. 그때 양공의 부인이 사성인 탕의제에게 군주의 옆을 떠나라고 이르니, 그는 대답하기를, "신하로 있으면서 군주의 재난(災難) 당함을 보고 도망한다면, 다음 군주를 어떻게 모실 것이옵니까?"라고 했다.

겨울 11월 갑인날에, 송나라 소공은 맹제에서 사냥을 하려고 가, 그곳에 채 당도하지도 않았는데도, 양공의 부인은 군주의 직할지(直轄地)를 장악하고 있는 대부를 시켜 공격하여 죽이게 했다. 탕의제는 소공을 위하여 죽었다. 경문에 송나라 사람이 그의 군주 저구를 죽였다고 쓴 것은, 군주가 무도해서 죽었다는 뜻으로 쓴 것이다. 송나라 문공(文公)이 즉위하여 동생인 수(須)를 사성(司城)이 되게 하고, 화우(華耦)가 세상을 떠나자 탕훼(蕩虺 : 탕의제의 동생)로 하여금 사마(司馬)가 되게 했다.

주해 ○公子鮑(공자포)―뒤의 문공. 소공의 서제(庶弟)였다.
○襄夫人(양부인)―소공의 할아버지인 양공(襄公)의 부인.
○華元(화원)―화독(華督)의 증손.
○桓(환)―공자 포(鮑)의 증조부인·환공(桓公).
○助之施(조지시)―공자 포가 자선사업함을 도움.
○蕩(탕)―공자 탕(蕩).
○孟諸(맹제)―송나라의 초목이 우거진 큰 늪 이름.
○君祖母(군조모)―제후의 할머니를 이렇게 말했다. 여기에서는 양공의 부인.
○十一月甲寅(십일월갑인)―11월 23일.
○夫人王姬(부인왕희)―부인인 천자의 딸. 양공의 부인은 주나라 양왕(襄王)의 누나였기에 이렇게 말했다.
○帥甸(수전)―군주의 직할지(直割地)를 주관하는 사람.

經┃ ○十有七年春^{십유칠년춘},에 晉人^{진인}·衛人^{위인}·陳人^{진인}·鄭人伐宋^{정인벌송}.이라

○夏四月癸亥^{하사월계해},에 葬我小君聲姜^{장아소군성강}.이라

○齊侯伐我西鄙^{제후벌아서비}.라

○六月癸未^{유월계미},에 公及齊侯盟于穀^{공급제후맹우곡}.이라

○諸侯會于扈^{제후회우호}.라

○秋^추,에 公至自穀^{공지자곡}.이라

○冬^동,에 公子遂如齊^{공자수여제}.라

17년 봄에, 진(晉)나라 사람·위나라 사람·진(陳)나라 사람·정나라 사람이 송나라를 쳤다.

여름 4월 계해날에, 우리 군주의 부인 성강(聲姜)을 장사 지냈다.

제나라 군주인 후작이 우리 노나라의 서쪽 변방을 침공했다.

6월 계미날에, 공과 제나라 군주인 후작이 곡(穀)에서 맹서하였다.

제후들이 호(扈)에서 회합을 가졌다.

가을에, 공이 곡으로부터 돌아왔다.

겨울에, 공자 수(遂)가 제나라에 갔다.

주해┃ ○四月癸亥(사월계해)—4월 5일.

○西鄙(서비)—전(傳)의 글에는 '북비(北鄙)'로 되어 있다. 어느 쪽인가 잘못된 것이다.

○六月癸未(유월계미)—6월 26일.

○穀(곡)—제나라 지명.

○扈(호)—정나라 지명.

傳| 十七年春,에 晉荀林父·衛孔達·陳公孫寧·鄭石楚伐宋.

이라 討曰, 何故弑君.가 猶立文公而還.이라 卿不書,는 失其所

也.라

夏四月癸亥,에 葬聲姜.이라 有齊難.이라 是以緩.이라 齊侯伐

我北鄙,에 襄仲請盟,하여 六月盟于穀.이라

晉侯蒐于黃父,하고 遂復合諸侯于扈,는 平宋也.라 公不與會,

하니 齊難故也.라 書曰, 諸侯,는 無功也.라 於是,에 晉侯不見鄭

伯,하니 以爲貳於楚也.라 鄭子家使執訊而與之書,하여 以告趙宣

子曰, 寡君卽位三年,에 召蔡侯而與之事君.이라 九月,에 蔡侯入

于弊邑以行,이나 弊邑以侯宣多之難,으로 寡君是以不能與蔡侯

偕.라 十一月克減侯宣多,하여 而隨蔡侯,하여 以朝于執事.라 十

二年六月,에 歸生佐寡君之嫡夷,하여 以請陳侯于楚,하여 而朝

諸君.이라 十四年七月,에 寡君又朝以蒇陳事.라 十五年五月,에

陳侯自弊邑往朝于君,하고 往年正月,에 燭之武往朝夷也,며 八

月,에 寡君又往朝.라 以陳·蔡之密邇於楚,하여 而不敢貳焉,은

則弊邑之故也.라 雖弊邑之事君,이라도 何以不免.이리오 在位之

中,에 一朝于襄,하고 而再見于君,하며 夷與孤之二三臣,이 相及

於絳.이라 雖我小國,이라도 則蔑以過之矣.라 今, 大國曰, 爾未

정오지　폐읍유망　　무이가언　　고인유언　왈　외수
逞吾志.라 弊邑有亡,하고 無以加焉.이라 古人有言,하되 曰, 畏首

외미　신기여기　　우왈　녹사불택음　소국지사대국
畏尾,면 身其餘幾.리오 又曰, 鹿死不擇音.이라 小國之事大國

야　덕즉기인야　　부덕즉기록야　정이주험　급하능택
也,에 德則其人也.요 不德則其鹿也.라 鋌而走險,에 急何能擇.

가 命之罔極,에 亦知亡矣.라 將悉弊賦,하여 以待於鯈,하리니 唯

집사명지　　문공이년유월임신　조우제　사년이월임
執事命之.하라 文公二年六月壬申,에 朝于齊,하고 四年二月壬

술　위제침채　　역획성어초　거대국지간　이종어강
戌,에 爲齊侵蔡,하며 亦獲成於楚.라 居大國之間,하여 而從於强

령　기기죄야　대국약불도　무소도명　진공삭행성어
令,에 豈其罪也.아 大國若弗圖,면 無所逃命.이라 晉鞏朔行成於

정　조천　공서지위질언
鄭,에 趙穿·公壻池爲質焉.이라

추　주감촉패융우심수　승기음주야
秋,에 周甘歜敗戎于邥垂,하니 乘其飲酒也.라

동시월　정태자이　석초위질우진
冬十月,에 鄭太子夷·石楚爲質于晉.이라

양중여제　배곡지맹　복왈　신문　제인장식로지
襄仲如齊,하여 拜穀之盟.이라 復曰, 臣聞,하되 齊人將食魯之

맥.이오니다 以臣觀之,론 將不能.이리이다 齊君之語偸.이오니다 臧

문중유언　왈　민주투　필사
文仲有言,하되 曰, 民主偸,면 必死.라하였나이다

17년 봄에, 진(晉)나라 순임보(荀林父)·위나라 공달(孔達)·진
(陳)나라 공손영(公孫寧)·정나라 석초(石楚)가 송나라를 쳤다. 그때
송나라에게 추궁해서 말하기를, "무엇 때문에 군주를 죽였느냐?"라고
했다. 그러나, 송나라가 문공(文公)을 세운 것을 인정하여 돌아갔다.
경문에 각국의 경(卿) 이름을 밝히어 쓰지 않은 것은, 그들이 정당히
취할 바를 취하지 못해서였다.
　여름 4월 계해날에, 성강(聲姜)을 장사 지냈다. 제나라의 침략이 있

어서 늦어진 것이다. 제나라 군주가 우리 노나라의 북쪽 변방을 침공
하니, 동문양중(東門襄仲)이 제나라에게 맹서하기를 요청하여, 6월에
곡(穀)에서 맹서하였다.

진(晉)나라 군주가 황보(黃父)에서 군사 연습을 하고, 곧이어 제후
들을 다시 호(扈)에 집합시킨 것은, 송나라의 내란을 평정하기 위해서
였다. 그때 노나라의 문공은 그 회합에 참여하지 않았는데, 그것은 제
나라가 침공한 국난 때문이었다. 경문에 제후들이라고 써 말한 것은,
송나라를 바르게 한 공적(功績)이 없어서였다. 이때 진(晉)나라 군주
를 만나보지 않았으니, 그것은 정나라 군주가 초나라에 복종하는 두
마음을 지니고 있다고 여겨서였다. 그러자 정나라의 자가(子家)는 집
신(執訊) 벼슬에 있는 사람을 보내어 그에게 서신을 주어 진(晉)나라
의 조선자(趙宣子)에게 말했다. "우리나라 군주는 즉위하고 3년에, 채
나라의 군주를 초청하여 같이 귀국의 군주를 섬기기로 했었습니다.
그리하여 9월에, 채나라 군주가 우리나라로 들어오셨다가 귀국으로
가셨는데, 그때 우리나라는 후선다(侯宣多)가 일으킨 소동이 있었으
므로, 우리나라 군주는 그 일로 채나라 군주와 같이 가지 못했습니다.
그러나 11월에 후선다의 소동을 다스려서, 채나라 군주의 뒤를 이어
가, 나랏일을 맡는 관원을 찾아보았습니다. 그리고 12년 6월에는, 귀
생(歸生 : 자가)이 태자 이(夷)를 수행하여, 진(陳)나라 군주에 대한
처지를 초나라에 말해 청해서, 진나라 군주가 귀국을 찾아가게 했습
니다. 14년 7월에는, 우리나라 군주가 또 귀국을 방문하여 진(陳)나라
사정을 변명했습니다. 그리하여 15년 5월에는, 진(陳)나라 군주가 우
리나라로부터 출발하여 귀국으로 가서서, 귀국의 군주를 찾아보셨고,
지난해 정월에는 우리나라 대부 촉지무(燭之武)가 태자 이를 따라 귀
국을 찾았으며, 8월에 우리나라 군주께서 다시 귀국을 방문했습니다.
진(陳)나라와 채나라가 초나라와 긴밀하게 가까이하고 있으면서도,
감히 귀국에 대해서 배반하지 않는 것은 곧 우리나라 때문입니다. 우

리나라가 귀국의 군주를 이렇게 섬겼는데도, 어찌하여 적대시 됨을 면하지 못한단 말입니까? 군주 자리에 있는 중에, 귀국의 양공(襄公)을 한번 찾아뵈었고, 귀국의 현재의 군주를 두 차례 찾아뵈었으며, 태자 이와 두세 명의 신하가 이어 귀국의 도읍 강(絳)에 갔었습니다. 우리나라는 비록 작은 나라이기는 하지만, 이보다 더할 수 없을 만큼 귀국을 위했습니다. 그랬는데도 이제 큰 나라인 귀국에서는, '너는 아직도 내 마음을 만족케 못하고 있다.'고 말하고 있습니다. 이래서야 우리나라는 망할 일만 있고, 달리 더할 방법이 없습니다. 옛사람의 말이 있는데, 이르기를, '머리가 어찌 될까 두려워하고, 꼬리가 어찌 될까 두려워한다면, 몸 전체 중 걱정되지 않는 부분이 얼마나 될까?'라 했고, 또 '사슴이 죽게 될 처지가 되면 아름다운 소리를 냄을 택하지 못하고 슬픈 소리를 낸다.'고 말했습니다. 작은 나라가 큰 나라를 섬김에 있어, 큰 나라가 작은 나라에 대해서 덕을 베풀면 작은 나라는 인도(人道)를 지키지만, 덕을 베풀지 않을 것 같으면 사슴이 죽을 마당에 슬픈 소리를 내는 것과 같이 악을 씁니다. 쇠몽둥이로 맞은 사슴이 험한 곳으로 도망침에 있어, 다급한데 어떻게 아름다운 소리 내기를 택할 수가 있겠습니까? 귀국의 명령에 한(限)이 없음에는 우리나라로는 역시 망할 것을 알 따름입니다. 이 마당에, 우리는 모든 군대를 다 모아서, 주(鯈) 땅에서 기다릴 것이오니, 오직 귀국의 담당관들은 결정지어 명을 내리십시오. 우리나라 선대 군주인 문공(文公)께서는 2년 6월 임신날에 제나라를 방문했고, 4년 2월 임술날에는 제나라를 위하여 채나라를 침공했으며, 초나라와 화목이 성립되게 했습니다. 큰 나라들 사이에 있어서, 무리한 명령에 복종한다는 것이 어찌 작은 나라의 죄입니까? 큰 나라가 이런 사정을 헤아리지 않을 것 같으면, 작은 나라로서는 싸우자는 명(命)을 피할 바 없습니다." 이 편지를 받고 난 뒤, 진나라의 공삭(鞏朔)이 정나라와 화목하기를 맺어, 진나라의 조천(趙穿)과 군주의 사위 지(池)가 인질이 되어 정나라로 갔다.

가을에, 주나라 대부 감촉(甘歜)이 융(戎) 오랑캐를 심수(邿垂)에
서 쳐부쉈는데, 그들이 술을 마시고 있는 틈을 타서 공격했던 것이다.

겨울 10월에, 정나라 태자 이(夷)와 대부인 석초(石楚)가 진(晉)나
라로 인질이 되어 갔다.

동문양중이 제나라에 가, 곡에서 맹서한 일에 대해서 감사드렸다.
그는 돌아와 군주께 복명(復命)해서 말하였다. "신이 들었사옵기를,
'제나라 사람이 장차 쳐들어가, 노나라의 보리를 먹을 것이다.'라고 했
사옵니다. 그러나 신이 본 바로는, 그럴 수는 없을 것이옵니다. 제나
라 군주가 하는 말은 그때그때의 입장을 피하는 무책임한 것이었나이
다. 장문중(臧文仲)이 한 말이 있사온데, 그분은 말하기를, '백성들의
임금이 무책임한 말을 하면, 반드시 곧 죽는다.'고 했사옵니다."

│주해│ ○失其所也(실기소야) - 응당 할 바를 취하지 않았음.

　○黃父(황보) - 진(晉)나라 지명으로, 지금의 산서성 익성현(翼城縣) 동북
　　쪽 땅.

　○執訊(집신) - 정나라 관직 이름으로, 사령(辭令)을 맡았다.

　○寡君卽位三年(과군즉위삼년) - 노나라 문공 2년에 해당.

　○侯宣多之難(후선다지난) - 정나라 대부 후선다가 목공(穆公)을 옹립하
　　고, 그 총애를 믿고 권세를 부려 소동을 일으킨 일. 후선다에 대해서는
　　희공 30년조 참고.

　○鹿死不擇音(녹사불택음) - 사슴은 좋은 풀을 먹고 살기에, 편안하게 있
　　을 때에는 아름다운 소리로 우는데, 몰려 죽게 될 때에는, 아름다운 소
　　리를 내지 못하고, 다만 비명(悲鳴)을 지른다는 말.

　○鋋(정) - 쇠몽둥이로 맞음.

　○弊賦(폐부) - 우리나라 군대.

　○二年六月壬申(이년유월임신) - 노나라 장공 23년 6월 20일.

　○二月壬戌(이월임술) - 두예는 주(注)에서 2월에는 임술날이 들지 않았

다고 했다.

○邥垂(심수)-주 천자의 직할지 이름. 지금의 하남성 이천현(伊川縣) 북
쪽 경계였다고 한다.

○食魯之麥(식노지맥)-보리가 익었을 때 노나라로 쳐들어가, 노나라의
보리를 먹음.

○偸(투)-한때를 피하려고 무책임하게 함.

經 │ ○十有八年春王二月丁丑,에 公薨于臺下.라
십유팔년춘왕이월정축 공훙우대하

○秦伯罃卒.이라
진백앵졸

○夏五月戊戌,에 齊人弑其君商人.이라
하오월무술 제인시기군상인

○六月癸酉,에 葬我君文公.이라
유월계유 장아군문공

○秋,에 公子遂·叔孫得臣如齊.라
추 공자수 숙손득신여제

○冬十月,에 子卒.이라
동시월 자졸

○夫人姜氏歸于齊.라
부인강씨귀우제

○季孫行父如齊.라
계손행보여제

○莒弑其君庶其.라
거시기군서기

18년 봄 천자가 쓰는 역으로 2월 정축날에, 문공이 대하(臺下)에서
훙거(薨去)했다.

진(秦)나라 군주인 백작 앵(罃)이 세상을 떠났다.

여름 5월 무술날에, 제나라 사람이 그의 군주 상인(商人)을 죽였다.

6월 계유날에, 우리의 군주 문공을 장사 지냈다.

가을에, 공자 수(遂)와 숙손득신(叔孫得臣)이 제나라에 갔다.

겨울 10월에, 상중에 있는 새 군주가 될 태자가 세상을 떠났다.

부인 강씨(姜氏)가 제나라로 돌아갔다.

계손행보(季孫行父)가 제나라에 갔다.

거나라가 그 군주 서기(庶其)를 죽였다.

주해 ○二月丁丑(이월정축)-2월 24일.

○臺下(대하)-정침(正寢)이 아닌 다른 궁(宮)을 말한다.

○五月戊戌(오월무술)-5월 16일.

○六月癸酉(유월계유)-6월 22일.

○子卒(자졸)-문공의 아들로 문공이 죽자 새 군주가 될 태자 악(惡)이 죽었다는 것을 말했다. '자(子)'는 복상중(服喪中)인 군주라는 말이다.

○夫人姜氏(부인강씨)-새 군주였던 악(惡)의 어머니.

傳 十八年春,에 齊侯戒師期,나 而有疾.이라 醫曰, 不及秋將死.라 公聞之,하여 卜曰, 尚無及期.라 惠伯令龜,에 卜楚丘占之曰, 齊侯之不及期,나 非疾也,요 君亦不聞.이라 令龜有咎.라 二月丁丑,에 公薨.이라

齊懿公之爲公子也,에 與邴歜之父爭田,하여 弗勝.이라 及卽位,에 乃掘而刖之,하고 而使歜僕,하며 納閻職之妻,하고 而使職驂乘.이라 夏五月,에 公游于申池,에 二人浴于池,하여 歜以扑抶職,하니 職怒.라 歜曰, 人奪汝妻而不怒,러니 一抶汝,에 庸何傷.가 職曰, 與刖其父而弗能病者何如.아 乃謀弑懿公,하여 納諸竹中,하고 歸舍爵而行.이라 齊人立子元.이라

六月에 葬文公.이라

秋,에 襄仲·莊叔如齊,는 惠公立故也,요 且拜葬也.라

文公二妃敬嬴生宣公.이라 敬嬴嬖,하고 而私事襄仲.이라 宣公
長而屬諸襄仲.이라 襄仲欲立之,하니 叔仲不可.라 仲見于齊侯,
하여 而請立之.라 齊侯新立,하여 而欲親魯,하여 許之.라

冬十月,에 仲殺惡及視,하고 而立宣公.이라 書曰, 子卒,은 諱之
也.라 仲以君命召惠伯.이라 其宰公冉務人止之曰, 入必死.라
叔仲曰, 死君命可也.라 公冉務人曰, 若君命可死,나 非君命何
聽.가 不聽,하고 乃入.이라 殺而埋之馬矢之中.이라 公冉務人奉
其帑以奔蔡,하고 旣而復叔仲氏.라

夫人姜氏歸于齊,는 大歸也.라 將行,에 哭而過市曰, 天乎,며
仲爲不道,하여 殺嫡立庶.라 市人皆哭.이라 魯人謂之哀姜.이라

18년 봄에, 제나라 군주가 노나라를 칠 군사가 출동할 날짜를 정했
지만, 병이 났다. 의사가 그의 병세를 보고 말하기를, "군주께서는 가
을이 되기 전에 돌아가실 것이다."라고 했다. 이 소문을 들은 노나라
문공이 점을 치게 하고 말하기를, "내 그의 군사가 출동할 날짜 전에
죽기를 원한다."라고 했다. 혜백(惠伯)이 거북의 등을 구워 점을 치게
했더니, 복관(卜官)인 초구(楚丘)가 점을 치고 말하기를, "제나라 군
주는 군사가 출진(出陣)할 날까지 살지 못할 것이지만, 그것은 병으
로서가 아닐 것이고, 우리 군주 또한 그가 죽었다는 소식을 듣지는

못할 것이오. 그리고 남이 죽을 것을 원하면서 거북 등을 불에 구워 점치라고 한 사람에게도 벌이 있는 것이오."라고 했다. 2월 정축날에, 문공이 훙거했다.

제나라 의공(懿公)이 공자로 있을 때, 그는 병촉(邴歜)의 아버지와 토지를 가지고 싸워 이기지 못했다. 그가 군주 자리에 오르자, 죽은 병촉의 아버지 시체를 묘에서 파내어 발목을 자르는 형(刑)을 가하고, 병촉을 종으로 쓰며, 염직(閻職)의 아내를 빼앗아 차지하고, 염직을 수레를 타고 나갈 때 따라 타는 사람으로 삼았다. 여름 5월에, 의공이 신지(申池)라는 못에서 놀았는데, 그때 병촉과 염직 두 사람이 못에서 목욕하고 있으면서, 병촉이 매로 염직을 때리니 염직이 화를 냈다. 그러자 병촉이 말하기를, "남이 너의 처를 빼앗아도 화내지 않더니 내 너를 한 번 때린다고 어찌 속이 상한단 말이냐?"라고 했다. 그러자 염직이 말하기를, "제 아비의 발을 잘라도 원한을 품지 못하는 자와 어느 쪽이 나을까?"라고 했다. 이에 그들은 의공을 죽일 것을 공모하여, 죽여서는 시체를 대밭 속에 두고, 돌아가 축배를 들고 술잔을 내던지고는 떠나가 버렸다. 그래서 제나라 사람은 자원(子元)을 군주〔惠公〕로 세웠다.

6월에 문공을 장사 지냈다.

가을에, 노나라 동문양중과 장숙(莊叔)이 제나라에 간 것은, 제나라 혜공이 즉위했음을 축하하기 위해서였고, 또 문공의 장례식에 참가해 준 데 대해서 감사 드리기 위해서였다.

노나라 문공의 둘째 부인인 경영(敬嬴)이 선공(宣公)을 낳았다. 경영은 문공의 사랑을 받고, 그리고 동문양중을 비밀히 섬겼다. 선공이 성장하자 양중에게 돌보아 줄 것을 부탁했다. (문공이 세상을 떠나자) 양중이 선공을 세우려 하니, 숙중(叔仲 : 惠伯)이 안된다고 말했다. 양중이 제나라 군주를 만나보고는, 선공을 군주로 세워 달라고 청원했다. 그랬더니 제나라 군주는 새로 즉위하였으므로, 노나라와 친하고자

하여 그의 청을 받아들였다.

　겨울 10월에, 양중이 태자 악(惡)과 그 동생 시(視)를 죽이고서, 선공을 군주로 세웠다. 경문(經文)에 새 군주가 될 태자가 세상을 떠났다고 쓴 것은, 그 사실을 꺼려서였다. 양중은 군주의 명령이라고 혜백을 불렀다. 그러자 혜백의 가신장(家臣長)인 공염무인(公冉務人)이 가지 못하게 하면서 말하기를, "궁중으로 들어가시면 반드시 죽습니다."라고 했다. 이 말에 대하여 숙중이 말하기를, "군주의 명으로 죽는 것은 옳은 일이다."라고 했다. 공염무인이 다시 말하기를, "만일 군주의 명이라면 죽을 수 있는 일이지만, 군주의 명이 아니라면 어찌 들을 일입니까?"라고 했지만, 듣지 않고 곧 궁중으로 들어갔다. 동문 양중은 혜백을 죽여 말의 똥 속에다 묻었다. 공염무인은 숙중의 처자를 데리고 채나라로 도망가고, 후계자를 세워 숙중씨[혜백]의 가문이 이어지게 했다.

　부인 강씨가 제나라로 돌아갔다는 것은, 영영 돌아감을 말한다. 그녀는 떠나려 할 때 울며 거리를 지나가면서 말하기를, "하늘이여, 양중은 무도(無道)하여, 태자를 죽이고 서자(庶子)를 군주로 세웠소이다!"라고 했다. 그러자 거리의 사람들이 다 울었다. 노나라 사람들은 강씨를 애강(哀姜 : 서러운 강씨)이라고 불렀다.

▌주해▐　○灸龜(영귀)－거북 등을 불에 구워, 그 등에 나타나는 무늬로 점치는 일을 시킴.
　○君亦不聞(군역불문)－우리 군주도 역시 제나라 군주가 죽었다는 소식을 듣지 못하고, 그 전에 죽는다는 말.
　○爭田(쟁전)－토지의 경계에 대한 일을 가지고 다툼.
　○驂乘(참승)－귀한 사람을 호위하며 옆에 타는 사람. 전쟁터에서 전차의 오른쪽에 타는 사람을 융우(戎右)라 했고, 평상시에 군주의 수레에 호위하며 타는 자를 참승이라 했다.
　○申池(신지)－제나라 도읍의 서문(西門) 부근에 있었던 못 이름.

ㅇ扑(복)—매.

ㅇ抶(질)—때림.

ㅇ馬矢(마시)—말의 똥.

ㅇ大歸(대귀)—영영 돌아감.

莒紀公生太子僕,하고 又生季他.라 愛季他,하여 而黜僕,하고
且多行無禮於國.이라 僕因國人以弑紀公,하여 以其寶玉來奔,하
여 納諸宣公.이라 宣公命與之邑曰, 今日必授.하라 季文子使司
寇出諸境曰, 今日必達.하라 公問其故.라 季文子使太史克對曰,
先大夫臧文仲敎行父事君之禮,이었거늘 行父奉以周旋,하여 弗
敢失墜.이오니다 曰, 見有禮於其君者,어든 事之如孝子之養父母
也,요 見無禮於其君者,어든 誅之如鷹鸇之逐鳥雀也.하라하였나이
다 先君周公制周禮曰, 則以觀德,하고 德以處事,하며 事以度功,
하고 功以食民.이라하옵고 作誓命曰, 毁則爲賊,하고 掩賊爲藏,하
며 竊賄爲盜,하고 盜器爲姦,하며 主藏之名,하고 賴姦之用,은 爲
大凶德,하여 有常刑無赦.라하였나이다 在九刑不忘.이오니다 行父
還觀莒僕,하옵건대 莫可則也.로소이다 孝敬忠信爲吉德,이오 盜賊
藏姦爲凶德.이오니다 夫莒僕,은 則其孝敬,엔 則殺君父矣,요 則其
忠信,이면 則竊寶玉矣.이오니다 其人則盜賊也,요 其器則姦兆也.
로소이다 保而利之,면 則主藏也,요 以訓則昏,하여 民無則焉.이오

니다 不度於善,하고 而皆在於凶德.이오니다 是以去之.로소이다

昔,에 高陽氏有才子八人,하니 蒼舒·隤敳·檮戭·大臨·尨

降·庭堅·仲容·叔達,로 齊聖廣淵,하고 明允篤誠,하여 天下

之民,이 謂之八愷.이었나이다 高辛氏有才子八人,하니 伯奮·仲

堪·叔獻·季仲·伯虎·仲熊·叔豹·季狸,로 忠肅恭懿,하고

宣慈惠和,하여 天下之民,이 謂之八元.이었나이다 此十六族也,는

世濟其美,하고 不隕其名,하여 以至於堯,에 堯弗能擧.이었나이다

舜臣堯,하여 擧八愷,하여 使主后土以揆百事,하니 莫不時序,하여

地平天成.이었나이다 擧八元,하여 使布五教于四方,하니 父義,하

고 母慈,하며 兄友,하고 弟恭,하고 子孝,하여 內平外成.이었나이다

昔,에 帝鴻氏有不才子,하여 掩義,하고 隱賊,하며 好行凶德,하고

醜類惡物,과 頑嚚不友,를 是與比周,하니 天下之民,이 謂之渾

敦.이었나이다 少皥氏有不才子,하여 毀信,하고 廢忠,하며 崇飾惡

言,하고 靖譖,하고 庸回,하며 服讒,하고 蒐慝,하여 以誣盛德,하니

天下之民,이 謂之窮奇.이었나이다 顓頊氏有不才子,하여 不可敎

訓,하고 不知話言,하며 告之則頑,하고 舍之則嚚,하며 傲很明德,

하여 以亂天常,하니 天下之民,이 謂之檮杌.이었나이다 此三族也,

는 世濟其凶,하여 增其惡名,하여 以至于堯,에 堯不能去.였나이다

縉雲氏有不才子,하여 貪于飮食,하고 冒于貨賄,하며 侵欲崇侈,하

여 不可盈猒,하고 聚斂積實,하여 不知紀極,하며 不分孤寡,하고

不恤窮匱,하니 天下之民,이 以比三凶,하여 謂之饕餮.이었나이다

舜臣堯,에 賓于四門,하고 流四凶族,하여 渾敦·窮奇·檮杌·饕

餮,은 投諸四裔,하여 以御螭魅.이었나이다 是以,로 堯崩而天下如

一,하여 同心戴舜,하여 以爲天子,하니 以其擧十六相去四凶也.이

었나이다 故로 虞書數舜之功曰, 愼徽五典,하니 五典克從.이라하

니 無違敎也,요 曰, 納于百揆,하니 百揆時序.라하니 無廢事也,며

曰, 賓于四門,이면 四門穆穆.이라하니 無凶人也.로소이다 舜有大

功卄而爲天子.였나이다 今, 行父雖未獲一吉人,이라도 去一凶矣,

이오니 於舜之功,하여 卄之一也,이오니 庶幾免於戾乎.인저

宋武穆之族,이 導昭公子,하여 將奉司城須以作亂.이라 十二

月,에 宋公殺母弟須及昭公子,하고 使戴·莊·桓之族攻武氏

於司馬子伯之館,하여 遂出武穆之族.이라 使公孫師爲司城,하고

公子朝卒,에 使樂呂爲司寇,하여 以靖國人.이라

거(莒)나라 군주 기공(紀公)은 태자 복(僕)을 낳고, 또 계타(季他)를 낳았다. 그런데 그는 계타를 사랑하여, 태자 복을 물리쳤다. 그리고 또 국민들에 대해서 가지가지의 무례한 짓을 했다. 그러자 복은 나라 사람들의 힘에 의지하여 기공을 죽이고 국가가 지니고 있던 보

옥(寶玉)을 가지고 노나라로 도망가, 노나라 선공(宣公)에게 바쳤다. 그러자 선공은 그에게 영유할 읍(邑)을 주라고 명하기를, "오늘 안에 반드시 주어라."라고 했다. 그런데 계문자(季文子)는 사구(司寇)의 관(官)으로 하여금 국경 밖으로 내보내게 하고 말하기를, "오늘 안으로 반드시 국경 밖으로 나가게 하라."고 했다. 그러자 소공이 그 까닭을 물었다. 계문자는 태사(太史)의 관(官)으로 있는 극(克)에게 대답을 올리게 했다. "돌아가신 대부 장문중(臧文仲)께서 행보(行父) 저에게 군주를 섬기는 예를 가르쳐 주었는데, 저는 그 가르침을 받들어 지키어, 감히 그것을 어기지 않았습니다. 그분께서는 말씀하기를, '군주에게 예를 지킴이 있는 사람을 보거든, 효자(孝子)가 부모를 모심과 같이 섬기고, 군주에게 무례한 자를 보거든, 매가 새를 모는 것과 같이 사정없이 벌을 주어라.'고 하였나이다. 그리고 우리 노나라의 시조이신 주공(周公)께서 주(周)나라의 예의(禮儀)를 제정하여 말씀하시기를, '사람이 지켜야 할 법도를 잘 지키고 있는가 여하로 그 사람의 덕(德)을 관찰하고, 덕이 있는가 여하로 일을 시키며, 한 일의 결과를 가지고 그의 공을 헤아리고, 공이 있으면 백성들의 세금으로 먹고살게 영유지(領有地)를 준다.'고 하였사옵고, 백성들을 훈계하는 글을 지어 말씀하시기를, '사람이 지켜야 할 법도를 망치는 자를 적(賊)이라 하고, 적(賊)을 옹호하는 자를 장(藏)이라 하며, 재물을 훔치는 자는 도(盜)라 하고, 나라의 기물을 도둑질 한 자를 간(姦)이라 하며, 적(賊)을 옹호하여 장(藏)의 죄명을 차지하고, 간(姦) 즉 국가의 기물을 도둑질 한 자가 도둑질 한 물건을 탐내는 자는 대흉덕(大凶德)이라 하여, 이러한 자들에게는 정해진 형벌을 가하여 용서하지 않는다.'고 하였나이다. 이에 대한 형벌은 구형(九刑)이라는 책에 실려 있어, 사람들이 외워 잊지 않고 있나이다. 제가 거나라의 복(僕)을 두루 살펴 보옵건대, 그는 법도에 맞는 것이 없사옵니다. 효도·공경·충성·신의는 미덕(美德)이옵고, 도(盜)·적(賊)·장(藏)·간(姦)은 흉덕(凶

德)이옵니다. 저 거나라의 복은, 효도와 공경의 법도에 대어 본다면, 군주이자 아버지를 죽였사옵고, 충성과 신의의 법도에 대어 본다면, 나라의 보옥을 훔친 자이옵니다. 그 사람은 도적이옵고, 그가 가지고 온 물건은 간(姦)인 사람이 훔친 것이옵니다. 이제 그 사람을 보호하고 그 물건을 이용한다면, 곧 장(藏)의 죄명을 차지하옵고, 그런 짓을 하고 백성들을 교훈한다면 혼란에 빠져, 백성들이 본받을 것이 없게 되옵니다. 그는 착한 일을 하나도 하지 않고, 그가 한 짓은 다 흉덕의 일만 하였사옵니다. 그러므로 그를 쫓아낸 것이옵니다. 옛날에 고양씨(高陽氏)에게는 훌륭한 아들 여덟이 있었으니, 그들은 창서(蒼舒)·퇴애(隤敳)·도연(檮戭)·대림(大臨)·방강(尨降)·정견(庭堅)·중용(仲容)·숙달(叔達)로, 근신하고 도리에 통하고, 도량이 넓고 생각함이 깊으며, 밝고 진실하고, 인정 많고 성실하여, 천하의 사람들이 그들을 팔개(八愷)라 불렀사옵니다. 그리고 고신씨(高辛氏)에게 훌륭한 아들 여덟이 있어, 그들은 백분(伯奮)·중감(仲堪)·숙헌(叔獻)·계중(季仲)·백호(伯虎)·중웅(仲熊)·숙표(叔豹)·계리(季狸)로, 착실하고 공경스러우며, 몸을 닦고 일을 행함이 공손하고도 훌륭하고, 자애심(慈愛心)을 널리 베풀고 온화해서, 천하의 사람들은 그들을 팔원(八元)이라 불렀사옵니다. 이 열여섯 분의 씨족은 자자손손 그 아름다운 덕을 이어 받아, 그 명예를 떨어뜨리지 않고 요(堯)임금 때에 이르렀는데, 요임금은 그들의 자손을 등용할 수가 없었사옵니다. 그런데 순(舜)임금이 요임금의 신하가 되어, 팔개의 자손들을 등용하여 국토에 관한 일을 맡게 하고, 모든 일을 계획하게 하니, 하는 일이 때에 알맞지 않음이 없어, 땅 위의 모든 것이 다 고르고, 따라서 하늘이 복을 순리적으로 내리었나이다. 그리고 팔원의 자손들을 등용하여 오교(五敎)를 사방에 넓히게 하니, 아비는 의리를 지키고, 어미는 자애심을 베풀며, 형은 우애하고, 동생은 형에게 순종하며, 자식은 효도하여, 사람들의 집안은 고르게 되고, 밖으로는 좋은 풍속이 이루어졌나이다.

옛날에, 제홍씨(帝鴻氏)에게 좋지 못한 아들이 있어서, 의(義)로운 사람을 억누르고, 도둑질 하는 자를 감싸주며, 악한 일 하기를 좋아하고, 못생기고 악한 것들 또는 사리에 통하지 못하는 어리석은 것, 그리고 사람 같지 못한 것들과 친밀히 지내니, 천하의 사람들이 그를 혼돈(渾敦)이라 불렀사옵니다. 그리고 소호씨(少皞氏)에게 좋지 못한 아들이 있어서, 신의(信義)를 망치고, 충성을 짓밟으며, 악한 말을 좋아하며 꾸며 하고, 남한테 좋지 못한 말을 듣고도 아무렇지 않게 여기며, 좋지 못한 자를 쓰고, 남을 헐뜯고, 나쁜 자를 숨겨 주어, 훌륭한 덕있는 사람을 해치니, 천하의 사람들은 그를 궁기(窮奇)라 불렀사옵니다. 그리고 또, 전욱씨(顓頊氏)에게 좋지 못한 아들이 있어서, 사람 되게 가르칠 수가 없고, 좋은 말을 분별할 줄 몰라, 좋은 말을 해주어도 거부하며 받아들이지 않고, 제멋대로 하게 놓아두면 불칙한 말을 지껄이며, 큰 덕을 지닌 사람에게 오만하게 하여, 하늘의 도(道)를 어지럽히니, 천하의 사람들은 그를 도올(檮杌)이라 불렀사옵니다. 이 세 사람의 씨족은 대대로 흉악한 짓만 하여 그 악명(惡名)을 높이면서 요임금 때에 이르렀으나, 요임금은 그들을 제거할 수가 없었사옵니다. 그리고 진운씨(縉雲氏)에게 좋지 못한 아들이 있어서, 음식을 탐내고, 재화(財貨)를 탐내며, 다른 사람의 것을 약탈하려는 욕심이 큰 데다가 사치하기를 좋아하여, 만족할 줄을 모르고, 백성들한데 세금을 거두어 모아 쌓아, 그만둘 것을 모르며, 고아나 과부 같은 불쌍한 사람에게 나누어 주지 않고, 궁한 사람들을 도와주지 않으니, 천하 사람들은 그를 앞에 든 세 흉악한 사람들과 한가지 사람으로 보아, 그를 도철(饕餮)이라 불렀사옵니다. 순임금이 요임금의 신하가 되어, 동서남북 사방의 대문을 활짝 열어놓고 천하의 인재를 환영하고, 네 악한 무리들을 귀양보내는 형에 처하여, 혼돈·궁기·도올·도철의 자손들을 사방의 변경으로 쫓아내어, 그 악마들의 해를 막았사옵니다. 그래서 요임금이 세상을 떠나도 천하는 하나같이 평온해서, 천하 사람들은 한마음이 되어 순임금을 받들어 천자로 모시었으니, 그것은 순임금이 열여섯의 어진 보좌인을 등용하고 네 흉악한 무리들을 제거해서였나이다. 그러므로 우서(虞書)에, 순임금의 공적을 헤아리어 말하기를, '오륜(五倫)의 법도를 삼가 잘도 행하니, 오륜의 법도 널리 펼쳐졌다.'고 하였으니, 이것은 천하의 사람 중 그의 가르침을 어긴 자가 없었음을 말하는 것이옵고, 또 '조정백관(朝廷百官)의 통솔자로 임명하니, 모든 일이 다 시절에 알맞는 것이었다.'라고 말했으니, 이것은 정사(政事)에 빠진 것이 없었다는 것을 말한 것이오며, 또 '사방의 문을 열고 천하의 인재를 환영하니, 사방의 문이 화락(和樂)한 기운이 있었다.'고 말하였으니 이것은 당시에 흉악한 사람이 없어졌다는 것을 말한 것이옵니다. 순임금은 큰 공 스무 가지가 있어서 천자가 되었나이다. 그런데 지금 저는 비록 한 좋은 사람을 얻어내지는 못했을망정, 한 흉악한 사람을 제거했사오니, 순임금의 공에 비하오면 그 20분의 1이오니, 아마 신하된 자로서 죄는 면하게 될 것이옵니다."

　송나라 무공(武公)과 목공(穆公)의 자손들이, 소공(昭公)의 아들을 유인하여, 사성(司城)으로 있는 수(須)를 받들고 내란을 일으키려 했다. 12월에, 송나라 군주는 (그것을 알고) 동생 수와 소공의 아들을 죽이고, 대공(戴公)·장공(莊公)·환공(桓公)의 자손들로 하여금 무공의 자손의 중심 인물을 사마(司馬)인 자백(子伯)의 집에서 공격하여 드디어는 무공·목공의 자손들을 국외로 내쫓았다. 그리고 공손사(公孫師)를 사성이 되게 하고, 공자 조(朝)가 세상을 떠나자, 악려(樂呂)를 사구(司寇)가 되게 하여, 나라 사람들을 안정시켰다.

주해│ ○達(달) ─ 나라 밖으로 쫓아냄.
　○誓命(서명) ─ 백성들을 경계하는 글.
　○九刑(구형) ─ 아홉 가지의 형에 대해서 말해 놓은 책. 구형은 묵형(墨刑)·의형(劓刑)·비형(剕刑)·궁형(宮刑)·대벽(大辟 : 死刑)·유형(流刑)·속형(贖刑)·편형(鞭刑)·복형(扑刑).

○姦兆(간조)-조(兆)는 구역(區域), 무리. 여기에서는 간에 속하는 것.

○八愷(팔개)-여덟의 화락(和樂)한 덕을 지닌 사람.

○八元(팔원)-여덟의 착한 사람.

○主后土(주후토)-국토를 다스림. 나중에 순임금이 된 우(禹)가 사공(司空)이 되어 물과 토지에 관한 일을 주관했음을 말한다.

○天成(천성)-하늘의 조화가 잘 이루어짐. 하늘의 복이 잘 내려짐.

○布五敎于四方(포오교우사방)-오교(五敎)는 부의(父義 : 아버지가 의를 지킴)・모자(母慈 : 어머니가 자식을 사랑함)・형우(兄友 : 형이 동생에게 우애함)・제공(弟恭 : 동생이 형에게 순종함)・자효(子孝 : 자식이 부모에게 효도함)를 말한다. 이 오교를 사방에 넓힘. 설(契)이 사도(司徒)가 되어, 오교를 넓혔음을 말한다.

○頑嚚(완은)-사리를 몰라 불칙한 말만 함.

○不友(불우)-사람 같지 못한 자.

○比周(비주)-친밀히 지냄.

○話言(화언)-좋은 말.

○盈猒(영염)-만족하게 여김.

○積實(적실)-재물을 모아 쌓음.

○賓于四門(빈우사문)-동서남북의 네 대문을 활짝 열고 사방에서 모여드는 인재를 환영함.

○螭魅(이매)-악마의 해.

○虞書(우서)-《상서(尙書)》 순전(舜典).

○徽五典(휘오전)-오상(五常)은 부자유친(父子有親)・군신유의(君臣有義)・부부유별(夫婦有別)・장유유서(長幼有序)・붕우유신(朋友有信)의 오륜(五倫). 휘(徽)는 잘 행함. 이 말은 순(舜)임금이 요임금의 신하로서 사도(司徒)가 되었을 때를 두고 말한 것이다.

○納于百揆(납우백규)-백관을 통솔하는 자리로 받아들임.

○穆穆(목목)-화락(和樂)한 모양.

○公孫師(공손사)-장공(莊公)의 손자.

○樂呂(악려)-대공(戴公)의 증손(曾孫).

◑ 문공(文公) 시대 연표

기원전	周	燕	鄭	曹	蔡	陳	衛	宋	楚	秦	晉	齊	魯	중요사항
626	惠王 26	襄公 32	穆公 2	共公 27	莊公 20	共公 6	成公 9	成公 11	成王 46	穆公 34	襄公 2	昭公 7	文公 1	진(晉)나라가 위나라를 치다 초나라 태자 상신(商臣)이 군주를 죽이다
625	27	33	3	28	21	7	10	12	穆王 1	35	3	8	2	진(晉)·진(秦)나라가 팽아(彭衙)에서 싸우다 노(魯) 회공(僖公)을 민공(閔公)의 윗대로 모셔 제사 지내다
624	28	34	4	29	22	8	11	13	2	36	4	9	3	진(秦)나라, 서융(西戎)의 패자(覇者)가 되다
623	29	35	5	30	23	9	12	14	3	37	5	10	4	부강(婦姜)을 제나라로부터 맞이하다 초나라가 강(江)나라를 멸망시키다 위나라 영유(甯兪)가 찾아오다
622	30	36	6	31	24	10	13	15	4	38	6	11	5	초나라가 요(蓼)나라를 멸망시키다
621	31	37	7	32	25	11	14	16	5	39	7	12	6	진(秦)나라 목공이 죽자 자거씨(子車氏)의 아들 셋을 순사(殉死)시키다 진(晉)나라의 가계(賈季)가 적(狄) 오랑캐 나라로 도망하다
620	32	38	8	33	26	12	15	17	6	康公 1	靈公 1	13	7	진(晉)나라가 진군(秦軍)을 영호(令狐)에서 패배시키다 숙중혜백(叔仲惠伯)이 공손오(公孫敖)의 내란을 진압하다
619	33	39	9	34	27	13	16	昭公 1	7	2	2	14	8	송·진(晉)나라에 내란이 일어나다
618	頃王 1	40	10	35	28	14	17	2	8	3	3	15	9	진(晉)나라가 대부 선도(先都)를 죽이다 초나라의 사자가 찾아오다
617	2	桓公 1	11	文公 1	29	15	18	3	9	4	4	16	10	초나라 목왕이 자서(子西)를 죽이다
616	3	2	12	2	30	16	19	4	10	5	5	17	11	숙손득신(叔孫得臣)이 적(狄)오랑캐를 쳐부수다
615	4	3	13	3	31	17	20	5	11	6	6	18	12	진(秦)·진(晉)나라가 하곡(河曲)에서 싸우다

기원전	周	燕	鄭	曹	蔡	陳	衛	宋	楚	秦	晉	齊	魯	중요사항
614	5	4	14	4	32	18	21	6	12	7	7	19	13	주(邾)나라 문공(文公)이 도읍을 역(繹)으로 옮기다
613	6	5	15	5	33	靈公 1	22	7	莊王 1	8	8	20	14	초나라의 투극(鬪克)과 공자 섭(燮)을 죽이다 공손오(公孫敖)가 제나라에서 죽다
612	匡王 1	6	16	6	34	2	23	8	2	9	9	懿公 1	15	제나라 사람이 공손오의 시체를 보내다
611	2	7	17	7	文公 1	3	24	9	3	10	10	2	16	초나라가 용(庸)을 멸망시키다
610	3	8	18	8	2	4	25	文公 1	4	11	11	3	17	정나라 자가(子家)가 진(晉)나라 조선자(趙宣子)에게 편지를 보내다
609	4	9	19	9	3	5	26	2	5	12	12	4	18	제나라 사람이 군주 의공을 죽이다 숙중혜백이 죽다

春秋 · 戰國時代

吳

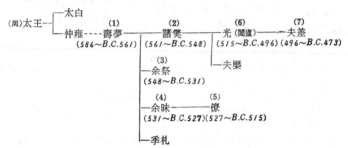

```
                    (1)            (2)            (6)            (7)
(周)太王┬太白    壽夢────諸樊────光(闔廬)────夫差
       └仲雍----(586~B.C.561)(561~B.C.548)(515~B.C.496)(496~B.C.473)
                              │            └夫槩
                              │(3)
                              ├余祭
                              │(548~B.C.531)
                              │(4)          (5)
                              ├余眛────僚
                              │(531~B.C.527)(527~B.C.515)
                              └季札
```

齊(呂氏)

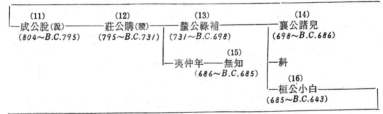

```
                              (6)
太公望呂尙----丁公伋----┬哀公不辰
                       │(7)          (8)          (9)          (10)
                       ├獻公山────武公壽────厲公無忌────文公赤─┐
                       │(860~B.C.851)(851~B.C.825)(825~B.C.816)(816~B.C.804)│
                       └胡公                                              │
```

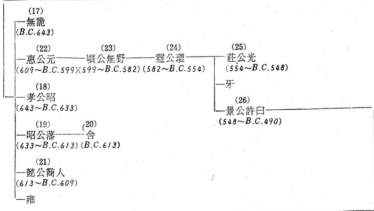

```
   (11)            (12)            (13)              (14)
┌─成公脫(說)────莊公購(贖)────釐公祿補────┬襄公諸兒
│(804~B.C.795)  (795~B.C.731)  (731~B.C.698)  │(698~B.C.686)
│                              (15)          │
│              └夷仲年────無知         ├糾
│                         (686~B.C.685)  │(16)
│                                        └桓公小白─┐
│                                         (685~B.C.643)│

   (17)
┌─無詭
│(B.C.643)
│(22)          (23)          (24)          (25)
├惠公元────頃公無野────靈公環────┬莊公光
│(609~B.C.599)(599~B.C.582)(582~B.C.554)│(554~B.C.548)
│(18)                               ├牙
├孝公昭                              │(26)
│(643~B.C.633)                      └景公許白─┐
│(19)      (20)                      (548~B.C.490)
├昭公潘────舍
│(633~B.C.613)(B.C.613)
│(21)
├懿公商人
│(613~B.C.609)
└雍
```

```
    (28)              (29)
  ─悼公陽生───簡公壬
  (489~B.C.485)   (485~B.C.481)
    (27)              (30)            (31)            (32)
  ─晏孺子荼───平公驁───宣公積───康公貸
  (490~B.C.489)  (481~B.C.456)(456~B.C.405)(405~B.C.379)
```

魯

```
   (1)      (2)         (3)
  周公旦──伯禽───考公酋
                      (999~B.C.995)
                         (4)              (5)
                       ─煬公熙───幽公宰
                      (995~B.C.989)  (989~B.C.975)
                                        (6)            (7)
                                      ─魏公瀆───厲公擢
                                     (975~B.C.925)  (925~B.C.888)
                                                       (8)
                                                     ─獻公具─
                                                    (888~B.C.856)
```

```
   (9)                    (12)              (13)
  ─眞公濞─────括───孝公伯御───惠公弗湟(生)
  (856~B.C.826)           (807~B.C.769)  (769~B.C.723)
   (10)                   (11)
  ─武公敖─────懿公戲
  (826~B.C.816)  (816~B.C.807)
```

```
   (14)                   (17)
  ─隱公息───────湣公開
  (723~B.C.712)          (662~B.C.660)
   (15)            (16)                                ─惡
  ─桓公允───莊公同───班
  (712~B.C.694)(694~B.C.662)                          ─視
                 ─慶父         (18)            (19)
                              ─釐公申───文公興      (20)
                 ─叔牙       (660~B C.627)(627~B.C.609) ─宣公倭(俀)
                                                     (609~B.C.591)
                 ─季友
```

```
   (21)            (22)
  ─成公黑肱───襄公午───毀
  (591~B.C.573)(573~B.C.542)
                                (23)
                              ─昭公禂
                              (542~B.C.510)
                                (24)          (25)          (26)          (27)
                              ─定公宋───哀公將───悼公寧───元公嘉─
                              (510~B.C.495)(495~B.C.468)(468~B.C.432)(431~B.C.410)
```

```
   (28)            (29)          (30)          (31)          (32)          (33)
  ─穆公顯───共公奮───康公屯───景公匽───平公叔───文公賈
  (410~B.C.377)(377~B.C.355)(355~B.C.346)(346~B.C.317)(317~B.C.295)(295~B.C.272)
```

```
        (34)
     ├─傾公讙
     (272~B.C.248)
```

燕

```
   (1)        (9)        (10)       (11)       (12)       (13)
召公奭┄┄┄惠侯────釐侯────頃侯────哀侯────鄭侯
        (865~B.C.827)(827~B.C.791)(791~B.C.767)(767~B.C.765)(765~B.C.729)

   (14)       (15)       (16)       (17)       (18)       (19)
─繆侯────宣侯────桓侯────莊公────襄公────桓公
(729~B.C.711)(711~B.C.698)(698~B.C.691)(691~B.C.658)(658~B.C.618)(618~B.C.602)

   (20)       (21)       (22)       (23)       (24)       (25)
─宣公────昭公────武公────文公────懿公────惠公
(602~B.C.587)(587~B.C.574)(574~B.C.555)(555~B.C.549)(549~B.C.545)(545~B.C.535)

   (26)       (27)       (28)       (29)       (30)       (31)
─悼公────共公────平公────簡公────獻公────孝公
(535~B.C.529)(529~B.C.524)(524~B.C.505)(505~B.C.493)(493~B.C.465)(465~B.C.450)

   (32)       (33)       (34)       (35)       (36)       (37)
─成公────湣公────釐公────桓公────文公────易王
(450~B.C.434)(434~B.C.403)(403~B.C.373)(373~B.C.362)(362~B.C.333)(333~B.C.321)

   (38)       (39)       (40)       (41)       (42)       (43)
─王噲────昭王────惠王────武成王────孝王────王喜
(321~B.C.312)(312~B.C.279)(279~B.C.272)(272~B.C.258)(258~B.C.255)(255~B.B.222)

─太子丹
```

晉

```
  (1)       (2)        (6)          (7)          (8)        (9)
唐叔虞────晉侯燮┄┄靖侯宜臼────釐侯司徒────獻侯籍────穆侯費生─
                (859~B.C.841)(841~B.C.823)(823~B.C.812)(821~B.C.785)
                                                          (10)
                                                        ─殤叔
                                                        (785~B.C.781)

   (11)       (12)       (13)       (14)         (15)       (16)
─文侯仇────昭侯伯────孝侯平────鄂侯郄─┬─哀侯光────小子侯
(781~B.C.746)(746~B.C.739)(739~B.C.724)(724~B.C.718)(718~B.C.709)(709~B.C.706)
                                            │        (17)
                                            └─晉侯滑
                                              (706~B.C.679)
                                                       (18)
─成師(桓叔)────鱓(莊伯)────武公稱─
                            (679~B.C.677)

   (19)
─獻公詭諸────申生
(677~B.C.651)
```

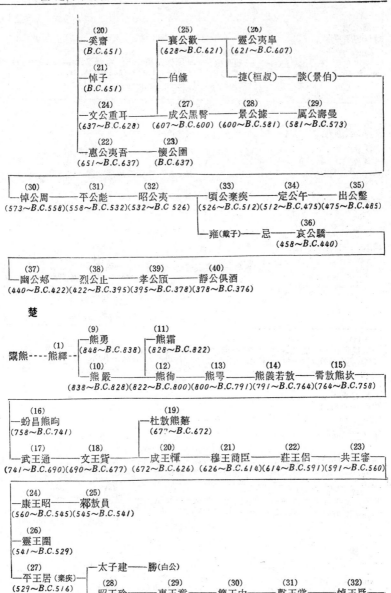

      (20)   (25)   (26)
—奚齊————襄公歡————靈公夷皐
(B.C.651)   (628~B.C.621) (621~B.C.607)

  (21)
—悼子————伯僑————捷(桓叔)————談(景伯)
(B.C.651)

                 (27)   (28)   (29)
—文公重耳————成公黑臀————景公據————厲公壽曼
(637~B.C.628) (607~B.C.600) (600~B.C.581) (581~B.C.573)

   (22)   (23)
—惠公夷吾————懷公圉
(651~B.C.637) (B.C.637)

   (30)   (31)   (32)   (33)   (34)   (35)
悼公周————平公彪————昭公夷————頃公棄疾————定公午————出公鑿
(573~B.C.558)(558~B.C.532)(532~B.C 526) (526~B.C.512)(512~B.C.475)(475~B.C.485)

                           (36)
—雍(戴子)————忌————哀公驕
                        (458~B.C.440)

   (37)   (38)   (39)   (40)
—幽公郊————烈公止————孝公頎————靜公俱酒
(440~B.C.422)(422~B.C.395)(395~B.C.378)(378~B.C.376)

楚

              (9)   (11)
            —熊勇————熊霜
          (1) (848~B.C.838) (828~B.C.822)
鬻熊----熊繹

              (10)   (12)   (13)   (14)   (15)
            —熊嚴————熊徇————熊咢————熊儀若敖————霄敖熊坎—
         (838~B.C.828)(822~B.C.800)(800~B.C.791)(791~B.C.764)(764~B.C.758)

   (16)   (19)
—蚡冒熊眴————杜敖熊囏
(758~B.C.741) (677~B.C.672)

   (17)   (18)   (20)   (21)   (22)   (23)
—武王通————文王貲————成王惲————穆王商臣————莊王侶————共王審—
(741~B.C.690)(690~B.C.677)(672~B.C.626)(626~B.C.614)(614~B.C.591)(591~B.C.560)

   (24)   (25)
—康王昭————郟敖員
(560~B.C.545)(545~B.C.541)

   (26)
—靈王圍
(541~B.C.529)

   (27)   —太子建————勝(白公)
—平王居 (棄疾)—
(529~B.C.516) (28)   (29)   (30)   (31)   (32)
           —昭王珍————惠王章————簡王中————聲王當————悼王疑—
         (516~B.C.489)(489~B.C.432)(432~B.C.408)(408~B.C.402)(402~B.C.381)

```
      (33)
     ─肅王臧
   (381～B.C.370)
      (34)           (35)          (36)          (37)              (38)
     ─宣王良夫────── 威王商 ─────懷王槐 ─────頃襄王橫 ─────考烈王元───
   (370～B.C.340)(340～B.C.329)(329～B.C.299)┌(299～B.C.263)(263～B.C.238)
                                            └□───── 懷王心(義帝)

      (39)
     ─幽王悍
   (238～B.C.228)
      (41)
     ─貞䍐
   (228～B.C.223)
      (42)
     ─哀王猶
   (B.C.228)
```

趙

```
  趙夙----文子----簡子────襄子
                     └─伯魯────代成君────獻侯          (1)           (3)
                                       ┌─列侯籍────── 敬侯章───
                                       │(408～B.C.400)(387～B.C.375)
                                          (2)
                                       └─武公
                                       (400～B.C.387)

     (4)           (5)           (6)           (7)            (8)            (9)
    ─成侯種────── 肅侯語────── 武靈雍────── 惠文王何────── 孝成王丹────── 悼襄王偃─
  (375～B.C.350)(350～B.C.326)(326～B.C.299)(299～B.C.266)(266～B.C.245)(245～B.C.236)

     (10)
    ─幽愍王遷
  (236～B.C.228)
    ─代王嘉
  (228～B.C.222)
```

魏

```
  畢萬----昭子絳----獻子----桓子────文侯           (1)          (2)          (3)
                                  (424～B.C.387)(387～B.C.371)(371～B.C.335)
     (4)           (5)           (6)           (7)            (8)            (9)
    ─襄 王────── 哀 王────── 昭 王──────安釐王────── 景湣王────── 王假
  (335～B.C.319)(319～B.C.296)(296～B.C.217)(277～B.C.243)(243～B.C.228)(228～B.C.225)
                                     └─信陵君
```

韓

```
                                  (1)           (2)          (3)          (4)          (5)
  韓武子----獻子----景 侯──────列 侯────── 文 侯────── 哀 侯────── 莊 侯───
                              (408～B.C.400)(400～B.C.387)(387～B.C.376)(376～B.C.371)(371～B.C.359)
      (6)          (7)           (8)          (9)          (10)          (11)
    ─昭 侯────── 宣惠王────── 襄 王────── 釐 王────── 桓惠王────── 王 安
  (359～B.C.333)(333～B.C.312)(312～B.C.296)(296.～C.273)(273～B.C.239)(239～B.C.230)
```

齊(田氏)

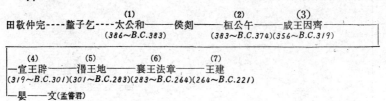

田敬仲完----釐子乞----太公和━━━━侯剡━━━━桓公午━━━━威王因齊━━━
                   (1)   (2)   (3)

(386~B.C.383)   (383~B.C.374)(356~B.C.319)

       (4)   (5)   (6)   (7)

└宣王辟━━━━湣王地━━━━襄王法章━━━━王建

(319~B.C.301)(301~B.C.283)(283~B.C.264)(264~B.C.221)

└嬰━━━━文(孟嘗君)

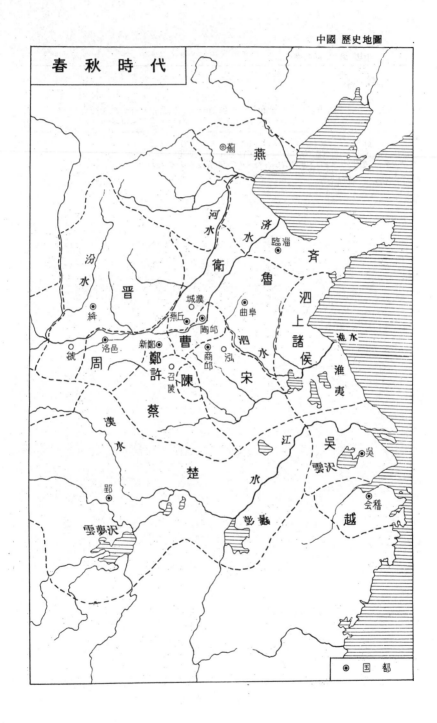

春 秋 時 代

燕
薊
河水
济水
汾水
晉
臨淄
齐
绛
琥
洛邑
周
新鄭
鄭
陳
曹
蔡
許
召陵
漢水
楚
郢
雲夢沢
城濮
蔡丘
衛
曲阜
魯
陶邱
商邱
泓
泗水
宋
泗上諸侯
淮水
淮夷
江水
吳
吳
雲沢
彭蠡
会稽
越

◎ 国都

中國 歷史地圖

戦国時代

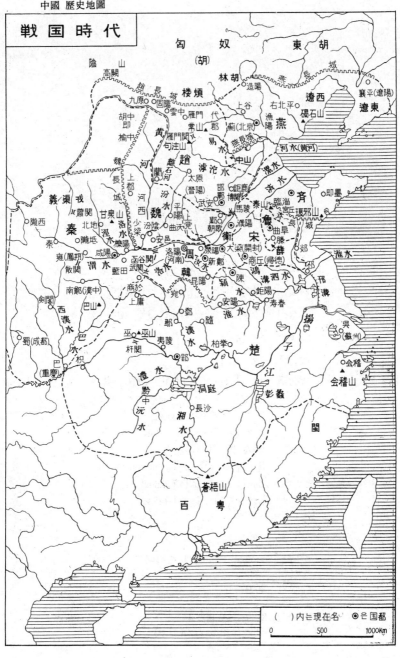

匈　奴
（胡）

東　胡

陰　山
高關

趙　長　城
九原　○固陽
雲中　雁門　代
胡中　常山　郡
即　　雁門關　　蓟（北京）
榆中　勾注山　易水
　　　黄　　　　中山

林胡
造陽　　　燕　長　城
上谷　右北平
漁陽　　　碣石山　遼西　襄平（遼陽）
燕　　　　　　　遼東
燕長城
河水（黄河）

魏　　河　西
上郡　河
長城　河
　　　離石河
太原
（晉陽）
汾　平　上黨
武安　　邯鄲
博関
　　　　　　鉅鹿
　濊水　臨淄　斉　即墨
　　　　　　薛陵○邢山

義渠戎
甘泉山
蕭関
北地　○洛　少梁
　　　涇水　陽　　曲　安邑
隴坻　　　　　　　沃　朝歌
陽　　　　　　　　衛　濮陽
　　　　　　　　　　大梁（開封）
　　　　　　　馬陵
　泰
　魯　曲阜
　　　滕○　郯
　宋　商丘（帰徳）

秦
雍（鳳翔）
咸陽　渭水
散関　藍田
函谷関
武関
洛陽
（河南）周　新鄭
　　　洛水　韓
鴻　　鄄○
陳　鉅陽
　溝　泗水　邳
淮水　邗溝
　　　寿春

隴西
秦○

南鄭（漢中）
上庸
商於
宛
安陽
鄧
随
漢
水
柏挙

剣閣
巴山
西漢水
巴
水
枳

蜀（成都）
巴
（重慶）

平○
△巫山
杆関
鄢
郢

夷陵

澧水
黔中
沅水
洞庭
湘水
長沙

楚

子

江
彭蠡

呉
（蘇州）
会稽○
会稽山

閩

百
蒼梧山
粤

(　)内ハ現在名　◎ハ国都
0　　　500　　　1000Km

新完譯　春秋左氏傳(上)

초판 발행 -1985년 7월 15일
개정신판 1刷 발행 -2009년 2월 16일
개정신판 2刷 발행 -2014년 3월 10일

譯著者 -文 璇 奎
發行人 - 金 東 求
發行處 - 명 문 당(창립 1923년 10월 1일)
　　　　서울특별시 종로구 윤보선길 61(안국동)
　　　　우체국 010579-01-000682
　　　　전 화 (02) 733-3039, 734-4798
　　　　FAX (02) 734-9209
　　　　Homepage www.myunmundang.net
　　　　E-mail mmdbook1@hanmail.net
　　　　등록 1977.11.19. 제1-148호

■

ISBN 978-89-7270-883-4
　　　 89-7270-052-5 (세트)